Eltern – Lehrer – Schulerfolg

herausgegeben von
Christine Henry-Huthmacher,
Elisabeth Hoffmann
und Michael Borchard

„Das Schulsystem hat das so festgelegt, dass die Eltern mithelfen müssen. Anders schaffen die Kinder das nicht mehr." (Mutter)

„Kinder sind eigentlich unsere Zukunft. Je besser die Kinder ausgebildet sind, desto besser werden die Zukunftsperspektiven unseres Landes sein." (Vater)

„Versuchen Sie mal eine Aufgabenbeschreibung für Lehrer zu finden. Ich habe keine Grenze, wo ich mal sagen kann: Stopp, nehmt mir das mal ab." (Lehrer)

„Schule kommt ihrer Pflicht nicht nach. Das ist höchst ungerecht. In keinem Land in Europa ist die soziale Herkunft so ausschlaggebend für den Schulerfolg wie in Deutschland." (Lehrerin)

Katja Wippermann, Carsten Wippermann, Andreas Kirchner

Eltern – Lehrer – Schulerfolg

Wahrnehmungen und Erfahrungen im Schulalltag von Eltern und Lehrern

Eine sozialwissenschaftliche Untersuchung
der Katholischen Stiftungsfachhochschule Benediktbeuern
für die Konrad-Adenauer-Stiftung und
das Bundesministerium für Familie, Senioren, Frauen und Jugend

Herausgegeben von Christine Henry-Huthmacher,
Elisabeth Hoffmann und Michael Borchard

Lucius & Lucius · Stuttgart · 2013

Herausgeber

Dr. Michael Borchard, Leiter der Hauptabteilung Politik und Beratung der Konrad-Adenauer-Stiftung

Christine Henry-Huthmacher, Koordinatorin für Bildungs-, Familien- und Frauenpolitik, Hauptabteilung Politik und Beratung der Konrad-Adenauer-Stiftung

Elisabeth Hoffmann, Koordinatorin für Bildungs-, Familien- und Jugendpolitik, Hauptabteilung Politik und Beratung der Konrad-Adenauer-Stiftung

Autoren

Katja Wippermann, M.A., Wissenschaftliche Mitarbeiterin am Institut für Forschung und Entwicklung, Fort- und Weiterbildung (IF) der Katholischen Stiftungsfachhochschule München / Benediktbeuern (KSFH), Marketing im Kloster der Salesianer Don Boscos Benediktbeuern

Prof. Dr. Carsten Wippermann, Professor für Soziologie an der Katholischen Stiftungsfachhochschule Benediktbeuern. Gründer und Leiter des DELTA-Instituts für Sozial- und Ökologieforschung und Urheber der DELTA-Milieus; Autor der Vorgängerstudie „Eltern unter Druck", 2008

Prof. Dr. Andreas Kirchner, Professor für Soziale Arbeit an der Katholischen Stiftungsfachhochschule München

Bibliografische Information der Deutschen Nationalbibliothek

Die Deutsche Bibliothek verzeichnet diese Publikation in der Deutschen Nationalbibliografie; detaillierte bibliografische Daten sind im Internet über http: / /dnb.ddb.de abrufbar

ISBN 978-3-8282-0577-2

Gerokstraße 51 · D-70184 Stuttgart · www.luciusverlag.com

Gestaltung: Claudia Rupp, Stuttgart

Druck und Bindung: Konrad Triltsch GmbH, Ochsenfurt-Hohestadt

Printed in Germany

Inhalt

Christine Henry-Huthmacher / Elisabeth Hoffmann

Vorwort XIII

Kernaussagen der Studie im gesellschafts- und bildungspolitischen Kontext . . . 1

Bildungspolitische Fragestellungen, die sich aus der Studie ergeben 29

Katja Wippermann / Carsten Wippermann / Andreas Kirchner

1 Einleitung 31
Lesart dieser Untersuchung 34

2 Zentrale Befunde 37
2.1 Eltern unter Druck: Wachsende Kluft zwischen Resignation und ambitioniertem Engagement 52
Normalität von Eltern: frustriert und eingespannt in den Schulalltag 65
Vom Bildungsprivileg zum Bildungszwang 66
Ressourcen der Eltern entscheiden über Schulerfolg und Zukunft der Kinder 68
„Planstelle Eltern" – Engagement für den Schulerfolg ist unerlässlich 69
Kolonialisierung der Familie 74
Retraditionalisierung der Geschlechterrollen durch die Schulkultur 76
Traditionelle Rollenteilung bei den Eltern ist Alltagserfahrung vieler Jugendlicher 81
Alleinerziehende: Schule soll Eltern entlasten, nicht noch mehr einbinden 83
Schulwahl: Weichenstellung und Distinktion 85
Leistungssteigerung und Defizitorientierung: keine Zeit mehr für individuelle Reifung 95
Große Unzufriedenheit mit dem Schulsystem 98

Mangelhafte Durchlässigkeit des Schulsystems ... 99
Schulsystem und Schulkultur: Bastionen gegen Veränderung ... 101
Trend zu Privatschulen ... 103
Ganztagsschule: Bedrohung oder Chance? ... 107
Überrepräsentanz von Frauen in Erziehung und (Grund-)Schule ... 108
Keine pauschale Lehrerschelte seitens der Eltern ... 109
2.2 Lehrer unter Druck: anspruchsvolles Berufsethos, immer mehr Aufgaben, wenig Unterstützung ... 111
Positives berufliches Selbstbild ... 111
Deutliche Rollen- und Aufgabenausweitung ... 112
Veränderte und zunehmend belastete Schülerschaft ... 113
Stereotyp „fleißige Mädchen – faule Jungen" ... 114
Ausdifferenzierte Elternschaft – von Vernachlässigung bis Überengagement ... 116
Individualisierung von Schulen: auch Schulen einer Schulart nicht unbedingt vergleichbar ... 117
Kritische Sicht auf Schulbehörden und Schulpolitik ... 118
Keine neuen Reformen, zurück zur Kernarbeit: Forderungen von Lehrer/-innen ... 119

3 Einstellungen und Handeln von Eltern der verschiedenen sozialen Milieus ... 121
3.1 Bedeutung subjektiver Perspektiven und Erfahrungen ... 121
3.2 DELTA-Milieu „Etablierte" ... 124
Identität und Lebensstil ... 124
Soziale Lage der Familie ... 127
Erwerbstätigkeit und eigenes Einkommen der Mütter ... 128
Bildungsambitionen – Bedeutung von Bildung und Schulerfolg ... 129
Blick auf die Kinder – optimale Vorbereitung auf das Leben ... 131
Selbstverständnis der Eltern: Manager des Schulerfolgs ... 132
Kritik am öffentlichen Schulsystem ... 134
Umgang mit Schule: strategisches Bildungsmanagement im privaten Rahmen ... 135
Schulalltag und Auswirkungen auf das Familienleben ... 137
Das macht eine gute Schule aus! ... 138
Wenig Hoffnung für das staatliche Schulsystem ... 139

3.3 DELTA-Milieu „Postmaterielle“ 140
Identität und Lebensstil 140
Soziale Lage der Familie 143
Erwerbstätigkeit und eigenes Einkommen der Mütter 144
Hadern mit Schule und anderen Eltern 145
Bildung als Voraussetzung für ein erfülltes Leben und einen erfüllenden Beruf 146
Bildung und Lernen sind Lebensmittel 147
Selbstverständnis als Begleiter des Kindes – Selbständigkeit fördern 148
Ziel: eigenverantwortliches Lernen 149
Schule als Wissensvermittlungsagentur – hoher Druck durch zu wenig Zeit 150
Balance von Schule und Freizeit 152
Auseinandersetzung mit eigenen Anforderungen 154
Motivation statt Leistungsdruck 155
Mütter: Frustration angesichts des großen Einflusses von Schule auf die Familie 156
Fehlende Chancengerechtigkeit im Schulsystem 157
Mehr Männer in Erziehung und Schule! 158
3.4 DELTA-Milieu „Performer“ 159
Identität und Lebensstil 159
Soziale Lage der Familie 162
Erwerbstätigkeit und eigenes Einkommen der Mütter 163
Bildung: kulturelles und strategisches Kapital 164
Selbstverständnis der Eltern: Leistung ist unabdingbar für die eigene Verwirklichung 166
Blick auf die Kinder – Entwicklung einer Leistungshaltung 168
Umgang mit Schule – leistungsorientierte Haltung der Machbarkeit 170
Alltagsroutinen: Familien-Zeit-Management 173
Aufgabe der Schule: Wissensvermittlung 175
Visionen für eine optimale Förderung 177
3.5 DELTA-Milieu „Bürgerliche Mitte“ 178
Identität und Lebensstil 180
Soziale Lage der Familie 181
Erwerbstätigkeit und eigenes Einkommen der Mütter 183

Höhere Bildungsabschlüsse setzen familiäres Fördermanagement voraus 184
Selbstverständnis der Eltern: Bedürfnisse der Kinder haben Priorität 186
Nachmittagsroutinen rund um Schule: Eltern als Hilfslehrer 187
Schuldruck – und der Umgang damit 188
System am Anschlag – Wechsel an eine andere Schule 190
Erwerbstätigkeit der Mütter orientiert sich an Bedürfnissen der Kinder 191
Erwartungen an die Schule – Erwartungen von der Schule 192
Blick auf das Schulsystem – wo bleibt der Mensch? 193
3.6 DELTA-Milieu „Benachteiligte“ 195
Identität und Lebensstil 195
Soziale Lage der Familie 198
Erwerbstätigkeit und eigenes Einkommen der Mütter 199
Zwei Strömungen im Milieu 200
Reduktion auf Sekundärtugenden 201
Irgendein Abschluss und nicht demotiviert werden 202
Vollkasko-Individualisierung von Verantwortung an das Kind . . . 203
Emanzipation vom Bildungsdruck 205
Bildungsambitionen: Zufrieden mit niedrigen Schulabschlüssen . . 206
Schulerfolg ist abhängig von genetischer Disposition 206
Wenig Kontakt zur Schule 207
Schulischer Alltag: vor allem praktische Unterstützung des Kindes 208
Distinktion nach unten 209
Traditionelle geschlechtsspezifische Rollenmuster 210
3.7 DELTA-Milieu „Hedonisten“ 213
Identität und Lebensstil 213
Soziale Lage der Familie 216
Erwerbstätigkeit und eigenes Einkommen der Mütter 217
Selbstverständnis der Eltern – auch noch ein eigenes Leben leben 218
Blick auf das Schulsystem – Ablehnung früher Selektion 220
Zweckgerichtete Bildung: sich etwas leisten können, unabhängig sein 221
Pragmatische Erziehung zur Selbstständigkeit 222

Wenig Einsatz für den Schulerfolg: Delegation an die Kinder und die Schule ... 223
Ablehnung von Leistungsdruck – auch Schutz vor Überforderung der Eltern ... 224
Ablehnung von überzogenen Leistungsanforderungen am Gymnasium ... 225
Schulalltag kollidiert mit dem Familienleben ... 227
Ausgeprägte Ablehnung von Noten ... 228
Stereotype Rollenzuschreibungen an Lehrer und Lehrerinnen ... 229
3.8 DELTA-Milieu „Expeditive" ... 230
Identität und Lebensstil ... 230
Soziale Lage der Familie ... 232
Erwerbstätigkeit und eigenes Einkommen der Mütter ... 234
Einzigartigkeit des Kindes entdecken und fördern ... 235
Selbstverständnis als partnerschaftliche Begleiter und Unterstützer ... 236
Höhere Schulabschlüsse ohne Druck erreichbar? ... 237
Wege zur Selbständigkeit: Lernen mit Gleichaltrigen ... 239
Die Schule muss zum Kind passen – nicht umgekehrt! ... 239
Eltern: Intensive Auseinandersetzung mit „Leistung" ... 241
Vielfältige Kontakte zur Schule ... 242
Mehr Männer in Erziehung und Bildung! ... 243
Gegen eine frühzeitige Selektion der Schüler ... 244
Kritik an fehlender Chancengerechtigkeit in der Bildung ... 244
Blick auf die Lehrer: Abschaffung des Beamtenstatus ... 245
Klassische Schule wird den Kindern nicht gerecht ... 246

4 Menschen mit Migrationshintergrund ... 247
4.1 Definition – Anzahl – Anteile ... 247
4.2 Bildungsabschlüsse der Vorgängergeneration: 20- bis 29-Jährige ... 251
Frauen mit höheren Schulabschlüssen ... 255
Junge Erwachsene mit türkischem Migrationshintergrund: erheblicher Bildungsrückstand, Frauen im verhinderten Aufbruch ... 256
Spätaussiedler: ambitionierte Frauen, große Bildungsdynamik bei Nachkommen von Spätaussiedlern ... 262

Bilanz: schlechtere Schulerfolge als autochthone Deutsche und ausgeprägte Geschlechterunterschiede ... 264
4.3 Schulbesuch von 10- bis 17-jährigen Migranten (Sekundarstufe I) ... 265
4.4 Milieuspektrum von Eltern mit Migrationshintergrund ... 270
4.5 Einstellungen und Handeln von türkischstämmigen Eltern ... 274
Zentrale Befunde ... 276
Unterschiedliche Migrationsgeschichten und Integrationserfahrungen ... 278
Lebenssituationen der türkischstämmigen Eltern ... 280
Bildung als Schlüssel zu einem besseren Leben ... 281
Selbstverständnis der Eltern: ein stabiles familiäres Umfeld schaffen ... 284
Gleiche Bildungsambitionen für Söhne und Töchter ... 287
Innerethnisches Informationsverhalten ist wichtiger als Infos der Schule ... 288
Skepsis gegenüber Grundschulempfehlungen ... 289
Kontakthemmnisse zur Schule und zu Lehrer/-innen ... 290
Anspruch an Schule und Lehrer: Grenzen der Aufgaben von Schule ... 291
Diskriminierung in der Schule durch einzelne Lehrer, keine Kritik am Schulsystem ... 293
Wunsch nach mehr Kontakten zu Deutschen ... 296
4.6 Einstellungen und Handeln von Spätaussiedler-Eltern ... 297
Spätaussiedler – eine besondere Migrantengruppe ... 297
Unsichere Ankunftssituation, aber Hoffnung auf ein besseres Leben ... 300
Mehrfach abgeschnittene berufliche Perspektiven der Eltern ... 305
Bildungsambitionen für die Kinder: Ermöglichung eines besseren Lebens ... 307
Schule ist zuständig für Wissensvermittlung und Werteerziehung ... 309
Umgang mit dem Schulalltag und Familienleben: Forderung von Leistung ... 311
Traditionelle Rollenmuster: Übertragung auf ihre Kinder und auf Lehrer ... 313
Vielfältige Erfahrungen von Chancenungleichheit ... 315

5 Rahmenbedingungen und Perspektiven von Lehrern 317
5.1 Beruf: Verständnis, Anspruch und Alltagserfahrung 319
Beruf Lehrer: vielfältige Aufgaben und breites Rollenrepertoire . . 319
Berufliche Identität von Lehrern: Beruf oder Berufung? 321
Kollegium und Schulleitung sind wichtige Faktoren für berufliche Zufriedenheit 322
Kaum Aufstiegschancen: „Sackgassencharakter" des Berufs 323
Oft unbefriedigende Rahmenbedingungen in der Schule 324
Öffentliches Berufsimage ist noch zu schlecht 325
Marginale Unterschiede zwischen jungen und älteren Lehrern . . . 327
Steigender Anteil von Frauen und Teilzeitstellen 329
Geschlechtsspezifische Unterschiede zwischen Lehrerinnen und Lehrern 332
Kritik von Lehrern an Lehrern 333
Lehrerthema „Ausbrennen": Eigenfürsorge und Ausgleich zum Beruf wird wichtiger 335
5.2 Neue Herausforderungen und Rollen im Lehrerberuf 336
Folgen des sozialen Wandels – Schule als Reparaturwerkstatt für gesellschaftliche Defizite? 336
Deutliche Ausweitung der Aufgabenfelder von Lehrern 337
Erziehungsarbeit nimmt mehr Raum ein 339
Folge: Immer weniger Zeit für die Kernaufgabe Unterricht 340
5.3 Kritische Sicht auf Schulbehörden und Schulpolitik 342
Schule – ein kranker Patient? 342
Kritik am Bildungsföderalismus 345
5.4 Veränderte Schülerschaft: Erfahrungen und Ursachen 346
Wachsende Heterogenität der Schülerschaft 346
Zunehmende Belastungen der Schüler 347
Sinken Motivation und Leistungsfähigkeit der Schüler? 347
Gesunkene Leistung und gleichzeitig gestiegener Leistungsdruck an Gymnasien 349
Mediale Wirklichkeiten als Konkurrenz zur Schule 352
Mehr Jugendliche ohne Erziehungsstruktur und Grenzen 354
5.5 Geschlecht und Schulerfolg: Erfahrungen und Perspektiven von Lehrern 355
Mädchen zeigen häufiger den Schulerfolg förderndes Verhalten . . 355

Aber: Zahl der Mädchen mit schulerfolgshemmendem Verhalten steigt 360
5.6 Eltern und Erziehungskultur: Folgen für die Schule 361
Desinteresse am Kind: unsichtbare Eltern 362
Fordernde Eltern: Versuch der Einflussnahme auf die Lehrer 363
Immer mehr verunsicherte Eltern: zur Erziehung erziehen? 364
Eltern: Mentalitäts- und Erfahrungsunterschiede zwischen Ost und West 366
Erwartungen von Lehrern an Eltern 367
5.7 Erfahrungen und Einstellungen von Lehrern an verschiedenen Schularten 369
Lehrer / -innen an Gymnasien 369
Lehrer / -innen an Realschulen 370
Lehrer / -innen an Haupt- und Mittelschulen 371
5.8 Durchlässiges System, aber keine Bildungsgerechtigkeit 375
5.9 Was Lehrer brauchen: Forderungen und Bedarfe 377
Keine neuen Reformen und Umstrukturierungen 377
Unterstützung durch die Schulleitung: Leitung statt Verwaltung 378
Mehr Investition in Bildung – Notwendigkeit kleinerer Klassen . . 379
Unterstützungssysteme an Schulen implementieren 381
Sicherung von Qualität an Schulen 382
Zurück zur Kernarbeit: Fazit und Forderung der Lehrerinnen und Lehrer 383

6 Anhang 385
6.1 Untersuchungsanlage 385
Qualitative Untersuchung 385
Quantitative Untersuchung 394
6.2 Soziale Milieus 395
Kurzcharakterisierung der DELTA-Milieus® 2012 395
Kurzcharakterisierung der DELTA-Submilieus 398
6.3 Literatur 402
6.4 Autorinnen und Autoren 414

Vorwort

Christine Henry-Huthmacher/Elisabeth Hoffmann

Die gewachsene Bedeutung von Bildung ist aufgrund der bildungspolitischen Diskussion der letzten Jahre in den Familien angekommen. Wie die Elternstudie der Konrad-Adenauer-Stiftung „Eltern unter Druck" aus dem Jahr 2008 zeigte, stellt der Bedeutungsanstieg der Schule innerhalb der Familie die Eltern unter einen erhöhten Anforderungsdruck. Die Diskussion um die PISA-Ergebnisse, die demografische Entwicklung und ein neuer Stellenwert sozialer Gerechtigkeit in der Bildungspolitik haben zu gravierenden Veränderungen im deutschen Schulsystem geführt. Das betrifft sowohl das pädagogische Konzept, als auch die organisatorischen Bedingungen von Schulen. Die Einführung von Lernstandserhebungen, das Zentralabitur und bundesweite Bildungsstandards für die Sekundarstufe I zählen ebenso zu den Konsequenzen, wie die Verkürzung der Gymnasialzeit auf 8 Jahre, die Zusammenlegung von Real- und Hauptschulen sowie die Entstehung neuer Schulformen. Seit PISA ist die Reform der Schule für Lehrer/-innen und Eltern zu einer Dauererfahrung geworden. Trotz vielseitiger staatlicher Bemühungen, mit zahlreichen Maßnahmen den Leistungsstand der Schülerschaft zu verbessern, haben diese die Eltern eher verunsichert und den Schulalltag vieler Lehrer/innen eher zusätzlich belastet.

Eltern wollen nur das Beste für ihr Kind. Allerdings unterscheiden sich die Ambitionen und Rahmenbedingungen im familiären Umfeld erheblich, was sich auch in den unterschiedlichen Lernentwicklungen der Kinder niederschlägt. Schulerfolg und Schulalltag sind zu einem bestimmenden Thema in den Familien geworden, so ein Ergebnis der Studie. Da sich drei Viertel der Eltern mit Hochschulreife für ihre Kinder das Abitur wünschen, aber nur ein Viertel der Eltern mit Hauptschulabschluss dies tut, ist der Erwartungsdruck der Eltern auf ihre Kinder je nach sozialem Milieu unterschiedlich ausgeprägt. Wie zahlreiche Studien der letzten Jahre zeigen, wirkt der familiäre Einfluss in Deutschland stärker als in anderen Schulsystemen der OECD-Länder.

Die Konrad-Adenauer-Stiftung und das Bundesministerium für Familie, Senioren, Frauen und Jugend sind daher der Frage nachgegangen wie Eltern, vorwiegend im Westen Deutschlands, den Schulerfolg ihrer Kinder je nach sozialem Milieu und etwaigem Migrationshintergrund beeinflussen. Auf der Grundlage einer umfangreichen empirischen Untersuchung spiegelt die vorliegende qualitative Studie die Einstellungen und Erfahrungen von Eltern und Lehrer/innen mit dem Schulalltag.

Die Forscher führten 255 mehrstündige Interviews mit Lehrerinnen und Lehrern sowie mit Müttern und Vätern aus verschiedenen sozialen Milieus (auch mit Eltern mit Migrationshintergrund) durch. Die DELTA-Milieus basieren auf 20.167 bevölkerungsrepräsentativen Interviews in allen Schichten und Regionen der Bundesrepublik zur Identifizierung der Milieustruktur in Deutschland (DELTA-Milieus®). Auf dieser Basis wurde eine Teilstichprobe von 2.788 Eltern mit (mindestens) einem Kind in der Sekundarstufe I untersucht sowie eine Teilstichprobe von 623 Lehrerinnen und Lehrern an unterschiedlichen Schulformen (Hauptschule, Realschule, Gymnasium, Gesamtschule, Privatschule) mit Unterricht in der Sekundarstufe I. Ergänzend wurden zur Analyse der Bildungsabschlüsse von Menschen mit bzw. ohne Migrationshintergrund Daten aus dem Mikrozensus (Statistisches Bundesamt) herangezogen.

Angesichts der in den letzten Jahrzehnten gestiegenen Bildungsabschlüssen und hohen Berufsqualifikationen von Müttern untersucht die vorliegende Studie in gleichstellungspolitischer Hinsicht die geschlechtsspezifischen Konsequenzen, die sich in der Wahrnehmung der Alltagserfahrungen von Müttern und Vätern mit Schule spiegeln. Dabei steht die lebensweltliche Alltagserfahrung im Vordergrund, die primär die Mütter in den Schulen anspricht und fordert. Der gestiegene Bildungsdruck in den Familien hat Auswirkungen auf die Rollenverteilung in den Familien und Konsequenzen für Mütter und Kinder.

Im Mittelpunkt der vorliegenden Studie stehen der konkrete Schulalltag und die Schulkultur wie sie von Eltern und Lehrer/innen in Bezug auf den Schulerfolg wahrgenommen werden.

Kernaussagen der Studie im gesellschafts- und bildungspolitischen Kontext

Christine Henry-Huthmacher

Eltern

Eltern sind mit dem Schulsystem sehr unzufrieden

Das Thema Schule bewegt die Eltern schulpflichtiger Kinder. Ihnen ist die Bedeutung der Bildung für den späteren Lebens- und Berufsweg ihrer Kinder ebenso bewusst wie die Tendenz zur Höherqualifizierung mit höheren Schulabschlüssen. Zwar machen sich auch die Eltern von Real- und Hauptschülern um einen guten Ausbildungsplatz Sorgen, doch konzentriert sich die große Unzufriedenheit mit dem Schulsystem vor allem bei Eltern in der sozialen Mittelschicht mit Kindern auf dem achtjährigen Gymnasium (G8). Die Fokussierung auf Leistung und Noten in kurzen Zeitabständen lässt die Schule zu einem dominanten Thema in den Familien werden. Das hat konkrete Auswirkungen auf den Tagesablauf der Familie, die Berufstätigkeit der Mütter und die Beziehung der Eltern zu ihren Kindern. Eine weitere Folge ist die zunehmende Verunsicherung der Eltern hinsichtlich der richtigen Erziehungsziele angesichts eines Schulsystems, das aus Sicht der Eltern seit PISA immer stärker leistungsorientiert ist. Schule wird nicht selten im Familienalltag zu einem Reizthema.

Für viele Eltern in den unteren sozialen Schichten bleibt dagegen Bildung ein diffuser Begriff, eine abstrakte, stereotype Aufforderung ohne konkrete Handlungsimpulse. Eltern aus dem sozialen Milieu „Benachteiligte" sind zwar bestrebt, Anschluss an die Mitte zu halten, sehen allerdings die Grenzen ihrer eigenen Möglichkeiten und Bereitschaft.

Schulerfolg als grundlegende Voraussetzung für den späteren Lebensweg

Die Bildungsdiskussion der letzten Jahre um die PISA-Ergebnisse und die immer weniger verlässlichen Perspektiven auf dem Arbeitsmarkt haben bei Eltern in der Mitte zu einer Fokussierung auf das Abitur als alleinigen Bildungsmaßstab geführt.

„Also, wenn man kein Abi hat, dann hat man es heute schon ganz schön schwer und ich glaube, das wird auch noch zunehmen bei der Berufswahl oder Ausbildungsplatz." (S. 238)

Bei vielen Eltern in den unteren sozialen Milieus reduziert sich dagegen die Bedeutung des Schulerfolgs auf eine konkrete, praktische Komponente mit einer geringen Erwartungshaltung an die Schule. Im Vordergrund steht für sie die Schule als Vermittlerin von Grundkenntnissen, die auf die praktische Berufsausbildung vorbereitet.

Das Schulsystem wird von Eltern als undurchlässig wahrgenommen

Angesichts der zukunftsentscheidenden Bedeutung, die Eltern der Mitte dem gymnasial erworbenen Abitur zuweisen, ist es nicht erstaunlich, dass diese Eltern eine frühe Selektion, die ihr Kind zunächst vom Gymnasium ausschließt, ablehnen. Bei ihnen scheint die Tatsache, dass fast die Hälfte der Abiturientinnen und Abiturienten in Deutschland das Abitur außerhalb des Gymnasiums erwerben, nicht angekommen zu sein. Vielmehr scheint das deutsche Schulsystem in ihrer Wahrnehmung sogar undurchlässiger geworden zu sein – sowohl in sozial-vertikaler Hinsicht, was den geringen Anteil der Schüler aus unteren sozialen Schichten betrifft, als auch in geografisch-horizontaler Hinsicht, was die berufliche Mobilität der Eltern anbelangt.

Für Eltern in der sozialen Mitte gibt es zum Gymnasium keine Alternative – Eltern anderer sozialer Milieus suchen Alternativen zum Gymnasium

Aus Sicht der Eltern der sozialen Mittelschicht ist sowohl die Hauptschule als auch die Zusammenlegung von Haupt- und Realschule zur Mittelschule negativ konnotiert. Die Gründe werden in dem schlechten sozialen Umfeld und in der zunehmenden Undurchlässigkeit des Schulsystems sowie der damit verbundenen Beschränkung der späteren Berufschancen des Kindes gesehen.

Dem Gymnasium, der von den Milieus der Mitte angestrebten Schulart, liegt – so die Eltern – mit der Verkürzung auf acht Jahre ein falsch verstandenes Leistungsprinzip zugrunde, das den Schülern keinen Spielraum jenseits der Schule lässt und komprimiertes Lernen mit hoher Notenfixierung zur Folge hat. Trotz dieser Kritik am G8 bleibt das Gymnasium für Eltern in der sozialen Mitte die bevorzugte Schulart.

Dagegen ist die Kritik am G8 für Eltern aus den anderen sozialen Milieus auch ein Grund, eine andere Schulart für ihr Kind auszuwählen. Für diese Eltern ist das Gymnasium ein Symbol für überzogene Leistungsanforderungen.

„Und ich finde das Gesamtschulkonzept ganz gut, dass man dieses Sortieren noch nicht so früh macht und dass es noch nicht so viele Noten gibt […].“ (S. 240)

„Es war klar, dass ich den Leistungsdruck am Gymnasium nicht will, und den verschärften Leistungsdruck nach dieser frühen Einstufung, den wollte ich erst recht nicht.“ (S. 226)

Während die Eltern der Mitte die Ungerechtigkeit des Bildungssystems beklagen und ihre große Unzufriedenheit mit dem G8 zum Ausdruck bringen, hadern die Milieus am unteren sozialen Rand nicht mit dem Bildungssystem, sondern halten es für eine unabänderliche Tatsache.

Allerdings nehmen die Eltern von Hauptschülern mit Sorge den Wandel der Hauptschule als einen Wandel zu einer Verliererschule wahr:

„Ja, also, das System, das finde ich nicht gut. Okay, die tun halt die Eliteschüler herauspicken, das ist wahrscheinlich das Ziel an der ganzen Geschichte. Und der Rest fällt aber alles hinten herunter.“ (S. 206)

Hoher Erziehungs- und Bildungsanspruch der Eltern in der Mitte – geringe Erwartungshaltung an Schule bei Eltern in den unteren Milieus

Das Verhältnis der Eltern zur Schule hat sich in den letzten Jahren grundlegend verändert. Zum einen hat die Stellung und Bedeutung des Kindes in den Familien der gesellschaftlichen Mitte zugenommen, was u. a. auch der geringeren Kinderzahl geschuldet ist. Zum anderen ist der Bildungsstand der Eltern schulpflichtiger Kinder deutlich gestiegen. Diese beiden Entwicklungen haben konkrete Auswirkungen auf die Erwartungshaltung der Eltern an Schule. Erziehung und Bildung haben in den Familien an Bedeutung gewonnen. Im Mittelpunkt der Familien steht das Kind, dem Eltern in der Mitte einen optimalen Entwicklungs- und Bildungsweg ermöglichen wollen. Der Paradigmenwechsel in der Erziehung von Pflicht- und Akzeptanzwerten hin zu einer Erziehung, die sich an der Persönlichkeit des Kindes orientiert, verstärkt bei den Eltern den Wunsch nach kleineren Klassen und individueller Förderung sowie nach einem Bildungssystem, das Jugendliche nicht nur auf Noten reduziert und sie frustriert, sondern ihnen Freude am Wissen vermittelt.

„Ich finde, dass das ganz Zentrale im Leben ist, dass man Freude am Lernen hat […], und das Schulsystem fördert das ja eigentlich nicht […].“ (S. 148)

Eltern erwarten von der Schule nicht nur eine gute fachliche Qualität, Schule sollte Schüler auch fordern und fördern. Von einer Schule, wie Eltern sie sich wünschen, wird allerdings eine soziale Homogenität der Schüler erwartet, wobei Kinder aus unteren sozialen Schichten nicht zur Schülerklientel gehören sollten (vgl. S. 86). Die gehobenen Milieus schicken ihr Kind häufiger als alle anderen Milieus auf eine Privatschule, die einem umfassenden Bildungsauftragsanspruch der Eltern gerecht wird und zu einer verstärkten Homogenisierung der Schülerschaft beiträgt.

Im Gegensatz zur gesellschaftlichen Mitte ist die Erwartungshaltung der Eltern aus dem Milieu der Benachteiligten weniger hoch. Da Schule für sie primär die Sphäre des Misserfolgs ihrer Kinder darstellt, ist für sie wichtig, dass Schule ihr Kind nicht demotiviert und frustriert. Zudem ist für sie die Abgrenzung von Randgruppen und Schülern nichtdeutscher Herkunft wichtig.

„[…] So, es sind viele Kinder, auch ausländische Kinder, dabei. Man kann sich ja bald keine Schule aussuchen, wo es bloß deutschstämmige Schüler sind […].“ (S. 210)

Für die Eltern aus dem Hedonistischen Milieu ist Schule zwar notwendig, wird jedoch keineswegs der Persönlichkeit des Schülers gerecht. Ihre Maxime:

„Nur irgendwie durch.“ (S. 221) „Ich habe natürlich entsprechend meiner Lebenseinstellung eine andere Vorstellung von Bildung als die Institution Schule.“ (S. 220)

Zerrissenheit der Eltern zwischen Anspruch und Wirklichkeit

Eltern in der „Mitte“ sehen sich in einer ambivalenten Rolle, was bis zu einer „inneren Zerrissenheit“ führen kann. Während sie einerseits die ganze Persönlichkeit ihres Kindes und seine individuellen Potenziale fördern möchten, konzentrieren sie andererseits ihre Bemühungen mit zunehmendem Alter des Jugendlichen auf gute Noten für einen guten Schulabschluss.

„Die Schule heute ist keine Bildungsanstalt mehr im umfassenden Sinne. Sie ist vielmehr zur Selektionsinstanz geworden.“ (S. 94)

Ein auf Leistung ausgerichtetes Schulsystem kollidiert sowohl mit einem umfassenden Erziehungsanspruch der Eltern in der Mitte, die ihren Kindern eine unbeschwerte und glückliche Kindheit ermöglichen und Freude am Lernen und Wissen vermitteln möchten, als auch mit einem eher an Laissez-faire ausgerichteten Erziehungsstil in den unteren sozialen Milieus.

„Ich möchte, dass mein Kind gerne in die Schule geht, dass es da glücklich ist." (S. 194)

„Nö, ich möchte lieber ein glückliches Kind haben als ein unglückliches total supertolles, was die Schule angeht." (S. 242)

„Das Abitur alleine reicht nicht mehr, sondern es hängt ganz stark von den Noten ab, die man erreicht." (S. 184)

„Ja, ich habe manchmal das Gefühl, dass andere Eltern mehr auf Leistung bedacht sind, das System zu meistern [...], und dass da die Noten schon sehr im Vordergrund stehen. [...] Uns ist wichtig, dass unsere Tochter ihren Weg geht. Uns ist wichtig, dass sie sich in dem Sinne verwirklichen kann" (S. 146)

Eltern in den unteren sozialen Milieus sind dem Anspruch der Schule fast schon hilflos ausgeliefert.

„Ja, was soll ich noch machen? Soll ich ihn noch zum Förderlehrer geben? Welcher Förderlehrer kommt überhaupt mit meinem Sohn klar?" (S. 204)

In dem Hedonistischen Milieu kollidieren dagegen schulische Pflichten häufig mit den Freizeitwünschen der Kinder (PC-Spiele, Spielekonsole, Fernsehen). Jugendliche, die bereits früh selbstständig geworden sind, erfahren kaum Grenzen.

„Ich bin da etwas nachlässig in diesen Punkten. Wir haben alles Mögliche zusammen gemacht, aber ihm eine gewisse Struktur zu bieten, das fiel mir immer schwer." (S. 227)

„Kampf der Kulturen" – Erziehungsstile versus Schulsystem

Die Mehrheit der Eltern möchte die ganzheitlich ausgerichtete Entfaltung der Potenziale ihrer Kinder fördern und strebt eine Stärkung der Persönlichkeit an. Doch die Eltern sehen sich einem Schulsystem gegenüber, das – aus ihrer Sicht – isoliertes Wissen vermittelt und zu sehr auf intellektuell-kognitive Fähigkeiten setzt.

„Und dann kommt hinzu, dass viele Eltern, wir auch, mit der Art der Wissensvermittlung nicht einverstanden sind. Die Wissensvermittlung in den Schulen folgt überhaupt keiner Logik. Es ist eine Anhäufung von selektivem Wissen in den einzelnen Fächern. Wenn sie mit den Kindern reden, die wissen teilweise überhaupt nicht, warum sie bestimmte Dinge lernen sollen." (S. 135)

Schule wird von vielen Eltern nur als „Lernstoffvermittlungsagentur" und als „Assessment-Center" wahrgenommen. Angesichts zunehmender Leistungsanforderung im G8-Gymnasium besteht bei vielen Eltern eine große Verunsicherung darüber, ob sie ihren Kindern überhaupt noch Werte wie „Leistung", „Anstrengung" und „Ehrgeiz" vermitteln sollen. Hier sehen Eltern die Gefahr, eine eindimensionale Leistungsideologie zu bedienen, die ihren Kindern als Person schaden könnte. Aus Sicht der Eltern kollidiert ihr Erziehungsanspruch, ihren Kindern eine unbeschwerte Kindheit und Jugend zu ermöglichen, mit den Anforderungen der Schule, vor allem des Gymnasiums.

„Wenn ich sehe, wie die Kinder nach Hause kommen und welchem Druck sie standhalten müssen, da frage ich mich eigentlich immer mehr, muss das eigentlich so sein und wo ist die Kindheit [...]?" (S. 189)

Der hohe Erziehungswert der Selbstentfaltung gerät in Konflikt mit den Leistungsanforderungen des Gymnasiums. Der Wunsch nach Förderung von Potenzialen wird zunehmend durch ein Fördern von Leistung in der Schule zurückgedrängt. Zentrale Aufgabe der Schule ist für Eltern in allen Milieus die Vermittlung von Werten. Allerdings bleibt unklar, um welche Werte es sich handelt.

Dem Schulsystem liegt eine Lernkultur zugrunde, die Ausdruck einer ausgeprägten Übungskultur sowie einer grundsätzlichen positiven Bewertung von Anstrengung und Fleiß ist. Eltern stehen in dem Dilemma, ihre Kinder zu Leistung antreiben zu müssen, aber zugleich nicht mehr zu wissen, wie dies geschehen kann. Diese Übungskultur wird – aus Sicht vieler Eltern – von Lehrern an Eltern delegiert und zum Teil sogar eingefordert.

„Sie müssen mit Ihrem Kind täglich üben – sonst hat es keine Chance!" „Sie sollten die Hausaufgaben täglich überprüfen – das müssen Sie schon tun!" „Ich kann mich nicht um jeden einzelnen Schüler kümmern, ich muss mit dem Stoff durchkommen." (S. 73)

Eltern im Hedonistischen Milieu (11 %) geraten aufgrund ihres freiheitlichen bis nachlässigen Erziehungsstils mit einem Schulsystem in Konflikt, das aus ihrer Sicht „das angepasste Kind" voraussetzt und fördert. Die Individualität von Kindern und Jugendlichen wird ihrer Ansicht nach von der Schule nicht wertgeschätzt. Statt verborgene Potenziale zu erkennen und zu fördern, werden „brave Leistungsknechte" begünstigt. „Was mich immens stört, ist das starre Benotungssystem." (S. 228) Eltern im sozialen Milieu „Benachteiligte" fordern von Lehrern Disziplin, Konsequenz und Ordnung – Tugenden, die sie selbst in ihrer Erziehung diskontinuierlich und inkonsequent verfolgen.

Lern- und Übungskulturen in den Familien

Eine zunehmende Anzahl von Eltern in der Mitte sieht sich in die Verantwortung gedrängt, schulische Lerninhalte zu Hause zu erklären und zu üben. Sie beklagen dies und helfen nur widerwillig. Eltern aus dem Performer-Milieu sind dagegen ganz pragmatisch und leisten konkrete Unterstützung – oder eben nicht.

„Die Kinder unterstützen, indem ich Hausaufgaben nachgeguckt habe, das habe ich nie gemacht." (S. 172) „Wenn was auf ist, dann ist es auf – und abzuarbeiten. Wenn es gemacht ist, ist es erledigt und er kann Freizeit haben [...]." (S. 172)

Aus Sicht vieler Eltern müssen die Jugendlichen selbst ein Mehr an Wissen erwerben sowie zusätzliche Leistungen und überragendes Engagement zeigen, wenn sie eine gute Note erreichen wollen. Eine gute Note setzt für einige Eltern die Aneignung zusätzlichen Stoffs voraus, der zu Hause oder mit dem Nachhilfelehrer erarbeitet wird (vgl. S. 66).

„Bildung wird auf die Schultern der Eltern grundsätzlich verlagert, ja. Bildung sollte eigentlich der Anspruch des Staates sein, aber hier ist es mehr oder weniger verlagert auf die Schultern der Eltern. Die Eltern müssen heutzutage dafür sorgen, dass ihre Kinder einen gewissen Bildungsstatus erreichen können. Ja, und in anderen Ländern ist das nicht so." (S. 135)

Angesichts der zunehmenden Bedeutung eines guten Schulabschlusses nehmen Eltern der sozialen Mitte das Üben selbst in die Hand, während Eltern am unteren Rand die Bildungsverantwortung neben dem eigenen Kind in erheblichem Maße der Schule zuweisen. Die Aufgabe, die Schule zu bewältigen, liegt bei dem Kind: „Du hast einen Duden, guck da mal nach." (S. 224) Da die Verantwortung für den

Schulerfolg weitgehend dem Kind übertragen wird, haben die Eltern im Milieu der Benachteiligten oft keine Information und Kontrolle mehr über das, was in der Schule verlangt wird. Ein Teil dieser Eltern erreicht seine Kinder angesichts der Freiheit und selbstständigen Alltagsorganisation der Jugendlichen nicht mehr.

Die gesellschaftspolitischen Konsequenzen häuslicher Übungskultur

In der Wahrnehmung vieler Eltern wird das Üben an sie delegiert. Dies verlangt vor allem von den Müttern nicht nur, ihre Kinder zu kontrollieren. In vielen Fällen müssen sie sich auch methodische und fachliche Kompetenzen aneignen. Dies hat wiederum zur Folge, dass das vormals klare Hierarchie- und Kompetenzgefüge zwischen Lehrern und Eltern (Mütter) aufgebrochen wird: „Viele Eltern glauben sich – auch aufgrund der nur bruchstückhaften Informationen ihrer Kinder zum methodischen Stand und Vorgehen im Unterricht – fachlich und methodisch einigen Lehrern überlegen, in Bezug auf Noten (dem unantastbaren Machtinstrument der Lehrer) dagegen ohnmächtig ausgesetzt und unterlegen." (S. 95)

Diese Übungskultur bedingt auch eine Delegation von Verantwortung für den Schulerfolg des Kindes an die Eltern, insbesondere an die Mütter. Viele von ihnen sehen sich als häusliche „Hilfslehrerinnen".

„Es ist von vornherein klar gewesen, dass ich den Part nachmittags übernehme und versuche, so viel wie möglich zu gestalten, und am Abend versucht mein Mann, mich zu unterstützen." (S. 186).

Diese Entwicklung hat drei gesellschaftspolitisch relevante Konsequenzen:

1. **Retraditionalisierung der Frauenrolle**
   Die Schule adressiert als Ansprechpartner in den Familien primär die Mütter, die oft eigene berufliche Ziele zugunsten der Bildung ihrer Kinder zurückstellen. Beides verstärkt die Rückkehr traditioneller Rollenmuster, vor allem in der gesellschaftlichen Mitte.

   „Ich würde sehr gerne wieder arbeiten gehen. Aber das setzt voraus, dass es sich mit der Schule vereinbaren könnte. Ich müsste wissen, dass die Kinder optimal versorgt sind, dass sie ein gutes warmes Essen haben, dass jemand da ist und sich um die Schuldinge kümmert. Ich will hier keine Einschränkungen machen." (S. 192)

„Also, ich habe da schon auf meine berufliche Karriere verzichtet, habe da Einschränkungen machen müssen." (S. 157)

„Es ist jetzt das Vernünftigste, es so zu machen, dass ich nachmittags da bin, aber ich bin nicht unbedingt glücklich und zufrieden damit." (S. 157)

Der Bildungssektor, einst Ausgangspunkt für Emanzipation und Gleichberechtigung, wird durch die Kinder zum Motor der Fortsetzung des traditionellen Rollenbildes. Nach Ansicht der Eltern aus gehobenen Milieus reproduziert sich auch bei den Jugendlichen die Normalität dieses Rollenmodells: Die Mehrheit der Schüler/-innen durchläuft die Schule mit der Mutter im Rücken, die nachmittags als Hilfslehrerin dafür sorgt, dass die Kinder die Schule gut bewältigen können.

2. Verfestigung sozialer Ungleichheit

Schule beschäftigt und „bewegt" Eltern. Im Mittelpunkt steht die hohe Relevanz des Schulerfolges für die späteren Lebenschancen der Kinder. Schule hat aus Sicht der Eltern eine Schlüsselfunktion für die Lebenschancen und Lebensverläufe ihrer Kinder. Nahezu alle Eltern klagen über das Schulsystem. Die Eltern in der Mitte der Gesellschaft nehmen die Förderung ihrer Kinder selbst in die Hand:

„Hier in der Nachbarschaft sind ganz viele Leute, die haben eine äußerst akademische Bildung erfahren dürfen. Gleichzeitig ist aber von den Müttern mindestens die Hälfte gar nicht berufstätig. Und die stecken ihre gesamte Energie in die Ausbildung und Förderung ihrer Kinder." (S. 80)

In den unteren sozialen Milieus dagegen fehlen dafür die zeitlichen, sozialen, kulturellen und sprachlichen Ressourcen.

Durch die Steigerungsdynamik der Förderkultur bei den Eltern, vor allem in der Mitte, sowie die wachsende Resignation und Ohnmacht der Eltern aus den Milieus am unteren Rand verstärkt sich die Bildungskluft.

„Man kann immer nur so viel von einem Kind erwarten, wie es den Intelligenzquotienten hat. Nicht jedes Kind wird Professor." (S. 204)

3. Wiederkehr traditioneller Lernmethoden zu Hause

Während Schule im Wettbewerb mit hochattraktiven Jugendwelten immer weniger die Aufmerksamkeit der Schüler bindet, ist die Mehrheit der Eltern von der zukunftsentscheidenden Bedeutung der Schule überzeugt und versucht, Lernschwierigkeiten von Kindern mit häuslichem Zusatzunterricht zu begegnen. Dabei geraten Eltern in Konflikt mit dem Idealbild der glücklichen Kindheit.

„Meine Kinder sollen auch glücklich sein, wenn sie in die Schule gehen." (S. 194)

Antizipierter und tatsächlicher Leistungsabfall des Kindes setzen die pädagogischen Leitbilder des kompetenten und glücklichen Kindes außer Kraft. Insbesondere Gymnasialeltern sehen die Notwendigkeit, am Nachmittag präsent zu sein, um einen festen, kontrollierten Rahmen für die Hausaufgaben und – bei Leistungsabfall – für zusätzliches Lernen zu schaffen.

„[...] Wir sind nur noch hinterher: Hast du schon gelernt, fehlt dir da was. [...] Wo bleibt denn da die Kindheit?" (S. 185)

Eltern greifen bei ihrer Rolle als häusliche Lehrer zu den traditionellen Methoden des Übens durch Rekapitulation und Abfragen, erarbeiten und vermitteln aber in einzelnen Fällen auch zusätzliche Stoffinhalte.

„Ich frage die Kinder täglich: ‚Bist du konstant am Ball, weißt du, was in der letzten Stunde war', und das versuchen wir noch mal zu rekapitulieren [...]." (S. 188)

Die Effektivität der verwendeten Übungs- und Lehrmethoden ist für Eltern kein Thema der kritischen Reflexion. In empirischen Untersuchungen wurde festgestellt, dass bei der überwiegenden Mehrzahl der Familien (84,3 %) die Qualität der Hausaufgabenbetreuung durch die Eltern suboptimal ist.

4. **Realität in der Alltagserfahrung von Eltern und Schule weit vom pädagogischen Leitprinzip des kompetenten Kindes entfernt**
   Während Heranwachsende sich in komplexen Jugendwelten sehr kompetent bewegen (z. B. Kommunikationstechnik, Shopping, Branding), erscheinen die Fähigkeiten zur Leistungsaskese, die zumindest in Gymnasialzweigen (auch bei gesunkenem Anspruchsniveau) immer noch Voraussetzung für Schulerfolg sind, nicht genügend entwickelt. Die Mehrheit der Eltern greift bei antizipiertem oder tatsächlichem schulischen Misserfolg zu engmaschigen Kontrollmaßnahmen:

„[...] also, auch wenn es ansonsten Probleme gibt, Defizite, da wird man auch unterrichtet vom Lehrer, per E-Mail [...]“ (S. 139) „Ich lege Wert darauf, dass sie, wenn sie nach Hause kommen und wir gegessen haben, nach einer kurzen Pause, einer viertel Stunde, manchmal auch eine halbe Stunde, je nachdem, wie streng der Tag war, dass dann jeder auf seinem Zimmer seine Hausaufgaben macht [...].“ (S. 188)

Milieuspezifische Reaktionen der Eltern auf das Schulsystem

Eltern sind keine homogene Gruppe und keine Solidargemeinschaft. Die zunehmende Individualisierung und die geringe Kinderzahl in den Familien haben zu einer Konzentration auf das Kind geführt, das heute im Mittelpunkt der Familie steht. In dem großen Spektrum der milieuspezifischen Reaktionen lassen sich drei Trends erkennen.

Eltern am oberen Rand der Gesellschaft sehen ihren Anspruch auf eine umfassende Bildung ihres Kindes am ehesten in einer Privatschule oder einem privat organisierten Nachhilfesystem erfüllt, das über die Verbesserung guter Schulnoten hinausgeht.

Leistung und Leistungsbereitschaft als Voraussetzungen für beruflichen Erfolg sind für das dynamische Milieu der Leistungseliten, der „Performer“ in der gehobenen gesellschaftlichen Mitte, von großer Bedeutung und werden von den Eltern aktiv unterstützt. Diese Eltern sehen sich und die Kinder selbst für den konkreten Schul- und weiteren Bildungserfolg in der Verantwortung. Markant ist, dass es in diesem Milieu weniger um die Schulnoten selbst geht als vielmehr um die Orientierung an, die Bereitschaft zur und das aktive Erbringen von Leistung in der komplexen Verschränkung von Zielen, Motivation, Potenzialen und Distinktion: Durch Leistung ergeben sich gute Noten.

„Das Wichtigste ist, sie ist glücklich und kann die Leistung bringen. Und wenn sie die Leistung sowieso bringen kann, dann macht sie das sehr gerne.“ (S. 170)

Die Eltern in der „Mitte“ – die Mehrheit der Eltern – versuchen ihre Kinder mit den eigenen Ressourcen oder auch mit Nachhilfe zu unterstützen. Sie leiden jedoch massiv unter den nachmittäglichen „Repetitorien“, die sie ihren Kindern didaktisch, methodisch und fachlich aufbereiten. Im Grunde lehnen sie diese Art von „Hilfslehrer“ am Nachmittag ab, weil es sie überfordert und in ihr Selbstverständnis als (berufstätige) Mutter eingreift. Zudem herrscht ein ambivalentes Verhältnis zur Förderung des Kindes vor: Die Eltern schwanken zwischen der Entfaltung der individuellen Potenziale ihres Kindes, die in der Schule nicht stattfindet, und einer Orientierung auf Leistung, die sie zwar immer weniger akzeptieren, die aber das in der Schule vorherrschende Paradigma ist. Ein guter Schulabschluss und gute Noten haben angesichts der Entwertung unterer Abschlüsse und einer Zunahme der Schüler/-innen an Gymnasien aus Sicht der Eltern an Bedeutung zugenommen. Deshalb sind sie bereit, ihre Kinder selbst zu fördern, zumal sich Schule ihrer Meinung nach nicht für den Schulerfolg verantwortlich fühlt und dort keine individuelle Förderung der Kinder stattfindet. Die Schule bleibt für sie eine unverbindliche Wissensvermittlungsagentur.

Die Eltern am unteren Rand der Gesellschaft haben ihre Kinder früh zur Selbstständigkeit erzogen. Schule ist für viele von ihnen die Angelegenheit der Kinder. Diese stoßen angesichts des Laissez-faire-Erziehungsstils ihrer Eltern allerdings oft an die Grenzen des Schulsystems, das Leistungsbereitschaft fordert, und können den Anforderungen der Schule nicht gerecht werden. Da ein Teil der Eltern zu seinen jugendlichen Kindern wenig oder kaum Kontakt hat, schotten sich diese Milieus sukzessive von der Schule ab. Die Eltern entwickeln eine Vermeidungskultur zur Schule: „Na ja, ich kenne im Prinzip bloß die Klassenlehrerin." (S. 208) Die Eltern erwarten von der Schule die notwendige Unterstützung für ihr Kind, da sie sich selbst nicht in der Lage sehen, es zu unterstützen oder zu fördern. Allerdings wählen Eltern im Hedonistischen Milieu einen Bildungsweg, der mit dem geringsten Aufwand und Widerstand zu bewältigen ist. Das Kind bleibt unterhalb seiner Leistungsgrenzen. Das tatsächliche Leistungsvermögen wird nicht im Umkreis von Schule gesehen und gesucht.

Geschlechterspezifik in der Schullaufbahn aus Elternsicht unerheblich

In den Einstellungen der Mütter und Väter aller Milieus ist kein Unterschied bezüglich der Schullaufbahn und den Bildungsambitionen zwischen Töchtern und Söhnen festzustellen. Trotz der erfolgreicheren Bildungsabschlüsse der Mädchen lehnen es Eltern der Mitte und der gehobenen Milieus ab, Jungen als Bildungsverlierer anzusehen. Sie weigern sich, solche Zuschreibungen zu akzeptieren, weil sich ihrer Ansicht nach mögliche Benachteiligungen von Jungen in der Schule später ausgleichen.

Was Eltern wünschen:

1. Die Mehrheit der Eltern erhebt einen Anspruch auf individuelle Förderung des eigenen Kindes und fordert daher kleine Klassen.
2. Grundsätzlich wünscht die Mehrheit der Eltern eine nachhaltige Vermittlung von Wissen durch den Unterricht. Dies soll spielerisch geschehen und dadurch, dass die Lehrer Neugier und Begeisterung wecken. Eine große Zahl von Eltern wünscht sich außerdem wieder mehr Erklären und Üben im Unterricht, damit schulischen Problemen des Kindes direkt und auch präventiv begegnet werden kann.
3. Nahezu alle Eltern lehnen Notenfixierung und Leistungsdruck ab, weil dies der Persönlichkeit des Kindes nicht gerecht werde.
4. Je nach Milieu unterscheiden sich die Eltern sehr stark im Hinblick auf die Erwartungshaltung an Schule. Während die Performer eine starke Leistungsorientierung und Selektion erwarten, ist die Bürgerliche Mitte für eine abgemilderte Selektion, die sie aus Gründen der Distinktion dennoch für notwendig erachtet. Dagegen haben Eltern am unteren Rand entweder nur defensive Erwartungen („keine Frustration“) oder erwarten lebenspraktisches Lernen.

Lehrer

Vom „Pauker“ zum Förderer von Kompetenzen

Das Lehrerbild hat sich in den letzten Jahrzehnten gewandelt – weg von der traditionellen Vorstellung des „Paukers“ hin zu einem Verständnis des Lehrers als Förderer von Kompetenzen der Schüler. Die Ursachen dafür liegen unter anderem im demografischen Wandel, der zu einer Verschiebung der soziokulturellen Herkunftsmilieus der Lehrer geführt hat. Während noch vor zwei bis drei Jahrzehnten ein Drittel der Lehrer aus den traditionellen Milieus stammte, in denen Pflicht und Akzeptanz einen hohen Stellenwert haben, sind es heute nur noch 10 Prozent. Die Mehrheit der Lehrer kommt mittlerweile aus den Milieus der Postmateriellen und der Bürgerlichen Mitte.

Eine weitere Ursache für das gewandelte Lehrerbild liegt in einem veränderten Verständnis von Bildung im Zuge der PISA-Studien: Bildung wird heute stärker kompetenzorientiert und weniger als reine Wissensvermittlung verstanden. Damit verändert sich auch das Anforderungsprofil des Lehrers, in dessen Mittelpunkt nun der umfassende Anspruch auf die Entwicklung der individuellen Kompetenzen der Schüler steht.

Im Schulalltag treffen Lehrer jedoch auf eine veränderte Schüler- und Elternschaft, die seine faktische Tätigkeit neu bestimmen und zu individuellen Lösungen herausfordern.

„Die Rolle als Lehrer hat sich riesig verändert, seit ich unterrichte. Während ich früher zum größten Prozentsatz der Wissensvermittler war, bin ich heute Erzieher, bin ich heute noch der Sozialpädagoge, bin ich heute noch derjenige, der zwischen Gesellschaft und Elternhaus irgendwelche Dinge, die da schief laufen, ausbaden oder abfangen muss. (Lehrer, Realschule, Baden-Württemberg, S. 337)

„Das Lehrerbild hat sich gewandelt: Heute muss der Lehrer, und da spreche ich für alle Schularten, einfach Aufgaben übernehmen, die früher dem Elternhaus überwiegend zukamen und die wir bei den Klassengrößen von 30 Schülern diesen natürlich nicht nachkommen können. Also die Wertevermittlung, Grunddisziplinen wie Anstand, Höflichkeit, Pünktlichkeit, solche Dinge eben, auf die wir eben immer mehr achten müssen, weil sie vielfach von den Schülern nicht mehr mitgebracht werden." (Lehrer, Gymnasium, Baden-Württemberg, S. 339)

„Die Schule hat das große Problem, dass ihr Aufgaben zugemessen werden, die nie Schulaufgaben waren. Die Schule bekommt immer noch eins drauf: Das muss der Lehrer leisten, das muss die Schule leisten. Im Prinzip müssen wir Seelsorge betreiben, wir müssen Familien betreuen, wir müssen Verwaltung machen, wir müssen trotzdem dafür sorgen, dass die Kompetenzen ausgebildet werden. Es wird immer mehr." (Lehrer, Gymnasium, Thüringen, S. 339)

Mit der Abkehr von der traditionellen „Pauker"-Rolle, die stark auf einer ausgeprägten Übungskultur basiert, verlagert sich das Aufgabenprofil hin zur Kompetenzentwicklung des Schülers, für die es im Schulalltag jedoch nur unzureichende Umsetzungsstrategien gibt. Für den Lehrer bedeutet dies, dass er ein mit Noten selektierendes Schulsystem vertritt, aber von seinem Selbstverständnis her die Potenziale und Kompetenzen der Schüler entfalten und weiterentwickeln soll. Das veränderte Anforderungsprofil trifft auf eine Schülerschaft, die sozial, ethnisch und hinsichtlich ihrer familiären Situation immer heterogener wird.

Das Selbstverständnis des Lehrers variiert zwischen West- und Ostdeutschland

Während der Lehrer in Westdeutschland an Autorität verliert, gilt er in Ostdeutschland als Fachmann mit hoher Entscheidungskompetenz, die von den Eltern nicht angezweifelt wird: Entscheidungen der Schule werden nicht angefochten. Im Gegensatz zum Bildungsaktionismus westdeutscher Eltern in der Mitte gibt es bei ostdeutschen Eltern eher eine Kultur des Abwartens und Akzeptierens.

„Das hat sich schon verändert, dass die Autorität des Lehrers immer mehr infrage gestellt wird, dadurch wird es nicht leichter." (Lehrerin, Realschule Bayern, S. 366)

„Ich sage das jetzt mal so, dass es bei vielen Eltern Diktaturerfahrungen gibt, die DDR sozialisiert sind. Und die Entscheidungen übergeordneter Instanzen werden akzeptiert." (Lehrer, Mittelschule Sachsen, S. 367)

„Ich glaube, und das ist auch der Kern der Geschichte, dass es hier wesentliche Unterschiede gibt [...], und ich merke in Elterngesprächen, wie sehr doch Eltern aus den alten Bundesländern alles im Griff haben wollen, alles lenken wollen, alles im Interesse des Kindes regeln wollen, und zwar so, dass sie sagen, mein Kind hat recht, es muss so sein, denn es ist mein Kind und mein Kind ist etwas ganz Besonderes. Und ich merke, dass wir im Osten doch noch – wenn ich es negativ sagen möchte – ein Stück weit eine Befehlskultur haben, das ist einfach in der Kultur drin, dass klare Ansagen gemacht werden: ‚Das wird gemacht. Ende. Das wird nicht diskutiert.'" (Schulleiter, Gymnasium Thüringen, S. 366f.)

Veränderte Eltern-Lehrer-Beziehung

Die Heterogenität der Elternschaft insgesamt, aber auch des elterlichen Verhaltens und der Einstellungen innerhalb einer sozialen Schicht hat zugenommen. Lehrer stellen fest, dass die Elternarbeit im Vergleich zu früheren Jahren dadurch anstrengender und ihre Beziehung zu den Eltern belasteter geworden ist – mit der Folge, dass die Auseinandersetzungen zwischen Eltern und Lehrern zugenommen haben.

„Das frühere Zusammenstehen zwischen Eltern und Lehrern ist heute nicht mehr so gegeben. Es ist schon so, dass der Lehrer ein bisschen in der Gegnerschaft steht, das sieht man an verschiedenen Auseinandersetzungen." (Lehrerin, Gymnasium, Baden-Württemberg, S. 362)

Zwar bilden die „normalen" Eltern, mit denen eine Zusammenarbeit zum Wohl des Kindes gut funktioniert, noch die Mehrheit, doch nehmen die extremen Haltungen zu und binden sehr viel Zeit und Energie der Lehrer. So nimmt die Zahl der Eltern zu, die kein Interesse (mehr) an der schulischen Entwicklung ihres Kindes haben, und zugleich steigt auch die Zahl der Eltern, die ein Überengagement für ihre Kinder zeigen und sich direkt mit der Schulleitung oder dem Schulamt auseinandersetzen. Beide extremen Haltungen von Eltern haben Auswirkungen auf die Wissensvermittlung der Lehrer im Unterricht.

„Wenn sie das als Lehrer fünf Mal erlebt haben, dass die Eltern sich dann gleich an die Schulbehörde wenden, dann hören sie auf, bestimmte Dinge einzufordern." (Lehrerin, Realschule Bayern, S. 364)

„Es gibt zunehmend ein Einmischen in schulische Belange durch Eltern. Auch was Unterrichtsgestaltung anbelangt, dass ein Lehrer da eine E-Mail kriegt und kritisiert wird. Das ist häufiger." (Lehrer, Gymnasium, Thüringen, S. 364)

„Ich wünsche mir, dass die Eltern sich überhaupt erst mal interessieren für ihre Kinder, dass sie so weit an deren Alltag teilnehmen, dass sie wenigstens wissen, was in der Schule vor sich geht." (Lehrerin, Hauptschule, Berlin, S. 369)

„Das ist ein Problem, denn ich lobe die Kinder, versuche ihre Stärken herauszufinden und sie zu unterstützen, und die Eltern scheinen sich überhaupt nicht dafür zu interessieren." (Lehrerin, Hauptschule, Berlin, S. 375)

Eine immer anspruchsvollere Klassenführung erschwert einen gelingenden Unterricht

Lehrer sehen ihre Kernaufgabe im gelingenden Unterricht. Während sie sich fachlich und fachdidaktisch durch ihre Ausbildung angemessen vorbereitet fühlen, konstatieren sie in Bezug auf Klassenführung jedoch Defizite. Diese wiegen umso schwerer, als eine zunehmend individualisierte und sehr heterogene Schülerschaft mit großem Selbstbewusstsein hoch professionelle Leitungskompetenzen erfordere.

Insbesondere jüngere Lehrer (30 % der unter 40-Jährigen) reduzieren zunehmend ihre Arbeitszeit und jüngere präferieren auch häufiger Teilzeitstellen (11 % der 40 bis 54-Jährigen) als ältere.

Die Wissensvermittlung wird im Schulalltag durch sozialpädagogische, erzieherische und therapeutische Aufgaben ausgeweitet und erschwert

Grundsätzlich ist Wissensvermittlung als schulische Kerndienstleistung auch im heutigen Rollenverständnis der Lehrer mit persönlicher und sozialer Erziehung der Schüler verbunden. In der Praxis hat sich aus Sicht der Lehrer jedoch die Gewichtung dieser Aufgaben verschoben: Insbesondere in Hauptschulzweigen sehen sie sich durch den Problemdruck inzwischen primär in sozialpädagogischer, erzieherischer und therapeutischer Funktion („Ersatzeltern") – eine Entwicklung, mit der zunehmend auch Lehrer in Gymnasialzweigen konfrontiert sind.

Lehrer gehen diese neuen Herausforderungen, zu deren Bewältigung in den Schulen oft weder Zeit noch Unterstützung durch multiprofessionelle Teams vorhanden sind, mit individuellen Problemlösungsstrategien an („trial and error"). Sie vermissen Konzepte, wie „social and personal skills" im Rahmen von unterrichtlichen und außerunterrichtlichen Aktivitäten in der Schule trainiert werden können.

„Ich kann meinen Beruf wenig ausüben. Ich bin hauptsächlich damit beschäftigt, dass ich versuche, sehr, sehr schwer erziehbare Kinder wieder dazu zu kriegen, sich überhaupt zu benehmen, dass man überhaupt Unterricht machen kann." (Lehrerin, Hauptschule, Baden-Württemberg, S. 374)

„Es hat sich verändert dahin gehend, dass man teilweise ja gar keinen Unterricht machen kann, wenn die Kinder sich ja dagegen wehren, indem sie z. B. stören oder nicht mitmachen. Wir haben oft den Zustand, dass wir lange brauchen, um schon mal eine Ruhe zu erzeugen und zu sagen: Jetzt wollen wir mal beginnen." (Lehrerin, Hauptschule Berlin, S. 374)

„Wir haben zwei Aufgaben – Erziehung und Bildung. Und das Erste kommt zuerst, das muss man ganz klar so sagen." (Schulleiter, Hauptschule, Nordrhein-Westfalen, S. 374)

Die aktuellen Schulreformen sind keine Antwort auf die drängenden Probleme im Schulalltag, sondern tragen aus Sicht der Lehrer zur Belastung des Schulalltags bei

Obwohl die Lehrerschaft großen Veränderungsbedarf in der Schule sieht, erfährt sie die Reformen der Bildungspolitik als kontraproduktiv. Aus ihrer Sicht antworten die aktuellen Reformen nicht auf drängende Probleme, sondern tragen zur weiteren Belastung des Schulalltags bei. Die praktischen Folgen der „Mess- und Vergleichswut" (Vergleichsarbeiten, Qualitätsanalysen) werden vor allem in dem Gefühl der Lehrer sichtbar, als „Befehlsempfänger" übergangen zu werden, deren Alltagserfahrungen weder bei der Planung noch bei der Umsetzung und Bewertung von Reformmaßnahmen einbezogen werden.

„Es gibt einen krassen Gegensatz zwischen Theorie und Praxis. Da werden dann Dinge plötzlich gefordert, die in der Theorie ganz toll sind, aber in der Praxis nicht funktionieren. Und da hätte ich gerne mehr Zeit für meine Schüler und für meinen Unterricht, um den gut zu machen." (Lehrer, Gymnasium, Sachsen, S. 344)

„Wie man da als Lehrer mundtot gemacht wird, das ist skandalös!" (Lehrerin, Oberschule, Berlin, S. 344)

„Die müssten endlich mal die Basis befragen und mal in die Schulen kommen, und zwar nicht mit rotem Teppich, sondern mal einen Tag mitlaufen.“ (Lehrer, Mittelschule, Bayern, S. 344)

„Seit Jahren werden uns Neuerungen übergestülpt, ohne an der Basis zu fragen. Zum Beispiel die Qualitätsanalysen. Die Lehrer bleiben außen vor, die dürfen nicht Stellung beziehen.“ (Lehrerin, Realschule, Nordrhein-Westfalen, S. 345)

Schlechte Rahmenbedingungen erschweren professionelles Arbeiten

Deutliche Kritik äußert die Mehrzahl der Lehrer wegen des Mangels an geeigneten Räumen mit Standardausstattung, wie PC und Drucker, für Vorbereitungs- und Korrekturarbeiten sowie Verwaltungsaufgaben. Gerade vor dem Hintergrund der Entwicklung zur Ganztagsschule sehen sie hier dringenden Reformbedarf. Dass die beruflich notwendigen Arbeitsmittel wie PC und Drucker sowie deren Wartung, aber auch Fortbildungen und Klassenfahrten nicht vom Arbeitgeber bezahlt werden, thematisieren Lehrer nur am Rande – wichtiger ist einer Mehrzahl von ihnen die Freude an der Arbeit mit Heranwachsenden.

Was Lehrer wünschen:

1. Lehrer wünschen sich eine klare, kontinuierliche und vor allem verlässliche Bildungspolitik als notwendige Rahmenbedingung ihres Arbeitens.
2. Für eine erfolgreiche Wissensvermittlung und die Entwicklung von Kompetenzen der Schüler sind aus Sicht der Lehrer kleine Klassen von unabdingbarer Notwendigkeit.
3. Angesichts zunehmender Bürokratie und Verwaltungstätigkeiten einerseits und zunehmender sozialpädagogischer und psychologischer Betreuung der Schüler andererseits brauchen Lehrer eine institutionell verankerte und personell ausreichende Einbindung verschiedener Professionen in den Schulbetrieb.
4. Bei der Sicherung der Bildungsqualität an Schulen wollen Lehrer stärker eingebunden werden als bisher.
5. Der gestiegene Anforderungsdruck an Lehrer hat auch das Aufgabenspektrum der Lehrer erweitert. Die Reformen der vergangenen Jahre in Form von Vorgaben, Controllingprozessen oder Evaluationen sind nicht aufeinander abgestimmt und erzeugen eine Wechsel- und Steigerungswirkung. Lehrer möchten sich stär-

ker auf ihr Kerngeschäft, den Unterricht, konzentrieren. Dazu bedarf es einer Schul- und Bildungspolitik, die nicht auf bürokratische Anforderungen reduziert wird (und ständig Reformen einführt).

Schulerfolg

Schulerfolg wird zur Verantwortung der Eltern von Gymnasialkindern

Eltern sind – aus Sicht der Lehrer – zentral für den Schulerfolg der Kinder. Um die Lernziele im Unterricht zu erreichen, ist ihre engagierte Mitarbeit erforderlich. Eltern sehen sich denn auch in einer Mitverantwortung, nicht aber in der Rolle des Hilfslehrers. In ihrer Wahrnehmung können ihre Kinder die Schule nur dann erfolgreich bewältigen, wenn sie ihre Kinder aktiv unterstützen.

„Das Schulsystem hat das so festgelegt, dass die Eltern mithalten müssen. Anders schaffen die Kinder das nicht mehr." (S. 193)

Die Verantwortung für den Schulerfolg liegt zu einem überwiegenden Teil bei den Eltern und nur noch zum Teil bei den Schülerinnen und Schülern selbst und deren Vermögen. Dies gilt für alle Schularten mit deutlicher Zuspitzung beim Gymnasium. Ein Teil der Eltern kommt im Verlauf der Sekundarstufe I an seine Grenzen: „Ich kann nicht mehr, wir können nicht mehr". Fehlen im Elternhaus die notwendigen zeitlichen, sozialen, sprachlichen, kulturellen Ressourcen, haben die Kinder deutlich geringere Chancen auf einen guten Schulabschluss.

„Unterstützen? [...] Ich habe ja noch andere Kinder und meine Frau ist voll berufstätig und macht Spätschicht und was weiß ich. Und ja, ich bin auch Hausmeister, 400-Euro-Job, das ist halt alles eine Zeitfrage." (S. 204)

Unabdingbar für den Schulerfolg ist die Unterstützung durch die Mutter

Das kontinuierliche Engagement der Mütter mit großem Zeitaufwand und einem hohen Maß an Flexibilität und Verfügbarkeit scheint nach den Aussagen der meisten Eltern heute als Grundlage für den Schulerfolg ganz selbstverständlich vorausgesetzt zu werden. Nur ein kleiner Teil der Elternschaft unterstützt nicht systematisch, entweder aus eigener Überforderung (u. a. in der Unterschicht) oder weil dem Kind der Schulerfolg alleine gelingt. Ein weitaus größerer Teil der Mütter aus der Mittel- und Oberschicht begreift sich als unbedingt notwendiger, aktiver Teil der Schullaufbahn ihres Kindes. Dies hat u. a. Konsequenzen für das Selbstverständnis als gute Mutter, die auch berufliche Einschränkungen zugunsten des Schulerfolges ihres Kindes hinnimmt.

Zunehmende pädagogisch-didaktische Anforderungen konkurrieren mit zunehmenden behördlichen Vorgaben

Lehrer verzeichnen eine paradoxe Entwicklung: Auf der einen Seite ist eine immer stärkere pädagogisch-didaktische Konzentration auf Schüler erforderlich, etwa durch heterogene Schülerschaften, größere Klassen, verdichtete Lernzeiten (G8), eine steigende Zahl von Eltern mit extremen Haltungen (Desinteresse versus Helikopter-Mentalität) und Forderungen nach individueller Förderung und inklusivem Lernen. Auf der anderen Seite machen sie die Erfahrung, dass die Zeit für diese Aufgabe, die Lehrer als Kern und Sinn ihrer Tätigkeit begreifen, durch politische/behördliche Vorgaben immer geringer wird:

„Und so kommt es, dass man sich als Lehrer immer weniger um das Kerngeschäft, die Schüler, den Unterricht, kümmern kann [...].“ (S. 341)

„[...] Der kleinste Teil ist der Unterricht, ja, nebenbei sind Konferenzen, Berichte zu schreiben, Telefonate mit Jugendamt, Eltern, Psychotherapeuten und so weiter, das ist einfach inzwischen zu viel geworden [...].“ (S. 341)

Die Lehrer kritisieren, dass es ihnen unter diesen Rahmenbedingungen seltener als früher gelingt, bei Schülern Begeisterung zu wecken.

Gesunkene Leistungsbereitschaft und gesunkenes Leistungsniveau der Schüler/-innen bei gestiegenem Leistungsdruck

„Fast alle Lehrer stellen im Vergleich zur Situation vor 15, 20 oder 25 Jahren eine niedrigere Anstrengungsbereitschaft ihrer Schülerschaft fest.“ (S. 347) Die Ursache der mangelnden Leistungsbereitschaft sehen Lehrer darin, dass die heutigen Schüler/-innen weniger als die Generation zuvor die Notwendigkeit sehen, sich anzustrengen. Zudem erfolgt der Wissenserwerb immer häufiger über das Internet. Für Jugendliche scheint die Schule ihre Hoheit über Wissen und Wissensvermittlung weitgehend verloren zu haben: „Die Schüler entwickeln immer später ein zielführendes Lernverhalten“ (S. 348). Gleichzeitig beobachten Lehrer an Gymnasien einen gestiegenen Leistungsdruck bei Schülern.

„Die Schüler sind nicht mehr bereit, sich zu schinden, sich richtig anzustrengen – das beobachte ich.“ (Lehrer, Gymnasium, Bayern, S. 348)

„Die Schüler sind nicht mehr gewöhnt, etwas zu lernen, um es dauerhaft zu können.“ (Schulleiter, Realschule, Nordrhein-Westfalen, S. 348)

„Wo sollen sie die Motivation hernehmen, sich anzustrengen, denn sie haben ja im Grunde alles und es kann eigentlich gar nicht besser werden.“ (Lehrer, Gymnasium, Bayern, S. 348)

„Das Niveau ist gesunken und der Leistungsdruck hat zugenommen.“ (Lehrer, Gymnasium, Rheinland-Pfalz, S. 351)

Die Ursachen dieser Entwicklungen sind vielfältig. Unter anderem machen Lehrer strukturelle Veränderungen dafür verantwortlich, etwa die Verkürzung auf G8, die Einführung einer zweiten Fremdsprache in Klasse 6, eine zunehmende Anzahl an Vergleichsarbeiten und den Nachmittagsunterricht. Aber auch die hohen Erwartungen der Eltern hinsichtlich eines guten Schulabschlusses des Kindes sowie die Ablenkung der Schüler bzw. die Reizüberflutung durch Medien werden genannt.

Die Belastung der Schüler durch die Familie nimmt zu

Während in früheren Zeiten nur einzelne Schüler besonderen Belastungen ausgesetzt gewesen seien, stellen Lehrer heute eine zunehmende Zahl von Schülern mit vielfältigen Belastungsfaktoren fest. Immer mehr Heranwachsende leben in nicht intakten Herkunftsfamilien oder in neu formierten Patchwork-Konstellationen und müssen eine Trennung oder Scheidung ihrer Eltern verarbeiten. Hinzu kommen Arbeitslosigkeit oder psychische Erkrankungen eines oder beider Elternteile, die die Jugendlichen belasten und Auswirkungen auf ihre Schulleistungen haben. Zugenommen haben auch psychische Störungen, Essstörungen, ADHS, individuelle Leistungsstörungen sowie Schul- und Prüfungsangst. Solche Belastungsfaktoren häufen sich gerade bei Kindern aus bildungsfernen Elternhäusern, sind aber auch in der gesellschaftlichen Mitte zu finden.

„Seit ein paar Jahren beobachten wir, dass die Schüler mit immer mehr Problemen zu uns kommen, wie Scheidung, Trennung, Arbeitslosigkeit." (Schulleiter, Realschule, Nordrhein-Westfalen, S. 347)

„Ich merke die zunehmende Belastung der Kinder, v. a. der Kleineren." (Lehrerin, Gymnasium, Nordrhein-Westfalen, S. 347)

Medialisierte Wirklichkeiten als Konkurrenz zur Schule

Eine wesentliche Ursache für ein sinkendes Leistungsniveau in allen Schularten sehen Lehrer in der mangelnden Konzentrations- und Aufnahmefähigkeit durch die vielfältige Nutzung von Medien. Ein vertieftes Lernen mit längeren Konzentrationsphasen gelingt immer weniger Schülern / -innen. Die Lebenswirklichkeit heutiger Jugendlicher ist geprägt von der Gleichzeitigkeit der Lebensbereiche, in der Schule nur ein Element ist. Lernen erfolgt nicht mehr an festen Orten, zu festen Zeiten und ohne Unterbrechung.

„Die Medien sind der wichtigste Lehrer unserer Kinder. Und dagegen kämpft Schule jeden Tag an." (Lehrer, Gymnasium, Thüringen, S. 353)

„Die Kinder sind zunehmend von anderen Dingen berieselt. Das heißt, die Aufmerksamkeit, die Geduld, die Bereitschaft, an was dranzubleiben, wird geringer." (Lehrer, Gymnasium, Bayern, S. 353)

„Eine lernmäßige Ruhe im Unterricht war früher besser gegeben. Das sind die ganzen Medien! Heute ist die Reizüberflutung zu viel – angefangen von I-Pod, über Fernsehen und Computer [...]." (Lehrer, Realschule, Baden-Württemberg, S. 353)

Medien in Form von Handy, PC oder TV bieten attraktive Gegenwelten ohne kognitive Zumutungen mit eigenen Anerkennungsarenen.

Mehr Jugendliche ohne Erziehungsstruktur und Grenzen

In ihrem beruflichen Alltag sehen sich Lehrer heute gefordert, zulasten der Vermittlung von Wissen deutlich mehr Erziehungsaufgaben zu übernehmen. Vor allem Lehrer an Haupt-, Mittel-, Real- und Gesamtschulen sehen sich Schülerinnen und Schülern gegenüber, die ihnen ohne erkennbare Erziehungsstruktur und ohne Erfahrung von Grenzen gegenübertreten. Parallel dazu treffen sie auf Eltern (vorwiegend in den unteren Milieus), die die Erziehung ihrer Kinder praktisch aufgegeben haben und an die Schule delegieren. Von praktischer und emotionaler Verwahrlosung ist eine steigende Zahl von Kindern in allen sozialen Schichten betroffen – wenngleich seltener aus Akademikerfamilien.

„Da ist oft nichts. Da ist kein Ritual oder da ist nichts. Struktur, also da ist keine Struktur. Die stehen mit ihren Kindern nicht auf. […] Die kommen zu uns ohne Frühstück, natürlich. Da gibt es auch mittags nichts zu essen […], das ist erzieherische und soziale Verwahrlosung." (Lehrerin, Realschule plus, Rheinland-Pfalz, S. 354)

„Da ist alles da, der Fernseher im Zimmer, alle Medien. Aber da ist keiner da, der sagt: ‚Du machst jetzt um neun das Licht aus.' Das ist richtige erzieherische Verwahrlosung." (Lehrerin, Hauptschule, Berlin, S. 355)

„Das sind Jugendliche, die völlig ohne Struktur aufwachsen, die kennen keine Grenzen mehr, auch die Eltern nicht, gar nicht." (Lehrerin, Gesamtschule, Nordrhein-Westfalen, S. 355)

Der Schulerfolg hat eine geschlechtsspezifische Komponente – für Lehrer / -innen allerdings nur ein Randthema

Mädchen erzielen höhere Bildungsabschlüsse, wiederholen seltener eine Klasse und sind seltener auf den Hauptschulen vertreten als Jungen. Trotz dieser Bildungsdiskrepanz wird das Thema Genderunterschiede von Lehrerinnen und Lehrern nur als Randthema wahrgenommen. Da dem Thema auch in der Lehrerausbildung keine besondere Aufmerksamkeit zuteilwird, sind sich Lehrer/-innen nicht bewusst, ob und inwiefern sie Geschlechterstereotypisierungen vornehmen und inwiefern diese an der Schule wirksam werden.

„Wenn ich mir meine Schüler anschaue, die mit den größten Problemen, das sind Jungen. Ich glaube schon, dass es daran liegt, dass sie ihre Rolle in dieser Gesellschaft […], dass sie die vielleicht nicht mehr so finden können." (Lehrerin, Realschule, Berlin, S. 358)

„Der Unterschied zwischen Mädchen und Jungen ist enorm. Weil unser Schulsystem einfach auf Mädchen ausgerichtet ist […]. Das, was in der Schule belohnt wird, ist das Ordentliche, das Ruhige, das Aufmerksame – und das sind nun mal meistens die Mädchen." (Lehrerin, Realschule, Bayern, S. 358)

Zwar beobachten nahezu alle Lehrerinnen und Lehrer (teilweise deutliche) Unterschiede zwischen den Geschlechtern, verorten die Gründe dafür nicht in der schulischen Praxis und betonen, dass die sozialen und ethnischen Unterschiede stärker in die Schule hineinwirken als die des Geschlechts.

Fazit

1. Die soziale Lage und Bildungsnähe der Eltern, ihre Unterstützungsmöglichkeiten und ihre Unterstützungsbereitschaft entscheiden in hohem Maße darüber, welche Schulart ihr Kind besuchen wird und welchen Abschluss es erreichen kann.
2. Die Bildungsdiskussion der vergangenen Jahre hat bei den Eltern in der Mitte zu einer Fokussierung auf das Abitur geführt. Allerdings kollidiert der von den Eltern bevorzugte, auf Verhandlung basierende Erziehungsstil mit einem selektierenden Schulsystem. Darüber hinaus ist das Postulat einer glücklichen Kindheit aus Elternsicht kaum mit einem leistungsorientierten Schulsystem vereinbar.
3. Mit dem veränderten Erziehungsstil der Eltern in der gesellschaftlichen Mitte geht auch eine Verunsicherung der Wertehaltung hinsichtlich Leistungsbereitschaft, Ehrgeiz und Ansporn einher: Aufstieg um jeden Preis erfährt eine Relativierung.
4. Die Bildungsdiskussion um die PISA-Ergebnisse ist in den unteren sozialen Schichten nur bedingt angekommen.
5. Eine heterogene, kulturell vielfältige Schülerschaft und eine heterogene Elternschaft stellen veränderte Anforderungen an Lehrer. Während ein großer Teil der Schüler an Gymnasien phasenweise Leistungsprobleme hat, stehen in den anderen Schularten vor allem Erziehungsprobleme im Vordergrund, für die Lehrer nicht ausgebildet sind.
6. Die Komplexität und der Wandel des Schulalltags werden aus Sicht der Lehrer in den permanenten Reformen nicht berücksichtigt.

Türkische Migranten

Mit rund 2,48 Millionen Menschen oder 3,04 % der gesamten Bevölkerung Deutschlands stellen die türkischstämmigen Migranten nach den Spätaussiedlern die zweitgrößte Einwanderergruppe dar. In dem Anteil von 28 % an jungen Menschen, die jünger als 15 Jahre alt sind (gegenüber 12 % in der autochthonen deutschen Bevölkerung), ist bereits in der aktuellen Elterngeneration eine Strukturverschiebung zu erkennen, die in der künftigen Elterngeneration und der nächsten Schülergeneration noch stärker ausgeprägt sein wird.

Obwohl die Mehrzahl der türkischstämmigen Migranten schon lange in Deutschland leben, wirken sich die Bildungsdefizite der ehemaligen Gastarbeiter bis in die nachfolgenden Generationen aus – und das hat auch Konsequenzen für den Schulalltag und ihre Chancen an einer Teilhabe im Ausbildungs- und Arbeitsmarkt.

Schulerfolg als grundlegende Voraussetzung für den späteren Lebensweg

Vor dem Hintergrund der eigenen Bildungs- und Schulbiografie ist die Notwendigkeit einer guten Schulbildung für die Aufstiegschancen der Kinder bei den Eltern angekommen.

Das Aufstiegsparadoxon

- Aufstieg durch Schulerfolg und Spracherwerb wird von den Eltern der traditionellen und unteren Milieus als Ziel genannt, allerdings mangelt es an der Umsetzung.
- Aufstieg wird zugleich als Ausstieg aus der kulturellen Herkunftsfamilie wahrgenommen. Die Konsequenz: Für einige Schüler ist Aufstieg Ansporn zu einem großen Bildungseifer, für andere bedeutet er Entfremdung von Herkunftskultur und -familie.

„Kampf der Kulturen"

In der Schule treffen unterschiedliche Erziehungslogiken und Wertesysteme und häufig auch sprachliche Defizite aufeinander. Das deutsche Schulsystem setzt den selbstständig arbeitenden Schüler voraus. Diese liberale Vorstellung kollidiert mit Elternhäusern, in denen Respekt und Loyalität mit traditionellen kulturellen Werten eingefordert werden, und mit der Vorstellung, dass deutsche Lehrer Autoritätspersonen sein sollen. Vor allem Eltern, die in der Türkei zur Schule gingen, erwarten von den Lehrkräften mehr Durchsetzungsvermögen, Autorität und Strenge.

Das Erziehungsparadoxon

Schule soll nach Auffassung der meisten Eltern keine Erziehungsaufgaben übernehmen. Für türkischstämmige Eltern ist Erziehung Aufgabe der Familie. Dennoch erwarten sie, dass ihre Kinder sinnvoll pädagogisch betreut werden, den Umgang mit anderen Menschen lernen und in ihren Lehrern Vorbilder finden können.

Delegation der Übungskultur

Eine aktive Lernbegleitung durch die Eltern findet in der Regel erst bei massiven Schulproblemen statt, mit denen sich Eltern in den unteren und in Teilen der Milieus der Mitte überfordert fühlen. Bei der Hilfe für ihre Kinder beziehen Eltern Verwandte und Bekannte in der Community mit ein. Wenn das Kind eine höhere Schule besucht, als sie selbst absolviert haben, sind die Eltern weniger in der Lage, aktiv bei der Bewältigung von Lernstoff oder Hausaufgaben zu helfen, als sie gerne möchten.

Schulerfolg

Ein Teil der türkischstämmigen Eltern sieht ihre Kinder in der Schule durch die Lehrerschaft indirekt diskriminiert. Die schulische Zukunft ihres Kindes wird nach Ansicht der Eltern durch Lehrer häufig weniger ambitioniert eingeschätzt und geplant, da den Lehrern bewusst sei, dass sie die Mitarbeit der Eltern nicht voraussetzen können.

Spätaussiedler

Die größte Migrantengruppe sind mit 3,26 Millionen Menschen und einem Anteil von 3,97 % der Gesamtbevölkerung die Spätaussiedler. Im Vergleich zu anderen Migrantengruppen zeigen sich hinsichtlich der Bildungsabschlüsse ein relativ geringer Anteil an Personen ohne Schulabschluss wie auch eine relativ hohe Quote an mittleren Bildungsabschlüssen. Allerdings bestehen trotz relativ hoher Bildungsabschlüsse Probleme bei der ausbildungsadäquaten Integration in den Arbeitsmarkt.

Schulerfolg als grundlegende Voraussetzung für den späteren Lebensweg

Die Notwendigkeit einer guten Bildung und eines guten Schulabschlusses ist bei Spätaussiedler-Eltern angekommen. Um ihren Kindern beste Chancen für den späteren Ausbildungs- und Stellenmarkt zu eröffnen, streben sie für ihre Kinder das Abitur an.

Schule als Wissensvermittlung und Werteerziehung

Auch wenn sie das Schulsystem in Deutschland schwer durchblicken, erwerben Spätaussiedler-Eltern einen guten Kenntnisstand über das Schulsystem. Sie haben hohe Ansprüche und Erwartungen an Schule als pädagogische Bildungsinstanz, die den ganzen Menschen, seine Persönlichkeitsentwicklung und Lebenskompetenz, im Blick hat. Der Auftrag der Schule besteht in der Vermittlung von Wissen und der individuellen und sozialen Erziehung.

Autoritäre Erziehungsstile prallen auf liberales Schulsystem

Leistung, Disziplin und Fleiß sind die Grundlage der Erziehung. Diese in einer autoritären Erziehung vermittelte klare Wertestruktur mit klaren Geschlechtszuschreibungen erwarten Eltern auch von dem deutschen Schulsystem. Verbunden sind diese Erwartungen mit einem hohen Anspruch an Lehrer, die sich als Vorbilder und Autoritätspersonen aus einer inneren Berufung heraus viel umfangreicher und individueller um ihre Schüler kümmern sollten.

Fordern des Kindes als Leitprinzip

Die Bewältigung des konkreten Schulalltags überlassen die Eltern ihren Kindern. Das betrifft sowohl die Schulaufgaben als auch die Vorbereitung auf Prüfungen. Spätaussiedler-Eltern sehen sich nicht in der Lage, ihre Kinder dabei zu unterstützen. Stattdessen geben sie ihren Kindern einen klar umgrenzten Rahmen und halten sie zu gezieltem, selbstverantwortlichem Lernen an.

- Sie fordern Engagement des Kindes ein und greifen bei Problemen gezielt ein
- Sie zeigen einen klar strukturierten Rahmen auf: wertkonservative Haltung, klare Geschlechterrollen, Wertschätzung von Fleiß und Disziplin
- Sie fördern sportliche Aktivitäten der Jungen und künstlerisch-kreative Betätigungen der Mädchen

Enttäuschung über das deutsche Schulsystem

Spätaussiedler-Eltern üben massive Kritik am Schulsystem und beklagen zu große Klassen, mangelhafte Ausstattung mit Lehrmaterialien und technischen Geräten, zu viele Stundenausfälle sowie mangelnde Selbstdisziplin und zu wenig Engagement der Lehrer/-innen. Kritisiert wird auch die ungerechte Bildungskultur, die vom Geldbeutel der Eltern abhängt, und ferner, dass Freizeitangebote, Förderung der Kinder sowie die musische und sportliche Entwicklung in Deutschland ausschließlich privat finanziert werden müsse. Die Eltern kommen zu dem Schluss, dass Schule ihrer Aufgabe nicht gerecht wird, nämlich das auszugleichen, was den Kindern von zu Hause aus an Unterstützung bei Bedarf nicht zukommt.

Bildungspolitische Fragestellungen, die sich aus der Studie ergeben

Christine Henry-Huthmacher / Elisabeth Hoffmann

1. Wie kann das Bildungsniveau gehalten und wie kann die Leistungsbereitschaft und Motivation der Schüler/-innen verbessert werden?

2. Wie lässt sich eine bessere Professionalisierung der Arbeitsbedingungen für Lehrer/- innen in der Schule erreichen?

3. Wie ist das achtjährige Gymnasium (G8) zukünftig zu gestalten, damit es für Schüler und ihre Eltern attraktiv bleibt?

4. Wie kann das Lehrer-Eltern-Verhältnis weiterentwickelt werden?

5. Wie kann Schule der zunehmenden Heterogenität von Schülerschaft und Eltern eher gerecht werden?

6. Wie können Elternhaus und Schule genderspezifischen Leistungsdifferenzen entgegen wirken?

7. Was kann / soll Schule heute leisten?

8. Wodurch entsteht der Eindruck von Eltern, dass es dem deutschen Bildungssystem an vertikaler und geographischer Durchlässigkeit mangele?

9. Was ist zu tun, damit der Trend der Eltern zur Höherqualifizierung ihrer Kinder durch Abitur nicht zur Entwertung anderer schulischer Abschlüsse führt?

1 Einleitung

Katja Wippermann / Carsten Wippermann / Andreas Kirchner

An Bildung bemisst sich die Zukunftsfähigkeit von Nationen, Organisationen und Personen. In der heutigen (modernen, spätmodernen, postmodernen) Wissensgesellschaft gilt Bildung mehr denn je als entscheidende Ressource für Chancen im privaten und beruflichen Lebenslauf, für Lebensqualität und Entwicklungspotenzial. Das Maß an Bildung erweitert oder beschränkt das Spektrum von Optionen. Das ist die elementare Sicht von Politik, Wirtschaft, Wissenschaft und Erziehung und deren appellierende Botschaft. Die Schule gerät dabei immer stärker in die Rolle der nicht nur vorbereitenden, sondern präjudizierenden Zuweisungsstelle von Lebenschancen für junge Menschen. Diese Bedeutung von Schule haben sowohl Eltern als auch Lehrer erkannt und sorgen sich daher um die bestmögliche Förderung von Kindern. Wie die erste Elternstudie der Konrad-Adenauer-Stiftung[1] aus dem Jahr 2008 zeigte, setzt die steigende Bedeutung der Schule die Eltern unter einen immer höheren Anforderungsdruck. In dem Maße, in dem der erreichte Schulabschluss zum Schlüssel für gesellschaftlichen Erfolg oder Misserfolg wird, avanciert die „optimale Entwicklung" des Kindes zum Leitwert guter Elternschaft.

Die Schullaufbahn und die schulischen Leistungen ihrer Kinder waren für Eltern immer schon ein wichtiges Thema, jedoch ist die selbst auferlegte und die von den Schulen geforderte Verantwortung der Eltern für den Schulerfolg ihres Kindes ein neues Phänomen. Eltern sehen sich zunehmend in der Verantwortung für die Schulergebnisse ihrer Kinder, sehen sich ungefragt und unfreiwillig in die Rolle des Hilfslehrers bzw. der Hilfslehrerinnen für Hausaufgabenbetreuung und Prüfungsvorbereitung gedrängt. Es sind vor allem die Mütter, die die Qualifizierungsfunktion der Schule mittragen und damit eine tragende Säule für den Schulerfolg sind. Dass Mütter heute „Managerinnen der Schulkarriere ihrer Kinder" werden *müssen* – das ist die Perspektive von Eltern schon zu Beginn der Schulzeit ihres Kindes und bewegt einen erheblichen Teil der Mütter dazu, auf (Vollzeit-)Erwerbstätigkeit zu verzichten oder deren Umfang zu reduzieren. Wie massiv Schule in den Familienalltag hineinwirkt, zeigt der Befund, dass 75 % der Mütter sich durch die Schule belastet fühlen und das Familienleben durch die Probleme der Schule beeinträchtigt sehen.[2]

1 Merkle / Wippermann 2008.
2 Vgl. Maschke / Stecher 2010.

Das Modell sozialer Schichten ist längst nicht mehr ausreichend, um die Vielfalt von Lebensauffassungen und Lebensweisen in unserer Gesellschaft zu erfassen. Daher ist in der Sozialtheorie und Sozialforschung an die Stelle des Schichtungsmodells das Gesellschaftsmodell sozialer Milieus getreten. Soziale Milieus fassen Menschen zusammen, die sich in ihrer sozialen Lage (Einkommen, Bildung, Berufsprestige), ihrer Wertehierarchie (Wertearchitektur, Wertesemantik) und ihrem Lebensstil (Rituale, Präferenzen, Alltagsästhetik) ähneln. In den vergangenen Dekaden ist das Spektrum der Milieus durch Prozesse der Imitation und Distinktion vielfältiger geworden. In diesem Prozess der soziokulturellen und auch sozialhierarchischen Ausdifferenzierung entwickeln Milieus je eigene Sinnhorizonte, die unter dem Druck verstärkter Anforderungen an Bildung in einer dynamischen Wissensgesellschaft und einer globalisierten Wettbewerbsgesellschaft immer weiter auseinanderklaffen und eine eigene Logik erzeugen. Dabei setzen sich die gehobenen Milieus bewusst und strategisch von den niedriger gelagerten Milieus ab. Die Milieus am unteren Rand der Gesellschaft versuchen mit den Milieus der Mitte mitzuhalten, die sie aber ausgrenzen und sich von ihnen abgrenzen. Mit Hilfe des Gesellschaftsmodells sozialer Milieus verfolgt die hier vorgestellte Untersuchung einen ganzheitlichen alltagsweltlichen Ansatz: Schulambitionen und Schulerfolg können und sollen nicht allein über die soziale Schichtzugehörigkeit der Eltern (Einkommen, Formalbildung, Berufsposition) erklärt werden. Vielmehr geht es darum, auch die grundlegenden Werthaltungen, Lebensstile und Erziehungsstile sowie die auf Schule bezogenen Einstellungen, Ziele, Forderungen, Verhaltensmuster und Fördermaßnahmen der Eltern zu *verstehen* und diese als einen die Schulkultur und den Schulerfolg ihres Kindes mitprägenden Faktor zu berücksichtigen. Dabei werden die Einflüsse und Wechselwirkungen der milieuspezifischen Erziehungsstile, Familienkulturen, Geschlechterrollen und Bildungsverständnisse auf den Schulerfolg deutlich.[3]

Mütter und Väter von Kindern in der Sekundarstufe I haben je nach Milieuzugehörigkeit sehr unterschiedliche Auffassungen, Urteile und Vorgehensweisen zum Schulalltag und Schulerfolg. Das führt zu folgenden Fragen: Wie erleben und gestalten Eltern ihren Alltag mit der Schule? Wie definieren, bewerten und erfahren sie ihre Aufgabe und Verantwortung in Bezug auf die Schule? Welche Form und Kultur von Aufgabenteilung in der Erziehung und Bildung ihrer Kinder haben Mütter, wel-

3 Hier wird auch die Situation von Alleinerziehenden berücksichtigt. Einige Untersuchungen gehen von einer niedrigen Kontrolle und einem geringeren schulischen Engagement der Alleinerziehenden aus, das wiederum Auswirkungen auf den Lernerfolg hat. Vgl. Baumrind 1966, 1967, 1991; Lukesch 1976; Schneewind 1980; Brezinka 1984; Domke 1991; Schimpke 2007.

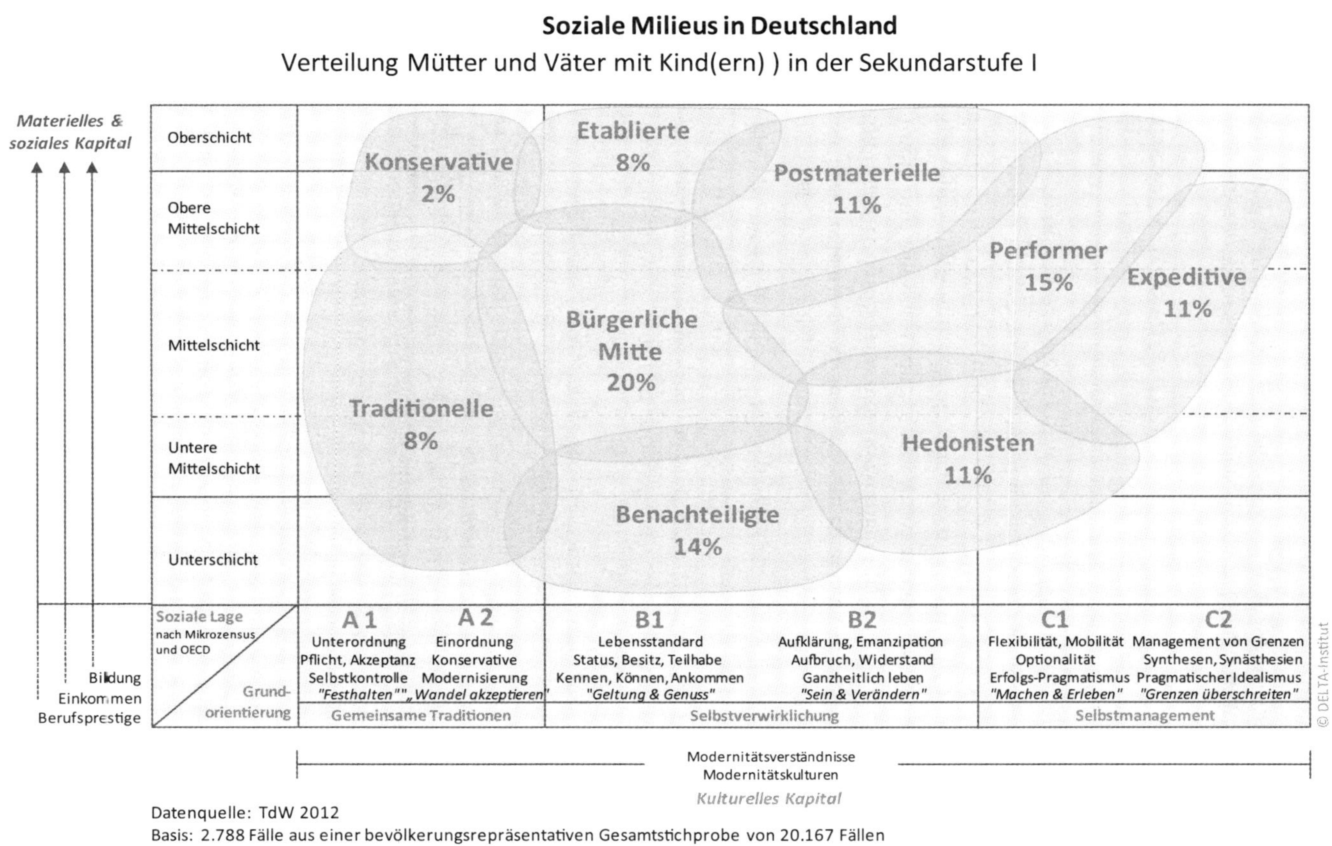

Abb. 1.1: Soziale Milieus in Deutschland – Verteilung Mütter und Väter mit Kind(ern) in der Sekundarstufe I

che haben Väter? Welche Erwartungen seitens der Lehrer nehmen sie wahr, welche normativen Erwartungen haben sie an die Lehrer und an das System Schule? Wie gehen Eltern mit Erwartungen und Forderungen seitens der Schule und konkreter Lehrer um? Welche Haltungen und Verhaltensmuster haben sie in Bezug auf latente und manifeste Konflikte mit der Schule als Institution sowie mit konkreten Lehrern? Wo identifizieren Mütter und Väter ihre Druckpunkte in Bezug auf die Schule ihres Kindes? Was sind aus ihrer Sicht die Ursachen und wo liegen Lösungen?

Lehrerinnen und Lehrer nehmen deutlich eine veränderte Schülerschaft – und auch eine veränderte Elternschaft – wahr: Das Spektrum wird ihrer Erfahrung nach immer breiter und ist innerhalb einer Schule (und Klasse) oft so heterogen, dass diese mehrdimensionalen Unterschiede nicht mehr ausgeblendet, aber durch die Schule auch nicht mehr ausgeglichen werden können. Eine zunehmende Heterogenität der Lebenslagen und Lebenswelten der Elternhäuser sowie der Leistungsvoraussetzungen, der Lernbereitschaft und des Sozialverhaltens von Schülerinnen und Schüler stellt Lehrer / -innen heute vor neue Herausforderungen, für die sie sich mit ihren zeitlichen, fachlichen und personellen Ressourcen nur unzureichend gerüstet sehen. Das führt zu diesen Fragen: Welche Motivationen, Selbstverständnisse und Ansprüche haben Lehrer / -innen in ihrem Beruf? Welche Anforderungen werden an sie gestellt und haben sie die dazu notwendigen Kompetenzen und Ressourcen? Wo identifizieren Lehrer / -innen ihre Druckpunkte in Bezug auf die Schule (inkl. Schulleitung und übergeordneter Behörden), auf Schüler / -innen und auf die Eltern?

Die Untersuchung orientiert sich konsequent am lebensweltlichen Ansatz **sozialer Milieus** und integriert systematisch die **Geschlechterperspektive**. Es geht um Lehrerinnen und Lehrer sowie um Mütter und Väter unterschiedlicher sozialer Milieus, jeweils von Schülerinnen und Schülern der Sekundarstufe I. Parallel dazu wurden Eltern mit **Migrationshintergrund** befragt. Weil Menschen mit türkischem Migrationshintergrund sowie Spätaussiedler die quantitativ größten ethnischen Gruppen unter den Migranten sind, konzentriert sich die Untersuchung auf diese.

Lesart dieser Untersuchung

Die hier vorgestellten Befunde beschreiben die subjektiven Wahrnehmungen und Erfahrungen von Eltern und Lehrern – aus deren jeweiliger Perspektive. Aus Wahrnehmungen und Erfahrungen entstehen Einstellungen und Erwartungen; umgekehrt filtern und steuern Einstellungen die Wahrnehmungen und die Deutung von Erfahrung. Insofern lassen sich aus den jeweiligen Darstellungen der Eltern sowie der Lehrer zu ihrem Schulalltag nicht die objektiven Sachverhalte ableiten, sondern nur die jeweiligen Selbstbilder und Fremdbilder. Diese sind objektive gesellschaftliche Fakten, die bedeutsam sind,

1. weil sie einander oft diametral entgegenstehen, dasselbe oft völlig anders sehen und Gegenteiliges behaupten und damit auch Widerspruch der anderen Seite hervorrufen;
2. weil sie die Orientierungen und das Verhalten von Lehrern und Eltern verständlich machen;
3. weil aus den asymmetrischen und inkompatiblen Selbst- und Fremdbildern verständlich wird, dass es tiefe Gräben des Nichtverstehens zwischen Eltern und Lehrern gibt und das Mantra vom Eltern-Lehrer-Dialog im Schulalltag oft nur eine Schimäre ist.

Daher geht es in dieser Studie nicht um die Frage, wer in seiner Darstellung recht hat und wer Unrecht, sondern um die Kenntnisnahme der jeweiligen Perspektiven.

Insofern enthält die Beschreibung der Eltern und der Lehrer keine Wertungen der Autoren dieser Studie, sondern stellt allenfalls die Bewertungen seitens der Lehrer bzw. der Eltern dar. Die Untersuchung ist ganz darauf ausgerichtet, die Erlebenswelt der Eltern und Lehrer möglichst authentisch darzustellen.

2 Zentrale Befunde

Das bildungspolitische Leitbild einer arbeitsteiligen, dialogischen Kooperation zwischen Eltern und Lehrern ist eine idealistische Vorstellung mit großer normativer Kraft. Doch in der Realität sind der verständigungsorientierte Dialog und die einvernehmlich abgestimmte Arbeitsteilung eher die Ausnahme. Normal sind vielmehr tief verwurzelte und auf beiden Seiten kultivierte Vorurteile gegenüber der jeweils anderen Seite. Dabei zeigt sich im Selbst- und Fremdbild sowie in der Kommunikation ein erhebliches Verständigungsproblem auf beiden Seiten, das zu gegensätzlichen Rollenvorstellungen führt: Lehrer übernehmen Aufgaben, die ursprünglich Hoheit der Eltern waren, v. a. Erziehungsaufgaben; Eltern übernehmen Aufgaben, die Hoheit der Lehrer sind, nämlich die Vermittlung und Einübung von Schulstoff. Daher sind Eltern fachlich, methodisch und pädagogisch zu Konkurrenten der professionellen Arbeit von Lehrer / -innen und des Schulsystems geworden und umgekehrt Lehrer / -innen zu einer Konkurrenz und Autorität bei Themen der Erziehung und des familiären Miteinanders. Gleichzeitig gibt es nahezu keine Möglichkeit des neutralen Austauschs zwischen diesen Parteien: Eltern machen die Erfahrung, dass Lehrer / -innen in kritischen Situationen auf ihre amtliche und professionelle Autorität pochen; Lehrer / -innen machen die Erfahrung, dass Eltern auf ihrer Erziehungshoheit bestehen und auf ihre eigenen Bildungskompetenzen verweisen.

*

Die überwiegende Mehrheit der **Mütter und Väter** fühlt sich durch Schule stark belastet und in Anspruch genommen und durch Entwicklungen unter Druck gesetzt, die einander befeuern: 1. Für immer mehr Eltern hat die Schule die Rolle und Bedeutung einer zentralen Zuweisungsstelle für Lebenschancen: „Bildung ist der Schlüssel für Chancen und Erfolg im Leben – ohne einen guten Schulabschluss hat man heute keine Chancen mehr!“ Nahezu alle Eltern sprechen in diesem Zusammenhang von einem „gewaltigen Druck“ der Gesellschaft, des politischen und medialen Bildungsimperativs. 2. Die herrschende Schulkultur bindet die Eltern ungefragt ein, fordert sie und setzt sie auch moralisch unter Druck, für den Schulerfolg ihrer Kinder tätig zu werden: „Das müssen Sie tun!“

Eltern, die sich diesem „Unterstützungszwang“ entziehen, sehen sich zunehmend unter Rechtfertigungsdruck und in einer Verteidigungshaltung. So gehen Eltern davon aus, dass sie als aktive Unterstützer und „Assistenten“ ihrer Kinder im Schulsystem *funktionieren müssen* und nur so das Schulsystem überhaupt funktioniert.

Kinder ohne diese aktive Unterstützung bei Hausaufgaben, beim Lernen für Tests oder Klassenarbeiten können ihren Schulalltag nicht so gut bewältigen, wie es heute von der Schule verlangt und durch permanente Leistungstests in kurzen Abständen überprüft wird. Dies ist in der Wahrnehmung von Eltern heute die etablierte Schulkultur.

Die individuelle Förderung von Schülerinnen und Schülern ist aus Sicht der Eltern heute sehr wichtig, für eine wachsende Zahl von Schüler / -innen aufgrund eklatanter Defizite notwendig und zur adäquaten Förderung besonderer Talente geboten, sinnvoll und gerecht. Eltern hören dazu von der Schule und Bildungspolitik vielfältige Versprechungen, die aber ihrer Erfahrung nach praktisch kaum eingelöst oder für die die notwendigen Voraussetzungen nicht geschaffen werden, etwa gemeinsames Lernen, Zeit für individuelle Förderung und kleine Klassen. Individuelle Förderung ihres Kindes ist damit faktisch den Eltern überlassen. Die Frage, welches Schulziel mit welchen Noten und weiteren Qualifikationen ein Kind erreichen kann, ist aus Sicht der Eltern weniger eine Frage von Talent und Einsatz des Kindes, das von Lehrern zu seinen Zielen begleitet und geführt wird. Bereits das individuelle Ziel und der Weg dahin sind von der Schule an die Eltern überantwortet und hängen in hohem Maße von deren Engagement und Ressourcen ab.

Durch die Einbindung der Eltern in den Schulalltag als scheinbar notwendige Voraussetzung für den Schulerfolg des Kindes ist das staatliche Schulsystem bei Eltern derart in Misskredit geraten, dass mehr als die Hälfte der Eltern ein individuelles Ergänzungssystem (Nachhilfelehrer, Coach) installiert oder die Regelschule komplett durch eine Privatschule substituiert haben.

Durch die gestiegene Bedeutung von Schule und durch die Schulkultur sind Eltern Antreiber ihrer Kinder und seelische Unterstützer; sie motivieren, bestärken, loben, mahnen, fangen auf. Die Eltern sehen sich als funktional notwendig und moralisch in der Pflicht, ihre Kinder bei der Stange zu halten und im Gleichschritt mit ihnen Mengen an Stoff zu bewältigen. Einige Mütter und Väter teilen sich daher die Zuständigkeit für einzelnen Fächer auf: „Du machst Mathe, Bio und Physik, ich mache Deutsch und Fremdsprachen." Mütter und Väter begreifen und fühlen sich seitens der Schule eingebunden als „zugeordnete Delegationsinstanzen". Sie sollen ohne systematischen Hintergrund, ohne Anleitung und ohne Rückmeldung mit ihrem Kind *üben*. Gleichzeitig wird Eltern die Kompetenz zur eigenverantwortlichen Auswahl und die pädagogische Methodik abgesprochen. Durch die Unterstützungskultur werden Eltern zu einem *„doppeltem Boden"* für ihre Kinder. Der Effekt ist: Schüler aus der Mittelschicht und Oberschicht können sich voll und ganz auf ihre Mütter verlassen, die ihnen rechtzeitig Signale geben, wenn es für sie in der Schule bedrohlich wird („Helikoptermütter"; Mütter sind ein sensibles Sicherheits-, Alarm- und Rettungssystem). Ein weiterer Effekt ist: Schüler entwickeln Lernen und Lernverhalten nicht mehr durch Einüben und Scheiterndürfen (ohne „alles" zu gefährden), sondern werden von den Eltern in oft kleinsten Lernschritten begleitet, kontrolliert und oft dirigiert; die Phase der Selbstständigkeit verzögert und verschiebt sich so weiter nach hinten. Einzelne Lehrer sagen zwar zu Beginn des Schuljahres und auf Elternsprechtagen den Eltern, dass sie mit ihrem Kind nicht üben müssen oder gar sollen. Doch im Schulalltag erreicht die Eltern eine andere Botschaft, nämlich die, dass es ohne ihre Unterstützung nicht geht und ein Üben zuhause (vom Lehrer explizit gefordert) nötig ist, damit ihr Kind in den verschiedenen Fächern die entsprechenden Ziele (Noten) erreicht.

Insofern nehmen Eltern einen performativen Widerspruch in den Botschaften der Schule wahr: Auf der einen Seite stehen die Aussagen einzelner Lehrer bei Elternversammlungen oder in Sprechstunden, dass Eltern mit ihrem Kind in der Regel nicht üben müssen oder gar sollen; auf der anderen Seite die tägliche Erfahrung, dass die Stofffülle und mangelnde Übungszeit in der Schule für Eltern bedeutet, dass sie ihr Kind zu Hause unterstützen müssen, weil es alleine die gestellten Anforderungen nicht gut erfüllen kann.

In der Mehrheit der Familien mit Kindern zwischen 10 und 17 Jahren bestimmt die Schule das Alltagsleben am Nachmittag und Wochenende. Schule erfordert kontinuierlichen und konstanten Fleiß und „dranbleiben". Nachlassen, gar Phasen des Faulseins sind nicht mehr möglich – besonders an Gymnasien, mittlerweile aber auch an den meisten Realschulen. Diese Anspannung überträgt sich auf das familiäre Zusammenleben: Konflikte in der Familie entstehen überwiegend beim Thema Schule, und zwar vor allem dann, wenn Eltern sich für den Schulerfolg ihrer Kinder einsetzen (und Mütter aus diesem Grund ihre Berufstätigkeit eingeschränkt und auf ihre berufliche Karriere verzichtet haben), während die Kinder – meist im Verlauf der Pubertät – sich gegen dieses elterliche Engagement wehren und in eine Abwehrhaltung gehen. Eltern fühlen sich dann vielfach hilflos, wollen und müssen sie doch aufgrund der Aufforderungen der Lehrer und für den gemeinsamen Einsatz für gute oder bessere Noten unterstützen. Kinder und Jugendliche sehen umgekehrt, dass für ihre Eltern die Schule offenbar das alles Bestimmende ist und sie selbst auf ihre Noten reduziert werden. In einem großen Teil der Familien gerät so das Verhältnis von Eltern und Kindern aus dem Gleichgewicht. Ein Teil der Eltern beschreibt das Zusammenleben aufgrund des Schulalltags als wenig entspannt und krampfhaft, die Schule als täglichen Kampf. Sie wünschen sich, dass Schule sich ändert, damit wieder (mehr) Frieden in der Familie herrscht und andere Themen wieder mehr Raum bekommen können und dürfen. Die meisten Eltern begreifen die Schulzeit daher nicht mehr als „schön" für ihr Kind und für sie als Familie, sondern als Belastung, als Risiko für den Familienfrieden und die späteren Chancen ihrer Kinder. Sie gehen pessimistisch davon aus, dass sich diese Umstände bis zum Ende der Schulzeit ihres Kindes nicht mehr ändern werden. Angekündigte neue Schulreformen sind für sie kaum Anlass zur Hoffnung auf Besserung, sondern primär mit Befürchtungen verbunden. Denn in der biografischen Erinnerung und Erfahrung der Eltern ist das derzeit „verkorkste System" gerade durch die zahlreichen Reformen entstanden – Leidtragende sind Eltern und Schüler.

„Schule" kolonialisiert die Familie, dominiert und strukturiert den Familienalltag. Schule bindet vor allem die Ressourcen der Mütter, die für den Schulerfolg ihrer Kinder berufliche Ambitionen zurückstecken und auf später verschieben (müssen). Die aktuelle Schulkultur setzt – so die Erfahrung sehr vieler Eltern – eine traditionelle oder teiltraditionelle Rollenteilung voraus oder aber umfangreiche materielle Ressourcen, die für eine Privatschule bzw. ein umfassendes externes Coaching ausreichen. Der Beginn der Schulzeit ihres Kindes war im Lebensentwurf vieler Mütter, die ihre Erwerbstätigkeit familienbedingt unterbrochen hatten, eigentlich eine Zäsur; geplant war spätestens nach der Grundschulzeit die Fortsetzung oder Ausdehnung ihrer Erwerbstätigkeit. Doch die Schulkultur ist vor allem in der Mitte der Gesellschaft der zentrale Grund dafür, dass Mütter meist nur eine Teilzeitstelle, eine geringfügige Beschäftigung oder einen Minijob annehmen: Sie befürchten und machen auch die Erfahrung, dass es aufgrund der „Schulaufgaben" notwendig ist, am Nachmittag für die Kinder und die Bewältigung von Schule da zu sein. Damit stellt die heutige Schulkultur – ungewollt und für diesen Aspekt blind – ein Risiko für die Existenzsicherung und den Lebenslauf von Frauen dar. Die langfristigen Konsequenzen für Mütter (und ihre Partnerschaft) werden nicht nur seitens der Schulen vor Ort und der Schulbehörden, sondern auch von der Bildungsforschung und Bildungspolitik weitgehend ausgeblendet und tabuisiert. Dabei ist seit Langem bekannt, dass Frauen und Männer in modernen Milieus heute ihre Partnerschaft gleichgestellt gestalten und in gleichem Maße für Familie und Beruf Verantwortung übernehmen wollen. Es ist ausgerechnet die aktuelle Schulkultur, die dem faktisch entgegenwirkt. Insofern ist es eine wichtige und noch nicht erfüllte Aufgabe der Bildungsforschung und Bildungspolitik, die Konsequenzen dieser sich in den letzten Jahren verstärkenden Schulkultur für die Frauen und Männer aus der Lebenslaufperspektive systematisch in den Blick zu nehmen.

Die Einbindung der Eltern in die Schullaufbahn ihrer Kinder ist heute – im Gegensatz zu früheren Generationen – selbstverständlich und gilt als funktional und verantwortungsmoralisch begründet. Damit sind vielfältige Konsequenzen verbunden. 1. Diese betreffen zum einen die prägende Sozialisation der Kinder. Eltern sind in hohem Maße verunsichert, was sie ihren Kindern zutrauen und zumuten können, ob sie von ihnen zu wenig oder zu viel Selbstdisziplin, Anstrengung und Eigenverantwortung fordern. Dabei zeigt sich eine bemerkenswerte Paradoxie: Schule und Erziehung driften in den Familien auseinander; zugleich findet Erziehung primär über das Thema Schule statt. 2. Die aktuelle Schulkultur erzeugt und fördert durch das (große) Engagement eines Teils der Eltern die Distinktion der Mitte gegenüber Kindern und Familien aus der sozialen Unterschicht – ohne dass Schulen oder Schulpolitik dies bemerken oder dem entgegenwirken. Im Gegenteil verstärkt die aktuelle Schulkultur sogar bestehende soziale Ungleichheit, die in Studien immer wieder bemängelt wird. Schule ist der zentrale Ort für die zunehmende soziale Spreizung, für die Kultivierung und symbolische Inszenierung sozialer Ausgrenzung (von Kindern, deren Eltern geringe Ressourcen haben, von Kindern aus Milieus am unteren Rand der Gesellschaft, von Kindern mit Migrationshintergrund u. a.). Darüber hinaus befördert die aktuelle Schulkultur eine systematische Benachteiligung auch anderer Gruppierungen: Familienernährerinnen (alleinerziehend oder mit Partner) können ihr Kind jeden Tag und besonders vor Prüfungen nicht so unterstützen, wie es eine Teilzeit arbeitende oder nicht erwerbstätige Mutter mit einem Partner als Haupternährer schon allein zeitlich vermag. 3. Mit Schule ist für Teile der Bevölkerung, vor allem der Mitte und der gehobenen Milieus nicht mehr die Verheißung auf individuellen Aufstieg verbunden, sondern Schule bedeutet aus Sicht der befragten Eltern die Bloßstellung unzureichender Ressourcen *von Eltern*. 4. Lehrer machen im Umgang mit der „Ressource Eltern" die Erfahrung unterschiedlicher *Qualitäten* dieser Ressource. Meist vorbewusst und ohne kritische Selbstreflexion „bewerten" Lehrer / -innen die Eltern (vor allem die Mütter) nach deren „Eignung". Dabei werden die aktiven und ihr Kind umfassend unterstützenden Eltern zum Maßstab. Da in der Elternschaft (v. a. in der Mitte der Gesellschaft) ein heimlicher Wettbewerb um die Intensität der Unterstützung entstanden ist, werden die Maßstäbe aus Sicht der Eltern immer höher geschraubt. Lehrer / -innen stellen dagegen die gegenteilige Diagnose einer zunehmenden Verweigerung und Abwehr bis hin zum Desinteresse seitens der Eltern und nehmen bei einem (kleinen) Teil der Eltern auch ein offensives, zudringliches, forderndes, juristisch drohendes und auch aggressives Auftreten gegenüber Lehrern wahr.

Maßstab für das, was Schule berechtigt von Eltern verlangen kann, ist für die meisten Lehrer das Engagement, das Eltern aus der Mitte der Gesellschaft für den Schulerfolg ihrer Kinder zeigen. So sind es Eltern aus dem Milieu der Bürgerlichen Mitte, die durch ihren Einsatz den Anforderungskatalog der Lehrer bestätigen und legitimieren. Weil diese Eltern sich immer stärker für den Schulerfolg ihrer Kinder engagieren und gleichzeitig Eltern aus Milieus am unteren Rand der Gesellschaft ihre Kinder in fachlichen Belangen der Schule oft sich selbst überlassen (müssen), wächst vor allem die Kluft zwischen der „Mitte" und „unten". Die Folge: Kinder aus dem Milieu „Benachteiligte" haben äußerst geringe Chancen auf das Abitur und werden von Lehrern allein aufgrund ihres elterlichen Hintergrundes vorklassifiziert (deklassiert) und oft aufgegeben nach dem Prinzip: „mangelhafte elterliche Ressourcen = schlechte Aussichten auf Schulerfolg". Denn das elterliche Kapital ist heute ein entscheidender Faktor für den Schulerfolg, das ist eine rational-funktionale Diagnose und Prognose seitens der Lehrer und der Eltern. Nicht das soziale Prestige der Eltern erweist sich somit als Ursache für die geringe Bildungsdurchlässigkeit, sondern die Verfügbarkeit von Ressourcen in Form von Finanzmitteln, Zeit, Motivation sowie Bildungskapital und die Bereitschaft, diese einzusetzen!

Zugleich werden die Milieus der Mitte von den gehobenen Milieus aus ähnlichen Motiven und mit demselben Mechanismus abgehängt: Eltern aus gehobenen Milieus (vor allem Etablierte, aber auch Postmaterielle und Performer) verfügen über erhebliche materielle Ressourcen, die sie für eine Privatschule, professionelle Unterstützung sowie hochwertige Freizeit- und Weiterbildungsaktivitäten etwa in den Bereichen Musik, Sport, Reisen, Sprachkurse und Auslandsaufenthalte einsetzen. Bildung hat in diesen Milieus einen sehr hohen Stellenwert, ist eingebettet in einen semantisch und ästhetisch homogenen Lebenszusammenhang, der schon vor der Schule im Elternhaus vorhanden war. Im Alltag manifestiert er sich völlig unaufgeregt in den Gesprächsthemen und Umgangsformen, Kommunikationsritualen und Interessen, in Büchern, Zeitschriften, Zeitungen ebenso wie in materiellen Gegenständen. Bildung ist Habitus der Eltern, den ihre Kinder durch alltägliche Erfahrung mitbekommen wie eine „zweite Haut", mit dem sie aufwachsen.[4]

Privilegiert im Schulsystem in Bezug auf die Chancen auf Schulerfolg sind aus Elternsicht aktuell zwei Gruppen: Schüler, deren Eltern selbst eine Assistenten- und Hilfslehrerrolle einnehmen und ihre Kinder zum Erfolg bringen, und Schüler, deren Eltern die finanziellen Rahmenbedingungen haben, um umfangreiche Nachhilfe oder Förde-

4 Vgl. Bourdieu 1984.

rung zu bezahlen. Der Abstand zwischen den Schülern mit Ressourcen im Elternhaus und denen ohne wird damit immer größer. Besonders und systematisch werden Kinder und Eltern aus unteren sozialen Schichten und Milieus sowie Kinder und Eltern mit einem Migrationshintergrund benachteiligt, deren Ressourcen (u. a. materiell, intellektuell, sprachlich) für eine umfassende Unterstützung nicht ausreichen, die sich aber für ihre Kinder Aufstiegschancen wünschen und erhoffen – *gerade* durch Bildung.

*

Eltern mit türkischem **Migrationshintergrund** sind soziodemografisch und soziokulturell keine homogene Gruppe (es gibt nicht das „Türkenmilieu"), sondern differenzieren sich in verschiedene Lebenswelten (soziale Milieus). Das gilt ebenso für Spätaussiedler und Migranten aus anderen Ethnien. Menschen verschiedener Herkunftskulturen aus gleich gelagerten Milieus haben mehr miteinander gemeinsam als Eltern derselben Ethnie, die verschiedenen Milieus angehören. So hat die Milieuprägung einen stärkeren Effekt auf die Schulwahrnehmung und Schulkultur als die ethnische Herkunft. Gleichwohl zeigen sich signifikanten Tendenzen, in denen sich vor allem türkische Eltern und Spätaussiedlereltern unterscheiden: Türkische Eltern wollen für ihre Söhne und Töchter eine gleichermaßen gute Schulausbildung, allerdings sollte sich die Schule aus Fragen der Erziehung heraushalten. Spätaussiedlereltern hingegen fordern von der Schule eine klarere Werte- und Tugenderziehung und übertragen ihre traditionellen Geschlechterrollenbilder auf Lehrerinnen und Lehrer sowie auf ihre Töchter und Söhne.

Nach wie vor sind Kinder und Jugendliche mit Migrationshintergrund an Gymnasien und Realschulen unterrepräsentiert, in Haupt- Sonder- und Förderschulen dagegen überrepräsentiert. Gerade bei türkischen Migranten wurde eine zentrale Ursache dafür lange Zeit in einem fehlenden Bildungsbestreben der Eltern gesehen. Diese Diagnose stimmt empirisch nicht (mehr): Die Bildungsambitionen türkischstämmiger Eltern und Spätaussiedlereltern für ihre Kinder sind hoch, und das vor allem, weil Bildung als der Motor für sozialen Aufstieg gilt. Die Eltern wollen, dass es ihren Kindern besser geht als ihnen selbst. Und sie wissen, dass ein guter Schulabschluss dafür die beste Grundlage bietet und ein Sprungbrett sein kann. Dennoch gibt es eine Kluft zwischen elterlichen Bildungsaspirationen und der tatsächlichen Bildungsbeteiligung. Die Ursachen für eine schlechtere Bildungsbeteiligung vor allem türkischstämmiger (männlicher) Kinder und Jugendlicher hängen zu einem Teil mit den geringen Geld- und Bildungsressourcen der Eltern (nicht aber mit deren Bildungsbewusstsein) zusammen: Vor allem wenn die eigene Schulbildung im Herkunftsland erfolgte, haben diese Eltern nur geringe Möglichkeiten, ihre Kinder inhaltlich bei den Hausaufgaben oder der Vorbereitung auf Arbeiten und Abfragen zu unterstützen. Auch die materiellen Ressourcen für Nachhilfe sind vielfach nicht ausreichend. So beschränkt sich ein Großteil der Eltern im Alltag auf die verbale, moralische Unterstützung ihrer Kinder: „Wir stehen zu dir, strenge dich an!" Fehlen jedoch umfassende sprachliche, intellektuelle und materielle Ressourcen, so wird es für diese Kinder (noch) schwieriger, mit jenen Kindern (ohne Migrationshintergrund) mitzuhalten, denen ein konstantes, umfangreiches Fördermanagement zur Verfügung steht.

Spätaussiedler- und türkischstämmige Eltern (besonders jene in der Mitte der Gesellschaft und in den gehobenen modernen Milieus) begreifen eine gute Bildung als Schlüssel für ein besseres Leben sowie eine gelingende soziale und berufliche Integration ihrer Kinder. Hervorstechend ist der Befund: Die Hauptschule hat bei einem erheblichen Teil dieser Eltern – ähnlich wie bei autochthonen deutschen Eltern – das Image einer „Restschule" mit geringen beruflichen Perspektiven und dem Risiko der sozialen Ausgrenzung. Die besseren Zukunftsaussichten der eigenen Kinder sind den Eltern sehr wichtig.

Vor allem türkischstämmige Eltern berichten von der Erfahrung, dass ihren Kindern von Lehrern weniger zugetraut würde als den autochthon deutschen Schüler / -innen – mit der Folge, dass ihre Kinder eher an Haupt- und Realschulen empfohlen werden als an Gymnasien. Damit Schule allen Kindern und Jugendlichen gerecht wird und gerecht werden *kann*, fordern Eltern mehr Lehrer mit Migrationshintergrund an den Schulen. Diesen gelänge es nach Ansicht der Eltern leichter, unvoreingenommen auf alle Schüler zu schauen, unabhängig von deren Herkunft. Auch angesichts von immer mehr Klassen mit multikultureller Schülerschaft sei es zeitgemäß, die Anteile der Lehrerschaft mit einem Migrationshintergrund zu erhöhen – und zwar schon in der Grundschule.

*

Aus Perspektive der **Lehrer** ist die Schule der Ort, an dem gesellschaftliche Veränderungen in geballter Form zusammenkommen. Dieser Wandel zeigt sich in einer veränderten Schülerschaft, der Zunahme der Problemlagen von Schülern, einer veränderten Elternschaft, dem beschleunigten Wandel von Familie, Werten und Lebensstilen und der Mediatisierung der Gesellschaft. Lehrer sehen sich im Alltag immer stärker gefordert, die Folgen des gesellschaftlichen Wandels an den Schulen bewältigen zu müssen. In den Medien und der Öffentlichkeit sowie von Teilen der Elternschaft werden sie in die Verantwortung gestellt, auf diesen Wandel konstruktiv zu reagieren – auch wenn sie dazu nicht die Zeit, die Qualifikation oder den Auftrag seitens der Schulpolitik haben.

Für Lehrerinnen und Lehrer ist Schule mit vielfältigen Funktionen überfrachtet und immer mehr eine unzureichend ausgestattete Reparaturwerkstätte für gesellschaftliche Probleme. Art und Umfang der Lehreraufgaben haben massiv zugenommen. Schulen und Lehrer kämpfen immer noch mit den Folgen umfassender Strukturreformen der letzten Jahre (Schulzeitverkürzung an Gymnasien, Abschaffung der Hauptschulen in einigen Bundesländern, Entwicklung neuer Schulformen u. a.). Um diese Aufgaben zu bewältigen, fehlen ihnen an den Schulen jedoch zusätzliches Personal und Unterstützung.

Die Folgen der unterschiedlichen Entwicklungen und Reformen werden von den Schulen in der Regel kaum abgefangen, sondern müssen von jedem einzelnen Lehrer und jeder einzelnen Lehrerin bewältigt werden. Resignation, Krankheit oder Burn-out sind Folgen und Symptome einer flächendeckenden, massiven Überlast von Lehrern. Angesichts fehlender Unterstützung (vor allem durch die Schulbürokratie und Schulpolitik) liegt es am Einzelnen, Strategien des Umgangs zu finden, um inmitten der multimodalen Herausforderungen gesund und motiviert zu bleiben – sei es durch immer rationelleres Arbeiten, konsequenten Ausgleich nach Feierabend oder gezieltes Netzwerken. Immer mehr geht es Lehrer / -innen darum, Kraft zu sparen, um allen Aufgaben gerecht zu werden und sich selbst dabei nicht über das gesunde Maß zu verausgaben.

Der Beruf des Lehrers ist im Wandel. So haben Art und Umfang der Aufgaben und Verantwortlichkeiten von Lehrern durch die gesellschaftliche Wirklichkeit in den letzten Jahren massiv zugenommen: „Die Stundendeputate bleiben auf dem Stand von 1969, aber die Aufgaben haben sich erheblich erweitert." Aufgrund dieser Ausweitung und der seitens der Schulbehörden in immer engeren Intervallen erfolgenden Verordnungen und Zusatzanforderungen (Bürokratie, Leistungstests, Evaluationen u. a.) müssen Lehrer heute eine Vielzahl von Tätigkeiten übernehmen, für die sie nicht ausgebildet werden, die nicht abgestimmt sind (vom Hausmeister bis zum Psychotherapeuten) und für die sie keine Gratifikationen erhalten. Durch die Zusatzaufgaben fehlt den Lehrern zunehmend die notwendige Zeit für ihre Kernaufgabe: das Unterrichten. Eine zufriedenstellende Balance der eigentlichen Aufgabenbereiche ist vielfach nicht mehr gegeben. Im Alltag führt dies dazu, dass Lehrer zu „Einzelkämpfern" mit individuellen (Ad-hoc-)Lösungen für *ihre* Schule und *ihren* Unterricht geworden sind, da es im beruflichen Alltag weder genügend Zeit noch die systematische Unterstützung durch andere Professionen (z. B. Schulsozialarbeit) gibt.

*

Die Zahlen des Statistischen Bundesamtes belegen seit einigen Jahren, dass es im Effekt erhebliche **Geschlechterunterschiede** bezüglich der erreichten Schulabschlüsse gibt. In der Sekundarstufe I sind in den jeweiligen Schularten etwa gleich viele Mädchen wie Jungen, doch erreichen Mädchen signifikant häufiger höhere Abschlüsse. Das ist ein ernst zu nehmender Befund und fordert dazu auf, in den Schulen die Sensibilität für geschlechtsspezifisch asymmetrische Schul- und Lernkulturen zu schärfen, dafür Reflexionsmechanismen und Evaluationen zu installieren und in gleichstellungspolitischer Perspektive auf Schieflagen zu reagieren.

Eltern und Lehrer finden das Schulsystem zwar ungerecht in Bezug auf die soziale und ethnische Herkunft, weniger hingegen bezüglich des Geschlechts. Ob heute Mädchen vom Schulsystem und durch die Schulkultur bevorzugt und Jungen benachteiligt sind, ist weder für Eltern noch für Lehrer ein Thema oder gar Problem. Nur ein kleinerer Teil der Lehrer/-innen betont, dass man sich in Zukunft verstärkt um Jungen in der Schule kümmern muss, um ihnen ein breiteres Set an Rollenbildern für ihre Persönlichkeitsentwicklung und Partnerschaftsfähigkeit zu vermitteln; hier sehen Lehrer/-innen, dass es für Mädchen eine viel größere Vielfalt gibt. Für die spätere Gleichstellung von Frauen und Männern relativieren auch die für dieses Thema sensiblen Lehrer/-innen den Nachholbedarf von Jungen. Denn spätestens nach der Berufsausbildung und in den ersten Jahren der Berufstätigkeit hätten Männer trotz gleicher Qualifikation ein höheres Entgelt und bessere Karrierechancen als Frauen. Insofern sehen viele der Lehrer/-innen das während der Schulzeit bestehende Ungleichgewicht nicht mit Besorgnis und ohne Auswirkungen auf die spätere Entwicklung (einige im Gegenteil als vorweggenommenen Ausgleich für spätere Benachteiligung von Mädchen). Der bei den meisten Eltern und Lehrern wenig ausgeprägte Blick auf Geschlechterunterschiede könnte als eine nüchterne, realitätsgerechte Entdramatisierung einer „gendergetriebenen" öffentlichen Debatte gedeutet werden. Andererseits versperrt gerade die unmittelbare Nähe zur Tochter/zum Sohn bzw. zur Schülerin/zum Schüler den Blick auf grundlegende geschlechtsspezifische Ungleichheiten: Eltern wie Lehrer sind möglicherweise „zu nah dran", um die Tektonik des soziokulturellen Geländes, auf dem sie sich täglich bewegen, realitätsgerecht wahrnehmen und gar bewerten zu können – zumal das eine kritische Reflexion über ihr eigenes geschlechterbezogenes (unbewusst bevorzugendes bzw. benachteiligendes) Verhalten erfordern würde. Doch Lehrer/-innen sind durch die vielen informellen Aufgaben ohnehin an ihrer Belastungsgrenze und gehen das Thema der Geschlechterrollenbilder und Geschlechterdifferenz daher nicht auch noch an – besonders weil dies neue Unübersichtlichkeit der Problemfelder bedeutet und ihnen keine handhabbaren, praktischen und einfach umsetzbaren Konzepte zur

Verfügung stehen. Daher ist hier für Lehrer/-innen eine professionelle *und* praxisorientierte Qualifikation und Unterstützung notwendig.

*

Ein Thema überragt bei Eltern alle anderen: Bildung ist die Voraussetzung und der Schlüssel für (bessere) Berufs- und Lebenschancen und damit für Lebensglück. Unabhängig von der empirischen Fundierung bedeutet dies: Bildung ist der Mythos. Wie sehr das **Mantra „Mehr Bildung!"** in alle Kapillare der Alltagseinstellungen eingedrungen ist und in der politischen Programmatik den Baldachin des Selbstverständnisses bildet, ist daran ablesbar, dass kaum jemand diese These bezweifelt oder ihr gar widerspricht. Dabei ist aus Sicht der Eltern zu beobachten, dass heute in den Schulen– entgegen ihrem Selbstbild und trotz vielfältiger Kursangebote – ein eingeschränkter Begriff von „Bildung" dominiert, der auf formale, standardisierte, quantitativ messbare Etappenziele (Prüfungen, Noten, Zeugnisse) fokussiert ist. Ein solcher Bildungsbegriff ist nicht an den individuellen Ressourcen und Entwicklungsphasen der Schülerinnen und Schüler orientiert, auch wenn die öffentliche Rede genau dieses behauptet. Ressourcen und Talente von Schülerinnen und Schülern werden meist nur in Bezug auf messbare und (national/international) vergleichbare Ziele in den Blick genommen. Insofern fragen auch Eltern kritisch, ob die vor Jahren eingeführte Vorgabe von Leistungsevaluation und des Schulländervergleichs im Endeffekt zu jener Schulkultur führte, die den Bildungsbegriff und die Lernkultur an den Schulen nachhaltig verändert hat. Für Eltern ist Schule damit **keine Bildungseinrichtung mehr**, sondern eine **Wissensvermittlungsagentur** und ein **Assessment-Center** mit der Funktion der kontinuierlichen Selektion (vor allem an Gymnasien). Diese Wahrnehmung der Eltern gilt in allen Bundesländern und unabhängig von deren Anforderungsgraden. Insofern ist dies eine Beschreibung der in Deutschland dominanten Schulkultur aufgrund der Erfahrung von Eltern.

Folgen der Prüfungs- und Evaluationskultur an Schulen sind:

1. Neuere Erkenntnisse der Entwicklungspsychologie und Sozialisationsforschung bleiben aus Zeitgründen weitgehend unberücksichtigt – und damit auch das Wissen über unterschiedliche Entwicklungsphasen und -zeiten von Mädchen und Jungen (Schule ist „geschlechtsblind").

2. Schule kann immer weniger Raum für eine ganzheitliche Wertevermittlung und Persönlichkeitsentwicklung bieten. Performativ fördert die Schule eindimensional das Denken in „Leistung" und „Wettbewerb" (Steigerungslogik). Es gibt kaum Zeit und Toleranz für das *Reifen der individuellen Persönlichkeit.* Das ist

in der Adoleszenz bei den meisten Schülerinnen und Schülern keine geradlinige Aufwärtsbewegung, aber eine solche wird unterstellt.

3. Die Folgen für die Eltern – insbesondere für die Erwerbsperspektiven der Mütter – werden systematisch ausgeblendet. Die Eltern sehen sich in der Pflicht, kategorisch zur Verfügung zu stehen, weil sie befürchten, sonst als Rabeneltern zu gelten.
4. Lehrer haben immer weniger die zeitlichen Kapazitäten und fachlichen Kompetenzen, die vielfältigen und über das Unterrichten hinausgehenden Funktionen auszufüllen. Sie sind daher gezwungen, sich Entlastung zu holen. Diese müssen sie einfordern und da sind Eltern die erste und oft auch einzige Adresse.
5. Einfache und mittlere Schulabschlüsse werden entwertet, denn sie gelten – in den Haltungen von immer mehr Eltern – als ein Nicht-erreicht-Haben oder gar Scheitern der Schulbildung. Eltern aus der Oberschicht und weiten Teilen der Mittelschicht bewerten es mittlerweile als Makel, wenn ihr Kind „nur" auf die Realschule geht (Haupt- oder Mittelschule „geht" gar nicht).
6. Eine Schule ist darauf geeicht, sich mit anderen Schulen zu vergleichen, und bestrebt, positive Werte aufzuweisen. Auch konzentrieren Schulen ihre Ressourcen immer mehr auf ihr Profil (z. B. MINT, Sprachen), um im Wettbewerb der Exzellenzcluster oder gegenüber dem Schulamt sehr gut dazustehen. Das hat praktisch zur Folge, dass der Schulwechsel – z. B. durch berufsbedingten Umzug der Eltern – spätestens nach der 7. Klasse sehr schwierig, ja risikobehaftet ist und die Erfolgsaussichten der Schülerinnen und Schüler erheblich senkt. Er führt deshalb dazu, dass ein Teil der Mütter ihre Erwerbstätigkeit aufschiebt oder reduziert, bis der Schulerfolg des Kindes wieder sicher scheint.

*

Das Bildungssystem und die Bildungsreformen seit den 1970er-Jahren waren motiviert und legitimiert durch den Anspruch, bestehende soziale Ungleichheit abzubauen und Kindern aus allen Schichten Bildungschancen zu ermöglichen. Trotz der vielen Reformen stellten Bildungsberichterstattungen für Deutschland aber meist eine **Verstärkung und Spreizung der sozialen Ungleichheit** fest. Das hat dem deutschen Bildungssystem den Vorwurf eingetragen, soziale Ungleichheit nicht nur *nicht* abzubauen, sondern sie sogar zu erzeugen.[5] Die verschiedenen bildungspolitischen Reformen setzten dabei stets am Schul*system* an, meist ohne die Dimension der

5 Vgl. Allmendinger / Nikolai 2006, S. 35; Barz / Baum / Cerci / Göddertz / Raidt 2010, S. 100.

Schulkultur überhaupt in den Blick zu nehmen oder in der Annahme, die Schulkultur mit Systemumstellungen (Einrichtung von Gesamtschulen oder Mittelschulen, Ganztagsschulen, Umstieg von G9 auf G8) sowie durch kontinuierliche Evaluationen von Leistungen verändern zu können. Die Befunde dieser Untersuchung zeigen, dass Bildungsreformen die sozialen Ungleichheiten nicht dämpfen oder gar nivellieren können, sofern nicht der Aspekt der Schulkultur – insbesondere der geschlechterrollenspezifischen – als elementarer Baustein einbezogen wird. *Schulkultur* bedeutet, dass der Fokus nicht mehr allein auf Beziehungsmuster unter den Schülern, das Schüler-Lehrer-Verhältnis sowie das Verhältnis von Lehrern, Schulleiter und Schulamt beschränkt sein darf. Der Horizont ist weiter zu stecken und muss auch die Rolle von Eltern (Müttern und Vätern) einschließen.

Schulerfolg ist in Deutschland nicht nur abhängig von der elterlichen Milieuherkunft, also dem sozialen, kulturellen und materiellen Kapital der Eltern. Dass Schulerfolg auch je nach Geschlecht unterschiedlich ist, belegen Daten des Statistischen Bundesamts sowie die PISA-Evaluationen. Nachdrückliche Belege für diese geschlechtsspezifischen Ungleichheiten im internationalen Vergleich liefert vor allem die „Eurydice-Studie 2010 – Geschlechterunterschiede bei Bildungsresultaten" im Auftrag der EU-Kommission: In rund einem Drittel der europäischen Bildungssysteme zeigt sich, dass Mädchen höhere Lesekompetenzen haben als Jungen. Jungen haben dagegen höhere Kompetenzen in Mathematik. Das gilt auch für Deutschland. In zwei Dritteln der 29 beteiligten Länder konnte diese Feststellung dagegen *nicht* gemacht werden (auch nicht in Ansätzen). Daraus folgern die Autorinnen und Autoren, dass hier keine Prädisposition bei den Mädchen und Jungen vorliegen könne, sondern die ausschlaggebenden Faktoren im *Schulsystem* und vor allem in der *Schulkultur* zu finden seien. Die informellen Interaktionen in der Schule seien wahrscheinlich der größte Einflussfaktor auf die geschlechtsspezifische Sozialisation der Schülerinnen und Schüler. Solange der Aspekt der *Schulkultur* also unangetastet bleibe, werde eine Änderung der Rollenstereotypen nur schwer erreichbar sein. Geeignete Ansatzpunkte, die Schulkultur zu verändern, seien die Lehrerausbildung und -weiterbildung sowie die Elternarbeit an den Schulen. In diese Bereiche müssen, so die Autoren der Eurydice-Studie 2010, gleichstellungspolitische Ansätze konsequent integriert werden.[6]

6 Siehe Europäische Kommission / Exekutivagentur Bildung, Audiovisuelles und Kultur (EACEA P9 Eurydice) (Hg.): Eurydice-Studie 2010 – Geschlechterunterschiede bei Bildungsresultaten: Derzeitige Situation und aktuelle Maßnahmen in Europa. Brüssel 2010, S. 43, 85 ff.; zusammenfassendes Dokument, Seite 2. Vgl. auch Öhrn 1998, 2009a, 2009b.

Die Eurydice-Studie 2010 verweist dabei auf die umfangreiche Forschung zum sogenannten „hidden curriculum“ und betont die geschlechtsspezifische Bildungsungleichheit: Das Thema Gleichstellung der Geschlechter werde in den offiziellen Lehrplänen selten explizit angesprochen, diese implizierten aber häufig unausgesprochene Geschlechterrollenzuschreibungen. So werde zum Beispiel vorausgesetzt, dass sich männliche Schüler für Leistungsfächer (Naturwissenschaften, Mathematik, Technik) interessieren, weibliche Schülerinnen dagegen für andere Fächer (Sprachen, Literatur, Kunst). Die relative Attraktivität der Inhalte verschiedener Unterrichtsfächer für Jungen bzw. für Mädchen basiere damit auf den Erwartungen an das geschlechterstereotype Verhalten von „richtigen Mädchen“ und „richtigen Jungen“. Neben den offiziellen Lehrplänen gebe es also diese „heimlichen“ Lehrpläne, die Einfluss nähmen auf das gesamte kulturelle Schulgeschehen, insbesondere auf die sozialen Beziehungen in der Klasse und auf dem Schulhof, Freundschaften, Beziehungen zwischen Lehrpersonen und Schülern, Aspekte wie Mobbing und Belästigung und so weiter. Das heimliche Curriculum übermittele den Kindern eine ganze Reihe von Botschaften, die Geschlechterstereotypisierungen oftmals verstärkten und damit „eine geschlechtsspezifische Aufgabenteilung im sozialen Prozess der Schulbildung“ unterstützten.[7]

Diese These geschlechterspezifischer Rollenmuster und -stereotype wird durch die Befunde unserer hier vorgestellten Milieustudie für Deutschland bestätigt. Zwar wurden geschlechtsspezifische Fächerneigungen und Notenunterschiede zwischen Jungen und Mädchen nicht untersucht. Aber der geschlechtsspezifische Aspekt der Rolle von Müttern (und Vätern) sowie der Faktor des kulturellen, sozialen und materiellen Kapitals der Eltern für den Schulerfolg ihrer Kinder zeigt von dieser ganz anderen Seite nachdrücklich die große Bedeutung der Schulkultur für den Schulerfolg: nämlich das *„hidden curriculum“* der inoffiziellen Einbindung der Eltern in den Lehrplan für den Schulerfolg ihres Kindes. Die Eurydice-Studie 2010 hatte aufgrund der quantitativen Daten nur grundlegend auf die Bedeutung der Schulkultur für soziokulturelle und geschlechtsspezifische Bildungsungleichheit verweisen können. Die hier vorgestellte Untersuchung zeigt konkret und differenziert, was diese („trennende“, „diskriminierende“) Schulkultur konkret ist und wie sie wirkt.

*

Schulen derselben Ebene sind nicht mehr unbedingt miteinander vergleichbar. Denn trotz formal gleicher Kategorie sind Schulen heute in hohem Maße individualisiert. Das gilt zum einen für das eigene Schulkonzept, das eigene Profil und für die finan-

7 Vgl. Eurydice-Studie 2010, S. 30; Paechter 1998, 2000.

zielle Ausstattung. Das gilt zum anderen für das Umfeld der Schule: die regionale Lage, das sozioökonomische Umfeld, die Bevölkerungsstruktur, die Zusammensetzung der Eltern- und Schülerschaft u.a. Eine Hauptschule in München oder Berlin ist völlig anders als eine Hauptschule im Bayerischen Wald oder in der Region Brandenburg. Entsprechend sind auch die Lehreraufgaben innerhalb einer Schulart von Schule zu Schule z.T. sehr unterschiedlich. Dadurch kann man nur noch sehr bedingt z.B. von *den* Hauptschulen, *den* Realschulen oder *den* Gymnasien sprechen. Die verschiedenen Schularten (Hauptschule, Mittelschule, Realschule, Gymnasium, Gesamtschule) lassen sich zu Vergleichszwecken nicht mehr als homogene Großgruppen fassen, sondern innerhalb einer jeden Schulart muss das breite Spektrum wahrgenommen und differenziert werden! Auch die Arbeitsbedingungen, die Herausforderungen und die Belastungen von Lehrerinnen und Lehrern unterscheiden sich erheblich –sowohl innerhalb einer Schulart als auch schulartübergreifend.

*

Alle Beteiligten im Schulsystem – Schüler/-innen, Eltern und Lehrer/-innen – **klagen über Druck**. Ein echter Dialog scheint angesichts dessen schwierig zu sein. Eltern beklagen massiv, dass weder die Gesellschaft noch die Schule und die Lehrer die Arbeit der Eltern honoriert. Sie erleben sich als Einzelkämpfer für die Zukunft ihrer Kinder, deren Handeln „nie genug" ist und die meist nur eine Rückmeldung bekommen, wenn die Unterstützung *nicht* ausreicht. Dann aber haben nicht nur die Kinder „versagt", sondern immer auch die Eltern. Auch Lehrer/-innen erleben ihren Berufsstand als wenig anerkannt und klagen über das schlechte Image, gerade angesichts subjektiver Überlastung. Sie sehen sich allzu oft unter Druck gesetzt durch fordernde Eltern, die mit rechtlichen Schritten drohen, wenn der Lehrer oder die Lehrerin nicht im Sinne der Eltern funktioniert.

Problematisch für die Beziehung von Eltern und Lehrern ist darüber hinaus, dass sich das umfassende Engagement von Eltern als eine Art **stilles Abkommen** etabliert hat, zu dem beide Seiten jedoch **nie ihre Zustimmung gegeben** haben. Angesichts vieler Aufgaben und Probleme an Schulen sind Lehrer – stillschweigend – froh über ein Engagement der Eltern, das sie entlastet. Angesichts des Bedeutungshorizonts und der Aufladung des Schulerfolgs wehren sich auch Eltern aus Fürsorge für das Wohl des *eigenen* Kindes nicht gegen dieses „nie getroffene Abkommen", denn jeder Schritt weg von der Unterstützung könnte ins Abseits und zur Benachteiligung des eigenen Kindes führen. Dringend notwendig wäre daher der Dialog darüber, was Schule heute leisten soll und was Eltern und Lehrer für den Schulerfolg der Kinder heute leisten sollen – und was nicht.

2.1 Eltern unter Druck: Wachsende Kluft zwischen Resignation und ambitioniertem Engagement

Schule hat aus Sicht der meisten Eltern (ca. 90 %) eine Schlüsselfunktion für die Lebenschancen und Lebensverläufe ihrer Kinder. Schule ist zugleich Ort, System und Lebenswelt. Dort und darin halten sich ihre Kinder viele Jahre lang in den entscheidenden Phasen ihrer Persönlichkeitsentwicklung auf; dort werden sie gefordert, geformt und bewertet. In der Schule werden nicht nur Grundlagen für die beruflichen Möglichkeiten gelegt, sondern der Schulerfolg ihrer Kinder ist für Eltern aus den Milieus der Ober- und Mittelschicht auch Teil ihrer eigenen Identität und Statussymbol.

Zugleich gibt es eine Minderheit von Eltern (ca. 10 %, meist im Milieu „Benachteiligte" der Unterschicht), die sich um die Schule ihrer Kinder nicht kümmern können und wollen. Sie distanzieren sich mental und praktisch so weit wie möglich von allem, was mit Schule zu tun hat: Lehrpersonal, Unterrichtsfächer, Hausaufgaben, Elternsprechtag, Alltagsorganisation. Die soziale Lage dieser Familien ist oft prekär, geprägt durch Arbeitslosigkeit, Krankheit, zerbrochene familiäre oder partnerschaftliche Strukturen. Meist haben die Eltern einen Hauptschulabschluss und eine gering qualifizierte Berufsausbildung. Schule ist für sie seit ihrer Jugend etwas, das ihnen nie wirklich Spaß machte, wo sie selten Erfolgserlebnisse hatten, wo sie seitens der Lehrer kaum Anerkennung fanden und wo ihnen bewusst wurde und von anderen demonstriert wurde, dass sie abgehängt sind und in der Hierarchie (weit) unten stehen. Schule ist für diese Eltern eine Sphäre, die biografisch mit Scheitern verbunden ist und von der sie wissen, dass sie selbst kaum fachliches Wissen und Motivation haben, ihrem Kind behilflich zu sein. Die politische Formel „Bildung ist der Schlüssel zum Erfolg" und das dieser Norm folgende Verhalten von Eltern aus gehobenen Milieus erzeugen und verstärken bei Eltern aus Milieus der Unterschicht oft nur ohnmächtige Resignation.

Fast alle Eltern sind mit der öffentlichen Schule und dem staatlichen Schulsystem unzufrieden – auch jene Eltern, deren Kinder mit sehr guten Noten durch die Schule gehen. So hadern fast alle mit der aktuellen Situation in der (staatlichen) Schule. Aber die konkreten Wahrnehmungen und Motive sowie die Reaktionsmuster und Strategien sind in den sozialen Milieus jeweils andere:

Eltern im DELTA-Milieu **„Etablierte"** suchen zielorientiert und effizient eine pragmatisch-professionelle und erfolgssichere Lösung, in die sie investieren und die ihnen selbst Freiraum verschafft. Wenn die staatliche Schule vor Ort nicht einen exzellenten Ruf hat, ist der voreingestellte Modus die Wahl einer Privatschule. Mit strategischem Weitblick sucht man die beste Lösung für das eigene Kind, die zu

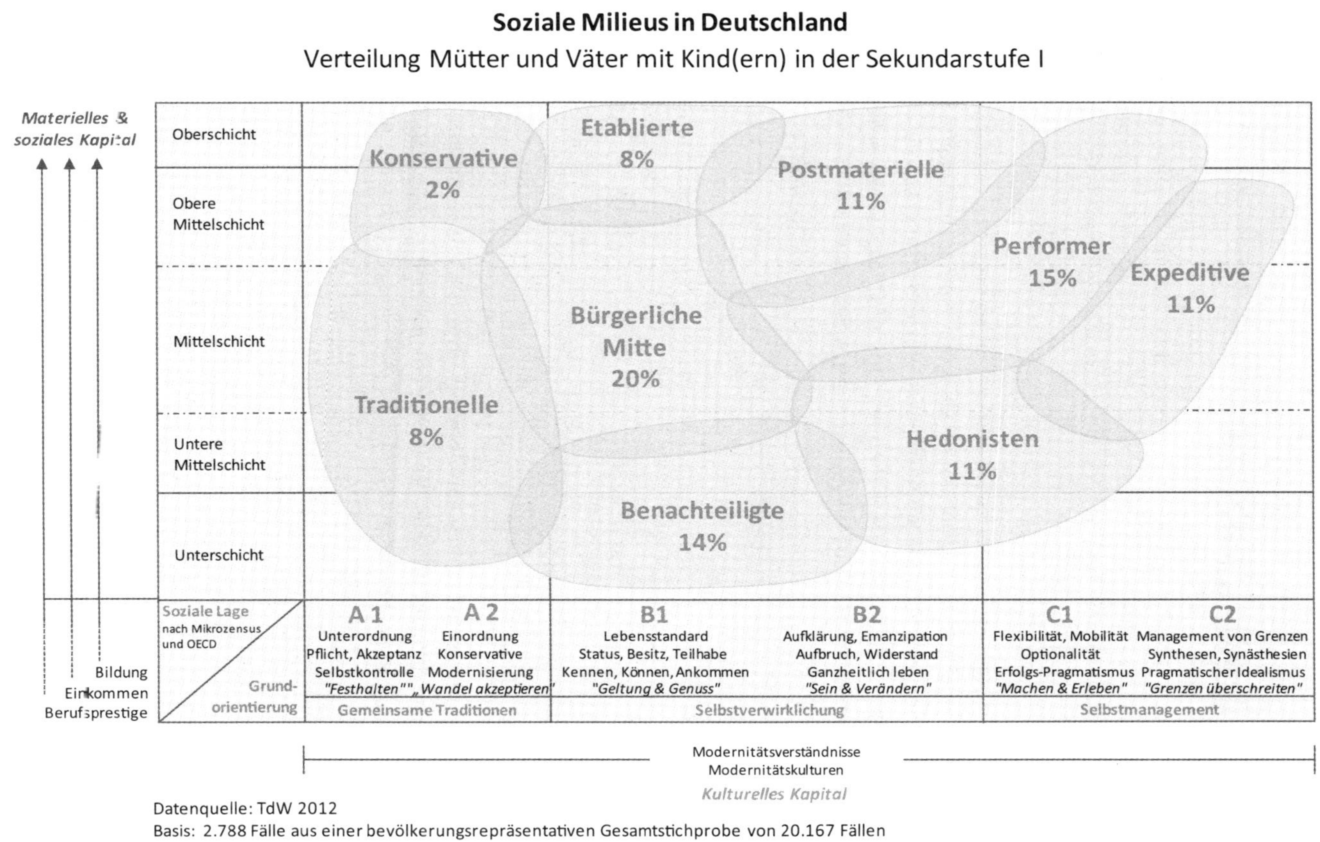

Abb. 2.1: Soziale Milieus in Deutschland – Verteilung Mütter und Väter mit Kind(ern) in der Sekundarstufe I

einem schulischen Erfolg (d. h. Abschluss) führt, und ist nicht bereit, Kompromisse einzugehen oder sich auf unsichere Experimente einzulassen. Schule ist für Etablierte eine Dienstleisterin, die für den Schulerfolg des Kindes verantwortlich ist. Entsprechend hoch sind die Anforderungen an das Leistungsvermögen und die Qualität dieser Organisation. Ausgeprägt ist die Erwartung, dass die Schule den Sohn bzw. die Tochter nicht nur zum Abitur führt, sondern dem Kind auch im Alltag systematisch ein Ambiente bietet, in dem *Werte* (Leistung, Gerechtigkeit, Verantwortung) vermittelt und *Tugenden* (Disziplin, Ordnung, Fleiß, Durchsetzungsvermögen, Klugheit, Weitblick) trainiert werden. Mit Blick auf eine international ausgerichtete Zukunft in Studium und Beruf gehört zu den elementaren Anforderungen der Erwerb von Sprachen (breites und spezifisches Angebot: Wirtschaftsenglisch, Spanisch, Französisch, Chinesisch u. a.) sowie hochkulturelle Bildung (Musik, Kunst, Literatur) und kommunikative Kompetenzen.

Die staatlichen Schulen beschreiben Etablierte als „katastrophal". Besonders kritisieren sie die Unprofessionalität, Schlichtheit und Veränderungsresistenz der Schule als Organisation. Eine Ursache dafür sei der Beamtenstatus der Lehrer, der abgeschafft gehöre, weil er dysfunktional für das Reagieren auf veränderte Lernbedingungen und Lernziele sei. Die Beamtenmentalität fördere eine Mischung von Inflexibilität und Autoritätsgehabe von Lehrern, die nicht an ihrer Leistung gemessen würden. Entsprechend gibt es aus Sicht der Etablierten an staatlichen Schulen zu wenige Lehrer, die ihre Freiräume verantwortlich und engagiert nutzen, um sich weiterzuentwickeln, sich auf jeden einzelnen Schüler einzustellen und für ihn zu arbeiten.

Groß ist die Kritik an der Trägheit, hermetischen Abschottung und organisierten Verantwortungslosigkeit der Trias von Bildungspolitik, Schulamt und Schule vor Ort. Schule soll auf das Leben vorbereiten und dazu die notwendigen Kompetenzen vermitteln und einüben. Die Kinder von heute sollen den Staat, das Gemeinwesen, die Wirtschaft und Kultur von morgen tragen. Aus ihnen müssen die Eliten hervorgehen, aber auch der Mittelstand. Dazu muss man aus Sicht der Etablierten viel investieren. Doch schon ein Blick auf die Schulgebäude ist ihnen ein Beleg dafür, wie unwichtig Schulbildung den Behörden offenbar ist: graue Gänge und Räume, verschmutze, defekte und beschmierte Toiletten u. a. – als Erwachsener würde man sich weigern, in solchen Bauten zu arbeiten. Etablierte reklamieren hier einen dramatischen Widerspruch: Man fordert von den Schülern Leistung – bietet ihnen aber kein entsprechendes Umfeld.

Im Milieu der Etablierten ist die Frau selbst berufstätig und viel beschäftigt – oder sie hält ihrem Mann, der in hoher beruflicher Position steht, den Rücken frei. Sie begreift sich selbst als Schulmanagerin ihres Kindes. Als solche ist ihr bewusst, dass sie die verschiedenen Aufgaben rund um die Schule mit der nötigen Qualität selbst gar nicht alle leisten kann und will. Sie sieht ihre Aufgabe vielmehr darin, optimale Lösungen und Optionen zu recherchieren und zusammen mit ihrem Mann zu entscheiden. Die Eltern kommunizieren auf Augenhöhe mit der Schulleitung und den Klassenlehrerinnen und -lehrern, von denen man sich den Stand regelmäßig berichten lassen möchte.

Eltern im DELTA-Milieu **„Postmaterielle"** haben die Grundeinstellung, dass das staatliche Schulsystem jedem gleiche Chancen bieten sollte – und für dieses Ziel dringend strukturell und kulturell verändert werden muss. Einerseits wollen sie ihr Kind aufgrund ihrer antielitären Haltung nicht auf eine Privatschule geben, sondern die Strukturen in der Schule vor Ort verändern, indem sie sich kritisch und engagiert einbringen. Andererseits sehen sie sehr klar, dass Reformen im Bildungsbereich ein langer, zäher Weg mit eingeschränkter Erfolgsaussicht sind. Schulkultur hängt an Routinen und Ritualen im täglichen Ablauf in der Schule, aber auch an Personen und erfordert eine Einstellungsänderung der Lehrer. Dies grundlegend umzukehren ist ein langer Prozess, der das Berufsbild von Lehrern und die *Corporate Identity* der Schule betrifft. Das *Schulsystem*, repräsentiert und verwaltet von Bildungspolitik und Schulamt, erweist sich seit Jahren als reformwillig in der Art, dass Schüler zur Experimentiermasse von Bildungstheoretikern und Bildungstechnokraten wurden. Die in immer kürzeren Abständen erfolgten Reformen haben die Schulen – und damit die Eltern und vor allem die Schüler – in Dauerstress versetzt: Vier oder sechs Jahre Grundschule? G9 oder G8? Frontalunterricht oder Gruppenarbeit? Klassenarbeiten oder Projekte? Noten oder Rankings? Halbtagsschule oder Ganztagsschule?

Besonders kritisiert wird die frühe und harte Selektion von Schülern bereits in der Grundschule und dann an weiterführenden Schulen. Die Schule heute folgt einem Leistungsschema, in dem es nicht darum geht, die Schüler mitzunehmen, sondern auszusortieren. Mehr noch als andere Milieus sind Postmaterielle der Überzeugung, dass Entwicklungspfade von Kindern und Jugendlichen unterschiedlich verlaufen mit je anderen Geschwindigkeiten. Dem wird die Schule nicht gerecht. Stattdessen wird ein Wettbewerb in der Schule etabliert, der Einzelkämpfer für gute Noten erzeugt. Ein anspruchsvoller Leistungsdruck ist nach Überzeugung von Postmateriellen durchaus wichtig, doch muss dieser wohldosiert sein. Dauerdruck führt hingegen dazu, dass Spaß am Lernen, Neugier auf Themen und Kreativität erstickt werden.

Als übergriffig erleben sie die gängige Schulkultur, in der die Zeit der Mütter performativ zur Verfügungsmasse für die Schule geworden ist. Gerade in diesem Milieu mit seinem Anspruch auf Gleichstellung in der Partnerschaft, in der beide Partner im Privaten und Beruflichen Verantwortung tragen wollen, wird diese Kolonialisierung des

Alltags durch die Schulkultur als kultureller Rückschritt kritisiert. Und so ist ein großer Teil der Postmateriellen Mütter – nach eigener Aussage – „frustriert". Denn sie wollen einerseits Familienfürsorge betreiben und für die Sorgen und Anliegen ihrer Kinder da sein, haben andererseits aber ihre eigenen beruflichen Ambitionen. Beides unter einen Hut zu bringen, ist eine große Herausforderung für die Mütter in diesem Milieu.

Wie anders Eltern in soziokulturell „jungen" Milieus die Schullaufbahn und den Schulerfolg ihres Kindes denken und entwerfen, zeigt sich im DELTA-Milieu **„Performer"**: Für sie ist die Schule keine Bildungsanstalt (mehr), sondern eine Institution zur *Wissens*vermittlung und zum Erwerb eines Zertifikats (Abitur). In krassem Gegensatz zu Postmateriellen, die der Schule einen ganzheitlichen *Bildungs*auftrag zuschreiben, begreifen Performer die Schule als einen Ort, in dem die individuellen Potenziale ihres Kindes entdeckt und entwickelt werden sollen. Gering ist das Vertrauen darin, dass Lehrer die methodische, fachliche und kommunikative Kompetenz haben, ihrem Kind in jeder notwendigen Hinsicht gerecht zu werden. Insofern hat Schule nur mehr eine Teilfunktion.

Mütter und Väter im Milieu „Performer" haben das Selbstbild und Ich-Ideal, die selbstbewusste, flexible, mobile und leistungsorientierte neue und junge Elite unseres Landes zu sein. Nur wer sich ambitionierte Ziele setzt, kann sich dauerhaft motivieren und Höchstleistungen erzielen. Insofern distanziert sich dieses Milieu von der außenorientiert-reaktiven Einstellung der Bürgerlichen Mitte und setzt dem eine innenorientiert-aktive Haltung entgegen: Ziel ihrer Anstrengungen in der Erziehung und im Schulalltag ist nicht, ihr Kind zum Lernen für gute Noten zu drillen, sondern dem Kind zu helfen, eine innere Haltung zu entwickeln, bei der es lernt, sich selbst Ziele zu setzen, sich für diese Ziele zu motivieren und dann besonderen Ehrgeiz zu entwickeln. Nur dann – so die Überzeugung – kann das Kind besondere Leistungen bringen. Und wer später aufgrund dieser inneren Haltung beste Leistungen erbringt, der kann sich auch „seine" Lebensqualität leisten.

Vor diesem Hintergrund kritisieren Performer, dass Schule an kurzfristigen äußerlichen Effekten arbeitet, aber nicht an inneren Haltungen und Potenzialen der einzelnen Schülerin und des einzelnen Schülers. So entwickeln Performer für ihr Kind ihre eigene private Schule und Schulung, in der die allgemeine Schule zwar einen großen Stellenwert hat, aber nur ein Aspekt innerhalb eines umfangreicher angelegten Konzepts ist. In diesem über die staatliche Schulorganisation hinausgehenden Schulkonzept bedeutet Innenorientierung und Potenzialentwicklung keineswegs, dass von außen gesetzte Maßstäbe unwichtig wären – im Gegenteil: Für Performer sind die Kriterien der Umwelt in hohem Maße relevante Orientierungspunkte.

Aber es geht ihnen nicht darum, diesen Maßstäben nur gerecht zu werden, sondern sich darüber hinaus Ziele zu setzen und die von außen gesetzten Ziele durch eigene, anspruchsvollere Ziele zu übertreffen. Insofern sind die Leistungserwartungen im Milieu der Performer in der Regel höher als in der Bürgerlichen Mitte, aber auch langfristiger angelegt. Vor allem nehmen Performer ihre eigene Gewichtung dessen vor, was für die Entwicklung ihres Kindes wichtig ist und es zukunftsfähig macht. Wenn ihr Kind in einem Fach schlechte Noten hat, verfallen sie nicht in Panik und Aktionismus. Ihr Blick ist potenzialorientiert und optimistisch. Dahinter steht die Maxime: Wer nur versucht, die von außen diagnostizierten Defizite zu beheben, hat keinen Blick mehr für (verborgene) Talente und Fähigkeiten des eigenen Kindes.

Um die verschiedenen Talente ihres Kindes zu entdecken, das Potenzial zu entwickeln und so die Grundlagen für die späteren Ressourcen zu legen, braucht das Kind eine optimale Umgebung. Hier zeigt sich bei einem Teil der Performer (im Submilieu „Liberale Performer") eine elitäre Grundhaltung und ausgeprägte Distinktion. Die Mütter und Väter suchen für ihr Kind eine Schule mit möglichst kleinen Klassen, mit einem modernen und innovativen Schulkonzept, mit Lehrerinnen und Lehrern, die engagiert sind und professionell arbeiten. Um ihrem Kind die Umgebung und Atmosphäre zu bieten, in der seine Potenziale freigelegt und gefördert werden können, sind Performer bereit, auch (viel) Geld in die Hand zu nehmen und Zeit zu investieren, z. B. für den täglichen Schulweg. Bei der Auswahl der Schule gehen sie sehr strategisch und nutzenorientiert vor: Wenn eine konfessionelle Schule, Waldorfschule, Montessorischule oder andere (Privat-)Schule ihren Qualitätsansprüchen genügt, dann wählen sie diese – auch wenn sie die weltanschauliche Ausrichtung nicht teilen; diese interessiert sie in der Regel weniger. Wichtig ist, dass ihr Kind beste Rahmenbedingungen und ein hochwertiges Angebot bekommt!

Eltern aus dem DELTA-Milieu **„Bürgerliche Mitte"** akzeptieren die Strukturen und Anforderungen der Schule („Es ist, wie es ist!") und reagieren mit persönlich hohem Engagement. Sie verschwenden ihre Energie nicht damit, gegen Strukturen zu intervenieren, die sie nicht ändern können. Nicht gegen Lehrer und Mängel an der Schule oder gar das Schulsystem aufbegehren, sondern der Norm genügen: Das scheint ihnen der bessere Weg, um ihr Kind pragmatisch durch die Schule zu bringen. Denn ein Schulerfolg mit möglichst guten Noten ist heute unabdingbar für einen Ausbildungsplatz und spätere berufliche Chancen. Und dies ist das Ziel, auf das die Eltern gemeinsam hinarbeiten.

Die Eltern nehmen die Schullaufbahn ihres Kindes – vor allem auf dem Gymnasium – als steilen und verschlungenen Parcours mit immer neuen Hürden und riskanten Passagen wahr. Durch diesen wollen sie ihr Kind möglichst sicher manövrieren. So verstehen sich vor allem die Mütter als Lotsin und Assistentin ihres Kindes. Diese Rolle wird für die Phase der Schulzeit zur Identität der Mutter: *Sie* steht in der Verantwortung, jederzeit über den aktuellen Stand jedes ihrer Kinder in jedem Fach (Lernstoff, Noten, kommende Tests und Arbeiten) informiert sein zu müssen. Als Lotsin hat sie den Blick für das Kommende, versucht Risiken zu mindern, Barrieren und Klippen zu meiden. So kontrolliert und korrigiert sie kontinuierlich Engagement und Erfolg, Richtung und Tempo ihres Kindes mit dem Ziel, dass es nicht abgehängt wird und möglichst zu den Besseren gehört. Das erfordert persönliche Zeit, Aufmerksamkeit und Verzicht auf eigene Bedürfnisse. So praktizieren viele Eltern für die Phase der Schulausbildung ihrer Kinder eine traditionelle Rollenteilung mit dem Vater als Hauptverdiener (Vollzeit) und der Mutter als Teilzeiterwerbstätige (oder als Hausfrau), die sich nachmittags ganz um die Schulbelange ihrer Kinder kümmert. So nehmen diese Eltern ihrem Kind *bewusst* den Druck ab, indem sie selbst ein aktiver, verantwortlicher Teil der Schullaufbahn werden. Doch unter dem anhaltenden Druck seitens der Schule kommen einige Familien zu dem Punkt, dass sie das angestrebte Ziel (z. B. Abitur) revidieren müssen, weil sie „nicht mehr können", keine Kraft und keine Reserven mehr haben, das Familienleben auch am Wochenende unter dem Schulthema leidet. Wenn sich Mütter und Väter dann durchringen, ihr Kind eine Klasse wiederholen zu lassen oder es auf eine andere Schule zu geben, erleben sie dies gleichermaßen als Scheitern und Entlastung.

Eltern aus dem Submilieu „Statusorientierte" zeigen hohe Ambitionen in Bezug auf die Ausbildungsziele ihres Kindes. Dieses sollte *möglichst* studieren, bei manchen auch *unbedingt* studieren. Bestimmte vom Kind geäußerte Studienvorstellungen werden aufgegriffen als Zielvorgaben (Medizin, Jura, Betriebswirtschaft) und bereits während der Schulzeit investieren diese Eltern viel Zeit und Geld in hilfreiche und notwendige Zusatzqualifikationen: Aufenthalte – auch über mehrere Wochen und Monate – in den USA, England, Frankreich zur Verbesserung der Fremdsprache; systematischer Begleitunterricht während der Schulzeit, um möglichst zu den Besten der Klasse zu gehören. Dazu gehört auch das Streben, einen intensiven Austausch mit den Lehrern in den wichtigen Hauptfächern zu haben, zu wissen, was aktuell gefordert ist und was ihr Kind noch weiter bringt (i. d. R. übernehmen Mütter diese Funktion).

Mütter und Väter aus dem DELTA-Milieu **„Benachteiligte"** begreifen aufgrund eigener Erfahrung von Ausgrenzung und Stigmatisierung auch ihre Kinder vielfach vorprogrammiert als Verlierer des Systems. Sie nehmen das erhebliche Schulengagement von Eltern aus der Mitte wahr, aber sie können (und wollen) da nicht mithalten. Oft verstehen sie die Themen, den Lernstoff und Übungsaufgaben ab der 5./6. Klasse nicht mehr, können ihrem Kind fachlich nicht helfen, schon gar nicht, wenn dieses das Gymnasium besucht. So resignieren viele Eltern aus dem Milieu „Benachteiligte" frühzeitig. Die meisten Väter entziehen sich der Schule ihrer Kinder kategorisch und delegieren Schule komplett in traditionell-hierarchischer Geschlechterrollenidentität an die Mutter ihrer Kinder. Von diesen Müttern versucht ein Teil, sich im Rahmen ihrer Möglichkeiten für die Schule ihres Kindes einzusetzen. Sie begreifen Schule als Chance für Aufstieg und Partizipation – nicht nur für ihr Kind heute und später, sondern auch für sich selbst. Denn diese Frauen nehmen teils klar, teils diffus wahr, dass Schule das zentrale Thema in der Bürgerlichen Mitte ist, zu der sie streben. Diese Aufstiegshoffnung wollen sie nicht aufgeben, und daher bemühen sie sich trotz materieller Grenzen und sozialer Stigmatisierung, ihrem Kind bei der Bewältigung von Schule zu helfen. Ein anderer Teil der Mütter hat – mit ihrem Partner – besondere Bildungsambitionen für ihr Kind aufgeben, oft schon im Verlauf der Grundschule. Schule ist für sie ein vorgegebenes und notwendiges Durchgangsstadium, das man nicht umgehen kann, sondern das man hinter sich bringen muss, damit danach der eigentliche Arbeitsalltag beginnt, in dem das Kind sich vermutlich und hoffentlich bewährt und wo seine eigentlichen Fähigkeiten zur Geltung kommen. Daraus erwächst die Haltung der Volldelegation des Schulerfolgs an das Kind – und auch an Lehrer. Damit ist auch „Schulerfolg" in seiner Reichweite eng begrenzt. Gering ist die Erwartung (und nur allzu selten erfahren sie es), dass Lehrer sich in besonderer Weise um Schüler aus benachteiligten Verhältnissen kümmern und sie fördern. Und Mütter (und Väter) aus dem Milieu „Benachteiligte" sind nicht bereit, jeden Preis für einen höheren Schulerfolg zu zahlen: Ihr Kind darf durch die Schule weder demotiviert und frustriert werden, noch darf die Schule dazu führen, dass es sich von einen Eltern entfremdet.

Sich dem Schulalltag ihres Kindes fachlich zu entziehen und sich auf den äußeren Rahmen (Mahlzeiten, pünktlicher Schulbesuch) sowie auf Mahnung zu Sekundärtugenden zu beschränken, ist eine *rationale* Vermeidungsstrategie, die aus ihren Bedürfnissen und Möglichkeiten entspringt. Ebenso meidet man Elternversammlungen, geht ungern zum Elternsprechtag und nimmt selten aktiv Kontakt zu einem Lehrer auf. Denn Lehrer sind ein Berufsstand, der sozial und kommunikativ über ihnen steht, der ihnen in fast jeder Hinsicht überlegen ist. Der semantische und soziale Raum – in Lehrergesprächen wie in Elternversammlungen – ist auch Demonstration ihrer Unzulänglichkeit und Ohnmacht, gegenüber denen sie sich einen Schutzpanzer zulegen müssen, um sie auszuhalten. In Sprache, Kleidung, Habitus und Informiertheit sind sie unterlegen – gegenüber anderen Eltern und Lehrern.

So gibt es bei Eltern im Milieu „Benachteiligte“ zwei Strömungen von Schulkultur: Die einen (Mütter) versuchen ernsthaft und engagiert (allerdings mit „stumpfen Waffen“), ihr Kind in der Schule zu unterstützen. Die anderen überlassen ihr Kind der Schule allein: Hier haben sich die Eltern selbst im subjektiven Gefühl der Hilflosigkeit und Lustlosigkeit aufgegeben. Die Kinder müssen ihren Schulalltag (Aufstehen, Frühstück, Schulbesuch, Lernen etc.) weitgehend selbst organisieren, werden von ihren Eltern kaum unterstützt, kontrolliert oder korrigiert. Die Eltern wollen meistens nicht ernsthaft wissen, wie die Lehrer heißen, wie das Kind in den einzelnen Fächern steht, dass und wo es Probleme gibt und welche Unterstützungen seitens der Lehrer geraten werden. Diese Eltern versuchen sich selbst vor der Schule zu schützen.

Eltern aus dem Milieu **„Hedonisten“** haben ein zutiefst ambivalentes Verhältnis zur Schule und zugleich hohe normative Anforderungen, wie Schule sein sollte, damit sie den Bedürfnissen und Talenten der Kinder gerecht wird – doch Schule ist leider selten so. Schule sollte eigentlich Spaß machen, die Kinder positiv motivieren und animieren, damit die vielfältigen Talente überhaupt entdeckt und entfaltet werden können. Dazu wäre es notwendig, unterschiedliche und auch unkonventionelle Lehrmethoden einzusetzen, welche die situativen Bedürfnisse und Interessen der Schüler berücksichtigen. Doch aufgrund ihrer eigenen Schulbiografie und ihrer aktuellen Erfahrung mit Schule erleben Hedonisten diese als „Lehranstalt“, in der ihre Kinder eher demotiviert werden, standardisiert behandelt und in ein vorgeformtes Schema gepresst werden. Viele der behandelten Themen braucht man in seinem späteren Leben nicht; die Noten drücken nicht das wahre Potenzial der Kinder aus; doch zugleich ist es für später wichtig, einen bestimmten Schulabschluss zu haben, damit man die Wahlfreiheit hat zu bestimmen, wie man leben möchte. Nicht der hohe Notendurchschnitt ist das Ziel der Eltern, sondern einen möglichst hohen Schulabschluss (Abitur? Mindestens Realschule!) zu erreichen.

Vor diesem Hintergrund sind Hedonistische Eltern ambivalent und zerrissen, wenn es darum geht, welche Schule ihr Kind besuchen soll und ob sie für einen Schulerfolg Druck auf ihr eigenes Kind ausüben sollen. Einerseits sehen sie, dass es ohne Druck nicht geht, wenn das Kind etwa die für eine Versetzung notwendigen Leistungen nicht erbringt; andererseits wollen sie keine strengen Eltern sein (wie bürgerliche Eltern) und lehnen die Rolle der „Erfüllungsgehilfen im Dienst der Schule“ gegenüber ihrem Kind ab. Einerseits streben sie für ihr Kind einen höheren Schulabschluss an, andererseits wollen sie weder sich noch ihr Kind überfordern. Sie wollen sich vielmehr mit ihrem Kind ganz und gar solidarisch fühlen und sehen sich in einer Frontstellung gegen stets fordernde Lehrer.

Hoch ist in diesem Milieu der Anteil der allein zuständigen Mütter: Alleinerziehend oder eine Patchworkfamilie zu sein, ist keine Ausnahme. Oft sind die Mütter alleinerziehend, weil sich der leibliche Vater des Kindes schon früh aus der Partnerschaft verabschiedet hat oder die Frau keine Lust mehr hatte, zwei „Kinder" zu versorgen (ihr Kind und ihren Partner). Viele der Mütter in diesem Milieu müssen selbst die finanzielle Existenzsicherung der Familie leisten. Nicht selten sind die Frauen – einige freiwillig, andere unfreiwillig – die Familienernährerin. Typisch sind weiter Teilzeitstellen oder geringfügig entlohnte Stellen, Zeitarbeitsstellen oder freie Mitarbeit. Ausgeprägt ist die finanzielle und zeitliche Enge der Mütter in diesem Milieu, gering daher auch ihre Flexibilität: Viele sind am Rand ihrer Kräfte und Leistungsfähigkeit und sehnen sich nach Entlastung. Wenn dann noch hohe Leistungsanforderungen in der Schule oder sogar Vorhaltungen der Lehrer in Bezug auf das Lern- und Sozialverhalten ihres Kindes dazukommen, dann verstärkt dies den Eindruck vieler Mütter, für Lehrer ein „störendes Element" in den wohlsortierten Abläufen und eine unbequemere Außenseiterin zu sein.

Kinder Hedonistischer Eltern lernen schon früh, selbstständig zu sein. Nur so kann der Familienalltag funktionieren, nur so können Mütter (und Väter) den ihnen wichtigen Freiraum weiterhin bewahren. In der Argumentation nach innen wie nach außen (z. B. im sozialwissenschaftlichen Interview) wird diese Erziehung zur Selbstständigkeit als wesentliche Voraussetzung für das spätere Leben beschrieben: Lernen für das „echte" Leben. Tatsächlich entlastet es die Eltern, schützt vor (dauerhafter) Überforderung und schafft Luft für sie selbst.

Das soziokulturell „jüngste" Milieu ist das der **„Expeditiven"**: Familien mit Kindern in der Sekundarstufe sind hier (noch) in der Minderheit. In diesem Milieu ist Familie ein Projekt, auf das man sich neugierig und offen einlässt und das in unterschiedlichen Phasen verläuft, in denen Eltern und Kinder sich jeweils neu ausrichten müssen (und erfinden können), damit es „gelingt". Dabei werden „Fehler" nicht als Drama bewertet, sondern als selbstverständliche Begleiterscheinung von Erziehung und auch als Anlass für Dialog und Neuausrichtung verstanden. Expeditive Eltern haben von sich das Bild des Begleiters ihrer Kinder auf deren ganz eigenem Weg durch das Leben. Hauptaufgabe von Eltern ist es, die Einzigartigkeit des Kindes wahrzunehmen, seine ganz individuellen Fähigkeiten (wie einen Schatz) zu entdecken und das Kind zu bestärken, diese Fähigkeiten auszuleben.

Der Erziehungsstil ist eher partnerschaftlich (vor allem bei alleinerziehenden Eltern und Kind / ern). Basis ist das Vertrauen in die Kinder, den eigenen Lebensweg zu meistern. Gegenbild und Gegenmodell sind die strafenden, fordernden Eltern, die ihre Kinder mit Druck durch die Schule „treiben" und notenfixiert sind. Gute Bildung ist die Grundlage dafür, später einmal alle Möglichkeiten zu haben und ein beruflich und privat erfülltes Leben führen zu können. Aus diesem Grund existiert auch in diesem Milieu ein klarer Trend zum Abitur. Schule wird (zunächst) ganz offen und vorurteilsfrei angegangen und als ein weiteres Projekt für Eltern und Kinder verstanden. Im optimalen Fall bietet die Schule einen passenden Rahmen, innerhalb dessen jede/jeder Einzelne sich entfalten kann. Schulen mit besonderen Fächerschwerpunkten im kreativen, musischen oder sportlichen Bereich und vielfältigen Arbeitsgemeinschaften werden daher präferiert. Erst im Verlauf der Sekundarstufe wächst die Kritik Expeditiver Eltern an Schule, hier vor allem an den „klassischen" Schulen und ganz besonders am Gymnasium: Zu früh würden die Kinder bereits im Vorfeld selektiert in Verlierer und Gewinner; zu sehr und zu einseitig sei die klassische Schule auf Noten fixiert; zu sehr presse die Schule ihre Schüler in ein Schema; zu wenig wirklich individuelle Förderung finde statt und die Lehrmethoden seien veraltet. Das Gymnasium, so der Vorwurf Expeditiver Eltern, ist mit einer einseitigen Fokussierung auf Wissen zu einer reinen Leistungsinstanz mit einem Diktat der Noten geworden. Aufgrund des hohen Drucks verlieren die Kinder hier rasch die Lust am Lernen und die Motivation. Das G8 („Turbo-Abi") stellt eine Steigerung dieser Entwicklung dar.

Aus diesen Gründen favorisieren Expeditive Eltern stärker als alle anderen Milieus die Gesamtschule. Sie „sortiert" die Schüler nicht so früh aus und lässt ihnen länger Zeit, sich für eine Schullaufbahn zu entscheiden. Auch wird (teilweise) in den unteren Klassen auf Benotungen verzichtet. Hausaufgaben werden in der Regel in der Schule erledigt, sodass Schule weniger in die Familie „schwappt" und Eltern und Kinder tatsächlich weitgehend „frei" haben, wenn die Schule endet. Dieser Aspekt ist vor allem alleinerziehenden berufstätigen Eltern wichtig und häufig ist eine (gute) Ganztagsschule die Voraussetzung dafür, Beruf (hier eine Vollzeiterwerbstätigkeit) und Familie gelingend miteinander vereinbaren zu können. Damit entlastet die Gesamtschule als Ganztagsschule das System Familie und vermindert Druck: Leistungsdruck auf die Kinder, Unterstützungsdruck auf die Eltern.

Die folgenden Grafiken illustrieren den jeweiligen Kern der milieuspezifischen Einstellungen von Eltern zum Schulerfolg ihres Kindes sowie die Erwartungen von Eltern an die Schule und ihre eigenen Verhaltensmuster:

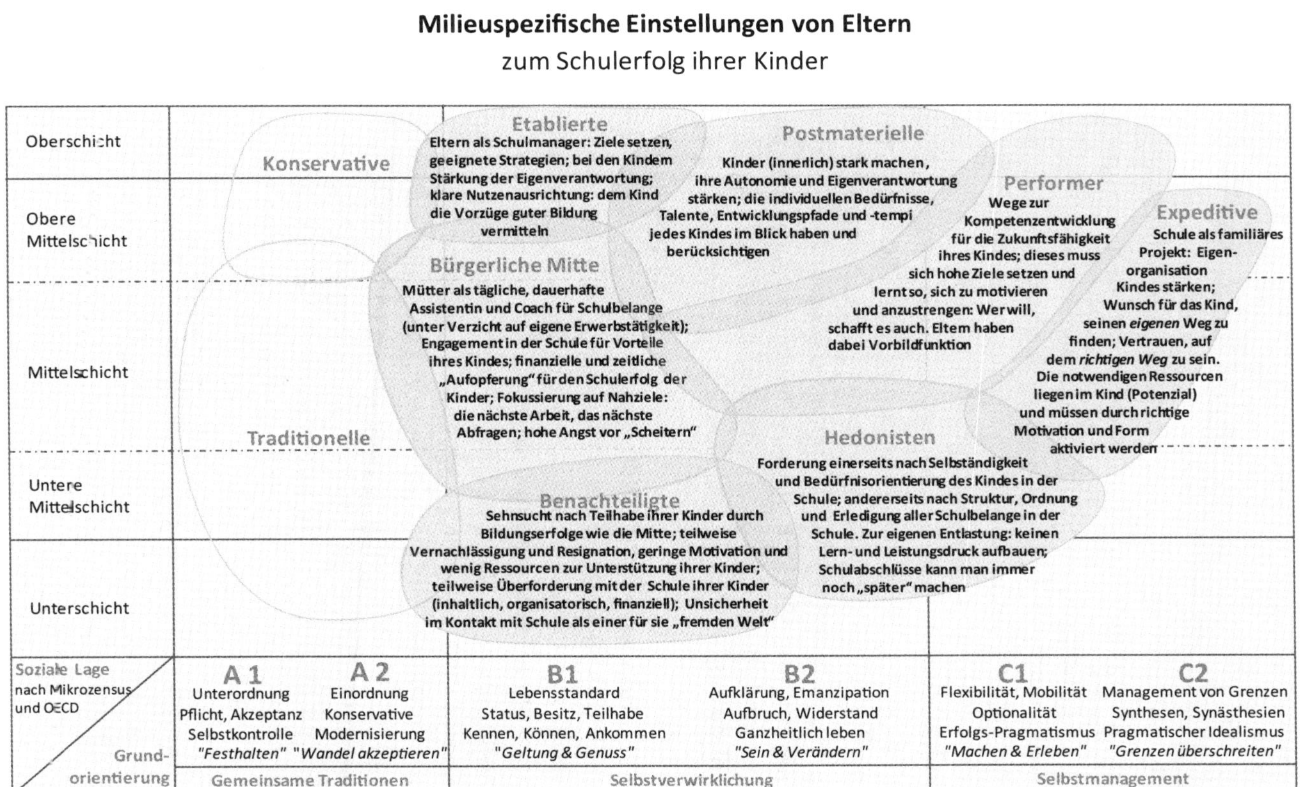

Abb. 2.2: Milieuspezifische Einstellungen von Eltern zum Schulerfolg ihrer Kinder

Abb. 2.3: Milieuspezifische Anforderungen von Eltern an Schule

Normalität von Eltern: frustriert und eingespannt in den Schulalltag

Schule beschäftigt Eltern! Es ist für Eltern heute Normalität, in den Schulalltag ihrer Kinder eingespannt zu sein. Der Schulalltag und der Schulerfolg ist über viele Jahre *das* die Familien beherrschende Thema und dominiert die Eltern-Kind-Kommunikation. Mit Schule verbinden Eltern nicht nur Hoffnungen und Voraussetzungen für die berufliche Zukunft ihres Kindes. Schule bedeutet auch, dass sie als Mutter, Familie, Vater (in dieser Reihenfolge) umfassend und intensiv gefordert und eingebunden sind. Insofern ist „Schule" aus Sicht vieler Eltern eine ambivalente Institution ihres Alltags, die sie selbst betrifft und vor allem Frauen einbindet und einschränkt.

In den mehrstündigen Interviews mit Eltern von Kindern in der Sekundarstufe I zeigte sich eindringlich, **wie sehr Schule den Alltag von Familien strukturiert und kulturell formt.** Schule reicht tief in die Lebenswelt von Familien hinein und greift in sie ein, bestimmt den Rhythmus des Tages und der Woche – nicht nur des Kindes, sondern auch und vor allem der Frauen. Sie werden seitens der Schule gefordert (und haben diese Norm als essenziell für eine „gute Mutter" internalisiert), sich täglich um die Hausaufgaben ihres Kindes zu kümmern, zu kontrollieren, den Stoff einzuüben und Klassenarbeiten mit vorzubereiten. Diese von Schule ausgehende Norm elterlicher Verpflichtung und Einbindung ist ein wesentlicher Aspekt heutiger Schulkultur. Die Schule setzt weitgehend unreflektiert eine bestimmte (teil-)traditionelle Geschlechterrollenteilung in der Familie voraus, indem sie erwartet und verlangt, dass Mütter jederzeit für den Schulalltag ihres Kindes einsatzbereit sind und ihren Einsatz kurzfristig erhöhen und intensivieren können, falls es die Noten oder Klassenarbeiten erfordern. Diese Normalität der Schulkultur ist Eltern sehr klar bewusst. Deshalb reduzieren einige Mütter ihre Erwerbstätigkeit, um für den Schulerfolg ihres Kindes verfügbar zu sein. Damit nimmt die Schule indirekt und mental „unschuldig" Einfluss auf die Lebensläufe von Frauen und insbesondere auf deren Erwerbsperspektiven im Lebenslauf (mit Neben- und Spätfolgen wie wachsende Entgeltungleichheit, sinkende Karrierechancen und geringe Rentenansprüche).

Streit und Konflikte in der Familie entstehen – nach Auskunft der Eltern – meist im Horizont von Schule: zwischen Eltern und Kind(ern) und zwischen den Partnern über das „rechte Maß" elterlichen Engagements und die Übernahme von Aufgaben durch die Mutter oder den Vater. Auch daran zeigt sich, wie sehr konkrete Aufgaben und Rollenverteilungen in einer Partnerschaft maßgeblich an Anforderungen der Schule orientiert sind.

Der unmittelbar stärkste Befund aus den Interviews: Nahezu alle Eltern klagen über die Schule, die Schulkultur und das Schulsystem. Ausnahmen sind meist Eltern in ländlichen Regionen sowie Eltern von Schülern mit äußerst guten Noten. Sobald zu Beginn des Interviews das Stichwort „Schule“ genannt wurde, erhob sich eine Welle offensiver Kommentare und Erzählungen, an denen die tiefe Erregtheit der Mutter, des Vater und auch der Familie sehr deutlich wurde: Die Mehrheit der Eltern fühlt sich vom Schulsystem und der Schulkultur *ungefragt eingebunden, sieht sich ihnen ohnmächtig ausgeliefert und durch das Druckmittel „Noten“ bzw. „Zeugnis“ zur aktiven Mitarbeit genötigt.* Diese Form der Schulkultur, von der Eltern sich massiv unter Druck gesetzt fühlen, ist historisch einzigartig. Ungeachtet beruflicher Rahmenbedingungen und um den Preis, eigene berufliche Ambitionen zurückzustellen oder aufzugeben, sehen Eltern sich veranlasst, aktiv und mit hohem zeitlichen Aufwand die ihnen aus ihrer Sicht informell zugewiesene, aber sanktionierte Rolle als fachliche Unterstützer (Coach, Nachhilfelehrer, Vertiefungslehrer) ihrer Kinder auszufüllen.

Vom Bildungsprivileg zum Bildungszwang

Bot Bildung vor einer Generation noch die Chance für sozialen Aufstieg und Akkumulation von Ressourcen und Prestige, so ist Bildung heute aus Elternsicht die notwendige und nicht substituierbare *Voraussetzung* für Anerkennung und Statuserhalt. Bildung ist nicht mehr mit der Verheißung von Aufstieg verbunden, sondern soll das Risiko des sozialen Abstiegs reduzieren. Wer aus der Gesellschaft und aus seiner sozialen Nahwelt nicht herausfallen will, ist zu (hoher) Bildung gezwungen. Aus den medialen Bildungsdebatten und politischen Botschaften der vergangenen Jahre und Jahrzehnte haben Eltern vor allem folgende Botschaft destilliert:

Der spätere *Lebenserfolg* des Kindes hängt wesentlich vom *Bildungserfolg* ab!

Elterliches Engagement für den Schulerfolg der eigenen Kinder gab es auch früher. Neu ist der Erfolgszwang, unter dem Eltern stehen bzw. unter den sich Eltern stellen. „Scheitern“ in der Schule lässt womöglich das ganze Leben des Kindes „scheitern“ – wobei die Messlatte für Erfolg (die Noten) immer höher gelegt wird und die Sensoren und Frühwarnsysteme sehr sensibel eingestellt sind. Das führt dazu, dass sich Eltern gezwungen sehen, ein hohes Maß an persönlicher Zeit, an gemeinsamer Familienzeit und -kraft sowie an Geld für Zusatzunterricht oder Privatschulen zu investieren und die Erwerbstätigkeit der Mutter ganz oder teilweise für mehrere Jahre aufzugeben oder bewusst einzuschränken, um ihr Kind / ihre Kinder durch das Schuljahr und das Schulsystem zu bringen.

Die seitens der Politik und Medien kommunizierte Norm „mehr Bildung" wird von Eltern sehr aufmerksam wahrgenommen und ernst genommen. Eine praktische Umsetzung findet sie, wenn spätestens nach der Grundschule ein (stiller) Wettbewerb der Beobachtung der Eltern untereinander einsetzt und sehr aufmerksam registriert wird, wobei und wie intensiv andere Eltern ihr Kind unterstützen. Die Pflicht zu „mehr Bildung" wird einerseits immer mehr auf „gute Noten" verengt. Andererseits erzeugt sie eine Verunsicherung von Eltern darüber, was gute Erziehung ausmacht und worin heute die unbedingte Pflicht einer guten Mutter und eines guten Vaters in der Schulphase ihrer Kinder besteht.[8] So sehen sich Eltern nicht selten vor der Entscheidung, Prioritäten zu setzen: möglichst viel Bildung / gute Noten für das Kind *oder* ein harmonisches, entspanntes Familienleben – mit der Herausforderung, hier eine Balance zu finden. Darin besteht häufig die eigentliche Familienarbeit.

Der hohe Druck auf die Eltern, das eigene Kind (als gute, verantwortungsbewusste Eltern) zum Bildungserfolg führen zu sollen, wird durch eine Schulkultur erzeugt, die 1. auf Noten fokussiert ist und aus Sicht der Eltern längst nicht mehr das „ganze Kind" sieht, sondern nur noch seine Defizite oder besondere Leistungspotenziale, und die 2. insbesondere am Gymnasium durch den allzu schnellen „Durchlauf" durch den Stoff von hohem Leistungsanspruch und Zeitdruck geprägt ist. Durch G8 gibt es kaum noch zeitliche Puffer, Verpasstes in Ruhe und ohne Konsequenzen für die Schullaufbahn nachzuholen.

Wer „die Schule" ist und was den Leistungsanspruch immer weiter nach oben schraubt, ist für Eltern nicht eindeutig auszumachen: die einzelne Lehrerin bzw. der einzelne Lehrer? Der Schulleiter? Die Profilierung der einzelnen Schulen im Wettbewerb der Region? Das Schulamt oder die Bildungspolitik (des Kreises, Landes, Bundes)? Führt PISA zu ständig neuen Schüben der Überbietung bisheriger Standards aus Sorge, als Schule, Bundesland oder Nation in einer globalisierten Bildungswelt und Weltwirtschaft „abgehängt" zu werden? Vor allem Eltern aus der Mitte der Gesellschaft fragen mit dieser Außenperspektive kritisch: Achtet man überhaupt noch darauf, wie es dabei unseren Kindern geht, ob durch diese modernistische Steigerungslogik unsere Kinder Schaden nehmen und ob wir diese Bildungs- und Schulkultur wollen? Zugleich wird von den Eltern kaum reflektiert, ob und inwiefern nicht ihr eigener

8 Medienberichte, dass bedeutende Persönlichkeiten (Politiker, Wissenschaftler, Manager) in der Schule durchaus schlechte Noten hatten und auch Klassen wiederholen mussten, tragen hier nicht zur Entlastung bei, sondern werden so aufgenommen: „Damals ging das noch, heute kann man sich solche Phasen nicht mehr erlauben, bekommt man keine zweite oder dritte Chance. Also muss man permanent dranbleiben!"

Einsatz für den Schulerfolg ihres Kindes diese Schulkultur stützt und bestätigt und welche Konsequenzen dieses Familiencoaching für das Kind hat. Der Bildungsdruck – so die einhellige Wahrnehmung von Eltern mit mehreren Kindern – setzt heute immer früher ein: Vor fünf oder zehn Jahren war aus ihrer Erfahrung lediglich das letzte Grundschuljahr (v. a. in Bayern und Baden-Württemberg) „kritisch" und teilweise mit sehr hohem Arbeitsaufwand der Schüler und Eltern verbunden; heute beginnt der Druck spätestens in der zweiten Klasse der Grundschule.

So erzählte eine Mutter aus Baden-Württemberg, dass man ihr vor fünf Jahren, als das ältere Kind in der Grundschule war, noch sagte, die Eltern sollten *nicht* speziell mit ihren Kindern lernen und *keinen* Druck auf sie ausüben. Jetzt, beim zweiten Kind, werde die Mitarbeit der Eltern explizit gefordert und Eltern sollten ihre Kinder bei Hausaufgaben und der Vorbereitung auf Klassenarbeiten unterstützen. So verteilte eine Lehrerin am Ende der zweiten Klasse Übungsmappen für das Fach Mathematik, die nach den Sommerferien wieder abgegeben werden sollten, damit die Schüler in dieser Zeit den Stoff mit den Eltern ganz gezielt nochmals üben können.

Ressourcen der Eltern entscheiden über Schulerfolg und Zukunft der Kinder

Eltern haben in hohem Maße die Botschaft verinnerlicht, dass Bildung *die* zentrale Schlüsselqualifikation in einem globalisierten Arbeitsmarkt ist. Ein guter Schulabschluss, mindestens die Realschulreife, besser aber das Abitur, ist daher das Ziel von Eltern vor allem der Mitte und der oberen Milieus.

Angekommen ist bei den Eltern auch die Botschaft: Um ein Kind erfolgreich durch die Schule zu bringen, sind die **Ressourcen des Elternhauses entscheidend**. Und die Eltern machen diese Erfahrung selbst: Ihre soziale Lage, ihre Bildungsnähe (bzw. -ferne) und die finanziellen, zeitlichen sowie fachlichen Unterstützungsmöglichkeiten entscheiden in einem hohen Maße darüber, welche Bildungsziele ihr Kind anstreben, welche Schulart es besuchen und welchen Schulabschluss es erreichen kann. Gerade an Gymnasien haben Kinder erhebliche Nachteile, deren Eltern nicht über die vielfältigen Unterstützungsmöglichkeiten verfügen und / oder die erforderlichen Ressourcen und die nötige Bereitschaft mitbringen: Ihre Chancen auf einen Schulerfolg sind – so berichten Eltern im Interview – massiv schlechter als die von Kindern, die zu Hause unterstützt werden. Das zeigt sich an Notenunterschieden sowie der Tatsache, dass mehr Kinder die Klasse wiederholen oder die Schule verlassen müssen, die nicht auf die elterlichen Ressourcen zurückgreifen können, als Kinder, die diese Chance haben.

In kaum einem anderen Land – so das Urteil der Eltern – ist der schulische Erfolg so eng an die Ressourcen im Elternhaus geknüpft wie in Deutschland. Schuleinrichtungen und Schulpolitik zeigen für Eltern keine wahrnehmbaren Anstrengungen, die Eltern hier von „Schulaufgaben" zu entlasten. Im Gegenteil werde der Druck auf die Eltern seitens der Schule immer größer: Ein Teil der Lehrer / -innen vor allem an Realschulen und Gymnasien setzt selbstverständlich voraus und betont auch in Elterngesprächen, wie wichtig es ist, dass jemand den Stoff zu Hause nochmals erklärt oder abfragt oder dafür eine Nachhilfekraft engagiert. Andere Lehrer betonen wiederum, dass elterliches Üben in ihrem Fach nicht notwendig sei. Und diese Ansagen wechseln auch innerhalb eines Faches von Jahr zu Jahr. Wem sollen Eltern glauben, wenn sie den sicheren und richtigen Weg gehen wollen?

Eine fachliche Unterstützung durch die Lehrer – deren ureigenstes Aufgabengebiet – sowie die individuelle Förderung eines Kindes bei Schwierigkeiten mit einem Lehrinhalt oder Unterrichtsstoff gebe es kaum noch oder gar nicht mehr. Lehrer betonten oft nur noch, dass sie dazu keine Zeit hätten, und verwiesen das Kind (und die Eltern) stereotyp auf das eigenständige Nacharbeiten zu Hause. Das Schulsystem zeigt aus Sicht der Eltern keine Tendenzen, hier gegenzusteuern und das Verschieben von ureigenen Lehreraufgaben auf die Eltern auszugleichen. (Dies geschieht allenfalls in der ganztagsgeführten Gesamtschule, die aber nur ein Teil der Kinder und Jugendlichen besucht.)

Aufgrund dieser Erfahrungen sieht sich die Mehrheit der Eltern zum Wohl ihres Kindes gezwungen, sich bei der Schule nicht zu beschweren und sich nicht zu verweigern, sondern im Gegenteil ihre eigenen Ressourcen systematisch einzusetzen. Die dauerhafte und intensive Unterstützung der eigenen Kinder ist nicht nur soziale Norm und taktische Klugheit, sondern in weiten Teilen der Elternschaft Ausdruck der gesellschaftlichen Positionierung (Anerkennung, Status) und Mittel der Distinktion gegenüber Eltern aus niedriger gelagerten Milieus.

„Planstelle Eltern" – Engagement für den Schulerfolg ist unerlässlich

Wenn Eltern die Schule ihrer Kinder beobachten und bewerten, dann ist ihre eigene biografische Schulzeit eine wichtige Referenz. Die zentrale Diagnose lautet: Meine Mutter / mein Vater hat sich damals nicht so um meine Schule kümmern müssen (und können), wie es heute selbstverständlich von uns Eltern verlangt wird! Dabei verklären Eltern ihre eigene Schulzeit keineswegs, sondern betonen, dass dort vieles längst nicht gut gewesen sei. Aber im Vergleich zu ihrer eigenen Schulzeit werde ihnen deutlich, was die heutige Schulkultur im Kern ausmache:

1. Die hohe Relevanz des Schulerfolgs für spätere Lebenschancen sowie die Abwertung des Hauptschulabschlusses bis hin zur radikalen Entwertung, Stigmatisierung und Diskriminierung.
2. Der Schulerfolg oder Misserfolg eines Kindes als inoffizieller öffentlicher Indikator für den sozioökonomischen Status der Eltern sowie Gradmesser dafür, ob sich Eltern „kümmern" („Schuld am Versagen" tragen in zunehmendem Maße die Eltern; der Schulerfolg ihres Kindes ist vor allem für Frauen ein Kriterium dafür, ob sie eine „gute Mutter" waren oder nicht).
3. Die Fokussierung der Schule auf Leistungsmessung und Leistungsvergleiche.

Nahezu alle Eltern klagen über die „Vereinnahmung" ihrer Zeit und ihrer Ressourcen durch die Schule. Sie sehen sich vom Schulsystem selbstverständlich und informell als unbedingte Plan- und Servicestelle für den Schulerfolg ihres Kindes gefordert. Seitens der Schule wird ihr Engagement zumindest latent eingefordert: Wenn sich Eltern nicht einsetzen, schafft es das Kind nicht bzw. erhöht sich das Risiko schlechter Noten. Damit überträgt die Schule den Eltern in deren Sicht einseitig die Verantwortung für den Schulerfolg ihres Kindes. Für den Schulerfolg ihrer Tochter/ihres Sohnes müssen sie bereit sein, viel Zeit, Energie und Geld zu investieren, vielfach auch beruflich zurückzustecken, so die Erwartungs- und Erfahrungslogik der Eltern. Wer dazu nicht die Fähigkeit, Bereitschaft oder Zeit hat, trägt eine erhebliche Mitschuld für ein (im Vergleich zu anderen Schülern) nicht so gutes Zeugnis, ein schlechtes Zeugnis oder gar das Scheitern des Kindes.

Das hohe Engagement vieler Eltern resultiert auch aus der Erkenntnis: Eltern dürfen nicht ausfallen. Elementare Funktionen der Schule sind vollständig an Eltern delegiert. Diese können sich entlasten, indem sie den Druck auf ihr Kind erhöhen oder Nachhilfelehrer einkaufen. Aber dafür haben sie zu sorgen.

Das gesellschaftliche Mantra von Bildung als Schlüssel für Zukunftschancen ist ein zentraler Grund für das im Vergleich zu früheren Generationen so ausgeprägte Engagement der Eltern für den Schulerfolg ihrer Kinder. Gleichzeitig gilt: 1) Obwohl viele Eltern ihrer Auffassung nach elementare didaktische Schulleistungen erfüllen sollen, fühlen sie sich von der Schule nicht als gleichberechtigt und kompetent behandelt. 2) Es existiert **keine formale und klare Aufgabenzuschreibung von der Schule an das Elternhaus.** Eltern erfahren von der Schule nicht programmatisch und systematisch, sondern höchst individualisiert, abhängig vom konkreten Lehrer und der spezifischen Stimmung sowie durch Gespräche mit anderen Eltern, was sie leisten *müssen oder sollten*. So gehört in der Wahrnehmung der Eltern ein Graubereich unausgesprochener Erwartungen zur etablierten Alltagskultur.

Die große Mehrheit der Mütter sieht sich in der Pflicht, eine aktive Rolle in der Schullaufbahn ihres Kindes zu übernehmen. Nur ein kleiner Teil der Elternschaft unterstützt seine Kinder *nicht* systematisch teils aus eigener Überforderung (v. a. in der sozialen Unterschicht), teils – ein Glücksfall –, weil das Kind nur gelegentliche Hilfe (etwa durch Vokabelabhören) benötigt und die Schule alleine bewältigen kann.

Durch kulturell tief verwurzelte Geschlechterrollen sind es primär und oft ausschließlich die Mütter, die von den Lehrer/-innen angesprochen werden und sich selbst gefordert sehen. Die Verfügbarkeit der Mütter und ihr Einsatz sind in diesem „hidden curriculum" eine feste Größe, während Väter nur dann hinzukommen, wenn es ihre Arbeitszeit und Arbeitsbelastung zulässt. Damit geht die in den Augen vieler Eltern überkommene Schulkultur von einer traditionellen oder zumindest teiltraditionellen Rollenteilung aus und trägt so erheblich dazu bei, dass diese fortgesetzt, legitimiert und zementiert wird. Die aktuelle Schulkultur ist daher mit dafür verantwortlich, dass Frauen ihre familienbedingte Erwerbsunterbrechung länger als ursprünglich gewünscht und geplant ausdehnen bzw. in den Arbeitsmarkt nur mit reduziertem Beschäftigungsumfang wieder einsteigen. Der größere Teil der Mütter sieht sich aufgrund der Schulerfordernisse in die Rolle der Hinzuverdienerin gedrängt, weil ihre Kinder ihre kontinuierliche und gelegentlich intensive Unterstützung in der Schulzeit brauchen. Sie wollen ihren Kindern die bestmögliche Unterstützung geben und nicht als Rabenmütter dastehen.

So sitzen viele Mütter in der **Verantwortungsfalle mit „gläsernen Zeitdecken"**: Sie wollen mit ihrem Partner gleichgestellt Familienarbeit und Erwerbsarbeit teilen und sehen auch den ökonomischem Druck, für die Existenzsicherung der Familie und ihre eigene Alterssicherung erwerbstätig zu sein. Einige sehen oder erleben, dass sie bei Arbeitslosigkeit, Krankheit oder Tod des Partners oder im Fall einer Trennung selbst in der Lage sein müssen, die Familie zu ernähren (in 23 % aller Haushalt sind Frauen die Familienernährerin). Nahezu alle Frauen dieser Elterngeneration haben eine Berufsausbildung, mehr als ein Drittel einen Hochschulabschluss. Sie wollen etwas aus ihrer Qualifikation machen und beruflich weiterkommen. Hier aufgrund der Schulkultur und in der funktional-moralischen Verantwortung für den Schulabschluss ihres Kindes Abstriche machen zu müssen, erleben Mütter und Väter als ein Hinnehmenmüssen. Die aktuelle Schulkultur ist vor allem für Mütter aus der Mitte der Gesellschaft ein zwingender Grund, nicht (mehr) Vollzeit oder mit mehr als 20 Stunden pro Woche erwerbstätig zu sein – mit erheblichen kurz-

und langfristigen Folgen für die Existenzsicherung der Familie,[9] ihre eigenen beruflichen Ambitionen und ihre Alterssicherung.

Handlungsoptionen: Bestimmte Aufgaben werden über das persönliche Engagement der Mütter und Väter hinaus an private oder professionelle „Dienstleister" delegiert. Der Standardunterricht findet in der Schule statt, Üben, Vertiefung und Vorbereitung zu Hause oder durch private Dienstleister. So errichten Eltern je nach ihren finanziellen, zeitlichen und fachlichen Ressourcen ein **Parallelschulsystem für ihr Kind**. Dieses dient ihnen zur Versicherung, alles ihnen Mögliche zu tun, damit ihr Kind erfolgreich durch die Schule kommt.[10] Oft wird von Schuljahr zu Schuljahr entschieden und neu justiert, welche „Einheiten" man weiter nutzt und wo der Bedarf aktuell am größten ist. Dieses Parallelschulsystem erzeugt eine **Individualisierung** des Schulerfolgs in zweierlei Hinsicht:

1. Jede Schülerin bzw. jeder Schüler erhält eine auf sie bzw. ihn zugeschnittene Zusatzförderung und somit eine individuelle Kombination von Standardschulsystem und eigenem Parallelschulsystem.
2. Die Folgen des Funktionierens oder Versagens dieser Individualisierung tragen die Eltern bzw. die Schülerin oder der Schüler.

Hat ein Lehrer den Eindruck, dass die Leistungen eines Schülers, einer Schülerin absacken oder das Verhalten nicht konform ist, dann werden die Eltern angerufen oder bekommen über die Schüler übermittelte Briefe im Tenor der Besorgnis und des Dialogs, aber mit der klaren Botschaft: Fachliche Autorität und vorgesetzte Instanz liegen bei den Lehrerinnen und Lehrern. Kraft dieser Position haben diese das fachliche Recht und sehen sich gefordert, die Eltern mit starken normativen, moralisch konnotierten Imperativen zum Handeln zu bewegen:

9 In Zeiten perforierter Berufsverläufe (Arbeitslosigkeit, befristete Stellen, Krankheit) und Partnerschaftsbiografien (Trennung, Scheidung) ist es für Familien ein erhebliches ökonomisches Risiko, die finanzielle Existenzsicherung auf nur einen Hauptverdiener zu legen, von dem die Familie vollständig abhängig ist.

10 Die Schätzungen für den Nachhilfemarkt unterscheiden sich voneinander. Im Jahr 2009 beliefen sich die Ausgaben der Eltern für Nachhilfe auf rund 0,94 bis 1,5 Milliarden Euro. Siehe Autorengruppe Bildungsberichterstattung: Bildungsbericht 2010, S. 80.

„Sie müssen mit ihrem Kind täglich üben, sonst hat es keine Chance!"

„Sie sollten die Hausaufgaben täglich überprüfen – das müssen Sie schon tun!"

„Ich habe im Unterricht nicht die Zeit zu üben, das muss zu Hause geschehen!"

„Ich kann mich nicht um jeden einzelnen Schüler kümmern, ich muss mit dem Stoff durchkommen."

Eltern werden so, jenseits von Mithilfe bei Schulfesten und Renovierungen an der Schule, zu unbedingt notwendigen Instanzen für den Schulerfolg ihres Kindes. Wer persönlich dazu nicht die Fähigkeit oder Zeit hat, trägt im Umkehrschluss eine erhebliche Mitschuld für ein „Scheitern" des Kindes. Eltern dürfen nicht ausfallen. Die Leistung, die sie erbringen, ist von der Schule externalisiert und kann allenfalls für einzelne Fächer an Privatlehrer / Nachhilfelehrer delegiert werden. Aber auch dafür haben die Eltern zu sorgen. Der schulische Zugriff auf Eltern ist längst nicht mehr auf besondere Anlässe beschränkt, sondern Normalität geworden: Eltern sind im System Schule notwendige und nicht substituierbare Funktionen für den Schulerfolg des Kindes. Zur Bewältigung bleiben den Eltern verschiedene Handlungsoptionen, die sie je nach eigener Ausstattung an materiellem, sozialem und kulturellem Kapital ergreifen:

1. **Eigenes Engagement mit Aufteilung der Fächer zwischen Mutter und Vater mit einem spezifischen „Einsatzplan"** für das kontinuierliche (tägliche) Üben bis hin zur Intensivierung vor Klassenarbeiten (familiärer Crashkurs) und die Unterstützung bei Referaten oder Präsentationen. Hier organisiert sich die gesamte Familie oft um die Schularbeit der Kinder und von den Eltern ist höchste Flexibilität und Einsatzbereitschaft gefordert.
   → Dies ist die Normalität für Eltern aus der Mitte der Gesellschaft.

2. **(Voll-)Delegation an kostenpflichtige externe Dienstleister:** Privatschule, Internat, Nachhilfeunterricht für Problemfächer, Engagement eines Mentors und Coachs für alle Schulbelange ihres Kindes (meist Studenten, ältere Lehrer sowie privatwirtschaftliche Dienstleister).
   → Dies ist ein typisches Muster für Eltern aus Milieus der Oberschicht und oberen Mittelschicht, vor allem in Familien, bei denen beide Elternteile intensiv (Vollzeit) arbeiten.

3. **Resignation der Eltern**, die angesichts ihrer eigenen Defizite in der (Schul-) Bildung der Überzeugung sind, dass sie ihrem Kind nur begrenzt helfen können. Vor allem in Milieus am unteren Rand der Gesellschaft sehen sich die El-

tern vielfach nicht in der Lage, den geforderten und notwendigen Beitrag für den Schulerfolg ihres Kindes zu leisten – besonders dann nicht, wenn ihr Kind das Gymnasium besucht. Da auch die monetären Ressourcen für Nachhilfeunterricht nicht vorhanden sind, überantworten die Eltern ihr Kind in Volldelegation an die Schule in der Erwartung, dass es Pflicht der Schule ist, ihr Kind zu unterstützen. Diese Eltern machen die Beobachtung bzw. haben die Wahrnehmung, dass ihr Kind von den Lehrern schneller aufgegeben wird als Kinder aus der Mittel- und Oberschicht. Sie fühlen sich ohnmächtig, sehen, dass man ihrem Kind nur geringe Chancen einräumt und keine besondere Unterstützung und Förderung seitens der Schule bietet. Das führt relativ früh dazu, dass diese Eltern ihrem Kind die Verantwortung für den Schulerfolg aufbürden mit der für das ganze Leben gültigen Maxime: „Du musst selbst zusehen, ob und wie du es schaffst!" Die meisten dieser Kinder sind auf sich selbst gestellt. Sie haben dadurch nicht nur deutlich schlechtere Voraussetzungen als Kinder aus der Mitte der Gesellschaft. Die schulischen Selektionsmechanismen individuell zu erbringender extraordinärer Leistungen mit Steigerungslogik stellen für die meisten der benachteiligten Kinder eine unüberwindliche Hürde dar.
→ (Selbst-)Aufgabe und Delegation angesichts der Anforderungen, die Schule heute an die Eltern stellt, ist primär ein Muster von Eltern aus der sozialen Unterschicht.

Kolonialisierung der Familie

Eltern in Milieus der Oberschicht können das Thema „Schulerfolg" an professionelle externe Dienstleister delegieren, weil sie dafür die monetären Ressourcen haben. Eltern aus Milieus am unteren Rand der Gesellschaft wiederum ziehen sich mangels eigener materieller und mentaler Ressourcen zurück und überantworten den Bildungserfolg ihrer Kinder der Schule. Dagegen ist die Mitte der Gesellschaft **täglich mit Schule beschäftigt.** Schule ist *das* dominierende Thema des Nachmittags und der Woche. Vor allem die Mütter sehen sich auch nach dem Ende der Grundschulzeit während der Sekundarstufe I in der Verantwortung, permanent über den Lernstoff auf dem Laufenden zu bleiben und ihrem Kind / ihren Kindern zu helfen – immer im Auge behaltend, dass das Kind motiviert, gelobt werden muss. Das ist keine Frage der Freiwilligkeit, sondern aus Perspektive der Mütter schlicht eine Notwendigkeit und ohne Alternative: Das tue ich für mein Kind und seine Zukunft!

Vor allem in größeren Familien mit mehreren Kindern müssen Mütter für die Schulbegleitung ein hohes Maß an Zeit und Flexibilität aufbringen, um auf die oft unvorhersehbaren Aufgaben und Probleme zu reagieren. Das verlangt ein tägliches Fragen: „Wie war es heute in der Schule? Welche Arbeiten stehen in den nächsten Tagen an? Bei welchen Fächern muss ich dich abfragen, welche Übungsaufgaben (aus dem Internet oder aus Übungsbüchern) muss ich dir stellen und korrigieren? Wie gestalten wir zeitlich den Nachmittag und Abend heute? Welche Referate kommen in der nächsten Zeit?“ Hausaufgaben und Klassenarbeiten des Kindes implizieren somit für die Mütter (abends und am Wochenende auch für die Väter) automatisch die Frage: **„Was bedeutet das für mein Kind und mich?“**

Dies geht soweit, dass einige (wenige) Eltern ihre Kinder nicht mehr spielen lassen oder ihnen freie Zeit „gönnen“ können. Sie meinen, Freizeitvergnügen und Hobbys einschränken oder gar streichen zu *müssen*, damit die Kinder den Lernanforderungen der Schule gerecht werden können.[11] Zugleich leiden Eltern heute massiv darunter, dass sie ihren Kindern durch die Schulanforderungen keine unbeschwerte Kindheit und Jugend mehr ermöglichen können. Oft sind Eltern und Kinder am Wochenende und in den Ferien von der Schule völlig erschöpft. Und nicht selten ist Schule ein Reizthema in den Familien und Mütter (und auch manche Väter) sagen: „Wir können nicht mehr!“, „Wir kommen an unsere Grenzen“, „Die Schule gefährdet den Frieden in unserer Familie!“

Dennoch: Die meisten Eltern bedienen das System weiter, weil sie es nicht wagen auszuscheren, denn damit würden sie den Schulerfolg des Kindes gefährden. Zudem sehen sie bei anderen Familien, welchen Einsatz und welche „Opfer“ diese für den Schulerfolg ihrer Kinder erbringen, sodass ein Ausscheren auch nach außen nur schwer durchzuhalten ist. So ist eine Steigerungslogik des Engagements entstanden, vor allem von Müttern, aber zunehmend auch von Vätern am Abend und am Wochenende.

Ein größerer Teil der Eltern begreift daher sich selbst, ihre Kinder und letztlich die ganze **Familie als Verlierer des „Systems Schule“**. Wenn Gymnasialkinder nicht mehr krank werden dürfen (besser nur einen Tag, höchstens zwei bis drei Tage, denn eine Woche Unterrichtsausfall ist nicht mehr aufzuholen), dann zeigt dies den massiven Druck, unter dem Familien heute stehen. Die im Alltag für jedes einzelne Kind kontinuierlich gestellte Notendiagnose, die Prüfungsvorbereitung für die verschiedenen Fächer (nicht nur Hauptfächer, sondern auch Nebenfächer entscheiden

11 Ein Teil der Kinder und Jugendlichen, die noch in der Grundschule und zu Beginn der Sekundarstufe I vielfältig in Vereinen (Sport, Kunst, Musik) tätig waren, schränkt diese Aktivitäten tatsächlich im Verlauf der Sekundarstufe ein bzw. gibt sie auf. Das betrifft besonders Kinder am Gymnasium.

über den Notenschnitt und die Versetzung) sowie die Aufgabenverteilung unter den Eltern führen zu einer Omnipräsenz des Themas „Schule" in der Familie. In Anlehnung an eine soziokulturelle Diagnose von Jürgen Habermas kann man von der *Kolonialisierung der Familie durch die Imperative des Systems Schule* sprechen.

Retraditionalisierung der Geschlechterrollen durch die Schulkultur

Schule trägt dazu bei, dass die gesellschaftliche Ungleichstellung von Frauen und Männern gefestigt wird: Das ist die Wahrnehmung von Müttern in den gehobenen Milieus (v. a. Postmaterielle) und der Bürgerlichen Mitte. Die arbeitsteiligen, normativen und moralisch verbrämten Anforderungen des Schulsystems sind ein massives Hemmnis für viele Frauen, nach der familienbedingten Erwerbsunterbrechung wieder in den Arbeitsmarkt zurückzukehren oder den reduzierten Umfang ihrer Erwerbtätigkeit wie ursprünglich vorgesehen spätestens zu Beginn der Sekundarstufe I wieder zu erhöhen. Ein Teil der Mütter verzichtet auch bei Kindern in der Sekundarstufe I auf ein berufliches Engagement jenseits der 20 Stunden. Vor allem in der Mitte der Gesellschaft ist dies ein bewusst getroffenes Arrangement der Eltern für die Zukunft ihrer Kinder. Der Mann geht Vollzeit arbeiten, die Frau bleibt zu Hause oder ist zumindest nachmittags voll und ganz für die Kinder da – mit erheblichen negativen Konsequenzen für die Erwerbschancen, die Einkommenssicherung und die Karrierechancen der beruflich oft sehr gut qualifizierten und ambitionierten Frauen in der Zukunft.[12] Höchstens halbtags (vormittags!) erwerbstätig zu sein, ist für Mütter aus der Mitte eine sozial gebotene Norm für eine „gute Mutter" und pragmatisch schlicht eine Notwendigkeit, um nachmittags für die Kinder da sein zu können. Zugleich aber ist die Erwerbstätigkeit der Mutter für einige Familien finanziell notwendig, um das Einkommen der Familie aufzustocken und den Nachhilfeunterricht finanzieren zu können.

Um den Schuldruck für die Familie von vorneherein möglichst gering zu halten, hat sich ein Teil der Frauen – gemeinsam mit ihren (Ehe-)Partnern – *ganz bewusst* dazu entschlossen, auch dann noch ganz zu Hause zu bleiben, wenn die Kinder einmal über 10 Jahre alt sind, um sie (gut!) durch die Schule zu bringen. Doch immer mehr Frauen mit diesem Lebensmodell geraten unter Rechtfertigungsdruck. Denn heute

12 In den Interviews berichteten einige Mütter mit akademischen Bildungsgrad, dass sie unterhalb ihrer beruflichen Möglichkeiten blieben, weil sie mit einer inhaltlich anspruchsvolleren Stelle (die wiederum auch zeitliche und örtliche Flexibilität erfordert) nicht mehr ausreichend Zeit und Kraft für die Unterstützung der Kinder hätten.

sind mehr als die Hälfte aller Mütter mit Kindern in der Sekundarstufe I erwerbstätig (siehe Abb. 2.4), etwa 24 Prozent der Mütter arbeiten Vollzeit, 42 Prozent Teilzeit. Rund ein Drittel (34 %) ist nicht erwerbstätig, d. h. ist noch in Ausbildung oder arbeitslos oder hat familienbedingt die Erwerbstätigkeit unterbrochen.

Etwa jede fünfte Mutter ist heute in der Rolle der Familienernährerin und trägt existenzielle Verantwortung. Angesichts ihrer knappen Ressourcen an Zeit und Kraft sind diese Frauen kaum mehr in der Lage, auch noch den Schulalltag ihrer Kinder täglich zu begleiten (wie manche Mütter mit geringfügiger Erwerbstätigkeit).[13] In der Regel besteht eine Abhängigkeit zwischen der Anzahl der Kinder und der Arbeitszeit der Mütter: Je mehr Kinder eine Mutter hat, umso kürzer sind in der Regel ihre Erwerbsarbeitszeiten.[14] Insofern sind vor allem Familienernährerinnen unter besonders hohem Druck, für die materielle Existenzsicherung der Familie zu sorgen und sich gleichzeitig für den Schulerfolg ihrer Kinder zu engagieren. Die Schulkultur veranlasst erwerbstätige Mütter zu einem Spagat und bevorteilt Familien mit einer traditionellen Rollenteilung.

Überwiegend Vollzeit arbeiten lediglich Mütter aus zwei Milieus der sozialen Oberschicht und oberen Mittelschicht: die Etablierten (58 %) und die Performerinnen (39 %). In diesen Milieus ist die Bereitschaft groß und stehen ausreichend monetäre Ressourcen zur Verfügung, um für den Schulerfolg der Kinder externe professionelle Unterstützung zu buchen (Privatschulen, Nachhilfeinstitute u. Ä.). In anderen Milieus ist mehr als die Hälfte der Mütter mit Kindern in der Sekundarstufe I in **Teilzeit** beschäftigt: Mütter im Milieu der Bürgerlichen Mitte arbeiten zu 54 % Teilzeit (der höchste Teilzeitanteil im Milieuvergleich), dicht gefolgt von Expeditiven (51 %), Postmateriellen (43 %), Benachteiligten (43 %), Hedonisten (40 %) und Performern (38 %).

[13] Von Familienernährerin sprechen wir, wenn die Frau mehr als 60 % zum Familieneinkommen beiträgt. Die exklusive Familienernährerin ist diejenige, die allein das Familieneinkommen sichert (100 %). In bevölkerungsrepräsentativen Analysen des Sozioökonomischen Panels haben Brehmer / Klenner / Klammer für das Jahr 2007 herausgefunden, dass in 17,8 % aller Erwerbspersonenhaushalte, in denen mehrere Personen zusammenleben, die Frau objektiv die Funktion der Familienernährerin hatte. In 9,0 % aller Haushalte lebten die Frauen in Paarhaushalten, in 8,8 % der Fälle allein mit ihren Kindern (ohne Partner im Haushalt). Vgl. Brehmer / Klenner / Klammer: Wenn Frauen das Geld verdienen – eine empirische Annäherung an das Phänomen der „Familienernährerin". WSI-Diskussionspapier Nr. 170, 2010. Siehe auch: Klenner / Menke / Pfahl 2011.

[14] Vgl. Heitkötter 2009, S. 265.

In den sozialwissenschaftlichen Interviews zeigte sich deutlich, dass diese Mütter die Teilzeitberufstätigkeit (in der Regel vormittags, wenn die Kinder in der Schule sind) als die beste Form der Erwerbstätigkeit ansehen. Nur so können sie beidem gerecht werden, den Anforderungen der Arbeit und den Anforderungen zu Hause, wobei diese in den meisten Fällen subjektiv wichtiger sind: Die Arbeit muss sich an die Bedürfnisse der Familie anpassen. So hat die gegenwärtige Schulkultur den Effekt, dass es in der Partnerschaft zu einer zweiten Welle der **Retraditionalisierung der Rollenteilung** kommt.[15] Diese beginnt mit dem Schuleintritt des Kindes und wird entgegen eigener Pläne aufrechterhalten, wenn das Kind von der Grundschule auf die weiterführende Schule wechselt.[16] Es sind die Erfahrungen im eigenen sozialen Umfeld, die Signale der Schule, die Tatsache, dass die ausgewählte Schule mittags endet, und die Anforderungen im Unterricht, die den Eltern signalisieren: Ein Elternteil sollte nachmittags da sein und wird für die aktive, dauerhafte Unterstützung zur Bewältigung von Schule gebraucht – „am besten und einfachsten die Mutter". (Hier spielen unterschiedliche Erwerbsumfänge der Partner, Entgelte und Lohnsteuerkarten eine präjudizierende Rolle zulasten der Frauen.) Die gegenwärtige Schulkultur setzt somit nicht nur die traditionelle Rollenteilung voraus, sondern fördert die Retraditionalisierung der Arbeitsteilung in Partnerhaushalten und benachteiligt Schülerinnen und Schüler mit einer erwerbstätigen und alleinerziehend Mutter, die in der Erwerbstätigkeit zeitlich flexibel und mobil sein muss – und damit nicht jederzeit für Schulangelegenheiten verfügbar ist.

15 Eine erste Retraditionalisierung der partnerschaftlichen Arbeitsteilung findet kurz nach der Geburt des ersten Kindes statt. Auch Paare, die ursprünglich den Anspruch hatten, sich Aufgaben für Beruf, Haushalt und Erziehung zu teilen, geraten – aus pragmatischen und kurzfristig durchaus rationalen Erwägungen (Verdienst und Karrierechancen des Haupteinkommensbeziehers, Lohnsteuerklasse, das zweite Kind u. a.) – in die Falle einer schwer wieder aufzulösenden traditionellen Rollenteilung, die ihnen aber erst nach mehreren Jahren bewusst wird.

16 Allerdings ist den wenigsten Müttern während der Grundschulzeit ihrer Kinder bewusst, dass und in welchem Umfang die Schule ihr Engagement fordern wird.

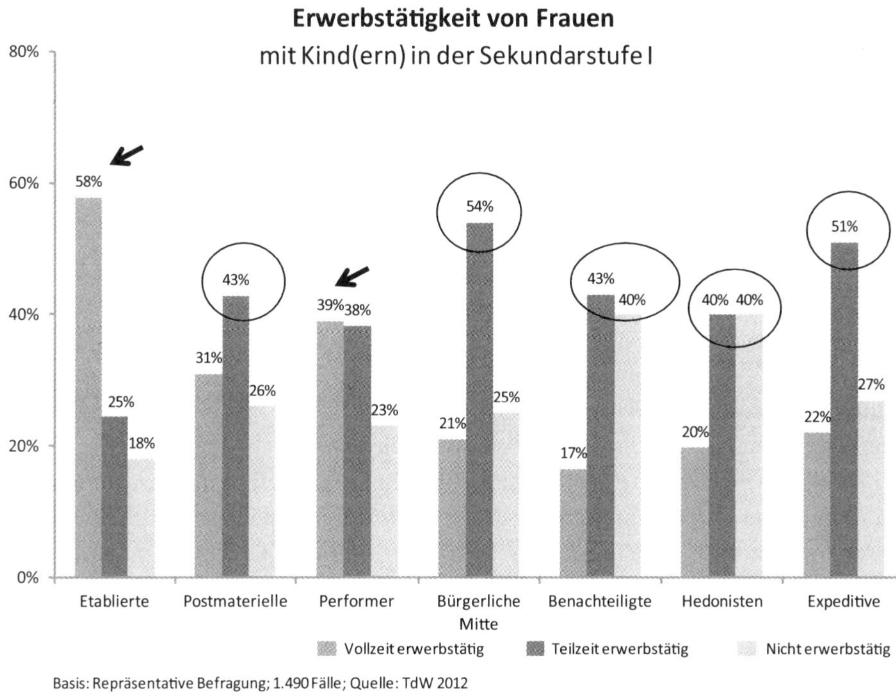

Abb. 2.4: Erwerbstätigkeit von Frauen mit Kind(ern) in der Sekundarstufe I

Am stärksten hadern Frauen aus dem Postmateriellen Milieu mit dem aktuellen Schulsystem und dem damit einhergehenden starken Engagement der Eltern aus der Bürgerlichen Mitte. Für Postmaterielle Mütter ist eine freiberufliche Erwerbsform oftmals die beste Möglichkeit, Familie und Beruf zu vereinbaren, ohne eine unterqualifizierte Tätigkeit anzunehmen, die spätere Berufsambitionen schmälert.

„Ich bin Übersetzerin, arbeite so zwischen 30 und 40 Stunden die Woche von zu Hause aus – das lässt sich mit der Familie gut vereinbaren."

Ein typisches Beispiel einer Mutter aus dem Postmateriellen Milieu. Die promovierte Biologin wollte nach der Geburt der zweiten Tochter nicht wieder Vollzeit arbeiten. Gleichzeitig war ihr bewusst, dass sie mit ihrer Ausbildung und in ihrem Beruf mit einer reduzierten Stelle ihre Karriereambitionen aufgeben muss.

„In der Zeit, da hatten wir dann schon das zweite Kind, war es für mich einfach nicht vorstellbar, irgendwo in Vollzeit einzusteigen. Und ja, es ist aber für so jemanden mit meiner Ausbildung und Promotion eigentlich ein Muss."

Frauen aus dem Milieu der Bürgerlichen Mitte hingegen verzichten in den ersten Schuljahren *eher* völlig auf eine Erwerbstätigkeit oder sind höchstens in Teilzeit (am Vormittag) oder geringfügig erwerbstätig. Dies ist mit dem Partner vereinbart und selbstverständlich für eine „gute Mutter".

„Ich kenne eine Reihe von Müttern (...), die alle studiert sind und die voll zu Hause bleiben und sich nachmittags um die Schule ihrer Kinder kümmern. Das kann doch nicht sein!" [Postmaterielle Mutter in Kommentierung ihr bekannter Müttern aus der Bürgerlichen Mitte.]

„Hier in der Nachbarschaft sind ganz viele Leute, die haben eine äußerst akademische Bildung erfahren dürfen. Gleichzeitig ist aber von den Müttern mindestens die Hälfte gar nicht berufstätig. Und die stecken ihre gesamte Energie in die Ausbildung und Förderung ihrer Kinder."

Die aktuelle Schulkultur beschränkt und beschneidet damit die Erwerbstätigkeit von Frauen. Bei den erwerbstätigen Müttern führt sie zu erheblichen zeitlichen, physischen und emotionalen Belastungen, zu Erschöpfung und Überforderungsgefühlen angesichts der Anforderungen im Beruf und der permanenten Anforderungen der Schule. So trägt die etablierte Schulkultur erheblich zur Ungleichstellung von Frauen in der Gesellschaft bei – mit gravierenden Folgen für die Lebensverläufe von Frauen sowie die Familien- und Partnerschaftskultur.

Aber auch für die **Männer** wird es durch das Eingebundensein ihrer Frau zu Hause schwerer, andere Modelle der Erwerbstätigkeit zu leben und sich mehr als frühere Generationen zeitlich intensiver der Familie und den Kindern zu widmen. Sie verbleiben – aus ihrer Sicht „notgedrungen" – in der Rolle des Haupternährers der Familie, weil ihre Partnerin sich intensiv um den Schulalltag der Kinder kümmern *muss*. Somit bleiben bei dem für die Familie so wichtigen Thema „Schule" die Väter nicht selten außen vor. Denn die Schule adressiert nach wie vor nahezu reflexhaft fast ausschließlich die Mütter; immer noch gibt es Schulen, an denen Lehrer/-innen nur vormittags Zeit für ein Elterngespräch haben oder sich weigern, abends zu einem Gesprächstermin zur Verfügung zu stehen. Für viele Paare wird es somit zur Selbstverständlichkeit, dass die Frau den Kontakt zur Schule übernimmt. Für einen Teil der Väter ist dies subjektiv eine ungute und ungewollte Situation, weil sie mit ihrer Partnerin „eigentlich" eine andere, gleichgestellte Form der Partizipation an Familie *und* Beruf anstreben. Für einen anderen Teil der Väter ist das verlangte intensive Engagement der Eltern – oft vorbewusst – eine Legitimation, am (teil-) traditionellen Rollenbild festzuhalten: Der Mann ist in Vollzeit erwerbstätig und konzentriert sich auf den Beruf, während die Frau Haushalt, Schule und Beruf miteinander vereinbaren muss. Das hat praktisch zur Konsequenz, dass Frauen – vor allem aus der Mitte der Gesellschaft – die aus ihrer Sicht rationale Entscheidung treffen, nicht Vollzeit zu arbeiten, sondern allenfalls Teilzeit oder mit nur geringfügigem Beschäftigungsumfang, um ein Scheitern des Kindes in der Schule unbedingt zu verhindern. Andere rationale Erwägungen in Lebenslaufperspektive, wie etwa die eigene ökonomische Eigenständigkeit, eigene berufliche Ziele und die eigene Alterssicherung, werden in der Phase der Schulzeit der Kinder ausgeblendet oder zurückgestellt.

Traditionelle Rollenteilung bei den Eltern ist Alltagserfahrung vieler Jugendlicher

Eltern aller Milieus bekräftigen, dass für sie das Geschlecht ihres Kindes keinerlei Bedeutung dafür habe, welcher Schulabschluss angepeilt oder wie schulischer Erfolg bzw. Misserfolg bewertet wird. Es ist somit ein großer Erfolg der Gleichstellungspolitik der letzten Jahre, dass auf der Ebene der *Einstellungen* die Mütter und Väter aller Milieus keine Unterschiede bezüglich der Schullaufbahn und der Bildungsambitionen von Jungen und Mädchen machen wollen. Aber die lebensweltliche Alltagserfahrung, dass die Schule primär die Mütter in den Familien als Ansprechpartner adressiert, fordert und einnimmt, geht nicht nur von einer (teil-)traditionellen Rollenteilung in den Familien aus, sondern (re-)produziert nach Ansicht der Eltern aus gehobenen Milieus auch **bei den Kindern und Jugendlichen sowohl die Normalität als auch die Normativität dieser Rollenteilung**.

Damit wird diesen seitens der Schule nonverbal und performativ das teiltraditionelle Geschlechterrollenmodell vorausgesetzt *und* als Erfolgsmodell kommuniziert, obwohl Eltern aus den modernen gehobenen Milieus (Postmaterielle, Performer) ein gleichgestelltes Rollenmodell leben wollen. Die Tatsache, dass Mütter – vor allem in Westdeutschland – ihre Chancen auf dem Arbeitsmarkt oft bewusst nicht nutzen, um ihre Kinder durch die Schulzeit begleiten zu können, trägt in der Sicht vieler Eltern dazu bei, dass diese Rollenbilder an die Kinder weitergegeben werden. Die seit Jahren gleichstellungspolitisch kommunizierte Frage „Was kommt nach dem Hauptenährermodell?" sowie das Bestreben moderner Frauen und Männer, für Familie *und* Beruf zu gleichen Teilen Verantwortung zu übernehmen, werden durch die bestehende Schulkultur unterlaufen. Sie ist somit ein massives Bollwerk gegen die Überwindung (teil-)traditioneller Rollenbilder und Arbeitsteilungen.

Das Gros der Kinder durchläuft die Schule mit der Mutter „im Rücken", die nachmittags als „Hilfslehrerin" dafür sorgt, dass die Kinder Schule gut bewältigen können. Häufig läuft die Berufstätigkeit der Mutter unbemerkt ab: Sie ist vormittags im Büro, kommt rechtzeitig mittags zum Kochen nach Hause und ist daher für die Kinder nicht wirklich abwesend gewesen. Auch in der Familie steht die Berufstätigkeit der Mutter meist nicht im Zentrum, während auf die Schule der Kinder und die Erwerbstätigkeit des Vaters Rücksicht genommen wird. Dieser ist meist der „Joker", er kommt abends nach Hause und übernimmt dann je nach Kapazität noch Aufgaben rund um die Schule der Kinder. Den „Hauptjob" übernimmt jedoch die Mutter. **So werden Kinder mit der Gewissheit und dem Erleben groß, dass Väter für das Familieneinkommen und Mütter für die Kinder sorgen.** Die Erwerbstätigkeit der Mutter läuft im Hintergrund ab, die des Vaters ist eine Konstante und die zentrale Voraussetzung für die finanzielle Versorgung der Familie. Auch wenn Mütter mit dieser Rollenteilung und Rollenzuschreibung nicht glücklich sind, zeigen sie dies ihren Kindern in der Regel nicht. Gespräche darüber werden in der Regel mit dem Partner alleine geführt, denn die Kinder sollen nicht merken, dass die Mutter sich in ihrer Rolle nicht wohlfühlt.

Es ist ein deutlicher Befund, dass Mütter mit mehreren Kinder in der Schule (v. a. auf dem Gymnasium) auch mit dem Älterwerden der Kinder meist über eine Halbtagsberufstätigkeit nicht hinauskommen. Oft sind Zeit und Kraft nicht vorhanden, um mehr als 20 Stunden pro Woche zu arbeiten, und oft erscheint Müttern das Risiko zu groß, nicht mehr für die Schule verfügbar zu sein, falls ihr Kind mit nahendem Abschluss nicht doch ihre intensive oder flexible Hilfe braucht.

Angesichts der strukturellen Nachteile von Frauen nach dem Berufseinstieg fördern einige Mütter bewusst und präventiv in besonderer Weise ihre Töchter, damit diese später nicht in die Retraditionalisierungsfalle geraten, z. B. bei der Familiengründung, und geschlechtsspezifische Nachteile (Karrierestufen, Entgeltungleichheit) durch bessere Schulleistungen präventiv ausgleichen.

Entgegen dem landläufigen Klischee sehen Eltern in den Milieus der Mitte und vor allem in den gehobenen Milieus Jungen nicht als „Bildungsverlierer". Sie weigern sich, eine solche Zuschreibung zu akzeptieren. Weil Frauen immer noch weniger verdienten und Männer häufig die besseren – und damit auch höher dotierten – Stellen bekämen, gleiche sich eine mögliche Benachteiligung von Jungen in der Schule mehr als aus.

„Ein schlecht ausgebildeter Mann hat immer noch einen besser bezahlten Job als eine gut ausgebildete Frau."

Allerdings beobachten Eltern, dass sich Jungen in der Grundschule schwerer mit den Anforderungen an Verhalten und Lerndisziplin tun. Maßstab an den Grundschulen sind ihrer Wahrnehmung nach die Mädchen, denen es offenbar leichter fällt, sich ruhig zu verhalten und konzentriert mit dem Lernstoff zu befassen. Dieses „brave" und „unauffällige" Verhalten von Mädchen wird nach Wahrnehmung der Eltern von den meist weiblichen Lehrern goutiert.

„Jungen werden vor der Schule in die Rolle als frecher, aufmüpfiger immer agiler, immer sportlicher Typ gebracht. Und dafür werden sie dann in der Schule abgestraft. Ich glaube, dass sie die Verlierer der frühen Aufteilung nach der Grundschule sind, weil in der vierten Klasse, da sind die Jungen noch gar nicht richtig angekommen in der Schule (...). Und die Mädchen sind alle in dem Modus ‚die Lehrerin, mein großes Vorbild, der muss ich gerecht werden', sind viel fleißiger. Und so, egal wie man jetzt Leistung definieren will, waren sie vielleicht gar nicht besser als die Jungen in den einzelnen Fächern, aber sie sind halt besser angekommen."

Alleinerziehende:
Schule soll Eltern entlasten, nicht noch mehr einbinden

Alleinerziehende sind weder eine kleine noch eine homogene Gruppe. Mit Kind / Kindern ohne Partner im Haushalt leben – das ist für die einen eine dauerhafte Lebensweise und für die andere eine vorübergehende Lebensphase, bei einigen die gewollte Lebensform und bei anderen ein unfreiwilliges Schicksal.[17] Alleinerziehende gibt es in allen Schichten und Milieus, besonders aber in den Milieus der Hedonisten, Benachteiligten und Expeditiven. Eines eint jedoch alle Alleinerziehenden: Sie sind allein für die materielle Existenzsicherung der Familie verantwortlich. Als alleinige **Familienernährerin** (seltener männlich: alleiniger Familienernährer) müssen sie häufiger Vollzeit oder in mehreren Teilzeitstellen arbeiten als Frauen in einer tradi-

17 Statistisches Bundesamt: Alleinerziehende in Deutschland. Ergebnisse des Mikrozensus 2009, S. 18. „Das Alleinerziehen ist insofern ‚Frauensache', als in neun von zehn Fällen (90 %) der alleinerziehende Elternteil im Jahr 2009 die Mutter war. Bei nur jeder zehnten Ein-Eltern-Familie war der alleinerziehende Elternteil der Vater." (Statistisches Bundesamt: Alleinerziehende in Deutschland. Ergebnisse des Mikrozensus 2009, S. 14.)

tionellen oder teiltraditionellen Rollenteilung.[18] „Mit 42 % arbeiteten in Deutschland erwerbstätige alleinerziehende Mütter 2009 wesentlich häufiger in Vollzeit als erwerbstätige Mütter in Paarfamilien (27 %).“[19] Aufgrund ihrer Alleinzuständigkeit für Haushalt, Erziehung und Erwerbseinkommen stehen Alleinerziehende täglich vor **„gläsernen Zeitdecken“**. Daher haben sie eine große Präferenz für Ganztagsschulen, die für sie eine enorme entlastende Funktion haben und für einen Teil von ihnen unabdingbar für ihre Erwerbsarbeit sind.[20]

Alleinerziehende bevorzugen Ganztagsschulen mit einem qualitativ hochwertigen Konzept, das auf die Vielfalt von Familienformen heute eingestellt ist und Rücksicht auf familiäre und individuelle Besonderheiten nimmt. Sie wollen für ihr Kind nicht nur vielfältige aktivitäts- und kreativitätsfördernde Angebote, ein breites Spektrum wählbarer AGs und einen strukturierten und begleiteten Ablauf am Nachmittag, sondern auch die Versorgung mit Mittagsessen und die komplette Erledigung der Hausaufgaben, sodass die Schule abends erledigt ist.

Alleinerziehende begreifen sich oft als Einzelkämpferin, die wie eine Löwin für ihr Kind kämpfen muss, und vermuten häufig Vorurteile gegenüber ihrer Lebenssituation bei „gutbürgerlichen Lehrerinnen und Lehrern“. Ihr wichtigstes Ziel ist es, dass ihr Kind ohne Benachteiligung und ohne persönlichen Schaden zu nehmen durch die Schule kommt und, wenn es begabt ist, genauso gefördert wird wie andere. Die Mutter-Kind-Beziehung ist auch deshalb besonders, weil „meine Kinder das Einzige sind, was ich wirklich habe“, so eine Mutter zweier Söhne in der Sekundarstufe I. Diese Mütter sehen sich wie andere dem stilisierten und machtvollen Normbild der „guten Mutter“ ausgesetzt, müssen jedoch im Alltag **pragmatisch sein und einfache Lösungen finden**.

Vor allem Alleinerziehende in den Milieus der Hedonisten und Expeditiven erziehen ihre Kinder früh zur Selbstständigkeit. Der Grund liegt zum einen in der notwendigen zeitlichen und mentalen Entlastung, zum anderen in der Grundorientierung dieser Milieus, Kinder nicht mit Autorität und Druck erziehen zu wollen, sondern ih-

18 Alleinerziehende sind zur Organisation ihres Berufs- und Familienalltags darauf angewiesen, nicht nur ein möglichst gutes Gehalt auszuhandeln, sondern vor allem auch Flexibilität und Mobilität für Belange ihrer Kinder. Das kann zulasten ihrer Entgelte gehen.

19 Statistisches Bundesamt: Alleinerziehende in Deutschland. Ergebnisse des Mikrozensus 2009, S. 18. „Alleinerziehende Väter sind nicht nur häufiger erwerbstätig als alleinerziehende Mütter. Sie gehen auch doppelt so oft einer Vollzeittätigkeit nach (87 %). Bei der Ausübung einer Teilzeitbeschäftigung ist das entsprechend umgekehrt.“ (Ebd.)

20 Ausnahmen sind Alleinerziehende, deren Eltern in der Nähe wohnen und sich um die Kinder kümmern können, wenn diese nach der Schule nach Hause kommen.

nen Raum zur Entwicklung ihrer Individualität und Talente zu lassen. Aufgrund der „gläsernen Zeitdecken" können Mütter sich um die Schule ihres Kindes / ihrer Kinder nicht so umfangreich kümmern wie andere Eltern und das Kind muss selbst in hohem Maße die Verantwortung für den Schulerfolg tragen. Dabei machen Alleinerziehende bei sich selbst und bei anderen Eltern die Erfahrung, dass das Gymnasium pausenlos Leistungsdruck bei den Kindern erzeugt und unterschiedslos die entsprechende Unterstützungsleistung der Eltern verlangt. Alleinerziehende wissen, dass sie diese Forderungen nicht ständig erfüllen können, weil es aufgrund der privaten zeitlichen und sozialen Situation kaum Puffer gibt. Und sie wollen ihr Kind dem Druck nicht permanent aussetzen. Deshalb gehen Alleinerziehende oft auf Distanz zum Gymnasium und wählen trotz Gymnasialempfehlung die Gesamtschule (außer ihr Kind ist begabt und kommt wohl ohne elterliche Unterstützung durch die Schule).

Schulwahl: Weichenstellung und Distinktion

Hauptschule, Realschule, Gymnasium, Gesamtschule – oder doch gleich eine Privatschule? Für Eltern ist die Schulwahl *das* beherrschende Thema am Ende der Grundschulzeit. Der Druck ist immens, denn in der Wahrnehmung vieler Eltern kommt der Entscheidung für die weiterführende Schule eine zentrale Weichenfunktion für Lebenschancen des Kindes zu. Und dabei wollen sie keine falsche, womöglich folgenschwere Entscheidung für die Zukunft ihres Kindes fällen. Vor allem in der Mitte der Gesellschaft ist die Angst vor eine Fehlentscheidung massiv. Typisch sind folgende Zitate von Müttern und Vätern, die den inneren Zwiespalt vieler Eltern zeigen:

„Nur, weil er (der Sohn) das vielleicht nicht so gut schaffen könnte, will ich ihm doch nicht die Chancen für die Zukunft verbauen." (Mutter)

„In der heutigen Zeit stehen einem einfach Tür und Tor offener mit einem Abitur. Was man selber nicht geschafft hat, wünscht man dann seinen Kindern." (Mutter)

„Ich habe mich entschieden, dass ich das für meine jüngere Tochter nicht möchte, diesen Stress, diesen Druck am Gymnasium. Auch wenn sie eine Gymnasialempfehlung bekommt, geht sie auf die Realschule." (Mutter) – „Das können wir nicht machen, wir nehmen ihr ja dann Chancen für die Zukunft." (Erwiderung des Vaters)

„Die Ansprüche werden immer höher. Die Berufe, die man früher mit dem Realschulabschluss gemacht hat, dafür muss man heute fast Abitur haben. [...] Wir leben nun mal in einer Leistungsgesellschaft und da muss man sich als Elternteil fragen: In welche Richtung soll mein Kind gehen?" (Vater)

„Also, als die Kinder im Kindergarten waren, habe ich immer gesagt [lachend]: Es ist schön, wenn sie die bestmögliche Ausbildung bekommen, um später den bestmöglichen Start zu haben." (Mutter)

Ein Faktor, der bei der Schulwahl immer mehr an Bedeutung gewinnt, ist die soziokulturelle Selektion der Schule: Eine Schule muss nicht nur fachlich gut sein, sondern dem Kind auch eine Atmosphäre bieten, in der es gefördert und gefordert wird. Kinder aus „Unterschichtmilieus" sollte es an der Schule des eigenen Kindes möglichst nicht geben.[21] Die zentralen Motive von Eltern aus gehobenen Milieus und auch aus der Bürgerlichen Mitte der Gesellschaft bei der Schulwahl sind **Distinktion und soziale Homogenität.** Daneben spielen bei der Entscheidung für die Schulart weitere Aspekte eine Rolle: die antizipierte „Passung" für das Kind, Leistungsanforderungen, das spezifische Profil der Schule, ein Schulkonzept, soziale Teilhabe (oder umgekehrt: soziale Exklusion) sowie der soziale Status, der mit einer Schule verbunden wird.

- Das Gymnasium ist für einen Teil der Elternschaft (vor allem der selber gut gebildeten) ein soziales „Muss". Mit ihm ist die Perspektive verbunden, dass die eigenen Kinder den ökonomischen und sozialen Status der Eltern entweder halten oder ausbauen können.
- Umgekehrt ist die Hauptschule am unteren Rand des Schulspektrums für viele Eltern (insbesondere der Mitte und der Oberschicht) vorurteilsbelastet und angstbesetzt. Diese Schule gilt es unbedingt zu vermeiden. Eltern haben Sorge vor Stigmatisierung der Familie und fürchten, ihre Kinder auf ein ökonomisches und soziales Abstellgleis zu führen.
- Nur eine Minderheit der Eltern berichtet in den Interviews, dass sie die Wahl der weiterführenden Schule bewusst entspannt und im Hinblick auf die aktuellen Potenziale und Bedürfnisse des Kindes getroffen hätten – mit der Perspektive, dass diese Entscheidung nicht präjudizierend für das ganzes Leben wirkt: „Schauen wir mal, wie unser Kind zurechtkommt, und dann entscheiden wir neu."

[21] Dieses Motiv gilt übrigens auch für Hedonisten und Benachteiligte: Auch sie wollen, dass ihr Kind möglichst nicht konfrontiert wird mit Schülern aus (noch) niedrigeren sozialen Schichten (oftmals geht die Distinktion gegen „Ausländerkinder").

Hauptschule: Schulart stigmatisiert Schüler und Eltern[22]

Für die überwiegende Mehrheit der Eltern ist die Hauptschule keine Schule, auf der sie ihr Kind freiwillig anmelden: Hier „landet" derjenige, dessen Noten für eine höhere Schulart nicht gereicht haben. Die Hauptschule hat das Image einer Restschule, deren Schüler stigmatisiert werden und nur geringe Chancen auf dem Arbeitsmarkt und damit wenig Aussicht auf eine sozial und ökonomisch gesicherte Zukunft haben (Schüler, die „nicht so viel wert sind", die künftige „Hartz-IV-Empfänger" sind). Mit dem Hauptschulabschluss, so die gängige Meinung der Eltern, hat man heute die schlechtesten Chancen auf einen guten Ausbildungsplatz, wird in der Gesellschaft und der Wirtschaft abgestempelt und sozial nicht akzeptiert und gilt im Grunde als defizitär. Insbesondere Eltern der Mitte und der gehobenen Milieus mit höherer Bildung versuchen daher, den Hauptschulweg für ihr Kind unbedingt zu vermeiden. Eine große Rolle spielt hier auch der Wunsch nach Anerkennung und Akzeptanz im eigenen sozialen Umfeld: Eltern fürchten sich vor eigener Stigmatisierung und sehen sich dem (unausgesprochenen) Vorwurf ausgesetzt, versagt zu haben, wenn ihr Kind nur eine Hauptschule besucht.

Problematisch sehen nahezu alle Eltern (autochthone deutsche Eltern wie auch Eltern mit Migrationshintergrund) die soziale und ethnische Zusammensetzung der Schülerschaft in der Hauptschule: Autochthone deutsche Eltern befürchten insbesondere, ihr eigenes Kind komme auf der Hauptschule verstärkt und schutzlos mit jenen Kindern und Jugendlichen der sozialen Unterschicht in Berührung, die vielfältige Probleme und Erziehungsdefizite haben. Vor allem in Großstädten sorgen sie sich, dass autochthon deutsche Kinder in den Klassen der Hauptschulen in der Minderheit sind. Eltern mit Migrationshintergrund kritisieren ebenfalls, dass vor allem in größeren Städten zu viele Kinder verschiedener Herkunft und mit unterschiedlichen Sprachkenntnissen in den Hauptschulklassen wären, sodass der Kontakt ihrer eigenen Kinder zu autochthon deutschen Gleichaltrigen kaum zustande käme. Die heterogenen und zum Teil mangelhaften Deutschkenntnisse anderer Schülerinnen und Schüler mit Migrationshintergrund wären ein Grund für das schlechte

22 Wir sprechen hier bewusst von „der Hauptschule", weil dies das gängige Vokabular der Eltern ist – auch in Bundesländern, die die Hauptschulen abgeschafft oder umbenannt haben. Für Eltern sind auch diese Schulen „immer noch das gleiche, auch wenn man das nun anders nennt" (z. B. die Mittelschule). Von Hauptschule sprechen wir auch vor dem Hintergrund des Schulabschlusses: Alle Bundesländer, auch die, die Hauptschulen offiziell abgeschafft haben, stellen nach wie vor sicher, dass bei ihnen der Hauptschulabschluss absolviert werden kann (z. B. die Integrierte Sekundarschule in Berlin, Rheinland-Pfalz mit der Realschule plus oder Bayern mit der Mittelschule).

Leistungsvermögen in einigen Hauptschulklassen – das eigene Kind könne sich so nicht entfalten.

Nur für einen kleineren Teil der Eltern, vorwiegend in ländlichen Regionen, gilt die Hauptschule (noch) als guter Weg für das Kind und dessen spätere berufliche Wünsche und Perspektiven. Eine an die Hauptschule anschließende Lehre (wohnortnah) und ein praktischer, handwerklicher Beruf sind oftmals noch das anvisierte (Normal-)Ziel für Eltern und Kinder. Hier geht es nicht darum, den Status der Eltern zu verbessern, sondern zu halten, etwas „Solides" zu machen, um später am Heimatort bleiben zu können und dort eingebunden zu sein und um als Mann in der Lage zu sein, eine Familie ernähren zu können. Allerdings beobachten auch Eltern aus ländlichen Regionen, dass der Trend zu höheren Schulen mittlerweile bei ihnen angekommen ist und sie sich häufiger als früher in einer Verteidigungshaltung wiederfinden, wenn ihr Kind die Hauptschule besucht.

So groß die Vorbehalte und Vorurteile gegenüber der Hauptschule seitens der Eltern von Schulkindern auch sind: Besucht das eigene Kind die Hauptschule, dann betonen die meisten Eltern im sozialwissenschaftlichen Interview die Vorzüge dieser Schule für ihr Kind. Eltern verfügen über vielfältige Bewältigungsstrategien und zeigen im Interview durch Betonung positiver Aspekte der Hauptschule, dass sie sich mit ihr arrangieren (müssen und können). Zum Teil dienen die Argumente der eigenen Beruhigung, zum Teil sind sie in der Argumentation nach außen gegenüber Freunden, Nachbarn und Arbeitskollegen wichtig: „Mein Kind hat auch später noch viele Möglichkeiten", „Auch nach der Hauptschule kann man weitermachen und einen höheren Schulabschluss erwerben", „Meinem Kind geht es an der Schule deutlich besser als früher", „Mein Kind hat endlich wieder Erfolgserlebnisse." Weitere Argumente sind:

- Ein angemessen erscheinendes Lerntempo: Im Unterricht besteht ausreichend Zeit für das Erklären und Einüben neuen Stoffs (Eltern, die auch Kinder an anderen Schularten haben, betonen vor allem diesen Vorzug stark; aus ihrer Sicht ist dies ein zentraler Pluspunkt der Hauptschule gegenüber allen anderen Schularten).
- Die Klassenstärke ist kleiner als in allen anderen Schularten. Auch die Schulen sind meist deutlich kleiner als Realschulen und Gymnasien und können den Kindern so einen klaren, überschaubaren Rahmen bieten.
- Die Klassenlehrer/-innen haben mehr Stunden in der Klasse. Dadurch entsteht zwischen Schüler/-innen und Lehrer/-innen eine stärkere persönliche Bindung.
- Es gibt gute Möglichkeiten zur beruflichen Orientierung durch Praktika.

„Ja, auf der Arbeit z. B. sagen viele: ‚Hauptschule, ja um Gottes willen, da kriegst du doch eh keine Lehrstelle.‘ [...] Da sagen viele, da findest du keine Lehrstelle, aber ich will mich nicht verrückt machen lassen, ich denke, der findet seinen Weg.“ (Mutter)

„Wir haben dann einfach versucht, ihn zu beruhigen, indem wir ihm gesagt haben: Du, pass auf, du wirst auch deinen Weg finden, wie die anderen auch, und es stehen dir alle Türen offen, immer noch und immer wieder, und auch du wirst es irgendwie schaffen. Und in den Sommerferien hat er dann kurz vor knapp, als die Schule anging, hat er dann von sich aus gesagt: ‚Gell, Mama, das eine ist, dass man erst einmal auf die Schule hinaufkommt. Und das Daraufbleiben, das ist noch einmal etwas anderes.‘ Also da hatte er es dann einfach irgendwie realisiert.“ (Mutter)

„Wenn die Kinder heute nicht auf das Gymnasium gehen, da wird man schon abwertend betrachtet, finde ich. Gerade der S. [ihr Sohn] auf der Hauptschule, die war ja total verschrien, da hieß es ‚Deppenschule‘ und ‚da sind ja nur Ausländer‘ und so.“ (Mutter)

„Dann kommt die erste Klassenteilung, ja, Ende der vierten Klasse. Da geht die eine Hälfte auf das Gymnasium und die andere Hälfte, die geht eben auf, auf die Mittelschule und kriegt dort zum ersten Mal mit, was es denn heißt, okay, du bist jetzt ein verarmter Bildungsbürger. Ja, du bist eigentlich nicht so viel wert, wie die, die aufs Gymnasium gehen. [...] Und dann kommt irgendwann, okay, also Mittelschüler sind Hartz-IV-Empfänger.“ (Vater)

„Und wir würden uns natürlich auch wünschen, jetzt gerade in Bezug auf den F. [Sohn], dass er von der Hauptschule wegkommt, weil wir sehen, dass es schwierig ist, dass er sich schwertut mit dem Klientel in der Klasse. Und dass eben das Niveau so ein unterschiedliches ist. Und dass wir dadurch einfach auch glauben, dass es für ihn gut wäre, wenn er irgendwann in die Realschule wechseln könnte, um sich wohler zu fühlen [...]. Ich finde es sehr schade, dass die Hauptschule oder Mittelschule so einen schlechten Ruf hat, und wir würden es sehr begrüßen, wenn eine Gesamtschule möglich wäre, um diesen Druck und dieses schlechte Image wegzukriegen.“ (Mutter)

„Das ist schon ein Vorteil, dass er den Hauptlehrer in fast allen Fächern hat, auch ein bleibendes Klassenzimmer. Der braucht seinen Rahmen, seinen Lehrer, der die Kinder dann sehr gut kennt. Das sind ja nur noch 300 Schüler an der Schule und das finde ich jetzt schon sehr gut.“

Druck an der Hauptschule resultiert in erster Linie *nicht* aus einem überhöhten Anforderungs- und Leistungsdruck (wie am Gymnasium). Ein Teil der Eltern erlebt die Anfangsphase des Kindes an der Hauptschule sogar als entspannt und berichtet von einem „Aufatmen“, wenn ihr Kind zum Beispiel nach einer frustrierenden, leistungsorientierten Grundschulzeit in der Hauptschule nun Erfolgserlebnisse hat und gute Noten bekommt. Der Druck an der Hauptschule resultiert primär aus der Sorge um die spätere Benachteiligung der Schülerinnen und Schüler auf dem Arbeitsmarkt – also die Zeit nach dem Hauptschulabschluss. In einigen Bundesländern sind die Klassen fünf und sechs entscheidend dafür, ob ein Kind in eine höhere Schulart überwechseln kann (z. B. die „Erprobungsstufe“ in NRW oder der sogenannte „M-Zweig“ an bayerischen Mittelschulen). Zeichnet sich während der Schullaufbahn ab, dass das Kind „nur“ den einfachen Hauptschulabschluss erreichen wird und Eltern (und Kinder) eventuell die Hoffnung begraben müssen, den qualifizierenden Hauptschulabschluss oder gar die mittlere Reife zu schaffen, steigen Druck, Sorge und Zukunftsangst bei den Eltern und Kindern deutlich. Denn die Chance, den Wunschausbildungsplatz, ja überhaupt einen Ausbildungsplatz zu bekommen, bewerten die Eltern grundsätzlich als schlecht.

„Also, der Leistungsdruck, der ist da! Schon allein durch die Tatsache, so und so viele freie Lehrstellen werden noch gesucht. Das setzt ja unter Druck. Und wer jetzt in der Achten in der Mittelschule ist und weiß, ich muss mich dann in der Neunten bewerben, das übt Druck aus.“ (Mutter)

„Wenn du nur den Hauptschulabschluss hast, dann sind die Chancen natürlich noch um einiges geringer.“ (Vater)

In einigen Bundesländern wurde die Hauptschule abgeschafft, mit anderen Schularten fusioniert oder im Fall der neuen Bundesländer gar nicht erst eingeführt. Den Umbau der Hauptschulen in Schulen, an denen nun auch die mittlere Reife gemacht werden kann, bewerten die Eltern als einen wichtigen Schritt in die richtige Richtung. Allerdings gehen alle Eltern davon aus, dass das Image der Hauptschule sich durch diese Maßnahme nicht verbessert und die Chancen für die Abgänger insgesamt in Zukunft nicht (wieder) steigen.

Realschule: Ausweg aus dem gymnasialen Stress und positives Image

Immer mehr Eltern, dies zeigen die seit Jahren kontinuierlich steigenden Zugangszahlen ebenso wie die qualitativen Befunde dieser Studie, favorisieren das Gymnasium für ihr Kind. Es ist aus ihrer Sicht die Schulart, die auf einem globalisierten Arbeitsmarkt die besten Zukunftschancen eröffnet. Gleichzeitig ist ein Teil der Eltern trotz Gymnasialempfehlung für ihr Kind unsicher, ob diese Schulform wirklich die beste Wahl für es ist. Die öffentliche und die mediale Diskussion über den Druck an Gymnasien sowie die Erzählungen von Bekannten und Freunden, deren Kinder ein Gymnasium besuchen, haben zu einer Verunsicherung der Eltern geführt. Sie haben Sorge, dass der Leistungsdruck an Gymnasien durch die Schulzeitverkürzung mittlerweile so hoch ist, dass ihr Kind kaum noch Zeit für individuelle Reifung oder für Hobbys hat. Die Belastungsfähigkeit der Kinder – so antizipieren Eltern – muss hoch sein, ebenso der Wille, sich täglich zu bemühen und zu lernen.

So sehen sich Eltern vor eine schwere Entscheidung gestellt: Den „besten Zukunftschancen" für das Kind durch das Gymnasium steht die Sorge vor Überforderung, Überfrachtung und Verlust an Kindheit und Chancen auf individuelle Reifung gegenüber.

Mittlerweile, das erzählen Eltern im Interview und bestätigen Lehrer sowie die Schulstatistiken, entscheiden sich immer mehr Familien dazu, ihr Kind trotz einer Gymnasialempfehlung auf einer Realschule anzumelden. Hier zeigt sich eine grundsätzliche Kritik an der Umsetzung des G8 und die Sorge vor einer systematischen Überlastung der Kinder, der Eltern und des Gesamtsystems Familie. Die Realschule gilt bei diesen Eltern – in der Argumentation nach innen und außen – als der **sanftere Weg zum Abitur**. Gerade die Mitte der Gesellschaft diskutiert das Thema „Druck durch G8" derzeit intensiv und da bietet die Realschule mit der Perspektive auf das Abitur nach neun Jahren Entlastung.[23] Mit dieser Entscheidung ist auch nach außen gewahrt, dass man als gute Mutter, als guter Vater die Zukunft des Kindes im Blick behält und keine Chancen verbaut.

Ein Teil der Eltern hat sich auch erst nach einer Zeit des Kindes am Gymnasium für den Schulwechsel auf die Realschule entschieden, weil das Kind und die Familie insgesamt zu stark von dem Leistungsdruck beeinträchtigt waren, nachmittags und am Wochenenden das Lernen im Mittelpunkt stand, Noten in mehreren Fächern dauerhaft absackten und ein Sitzenbleiben drohte. Und auch deshalb, weil die Motivation des Kindes nachhaltig unter dieser Entwicklung litt.

„Ich will, dass mein Kind noch eine Kindheit hat." (Mutter)

„So hat sie weniger Druck und kann ja trotzdem noch Abi machen, wenn sie will." (Mutter)

„Im Freundes- und Bekanntenkreis wird viel über das Gymnasium geredet, auch, dass auch gute Schüler nicht mehr viel Zeit für Freunde und Hobbys haben. Und da fragt sich schon der ein oder andere: Will ich mein Kind diesem Druck aussetzen? Da ist die Realschule ein Weg: erst mittlere Reife und dann weitermachen. Dann hat man quasi das G9 – ein Jahr mehr, aber vielleicht auch viel wenig Stress für mein Kind und für uns als Eltern." (Mutter)

23 Nach der mittleren Reife Besuch einer Schule mit Sekundarstufe II, die zum Abitur führt (z. B. FOS), dadurch zeitlich eine Schullaufbahn ähnlich dem ehemaligen „G9".

„Wenn ich sehe, was die Kinder eben für einen Druck haben und dem standhalten müssen, dann […] neige ich in der Zwischenzeit öfter dazu zu sagen, muss das wirklich sein, ist das wirklich sinnvoll? Wo ist die Kindheit? Und: Haben die Kinder etwas? Die sind keine kleinen Erwachsenen, die schon einen 8-Stunden-Tag absolvieren müssen wie ein Arbeitnehmer, sondern die sollen auch noch eine gewisse Kindheit haben, und manchmal fragt man sich wirklich: Ist die Kindheit denn noch gegeben oder ist sie nur in den Ferien und im Urlaub gegeben?“ (Mutter)

Erleichtert wird Eltern und Kindern die Entscheidung für die Realschule durch weitere Gründe: 1. Die Realschule hat im Vergleich zur Hauptschule (noch) ein überwiegend gutes Image und die Schülerschaft gilt an vielen Schulen als „unproblematischer“ und sozial wie ethnisch homogener als an Hauptschulen. Diese Argumente sind für Eltern ausschlaggebend, wenn es um die schulische Zukunft ihrer Kinder geht. 2. Der Schuldruck ist deutlich reduziert. Die meisten Eltern blenden zu Beginn der Realschulzeit aus, dass ihr Kind, wenn es Abitur machen möchte, einen bestimmten Notenschnitt braucht und nach der 10. Klasse ein erneuter Schulwechsel ansteht.

Schuldruck entsteht in der Realschule nach Wahrnehmung der Eltern meist (erst) ab der zweiten Hälfte der achten Klasse und zeigt sich in *Notendruck*: Denn gute Noten sind die Voraussetzung dafür, nach der mittleren Reife das (Fach-)Abitur anzustreben. Sie sind aber auch für einen guten Ausbildungsplatz wichtig, denn hier befürchten Eltern die Konkurrenz aus den Gymnasien: jene Schüler/-innen, die nach dem Abitur zunächst eine Lehre machen wollen und durch den höheren Schulabschluss bessere Chancen auf dem Ausbildungsmarkt haben könnten als Realschulabsolventen.

Das Gymnasium: Lernstoffvermittlungs-Agentur und Selektionseinrichtung

Am besten Gymnasium und dieses gut auswählen: Das ist ein zentraler Anspruch von Eltern aus gehobenen Milieus und aus der sozialen Mitte – und er setzt viele von ihnen im Übergang von der Grundschule zur Sekundarstufe I unter Druck, die richtige Schule zu finden. Dabei muss die nächstgelegene Schule vor Ort nicht die beste sein – möglicherweise gibt es in erreichbarer Distanz noch eine bessere Schule für das Kind. Gerade in Städten mit größerer Auswahl sucht man daher nach der Schule, die aufgrund ihrer fachlichen Ausrichtung, ihres pädagogischen Konzepts, des Formats ihrer Lehrer und der Erfolgsaussichten für das Abitur, aber auch aufgrund ihres Rufs für das Kind am besten geeignet scheint. Die Schule muss zum Kind passen!

Gleichzeitig ist die Kritik der Eltern am Gymnasium in seiner jetzigen Form groß:

1. Es bietet seinen Schülern, verschärft durch die Schulzeitverkürzung, kaum noch Raum, den Lernstoff einzuüben und Lerninhalte miteinander zu verknüpfen. Eltern verschiedener Alterskohorten vergleichen ihre eigene Schulzeit mit dem Schulalltag ihrer Kinder und kommen nahezu einstimmig zu der pessimistischen Diagnose: Die Schule heute versteht sich als **Lernstoffvermittlungsagentur**, aber nicht mehr als Bildungseinrichtung. Das in Grundzügen gelernte Neue durch mehrmaliges Wiederholen mit verschiedenen Techniken und in wiederkehrenden Abständen einüben können, sodass es „in Fleisch und Blut" übergeht – dafür sieht der Unterricht keine Zeit und keine Systematik vor. Die Vertiefung und das Üben des Stoffes müssen die Kinder, begleitet und unterstützt von ihren Eltern, zu Hause leisten.
2. Aus Sicht der Eltern hat die Schulpolitik ein **falsch verstandenes Leistungsprinzip** zum Dogma gemacht. So belohnt die Verkürzung der Gymnasialzeit auf acht Jahre vor allem eines: **stures Lernen**. Eltern beklagen, dass ihre Kinder keine Zeit mehr haben, neben der Schule noch Hobbys nachzugehen oder sich überhaupt noch stärker zu engagieren – etwa in der Kirchengemeinde, im Sportverein oder bei den Pfadfindern. Kindheit – spontanes Verabreden mit Freunden, freie Nachmittage – bleibt so auf der Strecke. Gleichzeitig stecken viele Eltern in dem Dilemma, ihre Kinder zu Leistung antreiben zu müssen und gleichzeitig nicht mehr zu wissen, wie dies geschehen kann. Groß ist daher der Wunsch nach einem kindgerechten Bildungssystem, das die Kinder und Jugendlichen nicht auf Noten reduziert und so demotiviert und frustriert, sondern das Freude am Lernen und am Wissen weitergibt.
3. Daneben gibt es im gymnasialen Unterricht auch kaum Raum, auf Schwierigkeiten mit dem Lernstoff oder individuelle Lerntempi einzugehen – trotz der viel beschworenen individuellen Förderung an Schulen. Vertieftes Begreifen wird an die Arbeit außerhalb der Schulzeit (zu Hause, in der Nachhilfe) delegiert. Analog einem Computer wird von Schülern ganz selbstverständlich erwartet, dass einmal vermittelte Informationen gespeichert und abgelegt werden und jederzeit wieder abgerufen, in den „Hauptspeicher" geholt und auf verschiedene Aufgabenstellungen angewandt werden können. Das Wie, so die Meinung der Eltern, interessiert die Schule nicht. Diese **„Digitalkultur"** ist am Gymnasium dominant geworden, findet sich aber auch an manchen Realschulen, so die Wahrnehmung der Eltern. Hingegen ist – so erinnern Väter und Mütter ihre eigene Schulzeit – die Kultur des Einübens mit Pausen, Wiederholungen, alternativen

Zugängen und Übungen weitgehend verloren gegangen und wird, wenn überhaupt, nur an Hauptschulen kultiviert. Gerade weil *ausreichend Zeit* ein wichtiger Faktor ist, damit sich Wissen „niederlassen" und „eingraben" kann, ist es für Eltern umso erstaunlicher, dass die Schule ihren Schülern immer weniger Zeit lässt.

4. Schule wirkt auf Eltern so immer mehr wie ein **Assessment-Center**, in dem sich Kinder als Kandidaten beweisen müssen. Rhetorisch beschreibt sich das Gymnasium zwar weiter als Bildungsinstanz, praktisch jedoch versteht es sich genau gegenteilig als Selektionsinstanz. Instruktiv für diese Haltung von Schule und von vielen Lehrern ist die wiederholte Sentenz eines Mathematiklehrers in der 6. Klasse eines Gymnasiums: „Wer in Mathe eine 4 hat, ist für das Gymnasium ungeeignet und hat hier nichts zu suchen." Die dem zugrunde liegende Weltanschauung und das Verständnis von Schulerfolg sind dabei keineswegs überkommene elitäre Auffassungen mancher älterer Lehrer. Sondern sie sind auch bei jüngeren Lehrern zu finden und bilden nach Auffassung der Eltern das dominante, typische Denkmuster von Lehrern. Diese sind die Protagonisten einer Schule als Selektionseinrichtung, in der sich Schüler „bewähren" müssen und in der Lehrer / -innen die Funktion des Informations- und Wissensanbieters, aber nicht mehr die des Wissensvermittlers haben. Dies bewerten Eltern als tief greifenden Umbruch der Schulkultur, der das Verständnis von Bildung und Schule grundlegend verändert (manche Eltern sagen: „auf den Kopf stellt" oder „pervertiert").

„Die Schule heute ist keine Bildungsanstalt mehr im umfassenden Sinne. Sie ist vielmehr zur Selektionsinstanz geworden."

„Es gibt ja auch zu viele Kinder am Gymnasium. Da ist es doch praktisch und gut, wenn die ausgesiebt werden. Dann sind am Ende noch die Guten, Fleißigen da – und der Schnitt fällt entsprechend gut aus."

Diese Kritikpunkte äußern Eltern aus allen Bundesländern. Darüber hinaus zeichnen sich jedoch Unterschiede ab: Es sind vor allem die Eltern in den südlichen Bundesländern, die eine für das Gymnasium typische Kultur des ständigen Abfragens und Prüfens feststellen und heftig kritisieren. Diese Prüfkultur hat das Lernen verändert, was sich mit G8 noch deutlicher zeigt, da trotz Schulzeitverkürzung die Curricula nur geringfügig „entrümpelt" wurden. Diese Stoffmenge ist für die Schüler / -innen kaum noch zu bewältigen und sie lernen notorisch unter Zeitdruck, weil die nächste Leistungsabfrage ansteht, auf die sofort die nächste folgt. Lerninhalte werden so notgedrungen vorwiegend im Kurzzeitgedächtnis abgespeichert: „Bulimie-Lernen“ – lernen, abrufen, vergessen, um wieder Platz für neuen „Stoff“ zu haben. Der permanente Notendruck wird von Eltern pädagogisch und inhaltlich als wenig sinnvoll erachtet, denn das *langfristige Ziel*, Aufmerksamkeit und Interesse der Kinder zu wecken, gerät im Schulalltag in den Hintergrund, die Lernmotivation geht verloren, die Kinder werden einseitig an ihrer Notenleistung gemessen. Eltern anderer Bundesländer kritisieren dagegen, dass am Gymnasium eher zu wenige Abfragen stattfinden, sodass Schüler/-innen und Eltern den Leistungsstand nicht umfassend einschätzen könnten. Aber auch hier hat die gymnasiale Schulzeitverkürzung zum Mehrengagement der Eltern für die Schule ihrer Kinder geführt. Denn trotz Nachmittagsunterricht wird der Stoff nur unzureichend in der Schule vermittelt, die Vertiefung muss zu Hause mit den Eltern erfolgen.

Eltern aller Bundesländer haben durch den biografischen Vergleich mit ihrer eigenen Schulzeit den Eindruck, dass vor allem das Gymnasium heute nur noch Wissen anbietet und ein elementarer Teil dessen, was „früher“ in der Schule stattfand, heute auf die Eltern verlagert wird: das Vertiefen und Durchdringen des Stoffes. Das verlangt von Eltern nicht nur, diese Rolle einfach zu übernehmen, sondern impliziert aus ihrer Sicht auch die Aneignung von methodischen und fachlichen Kompetenzen, um ihrer Rolle gerecht zu werden – damit ihr Kind erfolgreich in der Schule sein kann. Daher werden seitens der Mütter und Väter vielfältige und seitens der Schule nicht begleitete Such- und Aneignungsbewegungen erzeugt mit dem Effekt, dass Eltern heute interessiert, informiert und (scheinbar) kompetent oder gar kompetenter als Lehrer in Bezug auf neue Methoden und Lernformen, -materialien und -medien sind. Dadurch treten sie in Konkurrenz zu den Lehrern und das vormals klare Autoritäts- und Kompetenzgefüge zwischen Lehrern und Eltern (das vormals ein klares „Gefälle“ war) wird gebrochen. Viele Eltern glauben sich – auch aufgrund der nur bruchstückhaften Informationen ihrer Kinder zum methodischen Stand und Vorgehen im Unterricht – fachlich und methodisch einigen Lehrern überlegen, in Bezug auf Noten (dem unantastbaren Machtinstrument der Lehrer) dagegen ohnmächtig ausgesetzt und unterlegen.

Leistungssteigerung und Defizitorientierung: keine Zeit mehr für individuelle Reifung

Nach Auffassung fast aller Eltern hat sich Schule seit den PISA-Ergebnissen negativ verändert: PISA hat eine Leistungsspirale mit einer seit Jahren steigenden Lernbelastung für die Schülerinnen und Schüler in Gang gebracht. Eltern aus nahezu allen Milieus diagnostizieren in der Schule, insbesondere am Gymnasium, eine **Leistungshysterie** mit Steigerungslogik. Die an den Schulen etablierte Lernkultur treibt den Schülern (mittlerweile bereits in der dritten und vierten Grundschulklasse) systematisch den Spaß am Lernen aus. Aus Sicht fast aller Eltern ist die staatliche Schule, die Schüler für das aktuelle und lebenslange Lernen begeistern sollte, zu einer **Kulturinstanz der Demotivation** geworden, in der nur noch die Noten zählen. Zu diesem Urteil kommen nicht nur wohlhabende Eltern aus Gründen der Legitimation der von ihnen gewählten Privatschule, sondern aufgrund konkreter alltäglicher Erfahrung auch Mütter und Väter aus der Mitte der Gesellschaft.

Weil Schule aus Wahrnehmung der Eltern immer mehr Leistung fordert, auf dem Gymnasium (G8) auch noch in kürzerer Zeit, sind viele Mütter und Väter (vor allem in der Mitte der Gesellschaft) zunehmend verunsichert darüber, ob sie ihren Kindern überhaupt noch Werte wie „Leistung", „Anstrengung" und „Ehrgeiz" vermitteln sollen. Denn sie sehen das Risiko, damit eine eindimensionale, unreflektierte Leistungsideologie zu bedienen, die ihren Kindern in der Summe „als Person" schadet.

Dabei sehen Eltern aller Schichten und Milieus die Vermittlung von Werten als *zentrale Aufgabe* der Schule. Sie soll aus Sicht der Eltern nicht nur ein Ort der Informations- und Wissensvermittlung sein, sondern in den prägenden Jahren der Kindheit und Jugend auch eine wichtige Institution der Persönlichkeitsentwicklung und -formung sein. Doch Wertevermittlung kommt heute angesichts der einseitigen Noten- und Leistungsfixierung in der Schule zu kurz. Die von der Schule praktisch und symbolisch kommunizierte Botschaft: Noten sind wichtiger als Werte, kurzfristige Erfolge wertvoller als das Schaffen solider Fundamente. **Der einzige Wert, den die Schule in überzogener Weise betont und stilisiert, ist individuelle Leistung** (und damit Wettbewerb).[24]

Gleichzeitig ist Schule heute – auch dies ist aus Wahrnehmung der Eltern ein Effekt von PISA – in hohem Maße **an Defizitvermeidung orientiert**. Schüler sind gefordert, „kein Defizit" zu haben und mehr zu können als das, was man ihnen vermittelt und sagt. Beide Momente hängen eng zusammen. Nur an Hauptschulen und größtenteils auch an Realschulen besteht nach Auffassung der Eltern noch ausreichend Zeit, um Lerninhalte zu vermitteln und alle Schüler „mitzunehmen".

24 Der Leistungsdruck, so die einhellige Wahrnehmung von Eltern mit mehreren Kindern, setzt heute immer früher ein: Vor einigen Jahren noch war aus ihrer Erfahrung lediglich das letzte Grundschuljahr (v. a. in Bayern und Baden-Württemberg) „kritisch" und teilweise mit hohem Arbeitsaufwand für Kinder und Eltern verbunden. Heute beginnt der Druck spätestens in der zweiten Klasse der Grundschule.

An Gymnasien aber, so die einhellige Wahrnehmung von Eltern aller Milieus und aller Bundesländer, sei das gar nicht mehr möglich. Ein potenzielles Defizit ist nicht nur der vermittelte, sondern auch der vom Lehrer *nicht* vermittelte Lernstoff. Eltern klagen, dass es heute an Gymnasien gar nicht mehr das Ziel sei, den Stoff so lange zu erklären, bis ihn jeder Schüler und jede Schülerin verstanden hat. Diese Zeit gibt es nicht mehr. Deshalb muss Lernstoff systematisch zu Hause nachbereitet werden. Die Schülerin und Schüler müssen stets am Ball bleiben und können sich ein zeitweiliges Nachlassen nicht mehr leisten, obwohl dies in der Phase der Adoleszenz, Identitätsfindung und Pubertät normal ist. Schule sollte dafür Raum bieten, doch das Gegenteil ist der Fall: Sie bietet Heranwachsenden keinen Raum zur Reifung mehr. Stattdessen werden die Risiken dieser Lebensphase (vor allem am Gymnasium) als Gelegenheit zur Selektion genutzt. Es gibt kaum noch zeitliche Puffer oder Freiräume für eigene Themen oder gar Krankheit. Gerade weil Kinder in diesem Entwicklungsstadium „natürlich" ein relativ schwankendes und auch diskontinuierliches (Lern-) Verhalten haben, müssen auch Eltern für jedes ihrer schulpflichtigen Kinder permanent am Ball bleiben. Sie sind gezwungen, für jedes Kind die Funktion des persönlichen Managers und Trainers zu übernehmen und so „Begleiterscheinungen" der Pubertät, wie Desinteresse an Schule, systematisch auszugleichen. Zur Kontrolle der Hausaufgaben und dem Üben vor mündlichen und schriftlichen Leistungsabfragen kommt der Nachhilfeunterricht für prekäre (Haupt-)Fächer hinzu, den es zu organisieren gilt. Darüber hinaus sind Schüler (und Eltern) heute durch allerlei Freizeitengagements gefordert, etwa den Unterricht für ein Musikinstrument. Das bedeutet für Jugendliche nicht selten einen Arbeitstag von zehn bis zwölf Stunden. Kinder müssen so zu „Lern-Ratten" werden, wenn sie mit guten Abschlussnoten durch die Schule kommen wollen. Entspannte Schüler / -innen waren aus der biografischen Erfahrung der Eltern in der Vergangenheit die Normalität und sind heute die Ausnahme. Dieses Ideal und Vorbild wird von der Schule heute zwar mit höherem Nachdruck kommuniziert, gleichzeitig aber durch die Kultur des Unterrichts erstickt.

„Weil dieses leistungsintensive Lernen eigentlich immer erst in der Oberstufe begonnen hat, das heißt, da waren die Leute schon mal mindestens fünfzehn. Und heute geht das schon los, da sind die elf. Das sind einfach vier Jahre Unterschied. Die Zeit zur entspannten persönlichen Reife fehlt dann auch ein bisschen, irgendwie."

„Ist für die Kinder und Schüler teilweise ein Riesenproblem, teilweise auch nicht, für die Eltern aber immer ein Riesenproblem, weil die ja ständig quasi hinterher sein müssen, dass ihre Kinder Dinge lernen, von denen sie wissen, dass sie in der Schule nicht vermittelt werden, aber sei es aus Lehrermangel oder sei es aus Mangel an Engagement, sei es aus Verkennung der Wich-

tigkeit, dass die Dinge erst einmal im Unterricht … vor 30 Jahren, als ich zur Schule gegangen bin, als man einfach gesagt hat: Na gut. Wenn man richtig fit ist in der Birne, passt man im Unterricht auf, kapiert die Sachen, schreibt ein bisschen mit. Und wenn man Glück hat, kann man am Ende des Jahres den Kram aus dem Gedächtnis wieder hervorrufen, für eine gute 4 reicht es, was damals völlig in Ordnung war, was heute halb ein Untergang ist, und man ist so durch die ganze Schulzeit durchgekommen. Also ich habe in meiner Schulkarriere nicht besonders viel Zeit mit Hausaufgaben verbringen müssen."

Große Unzufriedenheit mit dem Schulsystem

In einigen Bundesländern spricht die Grundschule in der vierten Klasse eine verpflichtende Empfehlung für die weiterführende Schule aus. Dadurch wird aus Sicht vieler Eltern bereits ein hoher Druck auf Kinder und Eltern ausgeübt. Die **Grundschulempfehlung** wird als **zentrale Weichenstellung für die Schullaufbahn** mit präjudizierender Bedeutung für spätere Lebenschancen und die Berufslaufbahn wahrgenommen. Vor allem Eltern der sozialen Mittelschicht sind bemüht, dass ihr Kind mindestens eine Empfehlung für die Realschule, besser noch für das Gymnasium erhält. Die Hauptschule ist für das Gros dieser Eltern allzu negativ konnotiert. In Bundesländern, in denen Haupt- und Realschule bereits zur Mittelschule zusammengefasst sind oder dies geplant ist, kommt der Grundschulempfehlung für Eltern eine noch höhere Bedeutung zu: Die Mittelschule hat bei Eltern der mittleren und gehobenen Milieus ein schlechtes Image, weil sie a) dem Kind ein „schlechtes" soziales Umfeld bietet (Unterschichtkinder, Lernschwache und Lernunwillige, Migranten mit geringen Deutschkenntnissen), b) strukturell als Schulart zweiter Güte gilt und entsprechend schlecht ausgestattet ist; c) durch die zunehmende Undurchlässigkeit des Schulsystems die späteren Berufschancen des Kindes systematisch beschränkt.

Interessanterweise wird die Ungerechtigkeit des Bildungssystems nicht so sehr von den Eltern kritisiert, deren Kinder auf die Hauptschule gehen und / oder sehr schlechte Noten haben. Angeprangert wird sie vor allem von Eltern jener Milieus, die sich selbst als privilegiert in Bezug auf Bildung begreifen und umfangreiche materielle, soziale, kulturelle und zeitliche Ressourcen bereitstellen, damit ihr Kind das Gymnasium schafft. Sie kritisieren einerseits vehement, dass das Schulsystem in hohem Maße exkludierend sei, weil es Kinder aus bildungsfernen Familien der sozialen Unterschicht durch die herrschende Schulkultur und Leistungsideologie ausgrenze. Andererseits können sich diese Eltern dem System ebenfalls nicht entziehen und sind darum bemüht, auch wenn dieses Verhalten soziale Ungerechtigkeit weiter stabilisiert, dass ihr Kind gut durch die Schulzeit kommt – wenn es sein muss mit massiver finanzieller und / oder persönlicher Unterstützung. Es sind paradoxerweise Eltern aus Milieus am unteren Rand der Gesellschaft (Hedonisten, Benachteiligte), die mit dem Bildungssystem nicht hadern, sondern es für eine unabänderliche Tatsache halten.[25]

Mangelhafte Durchlässigkeit des Schulsystems

Die von Bildungspolitik und Bildungsforschern betonte Durchlässigkeit des Schulsystems gibt es nach Auffassung von Eltern heute – im Gegensatz zu „früher" – nicht mehr. Das derzeitige *Schulsystem* hat bei den Eltern das Image, immer schwerer durchlässig zu sein, sozialhierarchisch und geografisch.

1. Sozialhierarchisch: Kinder aus Milieus am unteren Rand der Gesellschaft sind trotz der vielen Bildungsreformen an den Gymnasien (und Hochschulen) kaum vertreten. Kinder wohlhabender und akademisch gebildeter Eltern dafür umso mehr.

[25] „Das Bildungssystem hat durch die Vermittlung von Wissen und die Vergabe von Zertifikaten einen entscheidenden Einfluss auf die soziale Platzierung seiner Absolventen und daran geknüpfte Lebenschancen: Je höher der erreichte Abschluss, desto größer die Chancen auf den gewünschten Ausbildungs- oder Studienplatz und damit im Allgemeinen auch auf die spätere berufliche Position. Trotz der herausragenden Bedeutung von Bildung für Individuum und Gesellschaft sind die Möglichkeiten, höherwertige Bildungslaufbahnen einzuschlagen und qualifizierte Bildungspatente zu erwerben, ungleich in der Bevölkerung verteilt. So hängen die Bildungschancen – der eingeschlagene Bildungsweg von Kindern und Jugendlichen sowie der Erwerb von Bildungszertifikaten – wesentlich von ihrer sozialen Herkunft, also der sozioökonomischen Lage ihres Elternhauses, ab. Offensichtlich ist, dass die Bildungsexpansion über zunehmend bessere Bildungschancen für alle Sozialschichten – und vor allem für ehemals benachteiligte Mädchen – zu einer Höherqualifizierung in der Bevölkerung geführt hat, aber nicht zum generellen Abbau von Bildungsungleichheiten hin zu mehr Bildungsgerechtigkeit. Dieser soziale Tatbestand hat nicht zuletzt deswegen weitreichende individuelle Konsequenzen und gesellschaftliche Folgen, weil Bildung eine relevante Ressource ist, bei der auch kleine Niveauunterschiede am Anfang des Bildungsverlaufs zu großen Ungleichheiten im weiteren Verlauf des Lebens führen können. Bei aller Unvollkommenheit der in der Nachkriegszeit initiierten Bildungsreformen sind durchaus Erfolge beim Abbau gröbster Bildungsungleichheiten erzielt worden. Aber bildungspolitische Programme, die vornehmlich das gesellschaftspolitische Ziel verfolgen, durch ein vermehrtes Angebot an Bildungsmöglichkeiten bestehende Bildungsungleichheiten auflösen zu wollen, haben sich als weniger erfolgreich als erhofft herausgestellt." (Becker, Rolf: Bildung und Chancengleichheit. In: Datenreport 2008, S. 79).

2. Geografisch: Schwierig ist der Schulwechsel beim Umzug in ein anderes Bundesland (oft auch in einen anderen Ort innerhalb eines Bundeslands). **Berufliche Mobilität** von Eltern nicht nur ins Ausland, sondern vor allem innerhalb Deutschlands ist heute ein Erfordernis des flexibilisierten Arbeitsmarkts. Doch aus Sicht und Erfahrung der Eltern bedeutet dies für das Kind nicht nur einen erheblichen *sozialen Bruch* in einer sensiblen Entwicklungsphase, sondern auch einen Bruch in der Schullaufbahn durch die bildungspolitischen Regularien der einzelnen Bundesländer. Durch andere Lehrbücher und andere Curricula in den Bundesländern (oft auch in Schulen eines Bundeslandes, ja sogar einer Stadt) sowie durch individuelle Profilbildungen fast jeder einzelnen Schule wird der berufliche Wechsel der Eltern und der damit verbundene regionale Wechsel der Familie zum **Risiko für die Kinder**. Das lässt Eltern ernsthaft überlegen, ob sie bei einem Arbeitsplatzwechsel eines Partners nicht als Familie am bisherigen Wohnort bleiben und der berufstätige Elternteil bis zum Ende der Schulzeit des Kindes pendelt.[26] Wenn die verschiedenen regionalen Schulsysteme solche Überlegungen, Reaktionen und Strategien von Eltern provozieren, dann – so die Eltern – ist Schule in der modernen Welt noch nicht angekommen.

Die Schulreformen in den Bundesländern und die Unterschiedlichkeit der Schulformen haben für die Eltern die **Unübersichtlichkeit erhöht** und die **Risiken eines Schulwechsels** einseitig auf die Kinder (und Eltern) übertragen: Die Haupt- und Nebenfolgen von Umzügen haben die Familien zu tragen. Wer das Bundesland wechselt, muss erhebliche Transaktionskosten in Kauf nehmen, zum Experten für das landesspezifische Schulsystem werden und das Durcheinander der Schularten mit ihren jeweiligen bundeslandspezifischen Bezeichnungen durchschauen: Grundschule bis zur 4. oder bis zur 6. Klasse? Dreigliedriges Schulsystem oder zweigliedriges? Zusammenlegung von Haupt- und Realschule zur Mittelschule? Welchen Stellenwert, welche Vorteile und welche Zukunft haben neu eingeführte Schularten in den einzelnen Bundesländern? Was unterscheidet die Mittelschule, die in Sachsen schon seit Anfang der 1990er-Jahre existiert, von der kürzlich in Bayern eingeführten? Ist die Mittelschule das Gleiche wie die „Realschule plus" in Rheinland-

[26] In manchen Familien gibt es gar Erwägungen, dass ein Kind etwa für ein paar Jahre zu den Großeltern in ein anderes Bundesland ziehen könnte, um einen besseren (weil leichteren) Schulabschluss zu schaffen. Oder die Kinder gehen im Fall einer Scheidung der Ehe zu demjenigen Partner, der in einem Bundesland wohnt, in dem Schule „einfacher" ist. (Das Beispiel einer Familie aus Bayern: Das jüngste Kind, das noch in den Kindergarten geht, ist bei der Mutter geblieben. Die ältere Tochter, die die Sekundarstufe besucht, ist zum Vater nach Berlin gezogen, weil dort die Anforderungen nicht so hoch sind.)

Pfalz? Was sind die Unterschiede zwischen Sekundarschulen, Regionalschulen und Oberschulen – oder gibt es keine?

Auch lokal und regional tragen die Profilbildungen und Eigenheiten der Schulen dazu bei, dass Wechsel oft zwar theoretisch machbar sind, praktisch und konkret aber verunmöglicht werden oder mit sehr hohem Nachholaufwand versehen und damit ein Risiko sind. So ist der Übergang von der Realschule zum Gymnasium vor Ort nicht eine in allen Jahrgangsstufen gleich mögliche und gute Option, sondern wegen der Jahrgangsstaffelung des Sprachangebots und der Sprachvoraussetzungen (Französisch, Spanisch, Latein, Griechisch u. a.)[27] auf dem Gymnasium ein Nadelöhr, durch das schwer hindurchzukommen ist. Eltern müssen hier sehr detailliert informiert sein, um eine verantwortliche Risikoabschätzung für ihr Kind vornehmen und den richtigen Zeitpunkt für einen Wechsel nutzen zu können. So müssen Eltern von Realschulkindern mit Interesse am Abitur von Anfang an und jederzeit die richtigen Entscheidungen für die Option Gymnasium treffen (z. B. Wahlfächer), damit die Chancen auf einen Übergang gewahrt bleiben.

Groß ist daher bei Eltern der Wunsch nach Klarheit, nach einem **bundesweiten gültigen Schulsystem**, das Übergänge einfach macht und bei Reformen auch die Rahmenbedingungen, Belange und Bedürfnisse von Schülern und Eltern berücksichtigt.

Schulsystem und Schulkultur: Bastionen gegen Veränderung

Die große Mehrheit der Eltern kritisiert, dass das Schulsystem in seiner heutigen Form weder die Belange der Schülerinnen und Schüler noch die der Familien wirklich berücksichtigt. Schule heute, so die Diagnose der Eltern, hat den Alltag in den Familien, die Folgen von Schule auf die Erwerbstätigkeit der Mütter und Väter und die psychosoziale Gesundheit und Reifungsmöglichkeiten von Heranwachsenden ebenso aus dem Blick verloren wie die Frage nach Chancengerechtigkeit in der Bildung. Vor allem Eltern der gehobenen Milieus beklagen, dass sich das „System Schule" gegen Kritik von außen, aber auch gegen konstruktive Vorschläge weitgehend immunisiert habe. Stattdessen erleben Eltern das Schulsystem als in hohem Maße administrativ und hierarchisch ausdifferenziert – mit der Konsequenz von Starrheit und Resistenz gegenüber Forderungen nach Veränderung.

[27] Analog gilt dies für Gymnasien mit einem spezifischen wirtschaftlichen oder naturwissenschaftlichen Profil.

Nach Auffassung der Eltern bedarf es einer umfassenden und grundlegenden Schulreform. Doch gleichzeitig erinnern sie sich daran, dass die bisherigen Reformen die Situation eher verschlimmert und aus Elternsicht nicht zu einer verbesserten Chancengerechtigkeit beigetragen haben. Stattdessen haben die Reformen zu einer Engführung auf Leistungssteigerung geführt, um das Leistungsprofil der Schüler besser an die Bedürfnisse der Wirtschaft anzupassen (wie nach PISA), oder aber eine Leistungsnivellierung erzeugt, wie sie die Gesamtschulen aus Sicht vieler Eltern verkörpern. Vor allem Eltern aus den gehobenen Milieus setzen sich äußerst kritisch mit der bestehenden Schulsituation auseinander, die sie als kulturelle und systemische Verirrung begreifen – mit der Konsequenz, dass sie für ihr Kind die Privatschule bevorzugen.

Wenn Schule im umfassenden Sinne eine Bildungseinrichtung sein will, dann sollte sie nach Ansicht der Eltern ein Ort vielfältiger kultureller Anregungen sein und als Lebensraum begriffen werden, an dem die Kinder und Jugendlichen über viele Jahre einen großen Teil ihres Alltags verbringen. Stattdessen aber, so kritisieren Eltern, neige die Schule auch angesichts knapper Mittel dazu, in ihren eingeschliffenen Routinen den schnellen und einfachen Weg weiterzugehen und Erkenntnisse moderner Pädagogik, Motivationstheorie, Kulturästhetik und Entwicklungspsychologie nur ungenügend zu berücksichtigen.

Dass jüngere Mädchen und Jungen, aber auch Jugendliche in ihrer physischen und psychischen Entwicklung unterschiedliche Pfade einschlagen und verschiedene Geschwindigkeiten haben, wird aus Sicht der Eltern im Curriculum der Schule nicht konstruktiv berücksichtigt. Es seien auch keine Puffer vorgesehen für den Fall, dass die / der Einzelne etwas länger braucht als andere. Neu denken und „umdenken" seien in der Schule kaum möglich. Dies wird aus Sicht der Eltern signifikant an den Unterrichtszeiten deutlich: Während in öffentlichen Einrichtungen und Dienstleistungsunternehmen die Büroarbeitszeiten in der Regel um 8:30 oder gar 9:00 Uhr beginnen, startet für Jugendliche, die in der Pubertät zudem einen anderen Biorhythmus und hohen Schlafbedarf haben, der Unterricht in der Regel schon vor 8:00 Uhr – mit notenrelevanten Prüfungen auch in der ersten Stunde. Die Begründungen dafür, an diesen Zeiten nichts zu ändern, sind vielfältig, aber aus Elternsicht nicht überzeugend. Das Spektrum reicht von traditionalistischen Argumenten („Das war schon immer so und hat sich bewährt") über den schwer zu ändernden Busfahrplan bis zum bedrohten „freien" Nachmittag der Lehrer (für Korrekturen und Vorbereitungen). Deutlich wird die fehlende Flexibilität von Schule auch bei den Sprechzeiten: Bei den meisten Lehrerinnen und Lehrern sei es unmöglich, abends (nach der Arbeit!) noch einen Termin zu bekommen, um über Probleme zu sprechen. Die Eltern sollten zur festgelegten Sprechstunde des Lehrers (meist am Vormittag) kommen. Dies deuten Eltern als Ausdruck der Schulkultur und des Berufsverständnisses von Lehrern, die sich meistens nicht als Dienstleister für Schüler und Eltern begreifen.

Eltern wünschen sich Schule als eine lernende Organisation, die konstruktiv auf gesellschaftliche Veränderungen reagiert. Stattdessen hören sie Klagen über Erziehungsprobleme und Verwahrlosung von Kindern in den Familien, über ADHS und deviantes Verhalten, das ebenfalls auf das Elternhaus zurückgeführt wird. Zugleich erwartet die Schule aus Sicht vieler Eltern eine aktive Mitarbeit der Eltern am Schulerfolg ihrer Kinder.

Ein weiterer Kritikpunkt vieler Eltern ist der hohe Unterrichtsausfall an Schulen, der aus ihrer Sicht nur unzureichend ausgeglichen wird. Das Verhältnis zwischen Eltern und Lehrern wird von Eltern vielfach als konfliktbelastet erlebt. Der Grund liegt teils auch darin, dass sich eine zunehmende Zahl akademisch gebildeter Eltern mit höherer Berufsposition dem Lehrerstand überlegen sieht, während sich ein Teil der unterprivilegierten Eltern den Lehrern unterlegen fühlt.

Das Lehrerbild der Eltern ist vielschichtig: Eltern begreifen Lehrer zum einen als „Opfer des Systems Schule", das sie vertreten und hinter dem sie nach außen stehen müssen. Gleichzeitig sind Lehrer aber für Eltern auch „Repräsentanten eines Systems", mit dem sie äußerst unzufrieden sind. Schwer im herrschenden Schulsystem haben es ihrer Auffassung nach vor allem engagierte Lehrer, die sich im Unterricht Zeit zum Üben nehmen, sich um schwächere Schüler besonders kümmern und persönlich viel Zeit und Kraft investieren.

Trend zu Privatschulen

Zwar sinkt die Schülerzahl in Deutschland aufgrund des demografischen Wandels, die Privatschulen erleben jedoch eine gegenläufige Entwicklung: Die *Zahl der Schulen in privater Trägerschaft* nimmt seit den frühen 1990er-Jahren kontinuierlich zu. Zwischen 1992 bis 2010 stieg sie von 3.232 auf 5.411 – eine Zunahme um 67 %.

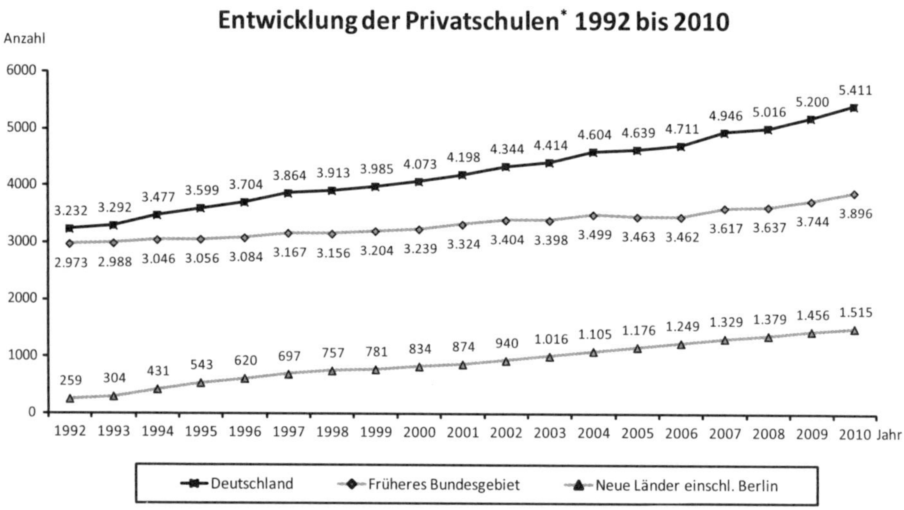

Abbildung 2.5: Entwicklung der Privatschulen 1992–2010

*) Allgemeinbildende und berufliche Schulen (ohne Schulen des Gesundheitswesens). Dabei ist jede Schulart als Schule gezählt, unabhängig davon, ob mehrere Schularten unter einem Schulleiter organisatorisch zusammengefasst sind. Quelle: Statistisches Bundesamt. Fachserie 11, Reihe 1.1. Bildung und Kultur: Private Schulen, Schuljahr 2010/2011, S. 12.

Parallel dazu stieg auch die *Zahl der Schüler an Privatschulen:* Besuchte im Jahr 2008 etwa jedes 13. Kind eine Privatschule, so war es 2010 schon jedes 12. Kind (präzise: 8,7 Prozent aller Schülerinnen und Schüler).[28] Schüler mit Migrationshintergrund besuchen seltener eine private Schule als Kinder ohne Migrationshintergrund (5 %).

Insgesamt gehen mehr Mädchen (56,5 %) als Jungen (43,5 %) auf eine private Schule (Stand 2010). Diese Differenz wird noch größer, wenn man die einzelnen Schularten betrachtet. So sind Mädchen besonders an privaten Schulen mit mittleren und höheren Bildungsabschlüssen stärker vertreten: an den Gymnasien mit 60 % und den Realschulen mit 67 %. Unter anderem ist dies durch die spezifische Form konfessioneller Mädchen(real)schulen bedingt. Jungen bilden hingegen die Mehrheit in (privaten) Hauptschulen sowie Förderschulen.

[28] Alle Daten in diesem Unterkapitel: Statistisches Bundesamt. Bildung und Kultur: Private Schulen, Schuljahr 2010/2011, Wiesbaden 2011.

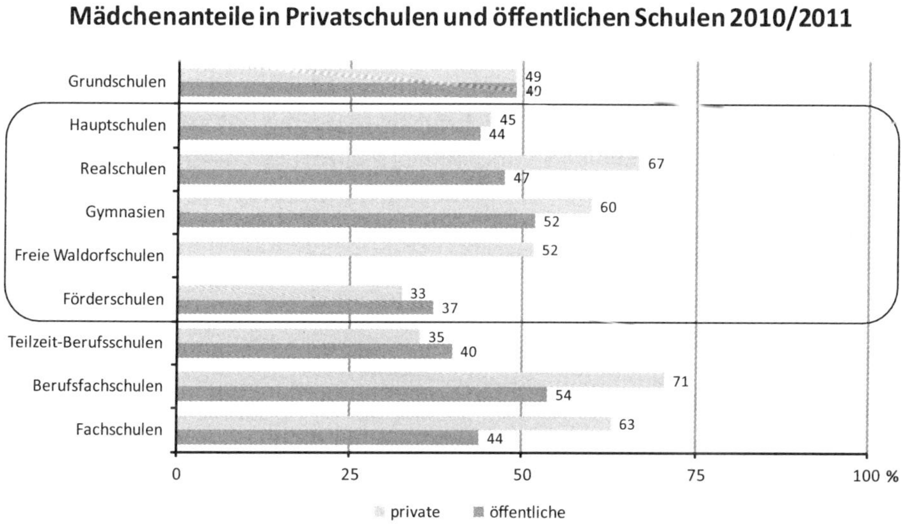

Abb. 2.6: Mädchenanteile in Privatschulen und öffentlichen Schulen 2010 / 2011 (Quelle: Statistisches Bundesamt. Fachserie 11, Reihe 1.1. Bildung und Kultur: Private Schulen, Schuljahr 2010 / 2011, S. 16.)

Der Trend zur Privatschule ist nachhaltig. Neben jener Gruppe, deren Kinder bereits eine Privatschule besuchen, gibt es in der Elternschaft eine sehr große Basis für eine weiter steigende Nachfrage: Der Anteil der Eltern, die „sicher" oder „sehr wahrscheinlich" ihr Kind auf eine Privatschule schicken wollen, ist sehr groß, übersteigt die tatsächliche Nutzung um ein Mehrfaches und ist ein Grund für den steigenden Zulauf zu Privatschulen. Diese Präferenz für eine Privatschule gibt es heute nicht mehr nur in der Konservativen Oberschicht,[29] sondern in allen Milieus der Oberschicht und auch in der oberen Mittelschicht.

[29] In der qualitativen Untersuchung wurden Eltern aus dem Milieu „Konservative" nicht befragt, denn aufgrund der Altersstruktur ist hier der Anteil mit Kindern in der Sekundarstufe I sehr gering. Die Repräsentativuntersuchung (TdW 2012) mit einer sehr großen Stichprobe (20.000 Fälle) zeigt aber interessante Strukturen und Entwicklungen: Eltern aus dem Milieu „Konservative" hatten in den ersten Jahrzehnten der Nachkriegszeit für ihren *Sohn* stets den *unbedingten Anspruch* an einen sehr guten Schulabschluss mit Studium. Die Privatschule war für „Konservative" der beschlossene richtige und sichere Weg für ihren Sohn zur Vorbereitung seiner späteren Position und Verantwortung. In Bezug auf ihre *Tochter* dagegen wurde die Privatschule als eine *gute Option* gesehen. Diese geschlechtshierarchische Präferenzordnung hat sich in den vergangenen beiden Dekaden im Milieu der „Konservativen" verändert: Mütter bevorzugen weiter die Privatschule für den Sohn (28 %); Väter hingegen sehr viel stärker die Privatschule bei einer Tochter (45 %).

Die Zahl von Privatschulen (in privatwirtschaftlicher oder kirchlicher Trägerschaft) hat in den letzten Jahrzehnten sehr stark zugenommen. Durch den Wettbewerb waren die einzelnen Privatschulen gefordert, eine individuelle, zielgruppenspezifische Positionierung zu entwickeln. So gibt es heute im Markt der Privatschulen für Eltern aus verschiedenen Schichten und Milieus ein breites Angebot hinsichtlich finanzieller sowie qualitativer Kriterien, wie inhaltlicher Ausrichtung, Leistungen und Verheißungen. Mit Blick auf die Absichten von Eltern, ihr Kind auf eine Privatschule zu schicken, zeigen sich auffällige Geschlechter- und Milieuzusammenhänge:

- In der Familie tendieren Mütter sehr viel stärker zur Privatschule als Väter.
- In den Milieus der Oberschicht gibt es die Tendenz zur Privatschule (meist mit exklusivem Angebot und auch teurer) vor allem für die *Tochter*.

In den moderneren Leitmilieus der Etablierten und Postmateriellen gibt es einen Abwehrreflex gegen das frühere traditionalistische Denken in einer geschlechtshierarchischen Präferenzordnung. Eltern aus diesen Milieus betonen im sozialwissenschaftlichen Interview, dass Jungen und Mädchen gleich behandelt werden sollten und beide gleiche Chancen bekommen müssten. Dennoch: Auf der vorbewussten Einstellungsebene sowie im faktischen Verhalten (vgl. auch Abb. 2.6 zum Mädchenanteilen an Privatschulen) gibt es auch in diesen Milieus signifikante Geschlechterunterschiede – *zugunsten der Töchter*: Etablierte und Postmaterielle Eltern von Töchtern haben eine höhere Tendenz zur Privatschule als Eltern von Söhnen.

(Gleichstellungspolitisch) bemerkenswert mit Blick auf die Zukunft ist eine „teiltraditionelle Geschlechterorientierung" bei Müttern in den Milieus der Performer sowie der Bürgerlichen Mitte:

- Performer-Väter würden Sohn und Tochter gleichermaßen auf die Privatschule schicken. Doch die Mütter von Söhnen haben hier eine höhere Präferenz für die Privatschule (44 %) als Mütter von Töchtern (35 %).
- Umgekehrt stellt sich die Geschlechterpräferenz in der (gehobenen) Bürgerlichen Mitte dar. Hier deutet sich sogar eine Cross-Gender-Präferenzstruktur an: Mütter von Söhnen würden diese häufiger auf eine Privatschule geben (27 %) als Mütter es für ihre Töchter vorhaben (23 %). Umgekehrt wollen häufiger Väter von Töchtern (12 %) diese auf eine Privatschule schicken als es Väter für ihren Sohn (6 %) vorhaben.
- Auffällig ist, dass im soziokulturell jungen und quantitativ wachsenden Milieu der Performer die Absicht von Müttern, ihr Kind auf eine Privatschule zu schicken, sehr ausgeprägt ist – mehr als in allen anderen Milieus.

Die folgende Tabelle zeigt die sichere/wahrscheinliche **Absicht** von Müttern und Vätern, ihre Tochter bzw. ihren Sohn auf eine Privatschule zu schicken:

DELTA-Milieus®

	Etablierte		Postmaterielle		Performer		Bürgerliche Mitte	
	für Sohn	für Tochter	für Sohn	für Tochter	für Sohn	für Tochter	für Sohn	für Tochter
	%	%	%	%	%	%	%	%
Väter	29,5	**35,0**	22,6	**26,5**	23,5	23,5	5,7	**11,7**
Mütter	30,3	**32,0**	24,3	**28,1**	**43,7**	35,2	**27,5**	23,1

Tab. 2.1 (Quelle: TdW 2012; 1.299 Fälle)

Die Befunde erklären zum einen den bisherigen kontinuierlichen Zulauf zu Privatschulen und zeigen, dass die Schüler/-innen nicht mehr aus einem einzigen Oberschichtenmilieu kommen, sondern aus allen gehobenen Milieus und auch aus Milieus der oberen Mittelschicht. Zum anderen geben die Befunde Hinweise darauf, dass der Trend zur Privatschule ungebrochen ist und sich wohl weiter verstärken wird. Denn insbesondere das Milieu der „Performer" hat die Funktion eines Leitmilieus mit Verbreitungseffekt.

Ganztagsschule: Bedrohung oder Chance?

Eltern, deren Kinder eine Ganztagsschule besuchen, verspüren weniger Druck, ihr Kind durch umfangreiche persönliche Investition durch die Schule bringen zu müssen. Sie empfinden es als erhebliche zeitliche und emotionale Entlastung, dass die Hausaufgaben in der Regel in der Schule erledigt werden. „Schule" findet somit weniger zu Hause statt (nur bei besonderen Anlässen wie Klassenarbeiten oder bei prekärem Notenstand) und beeinflusst dadurch weniger die Themen und Stimmungen in der Familie. Zugleich ist die Ganztagsschule insbesondere für alleinerziehende Frauen oft die einzige Chance, eine Vollzeiterwerbstätigkeit mit den Bedürfnissen der Familie zu vereinbaren. Dies wird in hohem Maße von Eltern aus dem Milieu „Expeditive" und „Hedonisten" betont, während es für „Benachteiligte" (dem Milieu mit dem höchsten Anteil Alleinerziehender) nachgeordnet ist. Darüber hinaus bietet die Ganztagsschule vor allem den Müttern die Möglichkeit einer eigenen Erwerbstätigkeit über das Muster des „Zuverdienstes" hinaus, sodass sie eine ihrer Qualifikation und ihren Berufsambitionen adäquate Beschäftigung mit entsprechendem Entgelt haben. Das betonen Eltern aus den Milieus „Postmaterielle" und „Performer" und begreifen die Ganztagsschule als Zukunftsmodell zur Vereinbarkeit von Beruf und Familie sowie für die Gleichstellung von Frauen und Männern.

In der Bürgerlichen Mitte dagegen ist die **Ganztagsschule überwiegend eine Bedrohung**, ein mit Verlustängsten und Sorgen behaftetes Konzept, vor allem bei halbtags (vormittags) erwerbstätigen Müttern. Sie fürchten, 1. ihre Kinder dann noch weniger zu sehen; 2. dass die gemeinsame Zeit in der Familie zeitlich sehr knapp ist und in einem engen Zeitfenster abends stattfindet; 3. dass die Kinder durch Ganztagsschule noch mehr lernen müssen und weniger Freizeit haben. Im Milieu der Bürgerlichen Mitte wird die Ganztagsschule mit dem Verweis, „dann brauche ich doch keine Kinder zu bekommen, wenn ich sie den ganzen Tag nicht sehe und andere sie erziehen", meist vehement abgelehnt. Subjektiv ist diese Schulform nicht mit der eigenen Familienorientierung vereinbar.

Grundsätzlich findet die Ganztagsschule dann (eher) Zustimmung, wenn sie nicht einfach die Fortsetzung der Schule am Nachmittag bedeutet (die Erfahrung von Eltern mit Kindern im G8), sondern ein ganzheitliches Konzept ist, in dem 1. konzentrierter Unterricht, 2. sportliche, musikalische und künstlerische Angebote sowie 3. wirklich freie Zeit sinnvoll in ein inhaltliches und zeitliches Konzept integriert sind.

„Ich bin auch nicht der Meinung, dass es gut ist, wenn die Schule den ganzen Tag besetzt und damit Bemühungen von Vereinen, Verbänden etc. wieder schwieriger macht. Es ist notwendig, dass Schule klar erkennt, wo die Grenzen sind, und dass Vereine und Initiativen vor Ort noch viel stärker eingebunden werden müssen. Wenn man schon eine Nachmittagsbetreuung macht, ja warum macht der Alpenverein nicht einen Kletterunterricht. Das ist nämlich das, dass Ganztagsschule eben mehrdimensional sein kann und ganz andere Lernfelder sich erschließt und nicht eine Fortsetzung des Unterrichts am Nachmittag bedeutet." (Vater, Milieu „Postmaterielle")

Überrepräsentanz von Frauen in Erziehung und (Grund-)Schule

In Kindertagesstätten sind 97 Prozent der Beschäftigten Frauen, im öffentlichen Schuldienst immer noch 68 Prozent.[30] Die starke Überrepräsentanz von Frauen in Kindertagesstätten setzt sich in der Grundschule fort (86 %) und ist an den Gymnasien mit 55 % immer noch mehrheitlich (an den Förderschulen sind drei Viertel

30 Die Zahlen beziehen sich auf den öffentlichen Dienst. Quelle: Statistisches Bundesamt, Personalstandsstatistik, Fachserie 14, Reihe 6, 2009.

aller Lehrkräfte Frauen).[31] Viele Eltern messen der Tatsache, dass in der vorschulischen Erziehung sowie in den Grundschulen das **Personal in erster Linie weiblich** ist, eine große Bedeutung zu. So konstatieren nahezu alle Eltern, dass sich ihre Kinder beim Übergang in die weiterführende Schule erst einmal „an männliche Lehrer gewöhnen müssen“. Hier plädieren sie entschieden dafür, dass in den Kitas und Grundschulen mehr Männer als Erzieher und Lehrer arbeiten. Das wiederum erfordert, die Verdienste dieser Berufe so anzuheben, dass Frauen und Männer damit ihre eigene Familie ernähren können. Denn sonst sind und bleiben diese Berufe vor allem für Männer unattraktiv.

Betrachtet man weiter, welche **Rollenzuschreibungen an Lehrerinnen und Lehrer** sich bei Eltern aus den verschiedenen Milieus zeigen, so fällt auf, dass Eltern der gehobenen modernen Milieus Lehrern bzw. Lehrerinnen kaum noch „typisch weibliche“ bzw. „typisch männliche“ Verhaltensweisen zuschreiben. Dies ist in den weniger gebildeten Milieus am unteren Rand der Gesellschaft völlig anders: Hier vermuten die Eltern, dass weibliche Lehrer stärker „mütterlich“ und „nachgiebig“, männliche Lehrer dagegen stärker „dominant“ und „streng“ seien. Besonders wenn diese Eltern Jungen haben, fordern sie, dass es mehr männliche Lehrer an weiterführenden Schulen geben soll. Diese seien sehr wichtig, um den Jungen ihre Grenzen aufzuzeigen.[32]

Keine pauschale Lehrerschelte seitens der Eltern!

So harsch die Kritik an Schule und Lehrern in der Regel auch artikuliert wird, so auffällig ist zugleich, dass fast alle Eltern in den sozialwissenschaftlichen Gesprächen betonten, „keine pauschale Lehrerschelte“ vornehmen zu wollen. Eltern betonen, es gebe eben – wie es im Leben nun mal sei – gute und schlechte Lehrer, engagierte und weniger engagierte, verschlossene und aufgeschlossene, nur fordernde und auch dialogbereite. Diese Wahrnehmung von Eltern ist der Darstellung ihrer oft harten, aber auch differenzierten Kritik an Schule, Schulsystem und Lehrern unbedingt hinzuzufügen.[33]

31 Autorengruppe Bildungsberichterstattung (Hg.): Bildung in Deutschland 2010, S. 76f. Die Daten beziehen sich auf das Schuljahr 2008/09.

32 Dies wird allerdings erst auf Nachfragen im Interview geäußert. Grundsätzlich gehen die Eltern von einer gleichen Behandlung der Schüler durch die Lehrer aus.

33 In ihren Erzählungen über Lehrer im Interview stellten Eltern diese Anmerkung entweder voran oder setzten sie ans Ende. Somit hat die Feststellung, dass es natürlich auch „andere“ Lehrer gäbe, eine wichtige Gestaltschließungsfunktion der Erzählung und ist wichtiger Bestandteil des Interviews. Sie stellt aber keine Relativierung und Abschwächung der Kritik dar. Indem die Eltern ausdrücklich keine generalisierenden Aussagen treffen, schützen und verstärken sie den Punkt, den sie in ihrer Erzählung ins Zentrum gestellt haben.

Eltern sind der Auffassung, dass Lehrer selbst Opfer des Systems sind. Denn diese sind nicht nur immer neuen Verordnungen ausgesetzt, sondern auch mit kontinuierlich zunehmenden und komplexen Folgen von gesellschaftlichen Problemen konfrontiert, die sich in familiären und persönlichen Problemen sowie deviantem Verhalten von Kindern und Jugendlichen manifestieren. Die Kompetenz zur Lösung dieser Probleme *können* die meisten Lehrer nicht haben, sodass sie sehr häufig eine aussichtslose Sisyphusarbeit verrichten und sich auf Symptomdämpfung beschränken. Doch zugleich werden Lehrer von Eltern unbewusst und unwillkürlich als Agenten des *Systems Schule* und dessen Repräsentanten wahrgenommen, die unmittelbar mit und an ihren Kindern handeln. Lehrer sind somit die (einzige) **sichtbare und greifbare Verantwortungsinstanz. Lehrerschelte** erfolgt daher nicht pauschal, sondern **situativ** und **stellvertretend**. Zugleich haben Eltern relativ klare Vorstellungen über die entscheidenden Faktoren, die sich ändern müssen, damit Schule für die Schüler – und dann auch für Lehrer und Eltern – im umfassenden Sinne gut ist:

- Im Berufsbild des Lehrers muss das Leitbild verankert werden, Verantwortung für jedes einzelne Kind zu übernehmen! Was bisher dem freiwilligen Engagement der einzelnen Lehrerin und des einzelnen Lehrers überlassen ist, muss Teil des Stellenprofils sein und evaluiert werden.
- Ähnlich den Berufen des Mediziners oder Juristen muss die Lehrerausbildung eine Anpassung und Erhöhung des Anforderungsprofils erfahren: Das betrifft zum einen die Berufswahl („Lehrer" sollte keine Restkategorie in der Berufsorientierung von Abiturienten sein!). Und wer in den entscheidenden Jahren die Verantwortung für die Kinder und Jugendlichen unserer Gesellschaft trägt, der sollte dafür umfassend und prägnant ausgebildet sein, um die notwendigen Kompetenzen zu haben. Das bedeutet vordringlich 1. eine systematische *Verbindung von Fachdidaktik und Pädagogik;* 2. eine *genderorientierte Kompetenz,* um die unterschiedlichen Entwicklungen von Mädchen und Jungen zu berücksichtigen.
- Multiprofessionale Schule: An Schulen müssen auch andere Professionen angesiedelt werden, damit Lehrer von den vielen zusätzlichen Erziehungs- und therapeutischen Arbeiten entlastet werden können.
- Weiterentwicklung muss für Lehrer zentrales Element ihres Berufsalltags sein. Sie darf sich nicht im freiwilligen Besuch von Weiterbildungsseminaren oder durch den formalen Nachweis solcher Veranstaltungen erschöpfen, sondern muss systematisch und nachweisbar Eingang in den Unterricht und in den Alltag der Schule finden.

- Schulen als Organisationen müssen sich kontinuierlich weiterentwickeln in ihren inhaltlichen Konzepten und ihrer Infrastruktur sowie ihrer Architektur und ihrem Raumdesign. Wenn die Kinder und Jugendlichen dieser Gesellschaft in der Schule die Grundlagen für ein gelingendes individuelles und gesellschaftliches Leben erhalten sollen, dann muss auch die Schule (und müssen damit die Gesellschaft und Politik) ihnen die dazu notwendigen Rahmenbedingungen schaffen.
- Reformulierung und Klärung des Aufgabenprofils für Lehrer: Da offenbar für Lehrer selbst unklar ist, für welche Aufgaben sie nicht nur formal, sondern auch praktisch im Alltag verantwortlich gemacht werden, muss es eine *öffentliche Diskussion* (und nicht nur einen Erlass der Schulbehörde) mit anschließender transparenter Definition dessen geben, wofür Lehrer verantwortlich sind – und wofür nicht. Das gibt Lehrern (und Eltern) Sicherheit und schützt sie vor einer Überlast an Verantwortung.

2.2 Lehrer unter Druck: anspruchsvolles Berufsethos, immer mehr Aufgaben, wenig Unterstützung

Positives berufliches Selbstbild

Mehr als 780.000 Lehrer unterrichten in Deutschland an allgemeinbildenden und beruflichen Schulen.[34] Wie Eltern sind auch Lehrer/-innen keine homogene Gruppe. Lehrer/-innen kommen aus allen gesellschaftlichen Schichten und Milieus, wenngleich die Mittel- und Oberschicht überrepräsentiert ist. Interessant aber ist, dass über die Milieugrenzen mit ihren spezifischen Einstellungen und Wahrnehmungen hinweg die Mehrheit der Lehrerinnen und Lehrer ihr berufliches Selbstbild (Wirklichkeit und Anspruch) prominent über die folgenden Merkmale beschreibt:

- Die Freude am Unterrichten von jungen Menschen
- Der Wunsch, einen sinnvollen Beruf auszuüben, in dem man etwas bewegen und verändern kann („Jugendliche auf ihre Berufsausbildung vorbereiten und dazu Grundlagen legen", „sie in dieser wichtigen Etappe ihres Lebenswegs leiten und begleiten")
- Das persönliche Vermögen, eine gelingende persönliche Beziehung zu den Schülern aufzubauen

[34] Autorengruppe Bildungsberichterstattung. Bildungsbericht 2012, S. 82.

- Die Fähigkeit, mit den wechselnden Anforderungen des Berufs zurechtzukommen (Stichworte sind: Vorgaben der Schulbehörden, Reformen, gesellschaftlicher Wandel, veränderte Schülerschaft) und dabei mental offen und im Verhalten realitätsgerecht flexibel zu bleiben
- Der Wunsch nach einem Beruf mit einem hohen Grad an Autonomie und Eigenverantwortung, Gestaltungsfreiheit und zeitlicher Flexibilität

Es ist ein anspruchsvolles, positives und gesellschaftlich konstruktives Berufs- und Selbstbild, das im beruflichen Alltag immer wieder neu herausfordert. Damit sehen sich Lehrer / -innen in einem diametralen Gegensatz zum nach wie vor negativ behafteten Image ihres Berufsstandes. Vor allem in der medialen Öffentlichkeit und bei einem Teil der Eltern herrscht die Vorstellung, Lehrer seien klagend, leidend, besserwissend, selbstgefällig und bequem, mitunter auch autoritär, unbelehrbar und immun gegenüber Anregungen von außen. Besonders groß ist für Lehrer / -innen die Diskrepanz zwischen dem Vorurteil, dass ihr Beruf eine „Halbtagsbeschäftigung" sei, und ihrem eigenen Erleben: Arbeitszeiten von deutlich mehr als 40 Stunden pro Woche, teilweise 1.000 Stunden Korrekturarbeit pro Jahr, vor allem für Lehrer / -innen an Gymnasien, sowie sozialarbeiterische Aufgaben und Erziehungsarbeit an vielen Hauptschulen, die Zeit zum Unterrichten nimmt. Gleichzeitig bietet der Lehrerberuf kaum Aufstiegsperspektiven und erweist sich in dieser Hinsicht als „Sackgasse": Mehrengagement lohnt sich kaum, denn es gibt keine Leistungsbezahlung und kaum Gratifikationen für besonderes Engagement und Erfolg.

Deutliche Rollen- und Aufgabenausweitung

Neben den Unterrichtsaufgaben sind Lehrer / -innen heute ungefragt für immer mehr und ganz verschiedene Aufgaben verantwortlich, für die sie formal nicht zuständig sind und oft nicht die entsprechende Qualifikation haben. Das reicht von Hausmeistertätigkeiten bis zum Erzieher, Sozialarbeiter, Psychotherapeuten und Familienratgeber. Lehrer sein, so die Wahrnehmung von jenen, die diesen Beruf ausüben, bedeutet „learning by doing". Seit den 1960er-, 1970er-, 1980er-Jahren ist nach Erfahrung der älteren Lehrerinnen und Lehrer der qualitative und quantitative Leistungsumfang erheblich gestiegen.

Aufgrund der Ausweitung von Aufgaben und Verantwortlichkeiten durch die gesellschaftliche Wirklichkeit (veränderte Schüler- und Elternschaft sowie Wandel von Familie, Werten und Lebensstilen) und der von den Schulbehörden in immer engeren Intervallen erfolgenden Verordnungen und Zusatzanforderungen (Bürokratie, Leistungstests, Evaluationen u. a.) sahen und sehen sich Lehrer gezwungen, ihr professionelles Selbstverständnis und ihre Berufsrolle immer weiter zu verändern. Dramatisch dabei ist, dass durch die Aufgaben- und Rollenkonkurrenz im beruflichen Alltag die Balance der Aufgaben verloren geht und der Unterricht als Kernaufgabe von Lehrern aus dem Fokus rückt – was die berufliche Zufriedenheit von Lehrern zu gefährden droht.

Als problematisch bewerten Lehrer/-innen darüber hinaus, dass die Bewältigung dieser (neuen) Aufgaben ihnen selbst überlassen wird. Der gesellschaftliche Prozess der Individualisierung bedeutet hier, dass Lehrerinnen und Lehrer mit den Risiken der Verantwortung, die sie aufgrund ihrer Erfahrung im Schulalltag übernehmen, allein gelassen sind. Die Belastungen von Lehrern im beruflichen Alltag steigen in nahezu allen Bereichen (qualitativ und quantitativ), die Fürsorge für Gesundheit und Ausgleich werden dagegen individualisiert.

Fatalerweise, so die Sicht der Lehrer, reagiert auch die Ausbildung der Lehramtsstudenten nicht auf die Herausforderungen des Berufsalltags und die Ausweitung der Lehrerrollen und -aufgaben: Junge Lehrer werden in keiner Weise dafür qualifiziert und auf das vorbereitet, was sie an der Schule erwartet und was sie dort leisten müssen. Sie geraten daher fast zwangsläufig in eine Überforderungssituation hinein, wenn sie mit den Realitäten des Unterrichts- und Schulalltags konfrontiert werden.

Veränderte und zunehmend belastete Schülerschaft

In den vergangenen 10 bis 15 Jahren hat sich der schulische Alltag und haben sich die Bedingungen des Unterrichtens in der Wahrnehmung der Lehrerschaft erheblich verändert. Die Folgen gesellschaftlicher Veränderungen sind ungebremst und unvermittelt in den Schulen zu spüren. Dies zeigt sich vor allem in

1. einer *zunehmenden Heterogenität der Schülerschaft einer Schule* in Bezug auf Herkunft, Werthaltung, Sozialverhalten, Motivation, Leistungsvermögen und Leistungsbereitschaft sowie Konzentrationsfähigkeit und Mediennutzung;
2. einer *Zunahme der Problemlagen einzelner Schüler* (alleinerziehende Eltern, Patchworkfamilien, Trennung oder Scheidung der Eltern, individuelle psychische Probleme, Sucht- und Drogenprobleme, Wohlstandsverwahrlosung, mangelnde elterliche Fürsorge, Sprachdefizite, kulturelle und soziale Integrationsschwierigkeiten bei Schülern mit Migrationshintergrund u. a.) *und innerhalb der Schülerschaft* (Gewalt, Diskriminierung und Mobbing auf dem Schulhof und durch die

digitalen Netzwerke, sich immer stärker profilierende und teilweise bekämpfende Szenen, Subkulturen, Ethnien).

Immer häufiger und intensiver werden Lehrer als Erzieher, Therapeuten und Sozialpädagogen in ihren Schulen tätig. Sie müssen häufiger und intensiver als früher grundlegende Erziehungsarbeit leisten, Werte vermitteln, Gesprächspartner sein, Schüler motivieren und auffangen – und übernehmen damit immer mehr ureigene Aufgaben der Eltern. Dies gilt für Lehrer/-innen *aller* Schularten, jedoch in unterschiedlicher Ausprägung und mit unterschiedlichen Auswirkungen auf den Unterricht, das Schulklima und die Schulkultur. So berichten Lehrer/-innen an Hauptschulen in urbanen Zentren beispielsweise, dass sie heute in einem nie da gewesenen Umfang damit beschäftigt sind, in den Klassen Ruhe herzustellen, Grundlagen sozialen Verhaltens zu vermitteln. Dadurch werde die Zeit, die sie für das Unterrichten, das Vermitteln von Stoff hätten, immer weiter beschnitten: „Wir haben zwei Aufgaben: Erziehung und Bildung. Und das Erste kommt zuerst, das muss man ganz klar so sagen", lautet die charakteristische Aussage eines Schulleiters einer Hauptschule.

Der Lehrerberuf erfährt also derzeit in historisch einzigartiger Weise eine Neuausrichtung und Neugewichtung der Rollen und Aufgaben: Je nach Schulart gerät die Fachdidaktik mehr oder weniger zugunsten von Erziehungs- und therapeutischen Funktionen in den Hintergrund.

Lehrerinnen und Lehrer weisen diesbezüglich darauf hin, dass gegenwärtig weder die Gesellschaft noch die Schule geeignete Konzepte haben (oder entwickeln!), um auf diese Entwicklung zu reagieren. Im Alltag führt dies dazu, dass Lehrer zu „Einzelkämpfern" mit individuellen (Ad-hoc-)Lösungen für *ihre* Schule und *ihren* Unterricht geworden sind, weil es im beruflichen Alltag weder genügend Zeit noch die systematische Unterstützung durch andere Professionen gibt. Die Lehrerschaft kritisiert in diesem Zusammenhang auch eine unrealistische und unzulässige Erwartungshaltung von Eltern, Behörden und Medien, dass die Lösung der gesellschaftlichen Probleme in und von der Schule zu leisten sei.

Stereotyp „fleißige Mädchen – faule Jungen"

Lehrer bestätigen objektive Befunde, dass Schülerinnen häufiger bessere Noten erzielen, häufiger ein den Schulerfolg förderndes Verhalten zeigen und in der Pubertät weniger und kürzer in ihren schulischen Leistungen „absacken" als ihre männlichen Mitschüler. Dass es dieses Ungleichgewicht zugunsten der Mädchen gibt, sehen Lehrerinnen *und* Lehrer jedoch weitgehend gelassen und undramatisch und akzeptieren es als einen „Zwischenstand". Ihr Kernargument ist, dass sich die „Schlechterstellung" der Jungen spätestens im Verlauf der Ausbildung und beim Berufseintritt wieder ausgleiche und es später die (jungen) Frauen seien, die länger und stärker benachteiligt werden. Die schulische „Schlechterstellung" der Jungen habe also keine Folgen für deren berufliche Zukunft – und sei daher mit Blick auf die weitere Entwicklung nicht zu dramatisieren. Gleichzeitig ziehen Lehrerinnen und Lehrer jedoch gleichermaßen *systemisch* bedingte Gründe zur Erklärung der unterschiedlichen Leistung von Mädchen und Jungen heran:

- *Ein den Schulerfolg förderndes Verhalten der Mädchen*: Diese lernen schon im Kindergarten und spätestens in der Grundschule, dass ordentliches Arbeiten (Malen, erstes Schreiben) ebenso wie Fleiß, ruhiges Verhalten, Zuhören u. Ä. belohnt wird.
- *Feminisierung von Erziehung und Bildung:* Kindergarten und Grundschule sind nach wie vor weiblich dominiert und es gibt kaum männliches Personal. Auch in den weiterführenden Schulen ist, je nach Schulart, das Geschlechterverhältnis zugunsten der Frauen unausgewogen. Lehrerinnen und Lehrer gleichermaßen merken dazu an, dass den Mädchen, mehr aber noch den Jungen in Erziehung und Bildung Männer fehlen (zumal auch in immer mehr Familien durch Scheidung / Trennung die Väter abwesend sind, weil nach einer Trennung in der Regel die Mutter alleinerziehend mit den Kindern lebt; s. u.).
- *Die Suche nach Rollenbildern* ist nach Ansicht der Lehrerinnen und Lehrer für Jungen heute schwieriger als für Mädchen. In den Familien fehlen häufiger als früher durch Trennung und Scheidung der Eltern männliche Rollenvorbilder. Durch diese Entwicklung sehen sich immer mehr männliche Lehrer in der Verpflichtung, für ihre Schüler auch ein Rollenvorbild zu sein.
- *Bildungsschädigendes Freizeitverhalten:* Jungen, so die Beobachtung von Lehrerinnen und Lehrern, zeigen häufiger einen intensiven Medienkonsum als Mädchen (PC-Spiele, Playstation, Internet und soziale Netzwerke). Die Medien treten dabei in Konkurrenz zur Schule. Mädchen dagegen würden sich nicht nur in geringerem zeitlichen Umfang mit den digitalen Medien beschäftigen, sie hätten daneben auch noch andere Hobbys und damit eine vielfältigere, anregungsreichere außerschulische Betätigung.
- *Einfluss der Peergroup:* Fleiß und Anstrengung sind in Peergroups der Jungen weniger anerkannt als in denen der Mädchen. Für einen Jungen sei es daher deutlich schwerer, sich für einen Schulerfolg anzustrengen und damit von der Peergroup abzusetzen.

Bemerkenswert ist, dass in den sozialwissenschaftlichen Interviews mit Lehrer/-innen in diesem Kontext kaum selbstkritisch reflektiert wurde, ob oder inwieweit Einstellungen und Verhalten des Personals in den Schulen dazu beiträgt, dass diese geschlechtsspezifischen Unterschiede und Rollenmuster zementiert werden. Eine solche Reflexivität auf das eigene Handeln wird vermieden und die Ursachen der Probleme werden externalisiert.

Ausdifferenzierte Elternschaft – von Vernachlässigung bis Überengagement

Eltern sind aus Sicht der Lehrer zentral für den Schulerfolg von Kindern und Jugendlichen. Aber sie sollen nicht die Rolle des „Hilfslehrers" übernehmen, sondern – so der (normative) Anspruch der Lehrer – ihre Elternrolle ausfüllen, was verlangt, kontinuierliches Interesse an fachlichen Inhalten und am Kind zu zeigen!

Gleichzeitig halten Lehrer/-innen ein Mindestmaß an kooperativer und engagierter Elternmitarbeit für unbedingt notwendig, damit die Lernziele im Unterricht erreicht werden können. Vor allem an den Gymnasien fehlt es durch G8 im Unterricht an Zeit, um den Stoff für alle Schüler ausreichend zu vermitteln und zu trainieren. Elternmitarbeit ist aber auch notwendig, damit Lehrer frühzeitig erkennen, besser verstehen und adäquat reagieren können, wenn es im privaten häuslichen Umfeld eines Schülers Probleme gibt.

Darüber hinaus konstatieren Lehrer aller Schularten, dass Elternarbeit anstrengender geworden ist und es mehr extremes elterliches Verhalten gibt, dass sich das Spektrum der Elternschaft verbreitert hat und dass die Erwartungen der Eltern an die Lehrer sehr verschieden, oft gegensätzlich und nicht alle zu erfüllen sind. Vor allem unterscheiden Lehrer diese beiden Extreme:

- *Vernachlässigung und Desinteresse am eigenen Kind, „Abwesenheit" der Eltern:* Solche Eltern sind für die Schule „unsichtbar" und nur schwer zu erreichen (im praktischen Kontakt und im Bewusstsein). Doch sehr oft seien es gerade die Kinder dieser Eltern, die im Unterricht erhebliche Probleme hätten und im Sozialverhalten auffällig seien. Abwesende Eltern sind kein Phänomen mehr, das sich auf die soziale Unterschicht beschränkt, sondern ist in allen Schichten und Milieus zu finden. In der Folge zeigt sich oftmals ein hoher Aufmerksamkeitsbedarf der Schüler/-innen, die die Lehrer zu Vertrauten machen.
- *Überengagement der Eltern mit massiver Einflussnahme auf Lehrer und Schule:* Dazu gehören eine ausgeprägte Beschwerdekultur mit zunehmend normativer

Kritik an Lehrern, gelegentlich auch Distanzlosigkeit und Drohungen (z. B. Beschwerde beim Schulamt bis hin zu anwaltschaftlichem Engagement). Diese Eltern verstehen sich als „Home-Powertrainer" mit dem Ziel bester Noten für ihr Kind und setzen dabei autonom Methoden und Lehrmaterialien ein, die nicht immer nützlich, sondern gelegentlich auch dysfunktional sind.

Und es gibt eine weitere Diagnose, die Lehrer aller Schularten stellen: Immer mehr Eltern haben kein Vertrauen in die eigenen Ressourcen und die richtig (und notwendig!) eingesetzten Mittel zur Erziehung und zeigt eine grundlegende und teilweise **massive Erziehungsunsicherheit**. Diese Eltern wenden sich an die Lehrer/-innen in der Erwartung, von diesen ganz konkrete Hinweise und Tipps zur Erziehung ihrer Kinder zu bekommen. Dies hat auch Folgen für die Perspektive der Lehrer auf die Eltern und das Verhältnis zwischen beiden: 1. Die Hoheitsbereiche von Eltern und Lehrer vermischen sich: Wer ist für Erziehung, wer für Didaktik zuständig? 2. Lehrer/-innen sehen sich immer häufiger vor die Aufgabe gestellt, Eltern ihre ureigene Aufgabe nahebringen zu müssen, d. h., sie zur Erziehung zu motivieren und zu „erziehen"! 3. Infolgedessen beschreibt ein Teil der Lehrerschaft Eltern als defizitär.

Individualisierung von Schulen: auch Schulen einer Schulart nicht unbedingt vergleichbar

Selbst Schulen formal gleicher Kategorie sind heute in hohem Maße individualisiert. Das betrifft nicht nur das eigene Schulkonzept und die finanzielle Ausstattung, sondern auch das komplexe und vielfältige Umfeld der Schule: die regionale Lage, das sozioökonomische Umfeld, die Bevölkerungsstruktur, die Zusammensetzung der Eltern- und Schülerschaft u. a. Dadurch kann man nur noch sehr bedingt etwa von „den" Hauptschulen, „den" Realschulen und „den" Gymnasien sprechen. Die verschiedenen Schularten (Hauptschule, Mittelschule, Realschule, Gymnasium, Gesamtschule) lassen sich zu Vergleichszwecken nicht mehr als homogene Großgruppen fassen, sondern innerhalb jeder Schulart muss das breite Spektrum an Ausprägungen wahrgenommen und berücksichtigt werden! Somit unterscheiden sich auch die Arbeitsbedingungen, Herausforderungen und Belastungen von Lehrerinnen und Lehrern sowohl *innerhalb einer Schulart* als auch *schulartübergreifend* signifikant voneinander.

Besonders deutlich zeigt sich dies am Beispiel von Haupt- und Mittelschulen: Abhängig insbesondere von der sozialräumlichen Lage einer Schule unterscheidet sich 1. die Schülerschaft in Bezug auf Herkunft, Bildungswelten der Eltern (Bildungsnähe bzw. -ferne, eigene Ressourcen u. Ä.), Ethnie, Sprachkenntnisse voneinander; unterscheiden sich 2. die Zukunftsperspektiven der Schüler in Bezug auf Ausbildungs- und Berufschancen; unterscheidet sich 3. der berufliche Alltag von Lehrerinnen und Lehrern mit den Arbeitsbedingungen und Aufgabenschwerpunkten.

So berichtete im Interview ein Hauptschullehrer an einer Schule in einem strukturstarken kleinstädtischen Umfeld (heute eine Mittelschule) von seiner motivierten Schülerschaft, einem guten Unterrichtsklima, einem weitgehend interessierten und aktiven Kreis der Eltern und den erfreulich guten Aussichten der Schülerinnen und Schüler auf einen Ausbildungsplatz nach dem Schulabschluss: „Hier bei uns ist die Welt noch in Ordnung."

Ganz anders die Schilderung einer Hauptschullehrerin, die in einer Großstadt unterrichtet: Sie klagt darüber, dass viele Eltern für die Schule nicht erreichbar seien und Elternabende daher z. T. mit nur drei Eltern pro Klasse stattfänden. Und die Schüler / -innen seien zwar zu Beginn der Hauptschulzeit noch motiviert, doch wandele sich dies bei einem Großteil von ihnen massiv, wenn es in Richtung Abschluss gehe, denn die Perspektiven für Hauptschulabgänger seien extrem schlecht. Erziehungsarbeit sei nicht nur wichtiger Bestandteil ihrer Arbeit, sondern schlicht Voraussetzung dafür, überhaupt unterrichten zu können: „Ich kann meinen Beruf wenig ausüben. Ich bin hauptsächlich damit beschäftigt, dass ich versuche, sehr, sehr schwer erziehbare Kinder wieder dazu zu kriegen, sich überhaupt zu benehmen."

Kritische Sicht auf Schulbehörden und Schulpolitik

Eine deutliche Mehrheit der Lehrerschaft bewertet die Schulpolitik und Schulbürokratie ausgesprochen kritisch: Sie sieht sich in ihrem beruflichen Alltag mit einer Regulierungs- und Reformwut der Behörden konfrontiert, die neue Vorgaben in immer engerer Taktung produzieren. Diese Vorgaben *müssen* umgesetzt werden, unabhängig davon, wie aufwendig dies ist, ob in den Schulen aktuell andere drängende Dinge anstehen und ob die Zeit für eine sinnvolle Implementierung reicht: Lehrer sollen umsetzen, was „von oben" kommt!

Gleichzeitig werden neue Vorgaben häufig als realitäts- und praxisfern sowie wenig sinnvoll wahrgenommen: „Nur für die Statistik." Und was erzürnt: Vorgaben und Reformen werden ohne Rücksicht auf die bestehende Praxis beschlossen und ohne Einbeziehung derer, die sie umsetzen müssen: „Die Erfahrung von uns, die wir an der Front stehen, interessiert die Schulbehörde nicht!", ist eine typische Aussage in diesem Kontext. So ist bei einem erheblichen Teil der Lehrer die Einstellung etabliert: Entscheider in Schulbehörden haben den Bezug zu Schulkultur und Schulalltag entweder nie gehabt oder längst verloren. Das sorgt für zum Teil hohe Frustration und Erregung – die mit zunehmender Berufserfahrung bzw. dem Alter der Lehrer / -innen zunimmt. Ein Teil der Lehrer / -innen lässt sich von den immer neuen Vorgaben nicht mehr beeindrucken und praktiziert – im Rahmen des sanktionsfreien Toleranzrahmens – die bewusste, aus ihrer Sicht im Sinne der Schüler und der kontinuierlichen Schulkultur *rationale* Maxime des „Aussitzens": „Bis wir das umgesetzt haben, kommt schon das Nächste."

Erschwerend kommt aus Lehrerperspektive hinzu, dass die *wirklichen* Probleme und drängenden Fragen der Lehrerschaft von der Schulbehörde nicht wahrgenommen oder nicht ernst genommen werden. Dabei müssten die gesteigerten Anforderungen in ihrem Beruf und die zunehmende Heterogenität innerhalb der einzelnen Schulformen aus ihrer Sicht doch Konsequenzen für die Schulpolitik haben! Hier sehen sich Lehrer (und ihre Schule) zu wenig entlastet. Im Gegenteil, im Alltag werden sie vielmehr bedrängt von zwei Seiten: Auf der einen Seite stehen die Anforderungen seitens der Schüler und Eltern aus verschiedenen Milieus, bedingt auch durch die verschiedenen Familienstrukturen und Erziehungskulturen. Auf der anderen Seite die permanenten Anforderungen durch eine Schulpolitik, die sich zunehmend von der Schule vor Ort und den Lehrern entfremdet, zu wenig auf wirkliche Probleme reagiert und zu viel auf falschem Terrain agiert. Das alles raubt Lehrerinnen und Lehrern Energie und Ressourcen. Von beiden Seiten nehmen sie erheblichen und zunehmenden Druck wahr und haben ein doppeltes Schleusenproblem.

Keine neuen Reformen, zurück zur Kernarbeit: Forderungen von Lehrer / -innen

Einerseits sind umfassende Veränderungen im System Schule aus Sicht der Lehrerschaft dringend notwendig, damit Schulen besser auf die Folgen des sozialen Wandels reagieren können, der Lehrerberuf attraktiv bleibt und Lehrer angesichts der Aufgaben- und Rollenfülle vor einem Ausbrennen geschützt werden können. Andererseits zeigt sich Schulpolitik nach Erfahrung der Lehrer primär in anderen Bereichen als äußerst reformwütig und wenig stringent. Die aktuelle Schulpolitik bindet zusätzliche Kraft und Zeit der Lehrerschaft, anstatt eine Entlastung zu bringen.

Und so ist die zentrale Forderung von Lehrer / -innen aller Schularten und aus allen Bundesländern, Schule nicht länger zu einer Reparaturwerkstatt für gesellschaftliche Probleme zu machen, sondern die Rahmenbedingungen den neuen Aufgaben und Herausforderungen der Schule anzupassen. Dabei fordern Lehrer/-innen mit Blick auf ihre Motivation, die eigenen Ressourcen und ihre berufliche Kernkompetenz mehr Zeit für ihre originäre Aufgabe: das Unterrichten. Und Schulen bräuchten geeignete individuelle Konzepte sowie Unterstützung bei der Bewältigung der negativen wie positiven Folgen des sozialen Wandels. Notwendig dafür sind:

- Eine kontinuierliche, verlässliche Schul- und Bildungspolitik, die ihre „Reformwut der letzten Jahre" aufgibt und den Schulen wieder mehr Ruhe verschafft
- Mehr Investitionen in Schulen und Bildung kleinerer Klassen angesichts von immer mehr Schülern, die individuelle Betreuung und Aufmerksamkeit brauchen
- Eine Reduktion bürokratischer Vorgaben und mehr Selbstständigkeit einzelner Schulen
- Die Einbeziehung der Lehrerschaft als *kompetente Akteure an der Basis* in Fragen der notwendigen Veränderungen an Schulen (und damit eine Abkehr der aktuellen Hierarchie von Schulbehörde und Schule mit ihrer „Befehlskultur")
- Die systematische Implementierung von multiprofessionellen Unterstützungssystemen an Schulen zur praktischen und fachlichen Entlastung der Lehrer/-innen.

3 Einstellungen und Handeln von Eltern der verschiedenen sozialen Milieus

3.1 Bedeutung subjektiver Perspektiven und Erfahrungen

Die Beschreibungen der Schule aus der subjektiven Sicht der Eltern sind natürlich keine objektive Bestandsaufnahme „der Sache an sich“. Es sind Darstellungen von Müttern und Vätern als Betroffene und Akteure, d. h. elterliche Rekonstruktionen von Schule, Schulalltag und Schulerfolg ihres Kindes sowie ihres eigenen Schulalltags und ihrer eigenen Vorstellungen von Schulerfolg. Diese sind geprägt von basalen Vorannahmen und Einstellungen, von Erfahrungen aus verschiedenen Situationen, von Ritualen und Episoden, Zielen und Motiven, von täglichen Gesprächen mit ihrem Kind (ihren Kindern) und ihrem Partner / ihrer Partnerin, von Gesprächen mit Lehrerinnen und Lehrern, von Schulveranstaltungen, Elternsprechtagen und Elternabenden, vom Austausch mit anderen (befreundeten) Eltern und Freunden ihrer Kinder und von medialer Berichterstattung über Schule und Bildung heute. Und vor allem zeigen sie den subjektiven Blick auf den eigenen Alltag mit Schule. All diese Reize gehen selektiv sortiert in das Erfahrungsbild von Eltern über Schule, Schulalltag und Schulerfolg ein. Man mag das, was daraus entsteht, als Zerrbild bewerten, Eltern sogar Hysterie, Opfermentalität, mangelnde Selbstkritik, mangelndes Wissen oder eklatante Wissensdefizite über die „wahren“ Verhältnisse und Möglichkeiten vorwerfen. Man mag zu dem Schluss kommen, dass diese Darstellungen mehr über die Eltern aussagen als über die Schule. Aber das ist die Alltagswirklichkeit der Eltern! Und diese ist ernst zu nehmen. Und es gibt keine Instanzen, auch nicht die Lehrerschaft und schon gar nicht die Schulbehörden, die Bildungspolitik oder die Bildungsforschung, die für sich legitim reklamieren könnten, sie hätten Zugang zur objektiven Wirklichkeit der „Schule an sich“: Sie sind selbst Akteure mit einer je eigenen, subjektiven Perspektive. Auch diese Sichtweisen gilt es ernst zu nehmen, aber es gibt keinen rationalen und methodischen Grund anzunehmen, dass sie der Perspektive der Eltern überlegen seien. Möglicherweise sind die Vorwürfe gegenüber den Darstellungen und Befindlichkeiten der Eltern letztlich Abwehrreflexe oder gar Abwehrstrategien jener beteiligten Akteure, die genau damit performativ den Befund stützen, den Eltern (an-)klagend formulieren.

„Die“ Eltern sind keine homogene Gruppe, sondern kommen aus verschiedenen Lebenswelten und Milieus. Die milieuspezifischen Ausstattungen und Rahmungen durch materielles, soziales und kulturelles Kapital haben unmittelbar Einfluss auf die

Erwartungen an die Schule, an die Lehrer und an ihr Kind. Sie prägen die Wahrnehmung des Schulalltags und der Maximen des eigenen Handelns und bilden schließlich die Gesamtheit der Kriterien, an denen Schulerfolg bemessen und die eigene Rolle für den Schulalltag des Kindes definiert wird. „Schule" hat somit nicht für alle Eltern dieselbe Bedeutung, sondern ist ein „Thema" zur Konstitution der Milieuidentität. Wie man sich zu diesem „lebensweltlichen Baustein" verhält, wie groß Nähe und Distanz sind und mit welchen Assoziationen die verschiedenen Erfahrungen mit, von und über „Schule" wahrgenommen werden, erwächst aus der eigenen biografischen Erfahrung mit Schule (samt ihrer Verarbeitung in den Phasen nach der Schulzeit), und ist darin in hohem Maße von den Milieus geprägt, zu denen man im Verlauf seines Lebens gehörte. (Es sind dies vornehmlich das Milieu der eigenen Eltern, evtl. auch Milieutendenzen in der Jugend und während der Ausbildung sowie die Milieuzugehörigkeit heute.[35]) Das Thema Schule ist somit Folie und Medium der Selbst-, Welt- und Milieuvergewisserung – daran bemessen sind Qualität und Richtung einer eher offensiven oder eher defensiven Wahrnehmung und Herangehensweise. Beschreibungen der Schule aus Sicht der Eltern sind somit auch vor dem Hintergrund zu lesen, welchen Stellenwert Schule und Schulkritik für das jeweilige Milieu selbst haben. Für *Etablierte und Postmaterielle* beispielsweise ist die konstruktive, an Strukturen und Kulturen gleichermaßen ansetzende Kritik an staatlichen Schulen zentraler Kern ihrer Milieuidentität. Dagegen ist die Einstellung der *Bürgerlichen Mitte* moderat und aufgeschlossen, die notwendige Kritik darf nicht die erreichte Anpassung an bestehende Verhältnisse und damit die eigene erreichte gesellschaftliche Position gefährden („Bitte keine fundamentalen Reformen!"). *Performer* wiederum zeigen in ihren Einstellungen zu Schule einen Anspruch auf mehr Individualität, Flexibilität und Professionalität – aus der Überzeugung heraus, dass die staatlichen Einrichtungen den Anforderungen des Marktes an Bildung und Wissen sowie den Bedürfnissen ihres Kindes längst nicht gerecht werden und dieses einer individuellen Förderung bedarf. Eine große Distanz zu Schule gibt es hingegen bei Eltern aus dem Milieu *Benachteiligte*: Für sie ist Schule meist ein Gebiet, auf dem sie selbst in ihrem Leben früh gescheitert sind, abgehängt wurden und die Erfahrung gemacht haben, ausgeschlossen zu sein. Und auch in ihrer aktuellen Lebenswelt werden berufliche und private Anerkennung und Wertschätzung nicht durch klassische Bildung erreicht. Insofern wird Schule in der voreingestellten Perspektive mit großer innerer und äußerlicher Distanz als „fremd" wahrgenommen. Da der Sozialraum Schule die Eltern aus den verschiedenen Milieus immer wieder zusammenführt, gibt es eine wechselseitige Fremdbeobachtung und Selbstpositionie-

[35] Zu Pfaden der biografischen „Milieuwanderung" siehe Wippermann 2011, S. 73–91 ff.

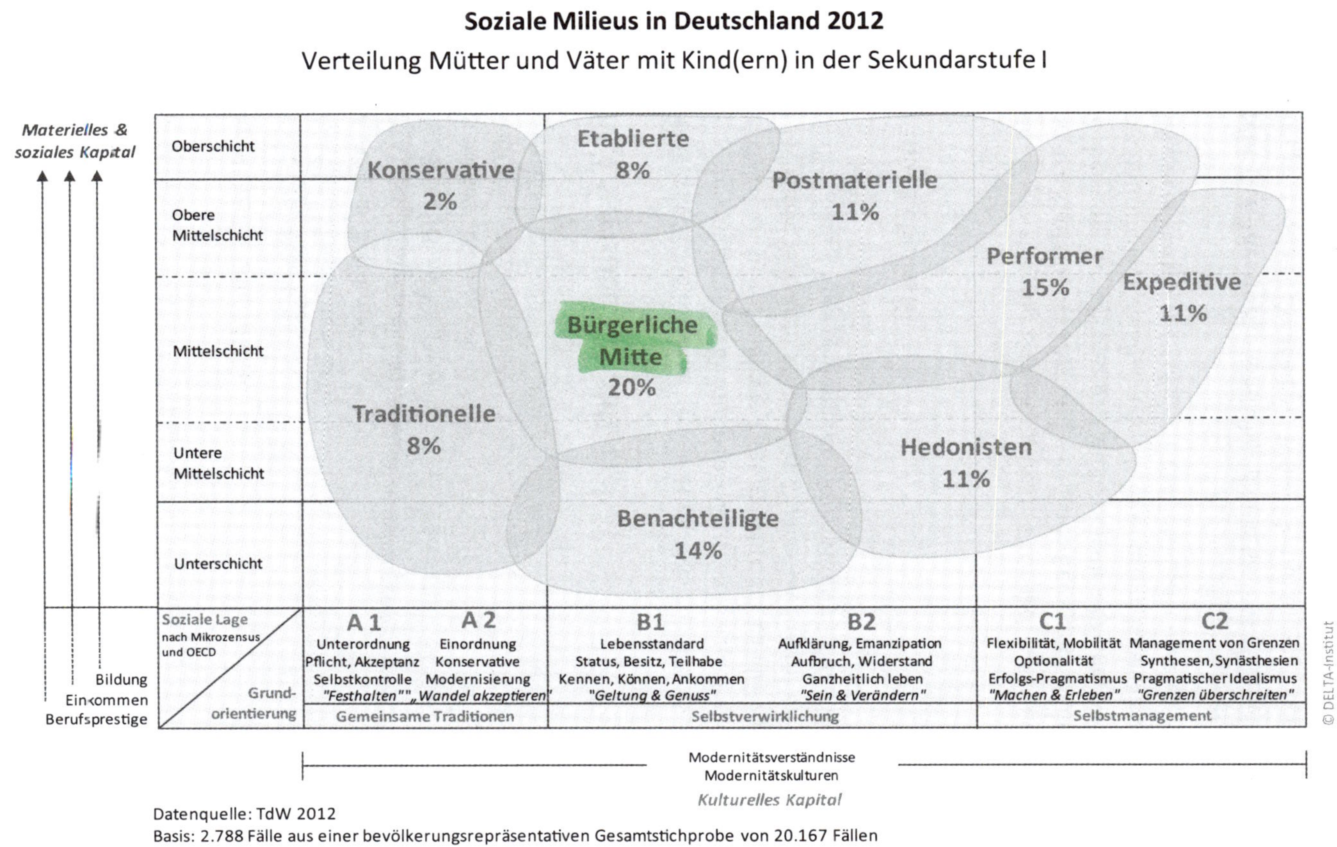

Abb. 3.1: Soziale Milieus in Deutschland 2011 – Verteilung Mütter und Väter mit Kind(ern) in der Sekundarstufe I

rung der Eltern vor dem Hintergrund ihrer je eigenen Milieuprovenienz. Imitation einerseits, Distinktion andererseits lösen sehr dynamische Prozesse aus. Dabei findet man an Hauptschulen überproportional viele Eltern aus Milieus am unteren Rand der Gesellschaft, am Gymnasium hingegen überwiegend aus gehobenen Milieus sowie aus Milieus der Mitte, seltener aus Milieus der Unterschicht.

Die Elternmilieus im Überblick:

- DELTA-Milieu „Etablierte"
- DELTA-Milieu „Postmaterielle"
- DELTA-Milieu „Performer"
- DELTA-Milieu „Bürgerliche Mitte"
- DELTA-Milieu „Benachteiligte"
- DELTA-Milieu „Hedonisten"
- DELTA-Milieu „Expeditive"

3.2 DELTA-Milieu „Etablierte"

Das selbstbewusste Establishment: Erfolgsethik, Machbarkeitsdenken, Exklusivitätsansprüche und ausgeprägte Distinktionskultur; stolz darauf, dank eigener Leistung an der Spitze zu stehen und zur Führungselite des Landes zu gehören; eingebunden in vielfältige Aufgaben mit großer Verantwortung für andere; Normalität des Drucks, die richtige Entscheidung für Gegenwart und Zukunft zu treffen.

Identität und Lebensstil

Identität

- **Weltbild:** Hierarchie und Rang als primäre Perspektive: Es gibt in unserer Gesellschaft ein funktionierendes und weitgehend gerechtes Rangsystem, in dem Bildung, Leistung, Kompetenz und Professionalität belohnt werden; durch ihre Herkunft (kulturelles Kapital, materielle Ressourcen) haben manche bessere, andere schlechtere Startvoraussetzungen; dennoch bietet unsere Gesellschaft jedem Aufstiegschancen
- **Selbstbild (Ich-Ideal):** ökonomische, politische und kulturelle Elite, die mit fachlicher und sozialer Kompetenz, Weitblick und Entschlossenheit Verantwortung übernimmt; hohe Ansprüche an sich und andere

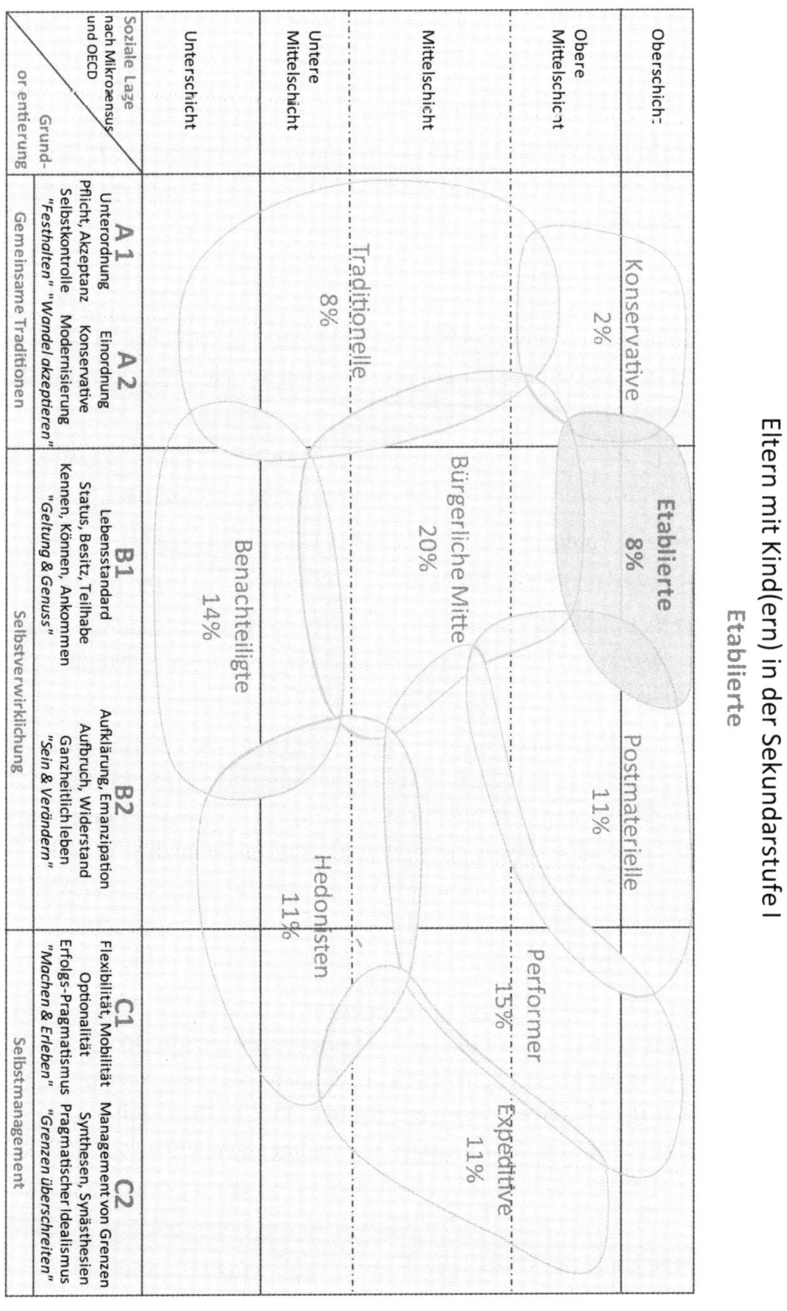

Quelle: Bevölkerungsrepräsentative Befragung; TdW 2012
Basis: 20.167 Fälle insgesamt; davon Eltern mit mindestens einem Kind in Sekundarstufe I = 2.788 Fälle

Abb. 3.2: Eltern mit Kind(ern) in der Sekundarstufe I – „Etablierte“

- **Abgrenzung:** kulturelle Distanz zum Barbarischen, Trivialen, Plumpen, Mittelmäßigen, aber auch zum Lustlosen, Extremen, Lauten und Maßlosen
- **Leitmotiv:** Distinktion, Leistung und Perfektion, Anti-Trash
- **Ausstrahlung:** Aura der Selbstsicherheit und Überlegenheit, des Urteilens und des Taxierens; Menschen aus anderen Milieus fühlen sich oft bewertet, gefordert und verunsichert

Lebensstil

- Statusdenken und entsprechende Exklusivitätsansprüche: hohes Qualitäts- und Markenbewusstsein, repräsentativer und sehr selektiver Konsum (Luxus- und Edelkonsum)
- Lebensstil der Arrivierten: Kennerschaft und Stilgefühl, gekonnte Verbindung von Tradition und Moderne; Distinktion, Abgrenzung nach unten
- Intensive Teilnahme am gesellschaftlichen und kulturellen Leben, politisches Denken, aktives Engagement in Vereinigungen, Verbänden und Klubs
- Einerseits modernes Effizienz- und Leistungsdenken, andererseits Festhalten an seinen Wurzeln (Pflege von persönlichen Traditionen, Markennostalgie) und Sehnsucht nach Einfachheit, Ruhe und Well-Being
- Interesse an Kunst und Kultur: Theater, Oper, klassische Konzerte, Museen, Vernissagen, Galerien besuchen, zum Teil bei Städtereisen mit exklusivem Kulturprogramm („Jedermann“ in Salzburg, „Phantom der Oper“ in London, Semperoper in Dresden); selbst musizieren (Klassik und Jazz); auch private Kammermusikkonzerte mit Nachwuchsmusikern; private Literaturkreise; Wellnessausflüge, Reisen abseits vom Massentourismus, exklusive Orte und ferne Ziele; aber auch Beschäftigung mit dem Garten als Ausgleich zum beruflichen Stress
- Sport: Golf, Tennis, Joggen, Schwimmen, Squash, Skilaufen, Segeln, Fliegen (Pilotenschein), Fitnesstraining zu Hause; Ausflüge mit dem Auto (Cabrio, Oldtimer) oder Motorrad; Sport auch an exklusiven Orten: Surfen in Südfrankreich, Tauchen im Mittelmeer, Hochseefischen, Golfen auf Mallorca; Sport zur mentalen Entspannung (Kompensation ständiger Erreichbarkeit und Verfügbarkeit im Berufsalltag), v. a. bei Männern aber auch leistungsorientiert: „sich beweisen“; Sport, z. B. Golf, auch als „Kontaktbörse“
- Das Wochenende gehört der Familie und guten Freunden: mit der Partnerin / dem Partner einkaufen; auf den Markt gehen (frisch, hochwertig, gesund)

und gemeinsame Spaziergänge / Wanderungen; Freundschaften und das Gehobene pflegen; gehobene Kommunikation in exklusiven Klubs und Verbänden (Lions Club, Rotary Club, Golfklub)

Soziale Lage der Familie

Bildung

	Vater	Ø	Mutter	Ø
	%	%	%	%
Haupt- / Volksschule ohne Lehre	0,0	6,4	0,0	8,4
Haupt- / Volksschule mit Lehre	1,0	25,2	0,0	23,9
Weiterführende Schule ohne Abitur	9,9	30,2	42,2	39,8
Fach- / Hochschulreife ohne Studium	10,8	12,4	12,4	17,4
Fach- / Hochschulreife mit Studium	78,3	25,8	45,4	10,5

Stellung im Beruf

	Vater	Ø	Mutter	Ø
	%	%	%	%
Selbstständige(r) ohne Beschäftigte	7,5	4,6	2,9	2,2
Selbstständige(r) mit bis zu 9 Beschäftigten	12,8	5,8	4,8	2,3
Selbstständige(r) mit 10 und mehr Beschäftigten	6,6	1,2	0,0	0,1
Freiberufler	8,5	3,2	5,8	1,7
Leitende Angestellte	28,8	10,7	9,0	1,9
Qualifizierte Angestellte	24,5	20,8	47,4	19,5
Mittlere Angestellte	0,7	6,5	14,0	19,1
Einfache Angestellte	0,0	6,6	0,0	32,4
Beamte: höherer / gehobener Dienst	5,3	2,9	1,9	0,3
Beamte: mittlerer / einfacher Dienst	1,6	1,9	9,6	1,5
Facharbeiter	3,8	23,6	4,6	3,5
Arbeiter: schwierige Arbeiten	0,0	8,7	0,0	2,8
Arbeiter: einfache Arbeiten	0,0	3,4	0,0	12,7

Haushaltsnettoeinkommen

	ETB	∅
	%	%
Bis unter 1.000 Euro	0,3	1,7
1.000 bis unter 1.500 Euro	0,0	14,1
1.500 bis unter 2.000 Euro	0,1	5,1
2.000 bis unter 2.500 Euro	5,2	18,1
2.500 bis unter 3.000 Euro	10,2	16,9
3.000 bis unter 4.000 Euro	24,4	23,8
4.000 bis unter 5.000 Euro	36,4	13,1
5.000 Euro und mehr	23,4	7,1

	im Milieu	∅ der Eltern
Alleinerziehende(r)	**4,0 %**	7,9 %
Familienernährerinnen	**15,4 %**	17,4 %

Quelle: Repräsentative Bevölkerungsbefragung TdW 2012
Basis: Eltern mit Kind(ern) in der Sekundarstufe I = 2.788 Fälle (= ∅)

Erwerbstätigkeit und eigenes Einkommen der Mütter

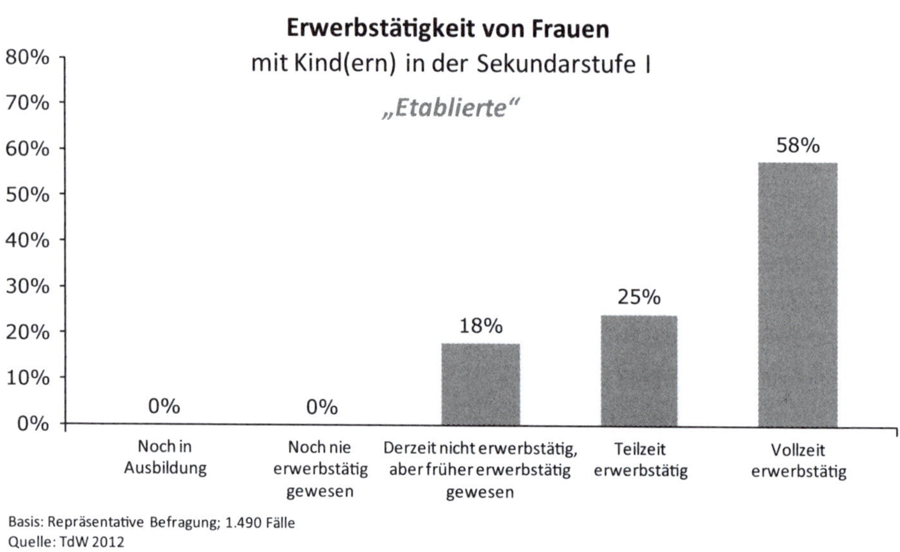

Abb. 3.3: Erwerbstätigkeit von Frauen mit Kind(ern) in der Sekundarstufe I – „Etablierte“

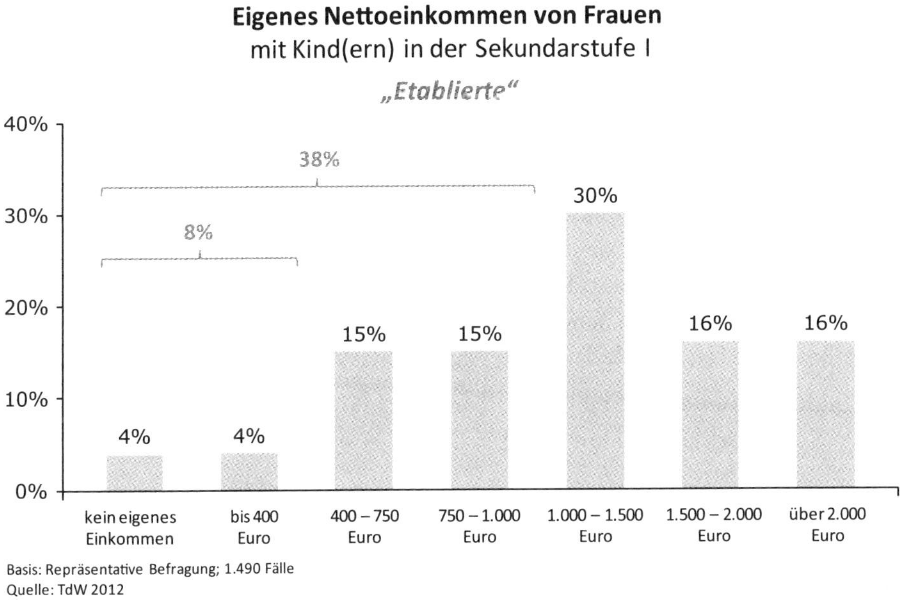

Abb. 3.4: Eigenes Nettoeinkommen von Frauen mit Kind(ern) in der Sekundarstufe I – „Etablierte“

Bildungsambitionen – Bedeutung von Bildung und Schulerfolg

Wie in den meisten Milieus muss auch für Etablierte Eltern die schulische Bildung eine optimale Vorbereitung auf das Leben gewährleisten. Damit ist in erster Linie eine möglichst gute Ausgangsposition für das Berufsleben durch einen guten Bildungsabschluss gemeint. Etablierte Eltern verfügen vielfach über hohe bis höchste Bildungsabschlüsse. Verbunden mit sehr guten eigenen Erwerbspositionen und einem hohen gesellschaftlichen Status haben sie einen sehr guten Bildungsabschluss selbst als elementare Zugangschance zur Arbeitswelt wie auch zur Gesellschaft erfahren. Insofern stellt das Abitur vor dem eigenen Lebenshintergrund die Norm dar.

„Daran sieht man schon, dass alle Eltern den gleichen Anspruch im Prinzip haben: Sie wollen eine gute Schulausbildung ihrer Kinder und gut bedeutet für die meisten Eltern Gymnasium. Und warum ist das so? Weil alle Eltern wissen, dass Kinder mit einem Abitur wesentlich leichter die Möglichkeit haben, eine gute Berufsausbildung zu erhalten oder aber einen entsprechenden Studienplatz zu bekommen.“

„Kinder sind eigentlich unsere Zukunft. Je besser die Kinder ausgebildet sind, desto besser werden die Zukunftsperspektiven unseres Landes sein."

Entgegen dem häufiger anzutreffenden „Zurückschrauben" der Bildungsambitionen in anderen Milieus – gerade in der Bürgerlichen Mitte verbunden mit der Sorge um eine gute berufliche Startposition – werden Alternativen zum Abitur von Etablierten nicht wirklich reflektiert; sie liegen kaum im Horizont der Bildungsvorstellungen für die eigenen Kinder. Stattdessen suchen und organisieren Etablierte Eltern bei Bedarf ein entsprechendes schulisches Setting (z. B. private Schulen, institutionalisierte Form der Nachhilfe), damit das Abitur erreicht werden kann.

Die Bildungsambitionen Etablierter Eltern beschränken sich nicht nur auf den formalen Schulabschluss. Bildung wird von Etablierten Eltern in umfassender Weise als **Erwerb kultureller Kenntnisse** (Wissen) und Fertigkeiten (Können) verstanden. Daher geht es Etablierten Eltern neben dem formalen Schulabschluss auch darum, dass sich ihre Kinder auf dem „gesellschaftlichen Parkett" erfolgreich bewegen können. So sollen die Kinder fähig werden, sich selbst zu organisieren, und Wissensinhalte nicht nur lernen, sondern die grundlegende Kompetenz erwerben, sich Wissen selbstständig anzueignen und zu fragen, was sie dafür brauchen und wie sie dieses Wissen nutzen können. Darüber hinaus zeigen Etablierte Eltern ein erhöhtes Interesse daran, dass ihre Kinder auf dem Weg der Schulbildung Sozialkompetenzen erwerben, die ihnen später für ein erfolgreiches Leben hilfreich sind. **Selbstorganisation** und **Sozialkompetenz** als „soft skills" der Bildungsambition haben bei Etablierten Eltern gerade deshalb ein so hohes Gewicht, weil der sehr gute formale Schulabschluss (Abitur) letztlich alternativlos vorausgesetzt wird.

„Wissen ist Macht. Ja, und nur wenn ein Kind sowohl ein entsprechendes Wissen hat, aber auch weiß, wie es Wissen anwendet, wie es Wissen generiert, nur dann kann es erfolgreich sein Berufsleben bestreiten. Und so kann es aber auch mal sich erfolgreich durch die Welt bewegen."

In dieser Hinsicht ist das Bildungsverständnis Etablierter Eltern sehr funktional orientiert: Bildung dient einer guten Positionierung in der beruflichen und sozialen Welt. Schulischer Erfolg ist dann gegeben, wenn die Kinder zum einen mit einem guten formalen Zeugnis ausgestattet sind und einen Studiengang an einer guten Universität aufnehmen können und zum anderen entsprechende Kompetenzen erworben haben, um auch in schwierigen sozialen Situationen bestehen und für ihr Leben die notwendigen Entscheidungen treffen zu können. Etablierte Eltern sehen in ihren

Kindern letztlich die **Leistungsträger von morgen.** Funktional ist das Bildungsverständnis der Eltern aber nicht nur aus dieser individuellen Perspektive auf das eigene Kind, sondern auch aus einer gesellschaftlichen Perspektive: Eine gute Ausbildung der eigenen Kinder kommt nicht nur dem eigenen Kind zugute, sondern auch einer positiven Entwicklung des ganzen Landes. Gerade in einer modernen Wissensgesellschaft wird **Wissen als Ressource** betrachtet, die als nationaler Standortvorteil entscheidend für die Zukunft des Landes ist.

Blick auf die Kinder – optimale Vorbereitung auf das Leben

Wie an sich selbst haben Etablierte Eltern auch an ihre Kinder eine hohe Erwartungshaltung. Wenn Etablierte das Abitur als Ziel der schulischen Bildungslaufbahn ihrer Kinder angeben, ist damit nicht die beste, erstrebenswerte Option gemeint, die notfalls auch revidiert werden könnte. Das Abitur ist vielmehr die *selbstverständliche Voraussetzung für Erfolg in Studium, Beruf und Gesellschaft.* Bei aller Betonung, dass es ja immer um das Kind gehe, steht für Etablierte Eltern dessen Entwicklung zu einer erfolgreichen eigenverantwortlichen und gesellschaftsfähigen Persönlichkeit im Vordergrund. Neben klassischen, durchaus auch traditionell verstandenen Tugendwerten, wie Respekt, Fleiß, Selbstbeherrschung und Disziplin, kommt gerade im schulischen Kontext der **Förderung von Selbstkompetenz** ein großer Stellenwert zu: Kinder sollen lernen, sich selbst zu organisieren, sich möglichst selbst um ihre Schul- und Hausaufgaben zu kümmern, die nach „etabliertem“ Verständnis *richtigen* Entscheidungen zu treffen und sich sozial angemessen zu verhalten. Man könnte fast sagen, dass es in dieser Hinsicht nicht um das Abitur als formalen Schulabschluss geht, sondern um die nicht zu hinterfragende optimale Vorbereitung auf ein erfolgreiches Leben in einem umfassenden Verständnis. Dazu gehört dann auch, dass das eigene Kind möglichst vielseitige Interessen hat – seien es diverse Schul-AGs (Computer, Theater u. Ä.), privater Musikunterricht (z. B. Violine, Klavier) oder Sport (etwa Tennis, Aikido oder Rudern). Dabei verfügen gerade Etablierte Eltern in der Regel über ausreichend finanzielle wie auch soziale Ressourcen, ihren Kindern einen geeigneten Rahmen für die schulische Bildung bereitzustellen, der ein erfolgreiches Durchlaufen des schulischen Curriculums in kultureller wie sozialer Hinsicht ermöglicht. Vor diesem Hintergrund sind im Milieu selbst mit dem Thema Bildungsabschluss der eigenen Kinder kaum Ängste verbunden.

Mit der gymnasialen Bildungslaufbahn als Standardanforderung ist der Bildungsspielraum für Kinder Etablierter Eltern allerdings relativ eng. Die klare und nicht zu hinterfragende Voraussetzung des Abiturs schränkt den Handlungs- und vor allem

Entfaltungsspielraum der Kinder deutlich ein: Alternativen außerhalb der vorgezeichneten Bildungsambition (Abitur) stehen kaum zur Diskussion. Kinder Etablierter Eltern stehen daher weniger unter einem Leistungsdruck an der Schule, sondern vielmehr unter einem erhöhten Erfolgsdruck, den Anforderungen der Eltern zu genügen und sich in den organisierten Rahmen einzufügen. Akzeptiert wird allenfalls ein zeitweises Aufbegehren bzw. Ausbrechen, das allerdings eher funktional im Sinne einer *Confirmatio* verstanden wird: Das Kind soll ruhig auch einmal ausbrechen dürfen, um selbst einzusehen, dass das von den Eltern bestimmte Ziel der bestmöglichen Bildung der bessere und vor allem richtige Weg ist. Zur Logik dieses Verständnisses gehört auch, dass Kinder entsprechend der „150-Prozent-Logik" dieses Milieus lernen, über ihre Grenzen zu gehen: Kinder sollen an ihren Grenzen lernen, um in späteren Konkurrenzsituationen in Beruf und Gesellschaft erfolgreich zu bestehen. Darin liegt ein immanenter Leistungsaspekt dieses Milieus, der implizit dazu auffordert, mehr als das Erwartbare und vor allem das Durchschnittliche aus sich herauszuholen.

„Das soll ja eine Schule leisten: Vorbereitung auf das, nicht nur das Berufsleben, sondern Leben allgemein."

„Auch die Kinder müssen ab und zu einmal ihre Grenzen ausloten können, auch überschreiten können, auch wenn das hart ist."

Selbstverständnis der Eltern: Manager des Schulerfolgs

Es gehört zum Selbstverständnis Etablierter Eltern, dass sie sich für das **Management der Bildung** ihrer Kinder verantwortlich fühlen und dafür zielorientiert Entscheidungen treffen, um die Bildung der Kinder in die richtige und notwendige Bahn zu lenken. Was in der Wirtschaft eine wichtige Voraussetzung für Erfolg ist, muss auch für die Schule gelten. Dazu planen und organisieren sie die Schullaufbahn ihres Kindes von Beginn an möglichst perfekt – geradlinig und mit Weitblick. Sie informieren sich genau, sondieren im Detail das Leistungsangebot und die Qualität, entscheiden sich dann – und bleiben dabei. Das beginnt oft schon früh mit Kindergarten und „Pre-School" und führt bald zu einer internationalen Schule bzw. Privatschule. Ausgeprägt ist die Investitions- und Ertragsperspektive.

Während Eltern aus anderen Milieus sich einem zunehmenden Druck des Schulsystems teilweise hilflos ausgesetzt fühlen, managen Etablierte aktiv den Rahmen, in dem sich die Bildung ihrer Kinder ereignet. Sie sehen sich dabei allerdings weniger in der Rolle der aktiven, oftmals den Anforderungen hinterherlaufenden Unterstützer ihrer Kinder, die ihr eigenes Berufsleben aufgeben, um ihre Kinder selbst durch die Schule durchzubringen. Sondern sie begreifen sich als Manager, die das geeignete schulische Arrangement für ihre Kinder organisieren. Dafür treffen Etablierte Eltern z. B. auch Entscheidungen für Privatschulen, die eine Alternative zum staatlichen Schulsystem bedeuten. Aus ihrer langfristigen und zielführenden Perspektive heraus ist es den meisten Eltern im Milieu deshalb auch nicht so wichtig, über jede einzelne Note oder Hausaufgabe ihrer Kinder informiert zu sein. Ihnen ist vielmehr wichtig, dass sich die Bildung ihrer Kinder in einem guten und Erfolg versprechenden Rahmen ereignet. Zu wissen, dass sie im Management der Bildung ihrer Kinder die prinzipiell richtigen Entscheidungen für eine erfolgreiche Bildung ihrer Kinder getroffen haben, ist entlastend und schafft Raum für andere Themen. Einmal getroffene Entscheidungen werden daher auch nicht vorschnell revidiert; kleinere Notenausschläge nach unten werden in dieser Logik wie kurzzeitig absackende Aktienkurse bei intensiver Beobachtung hingenommen, wenn sichergestellt ist, dass die „Aktie“ generell ein sicheres Wachstumspotenzial hat. Schlechte Noten werden eher zum Anlass genommen, danach zu fragen, wie der aktuelle Rahmen im Moment gestaltet ist und es überhaupt zu schlechten Noten kommen kann:

> *„Also, ich würde mir Gedanken um meinen Sohn machen. Also, jetzt nicht, warum? Vordergründig steht jetzt nicht die Note oder etwas im Raum, sondern mein Sohn. Es muss Gründe dafür geben, warum plötzlich. Schlechte Noten bedeuten ja letztendlich auch, dass er plötzlich nicht mehr so gerne in die Schule geht. Das steht ja dahinter. […] Die schlechte Note ist ja nur ein Zeichen für etwas ganz anderes. Also, da würden wir uns dann schon eher Sorgen machen.“*

Insofern sind nicht die operativen Nahziele (die aktuelle Hausaufgabe, die Schulaufgabe nächste Woche) von alles überlagerndem Gewicht, sondern das strategische Fernziel eines sehr guten formalen und kulturellen Bildungsabschlusses, der als die Grundlage für einen optimalen Start in ein erfolgreiches Berufsleben verstanden wird. Insofern betrachtet man es als „Auftrag“, wenn man sein Kind einer bestimmten Schule überantwortet. Die Schule ist den Eltern Rechenschaft schuldig. Causa finalis ist für Eltern aus dem Milieu der Etablierten ein kosmopolitisches Selbstbewusstsein, auf das hin sie ihr Kind ausgebildet haben wollen.

Kritik am öffentlichen Schulsystem

Etablierte Eltern haben sich nicht nur im Vorfeld der schulischen Bildungslaufbahn der eigenen Kinder über Kindergärten und Schulen umfassend informiert. Auch darüber hinaus werden intensiv Informationen zum Thema Bildung und Schulerfolg aufgenommen, weil sie in gehobenen Positionen selbst in unterschiedlichster Hinsicht mit dem Zusammenhang von *Bildungsabschluss und sozialen und beruflichen Zugangschancen* zu tun haben. Dies vor allem durch persönliche Erfahrungen mit Schulen im Bekannten- und Familienkreis, durch kritische Diskussionen zum Bildungssystem in den Medien und eigene Erfahrungen mit Kindergärten wie auch Schulen.

Vor diesem Hintergrund zeichnen gerade Etablierte Eltern aus einer sehr kritischen Perspektive heraus ein **„katastrophales" Bild des öffentlichen Bildungssystems.** Bemängelt werden insbesondere das „chronische Problem der Unterfinanzierung", der schlechte bauliche Zustand der Schulgebäude, zu große Klassenstärken, eine zu starre und selektive Wissensvermittlung, die Zergliederung des deutschen Schulsystems mit seiner sehr frühen Selektion, der föderalistische Aufbau des Schulsystems mit Länderverantwortung[36] und nicht zuletzt eine Lehrerschaft, die zwar vielfach bemüht, aber angesichts der Zustände an staatlichen Schulen überfordert ist oder resigniert hat. So gibt es in der Wahrnehmung der Etablierten an staatlichen Schulen heute zu wenig „berufene" Lehrer. Diese Schulen sind vielmehr ein Sammelbecken für Lehrer aller Couleur, die Engagement nicht honorieren (können) und damit auch nicht fördern. Ob Engagement oder Dienst nach Vorschrift: Bezahlung und Perspektiven der Lehrer sind gleich. Diejenigen, die trotzdem mehr tun, als sie müssten, sind rühmliche Ausnahmen, die man nur bestärken kann, die aber allein nicht ausreichen, dass sie ihr Kind einer solchen Schule überantworten. Etablierte betonen, wie wichtig eine angenehme und anregende Architektur und Atmosphäre ist, um erfolgreich zu sein.

Deutlich nehmen Etablierte Eltern wahr, dass Bildung an öffentlichen Schulen zunehmend auf die Schultern der Eltern verlagert wird. Ebenso diagnostizieren sie einen „unsinnigen Druck", der schon in der Grundschule im Hinblick auf die Selektion nach der vierten Klasse beginne, weil letztlich *alle* Eltern das Abitur als optimales Bildungsziel für ihre Kinder anstreben. Etablierte Eltern beobachten im öf-

36 Gerade Etablierte Eltern in leitenden Positionen oder als Selbstständige weisen ein erhöhtes Maß an Mobilität auf. Für sie ist es wichtig, relativ problemlos von einem Bundesland in ein anderes wechseln zu können. Hier werden dann schon die inhaltlich unterschiedlichen Schulprogramme zum Problem.

fentlichen Schulsystem eine gesteigerte Erwartungshaltung der Schulen gegenüber den Eltern und darauf aufbauend einen deutlich gestiegenen Druck bei den Eltern, ihr Kind mit aktiver Unterstützung irgendwie durch das öffentliche Schulsystem bringen zu müssen.

„Ich würde als Schüler in einer solchen Schule nicht lernen wollen. Wenn sie sich die hygienischen Zustände, Toiletten anschauen. Ich glaube, das gibt es in keinem deutschen Unternehmen. Aber wir fordern von unseren Kindern, dass sie in einer solchen Atmosphäre, dass sie dort Leistung bringen, dass sie gerne dort hingehen, dass sie gerne lernen, dass sie kreativ sind und auf das Leben vorbereitet werden. Das ist so, wie ich das kennengelernt habe, überhaupt nicht möglich. Ja, die meisten Kinder resignieren und die meisten Eltern resignieren.“

„Und dann kommt hinzu, dass viele Eltern, wir auch, mit der Art der Wissensvermittlung nicht einverstanden sind. Die Wissensvermittlung in den Schulen folgt überhaupt keiner Logik. Es ist eine Anhäufung von selektivem Wissen in den einzelnen Fächern. Wenn sie mit den Kindern reden, die wissen teilweise überhaupt nicht, warum sie bestimmte Dinge lernen sollen.“

„Bildung wird auf die Schultern der, der Eltern grundsätzlich verlagert, ja. Bildung sollte eigentlich der Anspruch eines Staates sein, aber hier ist es mehr oder weniger verlagert auf die Schultern der Eltern. Die Eltern müssen heutzutage dafür sorgen, dass ihre Kinder einen gewissen Bildungsstatus erreichen können. Ja, und in anderen Ländern ist das nicht so.“

„Und wir erleben das ganz, ganz oft bei Freunden, die dann am Wochenende Stunden sitzen und sich fragen: ‚Warum müssen wir das hier machen? Warum müssen wir hier sitzen und die Mathematikaufgaben machen?‘ Das ist eigentlich die Aufgabe der Schule, das muss die Schule leisten!“

„Ja, und viele Eltern versuchen auch gegen die Lehrer mehr oder weniger teilweise vorzugehen in den Schulen, nur um ihr Kind da irgendwie durchzubringen. Darüber sind sehr viele unglücklich.“

Umgang mit Schule: strategisches Bildungsmanagement im privaten Rahmen

Bezeichnend für Eltern des Etablierten Milieus ist, dass sie sehr klare Vorstellungen vom Zustand des Bildungssystems wie auch vom Bildungsweg der eigenen Kinder haben. Grob vereinfacht geht es um die Dichotomie „katastrophaler Zustand des öffentlichen Bildungssystems“ und „Bildung der eigenen Kinder für den beruflichen und sozialen Erfolg“, die bewältigt werden will. Etablierte nehmen den desolaten Zustand eines öffentlichen Bildungssystems wahr, das in ihren Augen auf vielen Seiten einen unnötigen Druck produziert und viele Familien in der Bewältigung von Schule an den Rand der Verzweiflung bringt. Insbesondere die Reform zum G8 wird heftig kritisiert, weil hier eine Idee vorschnell umgesetzt worden sei, ohne zuvor die Strukturen geeignet und passend reformiert zu haben. Kritisiert wird letztlich eine unprofessionelle „Flickschusterei" an einem desolaten System.

Den von ihnen beobachteten Druck im öffentlichen Schulsystem reflektieren die Eltern durch eine intensive Beschäftigung mit dem Thema Schule schon im Vorfeld der Bildungslaufbahn der eigenen Kinder und begegnen ihm mit einem strategischen Bildungsmanagement. Ziel ist es, frühzeitig und zielorientiert einen dauerhaften Rahmen zu schaffen, in dem sich die Bildung der Kinder Erfolg versprechend ereignen kann. Das, was diese Eltern als „Druck im öffentlichen Schulsystem" mit all seinen Begleiterscheinungen, wie Überforderung, Druck und Versagensängsten, beobachten, wird möglichst gar nicht erst zugelassen – weder für die Kinder noch für sich selbst.

„Jeder versucht Alternativen zu finden. Ich weiß von vielen Eltern, die dann verzweifelt sind. Die versuchen Nachhilfe zu organisieren – Nachhilfe ist teuer –, um ihr Kind irgendwie durch die Schule zu bringen. Viele versuchen, ihre Kinder an freien Trägern unterzubringen, die werden nahezu überlaufen. Es gibt Eltern, die versuchen, Privatschulen zu gründen. Jeder versucht, aus diesem katastrophalen System auszubrechen."

Gerade die Kinder von Eltern aus dem Etablierten Milieu haben durch eine große Bildungsnähe und meist gute soziale Netzwerke in der eigenen Familie sehr gute Chancen auf eine erfolgreiche schulische und universitäre Ausbildung. Dennoch ist es nicht das Ziel Etablierter Eltern, die eigenen Kinder da *irgendwie durchzubringen*. Natürlich wird in vielen Fällen das reguläre Gymnasium als ausreichend betrachtet. Sollte aber erkennbar sein (oft schon im Vorfeld), dass eine *optimale Vorbereitung auf das Leben* hier nicht gewährleistet ist, werden **professionelle, effektive und effiziente schulische Arrangements organisiert**. Das kann Nachhilfe in einer institutionalisierten Form, eine Ganztagsschule oder – im anerkanntesten Fall – eine Privatschule bedeuten. Mit den Unterscheidungen des Controllings gesprochen: Kennzeichnend für Etablierte Eltern ist nicht die operative Organisation des Lernens, wie z. B. für die Eltern der Bürgerlichen Mitte in ihrem Selbstverständnis als aktive Unterstützer, sondern eher die strategische Organisation eines professionellen Rahmens für die Bildung der eigenen Kinder. **Verantwortlich für die operative Vermittlung von Bildung ist in diesem Modell die Schule.** Wenn überhaupt, dann sehen sich Etablierte Eltern unter Druck, bei meist vorhandenen finanziellen und sozialen Ressourcen das dauerhaft geeignete und richtige Arrangement zu finden.

Schulalltag und Auswirkungen auf das Familienleben

Wichtig bei der Organisation solcher Arrangements ist neben dem strategischen *Zielfaktor* (Abitur) der *Entlastungsfaktor* für Kinder und Familien: Es geht hier nicht um eine kurzfristige Bastellösung, d. h. eine kurzfristige Unterstützung zum aktuellen Anheben des Notenschnitts, wie z. B. Mathematik-Nachhilfe bei akutem Bedarf bei negativen Zahlen oder beim Bruchrechnen. Vielmehr geht es um das vorausschauende Management eines möglichst zielführenden schulischen Rahmens, der in institutionalisierter Form eine dauerhafte Entlastung der Kinder wie auch der Eltern bedeutet. Die schulische Bildung soll das Elternhaus und das familiäre Zusammenleben möglichst nicht belasten, sondern die Umsetzung der schulischen Aufgabe zur Bildung soll sich erfolgreich *in* der Schule ereignen.

Indem sich Etablierte Eltern in der Regel als gleichberechtigte Partner verstehen, denen ihre Selbstverwirklichung im Beruf und ein gesundes Familienleben gleich wichtig sind, ist ihnen an einem schulischen Arrangement gelegen, in dem der Druck für Kinder wie Eltern möglichst gering gehalten wird. Gerade in Privatschulen wird z. B. nicht nur ein optimales Medium der Bildung gesehen, sondern auch ein professionelles kundenorientiertes **Dienstleistungsverhältnis**. Sich nicht um Hausaufgaben kümmern zu müssen, von Lehrern gezielt via E-Mail über Projektaufgaben oder den Leistungsstand der eigenen Kinder informiert zu werden oder die Möglichkeit einer durchgängigen Ferienbetreuung für einen berufstätigen Doppelverdienerhaushalt: Solche Leistungen werden als angenehmer und notwendiger Service betrachtet, der es den Eltern ermöglicht, die eigene berufliche Situation mit der Schule im Gesamten gut zu vereinbaren.

„Mir ist meine Unabhängigkeit wichtig, das heißt, ich habe meine feste Position in unserer Familie. Gleichzeitig sind mein Mann und ich gleichberechtigte Partner. Mein Mann pflegt seine berufliche Unabhängigkeit, genauso wie ich das tue. Also, es ist beides für uns wichtig und beides gleichwertig: Familie und Beruf."

„Noch einen Punkt hatte ich vorhin vergessen, was wichtig für uns war. In den öffentlichen Schulen sind Sommerferien; da sind im Sommer Ferien. Aber wir Eltern müssen ja weiter arbeiten. Was tun wir mit den Kindern? Das ist hier an der Schule anders. Also, dort gibt es eine Ferienbetreuung und er kann wie in den normalen Schulzeiten dort den ganzen Tag hingehen. Wir müssen uns da keine Sorgen machen oder überlegen, was passiert, wenn jetzt Ferien sind."

Damit verbunden ist dann allerdings auch, dass die fremdbetreute Zeit von Kindern Etablierter Eltern relativ hoch und die Freizeit sehr verplant ist. Neben schulischen

Ganztageslösungen, die Unterrichtseinheiten, Lern- und Hausaufgabenzeiten, Essen und auch kulturelle sowie sportliche Übungseinheiten integrieren, ist auch die restliche Zeit des Tages meist mit gezielten Freundesbesuchen und musikalischen oder sportlichen Aktivitäten durchstrukturiert. Etablierte Eltern leisten sich in diesem Sinne eine massive Entlastung in der Bewältigung von Schule und Freizeit. Dazu gehört freilich auch, dass das Wochenende als qualitativ hochwertige Familienzeit erlebt wird, die nicht von Hausaufgaben und Schulvorbereitungen überlagert wird.

Das macht eine gute Schule aus!

Gute schulische Arrangements zeichnen sich für Etablierte Eltern vor allem dadurch aus, dass sie Eigenständigkeit, Freude und Kreativität am Lernen vermitteln. Das wird allerdings durchaus funktional für die optimale Vorbereitung auf das Leben verstanden: Erst wenn Bildung auch Spaß macht und Interesse geweckt wird, ist es für Kinder sinnvoll, sich eigenständig zu organisieren.

Insofern ist Etablierten Eltern wichtig, dass Lerninhalte nicht nur selektiv voneinander losgelöst in einzelnen Wissensbeständen, sondern in einem funktionalen Zusammenhang vermittelt werden. Wissen soll für die Kinder verstehbar und anwendbar sein. In dieser Argumentationslogik wird Projektarbeit großgeschrieben, damit Kinder lernen, sich zu einem bestimmten Thema selbstständig Wissen anzueignen und es souverän zu präsentieren. Projektarbeit ist gerade deshalb so wichtig, weil mit ihr auf schulischem Weg eine explizit realitätsnahe Vorbereitung auf berufliche Aufgaben in leitenden Positionen oder eine erfolgreich etablierte Selbstständigkeit stattfindet.

Ein weiterer wichtiger Faktor ist das **Erlernen sozialer Kompetenzen und sozialen Engagements**: Kinder sollen eine gesunde soziale Einstellung erwerben. Dies kann durch schulische Themen zu sozialen Themenstellungen und Projekten erfolgen (z. B. Projekt mit einem Altenheim, Betreuung von älteren Menschen), aber auch durch ein schulisches Konzept, bei dem etwa leistungsstärkere Schüler / -innen leistungsschwächere unterstützen.

„Also, er weiß, er ist eigentlich sehr, sehr selbstständig. So ist er erzogen worden von der Schule. Er weiß in jedem Fach eigentlich, welche Leistung erwartet wird, welches Wissen gerade abrufbar da sein muss, und da kümmert er sich eigentlich selber darum. Also ich muss jetzt nicht dahinter stehen, mein Mann auch nicht, dass wir sagen, du musst jetzt aber diese Aufgaben machen. Ja, und du musst jetzt dies und jenes machen. Das macht er eigentlich selber. Also, er managt sich sozusagen vollständig selbst."

„Und ich meine, also, auch wenn es ansonsten Probleme gibt, Defizite, da wird man auch unterrichtet vom Lehrer per E-Mail. Also, das läuft dann über uns. Wir sind eigentlich als Elternteil immer informiert und wir fühlen uns eigentlich auch immer involviert. Das ist ein partnerschaftliches Verhältnis zur Schule und zum Lehrer. [...] Ich muss mir keine Sorgen machen, wenn ich irgendwo auf dieser Welt bin oder mein Mann auch unterwegs ist. Wir wissen immer, dass unser Sohn da gut aufgehoben ist."

In dieser Hinsicht bestehen hohe Erwartungen an das schulische Konzept wie auch an die Lehrerschaft, die sich im Optimalfall durch eine *berufene,* engagierte Persönlichkeit auszeichnet. Der Beamtenstatus von Lehrern wird deshalb im Milieu häufig kritisiert, weil er dazu einlade, nicht so sehr aus eigener Berufung Lehrer zu werden, sondern wegen der sicheren Verbeamtung.

So wie sich etablierte Eltern strategisch in der Verantwortung für das Bildungsmanagement ihrer Kinder sehen, sehen sie die Schule für die operative Umsetzung verantwortlich. Besonderes Augenmerk wird deshalb auch auf den Kontakt zwischen Schule und Eltern gelegt. Etablierte Eltern wollen informiert sein und wissen, dass ihre Kinder und vor allem die Bildungslaufbahn ihrer Kinder an der Schule bzw. im von ihnen organisierten Arrangement gut gefördert werden (Stichwort *Controlling*). Insofern wird Wert auf ein kooperativ-partnerschaftliches Verhältnis gelegt, das aber generell als professionelles Setting verstanden wird, in dem Schule und Lehrerschaft kundenorientiert in einer Bringschuld stehen.

Wenig Hoffnung für das staatliche Schulsystem

Wegen der Misere und des von ihnen beobachteten Drucks im öffentlichen Schulsystem sehen Etablierte die Gefahr, dass bei Eltern immer mehr das „egoistische" Motiv überhandnimmt, *ihre eigenen* Kinder irgendwie durch die Schule durchzubringen. Das dürfe aber nicht Handlungsprinzip einer Gesellschaft sein. Möglicherweise sei in sozialer Hinsicht der Leidensdruck mit den Zuständen an den Schulen noch nicht groß genug, damit die Eltern entsprechenden Widerstand in der Öffentlichkeit organisieren. Anzeichen für eine grundlegende Veränderung des öffentlichen Schulsystems sehen Etablierte Eltern aber kaum. Daher bleibt ihnen meist nur die individuelle Organisation von professionellen Alternativen. Darin zeigt sich aber eine **grundlegende Paradoxie**: Zwar hat dieses Milieu eine deutliche gesellschaftliche Perspektive, hat die Zukunft des Landes im Blick und äußert massive Kritik am öffentlichen Bildungssystem, zieht sich zugleich aber häufig ganz bewusst aus diesem öffentlichen System zurück und sucht individuelle Lösungen für ihre Kinder.

„Es braucht ein vollständig neues Konzept. Ja, und das muss vom Bildungsministerium aufgesetzt werden. Alles andere, was ansonsten in unteren Ebenen gemacht wird, dass man jetzt plötzlich den Schulen mehr Geld geben würde, das ist alles nur Makulatur oder wäre nur Makulatur, würde aber nicht zu einer grundsätzlichen Verbesserung führen."

3.3 DELTA-Milieu „Postmaterielle"

Aufgeklärte Nach-68er: konstruktiv-kritisch gegenüber Neoliberalismus und Globalisierung; postmaterielle Werte und anspruchsvoller (bewusster) Lebensstil. Die Welt ist nicht in Ordnung, daher: „Change the world!", d. h. Verhältnisse in der Welt, wie sie derzeit sind, nicht akzeptieren, sondern visionär und ursächlich verändern. Für mehr Gerechtigkeit, Frieden, Individualität, Selbstverwirklichung, Subsidiarität, Nachhaltigkeit und eine gerechte Zukunft müssen gesellschaftliche Strukturen und die Lebensstile der Einzelnen geändert werden. Entschleunigung: Widerstand gegen modernistische Alltagsideologien.

Identität und Lebensstil

Identität

- **Weltbild:** Utopie des aufgeklärten Individuums mit ganzheitlichem Lebensentwurf in einer idealerweise von Ideologien, überkommenen Strukturen und Populismen emanzipierten Gesellschaft; Selbsterkenntnis und Persönlichkeitswachstum als kontinuierliche Herausforderung und stets unabgeschlossenes Projekt; Weltoffenheit und Bildung als humanistische Tugend; grundsätzliche (aber nicht bedingungslose) Toleranz anderer Lebensauffassungen und Lebensweisen
- **Selbstbild (Ich-Ideal):** intellektuelle, kulturelle und ökologische Avantgarde; kritische Begleiter des soziokulturellen Wandels
- **Abgrenzung:** Ablehnung von krudem Hedonismus und oberflächlichem Konsummaterialismus; Distanz zu „eindimensionalen" Lebensweisen und Lebensentwürfen
- **Leitmotiv:** Aufklärung, Ganzheitlichkeit, Gerechtigkeit und Selbstentwicklung

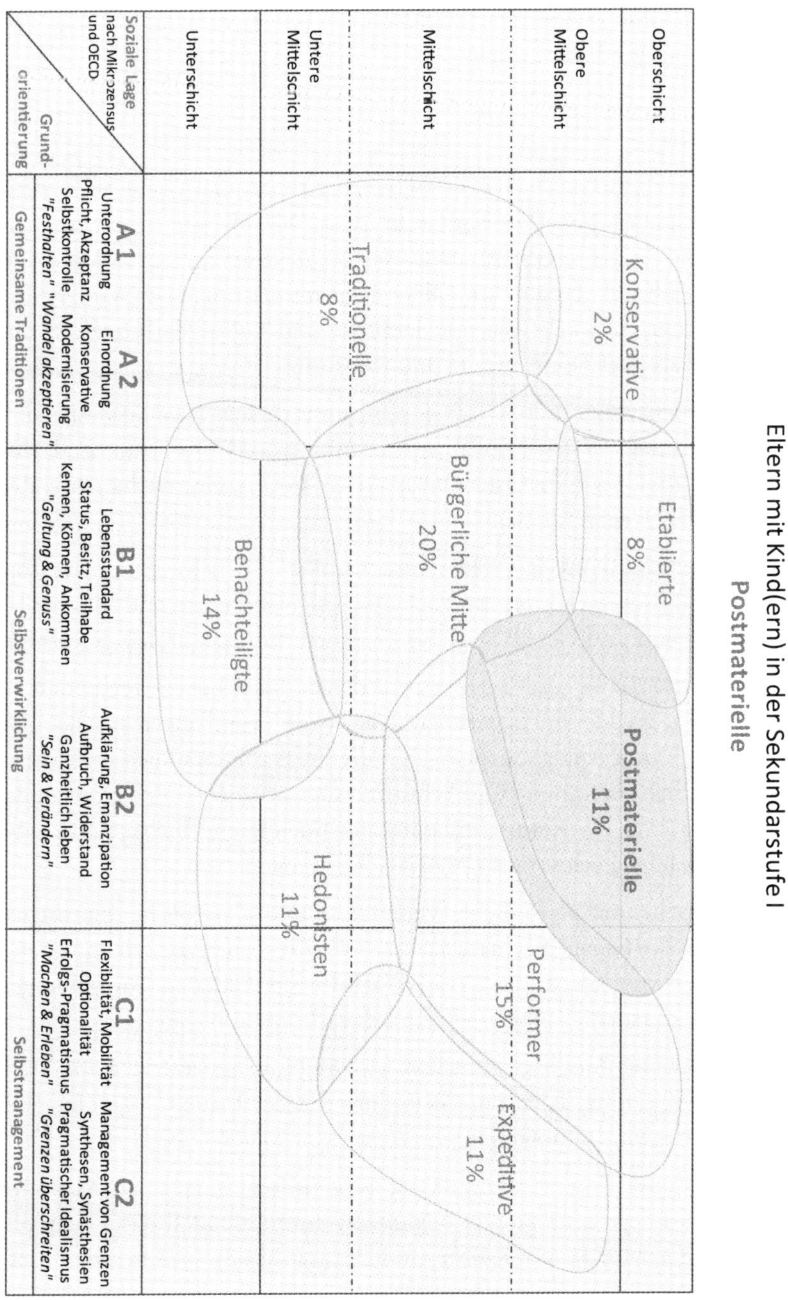

Quelle: Bevölkerungsrepräsentative Befragung; TdW 2012
Basis: 20.167 Fälle insgesamt; davon Eltern mit mindestens einem Kind in Sekundarstufe I = 2.788 Fälle

Abb. 3.5: Eltern mit Kind(ern) in der Sekundarstufe I – „Postmaterielle“

- **Ausstrahlung:** Aura des Intellektuellen und Besorgten; kritische Haltung und differenzierte Problemsicht

Lebensstil

- Streben nach Gleichgewicht zwischen Körper, Geist und Seele als Primat der Lebensphilosophie (Fitness, Gesundheit, Well-Being); Ideal einer nachhaltigen, umwelt- und gesundheitsbewussten Lebensführung (z. B. Bioprodukte, Naturheilverfahren), das aber im Alltag nicht immer umgesetzt wird; Selbstdefinition eher über anspruchsvolle intellektuelle und kulturelle Interessen und Engagements als über Status, Besitz und Konsum
- Anspruchsvolles und selektives Konsumverhalten („weniger ist mehr"), Ablehnung sinnentleerten Konsums; Aversion gegen die Konsum- und Mediengesellschaft (besonders im Osten), aber aktives Informationsverhalten, souveräne Nutzung der Neuen Medien
- Partnerschaftlichkeit in Ehe und Familie, Zurückweisung der traditionellen Rollenklischees; Vision von Gleichstellung von Frauen und Männern in Familie, Wirtschaft und Gesellschaft aus Gründen der Geschlechtergerechtigkeit
- Einerseits Suche nach intensivem Erleben, nach Lebensfreude und Genuss (aktiv sein, Freude am Experimentieren, neue Erfahrungen machen), andererseits Distanz zum Alltag; Suche nach individuellen Freiräumen und Muße; Stresslösung, Selbstbesinnung und Selbstfindung: sich zurückziehen, mentales Training (Meditieren, Yoga, Tai-Chi), ein gutes Buch lesen, Bücher sind „Lebensmittel", Musik hören, selbst musizieren, zeichnen, malen
- Berufliche und persönliche Weiterbildung: umfangreiche und intensive Lektüre von Zeitungen, Büchern, Fachzeitschriften und Magazinen; Interesse für alle Formen von Kunst und Kreativität: Museen, Galerien, Ausstellungen, Theater, Oper, klassische Konzerte, Kleinkunst, Programmkino
- Körperlicher Ausgleich zum Beruf: Bewegung, Sport (z. B. Radfahren, Schwimmen, Skifahren, Klettern, Gleitschirmfliegen, Laufen, Triathlon, Nordic Walking, Segeln, Inlineskating)
- Kommunikation: anregende Gespräche führen, interessante Menschen kennenlernen, Pflege eines großen Bekannten- und Freundeskreises („ein offenes Haus führen"); Mitarbeit in Kultur- und Umweltinitiativen, Interessen- und Selbsthilfegruppen und auch Parteien

- Erholung im Garten, Gartengestaltung, Beschäftigung mit Pflanzen und der Tierwelt in Natur und Garten, beobachten, wie was wächst

Soziale Lage der Familie

Bildung

	Vater	Ø	Mutter	Ø
	%	%	%	%
Haupt- / Volksschule ohne Lehre	0,0	6,4	0,5	8,4
Haupt- / Volksschule mit Lehre	0,0	25,2	0,8	23,9
Weiterführende Schule ohne Abitur	22,4	30,2	27,4	39,8
Fach- / Hochschulreife ohne Studium	20,9	12,4	27,6	17,4
Fach- / Hochschulreife mit Studium	56,7	25,8	43,7	10,5

Berufliche Position

	Vater	Ø	Mutter	Ø
	%	%	%	%
Selbstständige(r) ohne Beschäftigte	3,3	4,6	3,4	2,2
Selbstständige(r) mit bis zu 9 Beschäftigten	2,9	5,8	3,7	2,3
Selbstständige(r) mit 10 und mehr Beschäftigten	0,5	1,2	0,3	0,1
Freiberufler	7,0	3,2	10,2	1,7
Leitende Angestellte	29,6	10,7	10,0	1,9
Qualifizierte Angestellte	44,2	20,8	56,8	19,5
Mittlere Angestellte	0,9	6,5	9,9	19,1
Einfache Angestellte	0,0	6,6	0,0	32,4
Beamte: höherer / gehobener Dienst	9,0	2,9	0,8	0,3
Beamte: mittlerer / einfacher Dienst	1,7	1,9	2,0	1,5
Facharbeiter	0,9	23,6	2,9	3,5
Arbeiter: schwierige Arbeiten	0,0	8,7	0,0	2,8
Arbeiter: einfache Arbeiten	0,0	3,4	0,0	12,7

Haushaltsnettoeinkommen

	PMA	∅
	%	%
Bis unter 1.000 Euro	0,3	1,7
1.000 bis unter 1.500 Euro	2,3	14,1
1.500 bis unter 2.000 Euro	4,9	5,1
2.000 bis unter 2.500 Euro	6,6	18,1
2.500 bis unter 3.000 Euro	8,3	16,9
3.000 bis unter 4.000 Euro	29,4	23,8
4.000 bis unter 5.000 Euro	27,0	13,1
5.000 Euro und mehr	21,2	7,1

	im Milieu	∅ der Eltern
Alleinerziehende(r)	**9,5 %**	7,9 %
Familienernährerinnen	**18,4 %**	17,4 %

Quelle: Repräsentative Bevölkerungsbefragung TdW 2012
Basis: Eltern mit Kind(ern) in der Sekundarstufe I = 2.788 Fälle (= ∅)

Erwerbstätigkeit und eigenes Einkommen der Mütter

Abb. 3.6: Erwerbstätigkeit von Frauen mit Kind(ern) in der Sekundarstufe I – „Postmaterielle"

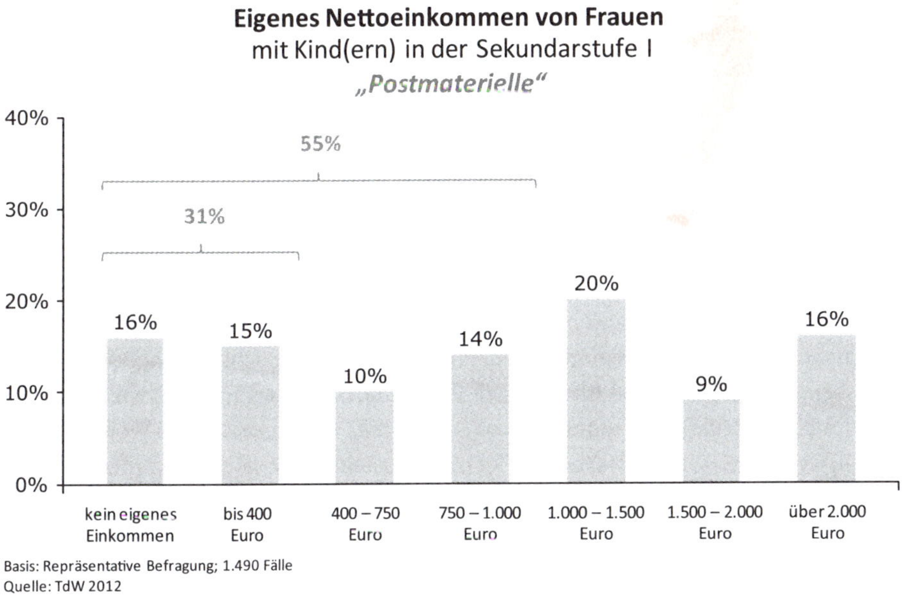

Abb. 3.7: Eigenes Nettoeinkommen von Frauen mit Kind(ern) in der Sekundarstufe I – „Postmaterielle“

Hadern mit Schule und anderen Eltern

Für Postmaterielle Eltern ist das Thema Schule in Bezug auf das eigene Kind mit anspruchsvollen Aspirationen und Wünschen verbunden. Gleichzeitig hat Schule in diesem Milieu auch eine gesellschaftliche Dimension. Damit erzeugen Postmaterielle bei Eltern der gesellschaftlichen Mitte oft Erstaunen, Irritation und gelegentlich auch Widerstand. Postmaterielle kritisieren, wenn es Eltern der Mitte vor allem darum geht, das *eigene* Kind gut durch die Schule zu bringen: Schule soll für *alle* gerecht und ein guter Lern- und Lebensort sein. So fühlen sich Postmaterielle als kritische Mahner und Kämpfer für eine gerechte, gute Schule in der Minderheit: Das Schulsystem belohnt jene Kinder (und damit auch deren Eltern), die mit viel Unterstützung nach dem Prinzip „hinten schieben und vorne ziehen“ die Schule absolvieren.

„Eltern, Schule und Gesellschaft müssen Kinder stark machen, damit sie lernen, vernünftige Entscheidungen für sich und ihr Leben zu treffen.“

„Ja, habe manchmal das Gefühl, dass andere Eltern mehr auf Leistung bedacht sind, das System zu meistern, […] und dass da die Noten schon sehr im Vordergrund stehen. […] Uns ist wichtig, dass unsere Tochter ihren Weg geht. Uns ist wichtig, dass sie sich in dem Sinne verwirklichen kann."

Postmaterielle wollen, dass ihr Kind gerne in die Schule geht, und beklagen, dass die Lernfreude und Eigenmotivation den meisten Kindern schon im Verlauf der Grundschule „abtrainiert" wird, wenn es nur noch darum geht, welchen Schulübertritt man schafft. Sie haben einen antielitären „Reflex" und die Grundeinstellung, dass das staatliche Schulsystem jedem gleiche Chancen bieten sollte – und dringend dementsprechend strukturell und kulturell verändert werden muss. Einerseits wollen sie ihr Kind nicht auf eine Privatschule geben, andererseits wollen sie – zum Wohl und Erfolg ihres Kindes – nicht warten, bis sich das System verändert hat. Daher erwägen sie nach einiger Zeit die Option, ihr Kind auf eine Waldorfschule oder eine ähnlich ganzheitlich ausgerichtete Schule zu schicken. **Sie hadern mit dem öffentlichen System, verzweifeln an ihm** und suchen für sich Lösungen aus diesem Dilemma.

Bildung als Voraussetzung für ein erfülltes Leben und einen erfüllenden Beruf

Die meist akademisch gebildeten Eltern des Milieus erwarten fast selbstverständlich von ihren Kindern, dass diese ebenfalls das Gymnasium besuchen und Abitur machen – nicht weil damit ein gewisser Status verbunden ist, sondern weil Bildung Lebensperspektiven eröffnet und zentraler **Baustein für ein gutes und richtiges Leben** ist. Die Erkenntnis, dass das eigene Kind mit dem Gymnasium möglicherweise überfordert ist, führt im Verlauf der Grundschulzeit dann dazu, die eigenen Bildungsambitionen zu überdenken und gegebenenfalls neu zu definieren. Dies ist *immer ein Prozess* und es ist in der Regel nicht leicht zu akzeptieren, dass der Bildungsweg des eigenen Kindes anders verlaufen kann! Besonders schwer fällt es Eltern, wenn sie sehen, dass ihr Kind an den Anforderungen des Schulsystems scheitert, weil der Weg zum Abitur andere und größere Hürden hat als noch zur eigenen Schulzeit.

Gleichzeitig betonen Postmaterielle Eltern, dass das einzelne Kind selbst Maßstab für den anvisierten Schulabschluss sein muss. Und dieser Schulabschluss wird nicht als entscheidend für die späteren Chancen gewertet, sondern als Grundlage und Voraussetzung dafür, später auf eigenen Füßen stehen zu können und einen **erfüllenden Beruf** wählen und erlernen zu können. Postmaterielle verordnen sich hier selbst mehr Gelassenheit.

„Wahrscheinlich kann unsere jüngste Tochter das Gymnasium nicht ohne massives Pushen erreichen – aber dann geht sie eben nicht auf das Gymnasium. […] Sie wird ihren Weg auch anderweitig beschreiten können. Damit umzugehen ist für uns auch ein Prozess, da müssen wir auch lernen, und es ist für uns eine gute Übung zu sehen: Es gibt verschiedene Wege.“

„Auf der einen Seite ist Schule wichtig, ist einfach die Basis für die spätere Entwicklung und dass man mal irgendwie später in der Lage ist, sein Leben zu meistern. Und da gehört eben auch dazu, dass man mal sein Geld verdienen kann und dass man auch eine wirtschaftliche Unabhängigkeit hinbekommt. Aber das darf eben nicht alles sein und irgendwo muss man eben auch versuchen, auch ein bisschen die Neigungen und die Fähigkeiten, die jedes Kind halt so hat, zu berücksichtigen. Und mittlerweile ist es eben auch klar, dass es nicht nur eine Schulkarriere und einen Schulweg gibt, sondern dass es auch Möglichkeiten gibt, so etwas auch später mal nachzuholen, also, dass man eben nicht irgendwie mit Druck und allen möglichen Maßnahmen die Kinder da irgendwie durchpeitscht […]. Ich glaube, da haben wir nicht mehr so die Angst davor. Dass das gleich als Versagen ausgelegt wird oder dass wir das selber nicht als Versagen unserer Kinder – und auch von uns – empfinden, wenn die Kinder das nicht schaffen, das Gymnasium oder Abitur zu machen, sondern dass sie eben auch später noch die Möglichkeit haben, ihren Lebensweg zu finden. Aber es ist nicht selbstverständlich.“

„Wir haben von vornherein gesagt, dass wir jetzt nicht auf dieses Gymnasium bestehen und […] wir haben uns diese Haltung erarbeitet. Wir haben beide eben Abitur gemacht und studiert und irgendwie denkt man sich schon, da kommt im Prinzip nichts anderes infrage für die Kinder. Aber aufgrund der Erfahrungen haben wir das jetzt relativiert. Es war nicht einfach, dahin zu kommen, aber ich kann jetzt heute wirklich sagen: Wenn sie nicht aufs Gymnasium geht, wenn sie auf die Realschule geht, ist das auch in Ordnung, ich kann dahinterstehen.“

Bildung und Lernen sind Lebensmittel

Postmaterielle verstehen Lernen als lebenslange Aufgabe, Herausforderung und **Chance zur persönlichen Weiterentwicklung**. Da Lernen perspektivisch nicht auf Schule und Ausbildung beschränkt ist, wünschen sich Eltern im Milieu, dass ihre Kinder a) lernen, wie man sich neuen Stoff sinnvoll aneignen kann, und b) lernen, wie man sich zum Lernen motiviert und sich immer wieder neu begeistern kann. Bezogen auf die Schule fordern Eltern, dass ihre Kinder sich anstrengen sollen – im Rahmen ihrer Möglichkeiten. Sie sollen ihre Ressourcen nicht verschwenden und nicht unter ihren Fähigkeiten bleiben. Das Lernen – verstanden als Lebensbegleiter – soll Spaß machen, Neugierde wecken und zum Nachdenken anregen.

„Ich finde, dass das ganz Zentrale ja doch im Leben ist, dass man Freude am Lernen hat [...], und das Schulsystem fördert das ja eigentlich nicht. Und vielleicht braucht man eine gewisse Reife dafür, aber ich finde es wichtig, dass die Kinder noch andere Interesse haben, denn ich denke, das befruchtet sich gegenseitig."

„Ich finde es ganz wichtig, dass die Kinder lernen: Es lohnt sich zu lernen, weil man eben selber wachsen kann daran."

„Also, so wirklich das Gefühl zu haben, man lernt, weil man etwas damit anfangen kann, weil man es mal braucht, weil man damit wirklich irgendwie seinen Horizont erweitert, ich glaube, das können Kinder gar nicht so empfinden, weil irgendwie dieses Abfragen so im Vordergrund steht. Also das finde ich schon negativ."

„Ich habe schon das Gefühl, dass ich etwas ausgleichen müsste, was das Schulsystem leisten müsste [...]. Diese Motivation, dieses ‚wir gehen gerne in die Schule, das ist ein Ort, wo wir gerne hingehen, wo wir zusammenkommen, wo wir soziale Kompetenzen lernen', das fehlt mir alles an Schule. Da wird so ein Schwerpunkt auf Schularbeiten und so gelegt, das kommt mir einfach zu kurz."

„Dieses Kurzzeitmäßige, also irgendwie lernen, damit man den Stoff parat hat, weil das benotet wird, das finde ich nicht sinnvoll oder nicht wirklich gut. Das ist zu ausgeprägt in diesem Schulsystem."

„Ich habe früher gedacht, dass das eher eine Verwaltungsaufgabe ist, dass man die Familie und die Schule so managt, aber ich bin zu dem Schluss gekommen, man ist in erster Linie Motivator. Das hat mich ein bisschen überrascht, weil ich der Ansicht war, das ist die Aufgabe der Schule. Denn es ist ein Privileg, lernen zu dürfen, und das kommt meiner Meinung nach nicht rüber, dass die Eltern das so in den Vordergrund rücken müssen, das hätte ich nicht so gedacht."

Selbstverständnis als Begleiter des Kindes – Selbständigkeit fördern

Postmaterielle Eltern sehen und begreifen sich als **Begleiter ihres Kindes** auf seinem Weg in ein eigenständiges und erfülltes Leben: für das Kind da sein und ihm Halt geben, wenn es Unterstützung braucht. Ziel ist die Selbstständigkeit des Kindes und dessen Horizonterweiterung durch Bildung – nicht durch „Wissen". Eltern in diesem Milieu wollen die Autonomie des Kindes stärken, dessen Bedürfnis nach Selbstständigkeit anerkennen und seinen individuellen Weg zur Entwicklung des Selbst respektieren. Allerdings scheitern sie mit diesem Anspruch gelegentlich an der Wirklichkeit und Logik von Schule heute, denn Eltern müssen aktiv dabei sein und das Kind unterstützen.

„Das Stichwort ‚Begleiter‘ würde, denke ich, das ganz gut treffen. Aber ich finde es schon sehr sinnvoll, dass sie eben ihre Selbstständigkeit noch weiterentwickeln und dass man ihnen zwar eine Hilfestellung gibt, aber dass sie wirklich in der Lage sind, das weitestgehend selbst zu bewältigen.“

„Ich bin der Gärtner, der mal gießen muss, mal was abschneidet oder was befestigt. Der Coach im Hintergrund, den man fragt, der Interesse zeigt, den man anfragt. Der auch mal die Motivation hinterfragt oder bestärkt, der auch mal bremst.“

„Ich sehe mich in der beratenden Rolle, aber eben der, der danebensteht, also ich bin nicht der, der von hinten schiebt. Wenn man so will: der Pate.“

Ziel: eigenverantwortliches Lernen

Aufgrund dieser Perspektive auf **„lebenslanges Lernen als Haltung und Teil der Identität“** ist es das Ziel Postmaterieller Eltern, ihr Kind zu eigenverantwortlichem Lernen zu erziehen. Das Motto: das Lernen lernen. Mütter und Väter im Milieu begreifen sich dabei als Motivatoren und Ansprechpartner, weniger als dauerhafte aktive Unterstützer, auch wenn sie diese Rolle dann übernehmen, wenn es nötig ist. Sie beklagen massiv, dass Schule Kinder nicht mehr zum Lernen motiviert, sondern durch das Instrument des Notendrucks zum Lernen antreibt. Nach dem Übertritt auf die weiterführende Schule geben Postmaterielle Eltern „Starthilfe“ bei der Umstellung auf eine Vielzahl an Fächern und Lehrern sowie steigende Anforderungen. In einigen Fällen wird aus dieser Starthilfe jedoch eine dauerhafte Unterstützung, weil der Stoff in vielen Fächern, insbesondere in den Sprachen und Naturwissenschaften, zu schnell durchgenommen wird. Eltern *müssen* dann notwendigerweise helfen, damit ihr Kind das Pensum bewältigen kann.

Meist gibt es **familiäre Vereinbarungen**, wann und wie die Hausaufgaben und das Lernpensum erledigt werden. Dies läuft weitgehend auf Vertrauensbasis ab. Routinen werden in neuen Lebensphasen, z. B. beim Eintritt in die Pubertät, neu überdacht und auf Tauglichkeit überprüft, gegebenenfalls auch verändert. Diese Lösungen werden meist nicht autoritär von oben herab bestimmt, sondern in der Familie mit dem Kind besprochen. Solange es gute bis mittelmäßige Noten erzielt, sehen Postmaterielle Eltern nur wenig Grund für eine dauerhafte elterliche Unterstützung. Erst bei dauerhaft schlechten Noten oder Schulfrust sei dies notwendig und sie würden sich als Eltern eine Strategie überlegen.

„Ich leiste gerne Hilfestellung, wenn mich jemand fragt, aber ich sehe es nicht als meine Aufgabe an, mit den Kindern für irgendwas zu lernen, weil sie davon meiner Meinung nach nichts haben. Allerdings muss ich dazu sagen, dass sich die Kinder bisher ziemlich leicht getan haben, und ich weiß nicht, wie es wäre, wenn sie Schwierigkeiten hätten in der Schule, dann würde ich mich sicherlich mehr einbringen."

„Sie kriegen von mir schon Strategien, wie sie das bewältigen können. Zum Beispiel bin ich der Ansicht, dass man möglichst viel Spaß haben sollte und was unternehmen sollte neben der Schule, und das kann man nur, indem man geschickt lernt."

„Ich bin fest davon überzeugt, dass die Kinder ab einem gewissen Alter eh für sich verantwortlich sind, und da müssen sie selbst die Konsequenzen daraus ziehen."

„Bei uns geht es weniger um konkrete Noten als darum: Gewöhnt man sich eine gewisse Haltung an?"

„Wir berufen eine Art Familienkonferenz ein. Wir Eltern sprechen uns oft vorher ab und versuchen dann, eine Lösung zu finden, und halten das dann auch mal schriftlich fest."

In diesem idealen Modell sind die Kinder die Hauptverantwortlichen für ihren Schulerfolg. Das Gegenmodell verkörpern jene Familien, in denen die Mütter ihren Beruf aufgeben, um sich voll und ganz um die Kinder und deren Schulerfolg zu kümmern: Mütter, die die Referate der Kinder (mit-)schreiben und täglich Hilfe bei den Hausaufgaben und der Vorbereitung auf Klassenarbeiten leisten. Dieses Modell stößt aus zwei Gründen auf massive Ablehnung: Zum einen ist es höchst unsozial und fördert die ungleiche Chancenverteilung, denn benachteiligt werden jene Kinder, deren Eltern aus finanziellen, zeitlichen oder intellektuellen Gründen nicht in der Lage sind, sie massiv zu fördern. Zum anderen kann die Schule die eigentliche Leistungsbefähigung der Kinder nicht mehr einschätzen und der Maßstab, was geleistet werden kann, wird immer weiter nach oben gesetzt. So können auch die Kinder nicht mehr stolz auf ihre Erfolge sein, denn diese sind immer auch Erfolg der Eltern. Kinder lernen keine Selbstverantwortung – dies hat Folgen, die bis in das Erwachsenenalter reichen: Brauche ich dann auch noch Unterstützung? Kann ich wichtige Lebensentscheidungen alleine fällen?

Schule als Wissensvermittlungsagentur – hoher Druck durch zu wenig Zeit

Groß ist die Kritik der Eltern am staatlichen Schulsystem und der aktuellen Schulkultur: Die ungerechte Verteilung der Chancen auf Bildung werden ebenso angeprangert wie die Schulkultur v. a. an Gymnasien (Wissensvermittlungsagentur und Selektionsinstanz). Schulpolitik zeichne sich durch eine ausgeprägte Reformwut aus, deren Folgen die Schüler, aber auch Lehrer und Eltern mit unausgereiften Neuerungen (aktuell G8) tragen müssten. Postmaterielle diagnostizieren, dass die Ursachen gesellschaftlichen Ursprungs sind, in der Schulkultur (dem institutionalisierten Rollenbild vieler Lehrerinnen und Lehrer) sowie im Schulsystem liegen (zwischen „Schulkultur“ und „Schulsystem“ unterscheiden sie oft explizit). Doch sie wissen auch, dass Schulsystem und Schulkultur nicht einfach geändert werden können – schon gar nicht ihre Hermetik und wechselseitige Verzahnung.

Allerdings fühlen sich Postmaterielle mit ihrer fundamentalen Kritik am Schulsystem oft alleine und haben häufig schon in der Grundschule die Erfahrung gemacht, dass sie mit ihrer Haltung in größeren Elternrunden alleine dastehen. Dies führt dazu, dass sie meist nur noch im engsten Freundeskreis offen darüber sprechen, was ihrer Meinung nach im Schulsystem schiefläuft.

„Da geht es ja auch ans Eingemachte, da gibt man ja auch einiges von sich preis, wenn man das so offen sagt, dass man das System, wie es ist, ablehnt.“

Trotz dieser kritischen Haltung favorisieren Postmaterielle Eltern meist Regelschulen am Ort. Sie halten am Ideal fest, dass staatliche Schulen ihr Kind gut ausbilden sollen. In der Realität jedoch hadern sie massiv mit dem System und fühlen sich durch Schule zu stark belastet und in ihrer persönlichen sowie beruflichen Entfaltung eingeschränkt. Vor allem Eltern, deren Kinder heute das achtjährige Gymnasium („G8“) besuchen, äußern sich ausgesprochen kritisch: Die Verkürzung der Gymnasialzeit sei wenig durchdacht, was gravierende Folgen für Schüler und auch Lehrer habe, denn der Stoff sei verdichtet, nicht jedoch „entrümpelt“ worden. Besonders kritisch sehen sie die **Selektion an Gymnasien**: Längst gehe es dort nicht mehr darum, alle Schüler mitzunehmen. Wer die Leistung nicht bringt, muss eben abgehen. Dieser „Schwund“ mache den Schulen keine Sorgen, denn Selektion der weniger Guten führe im Laufe der Schulzeit zu geringeren Schülerzahlen. Da die Klassenstärken an den meisten Gymnasien ohnehin sehr hoch seien, nehme man gern in Kauf, dass ein Teil der Schüler abgehen müsse. G8 – so die einhellige Meinung – verstärke die vorhandenen negativen Effekte des Schulsystems noch. Die einseitige Fixierung auf Noten führe zu einem wenig nachhaltigen „Bulimie-Lernen“ auf die nächste der zahlreichen benoteten Prüfungen. Auch gebe es zu wenig Hinweise auf tatsächliche Leistungen, zu wenig konstruktive Rückmeldungen, wie Leistungen verbessert werden können, und vor allem zu wenig individuelle Informationen. Es dominiere eine kleine Zahl von Standardrezepten aus der Schublade. Fehlstunden setzten das System G8 nochmals unter Druck. Es gebe Gymnasien, an denen zwischen 10 und 15 Prozent der Schulstunden ausfielen. Bei den Kindern entstehe durch das System ein enormer Leistungsdruck. Noten seien das alles entscheidende Kriterium, auf das Schüler und Eltern fokussiert und reduziert würden. Bereits Grundschulkinder lernten, dass es nicht um Förderung, sondern um Selektion der Schüler gehe.

„Das G8 aus meiner Wahrnehmung ist ein Blödsinn, weil für mich nicht wahrnehmbar Lerninhalte gestrichen wurden, das wäre für mich der logische Schritt gewesen, zu sagen, wir machen das Schulische kürzer, weil sie nachher auf der Uni oder im Berufsleben dann ja noch die Fertigkeiten lernen. Und das ist ja nicht passiert! Sondern man hat es ja einfach ein bisschen zusammengeschoben und hat ihnen auf die Art und Weise mehr aufgebrummt. Das finde ich einfach unredlich."

Interessanterweise resultiert der Schuldruck weniger aus überzogenen Anforderungen bei der *Qualität des Stoffes*, sondern aus der *Quantität*: Eltern beklagen massiv, dass bei dieser Form des „kurzzeitigen Lernens für Noten" kaum Zeit bleibt, Stoff länger zu vertiefen, um ihn wirklich zu durchdringen und ganzheitlich zu „begreifen" – auch dies ein Grund, warum Kinder aus Sicht Postmaterieller Eltern ihre Motivation und Lust am Lernen verlieren. Denn Lernstoff wird vermittelt, geprüft und ist damit „erledigt". Eine Verbindung der Stoffatome findet meist nicht und nie systematisch statt. Das ist im Curriculum des Notenparcours nicht vorgesehen. Kinder, denen diese Form des Lernens nicht entspricht, fallen durch das Raster. So fordert und fördert Schule *einseitig* einen bestimmten Schülertyp: den konstant fleißigen und motivierten.

Schule, so der zentrale Vorwurf Postmaterieller, ist längst keine Bildungseinrichtung im ganzheitlichen Sinn mehr, sondern eine reine **„Wissensvermittlungsagentur"**, die anstelle umfassender Bildung isoliertes Wissen und Information vermittelt, dessen Nutzen und Anwendbarkeit Kindern und Jugendlichen weitgehend verborgen bleibt. Bildung wird auf Information reduziert.

Auch die Vermittlung des Rüstzeugs zur Wissensaneignung ist keine originäre Aufgabe der Schule mehr. Vor allem an Gymnasien wird vorausgesetzt, dass die Kinder Referate und multimediale Präsentationen selbstständig erstellen und relevante Informationen aus dem Internet zusammenstellen können. Wie sie dies machen können, wird nicht (mehr) vermittelt, sondern als Aufgabe den Eltern übertragen. Die zentrale Forderung an die Schule ist daher eine ausführlichere und auch anwendungsorientierte Vermittlung von Schulstoff, die mehr Zeit für das tatsächliche *„Begreifen"* lässt, damit die Dinge wirklich in „Fleisch und Blut" übergehen können. Damit einher geht die Forderung, auch an Gymnasien die Nützlichkeit des Erlernten stärker herauszustellen und Lerninhalte unterschiedlicher Fächer stärker miteinander zu verknüpfen.

Außerdem spielt vor allem an vielen großen Schulen und (zu) großen Klassen das soziale Miteinander zu wenig eine Rolle. Die Individualität des Einzelnen geht dabei unter. Individuelle Interessen oder Fähigkeiten können nicht (mehr) wahrgenommen, respektiert oder gar gefördert werden. Obwohl Bildung immer stärker unter dem Aspekt der individuellen Förderung diskutiert wird, haben Postmaterielle den Verdacht, dass es eher um Selektion als um Förderung geht und der Ruf nach Förderung nichts anderes als eine Leerformel ist.

„Schule ist keine Bildungsinstanz, sondern eine Wissensvermittlungsagentur."

„Was mir immer fehlt, ist der Versuch, die Verknüpfungen herzustellen. Schule ist immer noch so sehr verkastelt in einzelne Fächer, z. B. hat Physik ja auch eine moralisch-ethische Dimension, eine philosophische. Ich weiß nicht, ob das Schulsystem da reformierbar ist oder ob es in der Form, wie es besteht, nicht total zementiert ist."

„Sobald ein Kind nicht der Norm entspricht, fällt es da raus."

„Es müsste, das Schulsystem geändert werden. […] Diese Art, wie Druck gemacht wird auf Kosten der Kinder und wie sich, gerade die Bayern, in Szene setzen mit dem besten Abitur und dem höchsten Anspruch und so, das finde ich sehr traurig. Ich kann das nicht nachvollziehen und ich kann nicht sagen, dass ich das so weitergeben möchte."

Balance von Schule und Freizeit

Schule ist dann gelungen, wenn sie Kindern eine gute Balance zwischen den damit verbundenen Aufgaben am Nachmittag und ihren Freizeitwünschen ermöglicht. Die meisten Kinder im Milieu spielen ein Instrument, viele sind Mitglied im Sportverein. Dieses private Engagement ist aus Sicht der Eltern keine „Konkurrenz" zum schulischen Programm, sondern eine wichtige Ergänzung. So, wie die Eltern für sich bemüht sind, ihre Lebensbereiche Familie, Beruf und Freizeit in eine gute Balance zu bringen, wünschen sie sich dies auch für ihre Kinder: Schule und Lernen sollen ernst genommen werden, aber Freiraum für die eigene Gestaltung lassen. Allerdings sehen Eltern, dass vor allem auf dem Gymnasium diese Balance nicht mehr gewährleistet ist, Freizeit immer knapper wird und den Kindern die Zeit für andere Dinge fehlt.

Äußerst kritisch sehen Postmaterielle daher den gegenwärtigen Trend zur frühkindlichen Bildung. Derzeit werde immer lauter mehr Geld zur Förderung frühkindlicher Bildung vom Staat eingefordert mit dem populären und scheinbar unangreifbaren Argument, Deutschland liege bei der internationalen Wettbewerbsfähigkeit zum Teil deutlich hinter anderen Industrienationen zurück und habe massiven Nachholbedarf. Doch damit würden die Kinder immer früher standardisierten Leistungsmaßstäben unterzogen, sodass eine „(sorgen-)freie" Entwicklung und unbekümmerte Kindheit kaum mehr möglich seien. In der Folge der Negativmeldungen der PISA-Berichte gebe es hysterische Forderungen nach immer mehr und immer früheren Bildungsangeboten, die zugleich gemessen und evaluiert werden sollen. Diese Forderung habe die Bürgerliche Mitte der Gesellschaft mittlerweile voll und ganz erfasst, doch dabei werde über die negativen Folgen nicht mehr nachgedacht.

Wichtig für die Zukunftsfähigkeit unserer Gesellschaft seien aber, so Postmaterielle Eltern, nicht nur die internationale Wettbewerbsfähigkeit (wobei zweifelhaft ist, ob die Daten wirklich vergleichbar seien), sondern vor allem das Glück und die Stabilität unserer Kinder, die nicht nur zu Leistungserbringern erzogen werden dürften. Die Kindheit müsse für die Kinder „echte Kindheit" bleiben bzw. wieder werden. Die unreflektierte Bildungshysterie mancher Milieus beginne immer früher – schon in der Kinderkrippe und der Kindertagesstätte – und sei die Ursache dafür, dass in der Sekundarstufe I der Maßstab immer höher gesetzt und strenger kontrolliert werde. Damit sind Postmaterielle keineswegs gegen eine frühkindliche Förderung oder gegen hohe Bildungsziele, wohl aber gegen eine Bildungs(un)kultur, die auf frühzeitige, quantitative und eindimensionale (nur wenige standardisierte Kriterien berücksichtigende) *Messung* angelegt ist.

„Ich habe das Gefühl, dass es den Kindern gut tut, anders als Politik und Wirtschaft das vielleicht fordern, wenn sie die Kindheit für sich haben können."

„Es ist ganz schwer, diese Balance zu finden zwischen den Freizeitangeboten und Zeit für die Schule und Zeit für sich selber. Aber solange sie das gut packen und die Schule noch gut läuft, lasse ich das laufen."

„Es sind doch noch Kinder und Jugendliche – keine Erwachsenen mit einem 12-Stunden-Arbeitstag."

Auseinandersetzung mit eigenen Anforderungen

Ruhe bewahren und nicht in Panik verfallen: Das ist die Strategie Postmaterieller Eltern bei stärkeren und vor allem nachhaltigen Leistungsverschlechterungen. Sie kommen allerdings dann an ihre Grenzen, wenn die schulischen Leistungen der Kinder – etwa in der Pubertät – deutlich nachlassen oder ihre Kinder kaum oder keinen Zugang zum Lernen finden. Für viele Postmaterielle ist „Bildung“ wichtiger Teil ihrer Identität und entsprechend schwer fällt es ihnen, damit umzugehen, wenn ihr Kind anders ist als sie selbst.

Teilweise helfen auch die für den autoritativen Erziehungsstil typischen Familienratssitzungen nicht weiter – nämlich dann, wenn Kinder sich nicht an die Vereinbarungen halten oder sich auf ihre Selbstständigkeit und das Recht berufen, eigene Erfahrungen zu machen. Der Wunsch, dass das Kind seinen eigenen Weg geht und sich selbstständig und eigenverantwortlich um die Schule kümmert, kollidiert mit der Sorge, dass es möglicherweise das Klassenziel nicht erreicht, frustriert und dauerhaft demotiviert wird, sitzen bleibt und / oder ein Schulwechsel notwendig wird.

„Jeden Nachmittag führen wir die Diskussion, wann sie mit den Hausaufgaben anfängt. Das geht noch nach dem Lustprinzip. Sie muss ihren eigenen Schweinehund überwinden. Und das nervt mich total.“

„Letztendlich weiß ich noch nicht, wie wir es familiär gut hinbekommen können. Denn ich halte unsere Tochter nicht für dumm. Ich war in meiner Schulzeit erst so richtig fleißig ab der 11. Klasse, bis dahin habe ich mich erfolgreich durchgemogelt. Aber das geht eben heute nicht mehr, dazu sind die Anforderungen zu hoch bzw. es werden ständig Noten über einen Stoff gemacht. Und Kinder, denen eben nicht alles zufliegt, die es schwer haben, sich zu motivieren, die vielleicht auch weniger interessiert sind, die haben es schwer durchzukommen. Und dann sind eben die Eltern gefragt und sollen sich mit dem Kind hinsetzen und spätestens ab der Pubertät läuft das eben nicht mehr einfach mehr gut – und dann gibt es Stress und Streit. Da wird meiner Meinung nach auch seitens der Schule ein Druck aufgebaut.“

„Also, einfach ein bisschen mehr Sorgfalt, vielleicht noch mehr darauf verwenden und ein bisschen genauer hingucken, aber jetzt nicht in Panik verfallen […]. Ich muss für mich versuchen, da nicht Druck aufzubauen. Ich denke, dass es nichts bringt, Druck zu machen, aber, wie gesagt, es ist schon ein Prozess, sonst würde ich eben schon auch eher wieder so in alte Muster verfallen und sagen: ‚Jetzt musst du halt auch wieder mehr machen.‘“

Motivation statt Leistungsdruck

Postmaterielle reflektieren sehr stark, welchen Druck sie sich selbst im Kontext von Schule machen und ob und wie sie diesen Druck an das Kind weitergeben. Die bei Eltern anderer Milieus beobachtete Tendenz, die Kinder schon im Kindergartenalter durch zusätzliche Angebote zu fördern (Japanisch, Tanzen, Englisch u. Ä.), hinterfragen Postmaterielle Eltern höchst kritisch und stellen dem ihre eigene Haltung entgegen, die an dem individuellen Kind und ihren Vorstellungen von einem richtigen Aufwachsen orientiert ist.

Dennoch fühlen sie sich spätestens mit dem Eintritt des Kindes in die Schule mit einer **Vielzahl von Normen und Forderungen konfrontiert:** enge Begleitung des Kindes am Nachmittag, Förderung in relevanten Fächern, Vorbereitungen auf den Übertritt am Ende der Grundschulzeit etc. Postmaterielle Eltern sehen sich daher gefordert, für sich eine persönliche Haltung zu diesen gesellschaftlichen Normen und Strömungen zu finden und sich dazu zu verhalten, d. h., sich von der (Noten-) Hysterie anderer Eltern zu emanzipieren und unabhängig zu machen. Doch auch das ist ein Prozess und gelingt nicht immer zur Zufriedenheit der Eltern.

„Das ist ja schon eine Spirale, in die man mit dem ersten Kind eintritt und man muss sich sehr stark reflektieren, um sich zu sagen, wir müssen nicht alles mitmachen. Wir müssen nicht in den Japanischkurs und Englisch für Vorschulkinder und Ausdruckstanz für Vierjährige. Das ist ein Druck, den man sich selber und den Kindern macht."

„Ganz extrem fand ich es in der vierten Klasse. Ich habe teilweise mich bewusst mit manchen Müttern oder in manchen Kreisen nicht mehr bewegt oder das Thema vermieden, weil es nur noch um den Notenstand und die Sorge ging: Schafft mein Kind den Übertritt ins Gymnasium?"

Mütter: Frustration angesichts des großen Einflusses von Schule auf die Familie

Die Schule stellt aus Sicht Postmaterieller Eltern viele Erwartungen an die Eltern, einige davon werden explizit ausgesprochen, andere bleiben latent. Kritisch sehen Postmaterielle die Selbstverständlichkeit, mit der elterliches Engagement vorausgesetzt wird. So erzählen Eltern, dass ihnen von dem Lehrer oder der Lehrerin konkret gesagt wurde, ihr Kind könne ohne elterliche Unterstützung die Schule nicht schaffen. Die Tatsache, dass Schule auf elterliche Nachmittagsunterstützung setzt, widerstrebt Postmateriellen massiv, denn so wird ihre eigene Zeit, die sie z. B. für den Beruf nutzen könnten, zur Verfügungsmasse – je nach Urteilen und Empfehlungen der Lehrers und Leistungskurve des Schülers. Die Folge: Eltern haben keine dauerhafte Perspektive und müssen permanent auf Abruf sein. Weil Schule oftmals Halbtagsschule ist und es Ganztagsschulen nicht flächendeckend oder nicht in der gewünschten Qualität gibt, sehen sich vor allem die Mütter in der Pflicht, ihre Erwerbstätigkeit und die eigenen beruflichen Ambitionen viel länger, als sie ursprünglich dachten, zurückzustellen, um das **Schulsystem bedienen zu können**.

Auch in diesem nach Gleichstellung strebenden Milieu sind es vor allem die Mütter, die nach der Geburt ihres Kindes oder ihrer Kinder eigene Karriereambitionen zurückgestellt haben. Wenn diese keine Ganztagsschule besuchen, versuchen die Mütter meist, am Nachmittag zu Hause zu sein, damit die Kinder einen Ansprechpartner haben. Dies hat weitreichende Folgen für die beruflichen Perspektiven und auch für die Beziehung der Eltern untereinander: Aus einer gleichgestellten Partnerschaft wird faktisch eine Ehe mit traditioneller Rollenteilung, denn der Partner ist fast immer vollzeiterwerbstätig, in der Regel in einer verantwortungsvollen beruflichen Position. Mit den Folgen der praktisch fortgesetzten und dauerhaften Ungleichstellung von Frauen und Männern müssen die Partner individuell klarkommen. Sarkastisch merken einige (Mütter und Väter!) an, dass ausgerechnet der **Bildungssektor, der einst Ausgangspunkt von Emanzipation und Gleichstellung war, heute Motor der Fortsetzung des teiltraditionellen Rollenbildes** ist.

Meist hatten die Mütter die Perspektive, mit dem Größerwerden ihrer Kinder ihre Erwerbstätigkeit wieder auszudehnen. Sie waren zwar bereit, für einige Jahre ihre eigene Berufsplanung den Bedürfnissen der Kinder unterzuordnen, doch sollte dies kein Dauerzustand sein. Entsprechend groß ist die Frustration Postmaterieller Mütter angesichts der „Übergriffigkeit“ von Schule: So haben sie sich das nicht vorgestellt! Und so stellt sich im Verlauf der 5. und 6. Klasse ein Teil der Mütter darauf ein, nicht wieder stärker in den Beruf zurückzukehren.

„Es ist jetzt nicht so, dass ich darin aufgehe. Das ist schon öde, da einfach viel Zeit mit zu verbringen.“

„Also, ich habe da schon auf meine berufliche Karriere verzichtet, habe da Einschränkungen machen müssen.“

„Es ist jetzt das Vernünftigste, es so zu machen, dass ich nachmittags da bin, aber ich bin nicht unbedingt glücklich und zufrieden damit.“

Fehlende Chancengerechtigkeit im Schulsystem

In keinem Milieu wird die Ungerechtigkeit des Bildungssystems so heftig beklagt wie bei den Postmateriellen: „skandalös“, **„himmelschreiende Ungerechtigkeit“** lauten typische Urteile. Die soziale Herkunft entscheidet über Bildungschancen,

Schulerfolg und berufliche Perspektiven. Schule und Gesellschaft steuern nicht adäquat dagegen, sondern verstärken die Tendenz. Das derzeitige System nimmt in Kauf, dass zu viele Kinder „durchrutschen", weil sie nicht die ihnen gemäße Förderung erhalten. Die Schere geht noch weiter auf, da die Mehrheit der bildungsbeflissenen Elternschaft – nicht nur aus der Oberschicht, sondern aus der Bürgerlichen Mitte – ihre Kinder stark fördert. So klaffen die Leistungen innerhalb einer Klasse immer weiter auseinander und die Hürden für Kinder aus sogenannten „bildungsfernen Schichten", Anschluss zu halten, erhöhen sich noch. Verlierer sind jene Kinder, deren Eltern keine materiellen, sozialen und kulturellen Ressourcen haben, um sie zu unterstützen. Schon in der ersten Klasse könne man sehen, welche Kinder später auf welche Schulform kommen werden. Und es würden – was ein Skandal sei – vor allem die braven „Mittelschichtkinder" gefördert, nicht aber die, die es wirklich bräuchten.

„Diese Schule ist doch nicht mehr von dieser Welt. Es wird Zeit, dass wir mal wieder auf die Straße gehen, alle Eltern zusammen."

„Da gabeln sich die Wege ganz früh, das fängt ja schon im Kindergarten an."

„Wenn nicht irgendwann ganz viel Geld in die Hand genommen wird, dann wird es eine Zweiklassengesellschaft geben. Die guten Jobs stehen nur denen offen, die die entsprechenden Bildungsressourcen haben, und die andren werden sehen müssen, wo sie bleiben."

„Da ist ganz früh im System schon angelegt, dass es eine Verliererschiene gibt, […] und das finde ich sehr besorgniserregend, auch für eine Gesellschaft."

„In unserem Viertel haben ganz viele eine hohe akademische Bildung. Gleichzeitig ist die Hälfte der Mütter gar nicht berufstätig und die stecken ihre ganze Energie in die Förderung ihrer Kinder. Wie soll jemand, der einen bildungsferneren Hintergrund hat, da überhaupt mithalten können?"

Mehr Männer in Erziehung und Schule!

Dieses Milieu hat sensible Antennen für das Thema Geschlechtergerechtigkeit. Besonders problematisch finden sie die *Feminisierung von Erziehung und (Grund-)Schule:* Die Tatsache, dass Kinder in ihren ersten zehn Lebensjahren fast ausschließlich von Frauen erzogen und unterrichtet werden, bewerten sie als äußerst negativ. Dies führe teilweise zu paradox erscheinenden Verhaltensmustern bei Mädchen und Jungen. So lernten Mädchen früh, dass angepasstes, braves Verhalten von Lehrer / -innen belohnt werde. Jungen lernten dagegen, dass sie sich mehr Störung und Unruhe „erlauben“ könnten, da dies von Erzieherinnen und Lehrer/-innen als „typisches Jungenverhalten“ entschuldigt werde. Dies ändere sich meist erst in der Sekundarstufe, wo selbstverständlich vorausgesetzt werde, dass Jungen und Mädchen gleichermaßen in der Lage seien, dem Unterricht störungsfrei zu folgen. Postmaterielle fordern daher ausdrücklich, Männer in Erziehung und Schule früher und stärker einzubinden – nicht erst in der Sekundarstufe.

Gleichzeitig hält sich das Verständnis für „Jungen als Bildungsverlierer“ in Grenzen, da sich eine mögliche Schlechterstellung von Jungen dann umkehrt, wenn es um das berufliche Vorankommen geht: Männer besetzten nach wie vor die höher dotierten Stellen und verdienen weiterhin mehr als Frauen. Frauen können also ihren möglichen schulischen (Noten-)Vorteil für ein berufliches Weiterkommen nicht adäquat nutzen.

„Eltern, die Jungen haben, sagen oft: ‚Ihr wisst gar nicht, wie gut ihr es habt!‘, aber ich sehe diese Benachteiligung von Jungen nicht. Von Mädchen wird mehr Anpassungsfähigkeit erwartet, Mädchen werden ganz schön bestraft, wenn sie aufsässig sind. Bei Jungen wird das immer mit einem Lächeln abgetan mit dem Argument: ‚Der ist ja ein Bub.‘“

3.4 DELTA-Milieu „Performer“

Die multioptionale, effizienzorientierte, optimistisch-pragmatische neue Leistungselite mit global-ökonomischem Denken und stilistischem Avantgardeanspruch: hohe IT- und Multimedia-Kompetenz; mental, geografisch und kulturell flexibel, Geschwindigkeit und Know-how als Wettbewerbsvorteile; Freude am hohen Lebensstandard, mit Lust am Besonderen positiv auffallen; klare Positionen beziehen, aber sich nichts – aus Prinzip – verbieten oder verbauen.

Identität und Lebensstil

Identität

- **Weltbild:** Das Leben ist ein von jedem Einzelnen frei wählbarer und gestaltbarer Parcours; Modernisierung und technologischer Fortschritt sind unaufhaltsam und in ihren Folgen – summa summarum – positiv und faszinierend; Erfolg hat nur, wer dies als Chance und Herausforderung begreift und die sich ständig neu bietenden Chancen nutzt

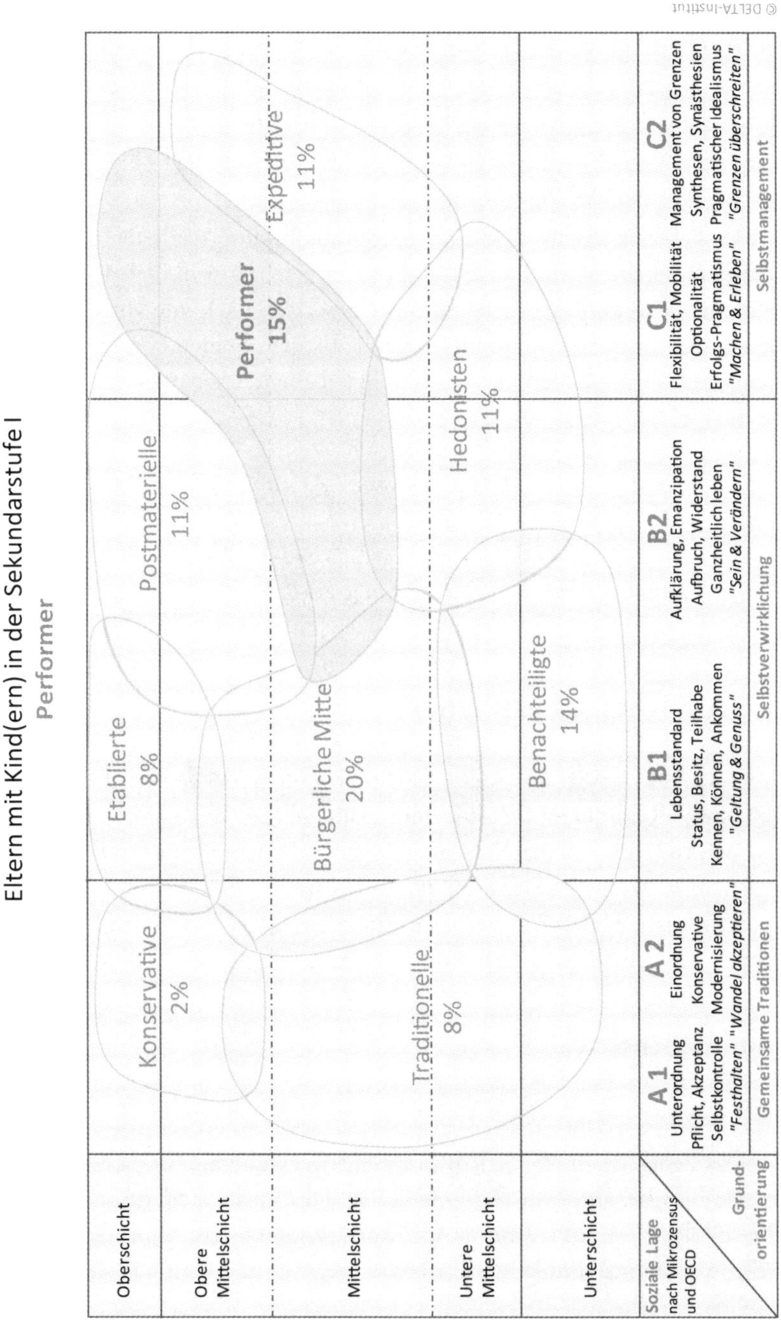

Quelle: Bevölkerungsrepräsentative Befragung; TdW 2012
Basis: 20.167 Fälle insgesamt; davon Eltern mit mindestens einem Kind in Sekundarstufe I = 2.788 Fälle

Abb. 3.8: Eltern mit Kind(ern) in der Sekundarstufe I – „Performer“

- **Selbstbild (Ich-Ideal):** die neue ökonomische, technologische und kulturelle Elite; Entrepreneurmentalität.
- **Abgrenzung:** Ablehnung von („blockierender“, „unproduktiver“) Fundamentalkritik, von Innovations- und Technikfeindlichkeit, Kulturpessimismus, traditionalistischen Konventionen („Pfründen“), überkommenen Regeln („Sonntagsarbeit“) und „Gewerkschaftsmentalität“.
- **Leitmotiv:** Exploration und Innovation; Erfolg durch adaptive Navigation; eigene Talente und Passionen zum Beruf machen.
- **Ausstrahlung:** selbstbewusst, dynamisch, zielstrebig, konzentriert; Tendenz zum Narzissmus.

Lebensstil

- Trendsetter-Bewusstsein, Zugehörigkeit zur jungen Elite; Offenheit gegenüber Globalisierung und Deregulierung, Selbstverständnis als Teil des Global Village.
- Ichvertrauen, Leistungsoptimismus und Fähigkeit zur Krisenbewältigung; keine Festlegung auf konventionelle Lebensmuster (Patchworking), Multioptionalität (Motto: „Augen auf und wach gegenüber Neuerungen bleiben“).
- Selbstverständliche Integration der Neuen Medien in die Lebensführung (beruflich und privat); positive Einstellung zur modernen Technik (Hightech-Faszination).
- Großes Interesse an sportlicher Betätigung (Trendsport, Extremsport, Fitnessstudio, Squash u. Ä.); outdoororientierte Freizeitgestaltung (Kino, Disco, Kneipe, Events, Kunst).
- Trend- und Extremsportarten: z. B. sportliches Rennrad- / Mountainbikefahren, Bergsteigen, Freeclimbing, Paragliding, Drachenfliegen, Fallschirmspringen, Inlineskating, Snowboarding, Segeln, Surfen, Kitesurfen, Beachvolleyball, Squash, Fitness- / Aerobicstudio; Motiv für neue / extreme Sportarten ist Entspannung und mentales Abschalten, man sucht nicht den emotionalen Kick; Kompensation, Abstand, Besinnung, aber auch Wettkampf: sich messen mit anderen oder die eigene Leistungsgrenze ausloten.
- Zeitungen und Zeitschriften lesen – Motiv: „auf der Höhe der Zeit sein“, „aktuell und umfassend informiert sein“ („smart education“); häufig Fachzeitschriften, Fachbücher, oft Titel von Bestsellerlisten – Motiv: Unterhaltung zum Abschalten, Eintauchen in andere spannende Welten; Orientierung an prominenten Buchempfehlungen, z. B. Bestellerlisten, Elke Heidenreich, SZ-Bibliothek („ease it“).

- Infotainment und (demonstratives) Interesse an Hochkultur: aktuelle Ausstellungen besuchen, Theater, Konzerte und Kleinkunst.
- Mentales Training, Yoga, Meditation, Pilates zum „Runterkommen".
- Reisen ins Ausland – privat und beruflich; immer wieder neue Länder entdecken („Ich war schon fast überall").

Soziale Lage der Familie

Bildung

	Vater	Ø	Mutter	Ø
	%	%	%	%
Haupt- / Volksschule ohne Lehre	0,0	6,4	0,0	8,4
Haupt- / Volksschule mit Lehre	4,6	25,2	4,0	23,9
Weiterführende Schule ohne Abitur	22,5	30,2	25,9	39,8
Fach- / Hochschulreife ohne Studium	27,9	12,4	26,6	17,4
Fach- / Hochschulreife mit Studium	45,0	25,8	43,5	10,5

Berufliche Position

	Vater	Ø	Mutter	Ø
	%	%	%	%
Selbstständige(r) ohne Beschäftigte	5,8	4,6	8,1	2,2
Selbstständige(r) mit bis zu 9 Beschäftigten	8,7	5,8	10,1	2,3
Selbstständige(r) mit 10 und mehr Beschäftigten	1,5	1,2	0,4	0,1
Freiberufler	5,9	3,2	1,1	1,7
Leitende Angestellte	17,7	10,7	1,7	1,9
Qualifizierte Angestellte	47,5	20,8	58,1	19,5
Mittlere Angestellte	3,6	6,5	16,7	19,1
Einfache Angestellte	0,0	6,6	1,0	32,4
Beamte: höherer / gehobener Dienst	4,7	2,9	0,9	0,3
Beamte: mittlerer / einfacher Dienst	1,0	1,9	1,9	1,5
Facharbeiter	2,8	23,6	0,0	3,5
Arbeiter: schwierige Arbeiten	0,8	8,7	0,0	2,8
Arbeiter: einfache Arbeiten	0,0	3,4	0,0	12,7

Haushaltsnettoeinkommen

	PER	∅
	%	%
Bis unter 1.000 Euro	0,0	1,7
1.000 bis unter 1.500 Euro	0,9	14,1
1.500 bis unter 2.000 Euro	4,1	5,1
2.000 bis unter 2.500 Euro	6,0	18,1
2.500 bis unter 3.000 Euro	11,1	16,9
3.000 bis unter 4.000 Euro	40,9	23,8
4.000 bis unter 5.000 Euro	22,0	13,1
5.000 Euro und mehr	15,0	7,1

	im Milieu	∅ der Eltern
Alleinerziehende(r)	**6,4 %**	7,9 %
Familienernährerinnen	**18,2 %**	17,4 %

Quelle: Repräsentative Bevölkerungsbefragung TdW 2012
Basis: Eltern mit Kind(ern) in der Sekundarstufe I = 2.788 Fälle (= ∅)

Erwerbstätigkeit und eigenes Einkommen der Mütter

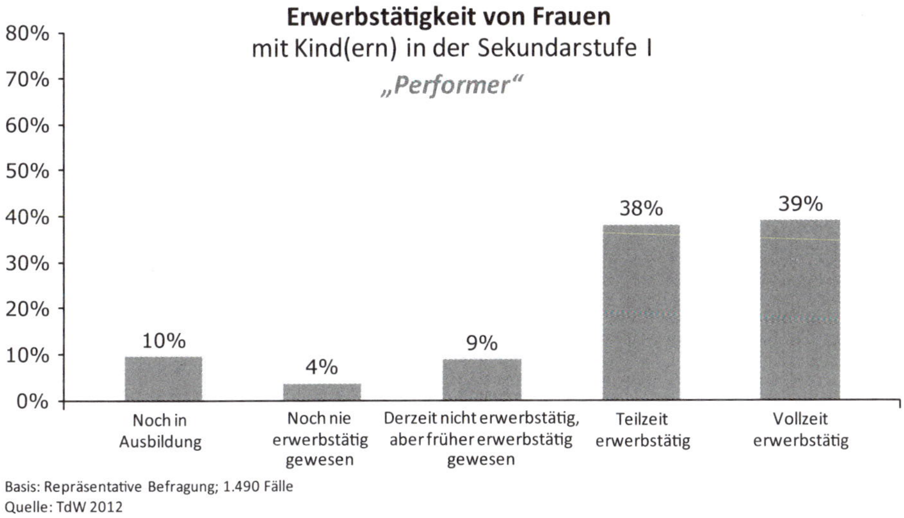

Abb. 3.9: Erwerbstätigkeit von Frauen mit Kind(ern) in der Sekundarstufe I – „Performer"

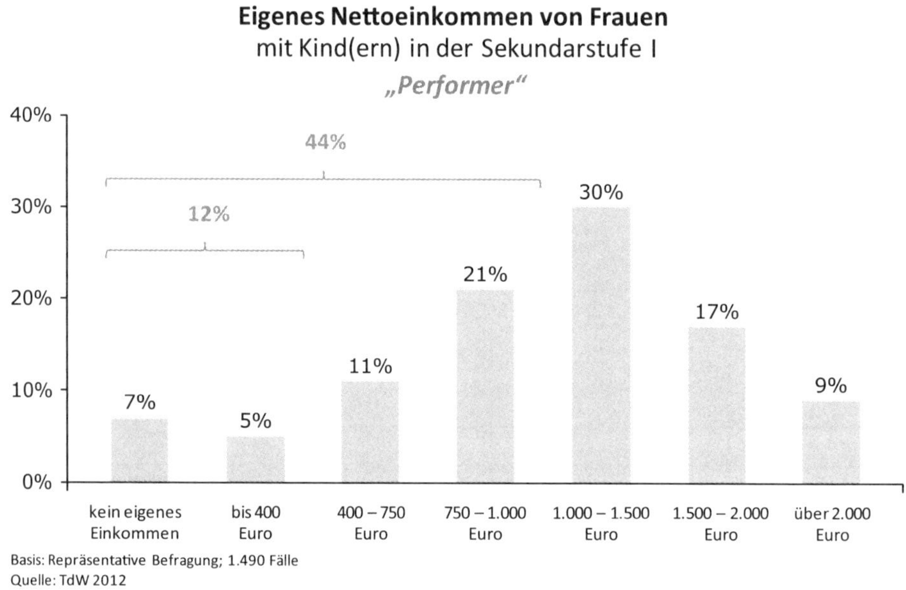

Abb. 3.10: Eigenes Nettoeinkommen von Frauen mit Kind(ern) in der Sekundarstufe I – „Performer"

Bildung: kulturelles und strategisches Kapital

Eltern aus dem Milieu der Performer haben in aller Regel sehr hohe Ambitionen in Bezug auf die Schullaufbahn ihrer Kinder und die damit verbundenen Ausbildungs- und Berufsaussichten. Das Abitur ist notwendige Grundlage für ein Studium und ermöglicht damit den Zugang zu einer wissensbasierten Arbeitswelt, in der immer weniger handwerkliche Beschäftigte gesucht werden. Zugleich ist die lineare gymnasiale Schullaufbahn der effizienteste Weg zum späteren Erfolg. Denn Schulerfolg bedeutet für Performer in erster Linie, seine Potenziale möglichst effizient zu entdecken, zu entfalten und nutzen zu lernen. Das Abitur gilt als „Optionsöffner": Es bietet die beste Basis, von der aus sich ganz unterschiedliche berufliche Vorstellungen realisieren lassen.[37] Zwar sehen einige Eltern – teils aus eigener Erfahrung – durchaus die Möglichkeit, das Abitur auch auf dem zweiten Bildungsweg zu absolvieren, heben aber die Ineffizienz dieses Weges hervor.

[37] Mit Blick auf den „capability approach" (Amartya Sen) lässt sich sagen, dass für Performer heutzutage das Abitur die effizienteste und flexibelste Basis für Verwirklichungschancen darstellt.

Wie für andere gehobene Milieus (Etablierte und Postmaterielle) ist auch für Performer die persönliche Entwicklung des Kindes äußerst wichtig, allerdings mit anderen Implikationen: *Sich selbst entwickeln, die eigenen Grenzen kennen- und überwinden lernen, eigene Ziele verwirklichen* dient hier weniger der inneren ganzheitlichen Reifung, sondern eher funktional der Entwicklung einer Besonderheit, um sich von den anderen (der Konkurrenz) deutlich abzuheben. Der oder die Beste in einer Sache zu sein bedeutet dabei, seine Optionen im beruflichen Verteilungskampf um die besten Positionen und damit auch die eigenen **Verwirklichungschancen** zu erhöhen. Damit verbunden ist für Performer die Aussicht auf einen guten, genussvollen Lebensstandard: Sich (später) etwas leisten und sich selbst verwirklichen zu können – das ist die grundlegende Zukunftsperspektive, für die es sich lohnt, viel (und mehr als andere) zu tun.

Anders als etwa bei den Etablierten steht für Eltern dieses Milieus nicht so sehr die optimale Vorbereitung auf das berufliche *und* gesellschaftliche Leben im Vordergrund, sondern die **Entwicklung und Ausbildung individueller Potenziale**, um Chancen ergreifen zu können, die einen weiterbringen. Der soziale Status steht für Performer nicht im Vordergrund, ist aber natürlich ein angenehmer (und fast automatischer) „Nebeneffekt“. Vorrangig geht es jedoch um die Entwicklung eines aktiven, adaptiven **Selbstkonzepts**. Entgegen der früher für dieses Milieu typischen „anything goes“-Haltung sind in den heutigen Performer-Familien in vielen Fällen Aspekte von Sicherheit und Nachhaltigkeit deutlich spürbar: Während früher durchaus auch andere Bildungswege als das Abitur denkbar waren (mit der Option auf gut dotierte und interessante berufliche Positionen), wird die Bildungslaufbahn der eigenen Kinder heute, wie in allen gehobenen Milieus, fast ausschließlich auf das Abitur ausgerichtet.

„Das Abitur bietet zunächst mal wesentlich größere Chancen, später den beruflichen Wunsch sich selbst erfüllen zu können oder einfach größere Möglichkeiten zu haben, wenn sein Interesse doch in eine andere Richtung geht.“

„Bei meinen Töchtern, bei denen ist schon sicher, dass die das Abitur machen, da werde ich die auf jeden Fall auch unterstützen. Und wenn ich irgendwann mal sehe, dass sie mit einer Fünf ankommen, dann ist das eben so. Dann werden die die nächste Arbeit gut schreiben, dann werde ich auch motivieren, wenn es sein muss Nachhilfe holen, was auch immer, aber Abitur wird gemacht. Also ohne Abitur kommt mir keiner aus dem Haus.“

„Die Tendenz geht ja nicht dahin, dass wir hier Schweißer oder Bauarbeiter suchen. Es geht ja wirklich in eine Richtung, wo Ausbildungsberufe mit einem Studium als Grundlage gesucht

werden. Und das wird der Weg sein, wenn er den einschlagen würde, würde er sich einen Standard leisten können, den wir uns im Moment leisten können."

„Dass die Kinder auf jeden Fall ein Studium abschließen, das ist für mich sehr wichtig. Ob die später diesen Beruf ausüben, das ist was ganz anderes. Die können von mir aus was ganz anderes machen, aber ein Studium abzuschließen, ein Allgemeinwissen zu haben, das ist sehr wichtig."

„Zu unserer Zeit war eine Ausbildung, das war schon was. Aber heutzutage, für unsere Kinder, wird das nicht mehr ausreichen. Für die Arbeitgeber nicht mehr, also für gute Arbeitsplätze wird das nicht mehr ausreichen. Es wird dann heißen: ‚Ach, nur eine Ausbildung hat sie.' Das versuche ich immer meinen Kindern beizubringen. Deshalb ist ein Studium sehr, sehr wichtig. Das ist alles. Wenn man gut leben will, ist das alles!"

„Uns bedeutet das gar nichts, wir brauchen Jakobs Abitur nicht. Wir halten ihm nur vor Augen, wir haben studiert, wir haben mal Abitur gemacht, uns dazu entschlossen und können uns das alles ringsherum hier leisten. Das könnten wir nicht, wenn wir es nicht getan hätten. Aber für uns selbst brauchen wir das nicht. Das machen wir ihm auch klar. Er muss es nicht für uns tun".

„Ich glaube, Erfolg kann nur auf Wissen und auf Information fußen. Und das ist Teil der Schule, das irgendwo zu vermitteln, und von dem her glaub ich schon, je höher das Level ist, das wir erreichen, umso besser ist es doch später bei der Berufswahl."

Selbstverständnis der Eltern: Leistung ist unabdingbar für die eigene Verwirklichung

Eigenständigkeit ist für Eltern aus dem Milieu der Performer ein zentraler Wert. Sie sind häufig als Selbstständige oder Freiberufler oder in gehobenen Positionen mit sehr eigenständigem Verantwortungsbereich tätig. Sie sind gewohnt, Verantwortung für sich und ihren Arbeitsbereich, aber auch für andere zu übernehmen. Performer beschreiben sich selbst als Menschen, die es nur deshalb zu etwas gebracht haben, weil sie ehrgeizig eine Vision, ein gesetztes Ziel verfolgt und entsprechende Chancen erkannt und genutzt haben.

Dies zeigt sich in einer überaus starken **Ziel- und Leistungsorientierung**, verbunden mit einem meist sehr hohen beruflichen Arbeitspensum. Das Motto: „Leiste was, dann kannst du dir was leisten", wie es ein Interviewpartner auf den Punkt gebracht hat, lässt sich als eingeschriebenes Diktum dieses Milieus generalisieren. Performer verstehen sich in diesem Sinne durchaus als Leistungselite, die sich von anderen abgrenzt, allerdings weniger im gängigen Verständnis von Leistung für die Gesellschaft.

Vorrangig geht es um Leistung für das eigene Ich, die aber niemals Selbstzweck ist: Leistung muss sich lohnen, muss ein besseres Leben ermöglichen und neue, vor allem bessere Verwirklichungschancen für das berufliche wie auch das private Leben eröffnen (Stichwort Lebensqualität). Gerade in dieser Hinsicht sehen sich Performer selbst für ihr Leben und die Verwirklichung ihrer Optionen verantwortlich.

Das zeigt sich auch in der Einstellung zur Erziehung: Performer sehen sich nicht nur in der Verantwortung für ihr eigenes Vorwärtskommen, sondern auch für das ihres näheren sozialen Umfelds, ihrer Familie. Das Ich als Zentrum des Lebens wird bei Performern in der Familienphase auf den Kreis der eigenen Familie erweitert. Bemerkbar ist in diesem Milieu damit ein Aspekt der sozialen Erdung im persönlichen sozialen Umfeld, das sich auch über weiter entfernte Kontakte im „Global Village“ erstrecken kann. Performer sind sich der Verantwortung für die eigene Familie bewusst und haben deshalb die Entwicklung ihrer Kinder fest im Blick. Dazu gehört selbstverständlich auch die Schullaufbahn, über deren Erfolg weitgehend die Einstellung und das Engagement der Eltern entscheiden. Zugleich leben sie ihren Kindern vor, zu was man es bringen kann, wenn man sich anstrengt und Leistung zeigt. Diese Einstellung wollen sie letztlich auch bei ihren Kindern sehen.

Von einem übergreifenden gesellschaftlichen Wertekonsens (den es so in dieser Form natürlich nicht gibt) sehen sich Performer allerdings weitgehend abgekoppelt. Gesellschaftliche Normen und Erwartungen werden zu einem Teil zwar erfüllt, weil man in dieser Gesellschaft lebt und sie als herangetragene Pflichten bestehen, aber sie werden nicht aus Überzeugung zu den eigenen Einstellungen / Überzeugungen gemacht. Hierin zeigt sich ein starker Ichbezug: Diese beschreiben ihr Leben *in* der Gesellschaft von sich aus. Es geht nicht um die Entwicklung der Gesellschaft im Gesamten, sondern um die **eigene Entwicklung in dieser Gesellschaft**. Im Gegensatz zu Etablierten oder Postmateriellen fehlt der Blick auf das kollektive Ganze. Die Grundeinstellung ist in dieser Hinsicht weniger davon geprägt, etwas gesellschaftlich bewegen zu können, sondern mehr davon, individuell etwas erreichen zu können.

„Mein Mathelehrer hat gesagt: ‚Leiste was, dann kannst du dir was leisten.‘ Das habe ich mir dermaßen eingehämmert, und das hat geholfen. Das hat wirklich geholfen. Und es hat was gebracht.“

„Ja, und dann arbeite ich so Stück für Stück voran. Man setzt sich neue Ziele, ein Stück weiter und höher gesteckt. Ja, dadurch entwickelt man sich, in jeder Hinsicht. Und das ist eigentlich das Schöne daran, wenn man über lange Zeit über seine Beschäftigung sich immer weiterentwickeln kann.“

„Also es ist nicht so, dass ich mir sage, ich muss meine Kinder unterstützen, weil das in der Gesellschaft […], weil man das in der Gesellschaft so macht. Gar nicht. Also, das mach ich, weil die Notwendigkeit da ist, und die Notwendigkeit besteht für mich nicht aus der Gesellschaft, definitiv nicht. Leben und leben lassen."

„Also ich sehe meine Verpflichtung gegenüber der Gesellschaft als eingelöst. Wenn ich meine Umsatzsteuer und meine Krankenkasse und alles bezahlt habe, finde ich, sollte das genügen. Also mehr Verpflichtungen sehe ich da auch nicht, ganz einfach."

Blick auf die Kinder – Entwicklung einer Leistungshaltung

Das charakteristische (wenn auch sehr vereinfachte) Motto „Leiste was, dann kannst du dir was leisten" kommt im Blick der Eltern auf die eigenen Kinder deutlich zum Vorschein: Kinder sollen und müssen lernen, Leistung zu bringen, um etwas erreichen zu können. **„Leistung und Lebensqualität"** ist dabei ein zentrales Begriffspaar für die Wertorientierung dieses Milieus. Lernen, Leistung zu bringen, ist deshalb bei den Eltern sehr positiv besetzt – einerseits für den Schulerfolg, andererseits als Grundlage für das spätere Leben.

Leistung bedeutet bei Performern eine komplexe Verschränkung von **Motivation, Potenzialen, Zielen und Distinktion**. Das wird vor allem daran deutlich, *wie* Eltern beschreiben, *was* sie sich von ihren Kindern erwarten und was sie bei der Erziehung ihrer Kinder fördern. Leistung erfolgt nicht aus einem Selbstzweck heraus, sondern steht immer in Verbindung mit einem konkreten Ziel (das Abitur, der Studienabschluss, die erfolgreiche Selbstständigkeit). Dabei führen Eltern dieses Milieus neben intrinsischen Motiven wie Selbstverwirklichung oder Freude an der Beschäftigung mit einer spezifischen Sache selbst sehr deutlich eine implizit instrumentelle, extrinsische Motivation an. Kinder sollen Motivation für das Ziel eines „Mehr" an Lebensqualität zeigen: aus Optionen auswählen können, auf der beruflichen Karriereleiter nach oben steigen, die eigenen Interessen und Potenziale verwirklichen, einer selbstbestimmten Tätigkeit nachgehen oder sich bewusst Konsum leisten können (z. B. Wellness-Auszeiten, Technikartikel, Reisen, Essengehen). Neben weiter in die Zukunft reichenden Fernzielen wird eine Leistungsorientierung auch mit konkreten Nahzielen plausibilisiert: in der nächsten Prüfung eine gute Note erhalten, im nächsten Tennisspiel den Gegner besiegen u. Ä.

Aus Perspektive der Performer ist insbesondere die Extrapolation und Entwicklung von individuellen Potenzialen und – damit verbunden – die Entwicklung distinguierter Kompetenzen wichtig: Eine gute Allgemeinbildung (Abitur) ist zentrale Voraussetzung für die Multioptionalität und Flexibilität des Ergreifens von beruflichen und privaten Chancen. Darüber hinaus geht es Performer-Eltern immer auch um die Entwicklung individueller Fähigkeiten und Fertigkeiten ihrer Kinder. Ein ausgeprägtes Interesse oder eine besondere Begabung in einem bestimmten Bereich fördern sie bewusst aktiv. Ob nun ein auffallendes mathematisch-analytisches Vermögen, eine außergewöhnliche künstlerische Begabung, wie Klavier oder Ballett, oder ein vielversprechendes sportliches Talent, z. B. beim Rudern oder Tennis: Im Fokus steht die Entwicklung von Potenzialen, die wiederum Distinktion und damit besondere und individuelle Optionen jenseits des Mainstreams für das spätere Leben ermöglichen.

Vor diesem Hintergrund arbeiten Performer darauf hin, dass ihre Kinder eine motivierte, aktiv **leistungsorientierte innere Haltung der Machbarkeit** entwickeln und sich selbst konkrete Ziele setzen. Glück und Zufriedenheit, das Wohl der Kinder, werden von den Eltern an die dynamische Verwirklichung von Leistung rückgebunden: Motivation entwickeln, Ziele setzen, Potenziale ausbauen, Distinktion erlangen, Chancen nutzen. Selbstständigkeit und Eigenverantwortung spielen dabei eine große Rolle: Kinder sollen lernen, Verantwortung für ihr Handeln zu übernehmen und auch die Konsequenzen daraus zu tragen. Die Einstellung wird den eigenen Kindern gegenüber generell klar und bewusst aufgezeigt: Die Kinder wissen, was die eigenen Eltern von ihnen erwarten. Wichtig ist den Eltern, dass dies keine einseitige Forderung ist, sondern die Kinder wissen, dass ihnen entsprechende Unterstützung durch die Eltern zur Verfügung steht, z. B. aktive Unterstützung im schulischen Bereich und bei Bedarf professionelle Nachhilfe, individuelle Förderungen im musischen und sportlichen Bereich, aber auch Belohnungen wie Markenkleidung oder exklusive Urlaube. Dazu gehört für Performer auch, ihren Kindern Leistungsorientierung selbst vorzuleben.

Entsprechend schenken die Eltern schon den frühen Entwicklungsjahren ihrer Kinder viel Aufmerksamkeit: Die große kognitive Aufnahme- und Lernfähigkeit soll möglichst effektiv und effizient für die Entwicklung einer leistungsorientierten Grundhaltung und distinguierter Kompetenzen genutzt werden (z. B. Englisch im Kindergarten, Musikunterricht ab 4 Jahren).

„Wenn die hier was Gutes oder Besseres erreichen möchten, dann müssen die auf eine gute Schule gehen, und das wussten die Kinder schon im Kindergartenalter, was für eine Vorstellung ich habe."

„Also man kann Kinder nicht überfordern. Bis zu einem gewissen Alter kann man in die das Wissen reinpumpen und das bleibt da drinnen, das ist der Wahnsinn. Und das nutzen die aus, das ist ja völlig gut."

„Also, der ist noch acht, aber er weiß, was ich von ihm erwarte. Ich glaube, das macht sehr viel aus, dass die Kinder wissen, was die Eltern von einem erwarten. Es ist aber nicht so, dass ich nur etwas erwarte und nichts gebe."

„Die haben alle einen Laptop, und die haben auch, jeder hat ein eigenes Zimmer bei uns, jeder hat auch einen eigenen Fernseher, außer meinem Sohn. Das habe ich aber bewusst nicht gemacht, weil er leider noch nicht die eigene Kontrolle über sich hat. Der ist acht."

„Das Wichtigste ist, sie ist glücklich und kann die Leistung bringen. Und wenn sie die Leistung sowieso bringen kann, dann macht sie das sehr gerne."

„Das Kind soll entscheiden: Was will ich wie in meinem Leben erreichen. Wir müssen nur rechtzeitig dem Kind zeigen, was das für Folgen hat, wenn du jetzt halt nicht lernst."

„Ja, und wenn das eine Fünf ist, dann weiß ich, da ist irgendwas schief gelaufen, und dann ist es für mich das Signal, da muss ich mehr kontrollieren. Aber da hat nicht der Lehrer Schuld. Da ist dann irgendwas beim Kind oder im Elternhaus nicht richtig gelaufen."

Umgang mit Schule – leistungsorientierte Haltung der Machbarkeit

Zentrale Aufgabe für den Schulerfolg ist für Performer die Förderung einer leistungsorientierten Haltung der Machbarkeit. Eltern dieses Milieus verfolgen die reflexive Strategie, welche die **Notwendigkeit von Leistung bewusst machen soll:** Die Kinder sollen erkennen, dass schulische Leistung wichtig ist – für die Schulnoten, einen sehr guten Abschluss, ein Studium oder eine hoch qualifizierte Ausbildung und damit für ein *gutes* Leben (in finanziellem Wohlstand). Wer Optionen verwirklichen und Chancen nutzen will, muss in dieser Logik Ziele haben, motiviert sein, seine Potenziale ausbauen und sich gegenüber anderen auszeichnen. Performer erziehen mit dem Ziel, dass die Kinder Leistung als einen zentralen Wert, als Haltung verinnerlichen. Dafür braucht es nach Ansicht vieler Eltern allerdings auch einen bewussten Denk- und Entwicklungsprozess beim Kind.

Aufgabe der Eltern ist, diese Haltung ihren Kindern bewusst vorzuleben: selbst Optionen entwickeln, Chancen nutzen, sich „reinhängen", beruflich erfolgreich sein (dies gilt für Frauen und Männer im Milieu gleichermaßen) und mit den Kindern kommunikativ reflektieren, warum Leistung wichtig ist (welche Chancen / Optionen hat man in der heutigen Gesellschaft mit einem Hauptschulabschluss und welche mit dem Abitur). Und dazu gehört auch, beim Kind gezielt Visionen für einen bestimmten Lebensstandard bzw. eine hohe Lebensqualität zu erzeugen: Was will ich mir einmal leisten können, wie will ich leben?

Konsequenterweise sehen Performer vor diesem Hintergrund maßgeblich die **Eltern und die Kinder selbst in der Verantwortung** für den konkreten Schul- und im weiteren Sinne Bildungserfolg. Die Gesellschaft hält nur das bereit, was sie bereithalten kann: Optionen. Aber diese Optionen und Chancen zu nutzen, liegt in der eigenen Verantwortung. Deshalb ist die ichbezogene funktionale Leistungsorientierung für dieses Milieu so zentral.

Bei aller Eigenverantwortung der Eltern und Kinder nehmen aber auch Performer an der Schule, gerade am Gymnasium, einen Druck durch zunehmende schulische Leistungsanforderungen wahr. Markant ist, dass es dabei weniger um die Schulnoten selbst geht. Diese sind vor allem deshalb relevant, weil sie letztlich über spätere Zugangschancen zum Studium oder zu anspruchsvollen Ausbildungen entscheiden. Viel wichtiger sind den Eltern bei den Kindern aber Orientierung und die Bereitschaft zur Leistung wie auch das Erbringen von Leistung in der komplexen Verschränkung von Zielen, Motivation, Potenzialen und Distinktion. Und das ist in der Logik dieses Milieus nur konsequent, denn mit Leistung ergeben sich gute Schulnoten! Erst hier werden Schulnoten relevant: Sie sind ein Indikator für Leistung und ein Mechanismus der individuellen Kontrolle, ob in der Schule alles rund läuft.

Kontrolle und Information sind dabei für die Eltern des Milieus wichtig: Sie wollen über den aktuellen Leistungsstand informiert sein, weil es unabdingbar zu ihrem eigenen zielstrebigen Erziehungsverständnis gehört, die Entwicklung ihres Kindes optimal zu begleiten und zu fördern. Informiertheit ermöglicht auch rasches Eingreifen, etwa bei Leistungsabfall oder abnehmender Motivation. Dies kann zum Beispiel bedeuten, zeitnah den Kindern die Konsequenzen ihres Handelns bzw. Nichthandelns für die Zukunft aufzuzeigen: „Wenn du nur einen Hauptschulabschluss hast, dann kannst du dir eben nicht diesen Standard leisten wie deine Eltern."

Innerhalb des Milieus ist der Umgang mit der Organisation des Schulalltags wie auch der Umgang mit Noten allerdings differenziert zu betrachten: Zum einen zeigt sich im Submilieu der *liberalen Performer* die Tendenz, schlechtere Noten in bestimmten Fächern zu tolerieren, wenn in anderen Bereichen ein besonderes Potenzial sichtbar wird und sich auch anhand guter Noten zeigt. Hier ist die Organisation des Schulalltags eher den Kindern selbst überlassen und die Eltern kümmern sich weniger um die Hausaufgaben oder haben, wie im Etablierten Milieu häufig anzutreffen, ein professionelles Arrangement „eingekauft". Bei einem anderen Teil der Performer – jenen, die in der Familienphase näher an die Bürgerliche Mitte herangerückt sind – spielen Noten und Gesamtleistungen dagegen eine sehr große Rolle. Zugleich zeigt sich hier eine erhöhte aktive Unterstützung durch die Eltern im praktischen Schulalltag (einzelne Hausaufgaben kontrollieren, bei Hausaufgaben direkt helfen, auf Prüfungen vorbereiten). Solche konkreten Unterstützungsleistungen werden vielfach auch durch die Väter geleistet.

„Die Kinder unterstützen, indem ich die Hausaufgaben nachgeguckt habe, das habe ich nie gemacht."

„Und über solche Vergleiche versuchen wir ihm klarzumachen, dass er sich mal langsam auf den Hosenboden setzen muss und sich eigene Ziele setzen muss und so einen Ehrgeiz entwickeln, um dann auch die Ziele zu erreichen. Die können wir ihm natürlich nicht aufzwingen, da muss bei ihm irgendwo im Kopf so ein Denkprozess stattfinden, er muss es erkennen."

„Trotzdem versuche ich beide dazu anzuhalten, dieses Lernen lernen. Weil es muss eine Regelmäßigkeit in die Kinder rein, die halt dann auch möglichst selbstständig durchgeführt wird. Irgendwann werden sie mal nicht mehr drum herumkommen, dann wird der Stoff so massiv und so viel sein und dann wird sicherlich auch Druck entstehen. Ganz klar. Und das muss man halt jetzt schon mal so ein bisschen vorbereiten, damit die wissen, wohin die Reise geht."

„Wir müssen ihm da irgendwas ermöglichen. Wie gesagt, wir wollen ihn nicht zu früh unter Druck setzen, wir wollten ihm nur rechtzeitig alle Konsequenzen aufzeigen und er soll selbst entscheiden, welchen Weg er gehen möchte."

„Und da stacheln wir ihn jetzt an und bei jedem kleinen Erfolg versuchen wir Anreize zu setzen, indem wir sagen: ‚Mensch, jetzt hast du eine Eins geschafft, komm, da arbeite weiter dran, jetzt weißt du, wie du es vorbereiten musst.' Und durch eine Wiederholung versuchen wir halt, diesen Ehrgeiz bei ihm zu entwickeln. Für mich ist Erfolg einmal Bestätigung dafür, dass ich es gut gemacht habe, aber auch Anreiz, mir eine neue Aufgabe zu suchen. Und soweit wollen wir ihn halt bekommen."

„Ich muss ja checken, haben sie Hausaufgaben auf und so weiter, und ich helf' natürlich auch bei den Hausaufgaben und erkläre da auch."

„Wenn was auf ist, dann ist es auf- und abzuarbeiten. Und wenn es gemacht ist, ist es erledigt, und dann kann er Freizeit haben. Aber das nur vor sich herzuschieben und das halbherzig zu machen, das kann ich nicht ertragen. Das kann ich in meinem Team nicht ertragen, das könnte ich selbst nicht."

Alltagsroutinen: Familien-Zeit-Management

Im Milieu der Performer sind meist beide Elternteile berufstätig, häufig als Selbstständige oder Freiberufler mit Arbeitszeiten jenseits der Normalarbeitszeit „von acht bis fünf“. Die Frage der Vereinbarkeit von Beruf und Familie spielt für Männer und Frauen im Milieu eine sehr große Rolle, wenngleich auch bei den Performern häufiger die Väter ihre Karriereziele verwirklichen und die Mütter in der Familienphase beruflich kürzertreten (ihre Berufstätigkeit unterbrechen sie meist aber nicht oder nur sehr kurz nach der Geburt der Kinder). In die Familie und Erziehung wollen sich beide Elternteile einbringen – wenn man sich bewusst für die Familie entschieden hat, will man auch hier Leistung bringen und familiäre Verwirklichungschancen nutzen. Ihrer professionellen Berufseinstellung entsprechend organisieren Performer auch ihren familiären Alltag professionell („Familien-Management“): Ziel ist es, die Anforderungen aller Familienmitglieder – aus der Perspektive von Performern positiv gewendet als aktuelle „Herausforderungen“ – erfolgreich zu meistern. Dafür braucht es passende Strukturen, die flexibel gehandhabt werden, um auch auf neue Umstände schnell reagieren zu können. Die Struktur ist kein Selbstzweck, sondern dient dem Bewältigen aktueller Herausforderungen. In dieser Hinsicht sind Pläne nichts, aber Planen ist alles. Gelingender Alltag ist letztlich **eine Frage der Organisation**.

Unter der Woche ist das Familienleben meist sehr eng getaktet: Aufstehen, berufliche Tätigkeit beider Eltern (meist zeitversetzt), Schule, Hausaufgaben, individuelle Förderung und Hobbys der Kinder in Musik, Sport und Kunst, eigene sportliche Betätigung und anderes müssen effektiv und effizient unter einen Hut gebracht werden. Insbesondere individuelle Interessen und Neigungen der Kinder werden von den Eltern engagiert unterstützt. Daher sind sie mit Hol- und Bringdiensten, z. B. für Chor, Klavierunterricht, EDV-Kurs, Schwimmen oder Tennis, eingebunden. Dabei ist aber klar, dass es sich um eine **vorübergehende Phase** handelt: Irgendwann sind die Kinder groß genug, dies selbstständig bewältigen zu können (Eigenverantwortung). Gerade im Bereich der sportlichen und künstlerischen Förderung der Kinder sind aktuell wahrgenommene Angebote immer auch eine Option: Es geht vorrangig nicht um eine auferlegte, notwendige Kontinuität (anfangen und dabeibleiben), sondern um den Test von Optionen, die Leistung und damit auch Distinktion ermöglichen. Deswegen gibt es auch kein dogmatisches Festhalten an der einmal gewählten Sportart oder dem einen Musikinstrument, sondern ein der jeweiligen Situation angepasstes Nutzen von Chancen. Wenn z. B. ein besonderes Talent im Tennis vorhanden ist und damit die Chance auf sportlichen Erfolg besteht, wird Tennis auch leistungsorientiert weiterverfolgt.

Häufig kümmert sich in diesem Milieu **ein Elternteil** überwiegend um die Betreuung der Kinder. Das ist in vielen Fällen die Mutter, wenn der Vater beruflich erfolgreich eine hohe Position bekleidet und die Familie (gut) ernährt. In anderen Fällen ist es aber auch die Mutter, die ihre berufliche Karriere weiterverfolgt, während sich der meist selbstständige Vater aufgrund seiner freieren Zeiteinteilung um die Organisation des Schulalltags und die Betreuung am Nachmittag kümmert. Beide Modelle werden von Performern allerdings nicht aus einer Gleichstellungsperspektive oder aufgrund dogmatisch-traditioneller Vorstellungen angenommen oder abgelehnt. Es geht ganz in der Logik dieses Milieus vielmehr darum, durch das **effizienteste berufliche und familiäre Arrangement** die Chancen der Familie zu nutzen und Lebensqualität zu ermöglichen. Und das bedeutet, dass derjenige oder diejenige in der Familienphase voll weiterarbeitet, dessen Tätigkeit dem familiären Vorwärtskommen am meisten nützt, was als durchaus pragmatische Entscheidung zu verstehen ist.

„Ich weiß einfach, dass es mir und meinen Kindern sehr gut geht, wenn ich berufstätig bin."

„Immer bin ich diejenige, die da hinfährt und wieder abholt. Mein Mann, der fährt die Kinder wirklich morgens in die Schule und dann fährt er selbst in sein Büro und ist wahrscheinlich erst um Mitternacht zurück. Also ich bin diejenige, die sich wirklich um alles kümmert. Was jetzt Kindererziehung angeht, würde ich sagen: 80 Prozent."

Unter der Woche wird viel Zeit für berufliche und individuelle Tätigkeiten aufgewendet – von den Eltern z. B. für Beruf und Sport, aufseiten der Kinder für Schule, Sport, Musik, AGs u. Ä. Deshalb ist den Eltern wenigstens eine gemeinsame Zeit am Tag bzw. am Wochenende sehr wichtig. Das kann regulär das gemeinsame Frühstück unter der Woche oder auch eine gemeinsame Aktivität am Wochenende sein, z. B. Einkaufen oder Schwimmen. Diese gemeinsame Familienzeit wird als wichtiger „Raum" erfahren, um die Familie auch *als Familie* zu erleben. Wirklich *freie Zeit* (eigene Zeit für sich) ist für Performer als Ausgleich zu ihren leistungsorientierten beruflichen Tätigkeiten aber ebenso wichtig. Insbesondere sportliche Aktivitäten werden kontinuierlich verfolgt, um sich selbst fit zu halten und von den Strapazen des beruflichen Alltags zu erholen.

„6.30 Uhr, da werden wir alle wach, sogar die Kleine mit fünf Monaten, weil ich einfach denke, wenn ich jetzt nach sechs Monaten wieder anfange zu arbeiten, da muss sie sich daran gewöhnen, so früh aufzustehen, und je eher ich damit anfange, desto besser ist das auch für sie."

„Dass man zumindest einen Zeitpunkt am Tag hat, wo man sich zusammensetzt, wo man auch mal reden kann über alles. Und wo man auch die Stimmung abgreifen kann, ob alles und wie alles läuft.“

„Fast jeden Tag haben die eine Sportaktivität, entweder ist das Schwimmen, Fußball oder Rudern, je nachdem, was sie an den Tagen haben, und am Abend ist mein Mann leider nicht da zum Abendessen.“

„Wichtig ist mir, dass wir genug Zeit haben zur Erholung. Egal, ob wir das hier zu Hause machen oder im Urlaub. Es gelingt nicht immer. Und wichtig ist mir eigentlich, dass wir einen sportlichen Ausgleich haben, damit wir recht lange gesund bleiben und den beruflichen Strapazen widerstehen können.“

Aufgabe der Schule: Wissensvermittlung

Eltern aus dem Milieu der Performer sehen keinen umfassenden Erziehungsauftrag der Schule. Die Hauptaufgabe der Schule, vor allem in ihrer derzeitigen Form und Ausprägung, ist die **Vermittlung von Wissen.** Schule hat in dieser Hinsicht nur eine Teilfunktion für den Schulerfolg, die Hauptverantwortung für die Bildung sehen Performer bei den Eltern und Kindern. Die Chancen und Risiken des Schulerfolgs hängen also maßgeblich vom Kind selbst und von der Förderung durch die Eltern ab. Darin zeigt sich eine stark individualistische Perspektive auf das Fortkommen der eigenen Kinder. Kritik am öffentlichen Schulsystem entzündet sich gerade dort, wo die Entwicklung des eigenen Nachwuchses durch andere Kinder behindert wird, die zum Beispiel den Unterricht stören oder leistungsschwächer sind. Da in der Schule mit ihren meist großen Klassenverbänden darauf geachtet werde, dass *alle* das Klassenziel erreichen, sei die optimale Förderung der leistungsstärkeren Kinder, und das sind meist die eigenen, nicht gewährleistet. Performer sehen hier zwei negative Konsequenzen: Zum einen sei keine individuelle Förderung nach Leistungsstand und Begabungen der Kinder möglich, weil die Lehrer / -innen immer *alle* im Blick haben müssen. Zum anderen sei kein reibungsloser Ablauf des Unterrichts gegeben. Insofern ist Performern Disziplin wichtig. Was sich zunächst paradox anhört, ist allerdings im Kontext der Förderung zur Leistungsorientierung nur logisch: Die Kinder brauchen einen geordneten und konsequent organisierten schulischen Rahmen, damit sie effizient lernen und individuelle Potenziale entfalten können. Vor diesem Hintergrund **befürworten viele Eltern das dreigliedrige Schulsystem**, weil es nach individuellem Leistungsvermögen selektiert und somit auch die unterschiedliche Entwicklung von Leistungsgruppen fördert. Das ist auch im Hinblick auf Distinktion wichtig: Leistung bedeutet für Performer auch, sich gegenüber anderen auszuzeichnen und dadurch (mehr) Chancen zu bekommen. Hat aber jeder das Abitur, wird dieser Abschluss entwertet, weil er nichts Besonderes mehr ist und die Guten nicht hervorhebt und belohnt.

Lehrerinnen und Lehrer werden von Performern vor allem als fachdidaktische Vermittlungsinstanz an der Schule erlebt und auch gefordert. Ihre zentrale Aufgabe ist es, die Ressourcen und Potenziale des Kindes individuell zu explorieren und zu fördern. Dies ist jedoch im öffentlichen Schulsystem aufgrund der Klassengrößen und der zu geringen Selektion nicht im gewünschten Ausmaß möglich. Während die Eltern sich selbst in der Verantwortung für die Erziehung sehen, sollten Lehrer die Verantwortung für die Wissensvermittlung haben und diese auch konsequent, professionell und damit effizient wahrnehmen. Dass viele Eltern teilweise mit Anwälten und Klagen in das schulische Fortkommen ihrer Kinder eingreifen, sehen Performer eher kritisch – auch deshalb, weil es zu sehr die schulischen Abläufe behindere. Eine Folge dieser Kritik am öffentlichen Schulsystem ist die private Organisation von professionellen Arrangements (hier besonders Privatschulen). Beklagt wird stellenweise ein Autoritätsverlust der Lehrer.

Deutlich kritisiert wird von Performern angesichts der im Beruf selbstverständlich geforderten eigenen beruflichen Mobilität die **föderale Ausprägung** des Bildungssystems mit seiner uneinheitlichen Lehrplangestaltung: Schulwechsel der Kinder werden so erschwert und unnötige Kosten durch andere Schulbücher oder sogar Rückstufungen verursacht.

„Erziehung ist nicht Aufgabe der Schule. Denken, glaube ich, ganz viele Eltern, ist aber nicht so. Ich weiß nicht, wie man auf diese Idee kommen kann. Ich würde die Erziehung meiner Kinder nicht einer anderen Institution überlassen."

„Die Schule hat eher die Einstellung, dass über das Wochenende nichts aufgegeben werden soll, dass sich die Schüler da erholen. Das finden wir nur verkehrt, weil gerade da [hat] man durchaus mal jeden Tag Ruhe und Zeit, eine Stunde zu opfern, und das finden wir nicht zu viel. Aber am Wochenende gibt's leider nichts auf."

„Wir denken, die Schule hat halt nicht mehr den Einfluss auf die Kinder, den es früher mal gegeben hat. […] Insgesamt hat die Autorität der Lehrer stark abgenommen. Ja, das ist leider sehr bedauerlich, aber im Moment auch nicht zu ändern."

„Mein Sohn hat einfach keinen Bock gehabt auf diese ganzen Heinis, die da manchmal in blöder Weise den Unterricht völlig zum Stagnieren bringen, weil der Lehrer ist halt bemüht, dass

er die Drei, Vier, Fünf irgendwie auch ans Klassenziel bringt. Und das ist völlig klar, dass die, die eigentlich viel mehr Futter brauchen, absolut auf der Strecke bleiben. Da können die, die normal drauf sind, froh sein, wenn sie ihren Stoff komplett vermittelt bekommen.“

„Und auf weiterführenden Schulen dieser Druck. Du musst das jetzt machen, du musst das jetzt lernen, du musst das jetzt können. Ich muss das jetzt nicht können, ich kann das auch morgen können, gebt mir doch auch einfach die Zeit.“

Visionen für eine optimale Förderung

Optimale Förderung heißt für Performer vor allem: **Exploration und Förderung von individuellen Potenzialen.** Natürlich ist den Eltern eine gute Allgemeinbildung wichtig – der Unterricht muss in dieser Hinsicht über die gesamte Wissensbreite Kompetenzen vermitteln und somit Optionen in die unterschiedlichsten Richtungen eröffnen. Um dann aber die Chancen zu optimieren, kommt es auf die Entwicklung individueller Kompetenzen an. Dafür muss der Unterricht möglichst effizient, vor allem ohne Zeitverluste, organisiert sein. Insofern hat für Eltern dieses Milieus ein individualisierender Unterricht, der den persönlichen Leistungsstand wie auch die individuellen Ressourcen und Potenziale der einzelnen Kinder berücksichtigt, besonderen Stellenwert – was sie beim gegenwärtigen öffentlichen Schulsystem nicht gegeben sehen. Viele Eltern im Milieu betonen sogar, dass sie im Hinblick auf den Erwerb von Wissen und die individuelle Leistungsentwicklung Einzelunterricht für ihr Kind bevorzugen würden, sehen sich aber finanziell nicht dazu in der Lage oder befürchten im Bereich der Sozialkompetenz negative Auswirkungen.

Kontinuierliche **Individualförderung im öffentlichen Schulsystem** setzt für Performer vor allem Folgendes voraus:

- Deutlich größere zeitliche Ressourcen und vor allem wesentlich kleinere Klassen, um den allgemeinen Wissensstand vertiefter vermitteln und individuelle Potenziale bei einzelnen Schülerinnen und Schülern überhaupt vernünftig explorieren zu können.
- Flexible Lehrpläne, damit ein individuelles Fördermanagement in den regulären Lehrplan und die Curricula integriert werden kann.
- Motivierte und besonders qualifizierte Lehrer / -innen, die das Potenzial und das Ziel haben, nicht nur Wissen, sondern auch eine leistungsorientierte innere Haltung zu vermitteln.

Generell wünschen sich Eltern einen schnellen und direkten Kontakt zur Schule und zu den Lehrerinnen und Lehrern, insbesondere die schnelle Kommunikation via E-Mail. So sehr Performer die Wissensvermittlung als Verantwortungsbereich der Schule begreifen, so wichtig ist ihnen doch die Kontrolle über den Leistungsstand der eigenen Kinder. Positiv fallen Schulen auf, die sich professionell und innovativ zeigen und sich auch so präsentieren: z. B. moderne Formen des Unterrichts, Neue Medien (z. B. Whiteboards) in den Klassen, Projektarbeit, Individualförderung und sinnvolle Verknüpfung von Unterrichts- und Lerneinheiten. Dazu gehört auch, bei Tagen der offenen Tür direkt, motiviert und kompetent auf Eltern zuzugehen.

„Es gab Lehrer, da hat einem der Unterricht Spaß gemacht, und prompt waren doch eigentlich die Noten viel besser, weil man da mit einem gewissen Enthusiasmus, mit einer gewissen Freude an die Sache rangehen kann."

„Also ich glaube, die optimale Förderung für mein Kind wäre Einzelunterricht in Mathe, wo man gezielt auf Fragen eingehen kann und man irgendwie sehr schnell einen Haufen Gebiete abstecken kann. […] Optimal wäre halt, wenn auf einzelne Kinder mehr eingegangen würde. […] Also, da müsste ich einen Privatlehrer engagieren, wenn ich mehr will."

„Eigentlich ist eher Ziel, dass er die Zeit nutzt an der Schule. Wo ein Lehrer dabei ist, sich die Sachen nochmals erklären lässt oder die Hausaufgaben macht, und alles andere soll er sich ansonsten hier selbstständig erarbeiten, und das abends bloß dann noch zur Kontrolle vorlegen."

„Dann habe ich gesehen, je mehr Sachen wir sehen, je mehr die Kinder lernen und sehen, wie andere Leute auf der Welt leben, wie die leben, was für Kulturen die haben, desto mehr können die sich das vorstellen in der Schule oder wo auch immer, wovon geredet wird. Weil nur so kann man sich ein Bild davon machen."

3.5 DELTA-Milieu „Bürgerliche Mitte"

Der leistungs- und anpassungsbereite bürgerliche Mainstream: Streben nach beruflicher und sozialer Etablierung, nach gesicherten und harmonischen Verhältnissen; Erhalt des Status quo; Wunsch, beruflich und sozial „anzukommen", um beruhigt und aufgehoben ein modernes Leben führen zu können. Die zunehmend verlangte Flexibilität und Mobilität im Beruf sowie biografische Brüche (perforierte Lebensläufe) werden jedoch als existenzielle Bedrohung erfahren.

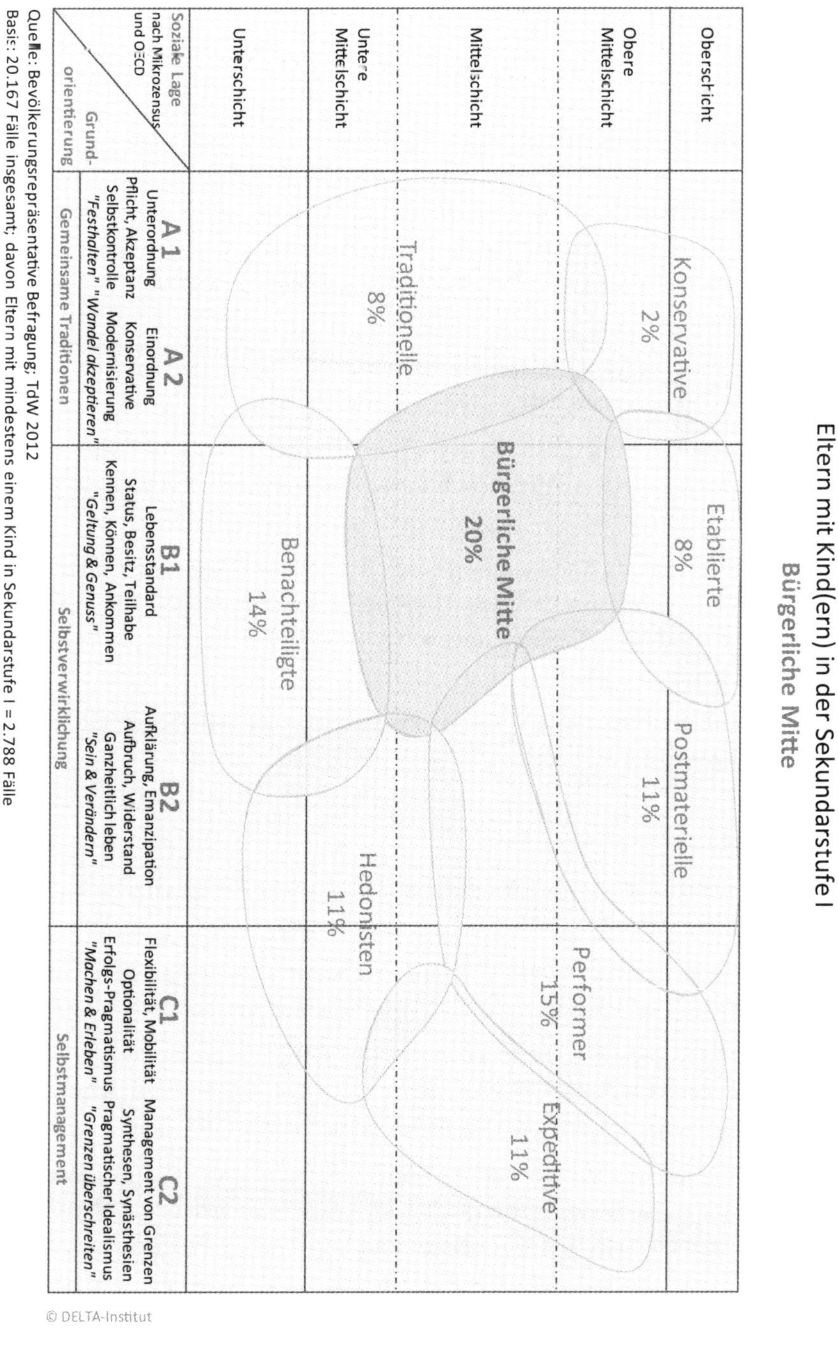

Abb. 3.11: Eltern mit Kind(ern) in der Sekundarstufe I – „Bürgerliche Mitte“

Identität und Lebensstil

Identität

- **Weltbild:** Die Gesellschaft verändert sich permanent; man muss aufpassen, den Anschluss nicht zu verpassen, sollte aber auch nicht jedem Trend hinterherlaufen; dominante Perspektive von Konformität und Abweichung: Orientierung an den Erwartungen anderer, Streben nach Anpassung und grundsätzliche Bereitschaft sich einzufügen (Was wird verlangt? Wer genügt den Anforderungen? Wer weicht ab?)
- **Selbstbild (Ich-Ideal):** der moderne, aufgeschlossene und respektierte Bürger in der Mitte der Gesellschaft
- **Abgrenzung:** wenig Toleranz gegenüber dem Extremen und Randständigen einerseits, Distanz zum allzu Traditionsverhafteten und Rückständigen andererseits
- **Leitmotiv:** soziale Anerkennung durch Aufstieg und Anpassung an die moderne Entwicklung („gesunder Opportunismus"); Harmonie und Intaktheit als prägende Grundwerte; Orientierung sowohl an der Hochkultur als auch am populären Spannungsschema
- **Ausstrahlung:** freundlich, sympathisch, nett, menschlich, unprätentiös, gefällig, zeitgemäß

Lebensstil

- Vernunftbetontes Streben nach einer Balance von Arbeit und Freizeit, von persönlichen Interessen und familiären Ansprüchen
- Wunsch nach Lebensqualität, Komfort und Genuss; ausgeprägte Convenience-Ansprüche, Selbstbewusstsein als Verbraucher, Smartshopper-Einstellung
- Konsumpriorität: ein gut ausgestattetes, gemütliches Heim und gepflegtes Outfit; aber auch für Auto, Urlaub, Freizeit und nicht zuletzt die Kinder wird, sofern man nicht zum Sparen gezwungen ist, gerne Geld ausgegeben
- Freizeitgestaltung in und mit der Familie: gemeinsame Spiele, Radtouren, wandern, in den Zoo oder Freizeitpark gehen, Spazieren gehen, die Natur genießen; mit Tieren beschäftigen, Großeltern und Verwandte besuchen

- Haus und Garten als Passion: Man gestaltet / dekoriert gerne die eigene Wohnung, blättert dazu in Wohnzeitschriften und bummelt in Einrichtungsgeschäften und arbeitet am eigenen Garten
- Durch den Beruf bedingte Erholungsbedürfnisse mit ausgeprägten Aktivitätswünschen: rauskommen, etwas unternehmen, unter Menschen sein; aber auch familienstressbedingte Escape-Bedürfnisse bei Frauen (in Ruhe allein zu Hause Kaffee trinken und ein Buch lesen, einmal einige Stunden oder auch Tage ohne Mann und Kinder mit einer guten Freundin verbringen) und auch bei Männern (Mountainbiketour, Segeltörn mit den Kumpels, Männerabend, eine Woche zum Motorradfahren, Vereinsaktivitäten)
- Pflege enger Freundschaften: gute Freunde einladen, zusammen essen, Spieleabende, Grillen im Garten, sich austauschen, Rat und Tipps geben zu Modernisierungsplänen am Haus, zur Kindererziehung und zum eigenen Berufsalltag
- Freizeitsport und gemeinsame Unternehmungen mit der Clique (meist eine Gruppe untereinander befreundeter Paare und Familien in ähnlicher Lebenslage): joggen, Tennis, Tischtennis und Squash spielen, Boot fahren, gemütliche Radausflüge, kegeln, zusammen ins Kino oder Theater gehen, einen Tanzkurs absolvieren, das Wochenende oder den Urlaub irgendwo gemeinsam verbringen

Soziale Lage der Familie

Bildung

	Vater	**Ø**	**Mutter**	**Ø**
	%	%	%	%
Haupt- / Volksschule ohne Lehre	0,9	6,4	1,3	8,4
Haupt- / Volksschule mit Lehre	30,4	25,2	27,8	23,9
Weiterführende Schule ohne Abitur	56,7	30,2	60,6	39,8
Fach- / Hochschulreife ohne Studium	8,2	12,4	9,0	17,4
Fach- / Hochschulreife mit Studium	3,8	25,8	1,3	10,5

Berufliche Position

	Vater	∅	Mutter	∅
	%	%	%	%
Selbstständige(r) ohne Beschäftigte	6,6	4,6	2,6	2,2
Selbstständige(r) mit bis zu 9 Beschäftigten	7,4	5,8	1,4	2,3
Selbstständige(r) mit 10 und mehr Beschäftigten	0,0	1,2	0,0	0,1
Freiberufler	0,0	3,2	0,0	1,7
Leitende Angestellte	0,0	10,7	0,0	1,9
Qualifizierte Angestellte	10,1	20,8	8,4	19,5
Mittlere Angestellte	16,0	6,5	38,8	19,1
Einfache Angestellte	9,4	6,6	35,8	32,4
Beamte: höherer / gehobener Dienst	0,0	2,9	0,0	0,3
Beamte: mittlerer / einfacher Dienst	3,2	1,9	1,3	1,5
Facharbeiter	42,5	23,6	6,0	3,5
Arbeiter: schwierige Arbeiten	4,8	8,7	2,4	2,8
Arbeiter: einfache Arbeiten	0,0	3,4	3,3	12,7

Haushaltsnettoeinkommen

	BÜM	∅
	%	%
Bis unter 1.000 Euro	1,4	1,7
1.000 bis unter 1.500 Euro	2,6	14,1
1.500 bis unter 2.000 Euro	18,7	5,1
2.000 bis unter 2.500 Euro	18,9	18,1
2.500 bis unter 3.000 Euro	24,2	16,9
3.000 bis unter 4.000 Euro	24,6	23,8
4.000 bis unter 5.000 Euro	7,8	13,1
5.000 Euro und mehr	1,8	7,1

	im Milieu	∅ der Eltern
Alleinerziehende(r)	**5,8 %**	7,9 %
Familienernährerinnen	**13,6 %**	17,4 %

Quelle: Repräsentative Bevölkerungsbefragung TdW 2012
Basis: Eltern mit Kind(ern) in der Sekundarstufe I = 2.788 Fälle (= ∅)

Erwerbstätigkeit und eigenes Einkommen der Mütter

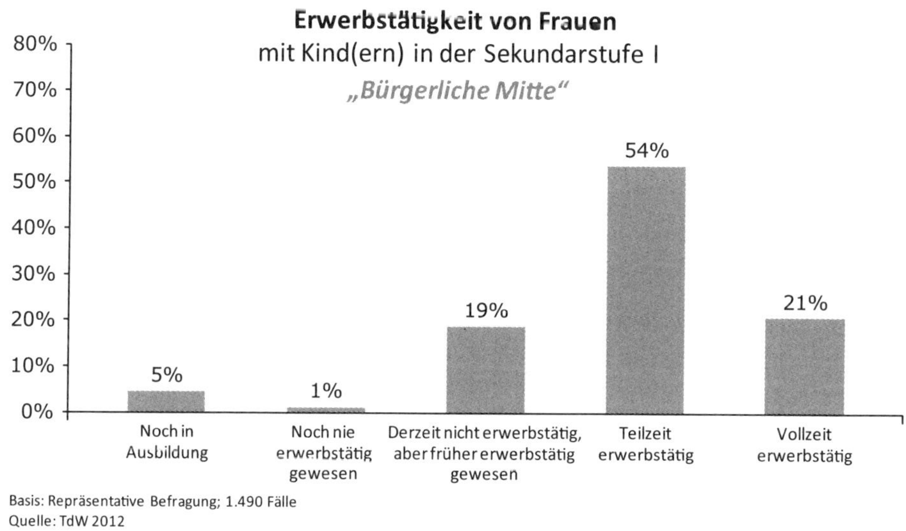

Abb. 3.12: Erwerbstätigkeit von Frauen mit Kind(ern) in der Sekundarstufe I – „Bürgerliche Mitte“

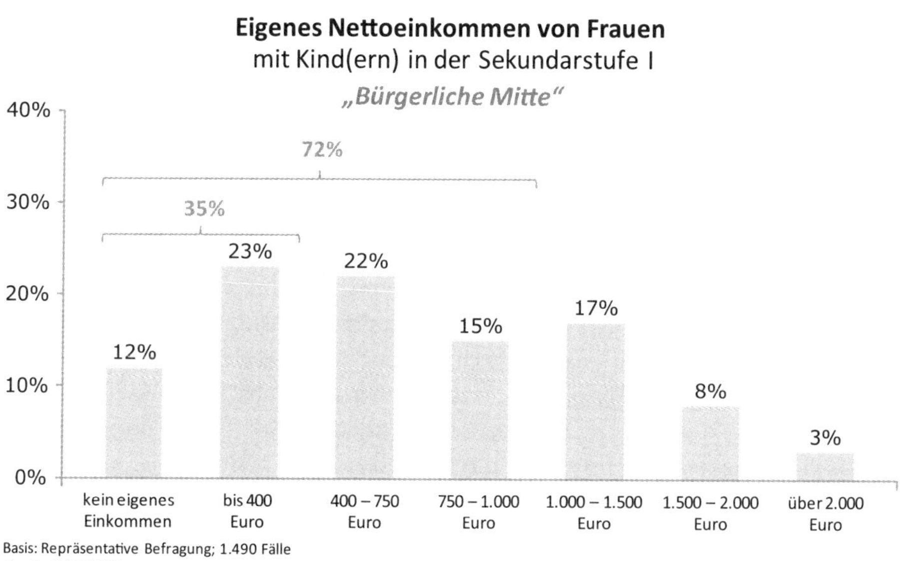

Abb. 3.13: Eigenes Nettoeinkommen von Frauen mit Kind(ern) in der Sekundarstufe I – „Bürgerliche Mitte“

Höhere Bildungsabschlüsse setzen familiäres Fördermanagement voraus

Dem Schulerfolg kommt im Lebenslauf der Kinder eine zentrale Bedeutung zu: Er entscheidet über die Chancen des Kindes in der Zukunft. Bildung ist *der* Schlüssel für Aufstieg, soziale Integration, Akzeptanz und Partizipation. Eine gute Bildung ist eine notwendige Basis, ohne die man im Leben zu scheitern droht – als Kind wie als Mutter oder Vater. Eltern der Bürgerlichen Mitte möchten ihren Kindern in der leistungs- und wettbewerbsorientierten Gesellschaft daher zu der **bestmöglichen Ausgangsposition** verhelfen, d. h. einen guten Schulabschluss (Noten!) erreichen, um einen sicheren Beruf erlernen zu können. Ziel ist, dass das Kind später einmal eine sichere berufliche Existenz aufbauen kann, sich etwas leisten kann und einen gewissen Status erreicht. Der Schulerfolg des Kindes ist auch wichtig für den sozialen Status der Eltern.

„Die Kinder, die einen schlechten Schulabschluss haben, haben es ja noch schwerer, einen guten Beruf zu bekommen."

„Das Abitur alleine reicht nicht mehr, sondern es hängt ganz stark von den Noten ab, die man erreicht."

„Ich will auch, dass meine Kinder einen guten Stand in der Gesellschaft haben. Man will ja seinen Status auch halten."

„Mein älterer Sohn hat erkannt, dass, wenn er Erfolg im Beruf haben will, wenn er einen höheren Schulabschluss haben möchte, dann muss er eine gewisse Leistung bringen."

Aus Sicht der meisten Eltern der Bürgerlichen Mitte können Kinder Schule heute nur noch erfolgreich (und zufrieden) durchlaufen, wenn sie zu Hause konstante Hilfe erhalten. Deshalb ist die aktive Unterstützung der Kinder bei der Bewältigung von Schule durch dauerhafte, tägliche Hilfe bei den Hausaufgaben und der Vorbereitung auf Tests und Klassenarbeiten eine soziale Norm, der sich kaum jemand in diesem Milieu entziehen kann. Mehr noch: Durch die Beobachtung anderer Eltern im nahen Umfeld entwickelt sich eine Steigerungsdynamik, immer noch mehr zu tun, weil andere noch intensiver mit ihrem Kind arbeiten könnten und so das Leistungsniveau in der Klasse noch weiter ansteigt. Dies erzeugt bei Eltern einen enormen Druck. Eltern, die – aus den unterschiedlichen Gründen – dieser Norm nicht gerecht werden können, leiden massiv, machen sich Vorwürfe, und hadern stärker mit sich als mit dem System.

In der harten Leistungs- und Wettbewerbsgesellschaft sind die Eltern die **Beschützer ihrer Kinder**. Ziel ist es, diese unbeschadet durch die Anforderungen der Schule zu bringen und ihnen einen guten Start für das weitere Leben zu ermöglichen. Ohne Hilfe der Eltern kann dies, so die verbreitete Sicht in diesem Milieu, heute nicht mehr gelingen. In diesem Modell sind nicht (mehr) die Kinder die Hauptverantwortlichen für ihren Schulerfolg, sondern die Verantwortung wird auf die Eltern verlagert. Der Wunsch, alles richtig zu machen, führt teilweise zu einer Überfürsorge, bei der es auch darum geht, Frustrationserlebnisse (Scheitern) von den Kindern fernzuhalten – Stichwort „Helikoptereltern“. Besonders hoch ist der Druck, wenn die Kinder das Gymnasium besuchen. Wer das Abitur zum Ziel erklärt hat, ist in diesem Milieu *auch* bereit, seine eigenen beruflichen Ziele und persönlichen Interessen zurückzustellen, um sein Kind begleiten zu können. Ausnahme sind jene Eltern, deren Kinder problemlos und mit sehr guten Noten die Schule durchlaufen. Sie sind jedoch in der Minderheit.

Eltern der Bürgerlichen Mitte akzeptieren die Strukturen und Anforderungen der Schule („Es ist, wie es ist“) und reagieren mit hohem persönlichen Engagement. Nicht gegen Lehrer, Mängel an der Schule oder gar das Schulsystem aufbegehren und der Norm genügen: Das scheint ihnen der bessere Weg. Ihr Ziel ist nicht, die Strukturen zu verändern, sondern das Kind pragmatisch durch die Schule zu bringen.

Der ausgeprägte Wunsch, den eigenen Kindern eine **glückliche Kindheit** zu bieten („eine echte Kindheit haben“) konkurriert und kollidiert mit der Sorge, ihnen möglicherweise **Chancen für die Zukunft** zu verbauen, wenn man sie nicht schulisch bestmöglich fördert und von ihnen höheren Einsatz und überdurchschnittliche Leistung fordert. Das Beste aus dem Kind herauszuholen, wird zunehmend zum Charakter von Elternliebe. Bot früher ein Realschulabschluss gute Chancen auf einen qualifizierten Ausbildungsplatz und gesellschaftlichen Aufstieg, so ist für viele Eltern heute das Abitur das Ziel – nicht, weil damit Hoffnungen auf einen guten Ausbildungsplatz und eine gute berufliche Position verbunden wären, sondern weil Eltern Angst und Sorge um die Zukunft ihrer Kinder haben, wenn sie dieses Ziel nicht erreichen. Gleichwohl betonen Eltern, dass der Maßstab für den anvisierten Schulabschluss das Kind selbst mit seinen Fähigkeiten und Potenzialen sein muss.

„Ich sehe das doch bei meiner Tochter. Wir sind nur noch hinterher: Hast du da schon gelernt, fehlt dir da was? Ich denke manchmal, ich nehme die gar nicht mehr wahr, wir müssen nur noch funktionieren. Wo bleibt denn da die Kindheit?“

Selbstverständnis der Eltern: Bedürfnisse der Kinder haben Priorität

Die Bereitschaft vor allem der Mütter ist groß, die eigenen beruflichen Ambitionen zurückzustellen, um möglichst am Nachmittag voll und ganz für die Kinder da zu sein. Die Halbtagstätigkeit am Vormittag ist daher soziale Norm und wird als das verträglichste Modell angesehen. Dieses System etabliert sich meist in den ersten Grundschuljahren und erfährt nach dem Wechsel auf die weiterführenden Schulen eine neuerliche Anpassung. Denn nun steigen Stoffmenge und Fächeranzahl signifikant an und erfordern eine richtiggehende **Organisation des Lernens**, besonders in Familien mit mehreren Schulkindern und zwei berufstätigen Elternteilen.

„Ich musste mich irgendwann entscheiden, gehe ich wieder in den Beruf zurück, oder gebe ich ihn auf. Und ich habe das Zweite gemacht, eben auch, weil ich der Meinung bin, man kann heute Kinder nicht unbetreut in der Schule lassen, wenn man will, dass sie einen vernünftigen Abschluss bekommen, was nicht unbedingt immer Abitur heißen muss, aber was natürlich ein Ziel ist. Es sei denn, die Kinder sind super begabt, aber das ist natürlich nur eine ganz kleine Anzahl von Kindern. Die meisten Kinder müssen zu Hause was tun und sie müssen auch mal angetrieben werden."

„Mir ist es wichtig, dass ich mittags zu Hause bin, wenn die Kinder kommen, dass sie dann gut versorgt sind. Aus diesem Grund bin ich derzeit auch nicht berufstätig, weil es ganz schwer ist, eine Arbeit zu finden, die meinen Qualifikationen entspricht und wo ich mittags zuhause bin."

„Es ist von vorneherein klar gewesen, dass ich den Part nachmittags übernehme und versuche, so viel wie möglich zu gestalten, und am Abend versucht mein Mann, mich zu unterstützen."

Erst wenn die Kinder in die Pubertät kommen, sich gegen die elterliche Fürsorge und das elterliche Lernprogramm wehren und dies als Überversorgung ablehnen, erfährt diese Routine eine neuerliche Anpassung. Dann werden teilweise andere, auch externe Formen der Unterstützung wichtiger, wie z. B. Nachhilfe. Diese Delegation nach außen ist dann ein Vehikel für die (Wieder-)Herstellung der Familienharmonie. Die Bereitschaft, professionelle Nachhilfe in Anspruch zu nehmen, ist vor allem dann hoch, wenn die Mutter berufstätig ist. Dies geht einher mit einem Imagewandel von Nachhilfe: War sie früher ein letzter Ausweg, um ein Sitzenbleiben zu verhindern, so ist Nachhilfe heute selbstverständlich, sobald sich erste kleine Probleme mit der Stoffbewältigung zeigen.

Ein Beispiel: In einer 6. Klasse eines Gymnasiums wird Englisch von einer Referendarin unterrichtet, die häufig krankheitsbedingt ausfällt, sodass die Klasse mit dem

Erarbeiten des Stoffes dem Lehrplan hinterherhinkt. Bei einem Elternstammtisch erzählen einige Eltern, dass sie nun private Nachhilfe organisieren würden, da im nächsten Schuljahr der Stoff der 6. Klasse ja selbstverständlich vorausgesetzt werde, auch wenn er in der Schule nicht vermittelt wurde.

So wie die Eltern sich engagieren und eigene Opfer bringen, um die Kinder zu fördern, so wird auch von den Kindern Ehrgeiz und Fleiß eingefordert: Eltern fördern ihre Kinder auch in der Überzeugung, dass diese zu der Leistung, die für den angestrebten Abschluss notwendig ist, auch in der Lage sind. Den Kindern wird früh im Elternhaus vermittelt, dass Ehrgeiz und Anstrengung im Leben entscheidend und wichtige Voraussetzungen für späteren (beruflichen) Erfolg sind.

„Wir haben den Anspruch, dass die Kinder gut sind in der Schule, weil wir den Eindruck haben, dass sie das Zeug dazu haben.“

Nachmittagsroutinen rund um Schule: Eltern als Hilfslehrer

Die Nachmittage in den Familien sind in der Regel durchgeplant: Die Erledigung der Hausaufgaben und das sich anschließende Lernen haben Priorität. Die freie Zeit, die Kinder nachmittags dann noch haben, fällt oft gering aus – je nachdem, ob Klassenarbeiten anstehen und wie viel Lernstoff zu bewältigen ist. Das gilt vor allem für Kinder am Gymnasium, das man heute in der Wahrnehmung der Eltern nur noch mit viel Fleiß und hohem zeitlichem Engagement aller bewältigen kann. Verabredungen finden bei Kindern auf dem Gymnasium daher vorwiegend am Wochenende statt. Denn neben dem **Schulprogramm** gibt es oftmals auch ein **Freizeitprogramm** (Musikschule, Sportverein), das ebenfalls in einem festen Rahmen verläuft. In der Regel sind die Tage und Wochen fest verplant und organisiert – den Luxus freier Zeit meint man sich und dem Kind nicht gönnen zu können. Groß ist die existenzielle Angst, etwas aus Nachlässigkeit zu versäumen.

Fast immer gibt es eine **feste Nachmittagsroutine**, die einzuhalten ist: fixe Zeiten, in denen Hausaufgaben gemacht werden, und Zeiten für das darüber hinausgehende Lernen. Vor allem wenn die Kinder das Gymnasium besuchen, hat das Lernen am Nachmittag einen großen Stellenwert. Sind die Kinder noch in den unteren Klassen der weiterführenden Schulen, planen die Eltern (fast immer die Mütter) Lerneinheiten für die Vorbereitung auf Klassenarbeiten. Die Termine der wichtigen Klassenarbeiten bzw. Schulaufgaben werden in der Familie besprochen und von der Mutter „verwaltet“. Sie hat den Überblick über die kommenden Leistungsabfragen ihrer Kinder. Oft haben die Kinder von den Lehrern Vorbereitungspläne für Arbeiten erhalten, die gemeinsam mit der Mutter abgearbeitet werden, um eine optimale Vorbereitung zu gewährleisten. Die Mütter wissen stets, auf welcher konkreten Seite im Schulbuch ihre Kinder gerade sind. Bei ihrer Unterstützung konzentrieren sie sich auf konkrete Nahziele: die Schulnoten der kommenden Arbeiten. Gleichzeitig ist das Fernziel immer vor Augen: der anvisierte Schulabschluss.

„Ich lege Wert darauf, dass sie, wenn sie nach Hause kommen und wir gegessen haben, nach einer kurzen Pause – eine viertel Stunde, manchmal auch eine halbe Stunde, je nachdem, wie streng der Tag war –, dass dann jeder auf seinem Zimmer seine Hausaufgaben macht. Und ich bin dann ansprechbar, manchmal kommen sie zu mir, manchmal gehe ich in die Zimmer, um was zu erklären oder zu helfen. [...] Ich will, dass sie ihre Hausaufgaben so selbstständig wie möglich machen und dann eben zum Lernen oder zum Abfragen zu mir zu kommen."

„Man sagt immer, Musik ist wichtig und Sport, aber das kann man mit dem, was in der Schule gefordert ist, eigentlich gar nicht mehr schaffen."

„G8 und die verkürzte Schulzeit und die erst nachträglich verkürzten Lehrpläne haben dazu geführt, dass man als Schüler, ohne sich nachmittags ausführlich zu bemühen, nicht mehr mithalten kann."

Schuldruck – und der Umgang damit

Eltern, deren Kind das Gymnasium besucht, konstatieren, dass ihr Kind teilweise überfordert ist, die große Menge an Hausaufgaben und Lernstoff zu bewältigen. Sie beklagen massiv, dass der Lerndruck konstant hoch ist, da *alle Noten „in allen Fächern"* wichtig sind und es **kaum Phasen der Erholung** gibt. Schulstoff muss in immer kleineren Zeitabschnitten „in die Kinder hinein"– um nach Erreichen eines Pensums wieder losgelassen zu werden, damit sich das Kind dem nächsten Pensum widmen kann. Es besteht permanent ein hoher Druck, vor allem die schriftlichen Arbeiten gut zu absolvieren und sich möglichst keinen „Ausrutscher" zu leisten, um die Noten konstant zu halten.

„Ich frage die Kinder täglich: ‚Bist du da konstant am Ball, weißt du, was in der letzten Stunde war?', das versuchen wir noch mal zu rekapitulieren. Und da versuchen wir den Kindern beizubringen, dass sie lernen, sich selbst zu kontrollieren und sich vorzubereiten."

Aus Sicht der Eltern resultiert der Druck daraus, dass Lehrpläne sehr eng getaktet sind und der Unterrichtsstoff somit in kurzer Zeit erfasst werden muss, damit darüber Noten gemacht werden können. Der Stoff kann nicht adäquat verinnerlicht und in der Schule so geübt werden, dass er sich „setzt". Lernen zu Hause ist somit keine freiwillige Sache, sondern eine Notwendigkeit, um mithalten zu können. Die Überforderung in der Schule entsteht nicht, weil der Stoff zu anspruchsvoll ist, sondern weil die Taktfrequenz aus neuem Stoff, Abfragen, Test, Arbeit und wieder neuem Stoff zu eng ist – ein Problem der Quantität.

Dies sehen Eltern von Kindern auf der Real- und Hauptschule nur etwas entspannter: Zeit- und Lerndruck im Alltag sind geringer, die Kinder haben etwas mehr Freizeit. Aber die Eltern sorgen sich früh, ob die Noten ihres Kindes gut genug sind, um sich später bewerben zu können und einen *wirklich* guten Ausbildungsplatz zu bekommen oder einen höheren Abschluss anschließen lassen zu können.

Der Druck der Eltern besteht darin, die Kinder täglich immer wieder **zum Lernen zu motivieren** und dabei zu unterstützen. Eltern erkennen, dass ihr Kind deshalb keine schöne Schulzeit hat (so wie man vielleicht selber in der Rückschau), sehen aber keinen Ausweg aus dem Dilemma. Druck entsteht auch, weil Eltern die Sorge haben, dass ihr Kind im Schulsystem überfordert wird, und es vor Misserfolgen (schlechten Noten) schützen wollen.

„Wenn wir ihn [den Sohn] laufen lassen würden, dann würde der gar nichts mehr machen und dann könnte er den Schulabschluss vergessen. Und ich glaube, das war früher, zu meiner Zeit, nicht so."

„So versuchen wir es zu lösen und nicht zu viel Druck aufzubauen. Es artet manchmal schon sehr in Druck aus, das empfinden die Kinder so und das empfinden wir so […] Und die Wochen verschwinden rasend schnell."

„Wenn man sieht, dass die Kinder Misserfolge einfangen, in den Noten absacken, das ist schon ein großer Druck, das wieder aufzufangen, den Kindern so gut wie möglich Unterstützung zu bieten und damit zu erklären, wir nehmen den Druck raus, wir sind für euch da, aber es gelingt natürlich nicht immer, weil es eben schnell vorwärtsgeht, weil z. B. dann noch eine Fremdsprache dazukommt. Aber wir müssen eben dranbleiben."

„Sie kommen teilweise nachmittags nach Hause und sagen, ich muss jetzt noch das und das und das machen und ich weiß gar nicht, wie ich das schaffen soll."

„Wenn ich sehe, wie die Kinder nach Hause kommen und welchem Druck sie standhalten müssen, da frage ich mich eigentlich immer mehr, muss das eigentlich so sein und wo ist die Kindheit? […] Manchmal fragt man sich wirklich, ist sie noch gegeben oder ist sie nur noch in den Ferien gegeben?"

„Bei uns, und wir wohnen in einem Vorort von Köln, da empfinde ich es eigentlich schon so, dass der Leistungsdruck unheimlich hoch ist, dahin gehend, dass es auf jeden Fall klar ist, dass die Kinder auf das Gymnasium kommen, das sowieso, am besten noch auf bestimmte Gymnasien. Und wenn das nicht der Fall ist, dann muss man sich schon fast rechtfertigen."

System am Anschlag – Wechsel an eine andere Schule

Familien mit einem oder mehreren Kindern im Gymnasium sind zu bestimmten Zeiten im Schuljahr oft an ihrer Belastungsgrenze. Kommen dann Probleme auf, etwa durch Unterrichtsausfall, durch Erkrankung des Kindes oder weil das Kind mit einem Lehrer oder einer Lehrerin nicht klarkommt, gerät das System noch stärker unter Druck. Die meisten Eltern dieses Milieus lassen ihr Kind nicht mehr guten Gewissens drei Tage oder gar eine Woche krank zu Hause (es sei denn, der Arzt verordnet es), weil sie fürchten, dass es sonst zu viel verpasst und in den Klassenarbeiten dann nicht gut genug abschneidet.

Besonders wenn das Kind das Gymnasium besucht, ist die subjektive Belastung bei Kindern wie Eltern so groß, **dass keine zusätzlichen Stressoren auftreten dürfen**. Krankheit eines Elternteils und familiäre Probleme, etwa durch Trennung oder Scheidung der Eltern, führen dann nicht selten dazu, dass ein Kind ein Schuljahr wiederholt – denn man konnte ihm nicht so viel Unterstützung zukommen lassen, wie nötig gewesen wäre.

„Wir haben dann schon im Verlauf des Jahres gesehen, dass es für ihn mit den ganzen Umständen […] ziemlich heftig war. Und dann haben wir gesehen, dass die Leistungen auch einfach nachlassen, und da haben wir gesagt: Weißt du was, egal was da rauskommt, wiederhole du."

Einen Ausweg, um die Kinder und damit die ganze Familie diesem Druck nicht auszusetzen, bietet die Wahl von mittleren Bildungsabschlüssen – entweder direkt nach der Grundschule oder durch einen Schulwechsel im frühen Verlauf der Sekundarstufe: Das Kind verlässt das Gymnasium auf die Realschule oder (seltener) die Realschule auf die Hauptschule. Damit einher geht die **schmerzhafte Revidierung der anvisierten Bildungsziele**. Trotz der Betonung, dass den Kindern auch nach einem Schulwechsel noch alle Wege offen stehen, hadern Eltern oftmals mit diesem Schritt und bewerten ihn als eigenen sozialen Abstieg. Ihm gehen meist ein hoher Leidensdruck in der Familie und die Erkenntnis voraus, dass Eltern und Kind „nicht mehr können" und gescheitert sind.

„Zum Teil ist das auch Schutz, den man für die Kinder denken will. Wenn die Kinder da sitzen und weinen und sagen, ‚ich kann nicht mehr', dann ist einfach ein Punkt erreicht."

„Aber was ich dann schon auch gemerkt habe, das ist auch schon so ein bisschen schlechtes Gewissen bei mir. Wenn man das eben nicht schafft [mit den Kindern zu lernen und ihnen die entsprechenden Rahmenbedingungen zu geben], da haben die Kinder eben andere Ausgangsbedingungen."

„Als die Kinder im Kindergarten waren, habe ich immer gesagt, es ist schön, wenn sie den bestmöglichen Schulabschluss haben, damit ihnen später alle Möglichkeiten bleiben. Aber in der Zwischenzeit sagen wir, es muss nicht jeder durch das Bestmögliche durch, wie wir eben sehen an dem Charakter und den Fähigkeiten unserer Kinder, dass das nicht planbar ist, sondern dass jedes Kind seinen Weg gehen muss."

„Es ist im Endergebnis für uns wichtig, dass die Kinder ihren Möglichkeiten entsprechend den bestmöglichen Schulabschluss für sich finden. Wir haben was dagegen, sie ‚durchzuprügeln', damit sie in irgendeiner Form durch das Gymnasium kommen, das ist ein Schmarrn. Weil ich denke, dass man dadurch den Kindern auch viele Chancen verbaut, nämlich wenn man sieht, dass der eine praktisch veranlagter ist als der andere, dann ist es ein Käse, ihn durch das Gymnasium durchzujagen, um dann im Endeffekt festzustellen, dass er in einem praktisch veranlagten Beruf viel besser aufgehoben ist und dass er dann auch Schule mit einem solchen Bezug viel besser hätte schaffen können."

Erwerbstätigkeit der Mütter orientiert sich an Bedürfnissen der Kinder

Nahezu alle Mütter in der Bürgerlichen Mitte äußern, dass sie gerne berufstätig sind. Gleichzeitig hat ein Teil der Mütter ihre Berufstätigkeit zugunsten der Kinder entweder bewusst (auf die Halbtagstätigkeit am Vormittag) eingeschränkt oder sogar ganz aufgegeben. Im Konflikt „Arbeit oder Familie" sind Mütter im Milieu eher bereit, **eigene berufliche Ziele zurückzustellen**, als ihre Ansprüche an ihre Präsenz zu Hause und ihren Einsatz für die Förderung ihres Kindes herunterzuschrauben. Denn hier geht es schließlich um die Zukunft der Kinder und es gehört zu ihrer Vorstellung einer „guten Mutter", dass dies Priorität haben muss. Die Ganztagsschule ist im Milieu daher ein viel diskutiertes Thema: Für die einen Eltern ist sie unabdingbar, um die Berufstätigkeit (in den Nachmittag hinein) organisieren zu können, für die Mehrheit bedeutet sie dagegen einen Übergriff in das „System Familie", den man nicht mittragen möchte.

„Diese Schule ist keine Ganztagsschule und das ist mir sehr wichtig. Ich bin froh, dass meine Tochter nachmittags nach Hause kommt und ich für sie da sein kann."

Im Alltag wird so eine (teil-)traditionelle Rollenteilung befördert und auch nach dem Übertritt in die Sekundarstufe I weiter gefestigt. Die meisten Mütter haben sich freiwillig und bewusst für dieses Arrangement entschieden, allerdings war ihnen in der Regel zu Beginn der Schulzeit nicht bewusst, dass ihre Unterstützung in so hohem Maße und so lange nötig sein wird und dass dies weitreichende Folgen für sie selber hat, z. B. für die eigene Erwerbstätigkeit, die künftigen Chancen auf dem Arbeitsmarkt und die spätere Rente. Die Erwerbstätigkeit des Vaters hat Priorität. Sein Engagement für den Schulerfolg der Kinder ist wünschenswert, aber nicht selbstverständlich und abhängig von den Anforderungen im Beruf.

„Ich hätte nicht gedacht, dass man sich so stark einbinden muss. Es würde nicht anders gehen mit unserer Einstellung, die wir haben, dass wir eben möchten, dass unsere Kinder eine gute Ausbildung haben. Andererseits will ich diese Rolle gar nicht haben, weil ich denke, dass das eigentlich gar nicht meine Aufgabe ist. Ich bin nicht unbedingt glücklich darüber, denn wenn ich die Kinder länger alleine lassen könnte, dann könnte ich ja auch mehr für mich tun, dann könnte ich z. B. bis 14.00 Uhr arbeiten gehen. Da habe ich auch eine andere Wertschätzung, denn es wird ja nicht wertgeschätzt, was ich hier tue."

„Ich würde sehr gerne wieder arbeiten gehen. Aber das setzt voraus, dass es sich mit der Schule vereinbaren könnte. Ich müsste wissen, dass die Kinder optimal versorgt sind, dass sie ein gutes warmes Essen haben, dass jemand da ist und sich um die Schuldinge kümmert. Ich will hier keine Einschränkungen machen."

Erwartungen an die Schule – Erwartungen von der Schule

Die meisten Eltern im Milieu äußern eine grundsätzliche Zufriedenheit mit der Schule ihrer Kinder. Hier gilt die Maxime, nicht allzu anspruchsvoll zu sein und aufzutreten. Viele Eltern entscheiden sich bewusst für die weiterführende Schule am Ort oder möglichst wohnortnah, um das soziale **Eingebundensein von Kind und Eltern** nach der Grundschule weiter zu gewährleisten. Die grundsätzliche Einstellung gegenüber Schule ist positiv. Hauptdefizite sehen Eltern im Milieu im Schul*system* und weniger bei den Schulen oder einzelnen Lehrern, die wiederum unter den begrenzten und begrenzenden Spielräumen und den Vorgaben der Lehrpläne leiden und diese weitergeben müssen, ob sie dies wollen oder nicht. Schüler, Lehrer und Eltern sind gleichsam Opfer des Systems.

Eine große Sorge der Eltern ist, dass der Unterrichtsausfall zu groß wird. Entstehen durch Krankheit der Lehrer zu große Lücken, sehen sie sich gezwungen, ihre Tätigkeit als Hilfslehrer weiter auszudehnen, und die Unsicherheit steigt, ob das Kind in diesem Fach möglicherweise im nächsten Jahr benachteiligt wird. In ihrer Rolle und Funktion als Hilfslehrer ihrer eigenen Kinder fühlen sich die Eltern alleingelassen. Ihre Mitarbeit wird zwar selbstverständlich erwartet, aber nicht wertgeschätzt. Ob Beschaffung zusätzlicher Materialien zur Vertiefung des Unterrichtsstoffs und zur Prüfungsvorbereitung oder Organisierung anderer pädagogischer Hilfen: Aus Sicht der Eltern wird dies alles komplett an sie delegiert. Vor allem Lehrer an Gymnasien hätten kaum Augenmerk auf die Leistungen des einzelnen Kindes. So würde man auch bei einem Absacken der Leistung in der Regel *nicht* durch die Schule informiert, sondern müsse jederzeit selbst das Controlling übernehmen.

„Das Schulsystem hat das so festgelegt, dass die Eltern mithelfen müssen, anders schaffen die Kinder das nicht mehr."

Blick auf das Schulsystem – wo bleibt der Mensch?

Hauptkritikpunkt an Schule und am Schulsystem ist dessen **Fixierung auf Leistung und Noten.** Sie verhindert, dass die Kinder mit ihren individuellen Fähigkeiten und Begabungen, aber auch Schwächen wahrgenommen werden. Dieses Defizit – so die Einstellung von Eltern der Bürgerlichen Mitte – muss das Elternhaus ausgleichen. Das Schulsystem wird insgesamt als starr und Neuerungen gegenüber wenig aufgeschlossen bewertet – ein System, das einseitig Schüler belohnt, die kontinuierlich gute Leistungen erbringen können und wollen, den Kindern jedoch eigentlich nicht gerecht wird. Unisono wird beklagt, dass Schule Kinder zu **Einzelkämpfern** macht und der Blick auf die Schulgemeinschaft, auf das Gemeinsame, verloren geht.

„Also, wenn du eine gute Leistung bringst, ist das prima und dann kannst du das Schulsystem auch gut überleben. Aber, ja als Mensch und auch als Gemeinschaftswesen, das kommt aus meiner Sicht im Schulsystem kaum noch vor oder kommt überhaupt wenig vor."

Eltern an Gymnasien sehen besonders die Verkürzung der Gymnasialzeit („G8") kritisch: Es bleibt **noch weniger Zeit**, um den notenrelevanten Stoff zu vermitteln, der Druck auf die Kinder – und damit auch auf die Eltern – ist massiv gewachsen. Lehrer haben nicht mehr genug Zeit, auf den einzelnen Schüler einzugehen und so lange bei einem neuen Thema zu bleiben, bis es jeder in der Klasse verstanden hat. Beklagt wird, dass vor allem auf Gymnasien der Stoff nur einmal erläutert wird, sodass die Kinder ohne elterliche Unterstützung gar nicht bei der Bewältigung von neuen Themen und Inhalten nachkommen können.

Der Wunsch ist, dass die Kinder in Ruhe entdecken können, welche Fähigkeiten sie haben, und nicht schon in der Grundschule den Druck verspüren, einen möglichst guten Übergang zu schaffen: „Die stehen da unter einem Druck und wissen nicht, wie sie standhalten sollen." Erwartet und vermisst wird, dass Schule nicht nur Lernort, sondern auch ein sozialer Ort ist, an dem Zusammenleben und wichtige, zentrale Werte gelernt werden. Auch geht den Kindern angesichts der Anforderungen die Freude am Lernen und an Schule verloren.

„Früher war es so, dass erst, wenn der Letzte es verstanden hat, der Lehrer aufgehört hat mit dem Erklären, das ist heute nicht mehr so."

„Ich möchte, dass mein Kind gerne in die Schule geht, dass es da glücklich ist."

„Meine Kinder sollen auch glücklich sein, wenn sie in die Schule gehen."

Massiv beklagen fast alle Eltern, dass die Klassenstärke zu groß ist. Aufgrund der Verdichtung des Stoffes bei gleichzeitiger Zunahme an Heterogenität in der Schülerschaft – mehr „Störer", mehr Verhaltensauffälligkeiten – wäre es aus Sicht der Eltern im Milieu eminent wichtig, die Klassen deutlich kleiner zu machen.

Es gibt Familien, die das Thema Schule weitgehend entspannt wahrnehmen. Sie sind in der Mitte der Gesellschaft jedoch in der Minderheit. Zum Teil sind es Familien mit „Überfliegern": sehr guten Schülerinnen und Schülern, die ohne elterliche Unterstützung die Schule (locker) bewältigen. Manchmal sind es Familien mit mehreren Kindern, deren Eltern sich einem „Notenstress" bewusst widersetzen und deren Kinder sich nach der Maxime „Durchkommen ist das Wichtigste" von Klasse zu Klasse hangeln. Hier setzen die Eltern darauf, dass dem Kind spätestens mit Ende der Pubertät der Ernst der Lage deutlich wird und es mehr für den Schulerfolg tut.

Das Gros der Eltern in der Bürgerlichen Mitte aber wünscht sich vor allem eines: Entlastung und Entkrampfung – für ein harmonischeres Familienleben, für ihre Kinder und auch, um beruflich stärker wieder einsteigen zu können – sowie Anerkennung für ihre wertvolle, zukunftsgerichtete Basisfamilienarbeit.

3.6 DELTA-Milieu „Benachteiligte“

Die um Orientierung und Teilhabe bemühte Unterschicht mit starken Zukunftsängsten und Ressentiments: Anschluss halten an die Ausstattungsstandards der breiten Mitte als Kompensationsversuch sozialer Benachteiligungen; geringe Aufstiegsperspektiven; teils frustrierte und resignative, teils offensiv delegative Grundhaltung, Rückzug ins eigene soziale Umfeld.

Identität und Lebensstil

Identität

- **Weltbild:** Geld und Macht regieren die Welt; wer Anerkennung will, muss zeigen, dass er erfolgreich ist: Statussymbole dokumentieren Lebensart und sichern soziale Akzeptanz; darüber hinaus braucht man für ein „schönes Leben“ zwei Dinge: Unterhaltung und Konsum; in der Öffentlichkeit (z. B. am Arbeitsplatz) muss man sich vorgegebenen Regeln beugen, im Privaten ist man sein eigener Herr
- **Selbstbild (Ich-Ideal):** selbstbewusste Betonung eigener Tugenden; praktische Veranlagung, einfach und direkt, nicht verkünstelt, handfeste Körperlichkeit, Tabulosigkeit
- **Abgrenzung: Ablehnung von intellektueller Besserwisserei und distinguiertem Habitus**
- **Leitmotiv:** Spannung und Genuss
- **Ausstrahlung:** selbstsicher unter seinesgleichen, im eigenen Metier; unsicher auf fremdem Terrain; in der Sicherheit einer Gruppe Tendenz zu provozierendem Verhalten

Lebensstil

- Starke Gegenwartsorientierung, Konzentration auf das Hier und Jetzt (etwas vom Leben haben, ein „Stück vom Kuchen“ abbekommen)
- Häufig ungenügende Daseinsvorsorge aufgrund mangelnden Problembewusstseins und beschränkter finanzieller Möglichkeiten; viele leben über ihre Verhältnisse, um zu beweisen, dass sie mithalten können

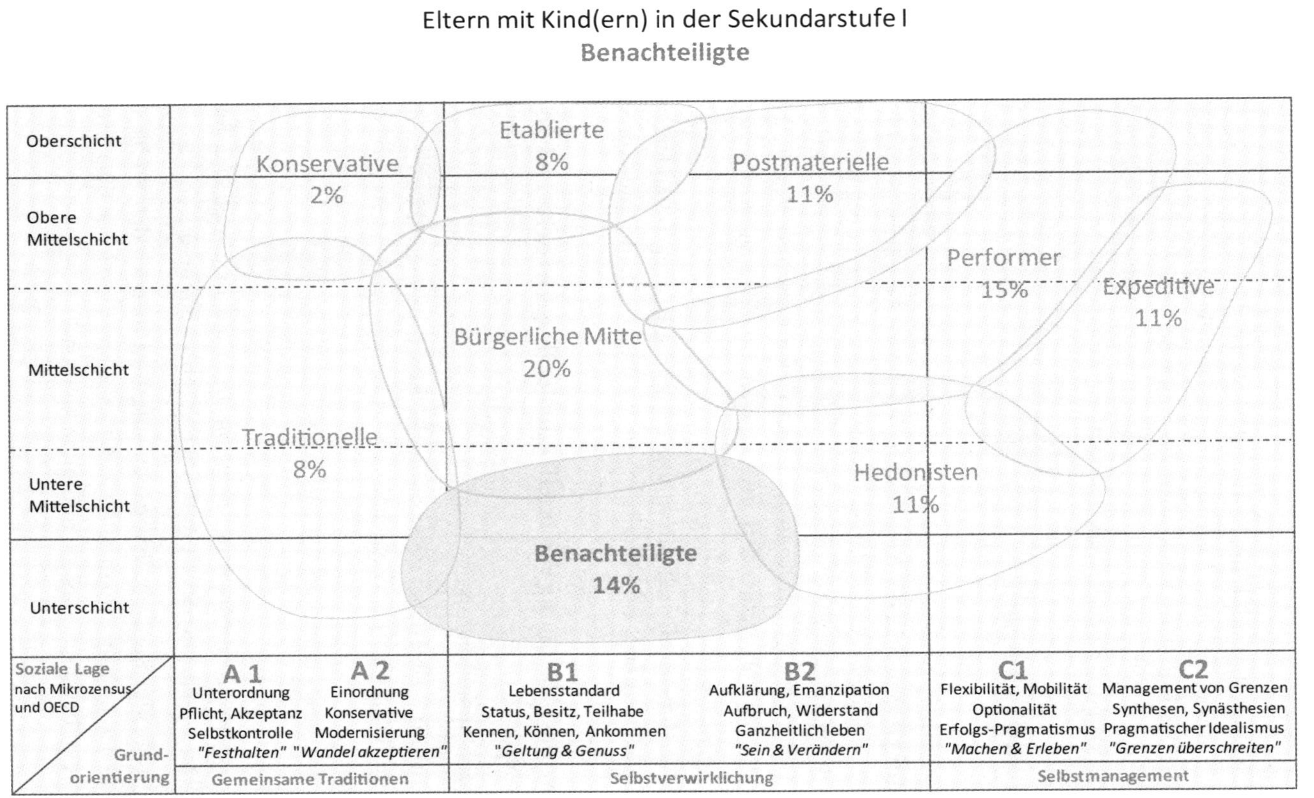

Quelle: Bevölkerungsrepräsentative Befragung; TdW 2012
Basis: 20.167 Fälle insgesamt; davon Eltern mit mindestens einem Kind in Sekundarstufe I = 2.788 Fälle

Abb. 3.14: Eltern mit Kind(ern) in der Sekundarstufe I – „Benachteiligte“

- Spontaner, prestigeorientierter Konsumstil, rasches Aufgreifen neuer Moden und Trends; große Bedeutung von Äußerlichkeitswerten, insbesondere bei Männern starkes Geltungsbedürfnis (z. B. Körperkult); Protagonisten der Trashkultur
- Spaß- und freizeitorientierter Lebensstil, ausgeprägtes Bedürfnis nach Ablenkung und Unterhaltung, intensiver Medien- und wachsender Genussmittelkonsum
- Flucht in Traum- und Entspannungswelten (Action und Gewalt im Fernsehen, aber auch Natur und Alleinsein) als Reaktion auf zunehmende Verelendungstendenzen
- Arbeit und Freizeit sind strikt getrennt; mit Beginn des Feierabends „fällt der Hammer" und man ist auch mental nicht mehr bei der Arbeit; ausgeprägte Alltagsflucht: Sorgen und Probleme vergessen, tun und lassen können, wozu man Lust hat
- Zu Hause Entspannung vom „hektischen Arbeitstag" und am Wochenende von einer „stressigen Woche"; man lässt es sich gut gehen und legt einfach die Füße hoch: ausspannen und faulenzen, am liebsten in der Badewanne oder vor dem Fernseher
- Intensiver Konsum neuer Unterhaltungsmedien: Fernsehen, DVD, Video, Computerspiele (CDs, Playstation); oft neue Multimedia-Technologie
- Männer basteln gern am Auto oder Motorrad („tunen"), unternehmen Touren mit Freunden und sind mit ihren „Kumpels" zusammen
- Frauen gehen gern walken, machen es sich meistens auf dem Sofa bequem, wollen allein sein, nichts tun müssen und gelegentlich lesen: „am liebsten Liebesromane", „regelmäßig mein Horoskop"
- Am Wochenende Nutzung moderner Freizeitangebote (Freizeitcenter); gemäß der bürgerlichen Norm gehört das Wochenende auch der Familie: Ausflüge mit den Kindern, Picknicken, Radtouren, Schwimmbad u. a.
- Kneipen, Lokale, Schnellrestaurants; Diskotheken besuchen (bei Frauen beliebt: „Lady's Night"); ins Fitnessstudio gehen; Sportveranstaltungen besuchen: lokaler Fußballverein, Fußball-Bundesliga, Eishockey-Liga („kraftvolle Männersportarten")

Soziale Lage der Familie

Bildung

	Vater	Ø	Mutter	Ø
	%	%	%	%
Haupt-/Volksschule ohne Lehre	26,4	6,4	27,9	8,4
Haupt-/Volksschule mit Lehre	50,2	25,2	43,5	23,9
Weiterführende Schule ohne Abitur	20,6	30,2	27,5	39,8
Fach-/Hochschulreife ohne Studium	2,8	12,4	0,9	17,4
Fach-/Hochschulreife mit Studium	0,0	25,8	0,2	10,5

Berufliche Position

	Vater	Ø	Mutter	Ø
	%	%	%	%
Selbstständige(r) ohne Beschäftigte	1,4	4,6	0,0	2,2
Selbstständige(r) mit bis zu 9 Beschäftigten	2,1	5,8	0,0	2,3
Selbstständige(r) mit 10 und mehr Beschäftigten	0,0	1,2	0,0	0,1
Freiberufler	0,0	3,2	0,0	1,7
Leitende Angestellte	0,0	10,7	0,0	1,9
Qualifizierte Angestellte	0,0	20,8	0,0	19,5
Mittlere Angestellte	2,7	6,5	4,9	19,1
Einfache Angestellte	18,8	6,6	54,0	32,4
Beamte: höherer/gehobener Dienst	0,0	2,9	0,0	0,3
Beamte: mittlerer/einfacher Dienst	0,5	1,9	0,3	1,5
Facharbeiter	22,8	23,6	3,2	3,5
Arbeiter: schwierige Arbeiten	35,3	8,7	6,6	2,8
Arbeiter: einfache Arbeiten	16,4	3,4	31,0	12,7

Haushaltsnettoeinkommen

	BEN	Ø
	%	%
Bis unter 1.000 Euro	14,3	1,7
1.000 bis unter 1.500 Euro	15,8	14,1
1.500 bis unter 2.000 Euro	26,1	5,1
2.000 bis unter 2.500 Euro	30,0	18,1
2.500 bis unter 3.000 Euro	8,2	16,9
3.000 bis unter 4.000 Euro	5,6	23,8
4.000 bis unter 5.000 Euro	0,0	13,1
5.000 Euro und mehr	0,0	7,1

	im Milieu	Ø der Eltern
Alleinerziehende(r)	**12,0 %**	7,9 %
Familienernährerinnen	**21,9 %**	17,4 %

Quelle: Repräsentative Bevölkerungsbefragung TdW 2012
Basis: Eltern mit Kind(ern) in der Sekundarstufe I = 2.788 Fälle (= Ø)

Erwerbstätigkeit und eigenes Einkommen der Mütter

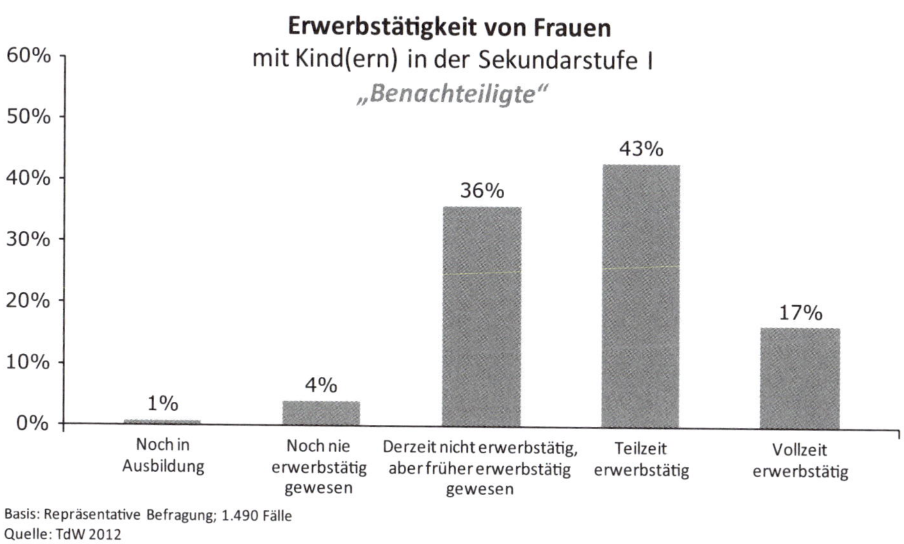

Abb. 3.15: Erwerbstätigkeit von Frauen mit Kind(ern) in der Sekundarstufe I – „Benachteiligte“

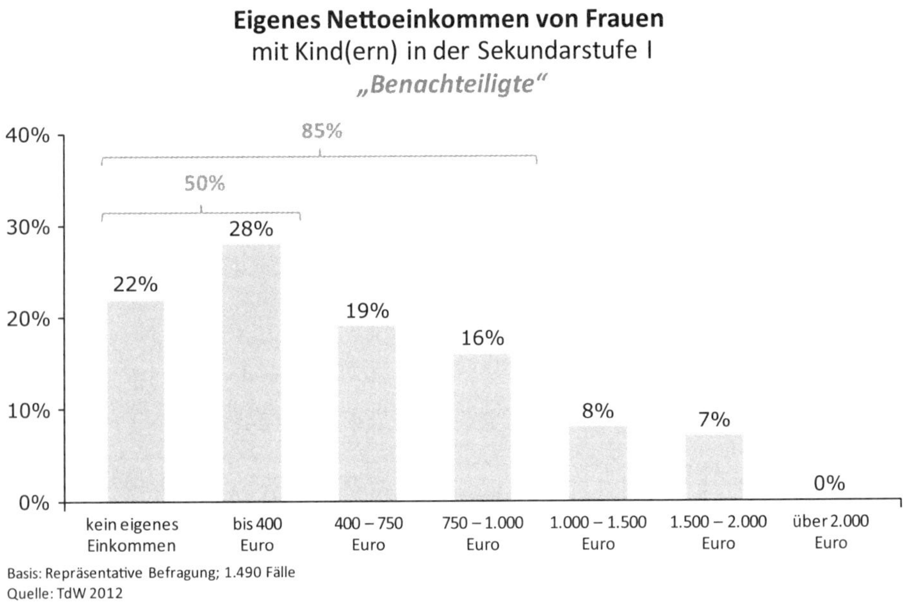

Abb. 3.16: Eigenes Nettoeinkommen von Frauen mit Kind(ern) in der Sekundarstufe I – „Benachteiligte“

Zwei Strömungen im Milieu

Eltern aus dem sozialen Milieu „Benachteiligte“ sind einerseits bestrebt, Anschluss an die Mitte der Gesellschaft zu halten, andererseits sehen sie die Grenzen ihrer eigenen Möglichkeiten und Bereitschaft. Im Bereich der Schule nehmen sie besonders krass wahr, welche Anstrengungen Mütter, aber auch Väter aus der gesellschaftlichen Mitte für den Schulerfolg ihres Kindes unternehmen – und wie gering die eigenen Ressourcen und Chancen sind. Das lässt viele verzagen und frühzeitig resignieren. Im Milieu der Benachteiligten zeigen sich zwei Strömungen:

1. Eltern, die sich im Rahmen ihrer zeitlichen, materiellen und mentalen Möglichkeiten bemühen, ihr Kind zu unterstützen. Sie sehen die Schule als Chance für den Aufstieg ihres Kindes und auch als Gelegenheit, selbst sozialen Anschluss und Anerkennung etwa bei Eltern aus der Mitte zu finden. Nicht immer ziehen beide Eltern hier an einem Strang: Vor allem sind es die Mütter, die für ihr Kind kämpfen, teilweise gegen gelegentliche Widerstände des Partners, der ihr Engagement fordert, aber nur selten aktiv mithilft. Diese Mütter berichten von erlebter Stigmatisierung seitens mancher Lehrer und dem Gefühl der Ausgren-

zung durch andere Eltern, wollen aber die Hoffnung nicht aufgeben – und sind gewohnt, mit Niederlagen und Rückschlägen umzugehen.

2. Eltern, die höhere **Bildungsziele für ihr Kind nahezu vollständig aufgegeben haben**. Schule ist für sie ein Feld, auf dem sie selbst gescheitert sind, das sie damals schon nicht sonderlich interessierte, das sie frustrierte und das ihnen – wenn es sich etwa um das Gymnasium handelt – vollkommen fremd ist. Sie verstehen zum Teil die Inhalte in den verschiedenen Fächern, den Lernstoff und die Übungsaufgaben in den Schulbüchern ihres Kindes nicht und können ihrem Kind nicht helfen – und müssen ihm genau dies offenbaren. So ist es auch Selbstschutz, wenn sie einen Teil dessen, was ihr Kind lernen soll, für überflüssig und unnütz halten für das, was es später einmal im Beruf (wirklich) braucht. Sie begreifen die Schule als ein Durchgangsstadium, das man hinter sich bringen muss – und geben dies ihrem Kind auch zu verstehen. Denn danach beginnt der eigentliche Arbeitsalltag, in dem es sich – wie sie selbst – besser bewähren wird, denn erst in der Praxis kommen seine wirklichen Fähigkeiten zur Geltung.

Reduktion auf Sekundärtugenden

Zwar artikulieren die Mütter und Väter den Wunsch, durch Bildung aufzusteigen, aber sie sehen bei sich selbst nicht die Kompetenzen und das Potenzial, ihre Kinder wirklich – wie das Eltern aus gehobenen Milieus tun – inhaltlich zu unterstützen und kontinuierlich zu begleiten. Sie wissen, dass ihnen aufgrund eigener Bildungsdistanz der Überblick und Weitblick und oft auch das Durchhaltevermögen fehlen, sich täglich damit zu befassen, sich regelmäßig zu informieren und dabei gleichsam selbst noch einmal die Schule mitzumachen.

So beschränkt sich ein Teil der Eltern notwendigerweise darauf, dem Kind durch **Sekundärtugenden** einen Rahmen und eine Struktur zu geben: Die Schule gilt als Ort der Wissensvermittlung, dazu müssen Lehrer von den Schülern Disziplin, Konsequenz und Ordnung fordern. Das sind Bereiche, in denen sie als Eltern unterstützen können: Als verlängerter Arm der Lehrer versuchen sie darauf zu achten, ihr Kind auch zu Hause zu diesen Tugenden auffordern. Andererseits können sie sich in ihr Kind hineinversetzen und verstehen nur zu gut, dass es Freiheit braucht und nicht ständigen Drill will. Praktisch zeigen Eltern aus diesem Milieu daher ein für ihre Kinder oft unberechenbares Verhalten: Kontrolle mit Sanktionen (Hausarrest, Entzug des Computers, Fernsehverbot) einerseits und Vernachlässigung andererseits; Ermahnungen zu mehr Fleiß für die Schule einerseits und Signale der Gleichgültigkeit andererseits. Durch diese Diskontinuität erreichen die Eltern ihr Kind immer weniger und reduzieren im Verlauf der Schullaufbahn sukzessive ihre eigenen Ansprüche und Ziele. Die Eltern sind ohnmächtig, wenn sich ihr Kind – gerade in der Pubertät – den Einmischungen, Ermahnungen und Kontrollen entzieht und zum Beispiel nach der Schule unregelmäßig nach Hause kommt, sich für Stunden in sein Zimmer einschließt oder ständig mit Freunden unterwegs ist.

Die Praxis, das Kind aufgrund dieser Probleme in Belangen der Schule weitgehend sich selbst zu überlassen, gründet in einer subjektiven (und oft objektiven) Überforderung. Im Alltag zeigen die Eltern ausgeprägte Vermeidungs- und Nichtbetroffenheitsstrategien. Das Wichtigste ist: nicht aufgeben, den Alltag irgendwie bewältigen, den Job nicht verlieren, nicht krank werden, mit dem Geld auskommen, nicht unter das Existenzminimum fallen. Anspruchslosigkeit ist die in materieller und sozialer Enge gelernte Maxime: keine zu großen Ziele haben, sich keine Illusionen machen, denn wer hoch hinaus will, kann tief fallen! Stattdessen gilt: **realistisch, schlicht, nüchtern, pragmatisch bleiben.** Desinteresse und Gleichgültigkeit sind in vielen Fällen (un-)bewusste Schutzmechanismen: Sich emotional, sozial, kognitiv nicht berühren lassen heißt, sich zu schützen.

Die Mütter und Väter paraphrasieren im Gespräch die von Schule und Gesellschaft kommunizierte Norm, dass Eltern für die Erziehung und den Schulerfolg eine (Mit-)Verantwortung hätten. Diese „Mitverantwortung" beschränken Eltern in diesem Milieu in der Regel auf die Versorgung mit Mahlzeiten, auf den pünktlichen Schulbesuch ihres Kindes sowie die Vermittlung von Sekundärtugenden. Aber darüber hinaus haben sie die Haltung der **Volldelegation aller anderen Belange an die Schule** und die einzelnen Lehrer. Damit sind sie selbst entlastet. Gleichzeitig ist subjektiv die Wahrnehmung dominant, täglich mit großer Anstrengung und Geduld an der Anfertigung und Aufrechterhaltung des Gerüsts zu arbeiten und damit an der Grenze ihrer Belastbarkeit zu sein.

Diese Volldelegation zeigt sich exemplarisch bei einem Vater, dessen Sohn auf die 7. Klasse einer Hauptschule geht:

> *„Zum Beispiel mein Sohn: Die haben die Uhr gelernt – der kann bis heute nicht die Uhr! Das muss man ihm doch erklären!"*

Irgendein Abschluss und nicht demotiviert werden

Die Erwartungen an den Schulerfolg fokussieren sich für Eltern aus diesem Milieu daher oft auf zwei Ziele: 1. Ihr Kind soll überhaupt irgendeinen Schulabschluss machen. 2. Es soll durch die Schule nicht demotiviert, frustriert und verletzt werden. Die Furcht vor zu hohen Leistungsanforderungen seitens der Schule ist groß: Sie hemmen die persönliche Entfaltung ihres Kindes, demotivieren und frustrieren. Das ist die durch Erfahrung gewonnene Überzeugung von „Benachteiligten“, die damit im Widerspruch steht zu Einstellungen von Eltern aus gehobenen Milieus (Etablierte, Postmaterielle, Performer), die einen Anreiz zur Leistungssteigerung gerade in hohen Zielsetzungen sehen. So ist der voreingestellte Modus bei Eltern aus dem Milieu „Benachteiligte“, dass Schule strukturell das **Risiko der Demotivation und Frustration** für ihr Kind birgt, weil Schule eigentlich zu hohe Anforderungen stellt und ihr Kind immer wieder überfordert.

Wenn die Schule primär eine Sphäre des Misserfolgs ist, suchen Eltern für ihr Kind nach Sphären des Erfolgs. Für Jungen kann der Sport wichtig werden. Hier bestärken die Eltern ihren Sohn, intensiv zu trainieren – auch in der Hoffnung, das könnte der „Plan B“ sein, wenn der Sohn mit der Schule scheitern sollte. Hier sind vor allem die Väter die Antreiber und unterstützen es, wenn der Sohn mehrmals in der Woche trainiert – und dafür auch mal eine Arbeit „versiebt“. Gute Leistungswerte im Sportlichen sind Trost und erscheinen als ausreichende Kompensation bei Schulversagen. Den Mädchen aus diesem Milieu hingegen bieten sich diese Kompensations- und Fluchtsphären nicht – sie haben keine von den Eltern akzeptierte und geförderte Alternative zur Schule.

Vollkasko-Individualisierung von Verantwortung an das Kind

In dem ständigen Gefühl materieller Enge, sozialer Ausgrenzung und persönlicher Überlastung hat ein Teil der Eltern aus diesem Milieu keine freien mentalen, zeitlichen und emotionalen Ressourcen mehr. Sie sehen keine Alternative dazu, die Verantwortung für den Schulerfolg auf die Kinder zu übertragen. Eine aktive Förderung stellt meist eine Überforderung dar und gelingt nur wenigen Eltern bzw. Müttern. Auffällig sind Begründungen zur eigenen Passivität: Überforderung, Ruhe haben wollen, keine Zuständigkeit sowie das schnelle und pauschale Aufgeben des eigenen Kindes. Wenn das Kind in der Schule zurechtkommt, braucht es natürlich keinen Nachhilfeunterricht, hat es massive Schwierigkeiten, kann der Förderunterricht auch nicht mehr helfen. Förderunterricht ist also nie eine Option. Ein Kind aus dem Milieu „Benachteiligte“, das in der Schule Schwächen zeigt, wird zuerst von den Eltern aufgegeben – darin besteht der entscheidende Unterschied zu Eltern aus der Mitte der Gesellschaft.

„Unterstützen? Da gibt es sicherlich vieles, aber das ist alles ein Zeitfaktor! Ich habe ja auch noch andere Kinder und meine Frau ist voll berufstätig und macht Spätschicht und was weiß ich. Und ja, ich bin auch Hausmeister, 400-Euro-Job, also, das ist halt alles eine Zeitfrage."

„Also, wir versuchen auch schon einmal was mit den Kindern zu machen. Wir haben vier Kinder und wir haben ein gewisses Alter und irgendwann brauchen wir auch einmal ein bisschen Ruhe oder so!"

„Ja was soll ich noch machen? Soll ich ihn noch zum Förderlehrer geben? Welcher Förderlehrer kommt überhaupt mit meinem Sohn klar?"

Wenn ihr Kind mit der Schule und dem Schuldruck nicht zurechtkommt, ziehen Eltern aus diesem Milieu zur Erklärung auch gelernte Erkrankungsbegriffe wie Dyskalkulie, Legasthenie bzw. ADS / ADHS heran – und rechtfertigen damit, dass sie sowieso nichts machen können. Die Diagnose – insbesondere wenn sie von Ärzten und Psychologen kommt – führt zu Intervention und Therapie, wird aber immer auch als unabänderliches Schicksal begriffen. Ebenso instrumentell eingesetzt wird das Argument, ihr Kind sei aufgrund der genetischen Vererbung des „Intelligenzquotienten (IQ)" nicht begabt. Auch dieses Argument dient im Alltag und in Gesprächen mit Freunden und auch mit Fremden (z. B. im sozialwissenschaftlichen Interview) der Legitimation der eigenen Passivität oder schulischen Scheiterns. Ergänzend wird mitunter das Ausbleiben schulischer Erfolge beim eigenen Kind als „gesellschaftlich nützlich" gedeutet: Eine Gesellschaft benötige nämlich nicht nur Manager, sondern auch einfache Arbeiter, die die praktischen Aufgaben erledigen.

„Man kann immer nur so viel von einem Kind erwarten, wie es den Intelligenzquotienten hat. Nicht jedes Kind wird Professor."

„Sie möchte gerne Arzthelferin werden. Da hab ich gesagt, das wirst du nicht können, weil wenn du eine Rechenschwäche hast, dann ist dieser Beruf sehr schwer. Das ist für sie noch schwer zu begreifen."

„Man kann nur so viel verlangen vom Kind, wie es das auch bewältigen kann."

Zusammen mit einem existierenden Zeitdruck durch die eigene Berufstätigkeit verfügen Mütter und Väter aus diesem Milieu über ein vielfältiges Set an Rechtfertigungen, warum sie sich für die Schule des Kindes nicht (mehr) einsetzen und die Verantwortung voll und ganz auf das Kind und die Schule übertragen. Das Kind muss den Schuldruck allein aushalten – und die fehlende Solidarität und Unterstützung seiner Eltern.

Emanzipation vom Bildungsdruck

Weil die Verantwortung für den Schulerfolg weitgehend dem Kind übertragen und überlassen ist, haben Mütter und Väter oft keine Informationen und Kontrolle mehr über das, was in der Schule geschieht. Auch Elternabende werden selten besucht. Doch diese selbst gesetzte „Emanzipation" vom Bildungsthema provoziert in der Reaktion einen doppelten Druck:

1. Die Eltern sind auch weiterhin mit der **Erwartungshaltung** der Gesellschaft (Lehrer, andere Eltern, Medien) konfrontiert, dass Bildung notwendig für soziale Akzeptanz, Integration und Partizipation ist. Ihre eigene Abwesenheit im Schulalltag des Kindes müssen sie vor diesem normativen Imperativ der Gesellschaft aushalten. Das betrifft vor allem die Mütter, denn in der traditionellen Rollenteilung in Partnerschaften dieses Milieus sind es die Frauen, die hier weit eher als die Männer gefordert sind. Während die Väter mit Verweis auf ihre Pflicht als Hauptverdiener der Familie von Haushalts- und Schulbelangen freigestellt sind, ist die Sorge um das Kind die fast exklusive Aufgabe der Frau, die ihr Verhalten mit dem normativen Rollenbild der „guten Mutter" abgleichen muss. Hier verlagert sich der Druck einseitig auf die Mütter, die sich am bürgerlichen Bild der „guten Mutter" orientieren und zugleich täglich sehen, dass sie dem nicht gerecht werden (können) – zumindest nicht mit kontinuierlicher Begleitung. Sie stehen vor dem Dilemma, sich entweder von den bürgerlichen Erwartungen zu lösen oder aber ihre Vorstellung von Partizipation und Anerkennung aufzugeben. Auch dies trägt erheblich zur lebensweltlichen Enge der Mütter aus diesem Milieu bei.

2. **Die Eltern erreichen ihre Kinder nicht mehr.** Ab einem bestimmten Punkt der selbstständigen Alltagsorganisation und Freiheit lassen sich Jugendliche aus diesem Milieu nicht mehr von ihrer Mutter oder ihrem Vater kontrollieren oder Vorschriften machen. Die eigene Freistellung von der Schule ihres Kindes schlägt dann wieder auf die Eltern, vor allem auf die Mütter zurück, die von der Schule angesprochen werden, wenn ihr Kind Probleme hat. In der Folge schotten sich Eltern dieses Milieus sukzessive von der Schule ab – zunächst innerlich und manchmal durch Kontaktverweigerung auch äußerlich.

Bildungsambitionen: Zufrieden mit niedrigen Schulabschlüssen

In ihrer Vermeidungsstrategie geben sich Mütter und Väter aus diesem Milieu mit niedrigen Schulabschlüssen ihrer Kinder schnell zufrieden. Dass das eigene Kind einmal Abitur macht, Grundschullehrer/-in oder Ingenieur/-in wird, sind gelegentliche Wünsche, die die Eltern jedoch häufig als unerreichbare Träume von sich weisen. Im Vordergrund steht die Schule als Vermittlerin von **Grundkenntnissen:** Lesen, Schreiben, Rechnen, ein wenig Englisch, das heute überall gebraucht wird, und etwas Allgemeinbildung zur **Vorbereitung auf die praktische Berufsausbildung**. Hier sind aus Sicht der Eltern die Hauptschule und auch die Realschule am besten geeignet – zumal die Gefahr besteht, dass sich ein studiertes Kind von seinen Eltern entfernt und auf sie herabblickt. Gleichzeitig ist die Angst und Sorge groß, dass das Kind trotz Schulabschluss an einer Hauptschule aufgrund der Bildungsinflation („die Ansprüche der Arbeitgeber werden immer höher") keine Ausbildungsstelle finden könnte, was noch zu ihrer eigenen Jugendzeit problemlos möglich war.

Eltern im Milieu „Benachteiligte" nehmen mit Sorge wahr, dass die Hauptschule immer mehr zu einer „Verliererschule" wird und keine wirklichen beruflichen Chancen mehr bietet. Vor allem die frühe „Auslese" in der Grundschule und die Stigmatisierung von Hauptschülern und deren Eltern führen bei den Kindern schon früh zu einer ausgeprägten Frustration und dem Gefühl, auch später keine guten Chancen auf dem hart umkämpften Ausbildungsmarkt zu haben. Eltern unterstellen hier, dass Schule und Gesellschaft die „Eliten" früh separieren und fördern, während die, die es eigentlich nötig hätten, sich selbst überlassen werden.

„Ja, also, das System, das finde ich nicht gut. Okay, die tun dann halt die Eliteschüler herauspicken, das ist wahrscheinlich das Ziel an der ganzen Geschichte! Und der Rest fällt aber alles hinten herunter."

Schulerfolg ist abhängig von genetischer Disposition

Der Schulerfolg ist in der Weltanschauung der Mütter und Väter aus dem Milieu „Benachteiligte" in höchstem Maße abhängig vom **Talent, das auf genetischer Vererbung** beruht. Das ist eine nicht veränderbare Vorbedingung, die den Rahmen der Entwicklung vorgibt und Kinder wie auch Eltern entschuldigt. Um dem eigenen Kind gerecht zu werden, soll es nicht überfordert werden, seine Leistungsgrenze ist zu akzeptieren. Diese Grenze bemessen die Eltern an den faktischen Leistungen in der Schule. So entsteht ein sogenannter naturalistischer Fehlschluss: Was der Fall ist, ist Maßstab für die Anforderungen.

„Wenn die Note daraus ist, weil sie nicht geübt hatte, was sie üben sollte, dann ist schon ein bisschen schlechte Luft zu Hause. Aber hat sie dafür geübt, und es ist ihre Leistungsgrenze mit der Note erreicht, dann gibt's kein Ärger.“

Ein Schulerfolg des Kindes entgegen der eigenen Prognose erscheint den Eltern einerseits als Glück, das Aufstiegshoffnungen weckt. Andererseits lösen gute Noten in der Grundschule und auf einer weiterführenden Schule auch Angst bei den Eltern aus. Denn hier ist man auf fremdem Terrain und könnte in einer Weise gefordert werden, bei der man „versagt“. Man ahnt, dass für einen entsprechenden höheren Schulabschluss unverhältnismäßig viel Aufwand an eigener Zeit („sich ständig kümmern müssen“) und Geld nötig ist.

Ein Teil der Eltern hat bereits in der Grundschule die Erfahrung gemacht, dass ihr Kind nur die Hauptschulempfehlung bekommt. Diese Eltern vermuten und unterstellen, dass Grundschullehrer / -innen oft voreingestellt und automatisiert bestimmte Kinder an die Hauptschule „schicken“. Längst haben Eltern im Milieu die Erfahrung gemacht, dass die Hauptschule die eigentliche „Verliererschule“ ist: Schon in der Grundschule wird die Spreu vom Weizen getrennt und über die Zukunft der Kinder entschieden. Die Zuweisung an die Hauptschule verstärkt und zementiert die Einstellung, dass *man zur Hauptschule*[38] *gehört* und damit natürlich auf der Verliererseite ist, sozial ausgegrenzt und „abgestempelt“. Diese Zuweisung trägt nicht zur Motivation in Sachen Schule bei – weder beim Kind noch bei den Eltern.

Wenig Kontakt zur Schule

Die Bildungsverantwortung wird neben dem eigenen Kind in erheblichem Maße der Schule zugewiesen. Während andere Milieus der Mittel- und Oberschicht die Norm des elterlichen Engagements (über-)erfüllen, vertreten „Benachteiligte“ die klassische Vorstellung von Schule als einer Einrichtung, die ihre Leistung ohne Hilfe der Eltern erbringt.

[38] Wenn hier von Hauptschule die Rede ist, sind damit auch die Nachfolgemodelle der Hauptschule in den westdeutschen Bundesländern sowie die Schulen in den ostdeutschen Bundesländern gemeint, an denen ein Hauptschulabschluss abgelegt werden kann (Mittelschule, Regionalschule, Sekundarschule u. a.).

Der Kontakt zu einzelnen Lehrer/-innen sowie zur Organisation Schule ist durch die **Vermeidungskultur** selten. Am häufigsten sind Zeitargumente: Sprechstunden oder Elternabende finden immer dann statt, wenn man nicht kann. Ein Grund für die Kontaktvermeidung ist auch die Befürchtung, in Lehrergesprächen verbal und intellektuell unterlegen zu sein. Die Eltern haben große Sorge, sich Vorwürfen wegen des Lern- oder Sozialverhaltens ihres Kindes auszusetzen oder von der Lehrerin bzw. dem Lehrer aufgefordert zu werden, dem Kind in Belangen der Schule mehr zu helfen, weil es sonst vielleicht die Klasse nicht schafft. Weil man die Schule und auch Informationen zur Schule des Kindes meidet, verstärkt sich jedoch umgekehrt der Eindruck, dass andere Eltern einen Informationsvorsprung haben und dadurch eine Art Elite sind, während man selbst als „Rest“ benachteiligt ist – und wird.

Wenn es unumgänglich ist, sind es fast immer die Mütter, die zu Lehrergesprächen gehen, seltener die Väter. Da in diesem Milieu trotz moderner Lifestyle-Orientierung eine traditionell-hierarchische Rollenteilung dominiert, entziehen sich die Väter dieser Verantwortung in der Regel oder delegieren diese an ihre Partnerin. Mütter delegieren die Erziehung und Lerninhalte in der Regel an äußere Instanzen (vormals Kindergarten, jetzt Schule).

„Na ja, wie gesagt, ich kenne ja im Prinzip bloß die Klassenlehrerin.“

„Das nennt sich Lehrersprechstunde oder so. Ja, aber das ist halt zu unmöglichen Zeiten, wo ich sage, da müsste ein bisschen variabler gearbeitet werden, weil ich meine, wir haben auch eine gewisse – Thema Zeit – und dann sagen wir uns halt einfach: Müssen wir da hin? Dann lassen wir das dann halt einfach.“

„Die Leute, die jetzt sich in diesem Elternbeirat oder solche Sachen engagieren, die sind natürlich richtig darin! Da kann man sagen: Das ist die Elite und der Rest, der weiß immer nichts.“

„Also, wir haben auch keinen Kontakt zu der Schule und auch nicht zu der Klasse.“

Schulischer Alltag: vor allem praktische Unterstützung des Kindes

Sie haben selbst nur Hauptschulabschluss gemacht, die Schulzeit liegt mehr als zehn Jahre zurück und in ihrem beruflichen Alltag benötigen sie das Schulwissen nicht mehr: Das sind Gründe für Eltern, sich auf die äußerlichen Rahmenbedingungen zu beschränken. Diese Eltern präsentieren sich in Gesprächen oft als **„Versorgungseinheit“ für das Kind** an der „Schulfront“. Sie sind in ihrer Einstellung und ihrem Selbstbild davon überzeugt, dass sie alles ihnen Mögliche tun, damit der Schulalltag ihres Kindes funktioniert. Dazu gehören vor allem symbolische Handlungen: das

Pausenbrot oder ein Kuchen und die Ermahnung durch die Mutter oder die Großeltern, das Kind solle die Hausaufgaben machen, und zwar besonders gründlich. Dazu kommen populäre Lebensregeln („Erst die Pflicht, dann das Vergnügen") und strikte Verhaltensvorschriften, die entweder nicht kontrolliert oder aber bei Verstoß sehr hart sanktioniert werden. In Familien mit einer vorhandenen Kümmermentalität versucht man, die eigenen Grenzen durch Beanspruchung von Verwandten, meist der Großeltern des Kindes, zu kompensieren. Hier zeigt sich die Mühe, die diese Eltern aufbringen, um ihrem Kind zu helfen.

„Also Hausaufgaben haben wir uns geteilt. Meine Schwiegermutter, meine Frau und ich. Weil wir das einfach mit ihm nicht schaffen, weil es schwierig ist, mit ihm da Zeit dann zu investieren."

„Es ist schwierig, den Kindern was begreiflich zu machen, was man selber nicht kann."

„Sein Großvater versucht mit ihm Englisch, Englisch hatten wir ja gar nicht."

In den Fällen, bei denen ein Kind aus diesem Milieu den Sprung auf das Gymnasium schafft, sind die Eltern neben ihren mangelnden Möglichkeiten der inhaltlichen Unterstützung zusätzlich mit finanziellen Aufwendungen konfrontiert. Im Unterschied zur Hauptschule und auch Realschule werden nach Wahrnehmung von Eltern aus dem Milieu „Benachteiligte" von der Schule relativ häufig Geldbeträge eingefordert, die sie nicht immer stemmen können. Hier sehen sich Eltern mit dem Problem konfrontiert, sich entweder privat massiv einzuschränken und wie andere Eltern die verschiedenen Beträge zu zahlen oder aber sich zu „outen" und von der Schule einen Zuschuss zu erhalten bzw. nur einen ermäßigten Betrag zahlen zu müssen. Das aber bedeutet, sich selbst als bedürftig zu stigmatisieren.

„Na ja, finanzielle Sache war mehr im Gymnasium, bei meinem Großen. Da haben wir manchmal ganz schön geschluckt. Da war eben eine Skisache. Da haben wir halt dann einmal dreihundert Euro hinlegen müssen, was für den, also, da hat irgendwie das Gymnasium, weiß ich nicht, dann ist das wirklich etwas für die, die Kohle haben oder Leute für die oberen Zehntausend oder so."

Distinktion nach unten

Die hohe Zahl von „Ausländern" an Haupt- und Gesamtschulen, die besondere Förderung dieser Schülerinnen und Schüler seitens der Lehrer und die erhebliche Thematisierung dieser Gruppen in den Medien empfinden Eltern aus dem Milieu

„Benachteiligte“ als ungerecht und diskriminierend: Während man sich um diese Gruppen sorgt und kümmert, scheint ihr eigenes Schicksal von der Öffentlichkeit vergessen. Und von den Lehrern fühlen sie sich „abgestempelt“. Auf ihr eigenes Kind – so die Eltern – wirken die hohe Zahl an Ausländern und die ihnen zukommende Aufmerksamkeit als Motivations- und Leistungsbremse.

Ausgeprägt ist die abwertende Distinktion gegenüber jenen, die noch weiter unten stehen als sie selbst. Dazu gehören „Türken“, „Russen“, „Afrikaner“, „Asiaten“ u. a., aber auch „Deutsche“ in der Klasse, die aus „einem schlechten Elternhaus“ stammen und keine Manieren haben. Weil aus Sicht der Eltern dieses Umfeld für ihr eigenes Kind nicht gut ist, fühlen sie sich von der Gesellschaft und Schule systematisch und absichtlich benachteiligt. Im Gegensatz zu Eltern aus der Mittelschicht ist man diesen schlechten Rahmenbedingungen wehrlos ausgesetzt. Während jene sich abschotten und abheben können, muss man selbst mit den Eltern und Kindern vom untersten Rand – Migranten und „Verwahrloste“ – zurechtkommen. Die **Abgrenzung von diesen „Randgruppen“** ist nach Überzeugung der Eltern wichtig, um Anschluss an die Bürgerliche Mitte zu halten. Insofern gibt es im Milieu der Benachteiligten ein sensibles Gespür für die sozialhierarchische Differenzierung, das Wissen um den Wertekanon der Bürgerlichen Mitte und die Mechanismen der Distinktion gehobener Milieus gegen geringer gelagerte.

„Ja, die Schule. Das kann man schlecht beschreiben so. So, es sind viele Kinder, auch ausländische Kinder dabei. Man kann sich ja bald keine Schule aussuchen, wo es bloß /äh/ deutschstämmige Schüler sind. Wo man nicht Russen oder alle verschiedenen Länder in der Schule hat.“

Traditionelle geschlechtsspezifische Rollenmuster

In diesem nach Modernität strebenden Milieu wird in der Partnerschaft einerseits eine traditionelle Arbeitsteilung praktiziert: Männer sind Haupternährer und oftmals für das Handwerkliche (für Haus und Auto) zuständig, während Frauen sich um die Küche, den Haushalt und die Versorgung der Kinder kümmern, aber auch etwas zum Einkommen dazuverdienen sollen.[39]

[39] Zum Teil ist die Frau, weil der Mann arbeitslos ist oder nur Gelegenheits- oder Aushilfsjobs bekommt, faktisch die Familienernährerin, d. h., sie trägt zum Haushaltseinkommen mehr als 60 % bei.

„Meine Frau steht zuerst auf, deckt den Frühstückstisch, weckt dann mich und das Kind und wir sitzen gemeinsam am Tisch. Die Frau macht die Schnitten für das Kind zurecht. Das Kind geht los, in die Schule – selbstständig – und ich geh dann auf Arbeit."

Andererseits hat dieses Milieu mit 12 Prozent den höchsten Anteil an **Alleinerziehenden** (Durchschnitt: 7,9 %). Und auch der Anteil der **Familienernährerinnen** ist im Milieuvergleich mit 21,9 % (17,4 % im Durchschnitt) am höchsten. Es sind oftmals Frauen, die die traditionellen Rollenzuweisungen und -vorstellungen ihrer Männer ablehnen und im Interview äußern, sie wollten nicht auch noch ihren Mann „erziehen" und versorgen oder von diesem in eine bestimmte Rolle gedrängt werden. Diese Mütter entscheiden sich dann dazu, sich alleine mit ihren Kindern eine Existenz aufzubauen. Selbst wenn diese Mütter Vollzeit arbeiten, sind die Familieneinkommen in aller Regel unterdurchschnittlich. Nicht selten sind die Mütter in mehreren Beschäftigungsverhältnissen als einfache Arbeiterinnen, Angestellte oder in Minijobs tätig. Dann ist es kaum möglich, sich auch noch um die Schule der Kinder zu kümmern. Wenn diese Mütter den Schulerfolg voll an die eigenen Kinder und die Institution Schule delegieren, dann auch, weil ihnen Energie und Zeit fehlen und die eigene Schulzeit zu weit weg ist, um sich an die Inhalte zu erinnern.

In den Partnerschaften mit traditionellem Rollenverständnis ist das **Geschlechterverhältnis hierarchisch**: Das Idiom einer Frau beschreibt diese als *schwach* und vom Mann *abhängig*, das Idiom vom Mann hingegen stellt diesen als *stark, unabhängig und wählend* dar.[40] Andererseits sind beide – auf Augenhöhe – orientiert am modernen Lifestyle-Versprechen der medialen Konsumindustrie. Diese eigene Normalität im Geschlechterverhältnis wird nahezu ungebrochen auf ihre Kinder übertragen. Mädchen sollen *brav, fürsorglich und zurückhaltend* sein, Jungen werden dagegen als – genetisch – *wild* und *stark* beschrieben. Mädchen dürfen vom (genetisch) voreingestellten Modus nur in Bezug auf mediale Lifestyle-Muster (Imitation von DSDS, „Deutschland sucht den Superstar": Model werden wollen) abweichen. Jungen dagegen erhalten einen sehr viel weiter gesteckten Toleranzraum. Das gründet in der Vorstellung, dass Männer mehr Raum brauchen, um sich persönlich zu entfalten. Frauen dürfen diese Freiheiten nicht haben, weil sie ja den Männern zugeordnet sind. So verlangen Eltern von ihrer Tochter von früh an sehr viel mehr

[40] Ergebnis einer quantitativen Untersuchung zum Thema Gleichstellung; siehe: Wippermann / Wippermann: Wege zur Gleichstellung heute und morgen. Hrsg. vom BMFSFJ. Berlin 2007.

Disziplin als von ihrem Sohn. Dass man Jungen dann doch einmal disziplinieren muss, ist eine erst sehr viel später aufkommende Einstellung, oft erst während der Pubertät, wenn die Eltern ihren Sohn nicht mehr erreichen.

Wenn Kinder aus diesem Milieu eine höhere Schullaufbahn einschlagen, entwickeln Väter zu ihrer schulisch begabten Tochter ein anderes Verhältnis als zu ihrem schulisch begabten Sohn: Die Tochter wird uneingeschränkt positiv bewertet, gilt als früher erwachsen und als Statusrepräsentantin ihrer Familie, aus der es jemand geschafft hat. Auf die Tochter ist man stolz! Zum Sohn entwickeln Väter hingegen häufig eine ambivalente Beziehung. Der Stolz auf die schulische Leistung des Sohnes wird relativiert durch die (meist latente) Sorge vor Entfremdung und Konkurrenz: Der Sohn überflügelt den Vater in einem Bereich, in dem dieser keine Chance hat. Dies gründet in der milieuspezifischen Geschlechts- und Rollenvorstellung von einem „richtigen Mann“ und dem darauf aufsetzenden Generationenverständnis. Ein Sohn, der sich völlig anders orientiert als der Vater, distanziert sich damit von dem, was sein Vater ist und kann. Zudem werden auf dem Gymnasium häufig andere Formen von Männlichkeit bzw. andere Identitäten vom „richtigen Mann“ kultiviert, an denen sich der Sohn in Abgrenzung zu den Männlichkeitsritualen des Vaters orientiert – von stiller Distanzierung, symbolischen Kontrastritualen bis hin zu verbaler Verachtung. Vor diesem Hintergrund zeigen Väter das nicht reflektierte Einstellungsmuster, die Hauptschule (und allenfalls noch die Realschule) als *Normalmodell* für ihren Sohn zu begreifen, das Gymnasium dagegen als *Devianz zu betrachten*.

Diesen milieuspezifischen Konkurrenzverdacht des Vaters gegenüber dem Sohn bei einer höheren Schullaufbahn gibt es seitens der Mutter gegenüber ihrer Tochter nicht. In Bezug auf Rollenbilder für Frauen ist das Spektrum vielfältiger. Mütter haben kein Identitätsproblem, wenn ihre Tochter eine höhere Schullaufbahn einschlägt. Sie nehmen dies vielmehr als Chance wahr, aus den beengten Verhältnissen herauszukommen (damit es ihrer Tochter einmal besser geht als ihr selbst). Auch wenn ihre Mittel beschränkt sind, ihre Tochter schulisch zu unterstützen, erfüllt sie dieser Erfolg mit Stolz! Ebenso stolz sind sie bei einer höheren Schullaufbahn auf ihren Sohn, doch die Motive sind andere: Er ist der starke Mann, der es geschafft hat und den Aufstieg der Familie in eine gehobene bürgerliche Existenz verheißt.

Auch das empirische und normative Bild von Lehrerinnen und Lehrern ist von **traditionellen Stereotypen** bestimmt. Lehrerinnen – so die Überzeugung – seien oft (zu) mitfühlend und „unterrichten auf der Gefühlsebene“. Männer seien dagegen fachlich kompetenter beim Unterrichtsstoff und wenn es um die Disziplin der Schüler geht. Gerade weil nach Auffassung von Eltern aus diesem Milieu die Jugend heute extrem verhaltensauffällig sei, müssen Lehrer *„auf Zack“* sein, sich durchsetzen können, Stärke und Autorität zeigen.

„Männer haben eine andere Art, Respekt rüberzubringen oder so. Also, Autoritätspersonen! Also, speziell, denke ich einmal, für Jungen ist das ein Thema.“

„Bei einer Lehrerin ist die Fürsorge, das Mütterliche, ein bisschen mehr gegeben und bei den Lehrern ist ein bisschen mehr Zack darin, mehr Druck darin.“

„Die Lehrer haben's heute auf jeden Fall deutlich schwerer die Schüler zu unterrichten, weil der Mensch entwickelt sich ja und ich finde, die Jugend ist zurzeit ziemlich krass unterwegs.“

3.7 DELTA-Milieu „Hedonisten“

Die spaß- und erlebnisorientierte moderne Unterschicht / untere Mittelschicht: Leben im Hier und Jetzt; Verweigerung von Konventionen und Erwartungen der Leistungsgesellschaft einerseits, Genuss der Angebote der Medien- und Eventgesellschaft andererseits.

Identität und Lebensstil

Identität

- **Weltbild:** Der Einzelne ist den gesellschaftlichen Verhaltensregeln und Leistungsanforderungen, die seinen „natürlichen“ Lebensansprüchen entgegenstehen, meistens ohnmächtig unterworfen; einzig die Freizeit ist ein Refugium für unprogrammiertes Leben, denn hier kann der Mensch seinen eigenen (spontanen) Bedürfnissen nachgehen und intensiv leben
- **Selbstbild (Ich-Ideal):** Die eigene (innere) Distanz zu sozialen Regeln wird als Coolness, Echtheit und persönliche Unabhängigkeit gedeutet: Anders als Menschen, die diesen Regeln gefällig folgen, ist man selbst innerlich frei; nach außen oft in der Rolle des „Underdogs“, hat man sich innerlich seine Unabhängigkeit bewahrt und lässt sich nicht unterkriegen
- **Abgrenzung:** Keine Lust, seine spontanen Bedürfnisse zugunsten zukünftiger Erfolge und Belohnungen aufzuschieben; Distanz zu einer angepassten, „spießbürgerlichen“ Lebensführung

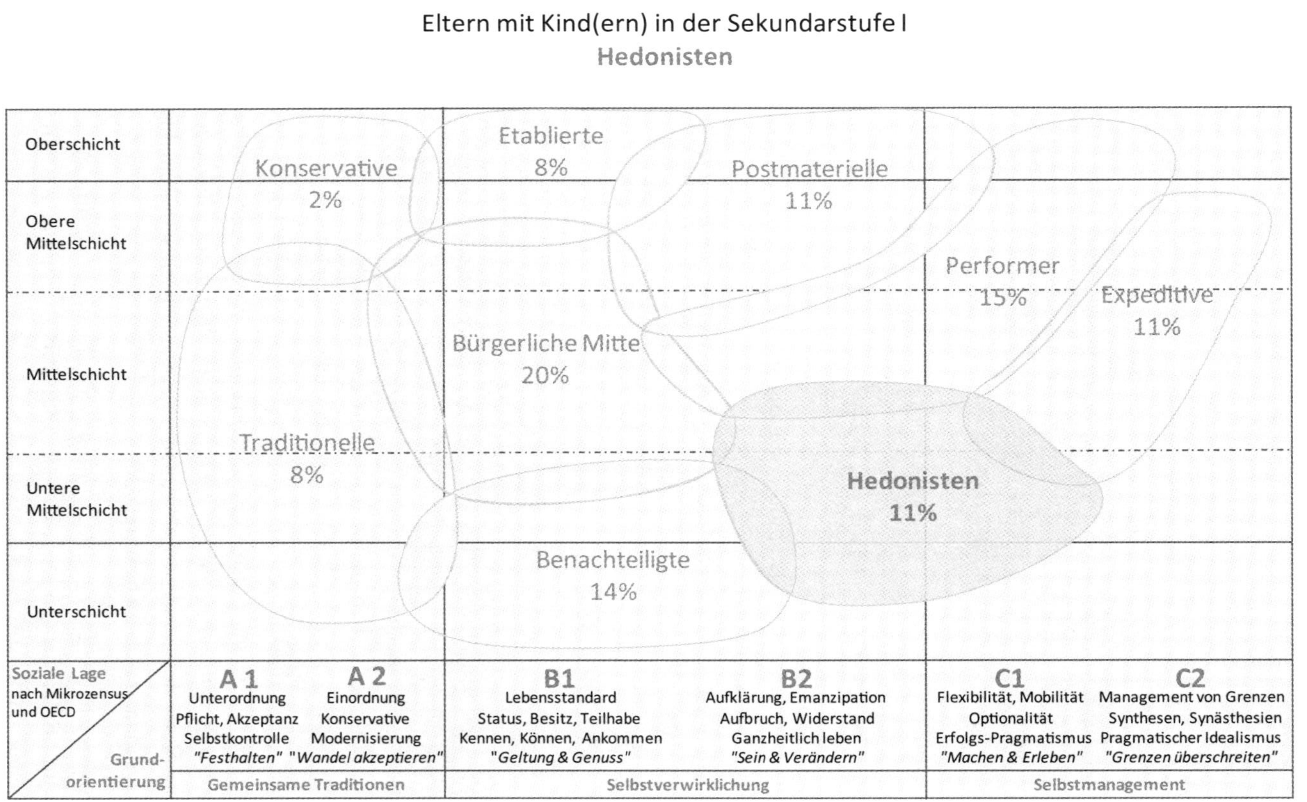

Quelle: Bevölkerungsrepräsentative Befragung; TdW 2012
Basis: 20.167 Fälle insgesamt; davon Eltern mit mindestens einem Kind in Sekundarstufe I = 2.788 Fälle

Abb. 3.17: Eltern mit Kind(ern) in der Sekundarstufe I – „Hedonisten“

- **Leitmotiv:** Spannung und Zerstreuung mit Lust am Spontanen, Anstößigen und Exzessiven
- **Ausstrahlung:** spontan, unkonventionell, provozierend, „unordentlich“ (i. w. S.)

Lebensstil

- Leben im Hier und Jetzt, kaum Lebensplanung, sich möglichst wenig Gedanken um die Zukunft machen, sich treiben lassen und sehen, was kommt, was sich einem bietet
- Spontaner Konsumstil, unkontrollierter Umgang mit Geld; hohe Konsumneigung bei Unterhaltungselektronik, Musik, Multimedia, Kleidung, Ausgehen, Sport; geringes Umwelt- und Gesundheitsbewusstsein
- Freude am guten Leben, an Luxus, Komfort und Convenience; aber häufig die Erfahrung von Beschränkungen und Wettbewerbsdruck (immer seltener Chancen auf schnelle Jobs)
- Spaß an Tabuverletzung und Provokation, Suche nach starken Reizen, demonstrative Unangepasstheit; häufig Identifikation mit antibürgerlichen, „krassen“ Szenen und Gruppen (Fankulturen, Hardrockbands, Motorradklubs u. Ä.)
- Jugendlichkeits- und Körperkult sind mächtige Lifestyle-Normen im Milieu – bereiten den (älteren) Milieuangehörigen aber zunehmend Probleme
- Freizeit als eigentlicher Lebensraum: Spaß haben, unterhalten werden, etwas erleben, tun und lassen, was einem gefällt (es soll immer „was geboten“ sein, „etwas laufen“ gegen die Öde und Langeweile des Alltags)
- Ausbruch aus den täglichen Routinen von Ausbildung oder Arbeitsplatz: Freiheit, Abenteuer, Bewegung, Nervenkitzel und unterwegs sein, aber auch allein sein, nichts tun, die Zeit totschlagen, träumen, Musik hören, fernsehen (durch die Kanäle zappen), Video / DVD reinziehen, mit dem Hund spazieren gehen
- Leben in der Subkultur, in der „Szene“ sein: Skater, Techno, Hip-Hop, Rap, Graffiti, DJing, Punk, Sprayer, Demo, Gothic u. a. Freizeitgestaltung in und mit der Clique; Freunde und Kumpels treffen (bei McDonald's, im Billardcafé, in der Spielothek, im Fitnesscenter, im Park), gemeinsam rumhängen oder was unternehmen, Partys feiern, in Discos, zu Rock- / Pop-Konzerten, Raves und Techno-Events gehen und „tanzen bis zur Erschöpfung“, Auto- / Motorradfahren zum Spaß, Sportveranstaltungen besuchen oder selbst Sport treiben; von männlichen Milieuangehörigen typischerweise bevorzugt: Fußball, Krafttraining,

Kampfsport, Bodybuilding, neuerdings auch Extremsportarten (z. B. Freeclimbing, Paragliding, Drachenfliegen) und neue Sportarten (Inlineskating, Snowboarding, Beachvolleyball)

Soziale Lage der Familie

Bildung

	Vater	**∅**	**Mutter**	**∅**
	%	%	%	%
Haupt- / Volksschule ohne Lehre	18,2	6,4	18,6	8,4
Haupt- / Volksschule mit Lehre	49,7	25,2	32,7	23,9
Weiterführende Schule ohne Abitur	27,6	30,2	39,6	39,8
Fach- / Hochschulreife ohne Studium	3,2	12,4	5,3	17,4
Fach- / Hochschulreife mit Studium	1,3	25,8	3,8	10,5

Berufliche Position

	Vater	**∅**	**Mutter**	**∅**
	%	%	%	%
Selbstständige(r) ohne Beschäftigte	1,0	4,6	0,4	2,2
Selbstständige(r) mit bis zu 9 Beschäftigten	0,0	5,8	0,0	2,3
Selbstständige(r) mit 10 und mehr Beschäftigten	0,0	1,2	0,0	0,1
Freiberufler	0,0	3,2	0,0	1,7
Leitende Angestellte	0,0	10,7	0,0	1,9
Qualifizierte Angestellte	0,9	20,8	0,6	19,5
Mittlere Angestellte	4,2	6,5	17,4	19,1
Einfache Angestellte	15,0	6,6	56,8	32,4
Beamte: höherer / gehobener Dienst	0,0	2,9	0,0	0,3
Beamte: mittlerer / einfacher Dienst	2,7	1,9	0,0	1,5
Facharbeiter	53,8	23,6	2,2	3,5
Arbeiter: schwierige Arbeiten	12,7	8,7	3,9	2,8
Arbeiter: einfache Arbeiten	9,7	3,4	18,7	12,7

Haushaltsnettoeinkommen

	HED	∅
	%	%
Bis unter 1.000 Euro	4,9	1,7
1.000 bis unter 1.500 Euro	16,6	14,1
1.500 bis unter 2.000 Euro	20,8	5,1
2.000 bis unter 2.500 Euro	27,4	18,1
2.500 bis unter 3.000 Euro	22,0	16,9
3.000 bis unter 4.000 Euro	5,7	23,8
4.000 bis unter 5.000 Euro	2,1	13,1
5.000 Euro und mehr	0,5	7,1

	im Milieu	∅ der Eltern
Alleinerziehende(r)	**9,3 %**	7,9 %
Familienernährerinnen	**15,3 %**	17,4 %

Quelle: Repräsentative Bevölkerungsbefragung TdW 2012
Basis: Eltern mit Kind(ern) in der Sekundarstufe I = 2.788 Fälle (= ∅)

Erwerbstätigkeit und eigenes Einkommen der Mütter

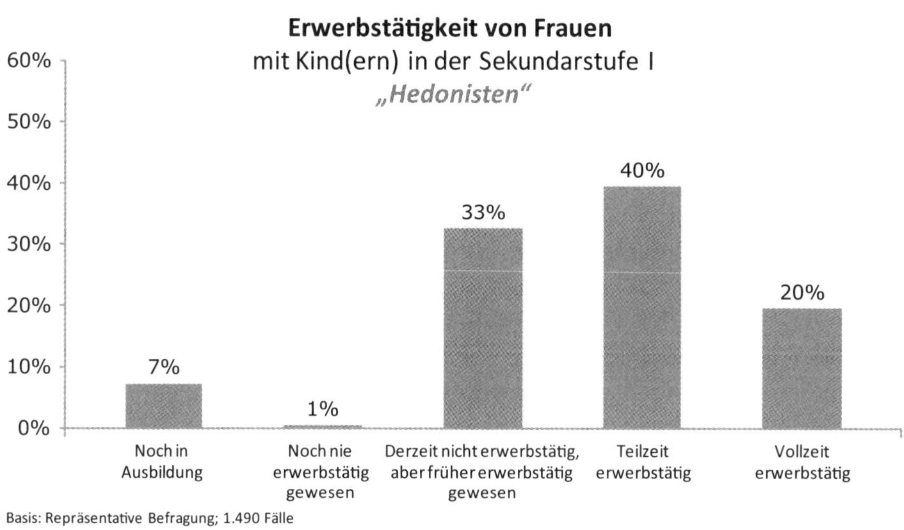

Abb. 3.18: Erwerbstätigkeit von Frauen mit Kind(ern) in der Sekundarstufe I – „Hedonisten"

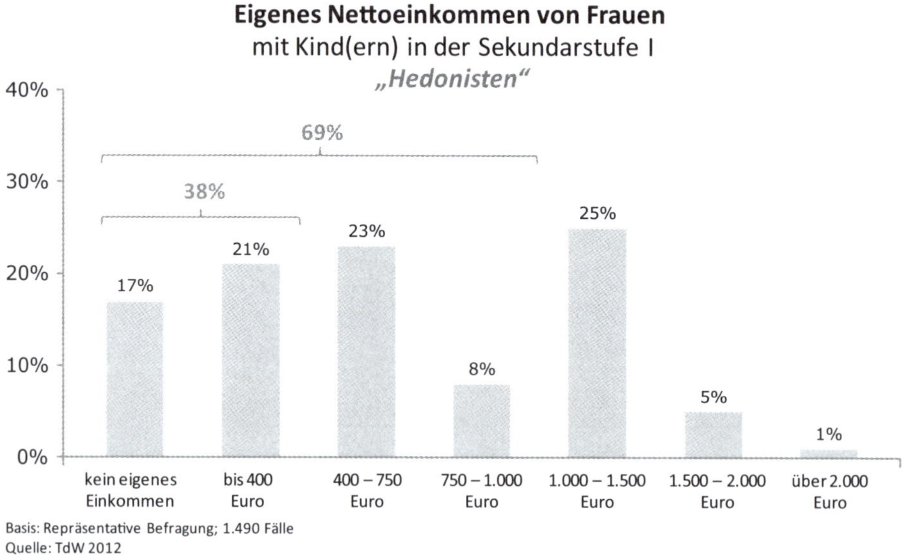

Abb. 3.19: Eigenes Nettoeinkommen von Frauen mit Kind(ern) in der Sekundarstufe I – „Hedonisten“

Selbstverständnis der Eltern – auch noch ein eigenes Leben leben

Für Hedonisten läutet die Geburt eines Kindes meist eine Phase der Beruhigung des eigenen Lebens ein: Das Kind ist Anlass und Auslöser, die eigene auf Kurzfristigkeit und Spaß angelegte Lebenshaltung zu überdenken und den Alltag neu zu strukturieren und zu organisieren. Dieser Prozess findet in den ersten Lebensjahren der Kinder statt, sodass Hedonistische Eltern mit älteren Kindern oftmals wesentlich „bürgerlicher“ wirken als junge Hedonisten ohne Familie. Beruflicher Alltag und Schule sind nun die ungeliebten, aber wichtigen und **nicht abzuschüttelnden äußeren Taktgeber**. Außerdem werden die Beschäftigungsverhältnisse der Eltern aufgrund finanzieller Notwendigkeiten meist etwas stabiler und dauerhafter als in den Jahren vor der Familiengründung. Das Selbstverständnis aber bleibt, ein unkonventionelles Leben mit starker individueller Erlebnisorientierung und spontaner Bedürfnisbefriedigung zu führen und auf die persönlichen Bedürfnisse und Freiheitsansprüche zu pochen. Der Beruf ist Mittel zum Zweck der finanziellen Absicherung der Familie und nur selten persönliche Erfüllung. Ausnahmen sind erlebnisreiche und kommunikative Jobs, etwa als Kellner/-in in einem Szenebistro, Fahrradkurier/-in, Animateur/-in an einem warmen Urlaubsort zur Hauptsaison oder Surf- und Segellehrer/-in. Doch solche Jobs sind selten und wer einen von ihnen bekommt, gilt als Glückskind. Für die meisten findet das eigentliche Leben außerhalb der beruflichen Sphäre statt, gelegentlich auch außerhalb des engen familiären Rahmens. Man will nicht nur Mutter oder nur Vater sein, sondern noch genügend Zeit und Energie haben für sich selbst.

„Er [der Beruf] ist Mittel zum Zweck. Ohne Geld kommt man leider nicht weiter und irgendwie muss man es verdienen.“

„Der Beruf ermöglicht mir einen gewissen Lebensstandard, das ist mir sehr wichtig.“

„Ich kann nicht sagen, dass Beruf jetzt an und für sich als Arbeit, also als Lohnarbeit irgendwie wichtig für mich ist, sondern sich zu engagieren ist halt wichtig. Aber wenn man dabei Geld verdient, ist es natürlich auch nicht zu verachten.“

In Bezug auf die Anforderungen der Schule zeigen sich im Hedonistischen Milieu zwei Orientierungsmuster:

1. Den Bildungsweg wählen, der mit dem **geringsten Widerstand und Aufwand** zu bewältigen ist: Nach außen wird das Argument angeführt, das Kind keinem unnötigen und überflüssigen Druck aussetzen zu wollen, auch wenn es zu einem höheren Schulabschluss grundsätzlich befähigt sei. Das Kind bleibt also unterhalb seines tatsächlichen Leistungsvermögens, das nicht im Umkreis von Schule gesehen und gesucht wird. Begründet wird der gedrosselte Schulleistungsdruck damit, dass das Kind später immer noch das Abitur oder einen Realschulabschluss machen und einen Beruf anpeilen kann, der einen höheren Abschluss voraussetzt, wenn es das will.
2. **Adaption von Bildungsdruck:** Aus Sorge, dass mit niedrigen Bildungsabschlüssen die späteren Chancen auf dem Arbeitsmarkt allzu gering sind, sehen sich einige Hedonisten für ihr Kind zum Bildungsdruck gezwungen. Dahinter stehen oft die eigenen „bitteren“ Erfahrungen begrenzter Berufsmöglichkeiten, weil man einen bestimmten Abschluss nicht hat. Weil ihr Kind später einmal einen Beruf wählen können soll, in dem „das Geld pünktlich auf das Konto kommt“, entscheiden sich diese Hedonistischen Eltern bewusst und gegen den eigenen Impuls dazu, auf ihr Kind einen gewissen – aber nicht allzu starken und es erdrückenden – Druck auszuüben, damit das Kind den höheren Bildungsabschluss erreicht. Doch die Mütter und Väter scheitern nicht selten daran, dass ihnen die Ressourcen fehlen, dies im Alltag kontinuierlich und konsequent auch umzusetzen. Als Problem identifizieren sie in den verschiedenen Situationen des

Alltags ihre fehlende Zeit und Energie, eigene Inkonsequenz, geringe Ausdauer und mangelnde Bereitschaft, *täglich* bei den Hausaufgaben dabei zu sein (wie bürgerliche Mütter) und auf ihr Kind *täglich* den vielleicht notwendigen oder hilfreichen Druck auszuüben.

Blick auf das Schulsystem – Ablehnung früher Selektion

Hedonisten blicken meist sehr kritisch auf das Schulsystem und mit der Vorannahme, dass es ihrem Kind gar nicht gerecht werden *kann*. Das Schulsystem in seiner heutigen Form ist für sie **Ausdruck einer Gesellschaft, die kalt und streng** ist, die immer höhere Leistungsforderungen stellt und jene Menschen belohnt, die sich möglichst perfekt anpassen können und konform verhalten. Doch – so ihre Kritik – sind die Jugendlichen dann am Ende der Schulzeit nicht mehr frei und authentisch. Dass *„bereits in der Grundschule Kinder vorselektiert werden in spätere Bildungsgewinner und Bildungsverlierer"*, erscheint Hedonisten zynisch und falsch. Hier schwingt auch Resignation darüber mit, dass es auch ihre Kinder womöglich „nicht schaffen" und ins gesellschaftliche Abseits geraten – das Drohbild ist Hartz IV.

„Ich habe natürlich entsprechend meiner Lebenseinstellung eine andere Vorstellung von Bildung als eine Institution Schule."

„Ich bin kein Freund von diesem dreigliedrigen Bildungssystem. Ich bin der Meinung, man sollte die Kinder nicht nur in der Grundschule zusammen lernen lassen, sondern die elitäre Auseinanderreißung abschaffen."

„Ende der vierten Klasse, da geht die Hälfte aufs Gymnasium und die andere Hälfte, die geht eben auf die Mittelschule und kriegt dort zum ersten Mal mit, was es heißt, du bist jetzt ein verarmter Bildungsbürger, du bist eigentlich nicht so viel wert wie die, die aufs Gymnasium gehen."

„Und dann kommt irgendwann, okay, ‚Mittelschüler sind Hartz-IV-Empfänger', und das bleibt irgendwo drin und hat natürlich auch die entsprechende Wirkung bei den Kindern."

Auch das Bildungsprogramm an weiterführenden Schulen halten Hedonistische Mütter und Väter in Bezug auf den Lernstoff und die Art seiner Vermittlung für weitgehend unzeitgemäß und wenig sinnvoll – ein Urteil, das primär aus ihrer reflexhaften Fundamentalkritik, Ablehnung und Protesthaltung gegenüber vielen öffentlichen Institutionen und Strukturen resultiert. Vieles von dem, was an Schulen vermittelt wird, brauche man später im Leben gar nicht, so das Argument. Statt

Drill und Pauken für sinnlose, lebensfremde Themen verlangen diese Eltern **mehr lebenspraktisches Lernen und mehr projektorientierte Lernformen.** Diese Einstellung gründet darin, dass sie selbst meist keine kontinuierliche und höher qualifizierende Schul- und Berufslaufbahn haben. Sie leben in dem Bewusstsein, sich selbst das beigebracht zu haben, was sie brauchen, um ihr Leben zu meistern. Schule ist für sie in erster Linie ein lästiges und die Persönlichkeit deformierendes, aber nun mal notwendiges Vehikel, um später in dieser kalten und leistungsorientierten Gesellschaft auf eigenen Beinen stehen und ein Leben nach den eigenen Vorstellungen führen zu können. Schulerfolg ist also nicht an die Erlangung eines bestimmten und besonders guten Notendurchschnitts gekoppelt – der höhere Schulabschluss an sich ist das Ziel, „Nur irgendwie durch!“ die Maxime.

Zweckgerichtete Bildung: sich etwas leisten können, unabhängig sein

Es gibt in diesem Milieu Eltern, die ihren Kindern Freude und Spaß am Lernen in der Schule und im Beruf vermitteln wollen, doch sie sind in der Minderheit. Die zentrale Botschaft Hedonistischer Eltern ist: **„Lerne, damit du später im Leben unabhängig bist und dir was leisten kannst.“** Diese Botschaft ist weniger als Ansporn zu verstehen, sondern Ausdruck eigener Frustration: Oft haben Hedonistische Eltern einen finanziell engen Rahmen, sind in Berufen mit mittleren und unteren Einkommen tätig und haben wenig Perspektiven auf finanzielle Besserstellung und Sicherheit. Häufig bleibt „Bildung“ in der persönlichen Einstellung und familiären Kommunikation ein diffuser, mit Fremdbestimmtheit assoziierter Begriff – eine abstrakte, pauschale, stereotype Aufforderung, sich mit Themen zu befassen, die andere interessant finden und qua Macht allen anderen verordnet worden sind. Das eine oder andere mag wohl spannend und nützlich sein, aber das meiste ist weit weg von dem, was einen selbst interessiert und persönlich weiterbringt.

„Dass man weiterkommt im Leben.“

„Bildung ist wichtig heute.“

„Lerne für dich selbst! Je schlechter du in der Schule bist, umso schlechter sind deine Chancen später.“

„Wenn man gute Bildung hat, kommt man weiter im Leben, kann sich was leisten.“

Pragmatische Erziehung zur Selbstständigkeit

Die alleinerziehende Mutter oder die Patchworkfamilie ist im Milieu „Hedonisten" nicht die Ausnahme, sondern ebenso normal wie die klassische Familie. Vergleichsweise häufig ist der aktuelle Lebenspartner der Mutter nicht der Vater des Kindes und manchmal haben die Kinder einer Mutter unterschiedliche Väter. Es kommt auch vor, dass der leibliche Vater sich nach der Trennung der Verantwortung und Fürsorge für die Kinder ganz entzieht oder beides nur selektiv und sporadisch wahrnimmt. Gelegentlich ist es auch die Mutter, die dem Vater ihres Kindes den häufigen Kontakt zu diesem verwehrt, um ihr Kind zu schützen und die mühsam errichten neuen Routinen und Rhythmen nicht zu gefährden.

Der finanzielle Rahmen ist meist eng, die berufliche Situation der Eltern oft unsicher, mitunter auch prekär. Mütter, die Familienernährerin sind, haben teilweise auch mehrere (geringfügige) Beschäftigungsverhältnisse, z. B. Minijobs mit Arbeitszeiten an den Rändern normaler Tätigkeiten. Oder sie haben eine feste Anstellung, die sie aber zeitlich bindet und unflexibel macht. So finden sie auch kaum Zeit und Energie, sich eine neue, bessere Beschäftigung zu suchen. Im Spagat zwischen ihrer eigentlichen Grundorientierung (hier und heute intensiv leben, spontane Bedürfnisse ausleben, starke Reize erleben) und den ökonomischen Erfordernissen zur Existenzsicherung leiden sie erheblich darunter, für den Beruf und für ihre Kinder – die sie über alles lieben – ständig verfügbar und damit fremdbestimmt sein zu müssen. Die Kinder lernen früh, alleine zu bleiben und für sich zu sorgen.

„Ich bin 34 Jahre, habe drei Kinder, die sind 12, 4 und 1 Jahr alt. Ich bin alleinerziehende Mutter. Zurzeit mache ich eine Ausbildung zur Heilpraktikerin. Studiert habe ich Modedesign, allerdings nicht mit Abschluss, da ich das Studium ein Jahr vor dem Diplom abgebrochen habe. Dann wollte ich Hebamme werden, wollte aber den Stress mit den Bewerbungen nicht."

„Ich bin vom ersten Beruf Erzieherin, bin jetzt Sozialarbeiterin in einer Drogenberatungsstelle auf einer Teilzeitstelle. Meine Kinder sind 16 und bald 10. Ich bin alleinerziehend und von den Vätern meiner Kinder getrennt."

Diese lebenslaufbedingte Struktur der Familienverhältnisse hat erhebliche Konsequenzen für die Zuständigkeiten und die Verantwortung innerhalb der Familie. Denn oft fühlen sich die Väter / Lebenspartner für die Organisation des Haushalts, die Versorgung und Betreuung der Kinder sowie deren Schulalltag und Schulerfolg nicht zuständig. Die Mütter tragen die Last der Verantwortung und Arbeit in der

Regel allein, gehen aber frühzeitig dazu über, ihren Kindern Aufgaben und Verantwortung zu übergeben.

Hedonistische Eltern erziehen ihre Kinder daher früh zur **Selbständigkeit** mit dem Ziel, sie so **auf das Leben vorzubereiten** – und weil sie auf die tatkräftige Unterstützung ihrer Kinder angewiesen sind. Denn ist die Mutter alleinerziehend und berufstätig, *muss* das Kind früh selbstständig werden, damit der Familienalltag funktioniert. Die Kinder nicht zu verwöhnen, sie stark für das Leben zu machen, indem man sie fordert, ist also weniger ein Erziehungsprogramm aus Überzeugung als eine Folge der Lebensumstände. Wenn diese Mütter ihre eigenen Kinder in die Pflicht nehmen, kollidiert dies mit ihrer Grundeinstellung, ihr Kind eigentlich möglichst lange von „Pflichten“ frei zu halten („... diese kommen noch früh genug!“). Und so erzeugt die Struktur und Notwendigkeit des Alltags bei Hedonistischen Müttern permanent ein schlechtes Gewissen und den Druck, ihr Kind – ähnlich wie die konventionelle Leistungsgesellschaft – zu fordern und einzuspannen. Als Kompensation dafür wollen sie die ohnehin knappe gemeinsame Zeit entspannt verbringen, frei von belastenden, pflichtbesetzten, konfliktreichen und die Stimmung verderbenden Themen wie „Schule“.

Gleichzeitig betonen Eltern im Milieu der Hedonisten gern, dass es für Kinder nützlich und wichtig sei, selbst die Erfahrung zu machen, dass auch **negative Erfahrungen zum Leben gehören.**[41] Nach außen kommunizieren Eltern diese Haltung als ihren bewussten und reflektierten Erziehungsstil. Vielfach geht damit aber eine Absage an die Übernahme von Verantwortung für das Kind einher. Mit der Verlagerung von Verantwortung – etwa für Schulorganisation und Schulerfolg – auf ihr Kind lassen die Eltern bei sich selbst keine Gefühle von Resignation und Hilflosigkeit angesichts von Schulproblemen zu.

Wenig Einsatz für den Schulerfolg: Delegation an die Kinder und die Schule

Zwar betonen Hedonistische Eltern, dass Leistung heute wichtig sei: Kinder sollen lernen, dass sie sich anstrengen müssen, wenn sie sich später etwas leisten wollen. Dies bleibt häufig jedoch allgemein und vage. Selten helfen die Eltern konkret bei der Bewältigung von Hausaufgaben und der Vorbereitung auf Referate, Tests oder Klassenarbeiten oder fragen Vokabeln ab. Ein Kind Hedonistischer Eltern lernt daher ent-

[41] Völlig anders als etwa Eltern der Bürgerlichen Mitte, denen es darum geht, negative Erfahrungen von den Kindern fernzuhalten.

sprechend früh, für sich selbst verantwortlich zu sein: „Wenn du das willst, musst du dich anstrengen." Diese Botschaft entlässt die Eltern aus der Verantwortung für den Schulerfolg und entlastet sie. Die Aufgabe, die Schule zu bewältigen, liegt beim Kind. Die Eltern sehen ihre Rolle primär darin, die **Grundversorgung** zu gewährleisten, **Aufsicht** zu leisten, **gelegentlich Druck** zu machen, damit das Kind lernt, und auch für den nötigen Ausgleich am Wochenende zu sorgen (auch als Belohnung für Leistung und Anstrengung, z. B. in Form von Ausflügen, die allen Spaß machen). Hier zeigt sich die Ambivalenz Hedonistischer Eltern: Auf der einen Seite fordern sie von ihren Kindern ein gewisses Maß an Fleiß und Einsatz, die sie als nötige Voraussetzung für den Schulerfolg betrachten; auf der anderen Seite ist ihnen schulischer Druck und Leistungsdenken zuwider und etwas, dem sie sich gerne verweigern würden.

„Du hast einen Duden, guck da mal nach."

„Ich möchte schon, dass die Kinder ein gewisses Empfinden dafür bekommen, dass sie auch etwas leisten müssen, um irgendeine Bequemlichkeit in Anspruch zu nehmen."

„Man hat versucht, Kontrolle auszuüben, wobei man mitbekommen hat, wenn das Kind nicht alles erzählt, ist man ziemlich machtlos – es sei denn, man hat täglich Kontakt zu den Lehrern. Denn das Kind kann einem ja viel erzählen!"

Ablehnung von Leistungsdruck – auch Schutz vor Überforderung der Eltern

Die Haltung zu „Druck" ist bei Hedonistischen Eltern also äußerst ambivalent: Druck gilt als Insigne der Leistungsgesellschaft, der sie sich zu entziehen versuchen und die sie im Innersten ablehnen. Andererseits ist Druck notwendig, um durch den Alltag zu kommen. Stressfrei durch die Schulzeit kommen: Das ist für Hedonistische Eltern sehr wichtig und meist keine Frage des Wollens, sondern des Müssens. Denn vor allem alleinerziehende Mütter mit (Vollzeit-)Berufstätigkeit kämpfen darum, Beruf und Familie unter einen Hut zu bekommen und dabei sowohl ihren eigenen Bedürfnissen, als auch den Ansprüchen an das bürgerliche Modell der „guten Mutter" gerecht zu werden. Das erleben sie selbst als Spagat, der kaum zu bewältigen ist. **Sie wollen sich selbst nicht in der Rolle der strengen Mutter sehen** (das ist nicht Teil ihrer Identität) und schon gar nicht von ihrem Kind so erlebt und wahrgenommen werden. Und sie wollen sich auch nicht vor den Karren der Lehrer spannen lassen. Zugleich wissen sie aber, dass es ihrem Kind mittelfristig nicht gut tun wird, ja sogar schaden kann, wenn es sich den Anforderungen (Leistungen im Unterricht,

„braves", gefälliges Verhalten) notorisch widersetzt. So sind sie auf der Suche nach einzelnen Lehrerpersonen, mit denen sie „können", die Einfühlungsvermögen und Verständnis haben – und die ihr Kind nicht diskriminieren, nur weil es nicht im Mainstream wohlgefällig mitschwimmt.

„Man kann nicht viel mit Druck und ‚mach und tu' erreichen. Man muss Gespräche führen und versuchen, dass es bei ihm Klick macht."

„Ich habe den Fehler gemacht, ihn unter Druck zu setzen – den Druck nahtlos weiterzugeben."

Nicht nur als Alleinerziehende, sondern auch in einer Partnerschaft ist faktisch die Mutter alleinzuständig für die Erledigung des Haushalts, die Versorgung der Kinder und die Schulorganisation. Der Vater bzw. aktuelle Lebenspartner steht häufig außerhalb dieses engen Familienkreises. Einige Hedonistische Mütter machen die Erfahrung, nicht nur ihr leibliches Kind versorgen zu müssen, sondern auch noch ihren Partner – was dann für einige ein Grund ist, sich von ihrem Partner zu trennen. Idealerweise werden die Hausaufgaben am Nachmittag in der Schule angefertigt, damit Eltern und Kind zu Hause „schulfrei" haben.

Schule ist deshalb vor allem dann schwierig, wenn sie nur halbtags stattfindet. Häufig schickt die Mutter ihr Kind daher trotz Gymnasialempfehlung auf eine Gesamt- oder Realschule, um sich nicht einem zu großen Druck auszusetzen und den Stress zu Hause gering zu halten. Der eigene Kräftehaushalt, das gute Familienklima und das Wohlbefinden ihres Kindes sind wichtiger als eine ambitionierte Schulkarriere. Das Abitur wird nur anvisiert, wenn das Kind frühzeitig äußert, später mal studieren zu wollen. Ansonsten gilt die Devise: Nichts anpeilen und dafür Energie investieren, was man später eventuell gar nicht braucht.

„Ob sie nun nach zwölf oder dreizehn Jahren das Abitur machen, überlasse ich den Kindern. Kann ja auch sein, dass sie eine berufliche Laufbahn einschlagen wollen, die gar kein Abitur erfordert. Also, warum soll ich sie dann diesem Druck aussetzen?"

Ablehnung von überzogenen Leistungsanforderungen am Gymnasium

„Leistung" ist für Hedonisten kein positiv besetzter Begriff. Feindbild ist die kalte Leistungsgesellschaft, die nach Auffassung von Hedonisten die **freie Selbstentfaltung** des Einzelnen begrenzt und stutzt: Leistungsdruck behindert und verhindert echte Bedürfnisse und Kreativität. Ein Leben jenseits der konventionellen Leistungssphäre gilt als erstrebenswert. Und hier definieren Hedonisten ihre eigene, parallele und alternative Vorstellung von „Leistung“: Auch als Hedonist leistet man etwas, nämlich durch Engagement für die eigene Passion (Musik, Sport o.Ä.). Und es gilt auch als Leistung, sich den zahlreichen Umklammerungen der konventionellen Leistungsgesellschaft mit ihren Druck-, Nötigungs- und Erpressungsmethoden zu widersetzen und diese zu unterlaufen.

Insofern ist für viele Hedonisten das **Gymnasium** Negativfolie und Symbol für die **überzogenen Leistungsanforderungen** an Schulen. Diese Voreinstellung hat sich mit der Umstellung auf die achtjährige Gymnasialzeit noch gefestigt. Die Gesamtschule mit Ganztagsangebot ist das klar favorisierte Schulmodell: längeres gemeinsames Lernen, Versorgung des Kindes am Nachmittag, Offenheit des Systems in Bezug auf die Abschlüsse, zeitliche Verlagerung der Entscheidung für die Wahl eines bestimmten Schulabschlusses nach hinten. Die Ganztagsschule entlastet Mütter und Väter enorm: Sie müssen nicht selbst Druck auf ihre Kinder ausüben, sondern die Schule nimmt ihnen diese und viele andere Aufgaben ab.

„Es war klar, dass ich den Leistungsdruck am Gymnasium nicht will, und den verschärften Leistungsdruck nach dieser frühen Einstufung, den wollte ich erst recht nicht.“

„Ich glaube, dass er von seiner Intelligenz das Gymnasium schaffen würde, aber ich habe mir halt gedacht, dass eine Gesamtschule besser ist, weil er da nicht diesen extremen Druck hat.“

„Damals fing das an mit den Empfehlungen in der vierten Klasse, das war der erste Jahrgang, wo die Orientierungsstufe abgeschafft wurde. Und dann fand ich es erst mal praktisch, dass ich mir keine Gedanken machen musste, wenn die Kira auf die IGS [integrierte Gesamtschule] geht, ob sie mal Realschulabschluss oder Gymnasium machen will. Und dann ist die IGS auch ganztags, das heißt, das ist natürlich arbeitnehmerinnenfreundlich.“

„Wir haben uns die Schule ja auch bewusst ausgesucht, weil ich das schon mitkriege bei ehemaligen Grundschulmitschülerinnen, die das Gymnasium gewählt haben, wo dann sowohl die Eltern als auch die Kinder nach zwei Jahren am Stock gegangen sind, wo dann gar nichts mehr ging, wo dann die Eltern ganz viel helfen mussten trotz Berufs.“

„Wir sind mit der Gesamtschule schon sehr zufrieden. Dadurch, dass das meiste auch wirklich da stattfindet. So Halbtagsschulen oder Gymnasien, wo die Kinder mittags nach Hause kommen und viel gelernt werden muss, da ist für die Eltern schon viel mehr die Frage: Wie unterstütze ich mein Kind?“

Schulalltag kollidiert mit dem Familienleben

Im optimalen Fall kümmert sich das Kind weitgehend eigenverantwortlich um Hausaufgaben und das Lernen für Tests und Klassenarbeiten. Dies ist vor allem dann wichtig, wenn die Familie aus einer alleinerziehenden Mutter mit Kind(ern) besteht und sich diese neben dem Beruf nur begrenzt um die schulischen Belange kümmern kann. In diesem Fall besuchen die Kinder meist eine **Ganztagsschule** und erledigen die Hausaufgaben bereits dort, sodass die Zeit zu Hause tatsächlich für die Kinder – und die Mutter – frei von weiteren Anforderungen und Zwängen ist.

„Im Prinzip muss ich nur dafür sorgen, dass Kira pünktlich aufsteht und zur Schule geht, dass sie ihre Sachen dabei hat und vielleicht auch was zu essen. Wobei, das ist noch nicht mal wichtig, denn das gibt es ja dort."

„Ich bin da etwas nachlässig in diesen Punkten. Wir haben alles Mögliche zusammen gemacht, aber ihm eine gewisse Struktur zu bieten, das fiel mir immer schwer."

Dennoch kollidieren schulische Pflichten und die Freizeitwünsche der Kinder häufig: Computer und Internet, Spielkonsolen und Fernsehen sind starke Bedürfnisse von Jugendlichen, v. a. im Hedonistischen Milieu. Hedonistischen Eltern gelingt es nur schwer, hier klare Regeln aufstellen und diese auch konsequent durchzusetzen, weil sie nur allzu gut die Bedürfnisse ihres Kindes verstehen können und nicht rigide und streng sein wollen. Besonders in der Phase der Pubertät sind Konflikte um die Priorität von Schule versus Freizeitbedürfnissen nicht nur zwischen Mutter und Kind programmiert, sondern finden in gleicher Heftigkeit auch im Bewusstsein und Herzen der Mutter statt, die die Bedürfnisse akzeptiert und auch teilt, aber auch die äußeren Zwänge anerkennen und sogar „anwaltlich" gegenüber ihrem Kind vertreten muss. Hier äußerlich und innerlich eine Balance zu finden, fällt Hedonistischen Müttern subjektiv sehr schwer – trotz demonstrativer Lockerheit nach außen.

Wenn Noten absacken, ist Bestrafung für die Mütter kein Mittel – dies schließen die meisten für sich als Erziehungsstil aus. Wohl aber ist Bestrafung häufig ein Mittel der Väter oder Lebenspartner im Milieu, die mit einer einfachen Maßnahme das Problem loswerden wollen. Hier greifen oft traditionell-autoritäre Reflexe. Fernsehverbot, das Wegnehmen des Computers bzw. der Spielkonsole oder das Verbot, sich heute mit den Freunden zu treffen: Das sind die häufigsten – meist wenig erfolgreichen – Methoden, um das Kind zum Lernen zu bewegen. Dabei kommt es sehr häufig zu Konflikten zwischen der Mutter und dem Vater bzw. Lebenspartner, bei denen – oft auch demonstrativ zugespitzt – die unterschiedlichen Einstellungen und Erziehungsstile und die unterschiedlich große Bereitschaft zur Verantwortung deutlich werden. Der Vorwurf der Mutter an ihren Partner ist dann, dass dieser sich nicht genug, nicht zuverlässig oder wenig ausdauernd um die Schulbelange des Kindes kümmert. Er vernachlässige dies aus egoistischen Motiven, weil er für sich selbst Ruhe oder freie Zeit wolle und nicht bereit sei, Verantwortung zu übernehmen – mit der Folge, dass alle Lasten der Partnerin aufgebürdet würden. Der Vorwurf des Vaters ist meist, dass seine Partnerin ihm nicht das gleiche Recht zugestehe, auf das Kind so Einfluss zu nehmen, wie er es für richtig hält. Die Schulzeit ist nach der Phase der Geburt des Kindes der Lebensabschnitt, in dem sich Hedonistische Paare häufig trennen.

Ausgeprägte Ablehnung von Noten

Die Verweigerung gegenüber den Ansprüchen der Leistungsgesellschaft zeigt sich bei Hedonisten in einer vehementen **Aversion gegenüber Noten**: Diese gelten nicht als Indikator für den Leistungsstand des Kindes, sondern als ungerechte *Urteile*, die dem Kind in seiner individuellen Persönlichkeit mit all seinen Talenten gar nicht gerecht werden *können*. Der Fehler liegt nach Auffassung von Hedonisten „im System" – eine Lieblingsvokabel für all das an der Gesellschaft, das sie eingrenzt und ihnen zuwider ist.

„Ich persönlich bin der Meinung, man kann mit einer Note keinen Menschen einschätzen und schon gar nicht die Leistung, die dahintersteht."

„Was mich immens stört, ist das starre Benotungssystem."

„Wenn die Kinder einen Lernbericht bekommen, wo sie beurteilt werden mit einem „erreicht", „nicht erreicht" oder so, das find' ich viel wertvoller, als wenn sie da eine Fünf stehen haben."

„Für mich persönlich spielt die Note keine Rolle! Ich sage einmal, ich weiß bis zu einer gewissen Grenze, was mein Kind zu leisten vermag. Ich weiß mitunter auch, warum es eben in dieser Situation gerade versagt hat. Was heißt versagt? […] Wie gesagt, einen Menschen mit einer Ziffer einzuschätzen, da bin ich vehement dagegen."

Hedonisten beklagen vehement, dass die Schule heute **angepasste Kinder** voraussetzt, verlangt und produziert, die Individualität von Kindern und Jugendlichen nicht wertschätzt oder gar fördert und nicht bestrebt ist, das meist verborgene Potenzial zu erkennen und anzuerkennen. Vielmehr sei die Schule darauf aus, die Kinder zu „braven Leistungsknechten" zu machen. Viele Schulen haben – so die Wahrnehmung von Hedonisten – ein Problem, wenn die Kinder in irgendeiner Form „anders" sind, wenn sie sozial oder schulisch auffallen oder sich nicht regelkonform benehmen. Diese Kinder werden stigmatisiert und ausgegrenzt. Daher favorisieren die Mütter Schulen, die andere Lernmethoden ausprobieren, Schwerpunktklassen haben oder aber am Nachmittag viele AGs zu unterschiedlichsten Themen anbieten.

Hedonistische Eltern machen die Erfahrung, dass sie von Lehrern nicht auf Augenhöhe wahrgenommen werden, und fühlen sich in der Situation des Lehrergesprächs häufig unterlegen und in der Defensive. Daher gibt es eine Tendenz, Unterhaltungen mit Lehrern über den Notenstand des Kindes zu vermeiden. Nur wenn es wirklich notwendig erscheint und etwa die Versetzung des Kindes gefährdet ist, kontaktieren diese Eltern die Schule.

„Gespräche mit Lehrern haben eigentlich nicht viel gebracht, weil ich ja ziemlich früh Mutter geworden bin und von den Lehrern nie richtig ernst genommen worden bin."

Stereotype Rollenzuschreibungen an Lehrer und Lehrerinnen

In keinem Milieu ist die Kluft zwischen Frauen und Männern so groß wie bei den Hedonisten. Das gilt für nahezu alle Aspekte von Gleichstellung: Vorstellung von Partnerschaft und Familie sowie Aufgaben und Rollen in Beruf und Familie.[42] Diese unterschiedliche Wahrnehmung und Einstellung in Bezug auf Geschlechterrollen zeigt sich auch beim Thema Lehrer. Während Mütter betonen, dass es eher eine Frage der Persönlichkeit sei, wie ein Lehrer oder eine Lehrerin unterrichtet, und keine Frage des Geschlechts, gehen die Hedonistischen Väter / Lebensgefährten davon aus, dass männliche Lehrer qua Geschlecht autoritärer, durchsetzungsstärker und selbstbewusster auftreten als ihre weiblichen Kollegen. Einer Lehrerin schreiben sie dagegen typisch weibliche Verhaltensweise zu: Sie sei weicher, sensibler. Diese Rollenzuschreibungen werden von Hedonistischen Vätern kaum hinterfragt: Es ist eben so!

„Ein Mann wirkt irgendwie autoritärer als eine Frau."

„An der Schule von meinem jüngsten Sohn, da gibt es zwei Lehrer, der Rest sind alles Lehrerinnen. Ja, und das ist dann irgendwie anders. Männer treten doch selbstbewusster auf. Da ist dann mehr Disziplin in der Klasse. [...] Ich weiß auch nicht, woran das liegt, das ist ja auch ein wunderbares Stereotyp, aber er trifft eigentlich zu."

[42] Vgl. Wippermann / Wippermann: Wege zur Gleichstellung heute und morgen. Hrsg. vom BMFSFJ, Berlin 2007.

3.8 DELTA-Milieu „Expeditive"

Die unkonventionelle kreative Avantgarde: programmatisch individualistisch, mental und geografisch mobil, stets auf der Suche nach neuen Grenzen und ihrer Überwindung, hohe Investitionsbereitschaft und Kompromisslosigkeit für eigene (temporäre) Projekte und Passionen; in anderen Bereichen hohe Anpassungsfähigkeit und Frustrationstoleranz.

Identität und Lebensstil

Identität

- **Weltbild:** Lebensqualität bedeutet, den eigenen „inneren Kern" zu entdecken und diesem gemäß (intensiv) zu leben durch das experimentelle Erproben unkonventioneller Stile, durch den virtuos-kreativen Umgang mit Regeln und das Durchbrechen von Tabus, durch geistige und körperliche Grenzerfahrungen und durch den Wechsel von Realitätsebenen; Verhaltenskodizes und Routinen lassen dem Einzelnen wenig Spielraum zur Selbstentdeckung und beschränken ihn in der kreativen Entwicklung eines individuellen Stils
- **Selbstbild (Ich-Ideal):** kreative und kulturelle Avantgarde der Gesellschaft
- **Abgrenzung:** starre Strukturen, rigides Sicherheitsdenken, kleinbürgerliche Idyllen; Fixierung auf beruflichen Erfolg, Geld und Karriere
- **Leitmotiv:** Entdecken der vielfältigen Aspekte des Lebens (der Welt und des Selbst); Entfalten der eigenen Talente und Möglichkeiten
- **Ausstrahlung:** Aura des (Lebens-)Künstlers und (Lebens-)Designers – dynamisch, offen, kreativ, mutig, selbstbewusst

Lebensstil

- Ichbezogene Lebensstrategie: möglichst keine einschränkenden Verpflichtungen, kein Stress; spontaner Konsumstil (Unterhaltungselektronik, Multimedia, Outfit, Outdoor-Aktivitäten, Reisen)
- Widersprüchlichkeit als Lebensform: mit Lebensstilen und Rollen spielen, in unterschiedlichsten Szenen, Welten und Kulturen leben; Suche nach spannenden Erfahrungen und starken Gefühlen

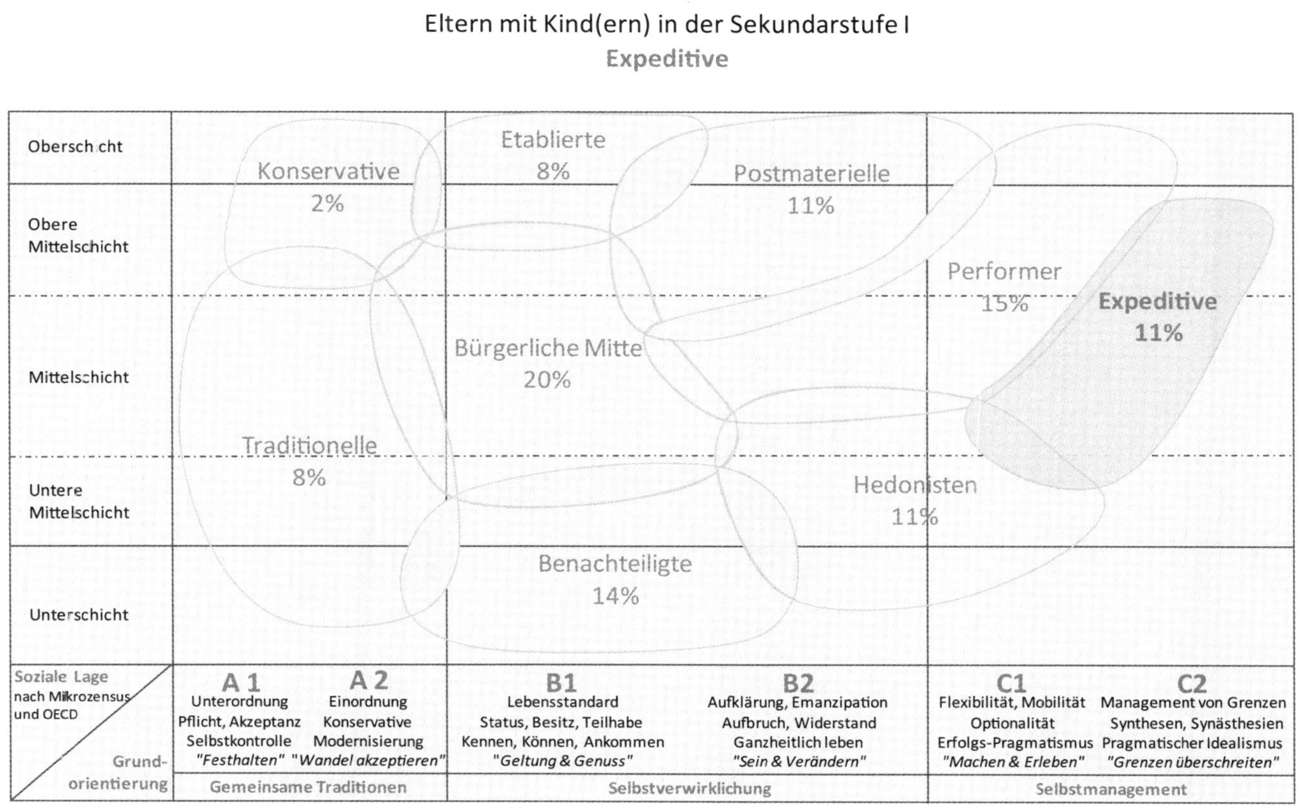

Quelle: Bevölkerungsrepräsentative Befragung; TdW 2012
Basis: 20.167 Fälle insgesamt; davon Eltern mit mindestens einem Kind in Sekundarstufe I = 2.788 Fälle

Abb. 3.20: Eltern mit Kind(ern) in der Sekundarstufe I – „Expeditive“

- Starkes Bedürfnis nach Kommunikation, Unterhaltung, Inspiration und Bewegung (ausgehen, Veranstaltungen besuchen, Raves / Techno-Events, Rockkonzerte, Disco, Szenelokale)
- Selbstverständnis als Lifestyle-Avantgarde (neue Boheme), Vorliebe für stilistische Provokationen, großes Interesse an Musik, Kunst, Kultur; häufig auch gesellschaftliche Protesthaltung (z. B. Kulturpolitik, Tier- und Umweltschutz, Globalisierungskritik)
- Man will und braucht Zeit ganz für sich allein, genießt das Alleinsein (die „Einsamkeit"), will dann von niemandem gestört werden: sich in ein Café setzen, Zeitung oder Buch lesen, in Ruhe nachdenken oder an einem (kreativen, künstlerischen) Projekt arbeiten; aber auch ausgeprägter Wunsch nach Kommunikation, Austausch mit Freunden und Familie (die Menschen spüren und damit das Leben spüren)
- Raves, Techno-Events, Rock- und Pop-Konzerte sowie Diskotheken und Klubs besuchen; Interesse für junges Theater, Kleinkunst, Improvisationen sowie Musik und Kunst fremder (exotischer) Kulturen
- Mentales Training, Yoga, Meditation (sich spüren, sich „erden")
- Zeichnen, Malen, Musizieren, Literatur jenseits des Mainstreams: neue Wege entdecken, die eigenen Grenzen und die Grenzen des Mediums ausprobieren
- Sport: Extremsportarten (z. B. Freeclimbing, Paragliding, Drachenfliegen) und neue Sportarten (Inlineskating, Snowboarding, Beachvolleyball), aber auch Reiten, Squash, Segeln, Surfen, Kitesurfen

Soziale Lage der Familie

Ausbildung

	Vater	Ø	**Mutter**	Ø
	%	%	%	%
Haupt- / Volksschule ohne Lehre	0,0	6,4	2,5	8,4
Haupt- / Volksschule mit Lehre	7,7	25,2	18,6	23,9
Weiterführende Schule ohne Abitur	59,7	30,2	39,0	39,8
Fach- / Hochschulreife ohne Studium	24,5	12,4	32,0	17,4
Fach- / Hochschulreife mit Studium	8,1	25,8	7,9	10,5

Berufliche Position

	Vater	∅	Mutter	∅
	%	%	%	%
Selbstständige(r) ohne Beschäftigte	8,5	4,6	1,1	2,2
Selbstständige(r) mit bis zu 9 Beschäftigten	6,6	5,8	0,0	2,3
Selbstständige(r) mit 10 und mehr Beschäftigten	0,0	1,2	0,0	0,1
Freiberufler	0,0	3,2	2,6	1,7
Leitende Angestellte	0,0	10,7	0,0	1,9
Qualifizierte Angestellte	6,7	20,8	2,4	19,5
Mittlere Angestellte	20,9	6,5	33,1	19,1
Einfache Angestellte	10,6	6,6	49,8	32,4
Beamte: höherer / gehobener Dienst	0,0	2,9	0,0	0,3
Beamte: mittlerer / einfacher Dienst	2,2	1,9	0,3	1,5
Facharbeiter	43,3	23,6	7,2	3,5
Arbeiter: schwierige Arbeiten	0,5	8,7	1,0	2,8
Arbeiter: einfache Arbeiten	0,8	3,4	2,5	12,7

Haushaltsnettoeinkommen

	EXP	∅
	%	%
Bis unter 1.000 Euro	1,7	1,7
1.000 bis unter 1.500 Euro	6,8	14,1
1.500 bis unter 2.000 Euro	11,2	5,1
2.000 bis unter 2.500 Euro	22,2	18,1
2.500 bis unter 3.000 Euro	22,0	16,9
3.000 bis unter 4.000 Euro	29,2	23,8
4.000 bis unter 5.000 Euro	5,5	13,1
5.000 Euro und mehr	1,4	7,1

	im Milieu	∅ der Eltern
Alleinerziehende(r)	**8,2 %**	7,9 %
Familienernährerinnen	**18,7 %**	17,4 %

Quelle: Repräsentative Bevölkerungsbefragung TdW 2012
Basis: Eltern mit Kind(ern) in der Sekundarstufe I = 2.788 Fälle (= ∅)

Erwerbstätigkeit und eigenes Einkommen der Mütter

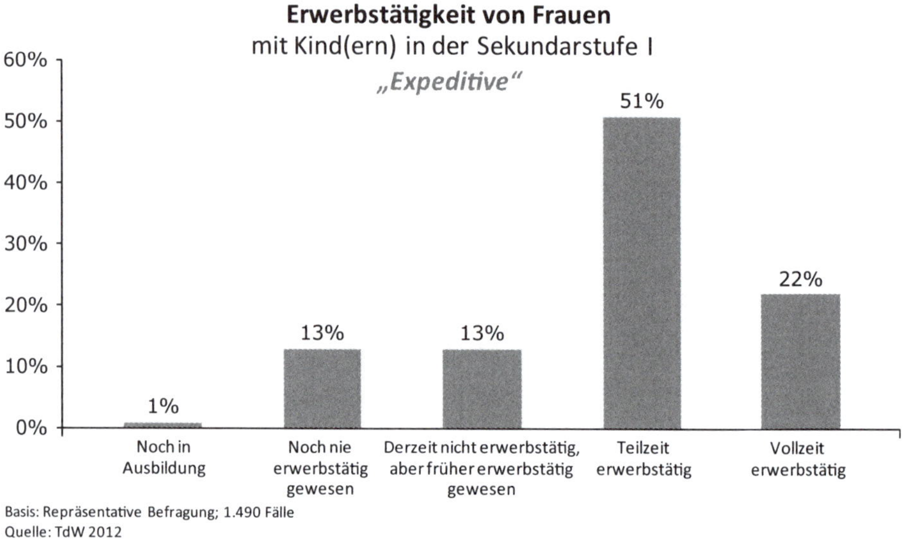

Abb. 3.21: Erwerbstätigkeit von Frauen mit Kind(ern) in der Sekundarstufe I – „Expeditive"

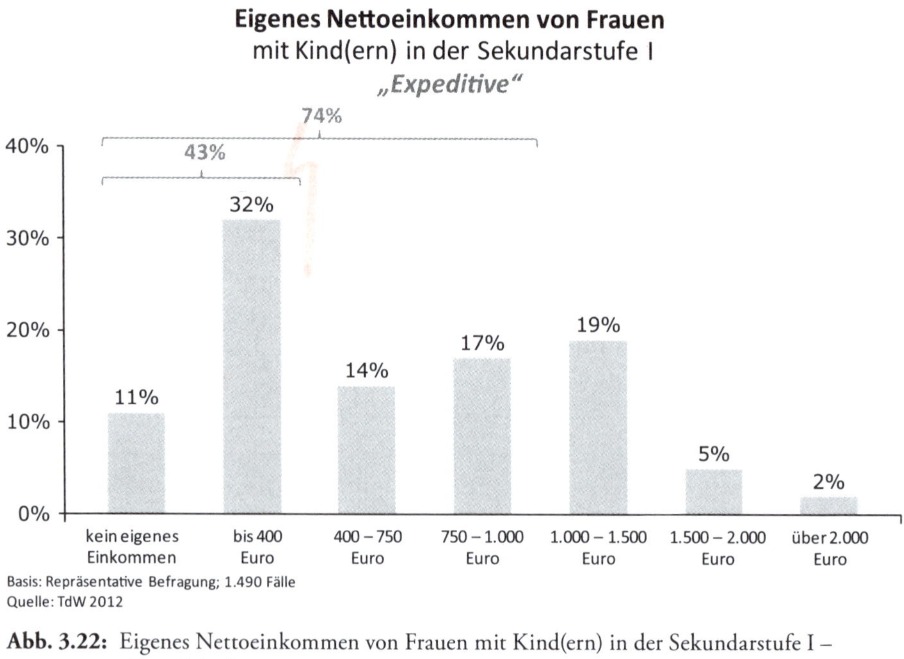

Abb. 3.22: Eigenes Nettoeinkommen von Frauen mit Kind(ern) in der Sekundarstufe I – „Expeditive"

Einzigartigkeit des Kindes entdecken und fördern

In dem soziodemografisch jungen Milieu der Expeditiven sind Familien mit Schulkindern in der Sekundarstufe I in der Minderheit – ein größerer Teil des Milieus ist (noch) kinderlos oder hat kleinere Kinder. Individualismus, Freiheit und Selbstentwicklung durch Ausprobieren sind die Leitplanken Expeditiver Identität. Auch die Familiengründung erfolgt unter diesen Aspekten: sich herausfordern lassen und sich als Mutter, als Vater entdecken.

Das Gros der Eltern hat keine lineare Berufsbiografie: (Radikale) Kurswechsel, z. B. ein Studium der Sozialpädagogik nach einer Ausbildung im Hotelgewerbe, sind häufiger als in allen anderen Milieus. Jedoch tritt nach einer Phase, die individualistisch auf Selbstentdeckung und Selbstentwicklung (privat wie beruflich) ausgerichtet war, im Laufe der Familienphase ein deutlicher Wunsch nach beruflicher und finanzieller Sicherheit ein. In anderen Fällen, z. B. bei alleinerziehenden Eltern, ist die berufliche Sicherheit schlicht ein Muss und ein gesichertes Arbeitsverhältnis hat Vorrang.

„Ich bin jetzt 37. Ich habe zwei Berufe. Ich bin Krankenschwester und hab' dann aber nach ein paar Jahren arbeiten in dem Beruf beschlossen. Also sehr spät beschlossen, noch studieren zu gehen. Und dann habe ich studiert, Sozialwissenschaften, und das auch abgeschlossen mit dem Diplom.“

„Also sehr wichtig ist mir auf jeden Fall die Möglichkeit, meine Ideen umzusetzen, etwas zu bewegen, also Sinn darin zu sehen, was ich tue in meinem Leben. Überhaupt nicht nur irgendwo mitzulaufen und durchzukommen, sondern irgendwie das Gefühl haben, Sinnvolles zu tun. Was nicht nur für einen selber gut ist, sondern auch für viele andere. Das ist mir schon sehr wichtig, und, ja, halt geistige Freiheit.“

Der Anteil Alleinerziehender und Patchworkfamilien ist im Milieuvergleich hoch. **Familie ist – wie anderes im Leben auch – ein Projekt:** Erziehung folgt keinem von vorneherein festgelegten Konzept und beinhaltet immer auch Fehler. Mit dieser Haltung gehen Expeditive auch an das Thema „Schule“ heran: offen, neugierig und bereit, den Kurs zu wechseln, wenn etwas nicht zur Zufriedenheit aller Beteiligten, insbesondere des Kindes selbst, läuft. Expeditive sind vor allem in (größeren) Städten anzutreffen, wo sie u. a. auch eine breite Schullandschaft mit vielen Wahlmöglichkeiten vorfinden. Dieses hoch kommunikative Milieu ist im Freundeskreis meist sehr gut vernetzt, was auch den Vorteil hat, dass man sich bei Bedarf gegenseitig unterstützen kann.

Eine Trennung vom Vater des Kindes ist für die Mütter nicht selten der Anlass, sich beruflich neu zu orientieren oder wieder in stärkerem Umfang als vorher in den Beruf einzusteigen. Innerfamiliär müssen Schule des Kindes und Erwerbstätigkeit dann unter einen Hut gebracht werden. Die Berufstätigkeit der Mutter ist daher meist der Anlass, eine Schule mit Nachmittagsbetreuung oder Ganztagsbetrieb auszusuchen.

Es ist ein Charakteristikum von Elternschaft, die eigenen Kinder mit ihren Fähigkeiten und Neigungen als einzigartig wahrnehmen. Expeditive Eltern beschreiben es darüber hinaus als eine *zentrale Aufgabe ihrer Erziehung* und einer „guten" Schulbildung, diese individuellen Fähigkeiten und Neigungen zu entdecken, gleichsam den **„inneren Schatz zu heben"**: *Jedes* Kind soll die Möglichkeiten bekommen, die es braucht, um sich mit allen Facetten entwickeln und entfalten zu können! Dieser Aufgabe muss alle Kraft zufließen, alles andere (Leistung, Zufriedenheit, Schulerfolg u. v. m.) kann nur ein Resultat aus Ersterem sein. Alles Einengende, Starre und Schematische lehnen Expeditive daher zutiefst ab. Entsprechend suchen sie für ihr Kind im Kindergarten (oft jenseits des Systems der kommunalen oder kirchlichen Kindergärten), in der Grundschule und dann in der weiterführenden Schule nach einem passenden Rahmen, innerhalb dessen es sich entfalten kann und individuell gefördert wird.

„Ich finde es super, wenn Kinder mehrsprachig erzogen werden, wenn die drei verschiedene Sportarten probieren, um bei einer hängen zu bleiben oder zwei verschiedene Instrumente. Was mir halt nicht so besonders gut gefällt, ist auch da diese Professionalisierung. Es ist halt nicht mehr so im Familienzusammenhang, es ist nicht mehr so locker-flutschig, sondern man nimmt seine Gitarre, geht dann zum Musikinstitut, hängt dann da wie in einer Behörde herum und dann irgendwie: OK, jetzt gehen wir dahin und dann lernen wir da und üben da. Das ist, es fehlt so ein bisschen, also für meine Begriffe menschelt es zu wenig."

Selbstverständnis als partnerschaftliche Begleiter und Unterstützer

Zentraler Aspekt von Elternschaft ist das grundsätzliche **Vertrauen in das Kind** und dessen Vermögen, den eigenen Lebensweg zu meistern. Der Erziehungsansatz ist eher partnerschaftlich, vor allem dann, wenn es sich um die Familienkonstellation „Alleinerziehende und Kind(er)" handelt. Das Motto: als Mutter und Vater das Kind in seinen Wünschen und Motiven ernst nehmen und seine Fähigkeiten wahrnehmen und fördern. So wie die Eltern sich selbst Weiter- und Selbstentwicklung zum Lebensmotto gemacht haben, wünschen sie sich das auch für die Kinder: Eine optimale Schule soll den Kindern helfen, ihre eigenen Fähigkeiten zu entdecken, und sie motivieren, weiterzugehen und neugierig zu bleiben. Schule nimmt einen wichtigen Teil im Alltag der Familie ein, darf aber das Leben und die Mitglieder nicht dominieren. Wenn die Gegebenheiten an der Schule nicht passen, sucht man sich eine andere, denn auch **Schule ist ein Projekt und eine Phase** im Leben.

Expeditive Eltern verstehen sich in Bezug auf Schule als Begleiter ihres Kindes: Sie stellen den Rahmen und das Setting für einen guten Ablauf des Alltags zur Verfügung, der Freizeit mit Freunden ebenso vorsieht wie die Vernetzung der Peers, um in AGs die Hausaufgaben zu erledigen. Den Eltern ist es wichtig, dass Leben und Lernen nicht voneinander getrennt stattfinden, sondern miteinander verbunden sind. So setzt sich das Gelernte durch die praktische Erfahrung besser fest und gleichzeitig verkommt das Lernen nicht zur stupiden „Büffelei". Zugleich ermöglicht eine hohe Vernetzung der Kinder untereinander Freiraum für die Eltern im Beruf oder privat.

Im optimalen Fall wird der Alltag nicht von der Schule und Schulzwängen einseitig bestimmt. Freiräume für sie selbst als Eltern und auch für das Kind sind eine wichtige Voraussetzung individueller Zufriedenheit. Mit dem Kind Lernvereinbarungen treffen, selbst als **Lernpartner** zur Verfügung stehen: Dies ist für die Eltern das Ideal im Umgang mit Schule – an dem sie aber auch gelegentlich scheitern, vor allem dann, wenn das Kind ein herkömmliches Gymnasium besucht und der Schuldruck durch häufige Leistungsnachweise und schnelles Tempo im Curriculum steigt.

Höhere Schulabschlüsse ohne Druck erreichbar?

Gute Bildung setzt an der Eigenmotivation von Kindern an. Eine optimale Bildungseinrichtung schafft eine Atmosphäre, in der Kinder die Freude am Entdecken entwickeln können. Eng damit zusammen hängt auch das Fördern von individuellen Interessen, wodurch die intrinsische Motivation des Kindes am Lernen automatisch steigt. Soweit der Idealfall.

Gleichzeitig möchten Expeditive, dass ihr Kind einen möglichst hohen Schulabschluss erreicht, um später alle Möglichkeiten der beruflichen Entfaltung zu haben. Das konkrete Bildungsziel für die Eltern ist daher, wenn möglich, das Abitur. Die Wege dorthin führen jedoch nicht automatisch über das klassische Gymnasium, sondern häufig über Gesamtschulen oder auch über alternative Schulformen, wie Waldorfschulen, wenn der familiäre Etat dies zulässt. Dabei geht es nicht nur um die beschriebene freie Entwicklung des Kindes, sondern auch darum, einen Weg zum Abitur zu gehen, der möglichst wenig Leistungsdruck erzeugt und möglichst viele Freiräume bietet – für das Kind und für die Eltern.

Vor allem durch das G8, von Expeditiven Eltern als „Turbo-Abi" äußerst kritisch wahrgenommen, überwiegen beim Gymnasium mittlerweile die Nachteile: Zu groß ist der Leistungs- und Notendruck, zu gering sind die individuellen Wahl- und Fördermöglichkeiten – ein System, das die Kinder zu sehr in ein **vorgeformtes Schema** presst und sie zu kleinen **„Lernmaschinen"** macht. Die Gesamtschule gilt im Milieu daher als der bessere Weg zum Ziel – ein Weg, bei dem viel Raum für anderes bleibt: für AGs und Schwerpunkte, wie Theaterklassen oder naturwissenschaftliche Experimente, oder für Hobbys. Dies sind zentrale Elemente für die Entdeckung und Entfaltung individueller Fähigkeiten und Neigungen.

Expeditive Eltern möchten ihrem Kind aufzeigen, dass **viele Wege zum Abitur** führen. Das Kind soll dann die Wahl treffen und sich für ein Konzept entscheiden. Relevant ist dabei für Eltern vor allem, dass die Kinder *verstehen*, dass Bildung die Chancen auf ein reiches Leben eröffnet. Und „reich" ist hier nicht im monetären Sinn zu verstehen, sondern meint ein erfülltes, spannendes, selbstbestimmtes und intensives Leben.

„Also wenn man kein Abi hat, dann hat man es heute schon ganz schön schwer, und ich glaube, das wird auch noch zunehmen bei der Berufswahl oder Ausbildungsplatzwahl."

„Ich würde es natürlich schön finden, wenn sie ein Abi machen kann und das auch gut abschließt, einfach weil ich sehe, wie es im Allgemeinen so aussieht."

„Also sie muss nicht den Weg machen, den ich für am besten halte, und sie muss auch nicht in meine Fußstapfen. Also ich denke, wenn sie für sich selbst rausgefunden hat, was sie machen will, worauf sie Lust hat, dann soll sie das machen, und wenn das halt ein Ausbildungsberuf ohne Studium ist, dann soll mir das auch recht sein, wenn sie da drin Spaß hat. Wenn sie ihre Leidenschaft zum Beruf machen kann, das wäre natürlich großartig."

„Ja, also, uns Eltern ist am wichtigsten, dass sie selber weiß, was sie will, und das kann sie dann auch durchziehen."

Schulerfolg ist für Expeditive nicht auf Noten reduziert, wenngleich Noten einen Hinweis darauf geben, wo das Kind gerade steht. Im Selbstverständnis aber begreifen sich Expeditive Eltern als Begleiter und Unterstützer eines verständigen und selbstständigen Kindes, nicht als Antreiber oder gar strafende Instanz, wenn die Noten nicht den Erwartungen entsprechen. Schule bedeutet für die Eltern die stetige Herausforderung, hier eine Balance zu finden, das Kind richtig zu motivieren und es zur Selbstständigkeit und Eigenverantwortung anzuleiten. Gegenbild sind und bleiben aber jene Eltern, die ihre Kinder zum Lernen zwingen und sie bestrafen, wenn sie die angestrebten Noten nicht erreichen.

Wege zur Selbständigkeit: Lernen mit Gleichaltrigen

Expeditive sehen das Kind als eigenständig und **eigenverantwortlich für den Schulerfolg** an. Mit diesem elterlichen Selbstverständnis korrespondiert, dass jede Form von Lernen unter Gleichaltrigen gefördert wird. Eine Vernetzung der Kinder in Arbeitsgruppen begreifen Expeditive als beste Form des Lernens. Die Kinder können sich in Lerngruppen gegenseitig motivieren und unterstützen; kostenintensive Nachhilfestunden, die vor allem für Alleinerziehende kaum finanzierbar sind, können so eingespart werden und die Sozialkompetenz der Kinder wächst. Diese **Vernetzung ihrer Kinder** hat für Eltern im Milieu „Expeditive“ aber auch praktische Entlastungsfunktion im Alltag: Vor allem für berufstätige Alleinerziehende ist es wichtig, ihr Kind auch nach der Schule gut aufgehoben zu wissen. Die Förderung von Eigenverantwortung spielt daher in der Erziehung eine große Rolle. Vertrauen ist dabei ein zentraler Wert. Grundsätzlich ist es den Expeditiven wichtig, ihre Kinder mit Kompetenzen im Umgang mit Neuen Medien auszustatten, da diese Kommunikationsform höchste Relevanz in der Zukunft haben wird.

„Nee, das [Nachhilfe] hat er nicht. Ja, wie gesagt, es gibt eigentlich den Austausch untereinander zwischen den Kindern.“

„Das sieht halt so aus, dass die Kinder sich untereinander treffen, sagen: „Alles klar, wir müssen noch einmal dafür etwas lernen“, oder „dann kommt die Klausur und wir müssen den Stoff beherrschen.“ Die Schüler wissen am besten, welcher Stoff letztlich in der Klausur vorkommt, und treffen sich dann halt untereinander zu kleinen Arbeitsgemeinschaften, um dann sich auf den nötigen Status vorzubringen.“

Die Schule muss zum Kind passen – nicht umgekehrt!

Expeditive bevorzugen Schulen, die neben dem herkömmlichen Fächerkanon auch andere Schwerpunkte haben, z. B. Werk- oder Schauspielklassen, Naturwissenschaftsklassen oder außergewöhnliche AGs. Schule soll die eigene Persönlichkeit nicht beschränken oder unterdrücken, sondern im Gegenteil deren Entdeckung und Entwicklung unterstützen. An herkömmlichen Schulen, so die Einstellung der Expeditiven, wird diese Entfaltung der eigenen Persönlichkeit und der natürlichen Neugier oft durch starre Lehrpläne und schulische Strukturen behindert.

Die Entscheidung für die Schule treffen die Expeditiven gemeinsam mit ihren Kindern. Dabei werden vor allem neue, alternative Schulformen bevorzugt, die ein breites Angebot im Lehrplan aufweisen und deren Schwerpunkte den individuellen Neigungen des Kindes entsprechen. Das sind insbesondere **Gesamtschulen**, integrierte Gesamtschulen und freie Schulen, wie Waldorf- oder Montessorischulen, an denen die individuellen Fähigkeiten besser gefördert werden können. An den Gesamtschulen begrüßen Expeditive insbesondere, dass die Kinder länger gemeinsam lernen können und der Schuldruck insgesamt – vor allem im Vergleich zum Gymnasium – nicht zu groß ist.

Bei der Schulwahl spielt daher die Entfernung zum Wohnort eine eher untergeordnete Rolle. Für eine richtige, für das Kind passende Schule nimmt man auch weitere Wege in Kauf.[43] Wichtig für die berufstätigen Eltern, insbesondere Alleinerziehende, sind Angebote zur Nachmittagsbetreuung, meist in Form einer Ganztagsschule.

Schule belastet dann das Familienleben, wenn sie mit den Werte- und Zielvorstellungen der Eltern nicht kompatibel ist. Besonders das klassische Gymnasium wird von einer Mehrheit der Eltern wegen des dort herrschenden Noten- und Leistungsdrucks, enger Vorgaben im Lehrplan und ihrer Ansicht nach „veralteten Lehrmethoden" (z. B. Frontalunterricht) kritisch beäugt. Es wird ihrem Ideal vom ganzheitlichen Lernen und von individueller Förderung nicht gerecht. Weiterer Kritikpunkt am Gymnasium ist die aus Sicht Expeditiver Eltern allzu **enge Fokussierung auf kognitive Kompetenzen** und die isolierte Förderung einzelner Leistungsbereiche.

„Also, ich finde, es ist zu viel, was die machen müssen, die Kinder. Aber ich denke, dass das einfach an dieser Schulform liegt, Gymnasium. Ich weiß das ja auch von anderen Eltern, deren Kinder da sind. Aber ich finde, dass es weniger werden müsste, wird es aber nicht, es wird nur noch mehr. Das merken wir ja auch kontinuierlich. Entweder weniger Hausaufgaben oder weniger lernen. Aber wird es nicht, das ist eine Illusion. Und das ist uns auch bewusst, uns beiden [alleinerziehende Mutter und Tochter]. Und ich denke schon, dass das ein enormer Druck ist, den die Kids da haben heutzutage, und auch jetzt dieses Turbo-Abi hier."

„Und ich finde das Gesamtschulkonzept ganz gut, dass man dieses Sortieren noch nicht so früh macht und dass es noch nicht so viele Noten gibt. Keine Hausaufgaben für die Kleinen, sondern dass die das, wenn dann Hausaufgaben machen, dann alle im Klassenverband im Anschluss an den Unterricht, das finde ich ganz gut. Und es gibt ja auch in den Klassen immer wieder

43 Der größere Teil der Expeditiven lebt in (größeren) Städten mit breiterem schulischen Angebot; Kinder sind es von früh an gewohnt, auch weitere Wege mit öffentlichen Verkehrsmitteln zurückzulegen – eine weiter entfernte Schule ist daher kein Ausschlusskriterium.

Kinder mit Behinderungen und Einschränkungen, dass die auch eine Chance haben, an einer normalen Regelschule mit anderen zusammen Unterricht zu haben, das finde ich auch gut. Und natürlich zu dem Zeitpunkt war es ja auch noch ein großer Vorteil, dass das Turbo-Abi noch nicht so über die Kinder schwappte. Also, soll heißen, da gibt es noch diese Gnadenfrist der IGS [integrierte Gesamtschule], die können dann noch 13 Jahre zur Schule gehen, das fand ich natürlich auch toll und mein Kind auch."

„Und ja, die IGS, die hat ja eine gymnasiale Oberstufe. Das war mir halt schon wichtig. Und das Gymnasium hatte halt keine Nachmittagsbetreuung. Dort hört die Schule halt meistens so gegen zwei auf. Dadurch, dass ich voll berufstätig und alleinerziehend bin, war halt natürlich eine Ganztagsschule für mich erst mal von Vorteil."

Durch die Bevorzugung von Gesamtschulen, die in der Regel auch Ganztagsschulen sind, ist der familiäre Alltag durch lange Schulzeiten geprägt. Dass die Kinder – auch aufgrund längerer Anfahrtszeiten – erst um 16.00 oder 16.30 Uhr nach Hause kommen, ist eher die Regel denn die Ausnahme. Ganztagsschulen haben einen weiteren Vorteil: Die Hausaufgaben werden in der Regel in der Schule erledigt. Der restliche Tag ist dann nicht mehr durch schulische Themen und Anforderungen belastet – Freiraum für Kinder *und* Eltern.

Eltern: Intensive Auseinandersetzung mit „Leistung"

Leistungsanforderungen in der Schule führen dazu, dass sich Expeditive Eltern mit ihrer persönlichen Haltung zu „Leistung" auseinandersetzen. Für sie ist Leistung dann positiv konnotiert, wenn sie eine Person zu eigener Entwicklung bringt, wenn sie Möglichkeiten eröffnet. Allerdings gibt es in diesem Milieu eine äußerst kritische Haltung zu gesellschaftlichen Leistungsanforderungen (Stichwort „Ellenbogengesellschaft"). Auch Schule ist aus Perspektive der Expeditiven heute immer häufiger eine reine **„Leistungsinstanz mit einem Diktat der Noten"** – ohne einen ganzheitlichen, verstehenden Blick auf die Kinder. Entsprechend ist schulische Leistung für die Expeditiven nicht per se mit „guten Noten" verknüpft. Auch hat der Schulabschluss für sie nicht primär den Zweck, den bestmöglichen Start in den Beruf zu ermöglichen, wie etwa in der Bürgerlichen Mitte. Leistung soll dem Kind vielmehr alle Möglichkeiten für die Zukunft eröffnen, damit es für sich aus dem Potpourri der Angebote einen persönlich sinnvollen, bereichernden Beruf auswählen kann. Dafür ist Anstrengung und Durchhaltewillen von Nöten. Die Kinder auf diesem Weg zu unterstützen und ihnen zur Seite zu stehen, wenn ihnen einmal „die Puste ausgeht", darin sehen Expeditive Eltern eine ihrer wesentlichen Aufgaben.

Schuldruck und hohe Leistungsanforderungen in der Schule gelten im Milieu als Motivationskiller. Im Familienalltag versuchen Eltern daher, den Druck auf die Kinder zu mindern (v. a., wenn diese das klassische Gymnasium besuchen), damit sie motiviert bleiben. Motivationstiefs werden im Dialog mit den Kindern besprochen. Lernfreien Zeiten kommt daher eine große Bedeutung zu und die Wochenenden sollen so weit wie möglich „schulfrei" gestaltet werden.

Druck entsteht für die Eltern vor allem dann, wenn sie mit den Erziehungsaufgaben weitgehend alleine gelassen werden und keine Unterstützung durch einen zweiten Elternteil vorhanden ist.

„Na ja, also der Alltag hängt schon an mir, das ist schon so, aber wie gesagt, es kommt einmal in vier oder fünf Wochen vor, dass er [der Vater] sie auch für ein Wochenende hat, und das ist nicht so viel."

Eine hohe Lernbelastung der Kinder empfinden die Eltern als sehr große Störung des Familienlebens, als Zeit- und Energieräuber. Wenn der Stress für die Kinder in der Schule zu viel wird, ist dies auch ein Grund, das Kind von der Schule zu nehmen und nach einer anderen, alternativen Schule oder Schulform Ausschau zu halten.

„Nö, ich möchte lieber ein glückliches Kind haben als ein unglückliches total supertolles, was die Schule angeht."

Dabei empfinden die Eltern es als besonders ärgerlich, wenn Schulstress dadurch verursacht wird, dass sich Lehrer zu wenig untereinander absprechen und viele Noten innerhalb kurzer Zeit eingeholt werden.

„Vor den Weihnachtsferien hat man das ganz deutlich gespürt, die drei Wochen vor den Ferien wurde fast jeden Tag in irgendeiner Form eine Note eingeholt von den Schülern. Tests, Klassenarbeiten, Test, Test, Test, manchmal mehrere an einem Tag, Referate, und da stand mein Kind Kopf. Die wusste gar nicht mehr, was sie zuerst lernen oder vorbereiten sollte [...]"

Vielfältige Kontakte zur Schule

Expeditive Eltern haben eine hohe Kontaktfrequenz zu Schule und einzelnen Lehrern und sind darüber hinaus vielfach bereit, sich aktiv in und für die Schule zu engagieren. Dies zeigt sich nicht nur daran, dass sie Elternabende besuchen oder mit

Lehrern telefonieren. Sie sind auch bereit, sich aktiv für die Schule – für die Kinder – einzubringen, wenn sie es zeitlich einrichten können, z. B., indem sie Nachhilfe oder eine Hausaufgabenbetreuung an der Schule anbieten oder aktiv im Elternbeirat mitarbeiten. Ein häufiger und intensiver Kontakt zur Schule schafft die Grundlage für eine gemeinsame Abstimmung und lässt eine Bildungspartnerschaft zwischen den Eltern und der Schule entstehen. Daran ist den Expeditiven viel gelegen. Und sie antizipieren damit auch Erwartungen der Schule an die Eltern.

„Ja also, insofern, als dass ich an allem teilnehme, was irgendwie an der Schule angeboten wird. Oder, wenn es mal ein großes Problem gibt in irgendeinem Fach an irgendeiner Stelle und man wissen möchte, wie man das Kind unterstützen könnte zu Hause, dann ist das ganz selbstverständlich, dass man die Klassenlehrerin anruft sowieso oder eben die jeweiligen Fachlehrer.“

Mehr Männer in Erziehung und Bildung!

Jungen und Mädchen brauchen für eine optimale Entwicklung in Erziehung und Schule beide Geschlechter. Leben Expeditive getrennt von ihrem Partner oder ihrer Partnerin, ist es ihnen deshalb wichtig, dass das Kind zum anderen Elternteil einen guten Kontakt behält. Vor allem Jungen – so ihre Meinung – tue es nicht gut, dass in Erziehung und Schule die Frauen dominieren: Jungen brauchen Männer in der eigenen Nahwelt zur Orientierung und **Herausbildung einer eigenen geschlechtsspezifischen (Rollen-)Identität**. Sie fordern daher mehr männliche Lehrer an Schulen und auch männliche Erzieher im Kindergarten. Am aktuellen System bemängeln Expeditive auch, dass Jungen mittlerweile strukturell benachteiligt werden, weil zu viele Frauen im Beruf sind, denen das Verständnis für das spezifische Verhalten und die besonderen Probleme von Jungen fehlt, und weil weibliche Lehrer Jungen für Verhalten bestrafen, das jungenspezifisch und -typisch ist.

„Gerade bei den weiterführenden Schulen, da ist es, glaube ich schon, wichtig, da nicht nur Frauen zu sehen, ja, meistens sind es Frauen, sondern auch mal einen Mann, der unterrichtet. Das ist doch wichtig für die Entwicklung, egal ob Mädchen oder Junge. Weil, man sucht sich ja auch Personen, an denen man sich orientiert. Und ich glaube, ein Junge in der Pubertät tut sich vielleicht schwerer damit, sich an einer Lehrerin zu orientieren als an einem Lehrer und umgekehrt. Eigentlich müssten auch an den Grundschulen viel mehr Männer arbeiten, finde ich, im Kindergarten schon.“

„Oder die Lehrerin ist auch ungerecht. Weil, die fördert die Mädchen zum Beispiel viel mehr. Also, das ist nicht nur meine Empfindung, sondern ich rede auch mit anderen Eltern. Die Jungs gehen da unter. Es sind die Jungs, die nachsitzen müssen, weil sie ein weißes Blatt Papier zu Mathematik vergessen haben. Wo sind wir denn hier?“

Gegen eine frühzeitige Selektion der Schüler

Schule selektiert Kinder zu früh in „gut“ und „schlecht“, in „Bildungsgewinner“ und „Bildungsverlierer“: Geringe Unterschiede in den Noten entscheiden schon in der Grundschule über das weitere Leben eines Kindes. Dies sei umso schwerwiegender, weil zu diesem Zeitpunkt die Interessenschwerpunkte der Kinder und vor allem deren Entwicklungspotenziale noch völlig unklar seien. So fordern Expeditive, dass Kinder bis in höhere Klassen eine gemeinsame Schule besuchen sollen. Dies hätte zwei Vorteile: Zum einen könnten sich die Kinder gegenseitig motivieren und durch den Austausch voneinander profitieren, zum anderen wären zu diesem Zeitpunkt die individuellen Interessen des Einzelnen klarer. Eine derartige Systemänderung würde, nach Meinung der Expeditiven, auch der Bildung einer „Ellenbogengesellschaft“ entgegenwirken und zu mehr **Bildungsgerechtigkeit** führen.

„Ich finde diese Sortierung nicht gut nach der Grundschulzeit. Ich finde das schlecht. Also, die Kinder mit zehn Jahren, oder teilweise sind die auch erst neun, in Haupt-, Real- und Gymnasialkinder aufzuteilen. Dann sind sie gleich in so einer Schublade, das ist, als wenn man einen Stempel auf der Stirn hat. Das ist meiner Meinung nach völlig irrsinnig. Zumal zu dem Zeitpunkt, wo noch gar nicht genau klar ist, wo die Kinder mal ihre Interessenschwerpunkte legen.“

Kritik an fehlender Chancengerechtigkeit in der Bildung

Expeditive nehmen eine deutliche Chancenungleichheit in der Gesellschaft wahr und prangern diese als ungerecht an: Vor allem Kinder und Jugendliche am unteren Rand der Gesellschaft und jene mit Migrationshintergrund würden massiv benachteiligt. Die finanziellen Mittel der Eltern würden in (zu) hohem Maße über eine Teilhabe an Bildung entscheiden: Eltern mit großen finanziellen Ressourcen könnten ihr Kind auf eine Privatschule geben oder Nachhilfestunden bezahlen, was anderen Eltern nicht möglich sei.

Insbesondere Kinder mit Migrationshintergrund erfahren aus Sicht der Expeditiven vom Bildungssystem zu wenig Unterstützung. Dabei sprechen sie nicht nur das Vorschulsprachförderprogramm an, sondern auch die Tatsache, dass kaum Lehrer eine Ausbildung haben, um der kulturellen und ethnischen Vielfalt in ihren Schulen gut begegnen zu können. Abhilfe in der von ihnen diagnostizierten Bildungsmisere versprechen sich Expeditive auch aus der Wirtschaft: Für die Bildung nötige finanzielle Ressourcen sollten von Wirtschaftsunternehmen getragen werden, die letztlich von gut ausgebildeten Fachkräften profitierten. Dadurch kann eine höhere Bildungsgerechtigkeit für alle erreicht werden. Die Ungerechtigkeit des Bildungssystems zeigt sich auch in der Erhebung von Studiengebühren. Diese verstärken aus Sicht der Expeditiven die soziale Ungleichheit weiter, weil sie einen Teil der Studienwilligen wegen nicht vorhandener finanzieller Ressourcen vom Studium abhält und damit letztlich um Lebens- und Selbstverwirklichungschancen bringt.

„Ich finde, Bildung darf niemals von finanziellen Mitteln abhängig sein.“

„Dass es in diesem Land sehr viele Kinder gibt, die vielleicht an der Bildung nicht teilhaben können oder nicht so im vollen Umfang teilhaben können wie andere Kinder ihres Alters, deren Eltern mehr Geld zur Verfügung haben. Da sollte mehr dafür getan werden, dass auch Kinder, die von Haus aus nicht so finanziell nicht so gut da stehen, alle Chancen haben, die unser Land bieten könnte.“

Blick auf die Lehrer: Abschaffung des Beamtenstatus

Aus Sicht der Expeditiven sind Lehrer zumindest in den weiterführenden Schulen aufgrund des Lehrermangels oft überlastet – und zwar so sehr, dass eine Weiterentwicklung von Unterrichtsstilen oder auch eine individuelle Förderung der Kinder gar nicht möglich sei. In keinem Milieu steht die Verbeamtung von Lehrern so in der Kritik wie im Milieu der Expeditiven. Diese trägt ihrer Meinung nach dazu bei, dass viele für diesen Beruf ungeeignete Menschen Lehrer werden. Außerdem seien verbeamtete Lehrer wegen der Sicherheit ihrer Stelle letztlich zu wenig motiviert, sich immer wieder weiterzubilden und weiterzuentwickeln. Expeditive befürworten die deutliche Ausweitung der pädagogischen Ausbildung im Lehramtsstudium und eine Verlängerung der Praxiseinsätze während des Studiums. Warum nicht auch mehr Quereinsteiger, z. B. aus den Naturwissenschaften, als Lehrer an die Schulen holen? Für Expeditive hätte dies nur Vorteile: Damit wäre sichergestellt, dass diese Lehrer ihren Schritt wohl durchdacht hätten, und zugleich könnte der wichtige Praxisbezug im Unterricht authentisch hergestellt werden.

„Und dieser Lehrermangel, das kriegen die Kinder zu spüren und das kriegen natürlich auch die Eltern deutlich mit. Weil, entweder es ist dann Stundenausfall oder einzelne Lehrkräfte übernehmen so viele Stunden von anderen und sind kurz vorm Burn-out."

Klassische Schule wird den Kindern nicht gerecht

Nicht nur, dass das Schulsystem als ungerecht und exkludierend erlebt wird. Die Kritik an der Schule geht weiter: Gerade die herkömmliche Schule (normale Regelschule mit Haupt-, Realschule und Gymnasium) macht aus Sicht der Expeditiven die Schüler durch überholte und strenge Lehrmethoden oft schulmüde und lässt keine individuelle Entfaltung der Kinder zu. Dazu kommt, dass Schule meist von allen das Gleiche verlangt, ohne verschiedene Lerntypen und Lerngeschwindigkeiten zu berücksichtigen. Das Schulsystem führe daher eher zur Demotivation als zur Motivation der Schüler. Motivation aber ist für die Expeditiven **der Schlüssel** für schulischen Erfolg und ein gelingendes Schulleben.

„Also, warum muss man die Kinder so in eine Richtung drängen? Das finde ich halt so schade. Dass man sie gar nicht entfalten lässt. Sondern halt so [klatscht in die Hände]. Und das finde ich halt an der IGS [integrierte Gesamtschule] halt ganz toll. Wenn ein Kind mal in einem Kurs oder in einem Fach nicht gut ist, dann kann der halt eben das ein bisschen weniger machen oder in eine andere Richtung gehen, kann aber halt da stark sein, wo er auch stark ist. Und das ist halt am Gymnasium nicht. Da musst du halt mitziehen oder du hast verloren. Und natürlich kann man sie auch mitziehen, auch triezen. Man kann die auch sehr viel nachmittags üben und lernen lassen, klar. Ja, kann man. Aber, die haben jetzt auch nur die eine Kindheit."

„Sondern wenn man es halt, ja, natürlich kannst du das nicht in jedem Fach machen, aber in Geschichte oder Deutsch oder wie auch immer könnte man viel, viel, viel mehr mit Projekten arbeiten oder viel mehr Exkursionen nach draußen machen, sich irgendwas wirklich zu dem Thema angucken. Also dieses Lernen mehr ergreifbar machen. Mehr greifbar, mehr ertastbar, mehr weiß ich nicht. Ich glaube, das fehlt der Schule."

4 Menschen mit Migrationshintergrund

4.1 Definition – Anzahl – Anteile

Wen bezeichnen und welche Gesamtheit umfassen die Begriffe „Migranten" oder „Menschen mit Migrationshintergrund"? Die Grundgesamtheit der Menschen mit Migrationshintergrund ist vom Statistischen Bundesamt komplex definiert. Zu den Menschen mit Migrationshintergrund zählen „alle nach 1949 auf das heutige Gebiet der Bundesrepublik Deutschland Zugewanderten sowie alle in Deutschland geborenen Ausländer und alle in Deutschland als Deutsche Geborenen mit zumindest einem zugewanderten oder als Ausländer in Deutschland geborenen Elternteil".[44]

[44] Statistisches Bundesamt, Mikrozensus 2010. Fachserie 1, Reihe 2.2, S. 6. Wenn im Folgenden von „Migranten" die Rede ist, dann sind damit „Menschen mit Migrationshintergrund" nach Definition des Statistischen Bundesamtes gemeint. *Nicht* zur Gruppe der Migranten gehören Menschen, die sich als Touristen, Geschäftsreisende o. Ä. kurzfristig in Deutschland aufhalten oder die nur vorübergehend zu Ausbildungszwecken / zum Studium nach Deutschland gekommen sind (siehe ebd., Anhang 1, S. 382 ff.). Die Definition der Menschen mit Migrationshintergrund des Statistischen Bundesamts birgt ein spezifisches Problempotenzial. Denn nach dieser Definition werden „Kinder von Kindern zugewanderter oder in Deutschland geborener Ausländer" nicht mehr zur Grundgesamtheit „Menschen mit Migrationshintergrund" gezählt. Es sind ein Teil der dritten und die vierte Generation von Migranten, die nicht mehr zur Grundgesamtheit „Menschen mit Migrationshintergrund" gerechnet werden, selbst wenn sie in Deutschland in kulturellen und sozialen Enklaven leben. Die Definition geht von der latenten Annahme aus, dass jeder mit mehr als einer Elterngeneration in Deutschland automatisch integriert ist und keinen relevanten Migrationshintergrund mehr hat. Diese Menschen fallen damit durch das statistische Raster, sie sind nicht nur statistisch unsichtbar und ihr Anteil schwer einzuschätzen, sondern sie geraten auch in der politischen Debatte und der sozialwissenschaftlichen Forschung aus dem Blick bzw. aus der Stichprobe. Dabei ist diese Gruppierung durchaus bedeutsam, denn es sind vorwiegend Jugendliche, die kaum einen Bezug zur Heimat ihrer Großeltern haben, aber auch (noch) keinen engen Bezug zur deutschen Gesellschaft. Allerdings gibt es derzeit keine bessere (plausiblere, präzisere) Definition der „Menschen mit Migrationshintergrund" als die des Statistischen Bundesamtes. Alle weiteren Definitionen in sozialwissenschaftlichen oder marketingorientierten Untersuchungen sind einfacher und folgen der Maxime des Erhebungspragmatismus.

Menschen mit Migrationshintergrund:
Definition des Statistischen Bundesamts

- **Ausländer** — 45%
  - Zugewanderte Ausländer (1. Generation): ca. 35%
  - In Deutschland geborene Ausländer (2./3. Generation): ca. 10%
- **Deutsche mit Migrationshintergrund:**
  - **Seit 1949 zugewanderte Deutsche** — 32%
    - Spätaussiedler: ca. 21%
    - Eingebürgerte zugewanderte Ausländer: ca. 11%
  - **Deutsche mit Migrationshintergrund ohne eigene Migrationserfahrung** — 23%
    - Eingebürgerte, nicht zugewanderte Ausländer
    - Kinder zugewanderter Spätaussiedler
    - Kinder zugewanderter oder in Deutschland geborener eingebürgerter ausländischer Eltern
    - Kinder ausländischer Eltern, die bei der Geburt zusätzlich die deutsche Staatsangehörigkeit erhalten haben (Jus Soli)
    - Kinder mit einseitigem Migrationshintergrund: nur ein Elternteil ist Migrant oder in Deutschland geborener Eingebürgerter/Ausländer

Quelle: Statistisches Bundesamt, Verteilung nach Mikrozensus 2010

Abb. 4.1: Menschen mit Migrationshintergrund – Definition des Statistischen Bundesamtes

Nach Daten des Statistischen Bundesamts aus dem Mikrozensus 2010 umfasst die Gesamtheit der Menschen mit Migrationshintergrund in Deutschland 15,746 Millionen.[45] Das ist ein Anteil von 19,27 % an der Gesamtbevölkerung (Bevölkerungsumfang 81,715 Mio.). 8,75 % sind Ausländer, 10,52 % sind Deutsche mit Migrationshintergrund.[46]

45 Vgl. Statistisches Bundesamt: Bevölkerung und Erwerbstätigkeit. Bevölkerung mit Migrationshintergrund – Ergebnisse des Mikrozensus 2010; Fachserie 1 Reihe 2.2, S. 7 ff. Alle weiteren Zahlen sind Sonderauswertungen für diese Studie.

46 Die Betrachtung der Ebene von *Haushalten* zeigt: In Deutschland gab es 40.301 Haushalte, davon 6.099 Haushalte mit Migrationsstatus eines der Haushaltsmitglieder (15,1 %).

Bevölkerung 2010 nach detailliertem Migrationsstatus und Geschlecht			
Detaillierter Migrationsstatus	**Insgesamt**	**Männlich**	**Weiblich**
Absolute Zahlen (Hochrechnung)	*in 1.000*	*in 1.000*	*in 1.000*
Insgesamt	81.715	40.059	41.657
Bevölkerung ohne Migrationshintergrund	65.970	32.138	33.832
Bevölkerung mit Migrationshintergrund	**15.746**	**7.921**	**7.825**
Ausländer insgesamt	**7.147**	**3.648**	**3.500**
• Zugewanderte Ausländer	5.577	2.791	2.787
• In Deutschland geborene Ausländer	1.570	857	713
Deutsche mit Migrationshintergrund insgesamt	**8.598**	**4.273**	**4.325**
Deutsche mit eigener Migrationserfahrung	5.013	2.413	2.601
• Spätaussiedler	3.264	1.553	1.711
• Eingebürgerte mit eigener Migrationserfahrung	1.750	860	889
• Deutsche mit Migrationshintergrund ohne eigene Migrationserfahrung	3.585	1.860	1.724
Prozent	*%*	*%*	*%*
Anteil Migranten	**19,27**	**19,77**	**18,78**
Ausländer	8,75	9,11	8,40
Deutsche	10,52	10,67	10,38

Tab. 4.1: Bevölkerung 2010 nach detailliertem Migrationsstatus und Geschlecht (Quelle: Statistisches Bundesamt, Mikrozensus 2010, Wiesbaden 2011)

Die Betrachtung auf der **Ebene von Familien** zeigt einen noch höheren Migrantenanteil: Laut Mikrozensus lebten im Jahr 2010 11,7 Millionen Familien in Deutschland, davon 2,6 Millionen mit Migrationshintergrund (22,4 %).[47] Das heißt: Mehr als jede fünfte Familie in Deutschland hat einen Migrationshintergrund. In diesen Familien leben etwa 4 Millionen Kinder und Jugendliche: Mehr als jedes dritte Kind (34,9 %) unter fünf Jahren wächst in einer Familie mit Migrationshintergrund auf. Das Statistische Bundesamt identifiziert weiter folgende zentrale Strukturen:[48]

[47] Vgl. Statistisches Bundesamt, ebd., Tabelle 13, S. 240. Familien mit Migrationshintergrund sind im Mikrozensus definiert als Eltern-Kind-Gemeinschaften, bei denen mindestens ein Elternteil eine ausländische Staatsangehörigkeit besitzt oder die deutsche Staatsangehörigkeit durch Einbürgerung oder, wie im Fall der Spätaussiedler, durch einbürgerungsgleiche Maßnahmen erhalten hat.

[48] Statistisches Bundesamt: Bevölkerung und Erwerbstätigkeit. Bevölkerung mit Migrationshintergrund – Ergebnisse des Mikrozensus 2010; Fachserie 1 Reihe 2.2, S. 8. und S. 89.

- Die meisten Personen mit Migrationshintergrund stammen aus der Türkei (15,8 %), gefolgt von Polen (8,3 %), der Russischen Föderation (6,7 %) und Italien (4,7 %). Mit ebenfalls 4,7 % ist Kasachstan das einzige wichtige nichteuropäische Herkunftsland. Mit 1,4 Mio. kommen die meisten Spätaussiedler aus den Nachfolgestaaten der ehemaligen Sowjetunion – vor allem aus der Russischen Föderation (605.000) und aus Kasachstan (537.000); daneben sind Polen (581.000) und Rumänien (221.000) wichtige Herkunftsländer.
- Personen mit Migrationshintergrund sind deutlich jünger als jene ohne Migrationshintergrund (35,0 gegenüber 45,9 Jahren im Durchschnitt) und weitaus häufiger ledig (45,7 % gegenüber 38,5 %). Der Anteil der Männer unter ihnen ist geringfügig höher.
- Die meisten strukturellen Informationen haben sich gegenüber dem Vorjahr kaum oder überhaupt nicht verändert. Die 10,6 Mio. Zugewanderten halten sich im Schnitt seit 21,2 Jahren in Deutschland auf; Ausländerinnen und Ausländer liegen dabei mit 19,2 Jahren unter den zugewanderten Deutschen mit 23,4 Jahren. 2,1 Mio. aller hier lebenden Menschen hatten früher eine ausländische Staatsangehörigkeit und wurden Deutsche durch Einbürgerung. Diese Zahl schließt die bis August 1999 als Statusdeutsche formal eingebürgerten Spätaussiedler nicht ein. Die eingebürgerten Zuwanderer sind im Schnitt 46,0 Jahre alt und halten sich seit 25,8 Jahren in Deutschland auf – deutlich länger als die Spätaussiedler mit einer Aufenthaltsdauer von 22,2 Jahren.
- Personen mit Migrationshintergrund leben in etwas größeren Haushalten als Personen ohne (Haushaltsgröße: 2,4 gegenüber 2,0 Personen). Sie leben deutlich seltener allein (12,8 % gegenüber 21,2 %), die klassische Familie mit Eltern und Kindern kommt bei ihnen häufiger vor (57,8 % gegenüber 37,8 %). Ehepaare ohne Kinder, Alleinerziehende oder alternative Lebensformen sind bei ihnen dagegen erheblich seltener.
- Personen mit Migrationshintergrund unterscheiden sich auch weiterhin deutlich hinsichtlich der Bildungsbeteiligung von jenen ohne Migrationshintergrund; 15,3 % haben keinen allgemeinen Schulabschluss und 45,0 % keinen berufsqualifizierenden Abschluss (Personen ohne Migrationshintergrund: 2,0 % bzw. 19,6 %), wobei in allen Fällen die sich noch in Ausbildung Befindenden unberücksichtigt bleiben.
- Die geografische Sozialstrukturanalyse zeigt, dass Migranten in Deutschland nicht in allen Regionen wohnen. Es gibt eine deutliche Konzentration auf Westdeutschland, wo 91 % (2,12 Mio.) der Familien mit Migrationshintergrund leben.

In den jüngeren Generationen der 14- bis 29-Jährigen gibt es nach Angabe des Statistischen Bundesamtes (Mikrozensus 2010) in Deutschland insgesamt 14,122 Millionen Menschen. Von diesen haben 3,368 Millionen (24,3 %) einen Migrationshintergrund. Blicken wir auf die verschiedenen Ethnien: Die größte Gruppe sind Spätaussiedler (643 Tsd.; 19,1 %)[49], die zweitgrößte Türken (618 Tsd.; 18,3 %), gefolgt von Polen (245 Tsd.; 7,3 %) Italienern (192 Tsd.; 5,7 %) und Serben (149 Tsd.; 4,4 %).

Im Folgenden konzentrieren wir uns auf die beiden größten Ethnien: Spätaussiedler und Türken. Dazu nehmen wir zunächst die Alterskohorte der 20- bis 29-Jährigen in den Blick, denn diese jungen Frauen und Männer haben ihre Schulzeit soeben hinter sich und sind daher 1. ein Gradmesser für den zu erwartenden Schulerfolg der heutigen Schülerinnen und Schüler und 2. ein Maßstab für mögliche kurzfristige Veränderungen des Schulerfolgs der unmittelbar nachfolgenden jüngeren Generation. Als Referenzgruppen werden dazu die Gesamtheit der Menschen mit Migrationshintergrund insgesamt und in dieser Alterskohorte sowie die autochthonen Deutschen herangezogen.

4.2 Bildungsabschlüsse der Vorgängergeneration: 20- bis 29-Jährige

Bildung ist das zentrale Startkapital für die Berufsausbildung und den Berufseinstieg. Bildung gilt als basale Ressource für die Möglichkeit und die Bereitschaft zur Partizipation am Gemeinwesen. In der interessierten Öffentlichkeit ist *mangelnde Bildung* die ursächliche Erklärung für soziale Probleme von und mit Migranten, für soziale Abschottung, Leistungsverweigerung, Anomie und Gewalttätigkeit – und diese sind wiederum Indikator und Ergebnis mangelnder Integration. So gilt *mehr Bildung* als die Lösung all dieser Probleme. *„Wir brauchen mehr Bildung!“* ist die politische Losung mit Blick auf die Berufs- und Lebenschancen von Migranten. Insofern lohnt ein Blick auf den Bildungserfolg der jungen Menschen mit Migrationshintergrund.

Um eine Bestandsaufnahme des Schulerfolgs vornehmen zu können, wird der Blick zunächst auf jene Altersdekade gerichtet, die ihre Schulzeit in der Regel beendet hat: 20- bis 29-Jährige. Die Daten des Statistischen Bundesamtes aus dem Mikro-

[49] Spätaussiedler kommen überwiegend aus folgenden Ländern: Russische Föderation (243 Tsd.; 7,2 %), Kasachstan (192 Tsd.; 5,7 %), ehemalige Sowjetunion (55 Tsd.; 1,6 %), Ukraine (49 Tsd.; 1,5 %).

zensus 2010 zeigen folgende Strukturen, Entwicklungen und Differenzierungen in der Schulbildung: Die Teilgruppe der 20- bis 29-jährigen Migranten aus den verschiedenen Ethnien hat signifikant höhere Bildungsabschlüsse als die Gesamtheit der Migranten.

Der Anteil der (Fach-)Abiturienten ist bei 20- bis 29-Jährigen mit 33 % fast doppelt so hoch wie in der Gesamtheit der Migranten (18 %). Die jüngere Generation der Menschen mit Migrationshintergrund hat im Durchschnitt **höhere Bildungsabschlüsse als die erste Migrantengeneration.** Das Bildungsniveau der jungen Zuwanderer sowie der Migranten der zweiten und dritten Generation ist heute deutlich höher als bei der ersten Generation der Migranten, die in den 1950er-, 1960er- und 1970er-Jahren zugewandert sind und einen vergleichsweise niedrigen Bildungsstand hatten.

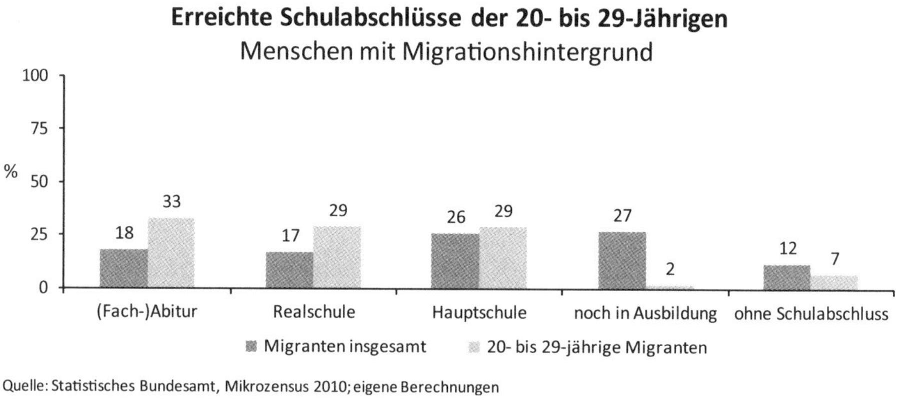

Abb. 4.2: Erreichte Schulabschlüsse der 20- bis 29-Jährigen – Menschen mit Migrationshintergrund

Und doch erreichen junge Erwachsene mit Migrationshintergrund auch heute noch im Durchschnitt **signifikant schlechtere Schulabschlüsse als gleichaltrige Deutsche** ohne Migrationshintergrund: 39 % der 20- bis 29-jährigen autochthonen Deutschen haben das (Fach-)Abitur, bei den 20- bis 29-jährigen Migranten sind es 33 %, in der Teilgruppe der Spätaussiedler nur 25 % und bei den Türkischstämmigen gar nur 18 %. Umso höher ist der Anteil derjenigen mit Hauptschulabschluss: bei den Türken 41 %, bei Spätaussiedlern 30 % und in der Gesamtheit der Migranten 29 %, bei den autochthonen Deutschen hingegen nur 20 %. Verstärkt wird dieses Bildungsgefälle durch den Befund, dass 12 % der jungen Türken und

7 % aller jungen Migranten, aber nur 2 % der jungen autochthonen Deutschen in der dritten Lebensdekade *noch ohne jeden Schulabschluss* sind.[50]

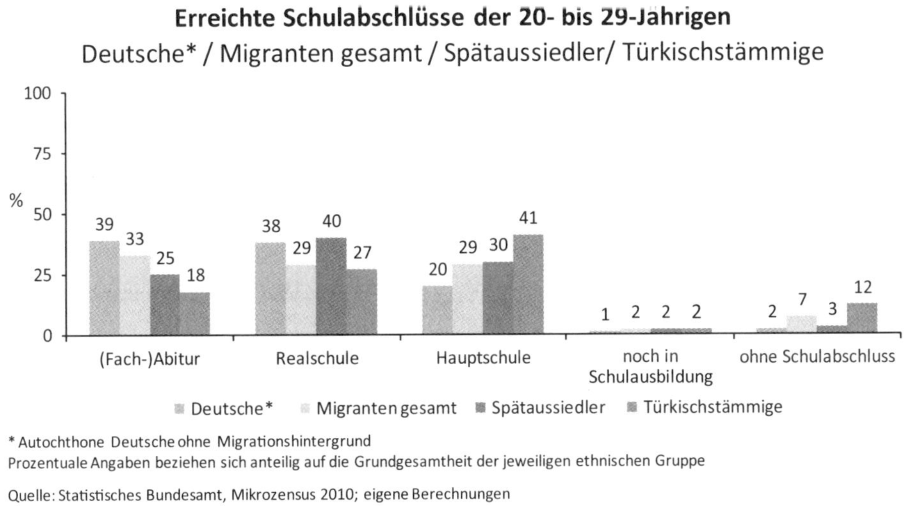

Abb. 4.3: Erreichte Schulabschlüsse der 20- bis 29-Jährigen – Deutsche, Migranten gesamt, Spätaussiedler, Türkischstämmige

In der Alterskohorte der 20- bis 29-Jährigen zeigt sich empirisch ein systematischer Zusammenhang zwischen der ethnischen Herkunft und dem Schulerfolg. Drei Befunde sind besonders auffällig:

1. Junge Migranten mit **türkischem Migrationshintergrund** haben die schlechtesten Aussichten, das Abitur zu machen. Über die Hälfte erreichen maximal den **Hauptschulabschluss.**
2. **Spätaussiedler** und Nachkommen von Spätaussiedlern erreichen deutlich bessere Bildungsabschlüsse als junge Türken, aber schlechtere als autochthone Deutsche und der Durchschnitt junger Migranten. Typisch für junge Spätaussiedler ist die **mittlere Reife.**

[50] Trotz dieses aktuell geringsten Anteils muss zugleich die aktuelle Bildungsdynamik bei jungen Menschen mit Migrationshintergrund in den Blick genommen werden. Im Mikrozensus 2009 hatten von den 20- bis 29-Jährigen mit türkischen Wurzeln nur 16 % das Abitur erreicht, im Mikrozensus 2010 bereits 18 %. Das kann als Indikator für eine Steigerung des Bildungserfolgs bei jungen Türken interpretiert werden und sollte in den kommenden Jahren weiter aufmerksam beobachtet werden.

3. Junge Menschen mit **südeuropäischem Migrationshintergrund** (Italien, Griechenland, Spanien, Portugal) haben den höchsten Anteil mit (Fach-)Abitur, und zwar auf dem gleichen Niveau wie Deutsche ohne Migrationshintergrund. Der Anteil derer mit Abitur ist bei den Frauen aus einem südeuropäischen Land leicht höher als bei Männern.

Auch wenn junge Türkischstämmige in der Bildungslandschaft mehrheitlich die Talsohle bilden, darf nicht zur Randnotiz gemacht oder gar ausgeblendet werden, dass fast jeder fünfte junge Erwachsene mit türkischem Migrationshintergrund das Abitur hat. Sie sind der Beleg dafür, dass es Männer und Frauen mit türkischem Migrationshintergrund in Deutschland schaffen können, höchste Bildungsabschlüsse zu erreichen. Sie können Vorbilder und Leitbilder für andere Jugendliche und Eltern (!) mit türkischem Migrationshintergrund in Bezug auf die Schulartwahl und Bildungsperspektiven sein. Zu beachten ist außerdem, dass junge türkische Erwachsene die zweitgrößte Teilpopulation unter den Migranten dieser Alterskohorte sind. In absoluten Zahlen gerechnet haben daher mehr junge Türken das Abitur als die meisten anderen Ethnien, selbst wenn deren Anteile mit Abitur höher sind.

Einen erheblichen Einfluss auf die Bildungsqualifikation hat das **Land des Schulbesuchs** (Herkunftsland oder Deutschland). In der Alterskohorte der 20- bis 29-Jährigen mit Migrationshintergrund sind drei Viertel zuletzt in Deutschland zur Schule gegangen, etwa ein Viertel in einem anderen Land (die Meisten im Herkunftsland ihrer Eltern). *In Deutschland geborene und sozialisierte* junge Erwachsene erreichten deutlich höhere Schulabschlüsse als Zugewanderte, die überdurchschnittlich häufig überhaupt keinen Schulabschluss erreichen.[51]

[51] In der Gesamtpopulation der Migranten kehrt sich das Verhältnis um: Ältere Migranten haben ihre Bildungsabschlüsse mehrheitlich *nicht* in Deutschland erworben, bei den Spätaussiedlern sogar 71 %. Migranten, die ihre Schulbildung nicht in Deutschland erworben haben, stehen oft vor der Barriere nicht vergleichbarer Bildungsabschlüsse und v. a. nicht anerkannter Berufsausbildungen. Betroffen sind besonders Migranten aus einem *nichtwesteuropäischen* Land. Die Folge inkompatibler und nichtharmonisierter Bildungsabschlüsse und Berufsqualifikationen ist, dass diese Menschen auf dem Arbeitsmarkt oft nur eine Stelle unter ihrem faktischen (Aus-)Bildungsniveau finden. So arbeiten in Deutschland viele „unter Wert", weil ihre im Ausland erlangten Abschlüsse hierzulande nicht anerkannt werden. Die vielfältigen, sich wechselseitig verstärkenden Folgen sind eine schlechtere finanzielle Lage, eine schlechtere wohnräumliche Situation, geringeres Ansehen in der Bevölkerung mit der Tendenz zur Ausgrenzung, Segregation und Stigmatisierung – also ein Abstieg in sozial „niedrigere" Milieus. Daraus entstehen nicht selten Frust, Misstrauen und in letzter Konsequenz eine Abkehr von der deutschen Bevölkerung und den Institutionen sowie der Gedanke der Remigration in das Herkunftsland. Eine bessere internationale Vergleichbarkeit der Bildungsabschlüsse und Berufsqualifikationen

Frauen mit höheren Schulabschlüssen

Unter den autochthonen jungen Deutschen gibt es ein signifikantes **Gender-Bildungsgefälle**. Frauen dieser Alterskohorte erreichten höhere Schulabschlüsse als Männer:

- Von den autochthonen deutschen **Frauen** im Alter zwischen 20 und 29 Jahren haben 15 % einen Hauptschulabschluss, 39 % einen Realschulabschluss und 43 % das (Fach-)Abitur. Im interethnischen Vergleich haben die einheimischen deutschen Frauen den höchsten Anteil an Abiturientinnen und den geringsten Anteil an Hauptschulabsolventinnen.
- Von den 20- bis 29-jährigen **Männern** ohne Migrationshintergrund haben 24 % einen Hauptschulabschluss, 37 % die mittlere Reife und 35 % das (Fach-)Abitur.

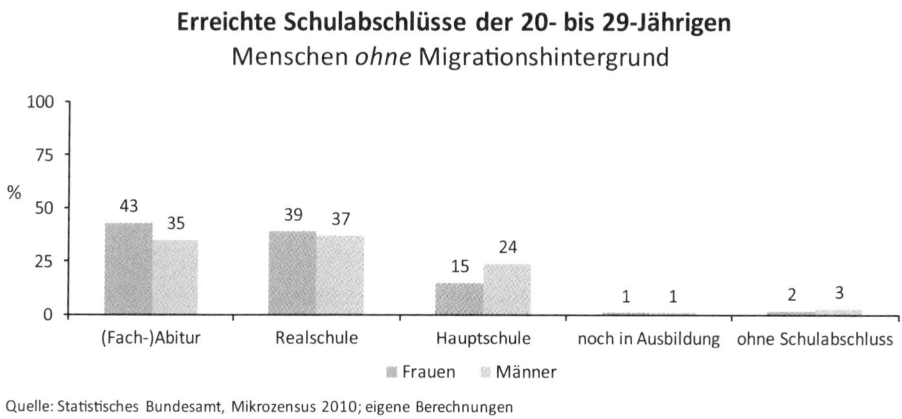

Abb. 4.4: Erreichte Schulabschlüsse der 20- bis 29-Jährigen – Menschen *ohne* Migrationshintergrund

Bei jungen Migranten dieser Alterskohorte gibt es eine parallele Struktur: In der Altersgruppe der 20- bis 29-Jährigen erzielen Frauen höhere Bildungsabschlüsse als Männer: Von den Frauen mit Migrationshintergrund haben 36 % das Abitur, von den Männern „nur" 31 %. Umgekehrt ist der Anteil von jungen Männern mit Hauptschulabschluss mit 33 % signifikant höher als bei jungen Frauen (25 %).

wäre also wünschenswert – für die Migranten selbst (bessere berufliche und dadurch soziale Lage), für die Wirtschaft (Mehrwert des Potenzials von immigrierten Fachkräften), die Gesellschaft (bessere Integration von Migranten und dadurch weniger soziale Spannungen) und sogar für den Bildungsapparat selbst (mehr Ehrgeiz aufgrund von größerer Akzeptanz).

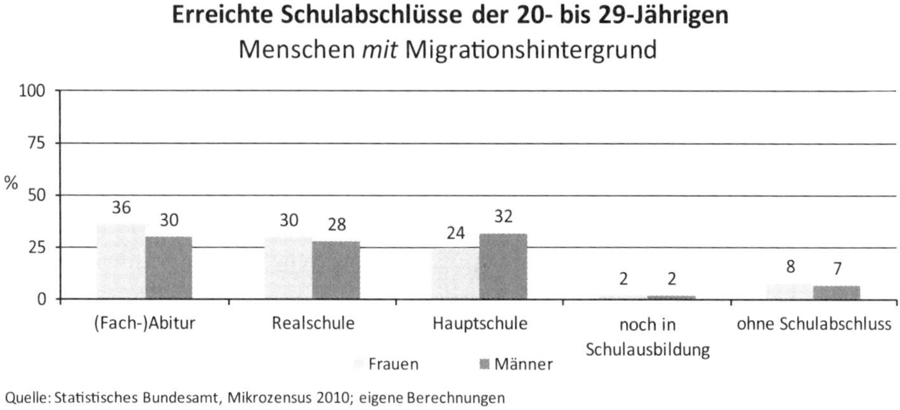

Abb. 4.5: Erreichte Schulabschlüsse der 20- bis 29-Jährigen – Menschen *mit* Migrationshintergrund

Die jugendsoziologische These, dass Jungen und junge Männer in unserer Gesellschaft zunehmend kulturell „abgehängt" werden (z. B. schmaleres Spektrum an Rollen und Vorbildern als junge Frauen), trifft im Horizont der Bildungserfolge somit auf junge Menschen *mit* Migrationshintergrund *und ohne* Migrationshintergrund in etwa gleichem Maße zu. Insofern ist es wichtig, einerseits über „neue Wege für Jungs" ethnienübergreifend nachzudenken und andererseits bei der Umsetzung die spezifischen ethnischen Besonderheiten zu berücksichtigen.[52]

Junge Erwachsene mit türkischem Migrationshintergrund: erheblicher Bildungsrückstand, Frauen im verhinderten Aufbruch

Von den 20- bis 29-Jährigen mit türkischen Wurzeln haben etwa gleich viele Frauen und Männer das Abitur (18 % bzw. 17 %). Umgekehrt sind mehr als die Hälfte der Frauen (53 %) und Männer (57 %) nicht über die Hauptschule hinausgekommen:

[52] „Neue Wege für Jungs" ist ein vom Bundesministerium für Familie, Senioren, Frauen und Jugend (BMFSFJ) sowie vom Europäischen Sozialfonds für Deutschland (EFS) gefördertes bundesweites Netzwerk von Initiativen zur Berufswahl und Lebensplanung von Jungen. Seit 2005 werden Initiativen und Träger unterstützt, die schulische und außerschulische Angebote für Jungen zur Erweiterung der Berufs- und Studienfachwahl, der Flexibilisierung männlicher Rollenbilder und zum Ausbau sozialer Kompetenzen organisieren. Website: http://www.neue-wege-fuer-Jungs.de/.

- 43 % der jungen **türkischstämmigen Männer** haben einen Hauptschulabschluss, weitere 11 % in der dritten Lebensdekade sind ohne Schulabschluss (und gehen nicht mehr zur Schule) und 3 % sind noch in der Schulausbildung.
- Bei den jungen **Frauen mit türkischer Herkunft** haben 37 % der 20- bis 29-jährigen einen Hauptschulabschluss, 14 % sind ohne einen Schulabschluss und 2 % befinden sich noch in der Schulausbildung.

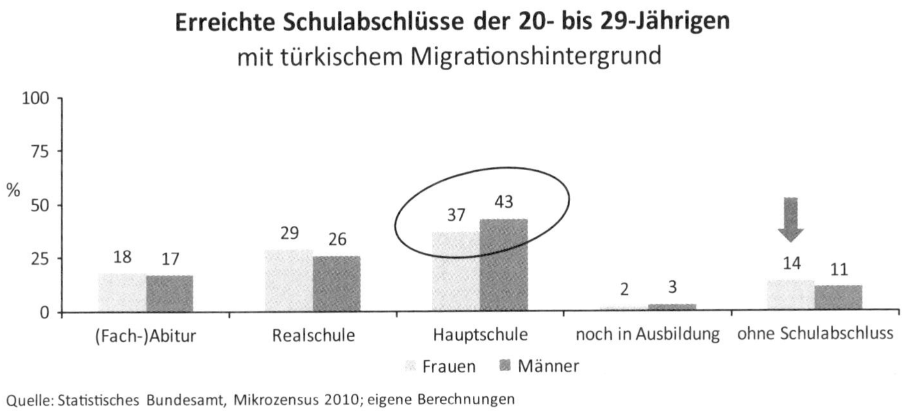

Abb. 4.6: Erreichte Schulabschlüsse der 20- bis 29-Jährigen – Menschen mit türkischem Migrationshintergrund

Wie können soziale Integration in die Gesellschaft und Partizipation am Gemeinwesen gelingen, wenn die formalen Voraussetzungen für eine Berufsausbildung sowie die wettbewerblichen Chancen auf eine Erwerbstätigkeit nicht vorhanden sind? Die meisten der jungen Erwachsenen mit türkischem Migrationshintergrund haben zu Beginn ihrer Ausbildungs- und Berufstätigkeit ein relativ geringes Bildungskapital. Der Arbeitsmarkt und in Reaktion darauf auch der Ausbildungsmarkt haben sich in den vergangenen zwei Jahrzehnten durch den technologischen Wandel, insbesondere durch digitale Informations- und Kommunikationstechnologien, sowie durch den Prozess der Globalisierung rasant verändert. Damit einher ging eine Neuordnung der Ausbildungsberufe. Einige der alten Berufsfelder sind verschwunden, neue Berufe, oft Synthesen vormals verschiedener Fachgebiete, entstanden. Insgesamt hat es **in fast allen Handwerks- und Dienstleistungsberufen Schübe zu weiterer Professionalisierung** gegeben. Hinzugekommen sind in einigen Berufen theoretische Anforderungen sowie der Druck zu kontinuierlicher Weiterbildung. Das Berufsbild des Hilfsarbeiters oder einfachen Arbeiters, der einmal Gelerntes einfach anwendet, ist weitgehend verschwunden und wird heute praktisch nicht mehr nachgefragt. Angesichts dieser Kluft zwischen formaler Schulbildung und Anforderungen auf dem Ausbildungs- und Arbeitsmarkt sind die Perspektiven für einen großen Teil der jungen Migranten mit türkischen Wurzeln zu Beginn ihres Berufslebens düster, die Vermittlungschancen für Abgänger von Förderschulen und Hauptschulen äußerst gering.

Eine Studie des Instituts für Arbeitsmarkt- und Berufsforschung (IAB) zeigt, dass sich die **Chancen auf Erwerbstätigkeit durch einen Ausbildungsabschluss signifikant erhöhen**. Dies gilt insbesondere für die jungen türkischen Migranten: Unter den Eingebürgerten steigt die Erwerbstätigkeitsquote von 66 % (unausgebildet) auf 86 % (ausgebildet), unter jenen ohne deutschen Pass von 64 % auf 82 %. Gleichzeitig zeigt die Studie, dass auch Migranten mit abgeschlossener Ausbildung, insbesondere junge Erwachsene mit türkischen Wurzeln, seltener einer *qualifizierten* Tätigkeit nachgehen als Einheimische. Diese Benachteiligung türkischer Migranten lasse sich somit nicht ausschließlich auf niedrigere oder fehlende Schulabschlüsse zurückführen. Vermutet wird vielmehr, dass der Signalwert einer Ausbildung für verschiedene Migrantengruppen von den Arbeitgebern unterschiedlich bewertet werde. Zudem seien insbesondere viele Jugendliche mit türkischer Herkunft hinsichtlich wichtiger arbeitsmarktrelevanter Ressourcen, etwa sozialer Netzwerke oder sozialer Herkunft, schlechtergestellt.[53]

Junge türkische Frauen mit geringer Schulbildung und wenig Aussichten auf Berufstätigkeit finden trotz allem noch eine **Lebensperspektive, nämlich im traditionellen Modell der Mutter und Hausfrau** (allerdings ist dies in der Regel mit dauerhafter Abhängigkeit von der Herkunftsfamilie oder einem Haupternährer / Ehemann verbunden). Junge Männer im dritten Lebensjahrzehnt mit denselben geringen Bildungsvoraussetzungen stehen hingegen im Niemandsland: Sie genügen nicht den Anforderungen des modernen Arbeitsmarktes und können kaum eine Familie durch eigene Erwerbsarbeit sicher versorgen. Das traditionelle Ernährermodell ihrer Eltern ist für junge Männer nur schwer realisierbar, da es kaum noch einen Markt für unqualifizierte Arbeiter gibt. Die jungen Männer stehen ratlos vor der Frage ihrer Identität als Mann, als Haupternährer, denn sie finden kaum erreichbare Vorbilder und Handlungsansätze. Junge Frauen können noch an die Sicherheit gebende Rolle der Ehefrau und Mutter anschließen, sofern sie einen Ernährer nach diesem Modell finden,[54] und somit das Identitäts- und Biografiekonzept ihrer eige-

53 Vgl. Seibert 2008; Dammelang / Haas 2006.

54 Wenig überraschend wird auch dieses Lebenskonzept für junge Frauen – komplementär zur Situation der jungen Männer – zunehmend prekär.

nen Mutter kopieren. Die jungen Männer mit geringer Schulbildung können Vergleichbares nicht, denn das Identitäts-, Lebens- und Erwerbsmodell ihres Vaters ist für sie nicht erreichbar.

Im Mainstream dieser Alterskohorte der 20- bis 29-Jährigen ist die Hauptschule das *Normalitätsmodell*. Darin unterscheidet sich diese Ethnie von autochthonen Deutschen derselben Generation, bei denen das Abitur das *angestrebte Normalitätsmodell* war. Gleichzeitig muss beachtet werden, dass immerhin jede / -r fünfte junge Türkischstämmige in dieser Altersgruppe das Abitur hat und mehr als jede / -r Vierte einen Realschulabschluss.[55] Gerade in der medialen Berichterstattung werden diese schulisch Erfolgreichen immer noch als Ausnahmen wahrgenommen. Weiter ist zu berücksichtigen, dass junge Türken die zweitgrößte Ethnie dieser Alterskohorte sind und damit eine erhebliche Anzahl einen mittleren oder hohen Schulabschluss hat.

Allerdings ist es notwendig, für die Betrachtung des Themas „Bildung" zwei Gruppen zu unterscheiden:

- Selbst zugewanderte Türkischstämmige
- Nachkommen von zugewanderten Türkischstämmigen

In der Altersgruppe der 20- bis 29-Jährigen mit türkischem Migrationshintergrund sind 35,5 % selbst zugewandert, 64,5 % sind Nachkommen von zugewanderten Türkischstämmigen.[56] Der Bildungserfolg bzw. die Bildungsressourcen **zugewanderter junger Türken** dieser Alterskohorte ist dramatisch schlecht: Unter den jungen Frauen, die selbst zugewandert sind, haben 28 % in der dritten Lebensdekade noch keinen Schulabschluss. Viele haben nur die ersten Klassen der Grundschule besucht, zwei Drittel sind in der Türkei über die Hauptschule nicht hinausgekommen. Die in **Deutschland geborenen und aufgewachsenen jungen Erwachsenen mit türkischen Wurzeln** haben dagegen bereits deutlich häufiger einen Schulabschluss und auch deutlich höhere Schulabschlüsse. Besonders Frauen dieser Altersgruppe nutzten die Chance zu höherer Bildung: Mehr als jede fünfte hier geborene junge Frau türkischer Herkunft dieser Altersgruppe erreichte das Abitur. Ihr Anteil von 22 % ist sehr viel höher als bei zugewanderten türkischstämmigen Frauen (13 %), höher als bei zugewanderten türkischstämmigen Männern (19 %) und auch signifikant höher als bei den hier geborenen türkischstämmigen Männern (16 %). Um-

55 Vgl. Castro Varela 2007b, S. 22.

56 In der Gesamtheit aller in Deutschland Lebenden mit türkischen Wurzeln beträgt der Anteil der Zugewanderten 60,3 % und der Anteil der in Deutschland geborenen Nachkommen von Zugewanderten 39,7 % (Statistisches Bundesamt; Mikrozensus 2010).

gekehrt haben in dieser Alterskohorte von den selbst zugewanderten Frauen 28 % keinen Schulabschluss, bei den hier Geborenen hingegen nur 4 %. Diese bei Frauen große Kluft zwischen Zugewanderten und hier Geborenen ist bei Männern deutlich geringer: In derselben Alterskohorte haben 17 % der zugewanderten Männer keinen Schulabschluss, bei den in Deutschland geborenen allerdings 8 % (ein doppelt so großer Anteil wie bei Frauen).

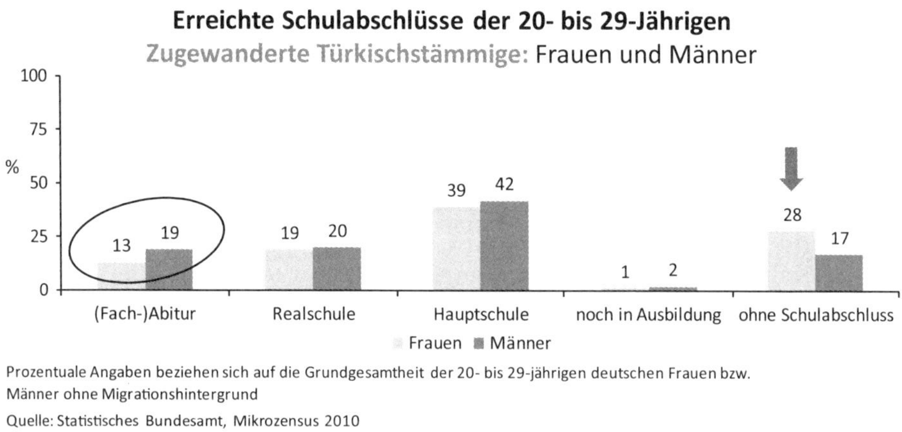

Abb. 4.7: Erreichte Schulabschlüsse der 20- bis 29-Jährigen – zugewanderte Türkischstämmige: Frauen und Männer

Während junge Frauen türkischer Herkunft die ihnen in Deutschland angebotenen Bildungschancen also besser nutzten bzw. zu nutzen versuchen und eine *Mentalität des möglichen Aufstiegs* zeigen, ist diese Haltung bei Männern dieser Generation deutlich schwächer ausgeprägt. Bei den hier geborenen Männern mit türkischen Wurzeln ist der Anteil mit Abitur nicht höher als bei zugewanderten. Abgesehen von einem engen Kern von Ambitionierten war für etwa die Hälfte der Männer die Hauptschule und für ein Drittel die Realschule das normale und normative Maß.

Einerseits haben junge Männer mit türkischen Wurzeln, die in Deutschland zur Schule gingen, erhebliche Bildungsdefizite – nicht nur im Vergleich zu Deutschen und anderen Migranten, sondern auch im Vergleich zu türkischen Frauen gleichen Alters. Andererseits haben junge Frauen, die in der Türkei aufgewachsen sind und heute in Deutschland leben, oft keine qualifizierte Schulbildung, die ihnen eine Berufsperspektive und eigenständige Lebensführung ermöglichen würde. Sie sind und bleiben dauerhaft von ihren Familien abhängig.

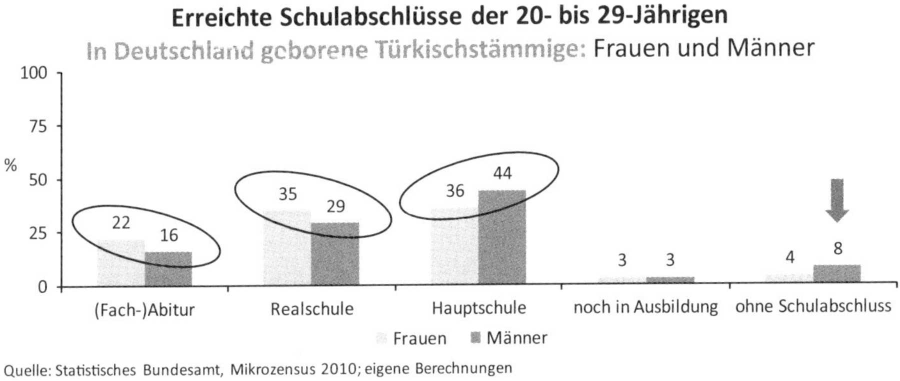

Abb. 4.8: Erreichte Schulabschlüsse der 20- bis 29-Jährigen – in Deutschland geborene Türkischstämmige: Frauen und Männer

Durch qualitative und quantitative Untersuchungen ist belegt, dass die Mehrheit der jungen türkischen Männer an traditionellen Rollenbildern *festhält*, die Mehrheit der jungen türkischen Frauen sich dagegen von diesen **traditionalistischen Rollenbildern emanzipiert** – innerlich und so weit wie möglich auch äußerlich.[57] Damit hängt zusammen, dass Frauen und Männern mit türkischen Wurzeln (und ihre Eltern) die Bedeutung von Bildung für die Akzeptanz und Chancen in der deutschen Gesellschaft geschlechtsspezifisch bewerten und subjektiv unterschiedlich wahrnehmen. Dies hat Einfluss auf die Bildungsmotivationen und die Bildungsanstrengungen.

Schule als Institution außerhalb des Elternhauses hat mit ihrem rechtlich verpflichtenden Charakter ein enormes **Freisetzungspotenzial**. Das gilt für alle Jugendlichen im Prozess der Identitätsfindung, der Ablösung vom Elternhaus und der Suche nach einem eigenen Ort in der Gesellschaft. Dieses Freisetzungspotenzial kann Bildung paradoxerweise vor allem dann entfalten, wenn den Bildungsinstanzen innerhalb der Familien Legitimität und Bedeutsamkeit zugesprochen werden, wenn Eltern die Formen und Inhalte der Schule ohne nähere Kenntnis und im Vertrauen auf die Instanzen anerkennen und ihr Kind moralisch wie praktisch unterstützen. Schule ist dann Plattform zur Emanzipation, Identitätsbildung und Integration. Das gilt für alle jungen Menschen, für jene mit Migrationshintergrund sogar in mehrfacher Hinsicht, und hat für Frauen mit türkischem Hintergrund eine besondere Facette. So diagnostiziert von Wensierski: „Schule und Studium sind die zentralen Orte, in

[57] Vgl. Wippermann 2010, S. 28 ff.

denen sie der strengeren sozialen Kontrolle durch das Milieu in legitimen sozialen Rollen entfliehen können. Gerade Schule und Studium erlauben, die eigene Jugendphase durch einen längeren Bildungsweg auszuweiten. Ein Auszug aus dem Elternhaus wird so auch ohne Heirat möglich. Die Ehe sowie die Familiengründung lassen sich ebenfalls auf einen späteren Zeitpunkt als im Herkunftsmilieu üblich verschieben – übrigens ohne dass die kulturellen Normen des Milieus offiziell in Frage gestellt werden (müssen).“[58]

So ist in der Phase der adoleszenten Sozialisation die **Schule eine Chance zur Emanzipation** (wenn auch nur als begrenztes Sozial- und Zeitfenster). Für einen Teil der jungen Türken aus streng traditionell-religiösem Elternhaus mit autoritärem Erziehungsstil ist Schule hingegen ein Freiraum ganz anderer Art: Sobald sie außerhalb des Blickwinkels ihrer Eltern sind, suchen sie – wie in dieser Studie befragte Lehrer vor allem an Hauptschulen berichten – nach Gelegenheiten, gegen Regeln verstoßen zu können (und dafür nur vergleichsweise geringfügig bestraft zu werden). Sie entwickeln Routinen des offenen Tabubruchs und einen Habitus des unbezähmbaren Provokateurs: Anweisungen der Lehrer werden nicht befolgt, mitten im Unterricht unterhalten sie sich laut, hören MP3 oder telefonieren mit dem Handy; Mädchen beginnen sich demonstrativ zu schminken. Solch bewusst deviantes und auf Sanktionen wartendes Verhalten gilt für die Jungen an Hauptschulen ebenso wie für die Mädchen, die zu Hause noch strengeren Verbots- und Gebotsritualen unterworfen sind als Jungen.[59] So gibt es innerhalb der türkischen Ethnie eine immer größer werdende Kluft: Ein Teil der türkischstämmigen jungen Frauen führt ein Alltagsleben in der Nische des Familienclans oder in Hedonistischen Subkulturen – beides mit einem hohen Grad an sozialer Schließung. Höher Gebildete leben dagegen gut und selbstverständlich integriert in offenen sozialen Kreisen.

Spätaussiedler: ambitionierte Frauen, große Bildungsdynamik bei Nachkommen von Spätaussiedlern

Bei den 20- bis 29-jährigen Spätaussiedlern zeigen sich in den Bildungsabschlüssen ebenfalls erhebliche **Differenzen zwischen Frauen und Männern**. Diese Altersgruppe der Spätaussiedler umfasst etwa 498.000 Personen, davon 253.000 Männer und 245.000 Frauen. Frauen haben im Vergleich zu Männern deutlich bessere Schulabschlüsse: 31 % der Frauen haben das Abitur und 43 % die mittlere Reife,

[58] Von Wensierski 2007, S. 70.
[59] Vgl. Durmaz 2009, S. 117.

von den Männern haben 19 % das Abitur und 37 % den Realschulabschluss. Umgekehrt haben 21 % der Frauen den Hauptschulabschluss, aber 37 % der Männer und weitere 8 % gar keinen Schulabschluss (Frauen: 4 %). Insgesamt starten also 45 % der männlichen Spätaussiedler und „nur" 25 % der Spätaussiedlerinnen mit einem geringen oder keinem Schulabschluss in ihre Berufslaufbahn.

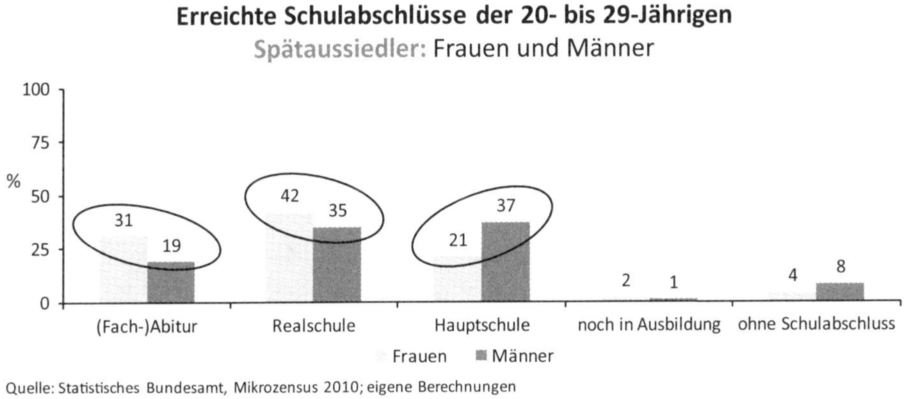

Abb. 4.9: Erreichte Schulabschlüsse der 20- bis 29-Jährigen – Spätaussiedler: Frauen und Männer

Etwa 60 % der Spätaussiedler im Alter von 20 bis 29 Jahren sind in Deutschland zur Schule gegangen, 40 % in einem anderen Land (i. d. R. Herkunftsland).[60] Dabei zeigen sich folgende Effekte:

- **Schulbesuch im Herkunftsland**: In der Altersgruppe der 20- bis 29-jährigen Spätaussiedler, die in ihrem Herkunftsland *zuletzt zur Schule gegangen sind*, haben 6 % (noch) keinen Schulabschluss, 31 % einen Schulabschluss, der höher ist als der Pflichtschulabschluss, und 7 % einen Schulabschluss, der zum Studium berechtigt. Von den Spätaussiedlerinnen, die jetzt in Deutschland leben, aber

[60] Zum Vergleich: In der Gesamtheit der 20- bis 29-jährigen Migranten haben 69 % zuletzt eine Schule in Deutschland besucht. In der Teilgruppe türkischer junger Migranten ist der Anteil mit 77 % deutlich höher – was v. a. auf die längere Einwanderungsbiografie (der Eltern und Großeltern) von Türkischstämmigen im Vergleich zu Spätaussiedlern zurückzuführen ist. Die Phase der Migration haben viele türkischstämmige Jugendliche und junge Erwachsene gar nicht mehr erlebt, weil sie in Deutschland geboren, aufgewachsen und selbstverständlich zur Schule gegangen sind. Dagegen hat ein größerer Teil der gleichaltrigen Spätaussiedler die Phase der Migration selbst erlebt und ist zeitweise oder bis zum Schulabschluss in einem Land der ehemaligen Sowjetunion zur Schule gegangen.

hier *nicht* zur Schule gegangen sind, haben etwa 5 % keinen Schulabschluss. Ein Viertel dieser Frauen hat einen Schulabschluss mitgebracht, mit dem sie in Deutschland studieren können.

- **Schulbesuch in Deutschland:** Von den 20- bis 29-jährigen Spätaussiedlern haben bei den Männern 36 % das (Fach-)Abitur, 37 % einen Realschulabschluss und 27 % einen Hauptschulabschluss. Bei den Frauen haben 38 % das (Fach-) Abitur, 24 % die mittlere Reife und 38 % einen Hauptschulabschluss. Frauen sind also sowohl bei den höheren als auch bei den niedrigen Schulabschlüssen stärker vertreten.

Wie bei den türkischstämmigen Migranten zeigt auch bei den Spätaussiedlern die Entwicklung der nachwachsenden Generation positive Bildungstendenzen: Betrachtet man innerhalb der Spätaussiedler in der Altersgruppe der 20- bis 29-Jährigen nur die *Nachkommen von Spätaussiedlern*, haben 40 % der Männer und sogar 56 % der Frauen das Abitur. Bildungsaspirationen und Bildungserfolge sind in der jüngeren Nachfolgegeneration der Spätaussiedler sehr ausgeprägt. In Deutschland zur Schule gegangene Spätaussiedler erzielten vergleichsweise höhere Bildungserfolge als der Durchschnitt aller Migranten dieser Alterskohorte in Deutschland.

Bilanz: schlechtere Schulerfolge als autochthone Deutsche und ausgeprägte Geschlechterunterschiede

Die erreichten Schulabschlüsse der 20- bis 29-Jährigen zeigen, dass Männer mit Migrationshintergrund – vor allem Türkischstämmige und Spätaussiedler – mit deutlich geringerem Erfolg die Schule durchlaufen. Junge Frauen hingegen erzielen deutlich bessere Bildungserfolge. Diese Strukturähnlichkeit geschlechtsspezifischer Bildungskarrieren von Spätaussiedlern und Türkischstämmigen ist ein deutlicher Hinweis darauf, dass Erklärungsversuche mit Blick auf den religiösen Hintergrund nicht greifen und allenfalls vorurteilsbelastete Weltanschauungen reproduzieren. Spätaussiedler sind primär christlich (katholisch / orthodox) geprägt, junge Menschen mit türkischen Wurzeln hingegen überwiegend islamisch. Insofern wäre es irreführend, die Ursache für schlechtere Bildungserfolge von Migranten im Vergleich zu autochthonen Deutschen reflexhaft in einer bestimmten Religion zu sehen. Insbesondere der Vergleich der Zugewanderten zu den in Deutschland Geborenen mit fremden Wurzeln zeigt, dass die Kluft in den Bildungsressourcen dann deutlich geringer wird, wenn Menschen mit Migrationshintergrund in Deutschland die Schule durchlaufen. Das lenkt die Ursachenanalyse auf Fragen der *kulturellen* Provenienz und Sozialisation mit besonderem Fokus auf Geschlechterunterschiede.

Im Vergleich zur Mehrheitsgesellschaft und im Vergleich zu anderen Ethnien sind die relativen **Bildungsnachteile der jungen Erwachsenen mit türkischen Wurzeln erheblich**, mit Blick auf ihre Berufsperspektiven gar dramatisch. Nach fast fünf Jahrzehnten aktiver Einwanderungspolitik[61] ist ausgerechnet die Ethnie der Türkischstämmigen, die mit die längste Migrationstradition der Nachkriegsgeschichte hat und mittlerweile auf die zweite, dritte und (fast) vierte Generation zurückblickt, in Sachen Bildung stark benachteiligt.

Der bisherige Blick auf die Alterskohorte der 20- bis 29-Jährigen dient als Basis für die Bestandsaufnahme derer, die derzeit in der Schulausbildung in der Sekundarstufe I sind. Die zentrale Frage ist: Verstetigen und verstärken sich die bei der Vorgängergeneration diagnostizierten Nachteile der Ethnien und Geschlechter? Oder zeigen sich in der aktuellen Generation der Schülerinnen und Schüler Tendenzen der Aufholung und Aufhebung ungleicher Schullaufbahnen und Schulerfolge?

4.3 Schulbesuch von 10- bis 17-jährigen Migranten (Sekundarstufe I)

Im Alterssegment der 10- bis 17-Jährigen gibt es in Deutschland insgesamt 5,459 Millionen Personen. Von diesen haben 1,553 Millionen (28,4 %) einen Migrationshintergrund. In dieser Altersgruppe ist der Anteil der Spätaussiedler deutlich geringer (6,5 %) als in der Altersgruppe der 14- bis 29-Jährigen (19,1 %). Es gibt offenbar eine Erosion des Anteils von Spätaussiedlern mit erheblichen Auswirkungen auf die demografische Entwicklung und gesellschaftliche Repräsentanz von Spätaussiedlern in dieser Generation. Die mit Abstand größte nichtdeutsche Ethnie in dieser Altersgruppe sind Jugendliche mit türkischen Wurzeln (18,8 %).

61 Allerdings wurde diese Integrationspolitik (anfangs) deutlich weniger ambitioniert betrieben: Lange Zeit wurde seitens der deutschen Politik und der Mehrheitsgesellschaft davon ausgegangen, dass es nicht nötig sei, die Gastarbeiter zu integrieren, da sie nicht für lange Zeit in Deutschland leben würden. „An langfristige soziale Folgeprobleme wurde nicht gedacht." (Bade 1992, S. 394.)

10- bis 17-Jährige mit Migrationshintergrund	Anzahl in 1.000	%
Insgesamt	**1.553**	***28,4***
Türkei	292	***18,8***
Spätaussiedler (Russische Föderation, Kasachstan, Ehemalige Sowjetunion, Ukraine)	101	***6,5***
Russische Föderation	59	*3,8*
Polen	77	*5,0*
Kasachstan	37	*2,4*
Italien	68	*4,4*
Serbien	24	*1,5*
Griechenland	34	*2,2*
Kroatien	23	*1,5*
Rumänien	19	*1,2*
Bosnien und Herzegowina	17	*1,0*
Ehemalige Sowjetunion	8	*0,5*
Ukraine	16	*1,0*
Sonstiges Afrika	6	*0,4*

Tab. 4.2: 10- bis 17-Jährige mit Migrationshintergrund (Quelle: Statistisches Bundesamt, Mikrozensus 2010, Wiesbaden 2011)

An der Generation der 20- bis 29-Jährigen wurde deutlich, dass es beim Schulerfolg erhebliche Unterschiede bezüglich des Geschlechts und der ethnischen Herkunft gibt. Die hier vorangestellte Frage ist: Welche Pfade bezüglich der Schulform schlagen derzeit Schülerinnen und Schüler mit und ohne Migrationshintergrund ein? Dabei zeigen sich drei Hauptbefunde:

1. **Tendenz zu höheren Schulformen:** Bei autochthonen Deutschen, bei Spätaussiedlern und auch bei Jugendlichen türkischer Herkunft (wenn auch weniger stark) gibt es die Tendenz: „Weg von der Hauptschule." In der Sekundarstufe I gehen „nur" 12 % der autochthonen Deutschen, 25 % der Spätaussiedler und 31 % der Türkischstämmigen auf die Hauptschule. 14 % der Türkischstämmigen und 8 % der Spätaussiedler besuchen eine Gesamtschule, die im Schulver-

lauf die Option der mittleren Reife oder des Abiturs bietet. Die aktuell besuchte Schulform garantiert zwar nicht den entsprechenden Abschluss, ist aber ein Indikator für anvisierte Ziele.

2. **Ethnischer Hintergrund:** Das Gefälle im Schulerfolg zwischen autochthonen Deutschen und Migranten (insbesondere die erheblichen Rückstände der Türkischstämmigen) entsteht nicht erst in der Phase des Schulabschlusses, sondern hat seinen Ursprung bereits deutlich früher – bei der Wahl der Schulform: Die Voraussetzungen und Präferenzen für das Gymnasium sind bei autochthonen Deutschen deutlich höher als in der Gesamtheit der Migranten. In der Sekundarstufe I sind von den autochthonen Deutschen 39 % auf dem Gymnasium, von der Gesamtheit der Migranten 29 %, von der Teilgruppe der Spätaussiedler 31 % und von den Türkischstämmigen 16 %. Auf der Hauptschule hingegen sind in der Sekundarstufe I von den autochthonen Deutschen nur 12 %, aber 24 % der Migranten und 31 % der Türkischstämmigen. Insgesamt besuchen 39 % der jungen Migranten mit türkischen Wurzeln im Alter zwischen 10 und 17 Jahren eine Hauptschule, eine Sonderschule oder gar keine allgemeinbildende Schule. Es gibt also zwischen den Ethnien weiterhin große *Unterschiede in den institutionalisierten Pfaden.* Das betrifft die Leistungen in der Grundschule (Übergangsnoten), aber auch die Voraussetzungen, Unterstützungsleistungen und auch die voreingestellten Perspektiven seitens der Eltern. Es betrifft weiter auch die (Vor-) Einstellungen der Lehrerinnen und Lehrer: Empfehlen sie für Kinder aufgrund ihrer ethnischen Herkunft präjudizierend eine Schulform? Und schließlich spielen auch die Eltern in Bezug auf die Schulempfehlung und damit auf die Entwicklungspfade ihrer Kinder eine große Rolle (sind sie aktiv und fordernd und gehen sie auf die Lehrer zu oder sind sie passiv, akzeptierend).

3. **Geschlechteraspekt:** Relativ gering sind hingegen innerhalb der Ethnien die geschlechtsspezifischen Unterschiede der Schulpfade, auf die Kinder durch ihre Eltern (und Lehrer) gesetzt werden. Kaum einen Unterschied zwischen Mädchen und Jungen in der Schulform gibt es bei Spätaussiedlern in der Sekundarstufe I. Bei Türkischstämmigen dieser Altersgruppe zeigen sich allerdings signifikante Bildungsvorteile der Mädchen (19 % Gymnasium) gegenüber den Jungen (14 % Gymnasium), ebenso bei autochthonen Deutschen (Mädchen 41 %, Jungen 37 % Gymnasium). Die am Ende der Schullaufbahn festgestellten sehr großen Unterschiede zwischen Mädchen und Jungen liegen also zunächst an ungleichen Zugängen zu den Schulformen, aber auch an Prozessen während der Schullaufbahn. Sie haben ihre Ursachen einerseits in der Schulkultur und ande-

rerseits in ungleichen Einstellungen und Verhaltensmustern der Eltern in Bezug auf die künftige Rolle und Position ihrer Töchter und Söhne. Die daraus resultierende geschlechtsspezifische Erziehung und schulische Förderung von Jungen und Mädchen darf nicht pauschal für alle Migranten betrachtet werden, sondern verlangt einen differenzierten Blick auf die einzelnen Ethnien sowie auf soziale Milieus innerhalb einer Migrantenethnie. In dieser Untersuchung werden dazu Spätaussiedler und Türkischstämmige näher betrachtet.

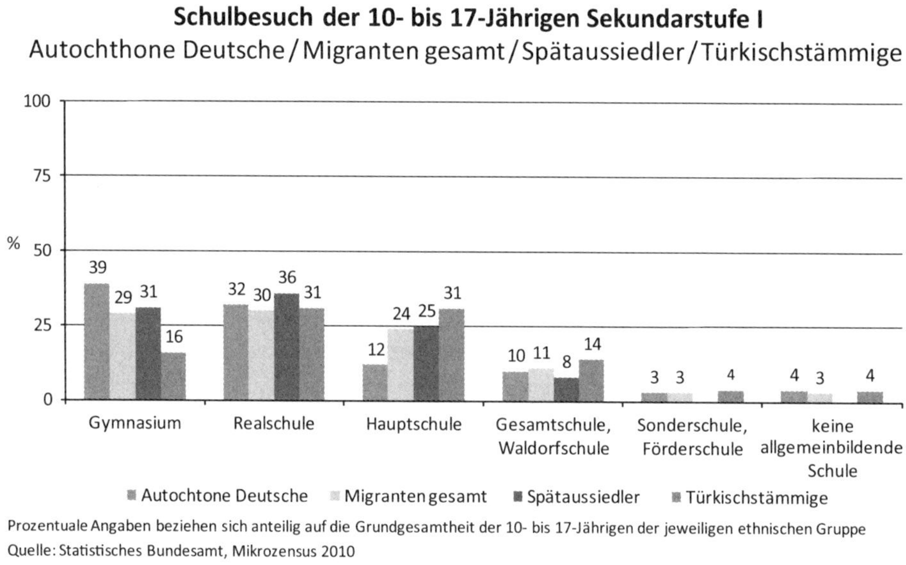

Abb. 4.10: Schulbesuch der 10- bis 17-Jährigen in Sekundarstufe I – autochthone Deutsche, Migranten gesamt, Spätaussiedler, Türkischstämmige

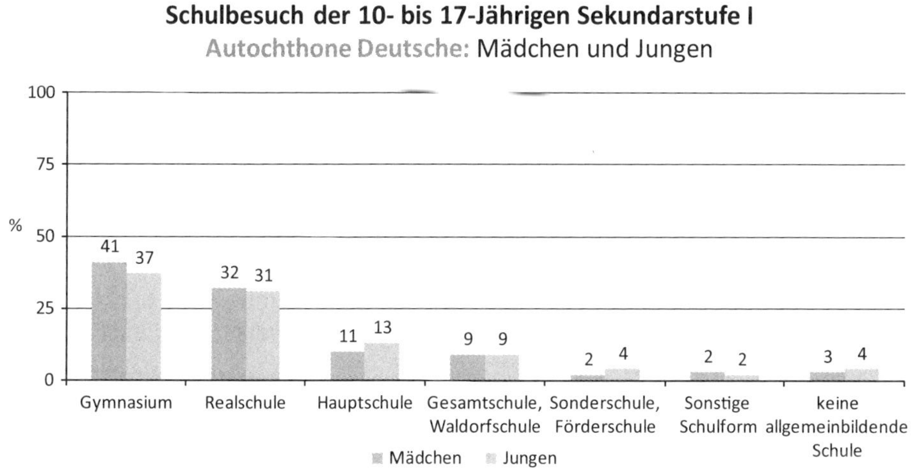

Prozentuale Angaben beziehen sich anteilig auf die Grundgesamtheit der 10- bis 17-jährigen autochthonen deutschen Mädchen bzw. Jungen

Quelle: Statistisches Bundesamt, Mikrozensus 2010

Abb. 4.11: Schulbesuch der 10- bis 17-Jährigen in Sekundarstufe I – autochthone Deutsche: Jungen und Mädchen

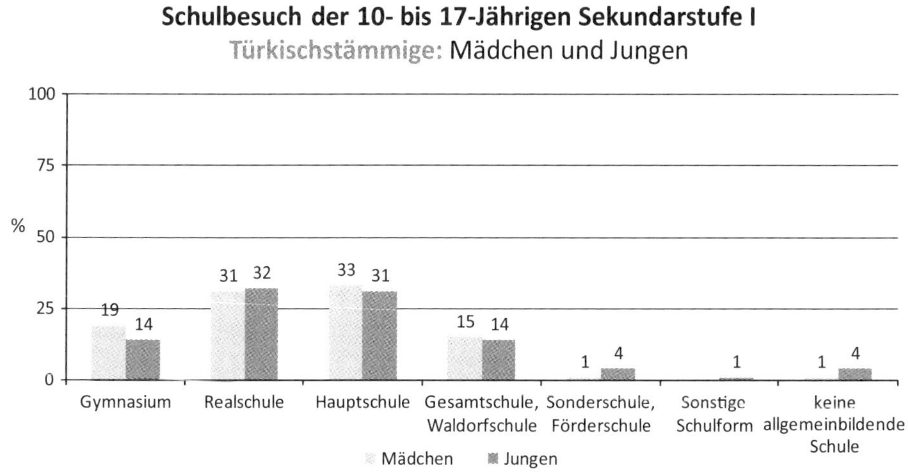

Prozentuale Angaben beziehen sich anteilig auf die Grundgesamtheit der 10- bis 17-jährigen Mädchen bzw. Jungen mit türkischem Migrationshintergrund

Quelle: Statistisches Bundesamt, Mikrozensus 2010

Abb. 4.12: Schulbesuch der 10- bis 17-Jährigen in Sekundarstufe I – Türkischstämmige: Jungen und Mädchen

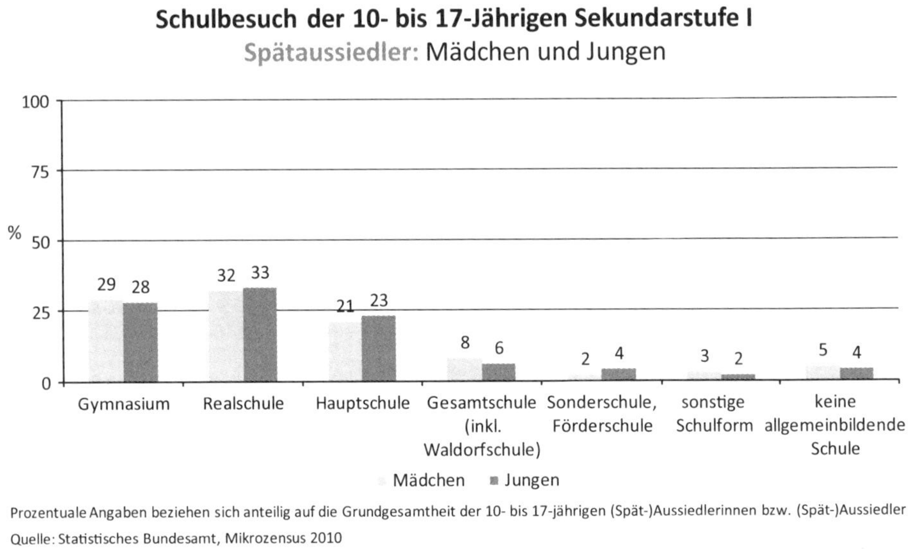

Abb. 4.13: Schulbesuch der 10- bis 17-Jährigen in Sekundarstufe I – Spätaussiedler: Jungen und Mädchen

4.4 Milieuspektrum von Eltern mit Migrationshintergrund

Wie es nicht *die* deutschen Eltern als homogene Gruppierung *einer* Lebenswelt mit ähnlichen Werten und Lebensstilen und ähnlicher sozialer Lage gibt, so differenzieren sich auch Menschen mit Migrationshintergrund in Deutschland in verschiedene soziale Milieus.[62] Da Migranten per se keine Parallelgesellschaft zur autochthonen deutschen Bevölkerung sind, ist es plausibel, von gemeinsamen Basismilieus für die Gesamtheit der in Deutschland lebenden Bevölkerung auszugehen und innerhalb dieses Modells **Submilieus** zu identifizieren.

- In der Gesamtbevölkerung wurden in mehreren umfangreichen Repräsentativuntersuchungen insgesamt 19 Submilieus identifiziert.[63] Bezogen auf die Teilbevölkerung der Menschen mit Migrationshintergrund können 11 Migranten-Submilieus

[62] Vgl. Wippermann / Flaig 2009.

[63] Die empirische Basis dafür sind etwa 350 qualitative Einzelinterviews sowie zwei quantitative Repräsentativbefragungen von jeweils etwa 20.000 Fällen. Vgl. Wippermann 2011; zur Kurzcharakteristik der Submilieus siehe Anhang (Kapitel 7.2).

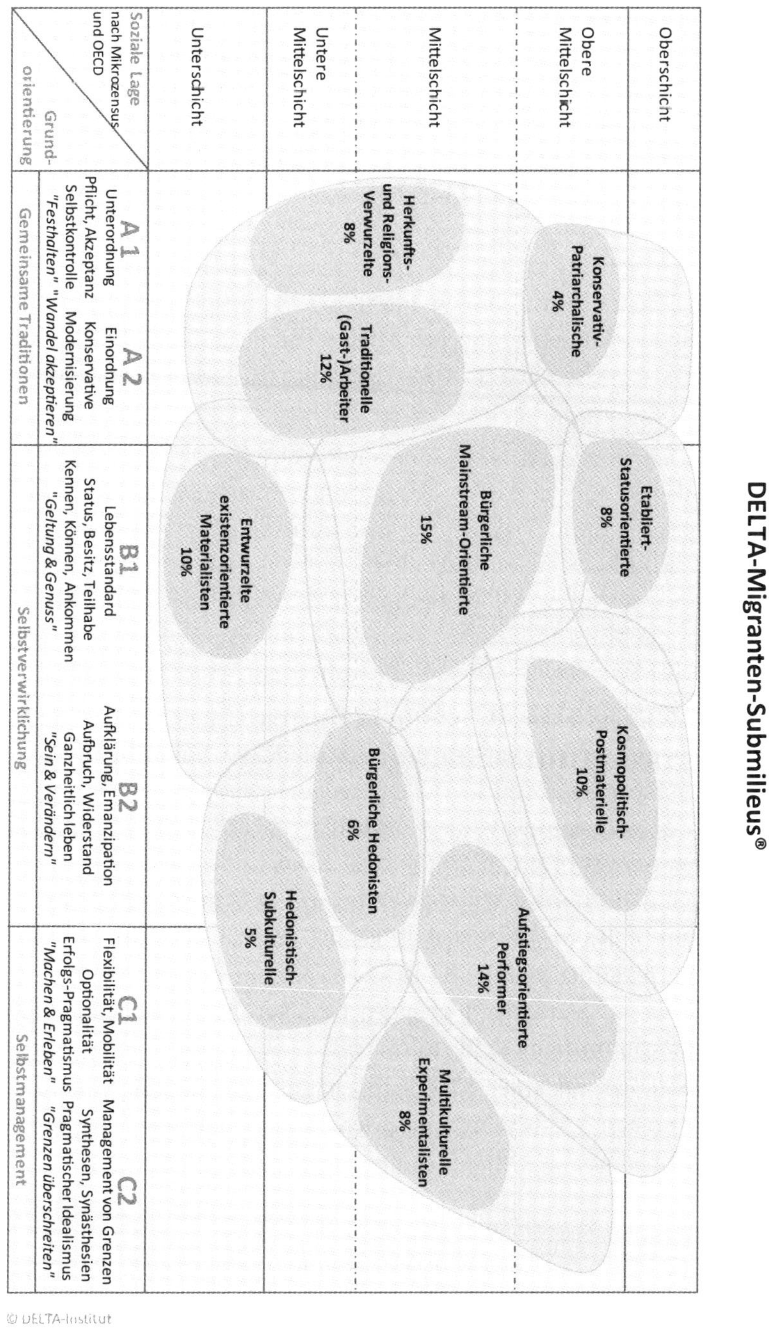

Abb. 4.14: DELTA-Migranten-Submilieus®

unterschieden werden. Abbildung 4.14 illustriert, wie diese Migranten-Submilieus in der Gesellschaft positioniert sind und sich quantitativ verteilen. Die eingezeichneten Flächen der Submilieus illustrieren die Positionierung der *Mehrheit* des Submilieus. Die Ausdehnung ist größer und es gibt Überlappungen mit anderen Submilieus, allerdings sind dies Prozesse an den Rändern eines Submilieus. Groß sind auch die Deckungen mit den ähnlich positionierten gesamtgesellschaftlichen Submilieus (siehe Kap. 7.2). Insofern stellen Migranten-Submilieus Ausschnitte der allgemeinen Submilieus dar, was eine soziale Separation und Schließung eines Migranten-Submilieus nicht ausschließt. Das ist beispielsweise der Fall beim religions- und herkunftsverwurzelten Migrantenmilieu, das in der Gesellschaft *ethnisch und sozial* weitgehend isoliert ist und kaum Berührungen mit anderen Milieus hat.

- Dabei ist festzustellen, dass Migranten unterschiedlicher Milieus oft weniger Gemeinsamkeiten und subjektive Verbundenheit miteinander haben (auch wenn sie aus der gleichen Ethnie kommen) als Menschen desselben Basismilieus (auch wenn sie aus verschiedenen Herkunftsländern kommen). Das bedeutet: 1. Man kann von der Ethnie nicht auf die Milieuzugehörigkeit schließen, denn die Ethnien verteilen sich über alle Milieus.[64] 2. Man kann von der Milieuzugehörigkeit nicht auf die Ethnie schließen, denn in einem Milieu gibt es ein breites Spektrum an Ethnien.

Entscheidend für das Thema Schule ist: Es gibt erhebliche Unterschiede **in der Zugänglichkeit und Erreichbarkeit der verschiedenen Submilieus** (die einzelnen Faktoren der Barrieren sollen hier allerdings nicht ausgeführt werden). Es gibt in bestimmten Migrantenmilieus die Kultur der *ethnisch-sozialen Schließung* (insbesondere im religions- und herkunftsverwurzelten Milieu und im konservativ-patriarchalischen Milieu) sowie der *sozialen Schließung* (Entwurzelte Existenzmaterialisten, Hedonistische Subkulturelle). Insgesamt lassen sich in der Milieulandschaft drei Segmente identifizieren:

1. Gehobene Milieus, bei denen die Eltern selbst über eine hohe Bildung und über materielle Ressourcen verfügen: Sie sehen die **Vorteile von Bildung für Chancen** in der modernen und globalisierten Dienstleistungswelt und fördern ihr Kind materiell, sozial und motivierend für einen möglichst hohen Schul-

[64] Es gibt also nicht „das Türkenmilieu" oder das „Spätaussiedlermilieu". Solche pauschalisierend-stigmatisierenden Zuschreibungen beziehen sich in der Regel auf bestimmte Migranten-Submilieus mit ausgeprägter ethnischer und sozialer Schließung.

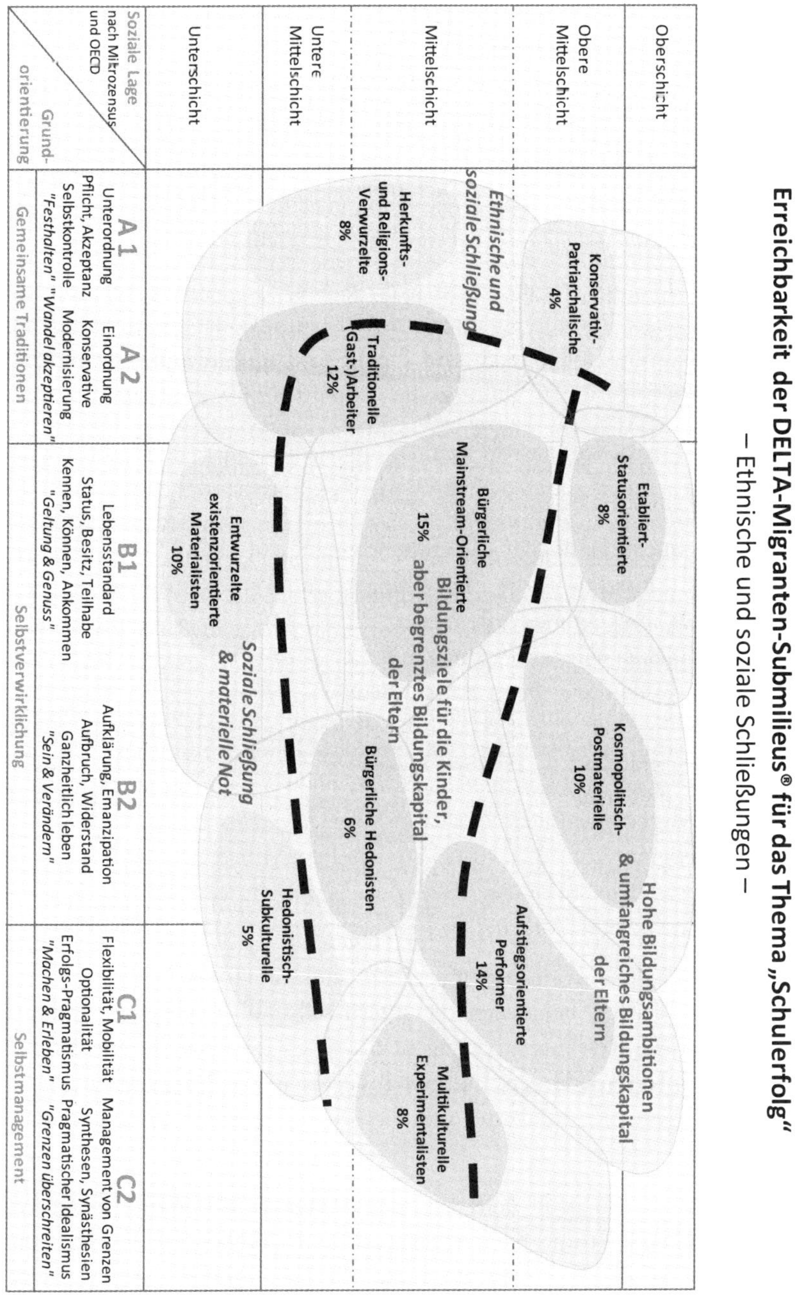

Abb. 4.15: Erreichbarkeit der DELTA-Migranten-Submilieus® für das Thema „Schulerfolg“ – ethnische und soziale Schließungen

abschluss (Etabliert-Statusorientierte und Kosmopolitisch-Postmaterielle; auch aufstiegsorientierte Performer).

2. Migranten(milieus) in der Mitte der Gesellschaft haben **moderate Bildungsziele** für ihre Kinder. Sie sehen klar, dass die Hauptschule in Deutschland als „Migrantenschule" stigmatisiert ist und für einen guten Ausbildungsplatz, für Berufschancen und für die soziale Akzeptanz in der Mehrheitsgesellschaft ein Realschulabschluss als Zertifikat und Symbol wichtig ist.
3. Für Eltern in stark traditionellen Milieus sowie in Milieus am unteren Rand der Gesellschaft mit ausgeprägter ethnischer und/oder sozialer Schließung ist das **Schulsystem in Deutschland fremd und überkomplex**. Aufgrund ihrer eigenen oft nur geringen Bildung (die sie meist im Herkunftsland erworben haben), fühlen sie sich mit höheren Schulformen überfordert und fokussieren daher von vornherein die Hauptschule. Darin finden sie zudem Sicherheit und Bestätigung, weil ihr soziales Umfeld ebenso handelt.

Es wäre konsequent, analog zu den autochthonen deutschen Eltern auch für Eltern mit Migrationshintergrund die Einstellungen und Verhaltensmuster in Bezug auf den Schulerfolg ihres Kindes differenziert für die Migranten-Submilieus darzustellen. Dieses Vorgehen würde allerdings zu Redundanzen führen und bereits beschriebene Befunde in den jeweiligen Basismilieus wiederholen. Daher wählen wir hier einen anderen Weg, nämlich den der inhaltlichen Ergänzung durch die spezifischen ethnischen Besonderheiten. Hier wäre es zwar denkbar, diese ethnischen Besonderheiten milieuspezifisch herauszuarbeiten, doch dazu ist das vorhandene Datenmaterial aufgrund der begrenzten Stichprobe nicht ausreichend. Zudem stand im Mittelpunkt der Analyse der Versuch, qualitative Ansätze für eine Erklärung der statistischen Unterschiede zwischen den Ethnien sowie den Geschlechtern zu finden. Hierbei konzentrieren wir uns im Folgenden wieder auf die beiden größten **Ethnien: die Türkischstämmigen und die Spätaussiedler**.

4.5 Einstellungen und Handeln von türkischstämmigen Eltern

In Deutschland leben rund 2,48 Millionen Migranten mit türkischen Wurzeln. Damit macht diese Ethnie 3,04 % der gesamten Bevölkerung Deutschlands und 15,8 % der Gesamtheit der Menschen mit Migrationshintergrund in Deutschland aus; nach den Spätaussiedlern stellen Türkischstämmige die **zweitgrößte Grup-**

pe der Menschen mit Migrationshintergrund. 60,3 % der Menschen türkischer Herkunft sind selbst eingewandert, die Mehrheit von ihnen lebt seit vielen Jahren in Deutschland. 39,7 % sind bereits in Deutschland geboren und hier aufgewachsen. Der Anteil der jüngeren Generation ist im Vergleich zur autochthonen deutschen Bevölkerung sehr hoch: Die Hälfte aller hier lebenden Menschen mit türkischen Wurzeln ist jünger als 27 Jahre, 28 % sind jünger als 15 Jahre (zum Vergleich: in der autochthonen deutschen Bevölkerung 12 %).[65] Das signalisiert eine erhebliche Strukturverschiebung in der nächsten Schülergeneration sowie in der aktuellen und den künftigen Elterngenerationen.

Seit 1955 kamen durch sogenannte Anwerbeabkommen Arbeitskräfte aus den Mittelmeerländern – zunächst aus Italien, Griechenland, (dem ehemaligen) Jugoslawien und seit 1961 dann auch aus der Türkei –, um die aufstrebende westdeutsche Wirtschaft, die unter einem Mangel an Arbeitskräften litt, zu unterstützen. Diese Frauen und Männer reisten für einen bestimmten, überschaubaren Zeitraum (meist zwei, höchstens sieben Jahre) und mit der festen Absicht ein, danach wieder in die Heimat zurückzukehren. Im Jahr des Anwerbestopps 1973 lag der Anteil der **„Gastarbeiter"** bei 2,6 Millionen. Die größte Gruppe stellten dabei mittlerweile die türkischen Migranten, die meist aus abgelegenen, ruralen Gegenden der Türkei kamen.[66] Das Jahr 1973 bedeutete zwar das Ende einer „staatlich gesteuerten Arbeitsmigration"[67] und ein Teil der türkischen Gastarbeiter kehrte in die alte Heimat zurück. Ein anderer Teil jedoch blieb dauerhaft in der damaligen Bundesrepublik, holte seinen Ehepartner bzw. seine Ehepartnerin oder seine Familien nach oder gründete in Deutschland eine Familie.[68] Aus einer zunächst temporär begrenzten Arbeitsmigration war eine **dauerhafte Einwanderung** geworden – für einige auch mit dem Erwerb der deutschen Staatsangehörigkeit verbunden.

65 Statistisches Bundesamt: Mikrozensus 2010; vgl. dazu auch: Berlin-Institut: Ungenutzte Potenziale. Zur Lage der Integration in Deutschland. Berlin 2009, S. 18 f. (auf Basis des Mikrozensus 2009).

66 Bedingt durch die sich verschlechternde Wirtschaftslage, vor allem aufgrund der Ölkrise; s. Berlin-Institut 2009, S. 13; vgl. auch Boos-Nünning / Karakasoglu 2006, S. 48.

67 Berlin-Institut 2009, S. 13.

68 Dies auch aus der Sorge, sonst nicht noch einmal zum Arbeiten nach Deutschland einreisen zu dürfen. Die (in der Mehrheit männlichen) Gastarbeiter aus der Türkei kamen meist als einfache (Fach-)Arbeiter mit geringer Bildung nach Deutschland; auch die nachgezogenen Ehepartnerinnen verfügten meist über eine sehr niedrige Bildung und keinerlei deutsche Sprachkenntnisse. Dies förderte die Isolation der türkischen Gastarbeiterfamilien von der einheimischen Bevölkerung.

Zentrale Befunde

Obwohl die meisten der türkischen Migranten schon lange in Deutschland leben, wirken sich Bildungsdefizite der ehemaligen Gastarbeiter bis in die nachfolgenden Generationen aus. Die Gastarbeiter der ersten Generation kamen häufig ohne einen Schul- oder Berufsabschluss nach Deutschland, oft aus abgelegenen, strukturschwachen und ländlichen Regionen der Türkei. Zugewanderte mit türkischen Wurzeln haben trotz oft jahrelangen Lebens in Deutschland im Durchschnitt schlechtere Deutschkenntnisse als Migranten anderer Ethnien. Dies hat bei Eltern weitreichende Folgen für die Wahl der Schulart für ihre Kinder, die Kommunikation mit der Schule und den Lehrer/-innen, die Möglichkeiten der Unterstützung beim Lernstoff, den Schulerfolg ihrer Kinder sowie mittelfristig die Chancen einer Teilhabe im Ausbildungs- und Arbeitsmarkt. Nach wie vor verfügt ein Teil der türkischstämmigen Schülerinnen und Schüler, deren Eltern eine geringe Bildung haben und zugewandert sind, nicht über die für einen Schulerfolg notwendigen Deutschkenntnisse und Assistenzen der Eltern. „Obwohl fast drei Viertel dieser Jugendlichen in Deutschland geboren oder aufgewachsen sind, verwendet weniger als ein Drittel im Alltag vorwiegend die deutsche Sprache und fast 20 Prozent geben sogar an, überwiegend türkisch oder kurdisch zu sprechen."[69]

Zahlen des Statistischen Bundesamts zeigen zwar, dass junge Erwachsene und Jugendliche mit türkischen Wurzeln im Vergleich zu anderen Ethnien deutliche Nachteile in der Bildungsbeteiligung und im Bildungserfolg haben. Mit Blick auf die zukünftige Entwicklung führt die hier vorgenommene Untersuchung aber zugleich zu dem Befund, dass heute türkischstämmige Eltern (besonders jene in den gehobenen modernen Milieus und auch in der Mitte der Gesellschaft) die Schulbildung ihrer Kinder als sehr wichtig bewerten: Sie begreifen eine **gute Bildung als Schlüssel für ein besseres Leben** und eine gelingende soziale und berufliche Integration ihrer Kinder. Hervorstechend ist der Befund: Die Hauptschule hat bei einem erheblichen Teil der Eltern – ähnlich wie bei autochthonen deutschen Eltern – das Image einer „Restschule" mit geringen beruflichen Perspektiven und mit dem Risiko der sozialen Ausgrenzung.

In den sozialwissenschaftlichen Interviews kommunizierten Eltern mit türkischem Migrationshintergrund eine hohe Bildungsmotivation. Und dennoch besuchen ihre Kinder häufiger Hauptschulen als Kinder anderer Ethnien und haben türkischstämmige junge Erwachsene häufiger als alle anderen Migrantengruppen keinen

[69] Gesemann 2006, S. 16.

Schulabschluss. Die Befragungsergebnisse zeigen, dass es einen bildungsbeflissenen Teil von Eltern gibt, die (sehr) viel Zeit, Geld und Motivationsarbeit in die Bildung ihrer Kinder investieren. Dies sind vor allem Eltern aus gehobenen modernen Milieus, aber vereinzelt auch Eltern aus dem traditionellen Gastarbeitermilieu, wenn sie bemerken, dass ihr Kind ausreichend begabt und motiviert ist, das Gymnasium zu besuchen. Sie unterstützen ihr Kind dann mit den ihnen verfügbaren (und meist eng begrenzten) materiellen und fachlichen Ressourcen und sind stolz, dass es ihr Kind „geschafft hat" (traditionelle Aufstiegsorientierung, das Kind in symbolischer Stellvertretung für die Familie). Für einen quantitativ relevanten Teil der Eltern aber stellt die Schulbildung in Deutschland weiterhin keinen substanziellen und strategischen Wert dar, sondern hat primär die Funktion des notwendigen Übergangs in die spätere Berufstätigkeit im vorgesehenen Berufsspektrum. Insofern gibt es innerhalb der türkischen Ethnie eine wachsende Kluft zwischen bildungssensiblen und -engagierten Eltern und jenen, für die das deutsche Schulsystem „fremd" und mit schwer zu überwindenden sprachlichen und kulturellen Hürden verbunden ist. Für sie ist die Hauptschule die voreingestellte Wahl und das Normalitätsmodell.[70]

Die Untersuchung zeigt auch, dass es weit weniger an Wissen über das deutsche Schulsystem mangelt, als vorher als Hypothese vermutet wurde. Allerdings nutzen Eltern mit traditionell-religiöser Verwurzelung, Eltern in Milieus am unteren Rand der Gesellschaft und auch einige Eltern in Milieus in der Mitte der Gesellschaft andere Kanäle und Wege, um sich über das Schulsystem zu informieren. Der Austausch erfolgt primär innerhalb der türkischen Community, auch türkische Medien und islamische Gemeinden vor Ort haben eine Selektions- und Verteilungsfunktion für Informationen und Entscheidungen – weniger jedoch Informationen der Schulen selbst.[71]

70 Die Stichprobe für die vorliegende Studie umfasste sowohl Familien aus prekären Milieus, in denen es an Sprachkenntnissen und finanziellen Möglichkeiten stark mangelt, als auch Familien, die in finanzieller Hinsicht und in Bezug auf die Bildung gut situiert sind. Zu bedenken ist, dass Eltern, die sich bereit erklärten, an einer Studie zu Bildung teilzunehmen, ein gewisses Interesse am schulischen Werdegang der Kinder und ein Verantwortungsgefühl für den Bildungs- und Lebensweg der Kinder mitbringen. In den meisten Fällen wollten die Eltern ihre Kinder bei den Gesprächen dabei haben oder machten dies gar zur Bedingung für die Teilnahme. Die Kinder wurden dann als Dolmetscher – zur Sicherheit im Fall komplizierter Themen – eingesetzt. Für viele Eltern ist es auch einfach selbstverständlich, dass ihr Kind, über das gesprochen wird, anwesend ist.

71 Wir wissen aus den Interviews nicht, ob einzelne Schulen (bereits) Informationsmaterial zu ihrer Schule und Schulform auf Türkisch anbieten. Dies wäre für Eltern mit türkischem Migrationshintergrund jedoch ein ideales Medium.

Unterschiedliche Migrationsgeschichten und Integrationserfahrungen

Die Stichprobe der Eltern mit türkischem Migrationshintergrund in dieser Studie ist sehr heterogen: Ein größerer Teil der Eltern kam **in der Kindheit** nach Deutschland. Nicht selten musste die Herkunftsfamilie im Zuge der Einwanderung eine vorübergehende Trennung auf sich nehmen: Zuerst kam der Vater nach Deutschland (manchmal mit den ältesten Kindern), während die Mutter (mit den kleineren Kindern) noch in der Türkei blieb und manchmal erst Jahre später nachzog. In einigen Fällen wurden die heutigen Eltern als Kinder zunächst bei Verwandten in der Türkei untergebracht, während ihre Eltern bereits in Deutschland arbeiteten.

Ein weiterer Teil der in dieser Untersuchung Befragten ist als **Jugendliche/-r im Zuge des Anwerbeabkommens mit der Türkei** nach Deutschland immigriert. Bei ihnen handelt es sich um „späte" Eltern, die eine typische „Gastarbeiter"-Geschichte erlebt haben und neben erwachsenen Kindern auch noch jüngere schulpflichtige Kinder haben. Ein dritter, allerdings sehr kleiner Teil der befragten Eltern schließlich **wurde bereits in Deutschland geboren** und ist hier aufgewachsen und zur Schule gegangen.

Die selbst zugewanderten Eltern erzählen von einem schwierigen Start in Deutschland, der von großen emotionalen und praktischen Schwierigkeiten geprägt war. Das Lebensgefühl der Entwurzelung in einer schwierigen Orientierungsphase ist noch immer präsent und oft dominant. Auch hat sich der Wunsch auf ein besseres Leben in Deutschland für eine Mehrheit nicht erfüllt; diese Hoffnung wird dann auf die Kinder übertragen. Die Eltern haben den Wunsch nach Heimat und sozialer Anerkennung und wünschen sich, wieder in ihrem gelernten Beruf zu arbeiten. Die Untersuchung zeigt, dass vor allem die selbst zugewanderten Arbeitsmigranten auch nach langen Jahren in Deutschland noch vielfach große Sprachdefizite haben. Ursachen hierfür lassen sich in der deutschen „Gastarbeiter"-Geschichte ausmachen.[72] Vor allem die Ehefrauen (oder Ehemänner), die im Zuge des Familiennachzuggesetzes oder aufgrund einer Heirat in die Bundesrepublik einreisten, sprechen und verstehen oft auch nach Jahren des Lebens in Deutschland kaum Deutsch oder sind im Einzelfall sogar Analphabeten. Das begrenzt die Möglichkeiten einer

72 Ein Aspekt dabei ist die Bildung der nach Deutschland eingewanderten türkischen Migranten: Diese kamen meist für (anfangs begrenzte Zeiträume) körperliche Arbeiten nach Deutschland; die Bildung war sekundär. Oftmals verfügten die Gastarbeiter der ersten Generation daher über keinen oder über einen niedrigen (anerkannten) Bildungsabschluss.

strategischen und inhaltlichen Begleitung und Förderung ihrer Kinder in deren Schullaufbahn.

„Als sie mit ihren Eltern kam aus Türkei, war nicht so gut. Wie sie erwartet hat, hier in Deutschland hat sie nicht gefunden."

„Ich habe nicht gut geschafft Deutschland. Aber meine Kinder, ich hoffe."

Die Mehrheit der Mütter und Väter mit türkischen Wurzeln fühlt sich trotz vieler Probleme in Deutschland zu Hause und hat kein Bestreben, in die Türkei zurückzukehren. Nur ein kleiner Teil äußert den Wunsch, (später) wieder in der alten Heimat zu leben. In diesen Fällen wird der Rückkehrwunsch oft jahrelang aufrechterhalten und innerfamiliär kommuniziert, aber nicht umgesetzt. Daraus ergeben sich für die Kinder vielfältige Orientierungsprobleme und Zugehörigkeitsschwierigkeiten: Von den Eltern wird vermittelt, sie müssten in der Schule erfolgreich sein, um später auf dem deutschen Arbeitsmarkt gute Chancen zu haben. Zugleich fehlt den Jugendlichen jedoch eine langfristige Perspektive, dies auch einlösen und tatsächlich hierbleiben zu können. Andere Eltern verabschieden sich von ihrem Rückkehrwunsch bewusst zugunsten der **Zukunftsperspektiven ihrer Kinder**, weil sie davon ausgehen, dass ihre Kinder in Deutschland bessere Bildungs- und Berufsperspektiven haben als in der Türkei.[73] Wenn Eltern die deutsche Staatsbürgerschaft annehmen, dann meist in der Hoffnung, dass dies ihren Kindern bessere Chancen für die Integration in die Gesellschaft und den Arbeitsmarkt eröffnet.[74]

„Ich dachte, wenn ich jetzt hier bleibe, schaffe ich das, was ich schaffen möchte und auch für die Kinder, dass sich das entwickelt, was ich mir für die Zukunft wünsche."

„Ausländer, Asylant, Migrant, für mich ist das alles Müll. Ich bin ein individueller Berliner […] Ich habe die deutsche Staatsbürgerschaft nicht – aber ich trage den deutschen Pass in meinem Herzen!"

„Also ich bin ursprünglich aus der Türkei, aber Deutschland ist mein Land, ich bin hier geboren und hier aufgewachsen und ich denke einfach, mein Land ist Deutschland und meine Kinder fühlen sich noch mehr eingedeutscht als ich."

73 Dies scheint sich gerade jedoch durch die Entwicklungen der letzten Jahre in der Türkei zu verändern.

74 Die Zahl der Einbürgerungen ist in den letzten Jahren gestiegen; dennoch besitzen mehr als zwei Drittel der türkischen Migranten ausschließlich die türkische Staatsbürgerschaft (Berlin-Institut 2009, S. 19).

Lebenssituationen der türkischstämmigen Eltern

Eine deutliche Mehrheit der Eltern in dieser Stichprobe arbeitet in einfachen, oft körperlich schweren Berufen (als Maurer, Lagerhelfer, Verkäuferin o. Ä.); der finanzielle Rahmen ist dann meist eng. Eltern, die erst als Erwachsene nach Deutschland immigriert sind, arbeiten überdies in der Regel in weitaus niedriger qualifizierten Berufen, die ihrer Ausbildung in der Türkei nicht entsprechen. Das liegt zum einen daran, dass Bildungsabschlüsse im Aufnahmeland nicht anerkannt werden, zum anderen aber auch an den Sprachdefiziten des / der Einzelnen. So ist zum Beispiel ein Familienvater, der in der Türkei als Biologielehrer gearbeitet hat, in Deutschland von dauerhafter Arbeitslosigkeit betroffen, gelegentlich fährt er Taxi oder arbeitet als Hilfsarbeiter. Andere Väter und Mütter arbeiten in der Produktion, im Einzelhandel oder in der Reinigungsbranche und sind oft überqualifiziert für die Tätigkeiten, die sie ausüben. Nicht selten haben der Vater und / oder die Mutter mehrere (Teilzeit-)Jobs, um ihre Familien zu ernähren. Viele der im Erwachsenenalter zugezogenen türkischen Eltern sind daher mit ihrer beruflichen Situation (dauerhaft) unzufrieden.

Eine Minderheit der Eltern, vor allem jene, die bereits in Deutschland geboren sind und hier aufwuchsen, verfügt über hohe Bildungsabschlüsse (Abitur und Studium) und ist in einem akademischen Beruf tätig. Die Mehrheit jedoch hat einen niedrigen Schulabschluss und eine einfache Ausbildung. Eltern und die damaligen Lehrer / -innen haben diesen Müttern und Vätern die Hauptschule als Weg vorgegeben und aus Respekt und tiefer Verbundenheit mit ihren Eltern haben sie die Richtigkeit dieses Wegs (zunächst) nicht angezweifelt.

„Ich habe Verkäuferin gelernt in der Türkei. Jetzt ich arbeiten als Putzfrau. Ich habe nichts bekommen in meinem Beruf, keine Chance. Mein Mann auch nicht."

„Arbeitstag ist stressig. Und bei mir ist es so, ich arbeite zwei Arbeitsplätze."

Vor allem in Großstädten leben die Familien mit türkischen Wurzeln in dieser Stichprobe mehrheitlich in Stadtteilen mit hohem Migrantenanteil gleicher Ethnie (sogenannte „Problembezirke"). Ein Teil der Eltern sieht darin große Probleme für die optimale Entwicklung ihrer Kinder und befürchtet den Kontakt mit Gewalt, Drogen und Alkohol. Auf der einen Seite finden Eltern im ethnisch dichten Umfeld sowie durch türkische Vereine, Gemeinden und (Koran-)Schulen soziale und kulturelle Sicherheit. Auf der anderen Seite beklagen sie die soziale Segregation, Abschottung und Ausgrenzung von der deutschen Mehrheitsgesellschaft. In kleineren

Städten ist die ethnische „Wohndurchmischung" der Stadtteile deutlich größer, aber auch dort leben türkischstämmige Familien häufig in Nachbarschaft zu anderen Familien gleicher Herkunft, pflegen einen intensiven Austausch untereinander und erleben, dass Begegnungen mit ihren deutschen Nachbarn eher die Ausnahme sind. Durch die starke soziale Einbettung in das Netzwerk anderer türkischstämmiger Migranten ergibt sich auch kaum die Notwendigkeit, Deutsch (besser) zu lernen. So sind die deutschen Sprachkenntnisse mancher Eltern mit türkischem Migrationshintergrund auch nach mehreren Jahren in Deutschland sehr heterogen und teilweise rudimentär.

In allen Schichten und Milieus berichten Eltern mit türkischen Wurzeln über institutionalisierte Diskriminierung in Deutschland. In der Mitte sowie in gehobenen modernen Milieus sehen sich türkischstämmige Eltern aber zugleich in einer Anerkennungspflicht, betonen die gelungene Integration der eigenen Familie und distanzieren sich demonstrativ von rigiden, traditionalistischen Einstellungen und Alltagskulturen anderer Migranten aus islamisch geprägten Ländern.

„Na ja, wenn ich jetzt Nachrichten höre vom Innenminister, der Islam gehört nicht hier in Deutschland. Das trifft mich."

„Wir werden viel mehr kontrolliert zum Beispiel, wie ein Deutscher. Das ist jetzt auch schon ein paar Jahre her, wo bin ich – haben mein ganzes Auto durchsucht. Das hat schon negative Gedanken gemacht. Oder am Flughafen: extrem. Ich hatte mal meine Tasche vergessen und wurde als Terrorist fast – Anzeige bekommen. Das waren keine fünf Minuten, wo ich meine Tasche vergessen, alleine stehen gelassen habe. Wenn ein Deutscher das gemacht hätte, wäre nicht so streng glaube ich."

„Ich lese wirklich jeden Tag vor dem Computer oder auch in der Arbeit Zeitung. Und manchmal Bildzeitung, wenn da Türke oder Migrant irgendwas macht, wird großgeschrieben. Aber wenn ein Deutscher das Gleiche macht, irgendwo in der Zeitung in der Ecke findet."

„Wir sind richtig integriert!"

„Wir sind Aleviten – moderne Muslime. Wer ist Rassist und lernt mich kennen, der tauscht seine Meinung um."

Bildung als Schlüssel zu einem besseren Leben

Es wurde bereits darauf hingewiesen, dass die Hauptschule nur noch für einen kleineren Teil der türkischstämmigen Eltern die Normalperspektive ist. Diesen Eltern sind die Folgen niedriger Schulbildung und die strukturellen Veränderungen im Ausbildungs- und Arbeitsmarkt nicht oder nur diffus bewusst. Ein größerer Teil der Eltern aber hat das Bestreben, dass die eigenen Kinder mindestens die Realschule besuchen. Sie verbinden damit die große **Hoffnung auf einen sozialen Aufstieg ihrer Kinder**: Wenigstens sie sollen es später einmal gut haben! Über die geringeren Chancen junger Leute mit Hauptschulabschluss auf dem Arbeitsmarkt und die Stigmatisierung auch autochthoner deutscher Hauptschüler seitens der Mehrheitsgesellschaft sind sich die meisten Eltern mit türkischen Wurzeln in den modernen Migrantenmilieus der Mittel- und Oberschicht sehr bewusst. Hierin unterscheiden sich religiöse und säkulare Familien nur marginal voneinander. Wichtiger und entscheidend für den Schulerfolg des Kindes ist der Bildungshintergrund der Eltern.

„Wir haben auch viel mit ihm geredet, dass die Hauptschule nicht wie bei mir ist, wie früher. Bei uns ging es ja noch mit Hauptschulabschluss hat man schon noch Beruf gefunden. Aber jetzt, mit Hauptschulabschluss ist sehr schwer."

„Natürlich ich denke, was passiert, wenn er Hauptschulabschluss hat oder vielleicht nicht mal das. Was macht? Wie kommt er aus? [...] Und deswegen – wenn er eine gute Schulausbildung hat, dann andere Kreise natürlich."

„Ja, wir wissen: Auf Gymnasium da gehen natürlich die sehr guten Schüler hin, mit gutem Notendurchschnitt, aber nicht alle natürlich. Da kann man später im Beruf viel mehr erreichen wie in der Realschule, Hauptschule. Und Realschule ist auch nicht viel besser wie Hauptschule, und Hauptschule [...] halt mittelmäßig. Was man haben muss am Ende. Das weiß ich von mir selber."

Vor allem Eltern, die in niedrig qualifizierten Berufsfeldern schwere körperliche Arbeit verrichten, wollen, dass ihre Kinder einen guten Abschluss machen, um später „mit dem Kopf statt mit dem Körper" arbeiten zu können und so ein besseres (= gesünderes, längeres und vor allem einfacheres) Leben zu führen. Dabei ist weniger wichtig, ob der Beruf erfüllend oder Sinn gebend ist. Im Vordergrund steht der Wunsch nach einem gut bezahlten, gesellschaftlich anerkannten und körperlich nicht so anstrengenden Beruf für die Kinder. Die Berufsentscheidung bzw. der Berufswunsch der Eltern für ihre Kinder orientiert sich daher wenig am Wert „Selbstverwirklichung" und wird in erster Linie pragmatisch angegangen.

Der Wunsch der Eltern ist groß, ihren Kindern zu vermitteln, wie wichtig Bildung und Spracherwerb sind. Gleichzeitig leben jedoch Eltern einiger Milieus (vom traditionellen Segment bis hin zu Milieus in der unteren Mittelschicht) genau dies ihren Kindern im Alltag nicht vor. Sie konfrontieren sie zwar verbal mit der eigenen sozial und finanziell benachteiligten Situation, um sie zu (mehr) schulischer Leistung zu motivieren. Daraus *kann* sich für die Jugendlichen eine hohe Bildungsmotivation ergeben, aber ebenso ein Bildungs*druck*, auf den die Jugendlichen dann mit Überforderung und Abwehr reagieren. So wollen die Eltern ihren Kindern eine *Aufstiegsperspektive* vermitteln, doch diese ist – für ihre Kinder ambivalent und paradox – zugleich eine **Ausstiegsperspektive aus der Herkunftskultur.** Für einige der Schüler / -innen ist das hoch attraktiv und führt zu großem Bildungseifer. Andere sehen vor allem das Risiko der Entfremdung von der Herkunftskultur und Herkunftsfamilie und kämpfen mit dem Identitätsspagat oder nehmen dies als Anlass und Alibilegitimation, sich in der Schule nicht zu engagieren. Nicht zuletzt stellt es aber auch eine Entwertung der momentanen Familienperspektive dar, indem es die Erwerbsarbeit der Eltern als minderwertig und die Familiensituation als prekär festlegt und damit für Verunsicherungen bei den heranwachsenden Kindern sorgt.

„Entweder du musst lernen, mit 1000 Euro leben, oder du lernst, um mehr Geld zu verdienen."

„Wir haben keinen guten Beruf in Deutschland, mein Mann auch, er arbeitet schwere Arbeit und er will auch für die Kinder bessere."

„Natürlich will ich, dass meine Kinder viel mehr erreichen wie ich."

Die besser situierten (und meist selbst höher gebildeten) türkischstämmigen Eltern wünschen sich für ihre Kinder ausnahmslos eine (sehr) gute Bildung als Fundament für deren späteres Leben und als Voraussetzung für sozialen **Aufstieg und Chancen in der globalisierten Dienstleistungswelt**. Diese ambitionierten Eltern erhoffen sich für ihre Kinder einen erfolgreichen schulischen und beruflichen Werdegang, der das von ihnen erreichte Niveau möglichst erhalten oder sogar steigern soll.

„Dass die Kinder auf jeden Fall ein Studium abschließen, das ist für mich sehr wichtig. Ob die später diesen Beruf ausüben, das ist was ganz anderes. Die können von mir aus was ganz anderes machen, aber ein Studium abzuschließen, ein Allgemeinwissen zu haben, das ist sehr wichtig."

„Wenn die hier was Gutes oder Besseres erreichen möchten, dann müssen die auf eine gute Schule gehen, und das wussten die Kinder schon im Kindergartenalter."

„Damit du dein eigenes Auto hast, dein eigenes Haus hast, damit du ein gutes Leben hast so wie wir, damit du alles dir leisten kannst, musst du auf eine gute Schule gehen."

Selbstverständnis der Eltern: ein stabiles familiäres Umfeld schaffen

Der Mehrheit der Eltern mit türkischem Migrationshintergrund ist bewusst, dass das Schulsystem in Deutschland auf Unterstützungsleistungen in der Familie ausgerichtet ist: Die soziale Norm der Unterstützung des Kindes für den Bildungserfolg ist bei ihnen angekommen. Allerdings gibt es zum Teil große Probleme bei der Frage, wie eine solche Unterstützung aussehen kann. Der Wunsch ist also groß, am Schulalltag der eigenen Kinder teilzuhaben. Gleichzeitig sind die Rahmenbedingungen und Ressourcen innerhalb der heterogenen Gruppe der Eltern für eine Unterstützung sehr verschieden. Vor allem **Eltern, die selbst in Deutschland zur Schule gegangen sind**, haben an sich den Anspruch, es bei ihren Kindern „besser zu machen" als ihre eigenen Eltern, die sie bei der Bewältigung von Schule nicht unterstützen *konnten*, da sie über zu wenig Bildung und Sprachkenntnisse verfügten. Aus eigener Erfahrung kennen sie sich mit dem Schulsystem und den Ansprüchen der Lehrer/-innen an die Schüler gut aus. Nur wenn das eigene Kind eine höhere Schulart besucht, als sie selbst es getan haben (was in der Regel der Wunsch der Eltern ist), können die Eltern nicht so aktiv bei der Bewältigung etwa von Lernstoff oder Hausaufgaben helfen, wie sie das gerne möchten.

Die **Eltern, die in der Türkei zur Schule gegangen sind**, haben dagegen vielfach große Schwierigkeiten, ihren Kindern etwas zu erklären und ihnen beim Lernen oder bei den Hausaufgaben zu helfen. Gründe dafür sind die teilweise eigene geringe bis mittlere Schulbildung, vor allem aber die Anforderungen im deutschen Schulsystem, die völlig andere sind als im Herkunftsland. Darüber hinaus stellen fehlende Sprachkenntnisse ein großes Hindernis dar. Vor allem wenn ihre Kinder eine Realschule oder das Gymnasium besuchen, sind diese Eltern fast gar nicht in der Lage, ihnen aktiv zu helfen. Dann verlegen sie den Schwerpunkt ihrer Unterstützung für den Schulerfolg darauf, dem Kind zu versichern, dass sie hinter ihm stehen, und es zu (mehr) Fleiß und Anstrengung und zum Anfertigen der Hausaufgaben zu motivieren. Die dabei eingesetzten rhetorischen Instrumente reichen von negativ formulierten Angstszenarien bis hin zu positiv dargestellten, attraktiven Zielvorstellungen und der Zusicherung der elterlichen Unterstützung: „Ich muss hinter dem Kind stehen, weil wer tut es dann, wenn nicht die Mama?"

Ein aktives Eingreifen der Eltern findet in der Regel erst bei massiven Schulproblemen statt, mit denen sich die Eltern in traditionellen Milieus, in der modernen Unterschicht sowie in Teilen der Mitte schnell überfordert fühlen. Daher versuchen sie die Probleme im direkten familiären oder innerethnischen Umfeld zu lösen: durch Geschwister, Tanten und andere Familienmitglieder, die sich mit den jeweiligen Themen besser auskennen oder in der deutschen Sprache sicherer sind. Auch ältere Geschwister sind selbstverständlich in der Pflicht, ihre jüngeren Geschwister bei den Schulaufgaben zu unterstützen. Darüber hinaus sucht man Unterstützung bei Kulturvereinen, islamischen Gemeinden und Beratungsstellen, die sich explizit an türkische Einwanderer richten. Dabei zeigt sich: Es gibt die Bereitschaft und Praxis, familienfremde, externe Hilfe hinzuzuziehen, wenn schulische Probleme nicht innerfamiliär lösbar sind.

„Mein Vater konnte schon ein bisschen Deutsch, auch ein bisschen Schreiben und Lesen [...] Und dann Elternabend, war nie jemand da. Vielleicht meine älteren Geschwister ab und zu mal. Aber bei ihm zum Beispiel – ich bin bei jedem mit mehreren dabei."

„Ich habe ihn sehr unterstützt, weil ich die Erfahrung hatte, wie schwierig das ist."

„Familie kann helfen. Aber Kind muss auch selber an Zukunft denken."

„Ich erzähle ihm oft, wenn du es nicht schaffst, musst du mit Papa arbeiten, er will nicht, aber er will mit dem Computer und er will gute Schuhe anziehen."

„Ich werde davon auch sehr müde, wenn ich immer sage: ‚Üben, üben, ihr müsst üben!'"

„Mustafa hilft seinem Bruder, immer, er erzählt oft: ‚Du musst schaffen, du kannst.'"

„Ihre Schwester macht kontrollieren, weil sie besser kann."

„Wenn er Probleme in der Schule hat, das beeinflusst mich schon. Dann muss ich immer an die Schule denken, an seine Noten, was er später macht, ob dann alles gut läuft. Geht es gut, muss ich nicht so viel denken."

„Ich frage Freund. Er ist Lehrer für Englisch. Er kann helfen bei Hausaufgaben in Englisch."

Gestritten, so versichern viele Familien, wird aber über das Thema Schule kaum oder gar nicht. Hierbei scheint es sich um eine soziale Norm zu handeln: Die Eltern werden als Respekts- und Autoritätspersonen wahrgenommen, mit ihnen zu streiten „gehört sich nicht".

Die Eltern von schulisch erfolgreichen Kindern betonen häufig die große **Selbstständigkeit** ihrer Kinder: Die Kinder würden ihre Hausaufgaben ohne Aufforderung machen, fielen in der Schule positiv auf und hätten keine Probleme im Unterricht oder mit Mitschülern. Die Eltern berichten, dass sie ihre Kinder nicht zu dieser Selbstständigkeit in Schulangelegenheiten drängen, sondern dass ihr Kind sie aus freien Stücken heraus nicht mit Schule behelligt. Möglicherweise, so die Erklärung der Eltern, würden sie aufgrund der Schwierigkeiten, mit denen die Eltern in Deutschland konfrontiert seien, versuchen, die Eltern zu entlasten.

„Streit gibt es bei uns nicht – Stress ja."

„Da habe ich gedacht, er will auf eigenen Beinen stehen und das ist auch was Tolles."

Es fällt auf, dass Eltern mit türkischem Migrationshintergrund im sozialwissenschaftlichen Interview sehr stark ihr eigenes Engagement für und ihre Präsenz in der Schule ihres Kindes betonen: Teilnahme an Elternabenden, an Schulfesten, das Kuchenbacken für Feste und Projekttage. Nahezu alle Familien geben an, dass mindestens ein Familienmitglied intensiv in die Schule des Kindes eingebunden ist und regelmäßig und konsequent an Elternabenden sowie Elternsprechtagen teilnimmt. Die meisten Eltern betonen dies derart vehement, dass der Eindruck entsteht, sie wollten einen Generalverdacht entkräften, dem sie sich ausgesetzt fühlen (nämlich dem, dass sich türkischstämmige Eltern nicht für die Schule interessieren und ihr fernbleiben). Diese Äußerungen stehen im deutlichen Widerspruch zur Wahrnehmung von Lehrer/-innen, die über die schlechte Erreichbarkeit vor allem türkischstämmiger Eltern für die Schule klagen – und es ist offen, ob dafür Effekte sozial erwünschten Antwortverhaltens seitens der türkischstämmigen Eltern verantwortlich sind oder selektive Wahrnehmungen bei Lehrern.

„Dass allen Eltern die Kinder am Herzen liegen, so natürlich auch den türkischen Eltern. Und sie interessieren sich und fragen bei anderen nach, wenn auch nicht bei den Lehrern, weil die da natürlich schon eine Distanz spüren. Eher bei den Landsleuten, die derselben Lage sind."

„Bei Veranstaltungen kann man helfen. Also wenn wir Zeit haben, mache ich schon mit. Ansonsten zu Hause Hausaufgaben machen, lernen, helfen. Aber wenn Eltern arbeiten, ist das auch nicht so leicht."

„Wenn es zum Beispiel um Sommerfeste geht oder Weihnachtsfeier oder Geburtstage von den Lehrern, dann schreibe ich immer die Eltern an, per Rundbrief, und sammle das Geld, dann hole ich das, die Geschenke, schicke die Karten und ich mache das aber auch sehr gerne."

„Irgendeine Mutter muss sich immer dafür bereit – oder Vater – da bereit für stellen, mit den Lehrern zusammenzuarbeiten und die Lehrer zu unterstützen."

„Ich nehme an jedem Elterngespräch teil. Elternabend und alle so – bin ich da."

„Meine Frau auch gehen Schule. Ich gehe Schule. Wir gehen zweimal die Woche Deutsch gelernt."

Gleiche Bildungsambitionen für Söhne und Töchter

Bis auf sehr wenige Ausnahmen (aus dem Milieu „Religiös- und Herkunftsverwurzelte“ und im „konservativ-patriarchalischen Milieu“) sind Eltern mit türkischen Wurzeln der Meinung, dass **Jungen und Mädchen die gleichen Ausbildungschancen erhalten sollten** und in Deutschland auch erhalten. Die Begründungen dafür sind jedoch unterschiedlich: 1. Mädchen und Jungen sind gleich und sollen auch die gleichen Voraussetzungen und Chancen bekommen. 2. Gerade Mädchen müssen sich bilden, weil sie nicht körperlich arbeiten können und es daher umso wichtiger ist, dass sie einen Beruf erlernen, der „mit dem Kopf“ erfüllt werden kann. Alle Eltern sind der Meinung, dass es schlichtweg eine falsche Einstellung sei, den Schulabschluss für Mädchen für weniger wichtig zu halten, da sie ja sowieso heiraten würden. Dies wäre wohl noch vor zehn Jahren eine weitverbreitete Auffassung gewesen, aber heute distanzieren sich Eltern mit türkischem Migrationshintergrund in Milieus der Mitte und in gehobenen Leitmilieus davon ausdrücklich.

Durch die Migration nach Deutschland haben sich in türkischstämmigen Familien auch traditionelle Rollenmuster verschoben oder aufgelöst. In der Türkei sind die innerfamiliären Pflichten oftmals traditionell verteilt, wobei sich die Frauen in erster Linie um die Familie kümmern. Dagegen müssen in Deutschland häufig beide Elternteile arbeiten, um den Lebensunterhalt der Familie zu sichern, oder die Frauen die Rolle der Familienernährerin übernehmen. Es ist primär Aufgabe der Mütter, Familie und Beruf zu vereinbaren. Viele Eltern haben die Auffassung übernommen, dass die Kinder, sofern sie ihre Zukunft in Deutschland sehen, unbedingt eine gute Bildung benötigen, um erwerbstätig zu sein und die eigene Existenz und die der Familie sichern zu können. Das gilt für diese Eltern sowohl für ihre Söhne als auch für ihre Töchter.

„Es würde bei mir nichts ändern ob Mädchen oder Jungen – das sind dieselben Geschöpfe!“

„Besonders für Frauen ist wichtig, dass sie mit dem Kopf arbeiten. Jungen können auch mit den Muskeln arbeiten. Auch ist es Problem, wenn die Mädchen heiraten, keinen guten Beruf haben und dann abhängig sind von Ehemann.“

„Bei uns in der Türkei war natürlich anders. War andere Kultur. Da war für Mädchen nicht so wichtig Schulausbildung. Weil man hat gemeint, die heiraten, sind zu Hause und kümmern sich um Kinder. Aber bei uns ist das nicht so. Um Mädchen auch Erfolg zu haben, braucht auch einen guten Bildung und Schulabschluss.“

Innerethnisches Informationsverhalten ist wichtiger als Infos der Schule

Wenn die Eltern einen Teil ihrer eigenen Schulzeit im deutschen Schulsystem durchlaufen haben und / oder eine (sehr) hohe Bildung mitbringen (Abitur, Studium), sind die Sprachfähigkeiten (sehr) gut ausgeprägt und es ist ein umfassendes Wissen über das deutsche Schulsystem vorhanden. Diese Eltern (vor allem in den gehobenen Leitmilieus) erleben das Schulsystem gleich wie autochthone deutsche Eltern. Die Untersuchung zeigt, dass in Deutschland geborene türkischstämmige Eltern tendenziell in höheren Schichten und moderneren Milieus anders gelagert sind als jene, die als Jugendliche oder Erwachsene nach Deutschland einwanderten.

Das Informationsverhalten türkischer Eltern basiert bei der Mehrheit oft ausschließlich auf einem **Austausch innerhalb der eigenen Ethnie**: Wenn man etwas über das Bildungssystem, Schulformen, Unterstützungsmöglichkeiten und eine konkrete Schule sowie deren Schwerpunkte erfahren möchte, hört man sich im Freundes- und Bekanntenkreis um. Auch überregionale türkische Medien, Kulturvereine und islamische Gemeinden sind relevante und vertrauenswürdige Informationsquellen, mit denen es keine Verständigungsprobleme gibt und welche die Anliegen, Sorgen und Fragen der Eltern mit türkischen Wurzeln kennen und gezielt auf sie eingehen.[75]

„Viele beklagen sich, die Lehrer in der Schule, dass die Eltern nicht kommen. Aber sie holen sich die Informationen aus den türkischen Medien und vor allem von den Bekannten. Fast alle haben Kinder und man fragt: ‚Wo ist dein Kind und was macht es, wo ist es besonders schwer, wie hast du es geschafft?'“

„Sehr wichtig. Damit wir die Information haben, was er zu Hause macht und was er in der Schule macht. Dass alle beiden Seiten wissen. Ich muss wissen, was er in der Schule macht und sich benimmt, und der Lehrer muss das Gleiche auch von mir wissen.“

„Gerade mich interessieren die Schule, Bildung. Ansonsten, wer nicht will, sag ich mal, wenn ich mich um überhaupt nichts kümmere, werde ich natürlich schlecht informiert. Die Information muss man sich auch holen.“

75 Seitens der Schulen wäre daher über den Einsatz von Multiplikatoren nachzudenken. Diese sollten fließend türkisch und deutsch sprechen (ggf. in Deutsch trainiert werden), selbst einen Migrationshintergrund haben und aus derselben sozialen Schicht stammen, weil sie als Mitglieder derselben Community Vertrauen genießen und Gespräche auf Augenhöhe führen können.

„Ja. Über die islamische Gemeinde natürlich. Eine Sozialpädagogin. Die redet uns immer an. Das gibt es, das gibt es."

Skepsis gegenüber Grundschulempfehlungen

In Bundesländern, in denen dies möglich ist, übergehen Familien mit türkischen Wurzeln die Empfehlungen der Grundschulen für die Schulwahl gelegentlich nach eigenem Ermessen und setzen sich dafür ein, dass ihr Kind auf eine höhere Schule gehen kann. Sie akzeptieren die Entscheidung der Lehrer vor allem dann nicht, wenn für ihr Kind die Haupt- oder Realschule empfohlen wurde, obwohl sie selber seine Fähigkeiten höher einschätzen. Diese Eltern sind der Meinung, dass Lehrer/-innen die **Leistung** ihres Kindes allein **aufgrund der türkischen Herkunft systematisch schlechter** einstufen als die eines autochthon deutschen Kindes mit gleicher Begabung und Leistung. Ein Teil der türkischen Eltern entscheidet sich dann, ihr Kind nicht auf die empfohlene, sondern auf die *nächsthöhere Schule* zu geben. Sie sind in der Regel auch im Rückblick mit ihrer Entscheidung zufrieden, weil sie feststellen, dass ihr Kind gut zurechtkommt. Für die Eltern ist dies ein Indikator dafür, dass Kinder mit türkischem Migrationshintergrund von den Lehrern häufig unterschätzt und – bewusst oder unbewusst – benachteiligt werden. Lehrer/-innen unterstellten, so die Vermutung, bei türkischen Kindern aufgrund ihrer Herkunft systematische Mängel und schätzten daher die Chancen geringer ein, dass diese das Gymnasium schaffen können. Bei der Grundschulempfehlung seien die ethnische Herkunft und die daraus kausal abgeleiteten Ressourcenausstattungen und Motivationen der Eltern entscheidender als die Leistung und das Potenzial des einzelnen Kindes.

„Vielleicht ist das das, dass ich mir einfach nicht sagen lasse von den anderen: Dein Kind ist für das geeignet oder für das ungeeignet oder für dieses. Mein Kind wird schon ihren Weg gehen, auch wenn sie nicht studiert, ich, ich lass das alles offen, Hauptsache sie wächst als glücklicher, guter Mensch auf."

Es kommt umgekehrt auch vor, dass Eltern trotz einer Gymnasialempfehlung ihr Kind z. B. auf die Realschule schicken oder aber eine Gesamtschule wählen, um sich für den weiteren schulischen Weg länger alle Optionen offenzuhalten. Neben dem schulischen Erfolg spielt vor allem für die türkischstämmigen Mütter das psychische und physische Wohlergehen der Kinder eine große Rolle. Einer Empfehlung auf das

Gymnasium folgen sie vor allem dann nicht, wenn sie im gymnasialen Schulalltag eine hohe psychische Belastung ihrer Kinder durch den erhöhten Leistungsdruck oder das Wegfallen von Bezugspersonen vermuten. Eine große Rolle bei der Wahl der Schulart spielt, ob die Kinder weiterhin in ihrem sozialen Umfeld und Freundeskreis bleiben können bzw. die realistische Chance haben, dort einen neuen guten und stabilen Freundeskreis zu finden.

Nach der Entscheidung für eine bestimmte Schul*form* ist die geografische Nähe zum Wohnort das wichtigste Kriterium für die Schulwahl. Ruf und Image, Konzept und Schwerpunkt einer Schule werden nur von wenigen Eltern bei der Entscheidung mit erwogen. Lange Anfahrtswege möchten die Eltern ihren Kindern nur selten zumuten. Zudem spielt die soziale Zusammensetzung der Schülerschaft bei der Schulwahl eine Rolle. Die Eltern möchten keine Gettoisierung der Kinder und wünschen sich eine Schule, in der Kontaktmöglichkeiten zu deutschen Schülern bestehen. Außerdem möchten sie ihr Kind nicht sozial abgehängt sehen und suchen nach einer Schule, in der das Kind weder durch seinen Migrationshintergrund noch durch seine soziale Lage aus dem Rahmen fällt, sondern anerkannt und akzeptiert wird.

Kontakthemmnisse zur Schule und zu Lehrer / -innen

Der Kontakt zur Schule wird stark erschwert und auch gelegentlich emotional blockiert, wenn die Deutschkenntnisse der Eltern schlecht sind und sie sich vor dem Lehrer und auch ihrem Kind schämen, sich nicht oder nicht richtig mitteilen zu können. Zu einem Lehrergespräch muss dann ein Dolmetscher (Freunde, Verwandte oder eines der eigenen Kinder) mitgenommen werden. Einem großen Teil der Eltern fällt es daher schwer, sich um die inhaltlichen und administrativen schulischen Belange ihres Kindes adäquat zu kümmern. Die Hemmschwelle ist hoch, aktiv die Schule zu kontaktieren oder schulische Anfragen zu beantworten. Dies gilt vor allem für die selbst zugewanderten Eltern, während Eltern, die in Deutschland aufgewachsen und hier zur Schule gegangen sind, deutlich geringere Kontakthemmnisse haben und souveräner mit den inhaltlichen und organisatorischen Dingen des Schulalltags umgehen.

Bei den selbst zugewanderten Eltern kümmert sich derjenige Elternteil um die Schullaufbahn der Kinder, der die deutsche Sprache besser beherrscht – also nicht automatisch die Mutter. Oftmals sind auch ältere Geschwister und Verwandte mit ausreichenden Deutschkenntnissen als Bildungsunterstützer und Vermittler zwischen Schule und Eltern regelmäßig oder sporadisch eingebunden.

„Weil meine Frau kein Deutsch spricht, mache ich alles, was mit Schule zu tun hat.“

„Deutsch reicht nicht. Für reden mit Kinder, für helfen reicht. Für Gespräch Lehrer reicht nicht.“

Die Kontakte zu Schule und Lehrern stehen vielfach unter dem **Vorzeichen der Unsicherheit**: Eltern spüren oder vermuten eine Distanz, die sich einerseits aus ihren eigenen sprachlichen und sozialen Verständnisschwierigkeiten ergibt, zum anderen aus den vermuteten Vorurteilen der Lehrer gegenüber „Türken“. Lehrer / -innen bewegen sich in einer anderen Lebenswelt als ihre türkischstämmigen Schüler und deren Eltern. Das Verhältnis ist einerseits von negativen Vorannahmen seitens der Lehrer gegenüber „der türkischen Community“ (die es als *ein* standardisiertes Modell gar nicht mehr gibt) geprägt, andererseits von den Vorannahmen über solche Vorannahmen seitens der türkischen Eltern. Dabei werden Lehrer vor allem als Kontrollinstanz begriffen, vor der sich Eltern rechtfertigen müssen. Gespräche auf Augenhöhe zwischen Lehrern und Eltern sind die Ausnahme. Der Wunsch nach Lehrern mit eigener Zuwanderungsgeschichte ist daher bei den Eltern mit türkischen Wurzeln stark ausgeprägt.

Anspruch an Schule und Lehrer: Grenzen der Aufgaben von Schule

Viele türkischstämmige Eltern sind sich der Vielfalt der Anforderungen und Schwierigkeiten bewusst, vor der Lehrer heute in der Schule stehen. Die Bereitschaft, die Situation der Lehrerinnen und Lehrer zu verstehen, ist sehr hoch ausgeprägt. Dies hängt bei Eltern, die selbst zugewandert sind, möglicherweise damit zusammen, dass Lehrer immer noch als starke Autorität gelten. So bekunden die Eltern im sozialwissenschaftlichen Interview Verständnis für deren Lage: Sie anerkennen, dass es schwierig ist, mit devianten Schülern umzugehen, und sehen den Leistungsdruck, der durch die Curricula auf den Lehrern lastet. Zudem sei es heute angesichts der kulturell und ethnisch heterogenen Schülerschaft (vor allem in vielen großstädtischen Schulen) sehr schwer zu unterrichten. Auch deshalb wünschen sie sich **mehr Lehrer mit eigener Migrationserfahrung**.[76]

[76] Der Bildungsbericht der Bundesregierung empfiehlt eine gezielte Steigerung des Anteils an pädagogischem Personal mit Migrationshintergrund. Aktuell haben nur 7 Prozent der Lehrer an deutschen Schulen einen eigenen Migrationshintergrund, aber bereits ein Viertel der Bildungsteilnehmer. (Bildung in Deutschland 2010, S. 44.)

„Sie wissen nicht, wie sie mit den Migrantenkindern umgehen sollen, wie die ticken. Die Lehrer wissen nicht, wie sie mit kulturellen und traditionellen Unterschieden umgehen sollen."

„Wir brauchen Migrantenlehrer!"

„Ich habe auch von den Lehrern gehört, dass sie die Schnauze voll haben, die Kinder haben kein Benehmen und hören nicht auf die Lehrer."

„Und auf weiterführenden Schulen dieser Druck, sei es von den Lehrern aus, dieser Druck, dass sie ihren Stoff durchziehen müssen und dann auch noch an die Kinder weiterzugeben."

Die normativen Anforderungen an einen „guten Lehrer", eine „gute Lehrerin" sind hoch: Gleichbehandlung aller Schüler, Gestaltung eines fairen Miteinanders, Förderung aller Schülerinnen und Schüler, Umgang mit „schwierigen" Schülern. Die Eltern kritisieren mehrheitlich, dass Lehrer Druck oft nahtlos und ohne Puffer direkt an die Schüler weitergeben. Von einer guten Lehrkraft erwarten sie, dass das nicht geschieht. Eine weitere zentrale Forderung türkischstämmiger Eltern ist, dass mehr Zeit in die individuelle Förderung schwächerer Schüler investiert wird. Eine stärkere und gezielte Förderung der Kinder und Jugendlichen mit Migrationshintergrund wird von den Eltern dabei aber explizit nicht gefordert.

„Für mich ist das wichtig, dass die Kinder, wenn die mal schlecht sind, dass die Lehrer nicht sofort loslassen."

„Ein guter Lehrer macht aus, dass er mit den Kindern gut auskommt, das auch bei extremen Problemkindern. Und dass die Kinder auch generell einen guten Durchschnitt haben. Notendurchschnitt. Aber das ist auch nicht immer der Fall."

„Du musst das jetzt machen, du musst das jetzt lernen, du musst das jetzt können! – Ich muss das jetzt nicht können, ich kann das auch morgen können – gebt mir doch einfach die Zeit."

„Dafür muss man dann jetzt auch sicher sein, dass das Kind das auch verstanden hat. Weil einfach nur ein Thema zu machen, um es gemacht zu haben, und wenn das fertig ist, ist es fertig für mich, ich hab es durchgezogen, aber ob du dann nachher verstanden hast, ob du das einem anderen erzählen kannst, das ist mir egal. Nein, das sollte nicht egal sein!"

Schule soll aber nach Auffassung der meisten Eltern mit türkischen Wurzeln *keine* Erziehungsaufgaben übernehmen. Für sie ist **Erziehung Aufgabe der Familie** und sie wollen die Erziehung ihrer Kinder nicht an die Schule delegieren. Die Mehrheit der Eltern ist der Meinung, dass ein stabiles, gesundes Familienleben und eine gute häusliche Erziehung die Grundvoraussetzungen für Schulerfolg sind, räumen aber ein, dass die Schule vor allem auf das Sozialverhalten ihrer Kinder einen starken Einfluss hat. Die Lehrkräfte sind für diese Eltern nicht dafür verantwortlich, die pädagogischen Versäumnisse im Elternhaus aufzuholen. Dennoch wollen sie, dass ihre Kinder in der Schule (wie auch zu Hause) pädagogisch sinnvoll betreut werden, den Umgang mit anderen Menschen lernen und erproben können und in ihren Lehrern Vorbilder finden können.

„Meine Tochter ist so lange in der Schule, von 8 bis 16 Uhr, das heißt, sie ist in der Schule viel mehr mit Freunden, mit Lehrern zusammen als wie mit mir an manchen Tagen. Nicht immer, aber an manchen Tagen. Das heißt, sie nimmt dann von irgendwas von den Freunden mit, sie nimmt irgendwas von den Lehrern mit, wie die reden, wie die essen, wie die mit anderen Leuten umgehen. Und manchmal sind da Sachen auch drin, die ich ganz schön finde, aber das nimmt sie einfach mit. Deshalb die Schule, also für die Entwicklung meiner Tochter ist die Schule oder für die Erziehung spielt schon eine große Rolle."

Diskriminierung in der Schule durch einzelne Lehrer, keine Kritik am Schulsystem

Eltern mit türkischen Wurzeln – unabhängig davon, ob sie hier geboren wurden oder später zugezogen sind – bewerten das deutsche Schulsystem allgemein als positiv (was auch auf den Effekt sozialer Erwünschtheit gegenüber einem deutschen Interviewer zurückzuführen ist). Häufiger als andere demonstrieren vor allem selbst zugewanderte Eltern Dankbarkeit sowie Wertschätzung der kostenlosen Bildung und kurzen Schulwege. Diese Dankbarkeit speist sich vor allem aus dem Vergleich mit den Bedingungen des eigenen Schulbesuchs in der Türkei oder des Schulbesuchs der Kinder von Freunden und Verwandten in ruralen Regionen der Türkei.

Gleichzeitig äußern die Eltern **Zweifel, dass das Schulsystem in Deutschland Chancengleichheit insbesondere für Migranten bietet**. Bezüglich der ethnischen Diskriminierung sind die Wahrnehmungen innerhalb der türkischen Elternschaft sehr heterogen und auch gegensätzlich. Während ein Teil der Eltern entschieden verneint, Diskriminierungserfahrungen in der Schule zu machen, berichtet ein andere von Diskriminierungen, die sie selber in ihrer Schulzeit in Deutschland erlebt haben oder die ihre eigenen Kinder gegenwärtig erleben – etwa durch deutsche Schüler oder durch Lehrer/-innen in der Grundschule, die sie ganz automatisch auf die Hauptschule verwiesen haben, weil sie „Türken" waren. Heute befürchten diese Eltern, dass auch ihre eigenen Kinder in der Schule nicht ihren Fähigkeiten adäquat gefördert werden und Lehrer/-innen ihnen aufgrund der türkischen Herkunft (immer noch) weniger zutrauen als Kindern ohne Einwanderungsgeschichte. Daher wünschen sie sich für ihre Kinder an den Schulen quantitativ mehr Lehrer, die selbst eine Zuwanderungsgeschichte haben, in der Erwartung, dass solche Lehrer mehr Wissen, größere Empathie sowie weniger Vorurteile gegenüber Kindern mit türkischen Wurzeln haben.

Eltern, die in der Türkei in die Schule gingen, empfinden die Schulung von Werten, wie etwa Disziplin und Respekt, an türkischen Schulen als besser und wünschen sich auch von den Lehrkräften in Deutschland mehr Durchsetzungsvermögen, Autorität und Strenge. Dabei zeigen sich zwei grundsätzlich verschiedene Strömungen in Bezug auf das Schulsystem:

- Die Verantwortung für die Zukunft und das Weiterkommen der Kinder liegt bei der Familie: Wenn die Familie „gut" ist, dann haben die Kinder alle Chancen! Diese Einstellung ist ausgeprägt bei traditionsverhafteten und bei sozial am unteren Rand situierten Familien. Diese haben weder die Erwartung noch den Anspruch, dass ein gerechtes Schulsystem die Defizite auffängt, damit auch Kinder aus weniger „guten" Familien die gleichen Chancen haben.
- In besser situierten Familien hingegen ist der Anspruch an ein gleiches und gerechtes Schulsystem sehr hoch: Sie gehen davon aus, dass die Perspektive der Lehrer auf ihre Schüler stark von der sozialen Lage und Herkunft der jeweiligen Schüler beeinflusst wird. Weil der Migrationshintergrund und die (schlechtere) soziale Lage einer Familie zu Unrecht den von Lehrern kanalisierten Bildungsweg der Kinder nachteilig beeinflussen, müsste das System dagegen Vorkehrungen treffen. Das ist jedoch aus Sicht dieser Eltern oft nicht der Fall.

„So wie sie anderen Migrantenkinder mitbekommen haben, so dachten sie, dass wir auch so sind. Das hat lange gedauert, bis sie erkannt haben, dass wir anders sind."

„Und dann fingen die Probleme an. Ich war andersartig. Ausländer – wie von einem anderen Stern. Man hat mich auch Tarzan genannt, weil ich mich nicht kommunizieren konnte".

„Ich war ein Problemkind für die Lehrer, aber damals hat sich auch keiner darum gekümmert – damals gab es ja diesen Begriff nicht ‚Integration'."

Neben ihren **Diskriminierungserfahrungen** aus der eigenen Schulzeit berichten Eltern von Diskriminierungen, denen ihre Kinder heute ausgesetzt sind. Diese fallen nicht mehr so drastisch aus wie bei ihnen selbst und gehen nicht (mehr) von den Mitschülern ihrer Kinder aus, sondern erfolgen in erster Linie durch das Lehrpersonal. Die Kinder sind in der Regel nicht mehr von offener Diskriminierung betroffen, sondern von versteckter. So berichten Eltern türkischer Herkunft, dass den eigenen Kindern aufgrund ihres Migrationshintergrunds **von einzelnen Lehrern nichts zugetraut werde und ihre Fähigkeiten unterschätzt** würden. Kinder und Eltern fühlen sich von bestimmten Lehrern offen oder versteckt als Angehörige einer defizitären und problematischen Gruppe stigmatisiert. Damit identifizieren die Eltern ein strukturelles Problem des schulischen Werdegangs türkischstämmiger Kinder: Türkische Kinder kommen auf die Hauptschule, weil ihnen die deutschen Lehrer nichts zutrauen.[77] Aus Sicht ihrer Eltern ist dies eine fatale Entwicklung, weil dies das Selbstvertrauen schwäche und die Leistungsmotivation senke. Wichtig ist: Solche Benachteiligungen und Diskriminierungen machen Eltern an einzelnen Lehrkräften fest, sie sind aus ihrer Wahrnehmung nicht im Schulsystem begründet. Allerdings habe ein derartiges Verhalten vereinzelter Lehrer verheerende Auswirkungen auf die Selbstwahrnehmung und Motivation ihres Kindes.

„Dann hieß es von der Lehrkraft her, dass die Kinder sich nicht anstrengen sollen, weil sie ja eh nicht Gymnasium oder Realschule schaffen. Hauptschule wär ja auch ganz okay für sie. Und mein Sohn kam nach Hause und hat das mit mir besprochen. […] Also, ich war total aufgeregt!"

„Und, ich weiß nicht, […] es gibt auch Lehrer, die Migrantenkinder vernachlässigen. Gibt es auch. Ich hatte auch einen Fall: ‚Ausländer, da braucht man sich nicht kümmern, die Eltern kommen eh nicht in die Schule.' Und das ist das Unterschied."

„Aber ich denke, wenn ich den Kindern lange genug auch noch als Lehrerin sage, du schaffst es nicht, sie bemühen sich nicht. Und es war klar, es frustriert die Kinder, die haben sich nicht angestrengt, die haben, die haben, dieses Selbstvertrauen nicht, dass sie etwas schaffen!"

„Da hat es zum Beispiel in der Grundschule an der Lehrerin gelegen, dass er nicht auf das Gymnasium gegangen ist. Ich weiß nicht warum, wieso, weshalb, der macht jetzt den Abschluss mittlere Reife, aber der hätte ohne Weiteres, ohne Probleme das Gymnasium geschafft."

„Also ich glaube schon, dass da Benachteiligung ist. Natürlich nicht so extrem, aber kleinen Teils schon."

„Aber nach Nationalitäten schon. Meine Tochter kann sehr gut Deutsch. Sie hat zum Beispiel, sie ist in der achten und hat bis heute in Deutsch eine Zeugnisnote von Eins bekommen. Ähm, […] aber trotzdem muss sie sich dann halt manchmal von den Lehrern anhören, von wegen: ‚In Deutschland ist das so.'"

77 Dies ist nicht nur eine subjektive Wahrnehmung türkischer Eltern, sondern wurde in sozialwissenschaftlichen Studien bestätigt (vgl. Geißler 2005, Geißler / Weber-Menges 2008).

Wunsch nach mehr Kontakten zu Deutschen

Ein größerer Teil der Familien mit türkischem Migrationshintergrund in der vorliegenden Stichprobe lebt in sogenannten Problembezirken. Vor allem in Großstädten hat dies Konsequenzen für die Zusammensetzung der Schülerschaft an den Schulen. Insbesondere an Hauptschulen findet sich eine ethnisch sehr heterogene Schülerschaft, autochthon deutsche Schüler sind in den Klassen die Minderheit und die Schülerinnen und Schüler stammen zumeist aus sozial schwachen Familien. Türkischstämmige Eltern, deren Kinder solche Schulen besuchen, erzählen, dass es dort zur Bildung von rivalisierenden und sich bekämpfenden Gangs verschiedener Ethnien kommt – ein massives soziales Problem für die Sicherheit und den Schulerfolg ihres Kindes. Sie beklagen ein deviantes Verhalten der Kinder anderer Migranten(gruppen), von dem sie sich distanzieren, und nehmen die vielen unterschiedlichen Ethnien mit unterschiedlichen sprachlichen und kulturellen Hintergründen als Hemmnis für die Lernfortschritte der eigenen Kinder wahr. Die Eltern haben die Vorstellung, deutsche Schüler zeichneten sich durch ein besseres Verhalten aus und der Umgang mit ihnen würde ihren Kindern beim Erlernen der Sprache helfen. **Sie wünschen sich daher für ihre Kinder deutsche Freunde.** Dadurch sollen nicht nur die Sprachkenntnisse gefestigt, sondern auch Einblicke in das Familienleben und die deutsche Kultur ermöglicht werden. Ein besserer Kontakt zu Deutschen ist für eine Mehrheit der Eltern *auch* im Hinblick auf die gelingende Integration ihrer Kinder wichtig. Sie wissen, dass es für ihre Kinder wichtig ist, Kultur und Sprache des Landes nicht nur über Medien und im Unterricht zu erlernen, sondern auch zu erleben. Und so klagt ein Teil der Eltern, dass ein solcher Kontakt nicht zustande komme und ihr Kind bereits in einem ethnischen Getto lebe, das es als normal empfinde. Und sie sehen ihre eigene Ohnmacht als Eltern, hier etwas zu bewegen.

> *„Aber als Schule ist es eigentlich nicht schlecht – die Schule ist schon okay, aber es ist ein Multikulti-Problem, ja, in die Richtung, dass Migranten, nicht so viele Migrantenschüler in eine Klasse sind. Das war jetzt der Fall in der Ganztagsklasse. Ja, fast alle. Und da kann man nicht so viel lernen. Das ist meine Behauptung. Es sollte viel mehr gemischt werden."*
>
> *„Deswegen habe ich ihn rausgeholt eigentlich. Damit er nicht so viel mit Migranten oder Ausländer zusammen in einer Klasse ist."*

Die Befunde zeigen, dass das Spektrum bei Eltern mit türkischen Wurzeln äußerst breit ist, sodass von einer in Einstellungen und Lebensweisen homogenen Gruppe „türkische Migranten" nicht die Rede sein kann. Der Versuch, ein „türkenspezifisches" Moment zu identifizieren, das für alle Eltern mit türkischen Wurzeln zutrifft, würde ein falsches, stereotypisierendes Bild erzeugen. Denn es gäbe immer quantitativ und qualitativ relevante Gruppierungen (Migrantenmilieus), auf die dieses Bild gerade nicht zutrifft. Das betrifft etwa Sprache, eigene Bildung, Bildungsambitionen, Bildungsressourcen, Einstellung zum Schulsystem und Unterstützung der Kinder in der Schule.

4.6 Einstellungen und Handeln von Spätaussiedler-Eltern

Spätaussiedler – eine besondere Migrantengruppe

In Deutschland leben (Stand 2010) 3,26 Millionen Spätaussiedler. Sie stellen die **größte Gruppe der Migranten** mit einem Anteil von 3,97 % an der Gesamtbevölkerung und 20,6 % an der Teilgruppe der Menschen mit Migrationshintergrund. Als Spätaussiedler (vormals Aussiedler) werden im amtlichen Sprachgebrauch seit dem 1. Januar 1993 all jene bezeichnet, die als deutsche Volkszugehörige im Rahmen eines formalen Aufnahmeverfahrens nach dem Bundesvertriebenengesetz aufgrund von Benachteiligungen im Herkunftsland nach Deutschland übergesiedelt sind.[78] Das sind überwiegend Personen deutscher Herkunft, die vormals in den Nachfolgestaaten der ehemaligen Sowjetunion oder in einem der anderen ehemaligen Ostblockstaaten lebten.[79]

Seit Mitte des vergangenen Jahrzehnts sinkt der Anteil neu zugezogener Spätaussiedler beständig. Nach einem Höhepunkt der Zuwanderungswelle zu Beginn der 1990er-Jahre im Zuge politischer Umwälzungen (397.000 zugewanderte Spätaussiedler im Jahr 1990 als absolutes Jahreshoch) ging der Zuzug Mitte der 1990er-Jahre deutlich zurück. Im Jahr 2010 kamen nur noch 2.350 Aussiedler nach Deutschland.

78 „Deutscher Volkszugehöriger im Sinne dieses Gesetzes ist, wer sich in seiner Heimat zum deutschen Volkstum bekannt hat, sofern dieses Bekenntnis durch bestimmte Merkmale wie Abstammung, Sprache, Erziehung, Kultur bestätigt wird." (§ 6 Abs. 1 Bundesvertriebenengesetz).

79 Seit Beginn der 1990er-Jahre kommen fast alle Spätaussiedler aus den Gebieten der ehemaligen Sowjetunion.

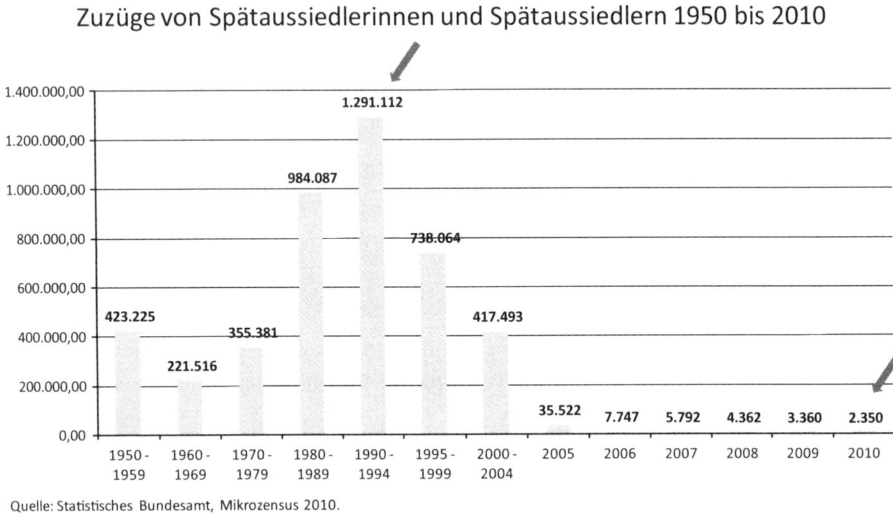

Abb. 4.16: Zuzüge von Spätaussiedlerinnen und Spätaussiedlern 1950–2010

Die wichtigsten **Ursachen für den Rückgang der Zuwanderungszahlen** sind:

- Nur noch wenige Menschen leiden in den genannten Herkunftsländern unter einem Kriegsfolgeschicksal oder sind dort als deutsche Volkszugehörige Diskriminierungen ausgesetzt
- Die Familienzusammenführungen sind überwiegend abgeschlossen
- Potenzielle Spätaussiedler sehen in den Herkunftsländern verstärkt Zukunftsperspektiven (insbesondere eine Folge von Projektförderungen)
- Mit der Neuregelung des Zuwanderungsgesetzes 2005 wurden die Zuwanderungsbedingungen verändert, was eine Einreise nach Deutschland deutlich erschwert, denn heute muss der Nachweis deutscher Sprachkenntnisse erbracht werden, wodurch ein Teil der potenziellen Antragsteller die Voraussetzungen nicht mehr erfüllt

Durch diese Entwicklungen wurde „ein langsames Auslaufen des Spätaussiedlerzuzugs eingeleitet".[80] Dazu kommt eine rechtliche Begrenzung: Wer nach dem

[80] Bundesamt für Migration und Flüchtlinge: Migrationsbericht 2009, S. 50. Die statistische Datenlage zu Spätaussiedlern ist zudem nicht eindeutig. Bis in jüngste Zeit wurden Spätaussiedler in den offiziellen Statistiken nur solange aufgeführt, bis sie die deutsche Staatsangehörigkeit erlangten. Mittlerweile werden differenziertere Daten zu Spätaussiedlern erhoben, die

31. 12. 1992 geboren wurde, ist rechtlich (und damit in der amtlichen Statistik) kein Spätaussiedler mehr. Das hat den Effekt, dass der Anteil der Spätaussiedler in der Alterskohorte der 10- bis 17-Jährigen deutlich zurückgeht.[81]

Die Gruppe der Spätaussiedler ist **nur begrenzt mit anderen Migrantengruppen vergleichbar**:[82] Aufgrund des Kriegsfolgeschicksals und einer damit verbundenen besonderen politischen Verantwortung wurden von der Bundesrepublik Deutschland verschiedene Anstrengungen zur Integration unternommen, so etwa Unterstützungsleistungen zur Verbesserung der Lebensbedingungen in den Aussiedlungsgebieten und eine spezifische Integrationspolitik mit zielgruppenexklusiven Maßnahmen zur Verbesserung der Integration von Spätaussiedlern in Deutschland. Dazu gehört der mit der Aufnahme verbundene Erhalt der **deutschen Staatsbürgerschaft:** Fast alle Spätaussiedler besitzen einen deutschen Pass.[83] Ebenso wurden spezifische Maßnahmen für Spätaussiedler initiiert, wie etwa der außerschulische Nachhilfeunterricht für Schüler / -innen, Deutschkurse für nicht mehr schulpflichtige Jugendliche und Sonderlehrgänge zum Erwerb des Abiturs.[84]

Lange Zeit hatte die Politik aufgrund der deutschen Volkszugehörigkeit der Spätaussiedler (in Bezug auf Merkmale wie Abstammung, Sprache, Kultur) **besonders hohe Erwartungen hinsichtlich ihrer Integration.** Diese Situation hat sich verändert, weil sich die seit Beginn der 1990er-Jahre zugewanderten Spätaussiedler inzwischen weit mehr mit ihrer russischen Herkunft identifizieren als mit ihren deutschen Wurzeln. Hiermit korreliert, dass der Anteil der in den Aufnahmebescheid einbezogenen nichtdeutschen Ehegatten und Abkömmlinge oder – auf ausländerrechtlicher Grundlage – der sogenannten „mitreisenden Verwandten“ zugenommen hat. Durch

als Deutsche mit Migrationshintergrund gefasst werden (z. B. im Mikrozensus und im Sozioökonomischen Panel).

81 Wenngleich die Spätaussiedler derzeit die größte Migrantengruppe bilden, werden sie angesichts des anhaltenden Trends der deutlich abnehmenden, mithin marginalen Zuwanderungszahlen in der Zukunft für das Schulsystem deutlich an Relevanz verlieren. Zwar lebten im Jahr 2010 ca. 101.000 junge Spätaussiedler / -innen zwischen 10 und 17 Jahren in Deutschland. Das ist ein Anteil von 6,5 % dieser Altersgruppe mit Migrationshintergrund. Dagegen gab es in dieser Altersgruppe ca. 292.000 türkischstämmige Jugendliche (ein Anteil von ca. 18,8 %). Auch sind die Spätaussiedler eine Herkunftsgruppe mit relativ hohem Alter (2010 im Durchschnitt 46,2 Jahre); nur ca. 3,4 % der Spätaussiedler waren im Jahr 2010 unter 16 Jahre alt. Statistisches Bundesamt, Mikrozensus 2010.

82 Siehe Kuhnke / Schreiber 2008, S. 13.

83 Dadurch sind sie statistisch ungenauer zu fassen als Migranten aus anderen Herkunftsländern, die ihre frühere Staatsangehörigkeit länger behalten.

84 Diese Maßnahmen liefen 2005 aus. Siehe Söhn 2010, S. 278.

diese Entwicklung hat sich der Anteil der ohne Deutschkenntnisse zuwandernden Spätaussiedler stetig erhöht. Die fehlenden Deutschkenntnisse haben die Integration dieser Zuwanderungsgruppe in Deutschland erheblich erschwert, was sich auf die soziale Integration, die Sozialverträglichkeit und die Akzeptanz einer weiteren Aufnahme von Spätaussiedlern negativ auswirkte.[85]

Dennoch steht die Herkunftsgruppe der Spätaussiedler trotz „der insgesamt eher schwierigen Integrationssituation in Deutschland [...] relativ gut da".[86] Im Bereich der Bildungsabschlüsse zeigt sich dies in einem im Vergleich zu anderen Migrantengruppen relativ geringen Anteil an Personen ohne Schulabschluss sowie in einer relativ hohen Quote an mittleren Bildungsabschlüssen. Trotz der relativ hohen Bildungsabschlüsse bestehen allerdings Probleme bei der ausbildungsadäquaten Integration in den Arbeitsmarkt. Spätaussiedler, „die über hohe Bildungsabschlüsse aus ihren Herkunftsländern verfügen, können diese offenbar schlecht auf dem deutschen Arbeitsmarkt verwerten".[87] Das hat zum einen mit Sprachbarrieren und kulturellen Unterschieden zu tun, zum anderen aber auch mit der Nichtanerkennung von Bildungsabschlüssen in Deutschland. Die Hoffnung auf einen sozialen Aufstieg hat sich in dieser Hinsicht für viele Spätaussiedler nicht erfüllt.[88]

Unsichere Ankunftssituation, aber Hoffnung auf ein besseres Leben

Die Gründe für die Auswanderung in die Bundesrepublik sind vielfältig, folgen aber einem bestimmten Muster: Für die ersten Generationen der Auswanderer war die Rückkehr in die angestammte Heimat Deutschland maßgeblich. Für die jüngere Generation (also die hier befragten Eltern) ging es vornehmlich um die Zusammenführung der Familie (wenn Verwandte schon nach Deutschland ausgewandert waren) und die Erwartung einer besseren beruflichen und sozialen Zukunft. Die Eltern verweisen dabei auf unsichere wirtschaftliche Aussichten, teilweise chaotische Zustände und persönlich erfahrene Benachteiligungen im Herkunftsland aufgrund ihrer deutschen Abstammung. Bei allen Gesprächspartnern geht es zudem nicht nur um die eigenen persönlichen Berufsoptionen, sondern immer auch um die **Zukunftsaussichten für die Kinder**.

[85] Ministerium für Gesundheit, Soziales, Frauen und Familie NRW: Junge Spätaussiedlerinnen und Spätaussiedler. Untersuchungsbericht der Interministeriellen Arbeitsgruppe Zuwanderung. 2004, S. 8.

[86] Berlin-Institut 2009, S. 80.

[87] Brück-Klingberg et al. 2007, S. 4.

[88] Berlin-Institut 2009, S. 15.

„Wir sind wegen Kinder nach Deutschland gekommen. Weil in Russland hatten wir nicht so viele Möglichkeiten für unsere Kinder."

„Eine Hauptsache war, dass wir nach Deutschland ausgereist sind, dass wir wollten Deutsche bleiben."

„Und dann war das so, dass die Eltern meines Mannes in einem Dorf wohnten. Sie hatten seit zehn Jahren kein Geld verdient. Sie wissen, dass die Menschen erst einmal aus materiellen Gründen gekommen sind? Wir nicht! Aber mein Mann hat gesagt: ‚Wir müssen das jetzt ausprobieren, weil entweder alle oder keiner!' Und /äh/ wir sind wirklich mit der ganzen Familie gekommen. Die Eltern meines Mannes, die Schwester mit ihrer Familie, auch mit zwei Kindern und wir zu viert. Ja, und dann sind auch meine Eltern gekommen, also."

„Da hat er auch angefangen, Lehramt zu studieren. Aber damals war das in der Sowjetunion sehr chaotisch und er hat gesehen, dass die Lehrer nichts verdienen."

Im Unterschied zu türkischen Zuwanderern der ersten Generation, die aufgrund einer gesicherten beruflichen Beschäftigung und im Vergleich zur Türkei hohen Lohnerwartungen zuwanderten und die Familie dann in der Regel nach einiger Zeit nachholten, bedeutete die Auswanderung für Spätaussiedler der Schritt in ein meist *gänzlich* ungesichertes Leben mit

- einer sehr eingeschränkten Möglichkeit zur Mitnahme von persönlichen Gegenständen;
- einer Überbrückungszeit im Aufnahmelager auf sehr engem Raum;
- dem Abschluss des Aufnahmeverfahrens erst im Aufnahmeland;
- der zentralen Zuweisung auf Bundesländer und so der Einschränkung der Freizügigkeit;[89]

[89] Im Rahmen des Aufnahmeverfahrens werden die Antragsteller in Übergangswohnheimen untergebracht und dann bundesweit „verteilt". Die Wohnortzuweisung erfolgt im Rahmen des formalen Aufnahmeverfahrens als Verteilung auf die Bundesländer nach dem sogenannten „Königsteiner Schlüssel". Zweck dieser Regelung ist eine gleichmäßige Verteilung im Bundesgebiet und damit eine sozialverträgliche Integration vor Ort. Bis Ende 2009 war die Wohnortzuweisung formal durch das Wohnortzuweisungsgesetz geregelt, das eine Wohnortbindung für drei Jahre vorsah. Spätaussiedler konnten jedoch ohne Rechtsnachteile umziehen, wenn sie an einem anderen Ort Wohnung und Arbeit nachweisen konnten. Die gesetzliche Grundlage für die Zuweisungspraxis ist mittlerweile entfallen. Dieses formale Verfahren bedeutete für die Eltern eine Zeit der Ungewissheit, das Erleben und die Bewältigung stark restringierter Autonomie. Von den meisten Eltern wurde diese Phase als äußerst schwierig erlebt – für sie persönlich und insbesondere mit Blick auf ihre Kinder. Hilfreich sei in dieser Zeit die Gewissheit

- einer ungewissen Anerkennung von Berufsabschlüssen;
- und einer damit verbundenen ungewissen Integration in den Arbeitsmarkt.

„Pack dein Leben in zwanzig Kilo, was nimmst du mit? Löffel oder Spielzeug für dein Kind oder /äh/ Unterwäsche? Zwanzig Kilo pro Person! Und tschüss, auf Wiedersehen!"

„Es war eine ganz schwere Zeit am Anfang. Überhaupt nicht leicht."

„Ich habe in dieser Situation gelitten, wo wir gewohnt haben, in diesem Wohnheim, wo Migran…, also, damals wurden die Ausländer genannt, /äh/ aus ganz Europa, Jugoslawien, also ehemaliges Jugoslawien. Die haben auch sehr laut sich gestritten und /ähm/ also selbst dieses Heim war schrecklich! Und ich wusste nicht, wie lange, was […] Wie ein Lager habe ich das so empfunden. Ja, und in Friedland, also wir gekommen sind, mussten wir nach Friedland für eine Woche, das war auch, ich wusste, es ist /äh/ nur für eine begrenzte Zeit, aber dass wir alle in Zehn-Quadratmeter-Zimmer zu zehnt, also die Eltern meines Mannes, die Schwester mit Mann, mit zwei Kindern und wir in einem Zehn-Quadratmeter-Zimmer eingesperrt, also nicht eingesperrt, aber ich habe mich da nicht gut gefühlt. Aber ist so."

„Am Anfang war ganz, ganz schwer […] und wir konnten auch kein Wort Deutsch."

Einerseits wird die Gruppe der Spätaussiedler durch die **formalrechtliche Bleibesicherheit** in Verbindung mit dem Erhalt der deutschen Staatsangehörigkeit als „privilegierte Zuwanderungsgruppe"[90] beschrieben. Andererseits stehen sie durch die Umstände und Unsicherheiten in der ersten Zeit der Zuwanderung vor spezifischen Hürden. Zudem erfahren auch sie in Deutschland Diskriminierungen, weil sie trotz deutscher Volkszugehörigkeit und Staatsbürgerschaft nicht als Deutsche gesehen und akzeptiert werden – was aber ein zentrales Moment ihrer Identität ist. Hier schaukeln sich **Vorurteile der autochthonen deutschen Bevölkerung** und ihre eigenen Ansprüche und Selbstbilder „als die eigentlichen Deutschen" gegenüber anderen Migranten wechselseitig auf und erhalten die Spannung aufrecht.

Trotz dieser erfahrenen Vorbehalte fühlen sich die meisten nach der schwierigen Zeit des Einfindens in Deutschland zu Hause und integriert. Durch die ausgeprägte Perspektive, dauerhaft in Deutschland zu bleiben und Deutsche zu sein, und das Ziel, hier heimisch zu werden, nehmen sie Benachteiligungen als Teil der Rahmenbedingungen und Anpassungsprozesse in Kauf. Die positive Selbstzuschreibung

gewesen, dass es sich „nur" um eine Übergangszeit handelt, nach der sich wieder Optionen eröffnen.

90 Siehe dazu exemplarisch Söhn 2010.

„integriert" wirkt im Sinne einer *Selffullfillig Prophecy*, mit der die Eltern sich und ihren Kindern die Bewältigung ihrer neuen (und meist schwierigen) Lebenssituation erleichtern wollen – einer Lebenssituation, die im Gegensatz zu den meisten Eltern türkischer Herkunft oft von familiärer Isolation und Nichteinbindung (nur dünnes soziales und ethnisches Netzwerk) geprägt ist. Ausprägt und tragend ist die Hoffnung, dass die Benachteiligungs- und Inselsituation im Laufe der nächsten Jahre und Generationen endet. Groß ist daher die Motivation, Kontakt mit einheimischen Deutschen zu finden und Freundschaften zu schließen. Als tragischen Rückschlag nehmen sie es denn auch wahr, wenn sie in Stadtteilen mit hoher Dichte von Spätaussiedlern wohnen und daher (gleich einem Getto) ausgegrenzt werden. Es erfordert individuelle Anstrengung sowie Ausdauer und ist in hohem Maße zugleich rational und ambivalent, sich von der eigenen Ethnie sozialräumlich und auch mental zu distanzieren, um die Chancen der Akzeptanz und Aufnahme durch einheimische Deutsche zu erhöhen.

Für die meisten Spätaussiedler-Eltern mit Kind in der Sekundarstufe I bleibt ihr Herkunftsland auch ihre Heimat und kulturelle Identität. Ein Gefühl der Zerrissenheit zwischen der verlassenen Heimat und dem neuen Zuhause ist allerdings nicht erkennbar. Es überwiegt die **Stilisierung des neuen Zuhauses** mit einer klaren Integrationsmotivation.

> *„Ich weiß, ich /mmh/ bin hier ein bisschen fremd, weil ich /äh/ mit Akzent rede, aber ich glaube, ich empfinde das so. Aber andere, von anderen Menschen habe ich das nie gehört. Ich fühle mich hier wie zu Hause. Nicht wie zu Hause, es ist jetzt mein Zuhause."*

Die meisten Spätaussiedler-Eltern sind, so ihre subjektive Beschreibung, in Deutschland „angekommen": physisch, mental, kulturell. Dies sehen sie aber mit Blick auf ihre Kinder deutlich differenzierter und kritisch. Ein Teil berichtet von erheblichen Problemen ihrer Kinder, sich auf Strukturen, Mentalitäten und kulturelle Ausprägungen in Deutschland einzulassen. Insbesondere mit Blick auf die Jungen berichten die Eltern zum Teil von aggressiven Auffälligkeiten, vor allem im Sozialverhalten in der Schule und im Kontakt mit deutschen Jugendlichen. Begründet wird dies u. a. mit einem anderen Männlichkeitsideal in den Herkunftsländern.

Alle betonten im sozialwissenschaftlichen Interview, dass sie in der Familie an ihrer Herkunftssprache weiter festhalten, diese aber meist nur zu Hause sowie im Kreis enger Freunde sprechen. Die Motive dafür sind aber je nach Bildungsstand der Eltern verschieden. In Familien mit geringem Ausbildungsstand und sozioökonomisch geringeren Beschäftigungen ist dies schlicht pragmatisch, weil sich so alle Familienmitglieder verstehen können. Jene mit höheren Bildungsabschlüssen haben für das Festhalten an der Herkunftssprache zwei Begründungen: Zum einen geht es ihnen um die Erinnerung an die Muttersprache des Herkunftslandes und die symbolisch-rituelle Bewahrung dieses traditionellen und biografischen Erbes. Zum anderen sehen sie die **russische Sprache als Ressource für ihre Kinder mit Blick auf berufliche Chancen** (Russland als Wirtschaftsmacht). Trotzdem gilt der Primat der Gegenwart und die meisten Eltern achten explizit darauf, auch bzw. überwiegend Deutsch zu sprechen – als Training und zur Verbesserung der Sprachfertigkeit, aber auch als Symbolhandlung, um sich und anderen Anpassungswilligkeit und Integriertsein zu beweisen. Gerade bei Eltern mit höherem Bildungsniveau ist das Bewusstsein sehr hoch, dass das Beherrschen der Sprache ein Erfolgsschlüssel für Integration und soziale Anerkennung ist.

„Das ist unsere Muttersprache, ja, und wenn ein Kind zwei Sprachen kann, ist das noch besser."

„Ja, wir sprechen zu Hause Russisch, hat keinen Sinn, mein Mann spricht noch schlimmer Deutsch als ich."

„Und wir kommen aus Russland, und da wollen wir, dass er auch russische Sprache nicht vergisst hier, und eigentlich Russland eine wirtschaftliche Macht ist. Wer weiß, die Sprache wird noch gebraucht."

„Er muss jetzt jeden Tag noch lesen, einen Tag Russisch, einen Tag Deutsch."

Mit Blick auf ihre Migrationsbiografie und weitere Lebensperspektive haben Spätaussiedler-Eltern nicht den Wunsch, später einmal in die alte Heimat zurückzukehren – anders als Eltern mit türkischen Wurzeln, die sich teilweise noch in der dritten und vierten Generation die Option einer familiär oder beruflich bedingten Rückkehr in die Türkei offenhalten. Spätaussiedler-Eltern haben oder kommunizieren eine solche Option nicht. Dies hat den Effekt, dass bei Eltern und Kindern von Spätaussiedlern anders als in der Gruppe türkischer Migranten keine Unentschiedenheit zwischen dem Verbleib im Auswanderungsland Deutschland und einer Rückkehr in das Herkunftsland besteht. Allerdings machen auch einige Spätaussiedler-Eltern mit großer Sorge die Beobachtung, dass einige wenige Spätaussiedler in ihr Herkunftsland zurückkehren, wenn ihnen in Deutschland die Integration in den Arbeitsmarkt dauerhaft nicht gelingt oder sie nicht akzeptiert werden.

Mehrfach abgeschnittene berufliche Perspektiven der Eltern

Ein erheblicher Teil der Eltern musste infolge der Zuwanderung nach Deutschland mit Einbrüchen und negativen Wendepunkten in ihrem eigenen Leben fertigwerden: Berufliche Perspektiven wurden in der Regel mit der Ankunft in Deutschland „abgeschnitten", was nicht nur zu **Brüchen im beruflichen Selbstverständnis** führt, sondern auch weitreichende Folgen für die finanzielle Situation der Familie hat – und im Weiteren auch für die Beziehung des Paares, wenn z. B. die Frau zur Familienernährerin in Deutschland wird.

Ein Teil der Eltern hat im Herkunftsland ein Studium absolviert, z. B. Lehramt, Jura oder Ökonomie, und damit einen akademischen Bildungsabschluss erworben, der aber in Deutschland zum Teil nicht anerkannt wurde. Viele qualifizierte Spätaussiedler arbeiten daher trotz hoher Bildungsabschlüsse und spezifischen Berufsfachkenntnissen nun in deutlich schlechter gestellten Berufen, z. B. als Taxifahrer, Verkäuferin, Reinigungskraft oder Versicherungsmakler: **Sie sind in Deutschland sozial abgestiegen.** So arbeitet beispielsweise eine Ärztin, deren Studienabschluss nicht anerkannt wird, heute als Helferin in einer Arztpraxis, eine Managerin ist mittlerweile als Verkäuferin tätig. Die Integration in den deutschen Arbeitsmarkt ist in der Regel durch starke Brüche in der Erwerbsbiografie wie auch in der Berufsidentität gekennzeichnet. Nicht das tun können und dürfen, wofür man sich berufen fühlt und ausgebildet ist: Das bedeutet für viele Eltern einen starken Einschnitt für ihr berufliches aber auch persönliches Selbstverständnis.

„Ich bin Managerin als Beruf; in Russland hab ich als Managerin gearbeitet. Aber hier, da habe ich mein Papier zur Anerkennung abgegeben, ja und ich habe Beurteilung bekommen, dass ich nur als Verkäuferin arbeiten kann."

„Als wir nach Deutschland gegangen sind, mein Mann hat nur deutschen Pass. Ich bin wegen meinem Mann, ich habe nur russischen Pass. Und wir konnten keinen Sprachkurs machen. Am Anfang habe ich nur mit meinem Kind zu Hause Deutsch gelernt, bei Hausaufgaben. Und nach drei Jahren habe ich erste Sprachkurs bekommen für halbe Jahr."

„Also, ohne Beruf, […] viele meinten, wir dürfen nur putzen. Das ist auch / äh / oft so, dass die Menschen sagen: ‚Ja, was kannst du? Du kannst das vergessen. Es wird nicht anerkannt.' Und ich habe am Anfang drei Monate irgendwo geputzt, dann hat / mmh / meine Psyche oder mein Organismus darauf reagiert, also ich war unzufrieden, habe sofort, das war mir noch damals unbewusst, aber ich habe wirklich Magenschmerzen, Schlafstörungen, alles Mögliche / äh /, was nur ein Mensch haben könnte, bekommen."

„Ich habe Jura studiert und habe gearbeitet als Untersuchungsrichter, habe eigentlich superperfekte Voraussetzungen zur Akademie nach Moskau gehabt und hier habe ich versucht in diese Bereich. Aber ich habe so verstanden, die, welche Ausbildung oder gearbeitet bei Polizei in Russland, haben keine Chance hier in Deutschland."

„Ganz viele sind da ja gut ausgebildet. Die kommen nach Deutschland und da haben sie keine Chance gehabt, in ihrem Beruf zu arbeiten."

„In Russland war ich Lehrerin, Grundschullehrerin. Ich habe Lehramt da studiert. Hier wurde das nicht anerkannt und das hat ein bisschen gedauert, /äh/ aber ich habe trotzdem angefangen zu studieren. Ich habe schon die erste Prüfung beendet. Jetzt am 4. Mai habe ich das zweite Staatsexamen und dann, wenn ich alles schaffe, dann bin ich auch Lehrerin hier. Ich mache jetzt momentan das Referendariat."

Umso wichtiger ist das eigene Bildungskapital für ihre Identität und ihr Selbstbewusstsein, aber auch für den Schulerfolg ihrer Kinder. „Während das im Herkunftsland erworbene kulturelle Kapital auf dem Arbeitsmarkt des Aufnahmelandes oft nicht ausbildungsadäquat umgesetzt werden kann, können es Eltern [...] sowohl hinsichtlich der Erziehungsstile als auch der Bildungserwartungen an ihre Kinder weitergeben."[91]

Ein starkes **Integrationshindernis ist eine eingeschränkte Sprachkompetenz.** Ein Teil der Eltern ist nur begrenzt der deutschen Sprache mächtig und berichtet entsprechend von Verständigungsproblemen mit und auch Zugangsschwierigkeiten zu Institutionen wie Ämtern oder Schulen. Eltern erzählen auch von der Erfahrung, als „Ausländer" (was sie rechtlich nicht sind) stigmatisiert zu werden, weil sie fehlerhaft oder gar nur gebrochen Deutsch sprechen.[92] Trotzdem ist bei Spätaussiedler-Eltern kaum Resignation spürbar. Grundlegend ist für viele eine Einstellung der voluntaristischen Machbarkeit, nach dem Motto: „Wer will, der schafft es auch." Deutlich wird dies auch in einem von Pflicht, Disziplin, Robustheit, Ausdauer und Optimismus geprägten Lebensethos, das sie unbedingt ihren Kindern vermitteln wollen und das Grundlage für ihre Erziehung ist.

91 Söhn 2008, S. 412.

92 Eine Ursache dafür ist, dass bis zum Jahr 2005 immer mehr nichtdeutsche und nicht deutsch sprechende Familienangehörige zugewandert sind.

„Ich bin der Meinung, es muss erwartet werden, dass, wenn du in Deutschland bleibst und lebst, dann muss schon die Sprache irgendwie gelernt werden. Ich finde es blöd, wenn die Mutter hier seit zwanzig Jahren ist und kommt immer noch mit einem Übersetzer in die Schule. Das muss erwartet werden!"

Bildungsambitionen für die Kinder: Ermöglichung eines besseren Lebens

Nahezu alle Eltern mit Spätaussiedler-Hintergrund begreifen einen guten Schulabschluss ihrer Kinder als elementare Zugangschance in ein späteres Erwerbsleben und die langfristige Integration in die deutsche Gesellschaft. Die Eltern nehmen ihre eigenen Schwierigkeiten in kultureller, sozialer und wirtschaftlicher Hinsicht in Kauf mit der Hoffnung, dass sie selbst direkt oder über ihre Kinder in der deutschen Gesellschaft als Deutsche anerkannt werden. Aufgrund der durch die Übersiedelung nach Deutschland unterbrochenen Berufsperspektive entscheidet meist nicht der aktuelle gesellschaftliche Status, sondern der im Heimatland erworbene Bildungsstand und die dort eingenommene Bildungshaltung über die Bildungsambition für die eigenen Kinder.

Das Abitur zu erreichen, wäre gut für die eigenen Kinder, weil es die besten Chancen im Ausbildungs- und Studienmarkt eröffnet und mit hohem Prestige verbunden ist. Fast allen ist der Realschulabschluss als Minimalziel für ihre Kinder wichtig – mit der *Option*, dass die Kinder danach weiter die Schule besuchen und noch das (Fach-)Abitur erwerben. Ähnlich wie die autochthonen deutschen und türkischen Eltern nehmen Spätaussiedler-Eltern einen **stark abnehmenden Stellenwert der Hauptschule** wahr und registrieren deutlich das immer schlechtere Ansehen der Hauptschule im privaten Umfeld wie in der medialen Öffentlichkeit. Insofern ist die Hauptschule für ihre Kinder der denkbar schlechteste Fall: Sie gilt als Sackgasse oder gar Fahrstuhl nach „unten", weil sie – für das einzelne Kind wie für die Familie insgesamt – ein erhebliches Stigmatisierungs- und Diskriminierungsrisiko birgt und die Chance auf Anerkennung und Teilhabe zerstört.

„Nicht morgen, heute muss die Hauptschule abgeschafft werden."

„Die Kinder, die Hauptschule haben in Deutschland, da hat wieder die Politik für diese Kinder so einen Strick gemacht – keine Perspektive. Normalerweise schon kein Ausbildungsbetrieb will die Hauptschüler. Früher können sie Maurer werden, Dachdecker oder was weiß ich, und jetzt schon keine Chance mehr."

„Mehr Chancen natürlich – wenn er nicht so gut ist, dann müsste er Ausbildung machen und arbeiten, ja, aber wenn er mehr lernt und dann kriegt er guten Beruf und es geht immer um Beruf. Wenn er mehr lernt, dann kann er mehr so, mehr, mehr haben so. Er hat so große Wünsche, er guckt auf schöne Autos, ja, und will er Klamotten, schöne Klamotten haben, das ist normal, ja, dafür muss man Geld haben."

„Deswegen haben wir auch gefragt und aus all diesen Kriterien haben wir gesagt, O. K., gehst du zur IGS [Integrierte Gesamtschule]. So, zuerst Real, und dann weiter, weiter, weiter."

„Gymnasium schafft er nicht, aber ich habe ihm gesagt, Realschulabschluss musst du schon schaffen."

„Aber ich will, dass mein Kind besser wird, wie als wir, und wenn er so weitermacht, dann kann er nicht so viel Chancen für weitere Berufe aufbauen. Realschulabschluss vielleicht, dann überlegt er und macht weiter und weiter."

„Da haben wir festgestellt, die Leute, die Kinder haben, alle wollen, damit sie bessere Ausbildung haben oder die Möglichkeit zu studieren. So, und da schicken sie jetzt alle zum Gymnasium. Da haben wir gesagt, das machen wir nicht, besser länger, aber sicherer."

Auf den ersten Blick scheinen Spätaussiedler-Eltern gleiche Bildungsambitionen für ihre Töchter und Söhne zu haben: Die Wahl der Schulart in der Sekundarstufe I richtet sich nach den Noten in der Grundschule und alle Eltern sagen, dass für beide Geschlechter ein guter Schulabschluss wichtig ist. Bei einem Teil der Eltern im traditionellen Segment, in Milieus der modernen Unterschicht, aber auch in der Bürgerlichen Mitte sowie bei Etabliert-Statusorientierten werden die selbst gelebten traditionellen Rollenmuster für ihre Töchter oder Söhne als gut und erstrebenswert erachtet. Die Rolle des Mannes ist der „Ernährer" mit den Attributen „stark" (körperlich und mental), „robust", „dominant", „mit Autorität", dessen Ansehen sich an seiner beruflichen Position und dem Maß des Geldverdienens bemisst. Für Mädchen sehen Spätaussiedler-Eltern zwei Wege: Primär ist der berufliche, aber wenn das nicht klappt, bleibt immer noch der häusliche. Wenn eine Tochter keinen hohen Schulabschluss schafft und sich keine gute berufliche Position erarbeiten kann, bleibt ihr immer noch die Familiengründung mit einem Ehemann als Versorger. Diese Option haben Männer nicht.

„Also, ich denke, für Männer das wäre besser, wenn sie gute Beruf haben, ja die Frau kann auch so [lachend] heiraten und das Problem ist gelöst. Aber der Mann muss Geld verdienen ehrlich sagen, das ich sage ihm immer: Wenn du kein Geld hast, dann guckt keine Frau auf dich ja und ich brauche keine Frau [lachend]. Du sagst so, aber danach [lachend] sagst du was anderes und ja, es geht immer um Geld.

Schule ist zuständig für Wissensvermittlung und Werteerziehung

Eltern mit Spätaussiedler-Hintergrund bringen immer wieder zum Ausdruck, wie schwer das Schulsystem in Deutschland zu überblicken ist: das dreigliedrige Schulsystem mit staatlichen, konfessionellen und privaten Schulen, daneben Gesamtschulen, neue Mittelschulen und in Nordrhein-Westfalen die Sekundarschule, Halbtags- und Ganztagsschulen, dazu Übergangsschulen (wie die Fachoberschule), das volle Abitur und das Fachabitur etc. Dennoch ist der Kenntnisstand über das Schulsystem gut: In der Regel kennen die Eltern die Vor- und Nachteile, die Zugangsvoraussetzungen und Chancen, die mit einem Schulzweig und einem Schulabschluss verbunden sind.

Für Spätaussiedler ist Schule nicht nur für die **Bildung** im Sinne der Vermittlung von Fachwissen zuständig, sondern in gleichem Maß für **Erziehung und Wertevermittlung**. Eine gute Schule sollte sich nach ihrer Ansicht um die Bildung des ganzen Menschen, die Persönlichkeitsentwicklung und die Lebenskompetenz kümmern. Die Ansprüche an die Schule als pädagogische Bildungsinstanz sind hoch: Schule soll die Werte und Tugenden für die soziale Integration und die Aufstiegschancen der/des Einzelnen in der Gesellschaft vermitteln. Dazu sei Strenge und Disziplin von besonderer Bedeutung.[93] So ist Schule nicht nur eine Wissensvermittlungsinstanz, sondern hat auch einen Auftrag zur individuellen und sozialen Erziehung. Entsprechend wollen diese Eltern, dass Lehrer psychologisch und sozialpädagogisch geschult sind. Dazu sollten Lehrer Vorbild sein: Pünktlichkeit, angemessenes Erscheinungsbild, positive Autorität. Dies schließt jede Art von antiautoritärer Erziehung sowie die Reformpädagogik aus, die Gegenpole und Negativfolien zu jener Schulkultur sind, die Spätaussiedler sich vorstellen und wünschen.

„Das Schulsystem in Deutschland ist ganz schwierig zu verstehen."

„Erziehen muss auch sein, weil das ist die Hälfte vom Leben."

„Dann muss die Schule die beste Möglichkeit sein, um den Kindern bessere Beispiele zu zeigen, dass man nicht nur unbedingt auf dem Sofa liegen kann, dass man sich integriert und auch etwas will!"

[93] Ihre Visionen für eine optimale Bildungsförderung entwickeln Spätaussiedler oft im Rekurs auf das von ihnen persönlich erlebte Bildungssystem im Herkunftsland. Da die meisten Eltern aus den GUS-Staaten kommen, ist dies i. d. R. das russische Bildungssystem.

„Ein bisschen streng muss es sein. Man muss Spaß haben, aber das ist Pflicht, das ist Unterricht, und die Kinder müssen so diese Stunde gut ruhig aushalten. Das ist Disziplin, das heißt Disziplin und wenn keine Disziplin ist, dann geht es nicht weiter."

„Ich denke, Lehrer muss auch ein Vorbild sein für Kinder. Das bedeutet nicht nur Disziplin, auch vom Aussehen, müssen sie auch anständig angezogen sein."

„Lehrer müssen nicht nur fachlich, sondern so mit den Kindern ein bisschen mehr umgehen können. Diese Psychologie müssen sie auch lernen."

„In Russland der Lehrer sagte, wenn du das nicht geschafft hast, kannst du nach dem Unterricht zu mir kommen und da helfe ich. Die Lehrer waren alle bereit, so zu helfen."

Grundsätzlich muss es deutlich mehr Lehrpersonal an Schulen geben, damit Lehrer auf die Kinder mit ihren jeweiligen Talenten und ihrer Förderbedürftigkeit individuell eingehen können. Dabei wird als positives Vorbild die Haltung russischer Lehrer zitiert (oder stilisiert), die aus einer inneren Berufung heraus und über das normale Lehrpensum hinaus Zeit für Schüler aufgewendet hätten. Im Vergleich zum Bildungssystem in Russland wird kritisiert, dass die Kinder an deutschen Schulen weniger Inhalte lernen und vor allem wenig lesen. Dagegen schätzen vor allem hoch gebildete Eltern (mit Kindern am Gymnasium) am deutschen Schulsystem, dass das deutsche Schulsystem zum selbstständigen Denken erziehe. Im Sinne des Besten aus zwei Welten befürworten sie eine Verknüpfung des Mehrlernens von Wissensinhalten mit der Erziehung zum selbstständigen Denken.

Massiv ist die Kritik am Schulsystem und Schulalltag, konkret: zu große Klassen, mangelhafte Ausstattung mit Lehrmaterialien und technischen Geräten sowie zu viele Stundenausfälle. Mit Blick auf die Lehrerschaft äußern Spätaussiedler-Eltern vor allem Kritik am Beamtenstatus, der in ihren Augen dazu führt, dass einige Lehrer / -innen vor allem im fortgeschrittenen Alter zu wenig Engagement zeigen würden. Lehrer / -innen sollten sich viel umfangreicher, intensiver und individueller um die Kinder kümmern, auch privat als Bezugspersonen zur Verfügung stehen und Vorbilder sein. Dabei wird oft reflexhaft die eigene Erfahrung aus Russland herangezogen, wo – so die nostalgische und idealisierte Darstellung ihrer eigenen Schulzeit – die meisten Lehrer noch mit Hingabe und innerer Berufung ihre Aufgabe ausgeübt und über das normale Unterrichtspensum hinaus die Kinder auch individuell gefördert hätten. Diese Eltern haben aufgrund ihrer sehr positiven Erinnerung an das russische Schulsystem eine klare Vorstellung davon, was einen guten Lehrer, eine gute Lehrerin und eine gute Schule ausmacht.

Zentrale Kritik gibt es an den ihnen unsystematisch scheinenden Lehrplänen und der Unterrichtspraxis: Sie bemängeln, dass der Unterricht sich häufig nicht am Ablauf der Schulbücher orientiere, und erkennen keinen stringenten Ablaufplan. Dabei sind es Schulbücher, die es ihnen ermöglichen würden, die Lernerfolge und den Wissensstand ihres Kindes besser zu begleiten und zu kontrollieren und mit dem Kind zu üben, Stoff nachzubereiten oder auch vorzubereiten. Über das Medium Schulbücher könnten sie mehr am Bildungsstand ihrer Kinder partizipieren, als es ihnen derzeit durch die von Lehrer zu Lehrer verschiedene Praxis (z. B. im Unterricht Arbeitsblätter zu verteilten, zwischen Schulbuch und Arbeitsblättern zu wechseln oder innerhalb eines Schulbuchs in der Reihenfolge zu springen) möglich ist.

Spätaussiedler-Eltern zeigen sich erstaunt, irritiert und auch verärgert über die Erwartungen der Schule an sie, die über die aktive Unterstützung bei Sommerfesten oder sonstigen Schulveranstaltungen hinausgehen. So sollen die Eltern auch intensiv am Bildungsgeschehen ihrer Kinder teilhaben und diese aktiv unterstützen. Diese Erwartungshaltung der Schule ist für die Eltern nicht angemessen und richtig, aber in der Regel fügen sie sich ihr, weil es ihnen angesichts ihrer Partizipationsziele alternativlos scheint.

Umgang mit dem Schulalltag und Familienleben: Forderung von Leistung

Die Kinder der in dieser Stichprobe interviewten Eltern besuchen zu einem größeren Teil eine Schule mit mittlerer oder höherer Bildung (Realschule, Gesamtschule oder Gymnasium). Nur ein kleiner Teil besucht die Hauptschule oder deren Nachfolgeschulen (z. B. Mittelschule oder Realschule plus). Auch ist die Mehrheit der Kinder und Jugendlichen entweder **schon in Deutschland geboren** worden oder aber in der frühen Kindheit (1–3 Jahre) hierher umgesiedelt.[94] Nur ein kleinerer Teil ist daher *nicht* mit der deutschen Sprache aufgewachsen (z. B. im Kindergarten) und musste Deutsch nach der Einreise völlig neu erlernen (im Kindergarten und in

[94] Das liegt daran, dass die Kinder zwischen 10 und 17 Jahren alt sind und die Eltern i. d. R. Ende der 1990er-Jahre oder nach 2000 zugewandert sind. Denn im Allgemeinen unterscheidet sich die Gruppe der Spätaussiedler von anderen Migranten dadurch, dass die Jugendlichen mehrheitlich noch im Herkunftsland geboren und selbst nach Deutschland zugewandert sind, während Jugendliche in anderen Migrantengruppen der zweiten oder dritten Einwanderergeneration angehören und mehrheitlich bereits in Deutschland geboren wurden. Siehe auch: DJI (Kuhnke / Schreiber), 2008.

der Grundschule). Wenn die Kinder im Herkunftsland geboren wurden und erst später in das deutsche Schulsystem einmündeten, haben sie durch Sprachprobleme auch große Schwierigkeiten in der Schule.

Fast alle Spätaussiedler-Eltern berichten, dass sie in ihrer Erziehung die Kinder zu **Leistung und Disziplin in der Schule** auffordern. Vor allem Väter schildern ihren Erziehungsstil weniger als partnerschaftlich, sondern geprägt von der Autorität der Eltern und einem klaren Wertekanon („Fleiß“, „sich anstrengen“, „Disziplin“ u. a.). Eltern, die selbst über eine hohe Bildung verfügen, fordern ihre Kinder z. B. dazu auf, viel zu lesen oder in der Freizeit (russische) Gedichte zu lernen. Sie sind bereit, hier bewusst eine Vorbildfunktion zu übernehmen, wobei es auch um Distinktion gegenüber anderen Eltern geht.

Von fast allen Eltern werden die Kinder bei der Bewältigung des konkreten Schulalltags auf sich allein gestellt: Die Eltern helfen nicht (oder nur selten) bei den Hausaufgaben und Prüfungsvorbereitung und fragen selten ab. Als Gründe führen sie an, dass sie aufgrund anderer Lerninhalte in ihren Herkunftsländern, zum Teil auch aufgrund ihrer Defizite der deutschen Sprache (Verständnisprobleme von Aufgabenstellungen) ihre Kinder schulisch kaum unterstützen *können*. Ihre Unterstützung erfolgt daher vor allem in drei Richtungen:

1. *Fordern von (mehr) Engagement ihres Kindes:* Spätaussiedler-Eltern halten ihre Kinder gezielt zu selbstverantwortlichem Lernen an. In den Schulalltag greifen sie dann ein, wenn Defizite oder Probleme sichtbar werden und ein Scheitern droht. Sie kümmern sich dann um Nachhilfe, verordnen Lernzeiten und kontrollieren die Erledigung der Hausaufgaben.
2. *Aufzeigen eines klar strukturierten Rahmens:* Dieser wird über eine klare (teil-) traditionelle Rollen- und Aufgabenteilung der Eltern vorgelebt und durch eine wertkonservative Haltung mit der Wertschätzung der Eltern sowie von Disziplin und Fleiß eingefordert.
3. *Sportliche Aktivitäten (für Jungen), künstlerisch-kreative Aktivitäten (für Mädchen):* Spätaussiedler-Eltern mit höheren Bildungsabschlüssen legen auch im Bereich der Freizeit ihrer Kinder Wert auf die Beschäftigung mit Bildung. Beispielsweise achten sie darauf, dass ihre Kinder lesen (deutsch und / oder russisch; z. B. Gedichte in Russisch lernen). Zudem gibt es eine stärkere Förderung von sportlichen Aktivitäten (Volleyball, Schwimmen u. Ä.) sowie vor allem bei Mädchen von musischen Aktivitäten (Klavier, Ballett).

„So, und wenn wir sehen, das läuft schlecht, ja, dann machen wir wieder Druck und er kommt auch zu Verbesserung, ja."

„Ich habe gesagt, wenn du irgendwelche Probleme hast, wenn du was nicht verstehst, dann musst du mir sagen. Ich kann ihm nicht helfen, ja, aber wir können zu der Nachhilfe kommen, damit er gut, besser wird."

„Und ich will, dass mein Sohn gut in der Schule ist und meine Tochter."

„Weil, die Aufgaben, zum Beispiel Mathe, ja ich kann nicht, überhaupt verstehe nicht ganz, was er macht, ganz anderes dies Bildungssystem in Russland. Ich kann ihm nicht helfen."

„Meine Tochter weiß schon zwanzig Gedichte auswendig, russisch, wir lernen immer so, dass sie so ein bisschen besser funktioniert."

Traditionelle Rollenmuster: Übertragung auf ihre Kinder und auf Lehrer

Bei Spätaussiedlern in fast allen Migranten-Submilieus gibt es eine klare Präferenz für **traditionelle Geschlechterrollen** und diese **werden ganz selbstverständlich praktiziert**: Männer erwirtschaften hauptsächlich das Familieneinkommen und Frauen kümmern sich vorrangig um den Haushalt, die Organisation der Familie, die Erziehung und die Bildung der Kinder und erst dann auch um den Zuverdienst. Oft reicht das Erwerbseinkommen der Männer nicht aus, um das Auskommen der Familie adäquat sichern zu können, sodass eine Erwerbstätigkeit der Frau notwendig ist. Auch qualifizierte berufstätige Frauen sehen die Aufgabe von Erziehung und Bildung in der Familie schwerpunktmäßig bei sich selbst – selbst wenn sie faktisch Familienernährerin sind.

„Das ist meine Sache. Das war in Russland immer so: Die Frauen kümmern sich um die Kinder und die Männer verdienen Geld."

„Diese Klassenversammlungen so, das macht meistens meine Frau."

„Es wäre besser, wenn die Frau könnte mehr Zeit für ihre Kinder zu Hause bleiben. Deswegen müssen die Männer auch was verdienen können. Wie das früher war, das war besser."

„Das ist leider hier in Deutschland diese Mainstream-Bewegung. Ja, was für die Familie ist gut, da machen sie alles umgekehrt, da machen sie ihr ganzes System kaputt."

Diese Aufgabenverteilung korrespondiert mit einem klaren Geschlechterbild: Männer sind härter, gradliniger auf Disziplin bedacht, Frauen dagegen weicher, emotionaler, fürsorglicher. Diese Rollenzuschreibungen werden sowohl auf die eigenen Söhne und Töchter als auch auf Lehrerinnen und Lehrer übertragen:

- **Lehrerinnen** gelten als emotionaler und weicher, sie würden mehr auf die Kinder eingehen und diesen mit mehr Verständnis und Zuwendung begegnen. Männliche Lehrer seien strenger und hätten mehr Autorität. Disziplin und Autorität aber seien für die Werteerziehung und den geordneten Unterricht in der Schule besonders wichtig. Deswegen bedürfe es in der Schule eines Lehrpersonals, das Disziplin auch einfordern und durchsetzen kann. Natürlich würden das auch Frauen können, aber Männer hätten mehr Autorität. Daher sollte es an den Schulen ein ausgewogenes Verhältnis von Lehrerinnen und Lehrern geben, weil Jungen wie Mädchen gleichgeschlechtliche Bezugspersonen brauchen (Lehrer für Jungen, Lehrerinnen für Mädchen).
- Es bestehen unterschiedliche Zuschreibungen für Söhne und Töchter: **Mädchen** werden von Spätaussiedler-Eltern als fleißiger erlebt und täten sie deshalb in der Schule leichter. **Jungen** hingegen hätten generell ein „unruhigeres Potenzial" und ein geringeres schulisches Interesse und Engagement; sie würden sich schwertun, sich auf die schulischen Anforderungen einzulassen (außer in naturwissenschaftlichen Bereichen). Einige Eltern beklagen ein aggressives Konfliktverhalten ihres Sohnes im Umgang mit Klassenkameraden. Die Ursachen sehen sie in einer anderen, biologisch begründeten Mentalität sowie – wenn ihr Sohn in Russland / Kasachstan / Ukraine o. a. geboren ist – in einer anderen kulturellen Prägung mit anderen Männlichkeitsbildern: Die Lehrer / -innen in den Herkunftsländern hätten bei Konflikten nicht so schnell eingegriffen und Lösungen vermittelt, wie das Lehrer / -innen in Deutschland täten.

„Die Lehrerinnen sind nicht so streng. Aber wenn ein Mann sagt, das ist ganz anders wie eine Frau ja. Und die Frauen sind immer ein bisschen weich. Aber manchmal braucht man so richtige männliche, strenge Wörter. Damit die Kinder zuhören."

„Ihm ist das alles leichter, obwohl ich dachte immer, die Jungs sind immer sowieso schlechter in der Schule, nur in Physik können sie wahrscheinlich oder Mathematik."

„Mädchen kommen eher in der Schule zurecht, weil sie fleißig sind."

Auf einen ersten Blick zeigen sich bei den Eltern keine Unterschiede in den Bildungsambitionen bezüglich Mädchen oder Jungen. Für beide Geschlechter wird das

Ziel genannt, sich durch einen guten Schulabschluss Optionen für einen guten Beruf zu eröffnen. Deshalb würden keine Unterschiede in der Förderung von Töchtern oder Söhnen gemacht. Diese gesellschaftlich adaptierte und als sozial erwünscht erkannte Gleichstellungsnorm wird von Spätaussiedler-Eltern aber durch ihre eigenen tief verwurzelten Rollenbilder unterlaufen. Bei einigen Eltern, u. a. auch bei höher qualifizierten und erwerbstätigen Müttern, besteht die Haltung, dass der Bildungsabschluss und der Erwerbsberuf für Frauen nicht dieselbe Notwendigkeit hätten wie für Männer, weil Frauen immer noch heiraten könnten und damit versorgt wären.[95]

Vielfältige Erfahrungen von Chancenungleichheit

Es sind besonders die Eltern mit höherer Bildung sowie geringem Prestige und Einkommen in ihrer aktuellen Erwerbstätigkeit, die es für eine gesellschaftspolitisch höchst ungerechte Situation halten, dass materielle Ressourcen der Eltern einen größeren Einfluss auf den Bildungserfolg der Kinder haben als der Bildungsstand der Eltern. Das deutsche Schulsystem bevorzuge die wirtschaftliche Elite und benachteilige die ökonomisch Schlechtergestellten. **Ein guter Schulabschluss sei in Deutschland primär eine Frage des Geldes**. Die eklatante Ungerechtigkeit im deutschen Bildungssystem liegt ihrer Wahrnehmung nach darin, dass Kinder mit erhöhtem Förderbedarf im öffentlichen Schulsystem nicht die individuell notwendige Förderung bekommen. Die Schule wird ihrer Aufgabe nicht gerecht, das auszugleichen, was den Kindern zu Hause an bedarfsgerechter Unterstützung fehlt.

Die eigentliche Ursache für die ungleichen Bildungschancen liegt nach Ansicht der Spätaussiedler-Eltern also in einer **ungerechten Bildungskultur**, bei der die Chancen der Kinder von der soziale Lage der Eltern – ihren finanziellen, persönlichen, sozialen und auch kulturellen Möglichkeiten der Unterstützung – abhängig sind. Systematische Chancen*un*gerechtigkeit entstehe allein schon dadurch (sehr früh), dass Förder- und Freizeitangebote sowie Angebote der musischen und sportlichen Entwicklung in Deutschland fast immer privat finanziert werden müssten. So würden finanziell schlechter gestellte Kinder systematisch benachteiligt.

„In Russland für Kinder war alles kostenlos. Der Sportunterricht oder, egal, was du machst, brauchst du kein Geld bezahlen".

95 Damit unterscheiden sie sich von den türkischen Eltern, die diese Einstellung mittlerweile als nicht mehr sinnvoll aufgegeben haben zugunsten gleich hoher Bildungsambitionen für Mädchen und Jungen.

„Ich habe ein bisschen Klavier gespielt und ich war in einer Tanzschule und im Ballett. War und ist kostenlos. Konnten wir alles machen, was wir wollten. So viele Angebote waren da und war alles kostenlos. Jetzt ist auch nicht mehr."

„Okay, wenn du auf der Straße hörst: ‚Ah, du bist Ausländer', das kann man verstehen. Aber wenn der Lehrer das macht, das kann nicht sein. Das war für mein Kind so beleidigend. Er hat viel geweint, als er auf der Grundschule war."

„Ja, das Geld spielt eine Rolle. Jedes Kind kann eine gute Bildung bekommen, wenn es will. Aber zum Beispiel wenn dein Kind Hilfe braucht und ich kann nicht dafür helfen, das vermindert die Chance für meine Kinder."

5 Rahmenbedingungen und Perspektiven von Lehrern

Es gibt nicht nur eine veränderte und vielfältiger gewordene Schüler- und Elternschaft aus einer sich immer mehr ausdifferenzierenden Vielfalt von Milieus. Auch die Lehrerschaft hat sich verändert: Lehrerinnen und Lehrer kommen nicht aus einem bestimmten Milieu, sondern die Lehrerschaft rekrutiert sich aus verschiedenen Milieus der Mittelschicht und Oberschicht. Dabei hat es in den vergangenen drei Jahrzehnten durch den demografischen Wandel eine erhebliche Verschiebung gegeben: Das traditionelle Segment, das in den 70er- und 80er-Jahren etwa ein Drittel aller Lehrer stellte, hat heute nur noch einen Anteil von zehn Prozent, während junge Lehrer / -innen zunehmend aus den soziokulturell jungen Milieus (Performer, Expeditive, Hedonisten) kommen. Mehr als die Hälfte aller Lehrer kommt allerdings aus den beiden Milieus der Postmateriellen und der Bürgerlichen Mitte, die in den Schulen quantitativ sowie aufgrund ihrer dort institutionalisierten Kultur dominant sind und den Lehrerberuf prägen.

Diese Entwicklung einer soziokulturellen Verjüngung der Lehrerschaft wird sich in den nächsten fünf bis zehn Jahren vermutlich fortsetzen, weil ein großer Teil der heutigen Lehrer in den Ruhestand geht und der Generationenwandel eng mit einem Milieuwandel verbunden ist.

Auch die Anforderungen des Lehrerberufs haben sich in den vergangenen 10 bis 15 Jahren erheblich verändert: Schule ist der Ort, an dem die **verschiedenen gesellschaftlichen Veränderungen aufeinandertreffen.** Die Folgen dieser Veränderungen lasten bislang weitgehend auf den Schultern der einzelnen Schulen und der Lehrerinnen und Lehrer. Noch mangelt es an geeigneten Konzepten, auf die immer heterogener werdende soziale und kulturelle Herkunft der Kinder, eine wachsende soziale Ungleichheit, eine veränderte Mediennutzung der Jugendlichen und die Zunahme von Problemlagen in den Elternhäusern zu reagieren.

Das professionelle Selbstverständnis und die Aufgabenbeschreibung des Lehrerberufs haben sich faktisch gewandelt, weil die vielfältigen Spät- und Nebenfolgen des beschleunigten gesellschaftlichen Wandels in der Schule kumulieren. So ist Schule ein Kaleidoskop gesellschaftlicher Veränderungen, die in ganz anderen Bereichen ihren Ursprung haben: Schule als Institution und ihr Personal (Schulleitung, Lehrerinnen, Lehrer) sind nicht nur herausgefordert, sondern gezwungen, mit diesen Problemen klarzukommen. Lehrer sehen sich infolgedessen in ihrem beruflichen

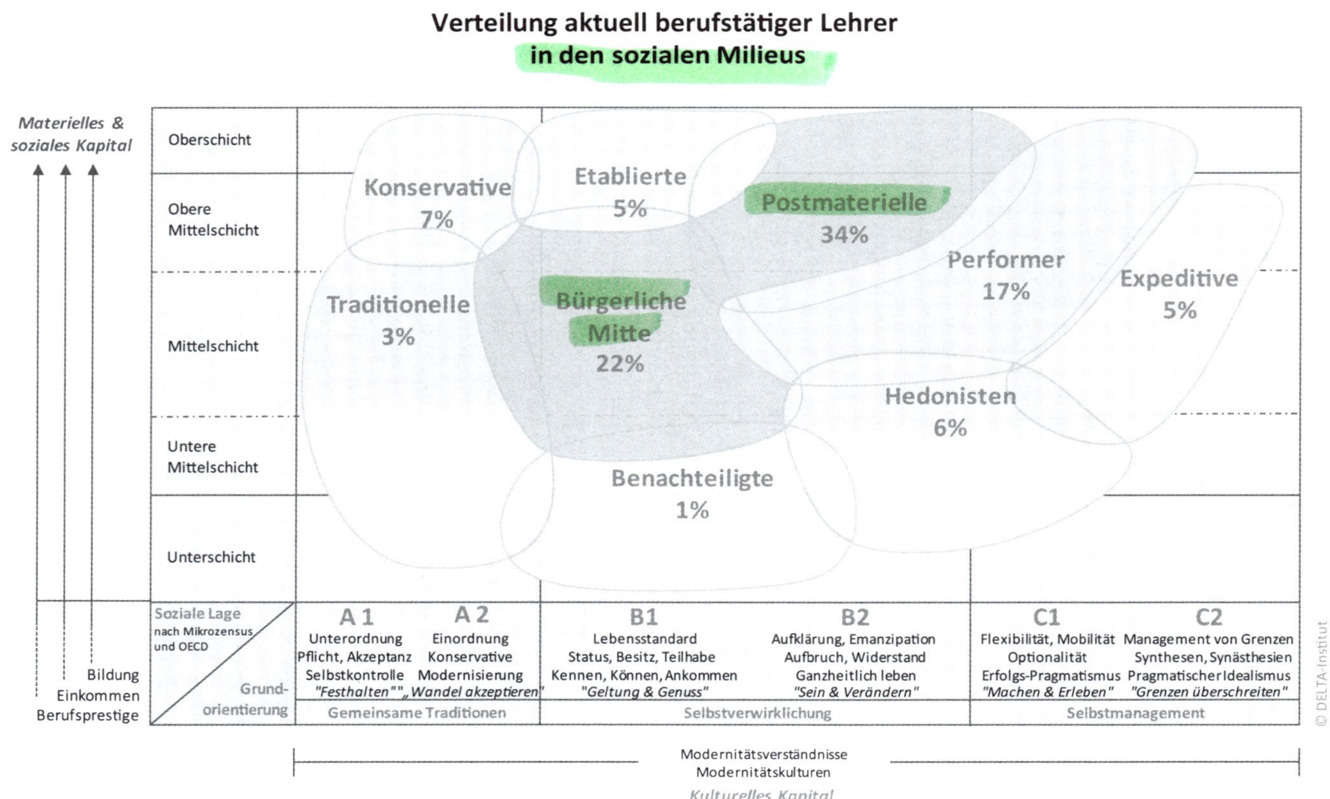

Quelle: Bevölkerungsrepräsentative Befragung 2012
Teilstichprobe: 623 Lehrer

Abb. 5.1: Verteilung aktuell berufstätiger Lehrer in den sozialen Milieus

Alltag zunehmend mit Aufgaben konfrontiert, die über das Unterrichten hinausgehen: Sie sind für Schüler (und Eltern) immer häufiger Ansprechpartner für Probleme, die nur bedingt etwas mit Schule zu tun haben, sie sollen Erziehungshilfe leisten, Therapeuten ersetzen, interne Controllingprozesse gewährleisten und bürokratische Arbeit erledigen. Diese Ausweitung der Lehreraufgaben ist schleichend erfolgt, mit dem Ergebnis, dass ein Teil der Lehrer heute „mit dem Rücken zur Wand steht“ und Lehrer in ihrem Alltag nach (individuellen) Konzepten suchen müssen, um der Fülle an Aufgaben und Herausforderungen gerecht zu werden, ohne sich selbst auszubeuten.

5.1 Beruf: Verständnis, Anspruch und Alltagserfahrung

Beruf Lehrer: vielfältige Aufgaben und breites Rollenrepertoire

Im Selbstverständnis der Lehrer ist ihre **Kernaufgabe ein gelungener Unterricht.** Dazu gehört nicht nur, ihren Schülern Wissen zu vermitteln, sondern auch, in einem umfassenderen Sinn zu deren persönlicher und sozialer Bildung beizutragen. Neben den fachlichen und methodischen Kompetenzen bildet eine gute Beziehung zwischen Lehrern und Schülern die grundlegende Basis dafür. Wie diese konkret ausgestaltet wird, ist zwar individuell verschieden, wichtig ist jedoch allen Lehrern, dass sie als Persönlichkeit ein auf Respekt und gegenseitiger Wertschätzung beruhendes Verhältnis zu den Schülern aufbauen, auf dessen Grundlage Bildungsinhalte nachhaltig vermittelt werden können. Dazu gehören im *Kerngeschäft Unterricht* insbesondere:

- Die **Motivation der Schüler** zur Beteiligung am Unterricht, zur Beschäftigung mit dem Stoff und zum Lernen, damit diese die schulischen Leistungsanforderungen erfüllen
- Die **Individualisierung** und Anteilnahme an den Lernerfolgen und Entwicklungen einzelner Schüler einerseits, die **Leitung** des gesamten Klassenverbandes andererseits
- Über den konkreten Unterricht und damit über die Interaktion mit den Schülern hinaus: Verständnis von Unterricht als Managementaufgabe, Planung von Lehrveranstaltungen, inhaltliche sowie methodische Vor- und Nachbereitung der einzelnen Unterrichtseinheiten, zielgerichtetes Stellen und Kontrollieren von Hausaufgaben sowie Vorbereiten und Korrigieren schriftlicher Leistungsnach-

weise; damit korrelierend: fachliche und methodische Weiterbildung, um auf dem aktuellen Stand zu sein

Eine weitere Aufgabe liegt in der Elternarbeit. Dazu gehören Elternabende, persönliche Elterngespräche über Abläufe an der Schule, das Informieren der Eltern über den Leistungsstand eines Schülers / einer Schülerin und die gemeinsame Suche nach Lösungen bei individuellen Problemen (z. B. Absacken der Leistungen). Hier sind Lehrer gefordert, sich im Verlauf der Berufsausübung kommunikative Kompetenzen und Strategien anzueignen, die für sie stimmig und für die weitere Interaktion mit Schülern und Eltern zielführend sind.

Darüber hinaus sind Lehrer durch die Teilnahme an Konferenzen, das Berichtswesen, Fachschaftssitzungen, Schulentwicklungsprozesse und sonstige bürokratische Erfordernisse in den nach außen meist unsichtbaren Teil der gesamten Schulorganisation eingebunden.

Zugleich ist mit diesen unterschiedlichen Aufgaben ein **breites Rollenrepertoire** verbunden, das sich aus diesen Aufgaben ergibt und auf das professionelle Selbstverständnis der Lehrer wirkt. Lehrer werden vonseiten der diffusen Instanz „Gesellschaft" sowie von Eltern in unterschiedlicher Hinsicht in Anspruch genommen und gefordert: als Wissensvermittler, als Erzieher, als Fachdidaktiker, als weibliches bzw. männliches Rollenvorbild, als Sozialpädagoge, als Therapeut oder gar als Hausmeister. Zufriedenheit im Beruf bedeutet für Lehrer, dass diese vielfältigen Aufgaben in einem ausgewogenen Verhältnis stehen – mit einem ganz klaren Fokus auf die Kernaufgabe: einen guten Unterricht. Dieses breite Repertoire an Aufgaben und Rollen erfordert neben fachlichen eine Vielzahl weiterer Kompetenzen, für die Lehrer professionell (etwa im Studium) kaum ausgebildet werden. Vielmehr müssen sie sich diese Kompetenzen individuell und autodidaktisch aneignen. Dennoch werden sie in der Zuständigkeit und Verantwortung gesehen – gerade wenn die Dinge in der Schule schieflaufen, wenn Schüler sich anomisch verhalten, wenn sie außerschulischen Belastungen (im Elternhaus, in der Peergroup oder in sozialen Netzwerken) ausgesetzt sind und diese mit in die Schule tragen, wenn sie Lernprobleme haben, wenn sie desinteressiert oder unkonzentriert sind oder wenn sie die Versetzung, den Abschluss oder den (von Eltern) angestrebten Notendurchschnitt nicht erreichen.

„Versuchen Sie mal, eine Aufgabenbeschreibung für Lehrer zu finden. Ich habe keine Grenze, wo ich mal sagen kann: Stopp, nehmt mir das mal ab." (Lehrer, Realschule, NRW)

Berufliche Identität von Lehrern: Beruf oder Berufung?

Die meisten Lehrer/-innen beschreiben ihr berufliches Leitbild und ihr professionelles Selbstbild sowohl über bestimmte Motive für ihre Berufswahl als auch über Ziele, die nie endgültig erreicht werden können, sondern täglich immer wieder neu erarbeitet werden müssen, und über Werte, Tugenden und persönliche Fähigkeiten:

- Einen **sinnvollen Beruf** *ausüben* mit hoher, zukunftsgerichteter gesellschaftlicher Relevanz: jungen Menschen Lebensperspektiven ermöglichen, sie „leiten und begleiten auf ihrem Lebensweg"[96]
- Eine **gute persönliche Beziehung** zu den Schülern aufbauen, die auf einer grundsätzlich positiven Haltung und Offenheit diesen gegenüber beruht
- Die **Kompetenz, „guten" Unterricht machen zu können**, eine Gruppe von Kindern und Jugendlichen im Klassenverband leiten zu können (s. o.) – eine Sicherheit, die in vielen Fällen auf konkreter Erfahrung, z. B. in der Jugendarbeit, basiert und dann auch entscheidend für die Berufswahl und die berufliche Motivation wird
- Das *persönliche* **Vermögen, mit den wechselnden Anforderungen des Berufs zurechtzukommen** und konstruktiv auf die Folgen gesellschaftlichen Wandels an der Schule reagieren zu können

Trotz immenser Herausforderungen äußern die meisten Lehrerinnen und Lehrer eine hohe Zufriedenheit mit ihrem Beruf. Die Motive der Berufswahl spielen dabei ebenso eine Rolle wie die durch Erfahrung gewonnene Sicherheit und Bestätigung, *tatsächlich* den richtigen Beruf zu haben und für diese Tätigkeit mit ihren täglich wechselnden Anforderungen geeignet und befähigt zu sein. Daneben äußern Lehrer, dass sie die weitgehende Autonomie bei der Gestaltung ihres beruflichen Alltags und den Abwechslungsreichtum ihres Berufes sehr schätzen – es ist „nie langweilig" und „kein Tag ist wie der andere". Ein weiterer Aspekt bei der Wahl des Berufs ist auch, als Beamter einen ökonomisch sicheren „Job" zu haben und diesen lebenslang ausüben zu können.[97]

[96] Bildung von Jugendlichen, auch mit dem Ziel, dass diesen später dadurch eine Integration in den Arbeitsmarkt gelingt.

[97] Der Aspekt der Verbeamtung war auch Thema in den Interviews im Bundesland Berlin, wo Lehrer „nur" Angestellte sind, was als große Ungerechtigkeit und Benachteiligung gegenüber Kollegen aus anderen Bundesländern verstanden wird.

„Ich war früher lange in der Jugendarbeit und habe da bald gemerkt, dass mir das liegt, dass ich einen Draht zu Jugendlichen habe." (Lehrerin, Realschule, Baden-Württemberg)

„Also, sagen wir einmal so, ich habe ganz viele Jahre lang Jugendarbeit gemacht und wusste, dass ich in dem Bereich eigentlich meine Fähigkeiten habe. Ich bin eigentlich immer gut mit Kindern und Jugendlichen zurechtgekommen und das hat mir eigentlich immer Spaß gemacht." (Lehrerin, Hauptschule, Bayern)

„Die Freiräume, die ich habe, diese Gestaltungsmöglichkeiten und dieses zeitnahe Feedback, das ich bekomme, das haben Sie nirgends sonst. Und alles, jede Stunde ist einfach spannend." (Lehrer, Realschule, Bayern)

„Kraft geben mir meine Schüler, weil es irgendwie schon ein Erfolgserlebnis ist, die Arbeit mit den Schülern. Ich bin gerne dabei, den Schülern etwas zu vermitteln, an den Lernerfolgen, die sie dann doch haben, teilzuhaben. Auch mal Schüler aus einem Tief herauszuholen, zu motivieren. Ich denke, das sind auch meine Stärken, dass ich die Schüler motivieren kann und auf der menschlichen Ebene abholen kann, und sie auf die fachliche Ebene rüberführen kann. Das ist eine Grundvoraussetzung, damit das System funktionieren kann." (Lehrer, Mittelschule, Bayern)

„Warum es so gut ist? Weil jeder Tag anders ist, weil ich Gestaltungsmöglichkeiten habe, weil ich gut klarkomme mit allem, weil ich mir Dinge auch gesucht habe, die mich interessieren, die ich in meinen Beruf integriert habe." (Lehrer, Realschule, Bayern)

„Ich bin jetzt acht Jahre an der Schule und ich muss sagen, ich bin nach wie vor sehr zufrieden. Es macht mir nach wie vor unheimlich viel Spaß. Durch meine Leitungsfunktion im Sportbereich kann ich selber ganz viel mitgestalten. Ich kann was voranbringen." (Lehrer, Gymnasium, Baden-Württemberg)

Kollegium und Schulleitung sind wichtige Faktoren für berufliche Zufriedenheit

Die Bedeutung des Kollegiums für die Zufriedenheit im Beruf darf nicht unterschätzt werden. Lehrer verstehen sich in weiten Teilen ihres beruflichen Alltags als Einzelkämpfer, die individuell ihren Weg zum Gelingen des Unterrichts, zu einer zufriedenstellenden Kommunikation mit den Schülern und einer guten Beziehung zu ihnen sowie für die Elternarbeit finden müssen. Austausch und gegenseitige Unterstützung im Kollegium sind daher für den Berufsalltag sehr wichtig. Im optimalen Fall beschreiben Lehrer das Kollegium als sozialen Raum, in dem sie ein Wirgefühl bei der Bewältigung des schulischen Alltags erleben. Das Kollegium bietet dann auch einen räumlichen und **sozialen Rückzugsraum**, in dem sich Lehrer in ihrer Berufsidentität aufgehoben fühlen und in ihrem **fachlichen wie didaktischen Handeln rückversichern** können. Insbesondere der Austausch mit (erfahrenen) Kollegen spielt dabei eine wichtige Rolle. Zum einen trägt er zur Verbesserung der fachlichen Qualität bei, zum anderen ermöglicht er eine Reflexion über die eigene innere Haltung. Der gemeinsame Anspruch an das Niveau des Unterrichts und der gesamten Gestaltung des schulischen Lebens ist in den Augen der Lehrer letztlich ein entscheidender Faktor für eine gelingende Schulkultur.

„Wenn man sich im Kollegium gut fühlt, ist das schon mal die halbe Miete. […] Ich stehe da drin, ich weiß meine Position, ich habe auch gute Freundschaften." (Lehrer, Gymnasium, Bayern)

„Positiv finde ich vor allem, dass wir ein ganz gutes Kollegium haben, dass wir gut miteinander arbeiten. […] Also das ist schon so, auf der persönlichen Ebene stimmt das halt." (Lehrerin, Hauptschule, Baden-Württemberg)

„Die Fusion, die wir jetzt haben, überfordert natürlich auch die Schulleiterin extrem, das heißt, die ist kaum anwesend, die schwankt immer zwischen den Gebäuden hin und her, sodass man auch ganz wenig Ansprechpartner hat, und das ist halt, was momentan zu einer ziemlichen Unzufriedenheit führt. Weil ja viele Sachen liegen bleiben, das heißt, man kann Dinge immer erst irgendwie nach und nach klären, weil man dann eben gerade keinen Termin bekommt oder die Schulleitung ist gar nicht im Haus und erst in drei Tagen da oder so, das ist nicht sehr zufriedenstellend." (Lehrerin, Sekundarschule, Berlin)

Umgekehrt korreliert eine berufliche *Un*zufriedenheit meist mit einer Häufung ungünstiger Bedingungen: hohe bürokratische Anforderungen sowie Umstrukturierungen, z. B. eine Fusion mit einer anderen Schule. Damit geht zum Teil einher, dass die Schulleitung für andere Belange (über längere Zeit) nicht erreichbar ist: Es gibt nur noch diese eine große Aufgabe, alles andere wird auf später verschoben.

Kaum Aufstiegschancen: „Sackgassencharakter" des Berufs

Die Aussichten, beruflich vorwärtszukommen, sind im Lehrerberuf gering. Mehr Engagement „lohnt" sich meist nicht oder zahlt sich erst nach langer Zeit in Form einer moderaten Leistungsbezahlung oder einer der raren Aufstiegsmöglichkeiten aus.

Die Mehrheit der interviewten Lehrer / -innen gab an, dass es in ihren Augen wichtig für die berufliche Zufriedenheit sei, in ihrem Bereich „etwas gestalten und verändern zu können" – sei es durch die Übernahme von Verantwortungsbereichen (zum Beispiel im Sportbereich oder Beratungsaufgaben), sei es durch den Aufbau eigener neuer Arbeitsfelder. Als nachteilig empfinden die meisten Lehrer jedoch, dass sich ein damit verbundenes Mehrengagement weder in der Bezahlung noch in einem beruflichen Aufstieg niederschlägt. Der Sackgassencharakter des Berufs, der keinen Aufstieg in eine höhere Gehaltsklasse oder in Bereiche mit mehr Verantwortung bietet („Da gibt es den Schulleiter und darunter nichts mehr"), erfordert ein **hohes persönliches Engagement und die Fähigkeit, aus den Erfolgen an sich zu schöpfen**. Lehrer, die überdurchschnittliches Engagement zeigen, sind sich im Klaren, dass sie gegenüber den Lehrern, die „Dienst nach Vorschrift machen", erst einmal in keiner Weise belohnt werden. Dieser Aspekt ist auch für die Schulleitungen relevant, weil sie kaum Möglichkeiten haben, Leistung adäquat, individuell und zeitnah in Form einer Gehaltserhöhung zu honorieren.

„Leistungsaspekte oder auch Unterschiede in der beruflichen Tätigkeit eines Lehrers kommen gar nicht zur Geltung oder immer nur so versteckt in diesen Beurteilungen. Die Diskussion, weil wir alle gleich viel verdienen, müssen wir alle auch gleich viel arbeiten, ist unsäglich. [...] Warum soll ein Lehrer nicht doppelt so viel verdienen wie der andere? Stelle ich einfach mal so in den Raum." (Lehrer, Realschule, Bayern)

„Es gibt keine Instrumente, Leistung zu honorieren." (Lehrer, Realschule, Nordrhein-Westfalen)

„Was ich nicht gut finde: Es gibt keine Belohnungsmöglichkeit, um engagierte Lehrer gegenüber unengagierten auszuzeichnen." (Lehrer, Gesamtschule, Baden-Württemberg)

Oft unbefriedigende Rahmenbedingungen in der Schule

Dreißig Kleiderbügel für die Jacken und Mäntel, achtzig Arbeitsplätze in einem Raum, neun Computer in einem zwölf Quadratmeter großen Zimmer: Das sind die Rahmenbedingungen für hundert Lehrer einer Schule. Aufenthaltsräume oder Besprechungszimmer existieren meist nur in geringer Zahl, sodass jeweils Absprachen über die Raumnutzung nötig sind. Die Mehrheit der Lehrer kritisiert vehement die unbefriedigenden Bedingungen am Arbeitsplatz: Es fehlen geeignete ruhige Räume für die Korrekturarbeit, wenn man diese an der Schule vornehmen möchte (oder muss), für die Vorbereitung von Unterrichtseinheiten, für die Erledigung von bürokratischen Tätigkeiten oder auch für den zeitweisen Rückzug. Denn die Lehrerzimmer sind allenfalls für die Kommunikation der Lehrer untereinander geeignet. Die Tatsache, dass die meisten Lehrer nach Schulschluss nicht im Schulgebäude verbleiben (möchten), um dort zu arbeiten, hängt zu einem großen Teil mit diesen unbefriedigenden räumlichen Gegebenheiten zusammen. Das schränkt für Lehrer auch eine Identifikation mit dem *Arbeitsort* Schule ein. Diese Problematik verschärft sich im Zuge des zunehmenden Ausbaus der Schulen zu (offenen) Ganztagesschulen und der damit verbundenen längeren Anwesenheit der Lehrer an der Schule. Das Fehlen eines eigenen, ruhigen Arbeitsplatzes fällt nun noch deutlicher ins Gewicht. Denn vieles von dem, was Lehrer sonst zu Hause erledigen (z. B. Korrekturen und Unterrichtsvorbereitung), muss dann zwangsweise in die Schule verlagert werden. Eine wirklich zufriedenstellende Umgestaltung von Schulen zu Ganztagsschulen setzt aus Sicht der Lehrer daher unbedingt voraus, dass sich die räumlichen Rahmenbedingungen für Lehrer massiv verbessern.[98]

„Es ist ja eigentlich die Lächerlichkeit des 21. Jahrhunderts, […] wir haben riesige Räumlichkeiten in den Schulen und dann hat man ein Lehrerzimmer, das ist ja kein Arbeitsraum, das ist im Prinzip ein Besprechungsraum. Die Situation ist die, dass […] so gut wie keiner Rahmenbedingungen in der Schule hat, die dazu führen, dass ein längeres Verbleiben keine Belastung ist." (Lehrer, Realschule, Bayern)

„Und dann sitzen wir eingepfercht in unserem Lehrerzimmer mit hundert Kollegen und jeder hat so einen Quadratmeter vor sich. Das sind alles irgendwo solche Dinge, die also den Alltag wirklich schwer machen, ja." (Lehrer, Gymnasium, Bayern)

„Das Thema Arbeitsbedingungen für Lehrer ist ein ganz gewaltiges, was leider auch den Druck verstärkt." (Lehrer, Gymnasium, Rheinland-Pfalz)

„Das ist schon sehr eingeschränkt der Raum, den ich für das Arbeiten in der Schule habe. Das sind diese Strukturen, die den Lehrerberuf nervig, aufreibend und stressig machen – und das ist unnötig. Wenn ich einen gescheiten Arbeitsplatz an der Schule hätte, die Sachen nicht immer von A nach B transportieren müsste, dann würde ich auch gerne nachmittags dableiben." (Lehrerin, Realschule, Baden-Württemberg)

„Das ist nervig, diese dreifache Buchführung, wenn man für seine Bürokratie drei verschiedene Arbeitsplätze hat: das Klassenzimmer, den Raum im Lehrerzimmer, Zuhause." (Lehrerin, Realschule, Baden-Württemberg)

Öffentliches Berufsimage ist noch zu schlecht

„Morgens haben Lehrer recht und nachmittags frei" – mit diesem Vorurteil kämpft der Berufsstand nach wie vor.

[98] Zu den Bedingungen insgesamt gehört auch, dass Lehrer Zugriff auf notwendiges Material für den Unterricht haben. So führten Lehrer an, dass sie z. B. Tesafilm, Stifte oder farbiges Papier von zu Hause mitbringen und selbst bezahlen müssen.

Lehrer sehen sich verstärkt von mehreren Seiten infrage gestellt: von den Schülern, die ihre Autorität zunehmend hinterfragen und immer weniger akzeptieren; von den Eltern, die das pädagogische Vorgehen, einzelne Benotungen oder gar die Art und Weise der Unterrichtsgestaltung kritisieren; von der Bildungsforschung, die in Vergleichsstudien überwiegend die (vermeintlichen) Defizite einzelner Schulen und damit der Lehrer herausstellt; von der Schulpolitik, die Lehrer bei wichtigen Schulentwicklungsprozessen nicht ins Boot holt; und nicht zuletzt von den Medien, die gängige Lehrerklischees (klagend, besserwisserisch, bequem) seit Jahren unhinterfragt reproduzieren. Hier besteht eine zu große **Diskrepanz zwischen dem öffentlichen Bild eines lockeren Halbtagsjobs und der eigenen Wahrnehmung**, einen anstrengenden, täglich neu herausfordernden, verantwortungsvollen und immer anstrengender werdenden Beruf auszuüben mit einer Arbeitszeit von deutlich mehr als 40 Stunden pro Woche, teilweise 1.000 Stunden Korrekturarbeit pro Jahr (vor allem für Lehrer an Gymnasien) und vielfältigen weiteren Aufgaben neben dem Unterricht.

Lehrer bemängeln in dem Zusammenhang ebenfalls, dass das Bild des Lehrerberufs in der Gesellschaft – und in den Medien – nach wie vor von denjenigen Kollegen geprägt wird, die „Dienst nach Vorschrift“ machen. Das Engagement des größeren Teils der Lehrerschaft wird dagegen nur am Rande wahrgenommen oder wertgeschätzt. Im Gesamten reklamieren Lehrer mehr Anerkennung für die Leistung und vielfältigen Aufgaben, die Lehrer an Schulen übernehmen. Einzig bei Eltern mit Schulkindern meinen Lehrer in den letzten Jahren die Tendenz zu einer positiveren Wahrnehmung und mehr Wertschätzung der beruflichen Leistungen von Lehrern auszumachen.

„Was ich mir sehr wünsche, ist eine positivere Wahrnehmung der Lehrer in der Gesellschaft.“ (Lehrer, Gymnasium, Bayern)

„Die öffentliche Wahrnehmung ist immer noch an den Eltern und Lehrern vorbei, das ist eine Pauschalisierung, die keinem gerecht wird.“ (Lehrer, Realschule, Rheinland-Pfalz)

„Und dann kommt einer wie der Schröder, der die Lehrer als faule Säcke bezeichnet, und das war natürlich verheerend, wenn der das tut als Bundeskanzler.“ (Lehrerin, Realschule, Baden-Württemberg)

„Ich denke, dass es da schon einen Paradigmenwechsel gibt in der Sicht auf die Lehrer bei Eltern von Kindern im schulpflichtigen Alter.“ (Lehrerin, Gymnasium, Baden-Württemberg)

„Ich erlebe schon, dass das Lehrerbild bei den Eltern mit schulpflichtigen Kindern positiv besetzt ist – viel, viel mehr als vor ein paar Jahren noch." (Lehrerin, Realschule, Bayern)

Marginale Unterschiede zwischen jungen und älteren Lehrern

Die Beschreibungen des schulischen Alltags im Kontext der Schülerschaft, der Elternarbeit oder der schulischen Organisation fallen bei jüngeren und älteren Lehrern annähernd gleich aus. Trotzdem zeigen sich in etlichen Punkten doch Unterschiede darin, wie der berufliche Alltag individuell erlebt wird und welche Implikationen er für das eigene Selbstverständnis hat.

Erwartungsgemäß fühlen sich jüngere Lehrer näher an den jugendlichen Lebenswelten. Sie überbrücken eine Distanz zu den Schülern durch ihre eigene Erfahrung von Schule und Studium, die noch nicht allzu weit zurückliegt und noch sehr präsent ist. Durch den Rekurs auf diese eigenen Erfahrungen („wir wissen doch, wie es bei uns war") zeigen sie häufig Verständnis für die individuellen Lebenslagen und Probleme der Schüler und auch für die sehr unterschiedlichen Lebensentwürfe und -modelle der Eltern. Die größere Nähe zum Lebensabschnitt Jugend wird bei jüngeren Lehrern unter anderem in einem „salopperen" Vokabular sichtbar, in der eigenen Erfahrung moderner Lebenswelten von Jugendlichen (insbesondere subkulturell) und auch in einer Affinität zu medialisierten Lebenswelten (z. B. eine größere Vertrautheit mit sozialen Netzwerken).

Wenngleich die intensive Mediennutzung ihrer Schüler von allen Lehrern, unabhängig von Alter und Schulart, kritisch betrachtet und hinterfragt wird, reagieren doch die älteren Lehrer mit weitaus größerem Unverständnis darauf. Sie sind selbst in **analogen Zeit- und Erlebnisstrukturen** aufgewachsen und erleben die Schülerschaft im Vergleich zu „früher", zu ihren Anfangszeiten als Lehrerin oder Lehrer, deutlich verändert. Schüler wenden heutzutage viel Zeit für Computerspiele, Chatten und soziale Netzwerke auf und Lehrer müssen im Unterricht damit umgehen, vielfach auch dagegen ankämpfen, wenn sie die Schüler erreichen und ihnen Wissen und Kompetenzen vermitteln wollen. Doch das passt kaum zu ihrer eigenen Schulzeit und ihren früheren Erfahrungen im Beruf. Hier bemühen sich vor allem ältere Lehrer, ihren Schülern die Vorzüge eines klaren Tagesablaufs mit der Abfolge von Schule, Hausaufgaben und Freizeit nahezubringen (wobei z. B. „klassisch" dem konzentrierten Lernen die sportliche Betätigung an die Seite gestellt wird).

Auch die Umstellung von inhaltsorientierten Curricula auf **prozessorientierte Kompetenzziele** wirft für ältere Lehrer Fragen auf und erzeugt Unbehagen oder gar Abwehr. Insbesondere jüngere Lehrer heben die Offenheit der Kompetenzorientierung hervor, die Freiheit zur individuellen Gestaltung von Unterrichtseinheiten und Vermittlung von Lernstoff lasse. Ältere Lehrer zweifeln dagegen am Sinn der Kompetenzorientierung, wenn die Kompetenzziele am Ende doch wieder in konkrete Inhalte „rückübersetzt" werden müssen, die man doch immer schon vermittelt hat.

Ältere Lehrer sind mit anderen Bedingungen in den Lehrerberuf gestartet und haben andere Bedingungen vorgefunden: Vor zwanzig oder dreißig Jahren gab es eine klare Vorstellung davon, was Lehrer an der Schule zu leisten haben und was nicht. Die Zuständigkeiten haben sich jedoch massiv verändert: Lehrer haben immer schon erzogen, die fachdidaktischen Aufgaben standen aber zu Anfang ihrer Berufsausübung selbstverständlich im Zentrum. Dieses Verhältnis hat sich – je nach Schulart – deutlich verschoben oder sogar umgedreht. Was für jüngere Lehrer Normalitätserfahrung ist, stößt älteren Lehrern teilweise massiv auf.

Gleichzeitig hat sich das Verhältnis zwischen Lehrern, Schülern und Eltern verändert und ist nicht mehr, wie noch vor zwanzig oder dreißig Jahren, gesellschaftlich klar festgeschrieben und akzeptiert. Lehrer erleben, dass ihre Autorität nicht mehr wie früher uneingeschränkt anerkannt wird. Dies wird teilweise begrüßt, teilweise aber auch beklagt, etwa wenn es darum geht, keine Möglichkeiten (mehr) zu haben, Fehlverhalten der Schüler zu sanktionieren. In Bezug auf die Eltern ist die Erfahrung der Lehrer, dass diese im Zweifelsfall eher zu ihrem Kind als zum Lehrer halten. Das erleben jüngere Lehrer ebenfalls, rekurrieren aber nicht mehr auf ein autoritäres Rollenverständnis und verspüren keinen Leidensdruck wie ein Teil der älteren Lehrer, die mit dem Einmischungsverhalten der Eltern deutlich mehr Probleme haben und mit Unverständnis reagieren.

„Das ist nicht mehr meine Schule, für die ich studiert habe und Praktika gemacht habe." (Lehrer, Realschule, Baden-Württemberg)

Steigender Anteil von Frauen und Teilzeitstellen

Nach Angaben des Statistischen Bundesamts gingen Lehrer/-innen in Deutschland im Jahr 2009 durchschnittlich mit 62,7 Jahren in Pension. Gleichzeitig stieg bei den Lehrerinnen und Lehrern der Anteil derer, die die Regelaltersgrenze von 65 Jahren erreichten, auf 41 %.[99] Ein erheblicher Teil der Lehrer geht also weiterhin vorzeitig in den Ruhestand. Hauptsächlicher Grund für das vorzeitige Ausscheiden war „Dienstunfähigkeit".[100] „Besonders bei ehemaligen Lehrern und Lehrerinnen im Schuldienst der Länder war der Anteil der Pensionierungen wegen Dienstunfähigkeit an den Pensionierungen insgesamt in den 1990er-Jahren hoch gewesen. Während im Jahr 2000 noch 64 % der ehemaligen Lehrer und Lehrerinnen wegen Dienstunfähigkeit frühzeitig in den Ruhestand gingen, waren es 2009 nur noch 22 %."[101] Das durchschnittliche Alter, mit dem Lehrerinnen und Lehrer im Jahr 2009 wegen Dienstunfähigkeit in den Ruhestand eingetreten sind, lag bei 57,9 Jahren.

Betrachtet man die Gesamtheit derer, die eine abgeschlossene Lehrerausbildung haben und bis 65 Jahre alt sind (Regelaltersgrenze), zeigen sich signifikante Unterschiede zwischen Frauen und Männern.

- Der Frauenanteil bei den Lehrkräften bewegt sich in den meisten Schularten im Schuljahr 2008/09 zwischen 55 % (an Gymnasien) und 86 % (an Grundschulen). In Förderschulen sind drei Viertel aller Lehrkräfte Frauen. Allerdings sind Frauen in fast allen allgemeinbildenden Schularten (außer in den Förderschulen) in deutlich höherem Maße teilzeit- oder stundenweise beschäftigt als Männer.
- Der Anteil der Vollzeit arbeitenden Männer ist deutlich höher als derjenige der Frauen.
- Nur die Hälfte der für den Lehrerberuf ausgebildeten Frauen ist als Lehrerin Vollzeit berufstätig.

99 Statistisches Bundesamt: Pressemitteilung Nr. 434 vom 25.11.2010.

100 Nach der Einführung von Abschlägen bei der Pensionierung wegen Dienstunfähigkeit im Jahr 2001 ist die Zahl der Lehrer, die wegen Dienstunfähigkeit in Pension gehen, kontinuierlich gesunken – mit einer leichten Ausnahme 2005. Im Jahr 2000 war Dienstunfähigkeit noch fast bei zwei Dritteln der Grund für die Pensionierung. In anderen Berufsfeldern des öffentlichen Dienstes waren 2006 von 14.000 neu pensionierten Beamten und Richtern nur rund 17 Prozent dienstunfähig.

101 Statistisches Bundesamt: Wirtschaft und Statistik. Februar 2011, S. 168.

- Mehr als jede Achte ausgebildete Lehrerin im Erwerbsalter (12,3 %) ist heute nicht mehr als Lehrerin, sondern in einem anderen Beruf erwerbstätig. Von den Männern ist dagegen nur jeder Achtzehnte (5,7 %) aus seinem erlernten Lehrerberuf ausgestiegen und arbeitet heute anderweitig.

Berufsqualifikation „Lehrer" bis zur Regelaltersgrenze von 65 Jahren	**Gesamt**	**Geschlecht**	
		Männer	**Frauen**
	%	%	%
	100,0	100,0	100,0
Erwerbsumfang			
Vollzeit	56,0	**65,5**	49,2
Teilzeit	17,4	10,1	**22,6**
Vorübergehend arbeitslos	5,6	7,3	4,5
Nicht mehr als Lehrer berufstätig	9,7	5,7	**12,3**
Frührentner / -in, Frühpensionär / -in (vorzeitig im Ruhestand)	11,3	11,0	11,5

Tab. 5.1: Berufsqualifikation „Lehrer" bis zur Regelaltersgrenze von 65 Jahren (Quelle: TdW 2011 / 2012; eigene Berechnungen)

Betrachtet man jene, die **derzeit als Lehrer / -innen berufstätig** sind,[102] zeigen sich signifikante geschlechts- und kohortenspezifische Unterschiede und Entwicklungen:

- **Männer haben in der Regel Vollzeitstellen**: 81,4 % der Männer haben eine Vollzeitstelle, aber nur 64,5 % der Frauen.
- **Teilzeitstellen sind überwiegend von Frauen besetzt:** Etwa jede dritte Lehrerin (29,6 %) hat eine Teilzeitstelle mit unterschiedlichen Deputaten von weniger als der Hälfte der regulären Arbeitszeit bis hin zu 75 %, aber nur jeder zehnte Lehrer (10,8 %). Anteile von 45 % und mehr Teilzeitbeschäftigten finden sich in den Grundschulen, den Realschulen und den Gymnasien. Seit 1996 / 97 ist zudem eine Zunahme nicht Vollzeit beschäftigter Lehrkräfte zu verzeichnen.[103]

102 Noch nicht in Rente / Pension, nicht in anderen Berufen, aktiv im Arbeitsmarkt.

103 Autorengruppe Bildungsberichterstattung (Hg.): Bildung in Deutschland 2010. S. 76 f. Die Zahlen beziehen sich auf das Schuljahr 2008 / 09.

- **Seit den 1970er-Jahren sind mehrheitlich Frauen im Lehrerberuf:** In der Alterskohorte der heute berufstätigen Lehrer/-innen ab 55 Jahren (Geburtsjahrgänge bis 1957, Berufsbeginn meist in den 1960er- bis Anfang der 1970er-Jahre) sind 60 % Männer und 40 % Frauen. Diese Generation ist – wie die vorhergehende Lehrergeneration – mehrheitlich männlich. In der Alterskohorte der 40- bis 54-Jährigen (Geburtsjahrgänge 1958–1972, die Babyboomer-Generation, Einstellungswelle Mitte der 1970er- bis Ende der 1980er-Jahre) kehrt sich das bisherige Männer-Frauen-Gefälle um: Nun sind Frauen mit einem Anteil von 61 % in der Mehrheit. Auch in den nachfolgenden Alterskohorten sind Lehrerinnen in der Mehrheit, wenn auch nicht mehr so ausgeprägt wie in der Alterskohorte der 40- bis 54-Jährigen.
- **Jüngere Alterskohorten haben deutlich mehr Teilzeitstellen** als ältere Jahrgänge (Sprung von 11 % bei den 40- bis 54-Jährigen auf 30 % bei den unter 40-Jährigen).

Es gibt eine zeitliche Koinzidenz und inhaltliche Verzahnung von der Zunahme der Frauen im Lehrerberuf und der Zunahme von Teilzeitstellen.

Berufstätig als Lehrer/-in ohne Altersbeschränkung; noch nicht im Ruhestand	**Gesamt**	**Geschlecht**	
		Männer	**Frauen**
	%	%	%
	100,0	100,0	100,0
Erwerbsumfang			
Vollzeit	71,5	**80,0**	64,5
Teilzeit	21,5	11,6	**29,6**
Vorübergehend arbeitslos	7,0	8,4	5,9
Alter			
Bis 39 Jahre	33,6	28,4	**37,8**
40–54 Jahre	36,8	32,1	**40,7**
55 Jahre und älter	29,6	**39,4**	21,5

Tab. 5.2: Berufstätig als Lehrer/-in ohne Altersbeschränkung nach Geschlecht (Quelle: TdW 2011/2012; eigene Berechnungen)

Berufstätig als Lehrer/in ohne Altersbeschränkung; noch nicht im Ruhestand	**Gesamt**	**Alter**		
		Ab 55 Jahre	**40–54 Jahre**	**Bis 39 Jahre**
	%	%	%	%
	100,0	100,0	100,0	100,0
Erwerbsumfang				
Vollzeit	71,5	**77,8**	**76,7**	60,3
Teilzeit	21,5	21,4	11,2	**32,9**
Vorübergehend arbeitslos	7,0	0,8	12,1	6,8
Geschlecht				
Männer	45,0	**60,0**	39,2	38,0
Frauen	55,0	40,0	**60,8**	**62,0**

Tab. 5.3: Berufstätig als Lehrer/-in ohne Altersbeschränkung nach Alterskohorte (Quelle: TdW 2011/2012; eigene Berechnungen)

Geschlechtsspezifische Unterschiede zwischen Lehrerinnen und Lehrern

Mit einer Teilzeitstelle ist für Lehrerinnen und Lehrer in der Regel eine Vielzahl von zusätzlichen Pflichten verbunden, die über den Unterricht und die Arbeit an der Schule hinausgehenden, zumeist Familienarbeit und die Sorge für die eigenen Kinder. Vor allem Lehrerinnen und Lehrern mit eigenen (kleinen) Kindern, deren Partner oder Ehemann nicht ebenfalls im Schuldienst arbeitet, ist es sehr wichtig, die berufliche Belastung individuell auf die familiäre Situation abstimmen zu können.

Nur sehr selten machen Lehrerinnen und Lehrer mit Teilzeitstellen die Erfahrung, dass sie im Kollegium oder von der Schulleitung aufgrund ihrer reduzierten Teilhabe benachteiligt werden. Allerdings wird Mehrengagement in der Schule, das Übernehmen formeller und informeller Rollen, seitens der Schulleitung *eher* an Lehrer/-innen übertragen, die Vollzeit arbeiten. Umgekehrt zeigt sich in der Befragung: Zusatzaufgaben übernehmen von sich aus *häufiger* jene Lehrer/-innen, die Vollzeit arbeiten, während Lehrer/-innen in Teilzeit *eher* eine Grenze ziehen und Mehrengagement aus Rücksicht auf ihre außerschulischen Aufgaben (in der Familie) bewusst ablehnen. Durch diese Praxis gibt es ähnlich wie in Unternehmen der Wirtschaft auch im Schuldienst einen Graben zwischen Teilzeit- und Vollzeitarbeitenden. Und wie in anderen Berufssparten sind es auch im Schuldienst überwiegend Frauen, die den Beruf in Teilzeit ausüben. Anders als in Unternehmen sind Vollzeitstellen im Schuldienst allerdings nicht mit mehr Kompetenzen, Geld und Aufstiegsmöglichkeiten verbunden.

„Teilzeit, das sind bloß Frauen. Das ist so. Also, es gibt keinen einzigen Teilzeitmann bei uns." (Lehrerin, Realschule, Bayern)

„Der Lehrerinnenberuf ermöglicht Teilzeit und Flexibilität." (Lehrer, Gesamtschule, Baden-Württemberg)

Kritik von Lehrern an Lehrern

In den qualitativen Interviews äußerten nahezu alle Lehrer/-innen ein hohes Engagement für ihre Schülerinnen und Schüler. Und die Interviews geben Hinweise darauf, dass besonders engagierte Lehrer/-innen eher zu einem Interview bereit waren. Dass es aber auch weniger engagierte Kolleginnen und Kollegen gibt, betonten alle befragten Lehrer. Allerdings müsse hier differenziert werden: Ein Teil dieser Lehrer könne schlichtweg nicht mehr anders und sei dazu übergegangen, sein Engagement schrittweise immer mehr „herunterzufahren", weil er von den Folgen der Veränderungen und den gestiegenen Herausforderungen im Lehreralltag überfordert sei. Diese Lehrerinnen und Lehrer stünden buchstäblich mit „dem Rücken zur Wand" und es gebe in den Schulen und seitens der Behörden kaum Konzepte, um sie zu entlasten.

Kritik äußern die befragten Lehrer/-innen aber an dem anderen Teil der in ihrer Wahrnehmung weniger engagierten Kollegen. Denn diese Gruppe trage Verantwortung dafür, dass der Berufsstand der Lehrer in der Öffentlichkeit oft so gnadenlos in der Kritik stehe, seine vor einigen Jahrzehnten noch sehr hohe gesellschaftliche Anerkennung verloren habe und dass das Berufsprestige von Lehrern eine massive Talfahrt erlebt habe.[104] Vieles an der öffentlichen Kritik sei sachlich schlicht falsch und Ausdruck mangelnder Kenntnisse und fehlender Einblicke in den Alltag und die Arbeitsbedingungen von Lehrern; die Kritik untergrabe die Autorität von Lehrern und Schule und sei teilweise diskriminierend. Aber in *einigen Punkten* sei die Kritik durchaus berechtigt.

[104] Exemplarisch zwei Publikationen mit anklagender und diskreditierender Lehrerschelte: Lotte Kühn: Das Lehrerhasser-Buch: Eine Mutter rechnet ab. München 2005. Gerlinde Unverzagt: Eltern an die Macht: Warum wir es besser wissen als Lehrer, Erzieher und Psychologen, Berlin 2010.

So halten die befragten Lehrer/-innen einige Kolleginnen und Kollegen für „Freizeitoptimierer“. Ein Teil von ihnen sei in einer Zeit aufgewachsen und Lehrer geworden, in der vormittags der Unterricht stattgefunden habe und nachmittags Zeit für Familie, Haushalt und Hobbys, wie Politik, Kultur, Vereinsarbeit oder Sport, gewesen sei. Vor allem für diese heute etwas älteren Lehrer ab 50/55 Jahren seien die Veränderungen der Schülerschaft, die immer neuen Anforderungen der Schulbehörde, neue Herausforderungen durch Schulreformen (die auch eine längere Anwesenheit der Lehrer an der Schule zur Folge haben), die veränderte und heterogene Elternschaft (von offensiver Einmischung bis zu passiver Verweigerung) sowie der öffentliche Druck auf ihren Berufsstand eine Zumutung, die sie inhaltlich nicht akzeptieren könnten oder wollten. Ihre in den ersten Jahren praktizierte Zeitverteilung von Arbeit und Privatleben sei für sie der Normalfall, ihr nicht zur Disposition stehender Maßstab, an dem alle Neuheiten gemessen würden und der alle Veränderungen als „Abweichungen“ erscheinen ließe.

Die Vereinbarkeit von Beruf, Familie und persönlicher Freizeit (während der Woche) sei für diese Lehrer nie ein Problem gewesen. Auch aus diesem Grund sei der Lehrerberuf in den letzten Jahrzehnten so attraktiv für Frauen mit Kindern geworden, die trotz einer Vollzeitstelle nachmittags auch für ihre Kinder da sein konnten. In dieser Hinsicht, so stellten die befragten Lehrer fest, sei die Ganztagsschule für einige Kollegen ein Angriff auf langjährig praktizierte beruflichen Routinen, die unter der Maxime der Freizeitoptimierung stünden. Diese Schulform gefährde deren etabliertes zeit- und ortsbezogenes Arrangement von Beruf, Partnerschaft und Familie. Umso stärker würden diese Kolleginnen und Kollegen betonen, dass die bisherige Kultur sich bewährt habe und sich damit schon seit Jahrzehnten die Kosten im öffentlichen Haushalt in Grenzen hielten.

In den Interviews übten die Lehrerinnen und Lehrer zum Teil heftige Kritik an bestimmten Lehrerinnen, die nur in Teilzeit beschäftigt werden wollen. Das Schulamt genehmige diese Anträge in der Regel mit der Folge, dass die meisten Teilzeitstellen im Kollegium mit Frauen besetzt seien. Diese Teilzeitkräfte würden ihre Stundenpläne so legen, dass ihre privaten, außerschulischen Belange zeitlich optimiert seien, und zögen sich aus den meisten zusätzlichen Aufgaben im normalen Schulalltag (individuelle Betreuung von Schülerinnen und Schülern, besondere Funktionen an der Schule, Ausflüge, Sportveranstaltungen, Klassenfahrten u.a.) heraus. Die Teilzeitstelle an einer Schule sei für diese Frauen eine willkommene Legitimation, um sich der Verantwortung und der alltäglichen Arbeit an der Schule zu entziehen. Das gehe zulasten derjenigen Lehrer/-innen, die sich für ihre Schüler und Schule engagierten.

Lehrerthema „Ausbrennen“: Eigenfürsorge und Ausgleich zum Beruf wird wichtiger

Die Zahl der Lehrer mit Burn-out ist hoch. Dieses Thema ist in Gesprächen der Lehrer untereinander, aber auch in Interviews präsent. Jeder Lehrer kennt Kollegen, die sich an der Grenze ihrer Belastungsfähigkeit befinden. Die Herausforderungen und Belastungen im Beruf, da sind sich alle Interviewpartner einig, haben in den vergangenen zwanzig Jahren signifikant zugenommen, Ausgleich und **Entlastung werden dagegen individualisiert** und sind private Angelegenheit jedes und jeder Einzelnen.

„Es gibt an jeder Schule Lehrer, die mit dem Rücken an der Wand stehen, die nicht mehr können.“ (Lehrer, Gymnasium, Baden-Württemberg)

„Eine weitere Herausforderung ist natürlich die Situation an der Schule insgesamt, dass die Kollegen sich eigentlich in jeglicher Hinsicht überfordert fühlen, weil sie vielleicht nicht mehr das Know-how haben oder nicht mehr die Fähigkeit haben oder das nicht gelernt haben, mit diesen Problemen, mit diesen schwierigen Kindern umzugehen.“ (Lehrerin, Mittelschule, Bayern)

Die Belastungen sind in fast allen Bereichen gewachsen und kein Lehrer und keine Lehrerin kann sich dieser Entwicklung entziehen. Zu der unüberschaubaren Fülle an Aufgaben, die Lehrer zu bewältigen haben, kommen gestiegene Herausforderungen durch eine deutlich veränderte, heterogene und in vielen Bereichen „anstrengendere“ (mehr Aufmerksamkeit benötigende) Schülerschaft. Auch Elternarbeit, das betonen alle Lehrer, braucht mehr Zeit und Energie und ist aufreibender geworden. In den Interviews kamen deshalb die Auswirkungen dieser Gemengelage auf die eigene psychische und physische Gesundheit immer wieder zur Sprache. Geäußert wurde auch die Befürchtung, dass sich die Situation für Lehrer in Zukunft nicht entspannen wird. Unterstützung gerade seitens der Politik wird dabei nicht erwartet.

Nur an wenigen Schulen existiert eine **„Kultur des Ausgleichs“**, ein Rahmen, innerhalb dessen die vielfältigen Belastungen des Lehrerberufs thematisiert und auch konkret bewältigt werden können. Derzeit ist es Aufgabe jedes Einzelnen, für sich und seine Gesundheit Sorge zu tragen, um „den Job bis zur Pensionierungsgrenze machen zu können“. Das geschieht etwa durch den gezielten Ausgleich nach der Arbeit oder durch bewusstes Nutzen von Lücken in ministeriellen Vorgaben, z. B., indem man keine Tests mehr schreiben lässt und Arbeiten so gestaltet, dass sie mit weniger Korrekturaufwand zu bewältigen sind.

Die Herausforderung lautet: „Wie kann ich mir das Leben einfacher machen und trotzdem zufrieden mit meinem Unterricht sein?" Um ihr zu begegnen, hat ein Teil vorwiegend jüngerer Lehrer damit begonnen, gezielt fachbereichsbezogene Netzwerkarbeit zu betreiben und sich mit Kollegen über funktionierende Methoden und geeignete Materialien auszutauschen. Die bessere Vernetzung der Lehrer untereinander – sowohl an einer Schule als auch schulübergreifend innerhalb eines Fachbereichs – verändert das Selbstverständnis von Lehrersein: Weg vom Einzelkämpfer, der das „Rad immer neu erfindet", hin zum Networker, der schaut, wo er sich die Arbeit einfacher machen kann, ohne dass die Qualität darunter leidet.

„Es bedeutet ein tägliches Scheitern, dass man das Programm, was man eigentlich für gut finden würde auf der didaktischen Seite, angesichts der anderen Aufgaben gar nicht bewältigen kann." (Lehrerin, Gymnasium, Nordrhein-Westfalen)

„Wenn wir heute überleben wollen in der Bürokratie und diesen veränderten Paradigmen in unserem Beruf, auch gesundheitlich, müssen wir unsere Art des Arbeitens, unsere Art des Denkens, ja unsere Art, Lehrer zu sein, grundlegend ändern. Die muss man ändern, sonst überlebt man nicht." (Lehrer, Gymnasium, Bayern)

„Jeder Lehrer ist individuell gefordert zu schauen, was er machen kann, dass er angesichts von steigenden Aufgaben jenseits der reinen Didaktik nicht ausbrennt und Lösungen findet, die ihm den Unterricht erleichtern. Der steigenden Bürokratie muss man sich dabei gelegentlich verweigern." (Lehrer, Gymnasium, Bayern)

5.2 Neue Herausforderungen und Rollen im Lehrerberuf

Folgen des sozialen Wandels – Schule als Reparaturwerkstatt für gesellschaftliche Defizite?

Aus der Sicht und Erfahrung der Lehrer ist Schule der Ort, an dem gesellschaftliche Veränderungen in geballter Form zusammenkommen, aufeinandertreffen und sichtbar werden – ein Schmelztiegel von Phänomenen und Nebenfolgen des sozialen Wandels, der in den unterschiedlichen Bereichen sichtbar und wirksam wird:

- Technologie und Neue Medien
- Wandel von Werten und Lebensstilen
- Veränderte Familienstrukturen (Kernfamilie, Alleinerziehende, Patchwork)
- Wachsende Armut und distinguierter Reichtum

- Armuts- und Wohlstandsverwahrlosung einerseits, Überbehütung und enges Coaching der Kinder andererseits
- Mobilitätsanforderungen und straffes Zeitmanagement der Familien
- Veränderte Rollenbilder für Frauen und Männer
- Ausdifferenzierung von Jugendkulturen
- Ausdifferenzierung und weitere Pluralisierung von sozialen Milieus
- Prozesse der Imitation bei bestimmten aufstrebenden und der Distinktion und Abschottung bei gehobenen Milieus

All diese Phänomene und Erscheinungen werden in unterschiedlicher Art und Weise in der Schule sichtbar und zeigen sich für die Lehrer insbesondere und ganz konkret etwa in der **zunehmenden Heterogenität der Schülerschaft** einer Klasse (in Bezug auf Herkunft und soziale Lage, auf Erziehungskulturen in den Familien und das Sozialverhalten der Schüler sowie deren Motivation, Leistungsvermögen, Leistungsbereitschaft und Konzentrationsfähigkeit).[105] Der Wandel zeigt sich aber auch in der Zunahme der **Problemlagen von Schülern** (Trennung, Scheidung der Eltern sowie Arbeitslosigkeit, psychische Probleme von Eltern wie Schülern, Lern- oder Verhaltensauffälligkeiten wie ADS, ADHS, Dyskalkulie, Legasthenie u. a., zunehmende Perspektivlosigkeit bei einem Teil der Schüler).

Aber nicht nur diese Entwicklungen wirken in die Schulen hinein und verändern den beruflichen Alltag von Lehrern. Im Zuge einer rationalistischen Bürokratie sowie Kontroll- und Steuerungskultur kommt es zu einer deutlichen **Zunahme von Verwaltungsaufgaben**, Berichtswesen, Konferenzen, Leistungsvergleichen, Schulentwicklungsprozessen u. a. Um ihr Funktionieren zu gewährleisten, muss Schule immer mehr Defizite ausgleichen, die vor allem in den Familien entstehen. Lehrer sprechen dabei von der „Schule als Reparaturwerkstätte für gesellschaftliche Defizite".

Deutliche Ausweitung der Aufgabenfelder von Lehrern

„Die Rolle als Lehrer hat sich riesig verändert, seit ich unterrichte. Während ich früher zum größten Prozentsatz der Wissensvermittler war, bin ich heute Erzieher, bin ich heute noch der Sozialpädagoge, bin ich heute noch derjenige, der zwischen Gesellschaft und Elternhaus irgendwelche Dinge, die da schief laufen, ausbaden oder abfangen muss." (Lehrer, Realschule, Baden-Württemberg)

[105] Siehe dazu Kapitel 5.4: Veränderte Schülerschaft: Erfahrungen und Ursachen.

Die Verantwortung, auf diese Vielzahl von Entwicklungen konstruktiv zu reagieren (in der Kommunikation, in der Schulkultur, im Unterricht), die latenten und immer wieder aufbrechenden manifesten Probleme auf Gemeinschaftsebene (Klassenverband, Jahrgangsstufe) wie auch auf Individualebene (Schülerin / Schüler) aufzufangen und mit den Beteiligten an einer Lösung zu arbeiten – diese Verantwortung wird **performativ den Schulen und Lehrern übertragen**, unabhängig von deren fachlicher Qualifikation: Lehrer sollen und müssen selbst schauen und organisieren, was ihre Schule braucht.

Zugleich warnen Lehrer davor, die auf die Schule „überschwappenden" gesellschaftlichen Entwicklungen pauschal zu problematisieren oder gar zu dramatisieren. Gleichzeitig stellen sie aber fest, dass weder die Gesellschaft noch die Schule geeignete Konzepte haben, um darauf konstruktiv zu reagieren. So sind Lehrer heute „Einzelkämpfer" mit individuellen (Ad-hoc-)Lösungen für ihre Schule und ihren Unterricht. Junge Lehrer werden für die neuen Aufgaben nicht ausgebildet. Sie müssen daher fast automatisch in eine Überforderungssituation hineinkommen, wenn sie mit den Realitäten des Unterrichtens, des Erziehens und Beratens konfrontiert werden.

„Was mir große Sorgen macht, das sind die jungen Lehrer. Die Ausbildung nimmt darauf überhaupt keine Rücksicht. Die lernen, wie man guten Unterricht macht, und gehen davon aus, dass ihnen die Schüler willig gegenübersitzen. Die ganzen Themen, die Eltern und Kinder betreffen, spielen dabei überhaupt keine Rolle. Und die werden dann auf Schule losgelassen und das soll von jetzt auf gleich funktionieren. Wir hatten auch keine Ausbildung, aber wir hatten mehr Zeit, weil sich die Dinge ja langsam entwickelt haben. Heute, die jungen Lehrer, die müssen da gleich reagieren, ohne Erfahrung, ohne Ausbildung. Und das ist schlimm." (Lehrer, Gymnasium, Rheinland-Pfalz)

Diese Ausweitung der Aufgaben und Verantwortlichkeiten erzeugt bei einem Teil der Lehrer eine dauerhafte Überlastung, eine fachliche und zeitliche Überforderung – und ein Gefühl der Ohnmacht im Beruf, weil Lehrer über **keine institutionalisierten Strukturen verfügen, diese Aufgaben zu dosieren oder zu delegieren**. Das wird gesteigert durch paradoxe Entwicklungen wie die, dass größer werdende Klassen mit immer höheren Anforderungen der Eltern und der Gesellschaft an individuelle Förderung einhergehen.

„Die Stundendeputate bleiben auf dem Stand von 1969, aber die Aufgaben haben sich erheblich erweitert." (Lehrer, Gymnasium, Bayern)

„Das Lehrerbild hat sich gewandelt: Heute muss der Lehrer, und da spreche ich für alle Schularten, einfach Aufgaben übernehmen, die früher dem Elternhaus überwiegend zukamen und denen wir bei den Klassengrößen von 30 Schülern natürlich nicht nachkommen können. Also die Wertevermittlung, Grunddisziplinen wie Anstand, Höflichkeit, Pünktlichkeit, solche Dinge eben, auf die wir eben immer mehr achten müssen, weil sie vielfach von den Schülern nicht mehr mitgebracht werden." (Lehrer, Gymnasium, Baden-Württemberg)

„Die Schule hat das große Problem, dass ihr Aufgaben zugemessen werden, die nie Schulaufgaben waren. Die Schule bekommt immer noch eins drauf: Das muss der Lehrer leisten, das muss die Schule leisten. Im Prinzip müssen wir Seelsorge betreiben, wir müssen Familien betreuen, wir müssen Verwaltung machen und wir müssen trotzdem dafür sorgen, dass die Kompetenzen ausgebildet werden. Es wird immer mehr." (Lehrer, Gymnasium, Thüringen)

„Bei einem erfahrenen Lehrer sind 30 bis 50 Prozent der Aufgaben das Unterrichten, Vorbereiten und anderes. Der Rest ist Seelsorge, sind Gespräche mit den Kindern, mit den Eltern, Fortbildung, Arbeit in Steuerungsgruppen, was z. B. Neuerungen in pädagogischen Sachen betrifft, Fachschaftsarbeit und, und, und. Wir sprechen bei Lehrern von einer 40-Stunden-Woche. Dann dürften Lehrer aber nur ungefähr 20 Stunden unterrichten, dann käme es in etwa hin. Und es ist eine müßige Aufgabe, das in die Öffentlichkeit zu transportieren." (Lehrer, Gymnasium, Sachsen)

Erziehungsarbeit nimmt mehr Raum ein

Immer häufiger müssen Lehrer infolgedessen umfassende und tief gehende Erziehungsaufgaben übernehmen (auch in die häusliche Familiensituation eingreifen) und finden sich selbst (meist ungewollt) in der Rolle des Therapeuten und Sozialpädagogen wieder, gelegentlich auch in der einer Ersatzmutter bzw. eines Ersatzvaters. Lehrer sehen sich dabei in der Verantwortung zu handeln, weil sonst niemand zur Stelle ist. Und sie stehen dabei gleichzeitig unter einem hohen Erwartungsdruck, gesellschaftliche Probleme zu lösen und in der konkreten Situation, oft unter Zeitdruck, angemessen zu reagieren.

So wurde in den letzten Jahren performativ das professionelle Selbstverständnis des Lehrers verschoben bzw. ausgeweitet – **vom pädagogisch geschulten Fachdidaktiker zum sozialpädagogischen Erzieher** ohne ausreichendes fachliches Fundament und meist ohne oder mit nur unzureichender Unterstützung durch externes Fachpersonal. Vor allem an Hauptschulen ist diese Rolle bereits dominant und drängt die Aufgabe des didaktisch guten Unterrichtens zunehmend an den Rand. Aber auch an Realschulen und Gymnasien kolonialisieren immer mehr erzieherische und therapeutische (Gelegenheits-)Funktionen die Rolle des Lehrers. In dieser Hinsicht versuchen Lehrer häufig eine überzeugende und „sozial" gestaltete Gegenwelt zu Elternhäusern und zum sozialen Umfeld der Schüler aufzubauen – wohl wissend, dass ihnen dies nur temporär gelingen kann.

„Die Aufgaben von Lehrern gehen weit in das Sozialpädagogische hinein, in die Sozialarbeit, psychologisch-therapeutische Arbeit hinein, das schafft natürlich Verunsicherung." (Lehrer, Realschule, Nordrhein-Westfalen)

„Die therapeutischen Aufgaben werden immer mehr. Die Lehrer geraten immer mehr unter Druck, weil sie keine Ausbildung haben und trotzdem müssen die Aufgaben gestemmt werden." (Lehrerin, Gesamtschule, Nordrhein-Westfalen)

„Zunehmend kommt die Lehrerpersönlichkeit in die Erzieherrolle und muss also kitten, was gesellschaftlich scheinbar so in den Familien nicht mehr funktioniert." (Lehrer, Gymnasium, Sachsen)

„Ohne diese Erziehungsarbeit, die wir täglich leisten, ist an der Hauptschule, also jetzt Realschule plus, Unterricht überhaupt nicht möglich." (Lehrerin, Realschule plus, Rheinland-Pfalz)

„Unsere Schule steht mit den Leistungen wunderbar da im Landesschnitt, aber was dahintersteckt, was wir an pädagogischer Arbeit leisten müssen, dafür sind wir nicht ausgebildet, dafür haben wir nicht die Möglichkeiten, das wird nicht gesehen. Die ganzen Ausbildungen, die ich gemacht habe, die habe ich alle privat gemacht. Die habe ich auch privat bezahlt. Und da fehlt absolut die Unterstützung." (Lehrerin, Gymnasium, Nordrhein-Westfalen)

Folge: Immer weniger Zeit für die Kernaufgabe Unterricht

Durch diese oft drängend erscheinenden Erziehungsaufgaben und die vermehrte Bürokratie sowie Verwaltungsarbeit fehlt den Lehrern zunehmend die notwendige Zeit für ihre Kernaufgabe: das Unterrichten. **Eine zufriedenstellende Balance der eigentlichen Aufgabenbereiche ist für viele Lehrer daher nicht mehr gegeben.**

„Kraftraubend ist das ganze Drumherum. Wenn ich nur unterrichten müsste, das ist eigentlich der kleinste Anteil an meinem Beruf. Wenn ich das in Prozenten ausdrücke, dann würde ich sagen, es sind weniger als fünfzig Prozent. Und die anderen fünfzig Prozent, das ist Bürokratie, das sind Organisationsaufgaben, Schreibtischarbeit, Versammlungen, das sind Gespräche mit den Schülern." (Lehrer, Gymnasium, Bayern)

Im Spannungsfeld zwischen Forderungen der Schulbehörden und der Eltern einerseits, den veränderten Bedingungen des Unterrichtens andererseits sieht sich das Gros der Lehrer weitgehend alleine gelassen: Schulen und Lehrer sollen allein individuelle Lösungsmöglichkeiten finden, um angesichts der veränderten Bedingungen weiterhin erfolgreich unterrichten zu können. Dabei haben sie keine oder kaum Fürsprecher, die ihre Position in Ministerien oder Schulbehörden vertreten. Forderungen der Lehrer an die Politik, z. B. auf die veränderte Schülerschaft durch eine Reduzierung der Klassengrößen zu reagieren, finden kaum Gehör. In der Folge fühlen sich immer mehr Lehrer subjektiv überlastet, weil ihnen immer mehr aufgebürdet wird. Dann fehlt ihnen schlichtweg die Luft für das Tagesgeschäft und sie erleben vom Bildungssystem kaum Unterstützung: „Da kommt nichts, nicht mehr Mittel, nicht mehr Personal."

„Was ich halt auch ganz schwierig finde, ist, dass wir extrem viele Extraaufgaben haben. Der kleinste Teil ist irgendwie der Unterricht, ja, nebenbei sind Konferenzen, Berichte zu schreiben, Telefonate mit Jugendamt, Eltern, Psychotherapeuten und so weiter, das ist einfach inzwischen zu viel geworden. Also, wir haben sehr, sehr viel bürokratische Sachen zu machen, ich sitze manchmal das ganze Wochenende und schreibe, das hat dann teilweise wirklich nichts mehr mit Unterricht zu tun." (Lehrerin, Sekundarschule, Berlin)

„Und so kommt es, dass man sich als Lehrer immer weniger um das Kerngeschäft, die Schüler, den Unterricht, kümmern kann, sondern viel mehr mit allen möglichen anderen Dingen beschäftigt ist. Das ist in den letzten Jahren stärker geworden." (Lehrer, Gymnasium, Sachsen)

„Es fehlt die Luft und es ist tatsächlich so, dass dieses Tagesgeschäft so umfangreich geworden ist." (Lehrerin, Gymnasium, Baden-Württemberg)

„Wenn man es gut machen will, kann man es nicht leisten. Wenn man es versucht zu leisten, kommt man an seine Grenzen und dann geht es irgendwann nicht mehr." (Lehrerin, Realschule, Baden-Württemberg)

„Wir sind mit unserem Tagesgeschäft momentan so eingedeckt, dass wir für andere Sachen kaum noch Luft haben, anders ausgedrückt: Wenn wir uns für andere Sachen Zeit nehmen, leidet das Tagesgeschäft." (Lehrer, Gymnasium, Bayern)

„Also ich habe so das Gefühl, dass man immer mehr Aufgaben dazubekommt als Lehrer. Man muss dann immer noch hier einen Förderplan schreiben und da noch das ausfüllen und für den Schüler noch das machen. Der Verwaltungsaufwand wird immer größer. Man hat immer weniger das Gefühl, man arbeitet mit den Kindern." (Lehrerin, Mittelschule, Sachsen)

„Kultusbürokratie ist das eine, Lehrplanerfüllung, klar, verantwortlich bin ich auch – aber: Wir müssen überleben. Und da sage ich heute, das machen wir anders. Das gestalten wir so,

wie es für uns passend ist, und ich vertrete das auch und sage, ich muss ja meine Leute schützen, die müssen überleben können. Dadurch, dass man Aufgaben aufteilt, Schulaufgaben koordiniert, dass wir bestimmte Dinge auf Machbarkeit überprüfen, dass wir mehr den Teamgedanken pflegen. […] Es ist Verantwortung mir gegenüber, auch um Kapazität zu haben für die Arbeit, die neu dazukommt. Und auch jemand zu sein, der in zehn Jahren noch gesund ist und seine Pensionsgrenze erreicht. Da geht es um Selbsterhaltung." (Lehrer, Gymnasium, Bayern)

5.3 Kritische Sicht auf Schulbehörden und Schulpolitik

Schule – ein kranker Patient?

Lehrer werden in ihrem beruflichen Alltag permanent mit neuen Vorschriften und Vorgaben konfrontiert, die per Erlass an sie weitergegeben werden mit der Forderung, diese (rasch) umzusetzen. Ein überwiegender Teil der Lehrerschaft ist angesichts dieser gängigen Praxis frustriert und reagiert im Laufe des Berufslebens zunehmend ernüchtert. Das Vertrauen in die Kompetenzen der übergeordneten Behörden ist dabei äußerst gering. Entscheidend dafür sind folgende Aspekte:

- **Mangelnde Sinnhaftigkeit:** Lehrer erachten viele Neuerungen und Vorgaben als wenig sinnvoll und nicht durchdacht. In der Theorie („auf dem Papier") mögen sie vielleicht stimmig erscheinen, in der Realität sind sie jedoch nicht sinnvoll.
- **Fehlender Praxisbezug:** Über die *Praxis* an Schulen entscheiden Theoretiker, die den Bezug zur tatsächlichen Schulkultur und zum Schulalltag entweder nie hatten (wenn sie etwa über Hauptschulen entscheiden sollen) oder längst verloren haben – Theoretiker, die von der Alltagswelt an Schulen, deren *wahrem* Bedarf und den Nöten dort keine Ahnung haben.
- **Erfahrung der Basis interessiert nicht:** Die langjährige Erfahrung von Lehrern interessiert die Entscheider „oben" in keiner Weise. Lehrer fühlen sich nicht bei Entscheidungen einbezogen, die für sie als „Umsetzer" relevant sind.
- **Fehlende Kontinuität:** Lehrer erleben keine langfristige Kontinuität in schulpolitischen Reformen, sondern ein „Hü und Hott" mit **Richtungswechseln** und Reformen der Reformen.

In der Konsequenz wird ein hoher Anteil von Neuerungen und Reformen von Lehrern nicht mitgetragen und teilweise sogar abgelehnt. Was in der Theorie plausibel und praktikabel erscheint und als großer Wurf und stimmiges Konzept gelobt wird, erweist sich in der Praxis nicht selten als untauglich. Lehrer betrachten sich als ausführende Organe einer Schulbehörde, deren Entscheidungen sie vielfach in der Praxis für nicht sinnvoll erachten und daher nur schwer mittragen können. Denn:

1. Eine **klare Linie in der Schulpolitik ist nicht erkennbar.** Das frustriert Lehrerinnen und Lehrer massiv. Es gibt keine erfahrenen Lehrer, die seit Beginn ihrer Berufsausübung nicht schon mehrere Richtungsänderungen mit widersinnigen Effekten erlebt haben.
2. Ständige Neuerungen und Änderungen führen bei Lehrern zu **Ermüdungserscheinungen** und in der Folge bei einem Teil von ihnen zu einer Praxis des Aussitzens: „Das sitze ich aus. Bis wir das umgesetzt haben, kommt eh das Nächste".
3. Reformen und Umstrukturierungen werden in der Regel **zu schnell umgesetzt**, ohne vorher die notwendigen Voraussetzungen an den einzelnen Schulen geschaffen zu haben (z. B. G8 oder der Umbau der Hauptschulen in Mittelschulen[106]).

Die **„Reformwut"** und immer neue Vorgaben kosten Lehrer/-innen viel Zeit und Energie, die ihnen für ihre Kernarbeit – das Unterrichten – fehlen. Gleichzeitig werden Lehrer im Schulalltag für die Folgen von Reformen verantwortlich gemacht. Denn sie sind es, die mit der Unzufriedenheit der Eltern konfrontiert werden und diese Klagen nicht nur aushalten müssen, sondern dabei auch noch möglichst konstruktiv mit ihnen umgehen sollen. Das alles führt zu einer massiven Unzufriedenheit von Lehrern. Dass sich hier etwas ändert, dass man Lehrer stärker in Veränderungsprozesse einbezieht und Schulpolitik einer klaren Linie folgt – diese Hoffnung haben die meisten Lehrer angesichts von Top-Down-Reformen längst verloren.

„Also, grundsätzlich sind wir, das Kollegium und ich auch, so eingestellt: ‚Besser, es kommt gar nichts von oben.' Weil das, was da kommt, ist eigentlich entweder so eng gefasst, dass es uns Schwierigkeiten macht, oder so weit, dass es eigentlich nichtssagend ist. Man hat teilweise das Gefühl, dass sie nicht wirklich wissen, was bei uns an der Schule läuft, die vom Ministerium." (Lehrer, Gymnasium, Bayern)

„Den Sinn der meisten Dinge begreife ich nicht, das sind Theoretiker am grünen Tisch, die sich das überlegen. Die haben oftmals keine Ahnung, was sie da verzapfen. Das ist, als würde man den Hausbau am Dach anfangen." (Lehrerin, Gymnasium, Baden-Württemberg)

106 Oder Realschule plus / Werkrealschule etc. Damit sind auch Zusammenlegungen von Schulen gemeint.

„Nicht die Kinder sind schuld. Auch nicht die Lehrer oder die Eltern. Man muss fordern, dass sich am System etwas ändert. Die Eltern sind zum einen viel zu still, zum anderen suchen sie die Fehler bei sich oder ihrem Kind. Auch die Lehrer sind zu still. Es gibt von beiden Seiten zu wenig Druck auf die Politik." (Lehrer, Gymnasium, Sachsen)

„Ich stelle fest – und wenn ich mit Kollegen spreche, so bestätigen sie das –, dass es oft Vorgaben von behördlicher Seite gibt, die Schnellschüsse sind, und wir müssen die sozusagen durchsetzen in der Praxis und schauen, wie man damit zurechtkommt. Und da sind wenige Dinge, die ausgereift sind." (Lehrer, Mittelschule, Bayern)

„Für Finanzen, für Schule, sind Politiker zuständig. Auch die entscheiden zu einem Großteil aufgrund von Erfahrung. Deren Erfahrungsbereich ist eine Schule vor, weiß ich nicht, x Jahrzehnten, deren Erfahrungsbereich ist in der Regel das Gymnasium, die Universität. Deren Erfahrungsbereich ist nicht die Hauptschule mit den Problemen, wie sie sich dort zeigen. Ich weiß nicht, wie die entscheiden können etwa über Finanzmittel, die diesen Schulen zur Verfügung gestellt werden müssen." (Lehrer, Hauptschule, Nordrhein-Westfalen)

„Bis die Neuerungen überhaupt so weit sind, dass man sie umsetzen kann, gibt es schon wieder das Nächste. Wir können gar nicht so schnell stinken, wie die da oben furzen." (Lehrer, Gymnasium, Bayern)

„Im Grunde setzen wir Reformen um, die eigentlich von der Struktur her noch gar nicht ermöglicht werden. Zum Beispiel G8, wo wir jetzt erst eine Mensa bauen, die Schülerinnen aber in der Oberstufe schon Unterricht haben bis nachmittags um vier Uhr." (Lehrerin, Gymnasium, Nordrhein-Westfalen)

„Das Problem ist, [...] dass an dem System viel zu viel rumgedoktert wird. [...] Die Schule ist eigentlich ein kranker Patient, der nie richtig gesund gemacht wird. Man lässt sich immer etwas Neues einfallen, aber das sind immer nur kleine Sachen, die das Ganze immer nur komplizierter machen. Die Mehrzahl der Lehrer leidet sehr drunter, was in den letzten Jahren wieder Neues ‚erfunden' wurde, nur damit irgendwelche Statistiken ausgewertet werden können. (Lehrer, Gymnasium, Sachsen)

„Es gibt einen krassen Gegensatz zwischen Theorie und Praxis. Da werden dann Dinge plötzlich gefordert, die in der Theorie ganz toll sind, aber in der Praxis nicht funktionieren. Und da hätte ich gerne mehr Zeit für meine Schüler und für meinen Unterricht, um den gut zu machen." (Lehrer, Gymnasium, Sachsen)

„Wie man da als Lehrer mundtot gemacht wird, das ist skandalös!" (Lehrerin, Oberschule, Berlin)

„Die müssten endlich mal die Basis befragen und mal in die Schulen kommen, und zwar nicht mit rotem Teppich, sondern mal einen Tag mitlaufen." (Lehrer, Mittelschule, Bayern)

„Seit Jahren werden uns Neuerungen übergestülpt, ohne an der Basis zu fragen. Zum Beispiel die Qualitätsanalysen. Die Lehrer bleiben außen vor, die dürfen nicht Stellung beziehen." (Lehrerin, Realschule, Nordrhein-Westfalen)

Kritik am Bildungsföderalismus

Die Unzufriedenheit der Lehrer mit der Schulpolitik manifestiert sich auch in einer Kritik an der föderalistischen Ausprägung der Bildungspolitik. Ein Teil der Lehrer hinterfragt kritisch, inwieweit Bildungsföderalismus noch zeitgemäß und sinnvoll ist. Entsprechend wird die Bildungspolitik etwa als „Spielwiese der Länder" beschrieben, auf der zulasten des Systems Schule unnötige politische Kämpfe ausgetragen werden. Das betrifft nicht nur Auseinandersetzungen um die Umsetzung von Reformen, sondern auch Inkompatibilitäten von Curricula und individuellen Bildungsbiografien aufseiten der Schüler wie der Lehrer.

Ein Beispiel: Eine Schülerin besucht ein G9-Gymnasium in Schleswig-Holstein, einem Bundesland, welches das G9 wieder eingeführt hat. Berufsbedingt zieht die Familie nach Bayern, ein Bundesland mit G8. Infolge des Umzugs wird eine Wiederholung der Klasse angeraten – nicht nur, weil die Schulen unterschiedlich zum Abitur führen, sondern auch, weil die Lehrpläne andere sind und die Lerninhalte und das Lerntempo zu weit differieren. So ist es fast unmöglich, die Schülerin erfolgreich zu integrieren.

Unterschiedliche Ausprägungen von Schularten, unterschiedliche Lehrinhalte, unterschiedliche Schulbücher zwischen den Bundesländern – all dies schafft unnötige Differenzen, mit denen die Lehrer umgehen müssen. Die Wirtschaft fordert die berufliche Mobilität ihrer Mitarbeiter selbstverständlich ein, doch stellt ein Umzug in ein anderes Bundesland Familien – und in der Folge auch Schulen und Lehrer – vor große Probleme. Und auch für Lehrer ist selbst ein kurzfristiger und zeitlich begrenzter Wechsel in den Schuldienst eines anderen Bundeslandes ein schwieriges Unterfangen, wird doch meist die Absichtserklärung erwartet, im neuen Wohnort langfristig bleiben zu wollen. Aus Sicht der Lehrer braucht es hier **einheitliche Standards** mit einheitlichem Niveau und **kompatiblen Lehrplänen**, die der heute vielfach geforderten beruflichen Mobilität angepasst sind.

„Es ist schwierig, dass wir kein einheitliches Schulsystem haben. Wenn man mal umziehen muss, und das Berufsleben fordert diese Flexibilität heute, dann ist das Schulsystem doch sehr unflexibel." (Lehrerin, Werkrealschule, Baden-Württemberg)

„Wir müssen weg von diesem Bildungsföderalismus. Es braucht eine einheitliche, parteienunabhängige Bildungspolitik." (Lehrerin, Gymnasium, Baden-Württemberg)

„Und natürlich das Megathema: Vereinheitlichung von bestimmten Standards. Wir merken, dass wir Kinder aus den unterschiedlichsten Bundesländern haben, und wir merken, die kommen aus Bildungsbiografien, die im Prinzip nicht kompatibel sind. Da kommen die und hatten in der 9. Klasse kein Chemie. [...] Die Kompatibilität ist nicht da." (Lehrer, Gymnasium, Sachsen)

5.4 Veränderte Schülerschaft: Erfahrungen und Ursachen

Wachsende Heterogenität der Schülerschaft

Lehrer beobachten seit Jahren eine wachsende soziale und ethnische Heterogenität der Schülerschaft. Fakt ist, dass **Schülerschaft heute so heterogen ist wie noch nie**, etwa in Bezug auf Sprache, Kultur, Lebensformen oder Bildungsnähe bzw. -distanz der Familie. So kann es in einer einzelnen Schulklasse ein äußerst breites Spektrum an Schülern geben: Kinder mit unterschiedlichen ethnischen Migrationshintergründen und teils ungenügenden Deutschkenntnissen, systematisch Zurückgestellte, teilweise Hochbegabte, Kinder und Jugendliche aus den verschiedenen sozialen Milieus und im Zuge der Inklusionsbestrebungen auch vermehrt Schüler mit Behinderung. Dazu kommt eine immer größere Altersspanne.[107]

Die größte soziale Heterogenität mit Kindern aus verschiedenen sozialen Schichten und Milieus verzeichnen mittlerweile die Gymnasien, wogegen sich an Hauptschulen eine weitgehend sozial homogene Schülerschaft findet. Dort besteht die Heterogenität innerhalb des Merkmals „Migration".

Es ist eine Tatsache, dass es bislang weder gesellschaftlich noch im Berufsalltag der Lehrer geeignete Konzepte oder Möglichkeiten gibt, auf diese Veränderungen zu reagieren. Lehrer sind dabei weitgehend auf sich alleine gestellt und erfahren allenfalls im Kollegium oder von der Schulleitung Unterstützung.

[107] Mit der Tendenz, dass Mädchen eher früher und Jungen eher später eingeschult werden und Jungen häufiger als Mädchen sitzen bleiben und sich somit in den einzelnen Klassen ein Gefälle zwischen immer jüngeren Mädchen und immer älteren Jungen ergibt.

Zunehmende Belastungen der Schüler

Zugenommen haben auch Problemlagen in den Elternhäusern und damit die Belastung der Schüler: Immer weniger Heranwachsende leben in einer intakten Familie, sondern müssen eine Trennung oder Scheidung ihrer Eltern verarbeiten oder leben in neu formierten Patchwork-Konstellationen. Auch Arbeitslosigkeit oder eine psychische Erkrankung eines oder beider Elternteile belastet Kinder und Jugendliche. Zugenommen haben darüber hinaus psychische Störungen von Schülern wie Essstörungen, ADS / ADHS, individuellen Leistungsstörungen oder Schul- und Prüfungsangst. Aus Sicht der Lehrer kumulieren solche Belastungsfaktoren gerade bei Kindern aus bildungsfernen Elternhäusern.[108]

Waren früher nur einzelne Schüler betroffen, beobachten heute Lehrer eine quantitative Zunahme der Schüler, die besonderen Belastungen ausgesetzt sind, sowie eine **Kumulation von Belastungsfaktoren.** Lehrer erleben, dass bei den betroffenen Kindern und Jugendlichen dann oft ein großer Gesprächsbedarf besteht und diese Schüler in einem erhöhten Maß Ansprache, Unterstützung und Förderung benötigen. Lehrer übernehmen dann die Rolle des „berechenbaren" Ansprechpartners, der ein Stück Normalität bieten kann.

„Seit ein paar Jahren beobachten wir, dass die Schüler mit immer mehr Problemen zu uns kommen, wie Scheidung, Trennung, Arbeitslosigkeit." (Schulleiter, Realschule, Nordrhein-Westfalen)

„Ich merke die zunehmende Belastung der Kinder, v. a. der kleineren." (Lehrerin, Gymnasium, Nordrhein-Westfalen)

Sinken Motivation und Leistungsfähigkeit der Schüler?

Fast alle Lehrer stellen im Vergleich zur Situation vor 15, 20 oder 25 Jahren eine niedrigere Anstrengungsbereitschaft ihrer Schülerschaft fest. Die Sinnhaftigkeit und Notwendigkeit des Lernens für einen erfolgreichen Abschluss und damit für ein „erfolgreiches" Leben[109] erschließt sich den Schülern nicht mehr in dem Maße

[108] Als soziale Benachteiligung wie auch individuelle Beeinträchtigung im Sinne des § 13 SGB VIII.

[109] Insofern trifft entgegen dem klassisch-humanistischen Bildungsideal „Non scolae sed vitae discimus" doch wieder Senecas ursprüngliche Fassung zu: „Nicht für das Leben, sondern für die Schule lernen wir." (Seneca 1993, 106 § 12.)

wie früheren Generationen. Die Diagnose der Lehrer: Schüler strengen sich nicht mehr (genügend) an, sind materiell übersättigt und verspüren teilweise nicht die Notwendigkeit, sich anstrengen zu *müssen*. Der Wissenserwerb in der Schule besitzt bei Schülern oft keinen besonderen Stellenwert mehr. Denn zum einen ist Wissen heute überall und leicht „per Click" zugänglich (Stichworte: Wikipedia, Google) und zum anderen propagieren gerade die Medien vielfältige berufliche Erfolgswege *jenseits* der klassischen Bildungsverläufe. Für Jugendliche hat **Schule ihre Hoheit über Wissen und Wissensvermittlung verloren**. Die Notwendigkeit, sich für einen Schulabschluss anstrengen zu müssen, wird den Schülern aus Sicht der Lehrer heute erst deutlich später bewusst als früher: „Die Schüler entwickeln immer später ein zielführendes Lernverhalten."

Ein Teil der Lehrer betrachtet professionelle Nachhilfesettings im Zusammenhang mit dem Thema Anstrengungs- und Leistungsbereitschaft daher skeptisch: Schüler würden (noch) weniger die Notwendigkeit sehen, sich in der Schule wirklich anzustrengen und konstant aufmerksam zu sein, wenn es die Nachhilfe als doppelten Boden und Rettungsnetz gibt, in der das nachgeholt wird, was der Schüler in der Schule nicht aufgenommen hat.

Vor allem Lehrer an Hauptschulen sehen darüber hinaus einen Zusammenhang zwischen einer sinkenden Anstrengungsbereitschaft und der Perspektivlosigkeit ihrer Schüler. Diese verweigern eine Anstrengung für den Schulerfolg, weil die Aussichten auf eine gewünschte Ausbildungsstelle schlecht sind und nach der Ausbildung gar die Arbeitslosigkeit droht, weil also die Anstrengung nicht belohnt wird.[110]

„Die Schüler sind nicht mehr bereit, sich zu schinden, sich richtig anzustrengen – das beobachte ich." (Lehrer, Gymnasium, Bayern)

„Wo sollen sie die Motivation hernehmen, sich anzustrengen, denn sie haben ja im Grunde alles und es kann eigentlich gar nicht besser werden." (Lehrer, Gymnasium, Bayern)

„Die Schüler sind nicht mehr gewöhnt, etwas zu lernen, um es dauerhaft zu können." (Schulleiter, Realschule, Nordrhein-Westfalen)

„Der Zeitpunkt, wann die Kinder ein akzeptables Lern- und Arbeitsverhalten entwickelt haben, verzögert sich nach hinten oder wird gar nicht in dem Maße angenommen, wie es sein sollte. […] Der Aufwand, um ein gleiches Ergebnis zu bekommen, wird größer." (Lehrer, Realschule, Bayern)

110 Siehe dazu auch Kapitel 5.7, Abschnitt „Lehrer/-innen an Haupt- und Mittelschulen".

„Unsere Kinder haben alles. Haben Elektronik, Statussymbole. Das sind die Dinge, an denen sie sich ausrichten, nicht unbedingt Schulerfolg. Dadurch ist das Ziel, was sich die Schüler setzen, niedriger geworden." (Lehrerin, Gesamtschule, Nordrhein-Westfalen)

„Die Schülerschaft hat sich sehr verändert. Es ist viel schwieriger geworden, auch in den Abschlussklassen, denen die Wichtigkeit klarzumachen, bestimmte Dinge zu lernen für die Prüfung. Für manche ist es noch ein Spaß.[...] Die Wichtigkeit, für sich zu lernen – nicht für den Lehrer, nicht für die Eltern, sondern damit ich einen Abschluss mache, mit dem ich einen bestimmten Beruf erlernen kann, Geld verdienen kann –, das ist schwierig geworden zu vermitteln." (Lehrer, Realschule, Baden-Württemberg)

„Wir machen immer einmal im Jahr sogenannte Bewerbertage, wo man freiwillig sich bei zwei Unternehmen, die in die Schule kommen, einschreiben kann, wo man Bewerbungsmappe abgibt, wo man ein Bewerbungsgespräch simuliert, dann kriegt man auch noch ein Feedback. [...] Vor sieben Jahren war es so, da haben 60 % teilgenommen, 35 % haben Nein gesagt [...]. Dieses Jahr, Tendenz seit den letzten Jahren stark zunehmend, war es so: 30 % nehmen teil, 10 % nehmen nicht teil und 60 % machen weder Muh oder Mäh." (Lehrer, Realschule, Bayern)

Gesunkene Leistung und gleichzeitig gestiegener Leistungsdruck an Gymnasien

Auch Lehrer an Gymnasien stellen fest, dass das Niveau im Vergleich zu früher gesunken sei und sie nicht mehr dieselben Arbeiten schreiben könnten wie vor zehn oder gar zwanzig Jahren. Die Schüler, so die Erklärung der Lehrer dafür, seien nicht weniger intelligent als früher, aber das Gymnasium habe heute für eine wachsende Zahl bildungsbeflissener Eltern, die die Chancen ihrer Kinder auf dem Ausbildungs- und Berufsmarkt durch eine gymnasiale Schullaufbahn erhöhen wollen, eine hohe Attraktivität. Die Übertrittsquoten für das Gymnasium steigen seit Jahren und das **Gymnasium ist längst keine exklusive Bildungseinrichtung** für einige besonders Begabte mehr. In Bundesländern mit verbindlichen Schulempfehlungen am Ende der Grundschulzeit hat die Zahl der Kinder zugenommen, die bereits in der 1. bis 4. Klasse von ihren Eltern und durch professionelle Nachhilfe zu besseren Leistungen angetrieben werden. Durch diese „Gymnasial-Drift" besuchen immer mehr Kinder das Gymnasium, wodurch die Heterogenität in Bezug auf Leistungsvermögen und Leistungsniveau deutlich zugenommen hat.

„Ich denke, dass es für uns immer schwerer wird, den Schülern, die wir heute am Gymnasium haben, gerecht zu werden, weil ich feststelle, dass gewisse Dinge einfach nicht mehr so verstanden werden, dass Aufgabenstellungen nicht mehr so bewerkstelligt werden können, die wir früher gestellt haben, und das ist dann eine Gratwanderung, ein Spagat, denn man hat nach wie vor die sehr begabten Schüler, denen wollen wir gerecht werden, und dann schleppen wir sicher auch andere Schüler mit." (Lehrerin, Gymnasium, Baden-Württemberg)

„Ich kann ganz klar nicht mehr die Arbeiten schreiben lassen, wie noch vor zwanzig Jahren." (Lehrer, Gymnasium, Rheinland-Pfalz)

„Ich schaue immer nach, welche Arbeiten ich in den vergangenen Jahren habe schreiben lassen, und da sehe ich ganz deutlich, dass ich vom Anspruch her nicht mehr die gleichen Aufgaben stellen kann wie noch vor zehn Jahren." (Lehrer, Gymnasium, Bayern)

„Man neigt ja immer dazu, in gewisse Klischees abzudriften, etwa, dass die Schülerschaft immer dümmer wird. Das lehne ich kategorisch ab. Dem ist eigentlich nicht so. Man muss das Gesamtsystem beachten. Dennoch haben wir die Tendenz, dass immer mehr Schüler auf das Gymnasium drängen. Das ist irgendwie auch ein Statussymbol für die Eltern, dass das Kind auf das Gymnasium geht. Und das bringt dann schon Probleme. In meiner Anfangszeit am Gymnasium war vielleicht der Leistungsschnitt insgesamt höher. Das lag aber auch daran, dass wir eine andere Aufteilung hatten, da sind viel mehr Schüler auf die Mittelschulen gegangen. Und das ist jetzt anders und deshalb haben wir leistungsmäßig größere Probleme und ich kann einfach die leistungsschwachen Schüler nicht immer mitnehmen." (Lehrer, Gymnasium, Sachsen)

„Ich denke, dass nicht alle Schüler, die am Gymnasium sind, die richtige Schulwahl getroffen haben, und deswegen kommt es vielfach zu Überforderungen. Mit den entsprechenden Ergebnissen, mit Misserfolgen und natürlich auch aufseiten der Lehrer zu gewissen Frustrationen." (Lehrerin, Gymnasium, Baden-Württemberg)

Gleichzeitig beobachten Lehrer an Gymnasien einen gestiegenen Leistungsdruck bei Schülern – auf den ersten Blick eine paradoxe Entwicklung, aber für Lehrer nicht unbedingt ein Widerspruch. Denn nach dem ersten PISA-Schock wurde das Gymnasium massiv verändert: Die **Schulzeitverkürzung auf G8** (zunächst ohne ausreichende Straffung der Curricula), die Einführung der zweiten Fremdsprache in Klasse 6 und eine zunehmende Zahl von Vergleichsarbeiten, Tests und mündlichen Abfragen haben dazu geführt, dass sich der Druck an den Gymnasien bereits in den unteren Klassen systematisch erhöht hat. Während den sehr guten Schülern die Verkürzung der Gymnasialzeit kaum etwas ausmacht, steigt die Zahl derjenigen, die von Stoffmenge und Anspruch überfordert sind. Dazu kommt, dass den Schülern durch den zunehmenden Nachmittagsunterricht Zeit und Energie fehlen, zu Hause umfassend zu lernen. Ein Teil der Gymnasiallehrer plädiert daher offen für die Abschaffung von G8 und die Rückkehr zum neunjährigen Gymnasium.

„Ganz extrem finde ich auch seit dem G8, dass die Schüler wesentlich mehr Zeit in der Schule verbringen, als es früher der Fall war. Die Konsequenz daraus ist, dass zu Hause weniger selbstständig gearbeitet wird, was in meinen Augen dann auch zu gewissen Leistungsdefiziten führt." (Lehrerin, Gymnasium, Baden-Württemberg)

„Ich würde das G8 möglichst schnell wieder abschaffen. Ich bin der Überzeugung in den vielen Jahren, dass so eine Art […] Bulimie-Lernen nichts bringt – reinstopfen und dann schnell wieder ausspucken –, sondern dass die Entwicklung Zeit braucht, und man sollte diesen jungen Menschen diese Zeit auch geben in der Schule. Man könnte sie besser begleiten." (Lehrer, Gymnasium, Bayern)

Aus Sicht der Lehrer hat die bildungspolitische Frage „Was müssen wir ändern, damit wir international als Bildungsstandort besser dastehen?" bislang niemandem genutzt – nicht den Lehrern und Schülern und im Endresultat auch nicht der Wirtschaft. Stattdessen haben die Veränderungen einseitig und gegenteilig dazu geführt, dass sich der Lern- und Anforderungsdruck mit all seinen Folgen für Eltern, Schüler und Lehrer erhöht hat und vertiefendes Lernen und Verstehen nicht mehr in der Schule stattfindet, sondern zu Hause erfolgen muss.

Da Lehrer im eigenen Erleben kaum noch genug Zeit haben, um Stoff so zu vermitteln, wie sie selbst es gerne möchten, gelingt es ihnen immer seltener, den Funken der Begeisterung für die Inhalte auf ihre Schüler überspringen zu lassen. Schulstoff wird so zu einer Notwendigkeit im Schuljahresverlauf und ist nicht mehr etwas, für das sich Lehrer und Schüler im Alltag tatsächlich begeistern können. Zudem besteht die Gefahr, dass die Unterrichtsgestaltung implizit an Showformaten der Unterhaltungsindustrie gemessen wird. Das Anspruchsverhalten sei enorm gestiegen, frei nach dem Motto: „Unterhalte mich, sonst zapp' ich dich weg."

„Das Niveau ist gesunken und der Leistungsdruck hat zugenommen." (Lehrer, Gymnasium, Rheinland-Pfalz)

„Mit den Lernvorgaben durch G8 haben wir keine Zeit mehr, richtig zu üben." (Lehrerin, Gymnasium, Baden-Württemberg)

„Was wir bemerken seit einigen Jahren ist, dass die Zahl der Sitzenbleiber sich deutlich vergrößert hat. […] Das G8 macht den sehr guten Schülern kaum etwas aus. Die schaffen das

genauso wie das G9. Die kriegen im Unterricht so viel mit und tun sich leicht beim Lernen. Schwierig wird es eben bei den leistungsschwächeren Schülern am Ende des Mittelfelds. Die kriegen immer größere Probleme!" (Lehrer, Gymnasium, Bayern)

„Bemerkbar macht sich das daran, dass die Schüler manchmal schon ausgepowert sind, verzweifelt sind, dass sie keine Freizeit mehr haben." (Lehrer, Gymnasium, Sachsen)

Mediale Wirklichkeiten als Konkurrenz zur Schule

Eine weitere Ursache für ein sinkendes Leistungsniveau an allen Schularten sehen Lehrer in der **zunehmenden Medialisierung** mit ihren komplexen Folgen für die Aufnahmefähigkeit von Kindern und Jugendlichen. Permanente Musikbeschallung über MP3-Player oder Handys, eigene Fernseher im Kinderzimmer, an den Computer fesselnde Spiele, Netzwerkspiele, die soziale Verbindlichkeit und „virtualisierte Gegenidentitäten" erzeugen (z. B. World of Warcraft) und das Eingebundensein in virtuelle soziale Netzwerke – all dies kostet aus Sicht der Lehrer nicht nur viel Zeit, sondern führt darüber hinaus zu einer Veränderung der Konzentrationsfähigkeit und des kognitiven Aufnahmeverhaltens. Die Medien erzeugen virtualisierte soziale Gegenwelten, zu denen **Schule als institutionalisierter Ort der Wissensvermittlung zunehmend in Konkurrenz steht** und gegenüber denen sie wegen ihrer spezifischen Form und Didaktik weniger attraktiv wirkt.

Damit verschiebt sich gleichzeitig die Bedeutung der schulischen Leistungsanforderung: Nach Meinung der Lehrer wird Schule allen Bildungsambitionen der Eltern zum Trotz für die Schüler zu einer bloßen *Option*, die sich gegenüber anderen sozialen Wirklichkeiten zu behaupten hat. So beobachten Lehrer, dass etwa soziale Netzwerke über digitale Medien für die Schüler extreme Wichtigkeit und Verbindlichkeit besitzen. Schüler loggen sich meist direkt nach der Schule für mehrere Stunden ein oder chatten teilweise schon in den Pausen via Handy. Aus Erfahrung der Lehrer bleibt dann meist nicht mehr genügend Zeit für die notwendigen Hausaufgaben und ein konzentriertes Lernen – ein Phänomen, das immer noch primär die Jungen betrifft, zunehmend aber auch Mädchen.

Darüber hinaus bewirkt die intensive Nutzung digitaler Medien aus Wahrnehmung der Lehrer eine Veränderung des Konzentrations- und kognitiven Aufnahmevermögens ihrer Schüler: Ein vertieftes Lernen mit *längeren Konzentrationsphasen* gelingt nicht mehr jedem Schüler und jeder Schülerin. Das hat mit der medialen Konkurrenz und deren immensem Zeitbedarf zu tun: Die Konzentration auf die Schule wird permanent abgelenkt, Schulaufgaben und Lernen werden auf die Pausen zwischen der Computernutzung reduziert oder der Computer läuft auch während der Hausaufgaben, um mit dem Freund oder der Freundin parallel zu chatten.

Ganz anders als die analoge Lebenswirklichkeit (älterer) Erwachsener, welche von einem Nacheinander verschiedener Lebensbereiche und Aufgaben geprägt war, ist die digitale Lebenswelt Heranwachsender heute von der **Gleichzeitigkeit der Lebensbereiche** bestimmt: Unterricht, Hausaufgaben, Kommunikation mit Freunden, Musik hören – alles kann und wird gleichzeitig „erledigt". Die Schüler reagieren darauf, indem sie bestimmte Dinge als nicht brauchbar sofort ausfiltern und sich gar nicht erst festsetzen lassen. Dadurch verändert sich die Kultur des Lernens: Das konstante und konzentrierte Lernen, das Eltern von ihren Kindern in der Unterstufe noch einfordern, funktioniert bei den meisten Jugendlichen ab Klasse 8 nicht mehr. Lernen erfolgt nun diskontinuierlich, nicht mehr an festen Orten und zu festen Zeiten und teilweise auch nicht mehr intensiv genug; das Gelernte kann sich nicht mehr im Langzeitgedächtnis festsetzen. Durch eine Fülle von interessanten Angeboten und Ablenkungen sinkt auch die Geduld der Kinder und Jugendlichen, sich intensiv mit einem Stoff zu befassen. Insofern ist zu fragen, ob und wie die schulische Art der Konzentrationseinforderung mit dem Konzentrationsvermögen der Schüler zusammenpasst. Einige Lehrer berichten zudem, dass viele jüngere Schüler erst am Freitag voll aufnahmefähig seien, weil sie die ganze Woche bräuchten, um die Bilderflut und Audiobeschallung am Wochenende zu verarbeiten. Ältere Jugendliche schliefen dagegen am Wochenende viel und bauten im Verlauf der Schulwoche dann kontinuierlich an Konzentration und Leistungsvermögen ab.

„Die Medien sind der wichtigste Lehrer unserer Kinder. Und dagegen kämpft Schule jeden Tag an." (Lehrer, Gymnasium, Thüringen)

„Die Kinder sind zunehmend von anderen Dingen berieselt. Das heißt, die Aufmerksamkeit, die Geduld, die Bereitschaft, an was dranzubleiben, wird geringer." (Lehrer, Gymnasium, Bayern)

„Eine lernmäßige Ruhe im Unterricht war früher besser gegeben. Das sind die ganzen Medien! Heute ist die Reizüberflutung zu viel – angefangen von I-Pod über Fernseher und Computer. Da muss man mittags oder abends seine privaten Fernsehsendungen sehen, mit den Freunden, Freundinnen chatten und dann muss man noch in Facebook schauen, was los ist – völlige Überforderung und völlige Reizüberflutung. Aus dem Schulhaus raus, die Knöpfe ins Ohr und dann die Umwelt nicht mehr wahrnehmen." (Lehrer, Realschule, Baden-Württemberg)

Mehr Jugendliche ohne Erziehungsstruktur und Grenzen

Im beruflichen Alltag sehen sich Lehrer heute gefordert, zulasten der Wissensvermittlung deutlich mehr Erziehungsaufgaben zu übernehmen. Es sind vor allem Lehrer an Haupt-, Mittel- und Gesamtschulen im (groß-)städtischen Umfeld, die sich verstärkt mit Schülerinnen und Schülern auseinandersetzen müssen, die ihnen ohne erkennbare Erziehungsstruktur und ohne Erfahrung von Grenzen entgegentreten: Jugendliche, die zu spät in den Unterricht kommen, mitten in einer Stunde gehen, keine Hausaufgaben machen, dem Unterricht nicht folgen oder systematisch stören.

Parallel dazu treffen Lehrer in Sprechstunden zunehmend auf Eltern, *vorwiegend* aus der sozialen Unterschicht, vermehrt aber auch aus der Mittelschicht, die die Erziehung ihrer Kinder praktisch aufgegeben haben und so an die Schule delegieren. Diese Eltern verfügen über eine nur geringe Erziehungskompetenz. Sie finden meist keinen adäquate Ausdrucksform (mehr) für die Liebe zu ihrem Kind, dringen oft gar nicht mehr zu diesem vor und haben im Lauf der Zeit ihre eigenen Ansprüche an Erziehung auf ein Minimum reduziert. Ihnen ist es (scheinbar) egal, was ihr Kind am Nachmittag oder Abend macht, Hauptsache, es kommt überhaupt zum Schlafen nach Hause. Diese Eltern erwarten von der Schule eine Lösung des Problems und **delegieren die Erziehungsverantwortung an die Lehrer**, weil sie „nicht mehr können und weiterwissen", frustriert und hilflos sind.

Von praktischer und emotionaler Verwahrlosung ist eine steigende Zahl an Kindern in *allen* gesellschaftlichen Schichten und Milieus betroffen. Dies betrifft auch – wenngleich seltener – Kinder aus Akademikerfamilien. Bei diesen Fällen von „Wohlstandsverwahrlosung" sind die Eltern beruflich stark engagiert. Die Kinder werden praktisch und emotional alleine gelassen und haben keine Begleitung mehr, auch keinen seelischen Beistand bei Problemen im Kontext von Schule. Die Schule wird dann zu dem Ort, an dem **Struktur und Nähe** angeboten werden. Entsprechend vermerken Lehrer einen steigenden Wunsch ihrer Schüler nach Nähe und Gesprächen, gelegentlich auch nach In-den-Arm-Nehmen.

„Da ist oft nichts. Nichts. Da ist kein Ritual oder da ist nichts. Struktur, also da ist keine Struktur. Die stehen mit ihren Kindern nicht auf. Die erwarten von ihnen, dass die alleine aufstehen, dass die ihre Tabletten nehmen, ihr Ritalin oder ihr Medikament. Die kommen zu uns […] ohne Frühstück, natürlich. Da gibt es auch mittags nichts zu essen, da gibt es manchmal was zu essen […], das ist erzieherische und soziale Verwahrlosung." (Lehrerin, Realschule plus, Rheinland-Pfalz)

„Das sind Jugendliche, die sind völlig ohne Struktur aufgewachsen, die kennen keine Grenzen mehr, auch von den Eltern nicht, gar nicht." (Lehrerin, Gesamtschule, Nordrhein-Westfalen)

„Die Eltern haben gar keinen Einfluss mehr auf die Kinder, die Kinder verselbstständigen sich kolossal." (Leiter, Hauptschule, Nordrhein-Westfalen)

„Die Eltern sind komplett hilflos und wissen nicht mehr, was sie tun sollen. Sie erwarten dann, dass die Schule eingreift und sagen: Machen Sie endlich was, ich kann nicht mehr." (Lehrerin, Hauptschule, Nordrhein-Westfalen)

„Da ist alles da, der Fernseher im Zimmer, alle Medien. Aber da ist keiner da, der sagt: ‚Du machst jetzt um neun dein Licht aus. Das ist richtige erzieherische Verwahrlosung." (Lehrerin, Hauptschule, Berlin)

„Ich finde sehr viel problematischer unsere deutschen Kinder, die nämlich so sozial abgefallen sind, dass die überhaupt keine Strukturen mehr kennen. Und da müssen wir erzieherisch sehr, sehr, sehr eingreifen, das machen wir auch mit Sozialarbeitern, wir haben zwei Stück an der Schule." (Lehrerin, Realschule plus, Rheinland-Pfalz)

5.5 Geschlecht und Schulerfolg: Erfahrungen und Perspektiven von Lehrern

Mädchen zeigen häufiger den Schulerfolg förderndes Verhalten

Es ist erst ein paar Jahrzehnte her, dass das Geschlecht für den formalen Bildungserfolg von Jugendlichen entscheidend war. Noch in den 1960er-Jahren lag die Abiturrate von Mädchen deutlich niedriger als die von Jungen.[111] Mädchen gehörten neben „Landkindern" und „Arbeiterkindern" zu den von Bildungsbenachteiligung am stärksten betroffenen Bevölkerungsgruppen.[112] Seit dieser Zeit haben Mädchen an Schulen deutlich aufgeholt: Mittlerweile erzielen sie die höheren Bildungsabschlüsse, wiederholen seltener eine Klasse als Jungen und sind seltener als diese auf den Hauptschulen vertreten. Niemals zuvor verfügte Deutschland über „eine so gut gebildete Frauengeneration wie heute".[113] Diese Befunde der Bildungsforschung werden von Lehrerinnen und Lehrern bestätigt: Ihrer Erfahrung nach zeigen Schü-

[111] Rund ein Drittel Mädchen, zwei Drittel Jungen; vgl. Mumme/Baddes 2009, S. 25.

[112] Dahrendorf 1966, S. 48; siehe dazu auch Diefenbach, Heike: Die schulische Bildung von Mädchen. In: Matzner/Wyrobnik 2010, S. 129.

[113] Ebenda.

lerinnen häufiger als männliche Schüler ein den Schulerfolg förderndes Verhalten, etwa in Bezug auf Aufmerksamkeit, (kontinuierlichen) Fleiß, Ordentlichkeit und andere schulisch anerkannte und honorierte „Tugenden" – was sich auch in besseren Noten niederschlägt. Zwar beobachten Lehrer bei beiden Geschlechtern ein pubertätsspezifisches Absacken der Leistungen, doch gelingt es ihrer Erfahrung nach Mädchen früher als Jungen, sich aus dieser Phase zu befreien und sich (wieder) zu motivieren, sich stärker und umfassender für die Schule zu engagieren.

Dabei wird das Thema Genderunterschiede bei Schülern von Lehrerinnen und Lehrern als Randthema wahrgenommen und bewertet, dem auch seitens der Bildungspolitik (und in der Lehrerausbildung) keine besondere Aufmerksamkeit zuteilwird. Lehrer sind sich nicht bewusst, ob und inwiefern sie Geschlechterstereotypisierungen vornehmen und inwieweit diese – auch durch andere Lehrer / -innen sowie die Schulkultur – an der Schule wirksam werden. In den Interviews erfolgten keine geschlechterstereotypen Zuschreibungen in Bezug auf Leistungen in den unterschiedlichen Fächern, seien es Sprachen oder Naturwissenschaften, sei es Musik oder Mathematik. Lehrerinnen und Lehrer trauen grundsätzlich beiden Geschlechtern gleichermaßen zu, in diesen Fächern eine gute Leistung zu erbringen.[114]

Schule heute, dies betonen Lehrerinnen und Lehrer gleichermaßen, verfolge das Ziel einer sozialen Gleichbehandlung der Geschlechter. Geschlechtsspezifische Unterschiede in der Leistung sind aus ihrer Sicht *extern bedingt*, Rückschlüsse auf das Berufsverständnis von Lehrer / -innen oder die Lehrerausbildung ziehen sie nicht. Die Gründe für das bessere schulische Abschneiden von Mädchen liegen aus Sicht der Lehrerinnen und Lehrer primär in den Strukturen:

- **Fehlende Rollenvorbilder für Jungen** durch ein überwiegend weibliches Lehrpersonal, vor allem an Grund- und Hauptschulen, zunehmend auch an Realschulen: Diesen Faktor bewerten Lehrer aller Schularten als zentral. Mehr Männer für den Lehrerberuf zu gewinnen, ist für sie der wichtigste Hebel, um mögliche Geschlechterungleichgewichte in Zukunft auszugleichen, denn vor allem Jun-

[114] Allerdings können hier keine Aussagen dazu gemacht werden, welche Erwartungen an die Geschlechter im Unterricht bewusst oder unbewusst transportiert werden. Hoppe und Nyssen beschreiben (unter Bezugnahme auf Forschungen von Ziegler 1998), dass im Fach Mathematik eine im Verlauf der Sekundarstufe I zu beobachtende zunehmende Distanz der Mädchen *auch* darauf zurückzuführen sei, dass ihnen seitens der Lehrer / -innen weniger zugetraut wird als den Jungen; demnach gehe es darum, solche „subtil wirkenden und sich hartnäckig haltenden geschlechtsabhängigen Zuschreibungen der Lehrkräfte bewusst zu machen und zu überwinden". (Hoppe / Nyssen 2004, S. 237 ff.)

gen haben Schwierigkeiten bei der Findung von Rollenbildern. Die Ursachen dafür sind mannigfaltig und liegen auch im familiären Umfeld: Nachmittags *kümmern* sich vor allem die Mütter um die Familie und überdies sind viele Familien durch Scheidung / Trennung nicht mehr komplett, wobei die Kinder nach einer Trennung immer noch in der Regel bei der Mutter und nicht beim Vater bleiben. Dazu passt, dass männliche Lehrer sich seit einigen Jahren zunehmend vor die Aufgabe gestellt sehen, für ihre Schüler auch ein Rollenvorbild zu sein: „Die Frage, wie bist du als Mann, ist für die Jungen wichtiger als der Stoff", so eine charakteristische Aussage eines Realschullehrers.

- **Verhalten:** Ordnung, kontinuierlicher Fleiß, Aufmerksamkeit, Nicht-Stören im Unterricht – Schule *belohnt*, fördert und fordert dieses Verhalten, das Mädchen *tendenziell* leichter fällt als Jungen. Die Grundlagen dazu werden bereits in Kindergarten und Grundschule gelegt, wo Kinder fast ausschließlich auf Erzieherinnen und Lehrerinnen treffen, die genau dieses Verhalten fördern und fordern.
- **Peer schlägt Schule:** Für Heranwachsende ist die Akzeptanz in der Peergroup von besonderer Bedeutung. Und hier sehen Lehrer / -innen Unterschiede in den Peers von Mädchen und Jungen: Gute Noten, Fleiß und Motivation, also ein Verhalten, das den Schulerfolg befördert, sind in weiblichen Peers *eher* akzeptiert als in männlichen. Darüber hinaus sehen die befragten Lehrer eine Korrelation zwischen Schulbildung, der Einstellung zu Schule und dem Verhalten der Schüler / -innen: Je niedriger die Schulbildung, umso eher dominiert gerade bei männlichen Schülern die Haltung, dass Lernen und Fleiß „uncool" sind. Ist die Peergroup der Schule gegenüber negativ eingestellt, geraten diese nicht selten in eine Abwärtsspirale: Sie machen zum Beispiel keine Hausaufgaben mehr und lernen nicht.
- **Nutzung digitaler Medien:** Schulartübergreifend stellen Lehrer fest, dass die Nutzung digitaler Medien immer mehr mit einem Engagement für den Schulerfolg konkurriert. Die im Vergleich zu früher größere Unruhe im Unterricht und Störungen vor allem durch Jungen sowie die nicht vorhandene Fähigkeit zum Stillsitzen führen Lehrer auf immer häufiger fehlenden (sportlichen) Ausgleich am Nachmittag zurück, der mit einer intensiven Nutzung digitaler Medien, vor allem des PCs, einhergeht.

„Die Mädchen sind zielstrebiger, sind besser organisiert, sie sind einfach leistungswilliger im Durchschnitt, sind ehrgeiziger auch als die Jungen [...] Also, ich bin der Meinung, unsere Jungen verlieren. Und es gibt einige Ansätze, das zu erklären. Wir haben eine zunehmende Verweiblichung des Kollegiums. Das ist ja in erster Linie nichts Schlechtes, aber die Jungen

brauchen auch Lehrer. Mir wäre es natürlich lieb, wenn jetzt einmal so ein bisschen eine Gegenrichtung kommt, dass man jetzt einmal mehr auf die Jungen eingeht. Die verlieren an dieser ganzen Geschichte unheimlich. Jetzt sind natürlich im Gymnasium auch zu neunzig Prozent diese weiblichen Eigenschaften gefragt, also Ordnung, Sauberkeit, Pünktlichkeit, Organisiertheit, Auswendiglernen und so weiter. Und das, was die Jungen starkmacht, das ist gar nicht so gefragt." (Lehrer, Gymnasium, Bayern)

„Wenn ich mir meine Schüler anschaue, die mit den größeren Problemen, das sind Jungen. Ich glaube schon, dass es daran liegt, dass sie ihre Rolle in dieser Gesellschaft [...], dass sie die vielleicht nicht mehr so finden können." (Lehrerin, Realschule, Bayern)

„Die Suche nach der Rolle ist für die Jungen viel schwerer als für die Mädchen. [...] Was ist überhaupt die Rolle des Mannes? Als Folge der Emanzipationsbewegung ist das schwierig zu sagen. Was heißt das, ich bin ein Mann? Außerdem kennen Sie das Problem, wir haben viel zu wenige Männer. Im Realschulbereich sind es, glaube ich, so dreißig Prozent." (Lehrer, Realschule, Nordrhein-Westfalen)

„Unsere Jungen, die kommen im Kindergarten zur Erzieherin, dann zur Grundschullehrerin und wie sollen die Männlichkeitsbilder entwickeln? Wir haben heute eine sehr weiblich dominierte Erziehung und die Jungen finden ihre Wege nicht mehr, ihren Platz nicht mehr. Diese männlichen Vorbilder fehlen. [...] Das wird von der Schule überhaupt nicht aufgefangen. Deswegen haben wir so eine hohe Jungen-Versagerrate in der Schule, deswegen haben wir so wenige Abiturienten, männliche. Weil diese Phase von uns schlecht genutzt wird." (Schulleiter, Gymnasium, Thüringen)

„Es sind vorwiegend Frauen in dem Beruf. Das ist nicht nur die Grundschule, sondern auch das Gymnasium. Wir haben etwa zwanzig Prozent männliche Lehrer. Ich fände ein Verhältnis fifty-fifty schon gut. Und ich finde es schon gut, dass es jetzt mehr Männer in den Kindergärten gibt." (Lehrer, Gymnasium, Sachsen)

„Sicher liegt auch ein Grund darin, dass wir zu wenige männliche Lehrer haben. Wenn ich an Grund- und Hauptschulen denke und auch Realschule, da ist die Tendenz sehr frauenlastig. Und ich denke, Jungen tun männliche Rollenvorbilder gut. Jede Form von Einseitigkeit tut da nicht gut [...]. Weil dann z. B. Jungen das Gefühl haben, immer die Bösen zu sein, weil sie vielleicht ein bisschen wilder sind. Und ein männlicher Kollege würde das vielleicht ein bisschen besser tolerieren, würde es anders sehen. Vielleicht stören Jungen bei einem Mann auch einfach mal weniger als bei einer Frau." (Lehrerin, Realschule, Baden-Württemberg)

„Der Unterschied zwischen Mädchen und Jungen ist enorm. Weil unser Schulsystem einfach auf Mädchen ausgerichtet ist. [...] Das, was in der Schule belohnt wird, ist das Ordentliche, das Ruhige, das Aufmerksame – und das sind nun mal meistens die Mädchen." (Lehrerin, Realschule, Bayern)

„Es ist im Grunde auch Klischee, aber bei den Mädchen stellt man es immer wieder fest, dass es zutrifft, dass sie schon zielstrebiger agieren, was das Lernverhalten anbelangt. Und wir bei den Jungen feststellen können, wenn die in der 10./11. Klasse angekommen sind, dass sie in ein ziemliches Leistungsloch fallen." (Lehrerin, Gymnasium, Sachsen)

Nahezu alle Lehrerinnen und Lehrer beobachten (teilweise deutliche) Unterschiede zwischen den Geschlechtern. Aber sie verorten die Gründe dafür nicht in ihrer schulischen Praxis und sehen diese Unterschiede meist gelassen. Ihre Erfahrung im Schulalltag ist darüber hinaus, dass die **Unterschiede der sozialen oder ethnischen Herkunft** stärker in die Schulen hineinwirken als die des Geschlechts.

Dafür sprechen auch weitere Gründe:

- Männliche Schüler schneiden zwar im Schnitt schlechter ab und wiederholen häufiger Klassen als Schülerinnen, in der Spitze eines Jahrgangs sind jedoch beide Geschlechter vertreten.
- Jungen fallen zwar in der Regel stärker und länger in ihren Leistungen ab als Mädchen, können jedoch fast immer noch rechtzeitig vor dem Abschluss ihre Noten steigern und die Schule so erfolgreich abschließen.
- Lehrerinnen und Lehrer äußern gleichermaßen, dass sich der schulische Noten- und Zeitvorteil der Mädchen im Verlauf der Berufsausbildung bzw. des Studiums, spätestens aber zum Zeitpunkt des Berufseinstiegs und der Familiengründung wieder ausgeglichen hat und dann eher die jungen Frauen benachteiligt werden: Junge Männer ergreifen z. B. häufiger besser bezahlte Berufe und haben auf lange Sicht die größeren Karrierechancen, weil sie keine längere familienbedingte Erwerbsunterbrechung haben.

Ein Teil der Lehrer ist der Meinung, dass die Förderung der Mädchen (z. B. Maßnahmen, um ihnen Zugänge zu MINT-Fächern – Mathematik, Informatik, Naturwissenschaften und Technik – zu erleichtern) in den vergangenen Jahren zu einseitig gewesen ist. Als bezeichnendes Beispiel dafür führen sie die **tendenziöse Gestaltung einiger Schulbücher** an, in denen etwa in Aufgaben „kluge" Mädchen richtig rechnen und es gehäuft die Jungen sind, die Fehler machen. Um eine geschlechtergerechte Schulbildung zu erreichen und auch das Selbstbewusstsein von Jungen (wieder) zu stärken, sei es dringend nötig, das Ungleichgewicht zulasten der Jungen gezielt auszugleichen.

„Was mir jetzt in meinem Fach, in Mathematik, ganz besonders auffällt, aufstößt, ist, dass man jetzt sogar in den von den Jungen früher dominierten Fächern Mathematik, Physik, Naturwissenschaften, das war ja eine Jungendomäne, da hat man in den letzten zehn bis fünfzehn Jahren die Mädchen unheimlich in den Fokus gerückt und gesagt: ‚Traut euch doch, ihr seid nicht schlechter als die Jungen und /äh/ die sind nur lauter als ihr, aber ihr seid nicht schlechter und jetzt macht einmal!‘ Und man hat die Mädchen da unheimlich versucht zu pushen in diesen naturwissenschaftlichen Fächern, hat aber bei den Jungen nichts unternommen. Also, dass ich mich jetzt unheimlich über unsere Mathematikbücher aufregen muss, wo da jetzt darin steht, also auf jeder zehnten Seite, ‚der Klaus hat einen Fehler gemacht, findest du ihn? Aber Marion hat das ganz toll gerechnet‘! Und da rege ich mich furchtbar darüber auf!“ (Lehrer, Gymnasium, Bayern)

Aber:
Zahl der Mädchen mit schulerfolgshemmendem Verhalten steigt

Es sind also vor allem Jungen, die ein Verhalten zeigen, das sich für den Schulerfolg schädigend auswirkt. Aber es scheint, und diese Tendenz bereitet vor allem Lehrern an Haupt- Mittel- und Realschulen Sorge, dass die Mädchen hier „aufholen“. So sackt ein wachsender Anteil von Mädchen im Verlauf der Pubertät mit den Leistungen deutlich stärker als der Durchschnitt ab, zeigt teilweise ein demonstratives Desinteresse an Schule und adaptiert ein bislang primär männliches Verhalten in Bezug auf Schule – und gefährdet so den eigenen Schulerfolg massiv. Häufiger sind dies Mädchen mit einem bildungsfernen Hintergrund und aus sozial schwachen Herkunftsfamilien, in denen Erziehung weitgehend an Schule delegiert wird und zu Hause kaum noch stattfindet und in denen die Eltern keine Einflussmöglichkeiten mehr auf ihre Töchter haben. Diese Entwicklung ist noch relativ neu und bedarf der weiteren Untersuchung und Beobachtung.

„Wir haben aber auch immer mehr Mädchen, die entgleisen. Bei Eltern aus ganz bürgerlichen Familien. Die dürfen machen, was sie wollen, da findet keine Grenzziehung statt.“ (Lehrer, Realschule, Rheinland-Pfalz)

„Die Eltern haben keinen Einfluss mehr auf die Mädchen, interessieren sich auch nicht für sie. Das sind nicht unbedingt alleinerziehende Eltern.“ (Lehrerin, Realschule, Nordrhein-Westfalen)

„Strukturlos aufgewachsen heißt für mich, dass die Eltern überhaupt keinen Einfluss mehr haben auf diese Mädchen. Dass ich auch von den Eltern höre: ‚Nö, die können nach Hause

kommen abends, wann sie wollen, Hauptsache sie kommen.' Oder: ,Ach, das interessiert mich nicht, was die nachmittags macht.' Und die kommen morgens wirklich mit dem Handtäschchen in die Schule und gehen auch wieder mit dem Handtäschchen nach Hause. Die nehmen kein Buch mit nach Hause, die machen keine Hausaufgaben, die gehen, wann sie wollen, die gehen auch mitten im Unterricht." (Lehrerin, Realschule plus, Rheinland-Pfalz)

5.6 Eltern und Erziehungskultur: Folgen für die Schule

Gesellschaftliche Veränderungen zeigen sich freilich nicht nur gleichsam „isoliert" bei Schülerinnen und Schülern, sondern betreffen das Gesamtsystem Familie. So ist das Spektrum der Eltern und die Bandbreite elterlichen Verhaltens und elterlicher Einstellungen innerhalb einer sozialen Schicht größer und heterogener geworden. Extreme Haltungen, die vor zehn Jahren eine Ausnahme darstellten, kommen heute häufiger vor, sodass die Arbeit mit Eltern anstrengender geworden ist und Lehrer stärker herausfordert. Lehrer müssen in ihrem beruflichen Alltag dabei im Wesentlichen auf drei Entwicklungen reagieren, die direkte und indirekte Auswirkungen auf Schule und die Kommunikation mit Eltern haben:

1. Eine Zunahme jener Eltern, die **kein Interesse** (mehr) an ihrem Kind und dessen schulischer Entwicklung haben, die keine Energie (mehr) haben und die in der Schule nicht sichtbar werden und von ihr nicht erreichbar sind: War dieses Phänomen früher *primär* auf die soziale Unterschicht beschränkt, bemerken es heute Lehrer bei Eltern aller gesellschaftlichen Schichten und Milieus – wenngleich die Ursachen verschieden sind.
2. Mehr Eltern, die ein **Überengagement** für ihre Kinder zeigen und – aus Sicht von Lehrern – überreagieren, zumeist aus Sorge um die Chancen ihres Kindes: Im Fall einer eventuellen Benachteiligung des eigenen Kindes kontaktieren diese Eltern direkt die Schulleitung oder gleich das Schulamt.
3. **Erziehungsunsicherheit:** Lehrer aller Schularten berichten, dass Elternarbeit immer häufiger **„Hilfe zur Erziehung"** beinhaltet. Einem wachsenden Teil der Eltern sei das Basiswissen über Erziehung abhandengekommen und fehle die (intuitive) Sicherheit im Umgang mit ihren Kindern. Die Folgen: Erziehung ist immer häufiger problematisch und unklar, betroffene Eltern erleben sich als hilflos, orientierungslos und gescheitert und suchen Rat bei jenen, die ihre Kinder einen großen Teil des Tages begleiten und doch eigentlich gut kennen müssen,

den Lehrern. Eine Folge dieser Erziehungsunsicherheit ist, dass Eltern Erziehung immer häufiger an die Schule delegieren – eine weitere Ausdehnung der Aufgaben von Lehrern, die sich in die Rolle von Sozialtherapeuten oder Psychologen gedrängt fühlen.

„Normale" Eltern, mit denen die Zusammenarbeit für das Wohl des Kindes unauffällig und gut funktioniert, sind zwar nach wie vor die Mehrheit, doch binden die erwähnten Gruppen von Eltern sehr viel Zeit und Energie der Lehrer – weil sie abwesend und nicht oder kaum erreichbar sind und elementare elterliche Pflichten auf die Schule abwälzen oder weil sie eine bürokratische Mühle in Gang setzen und Lehrer so damit befasst sind, Vorwürfe gegen sich zu entkräften. Insgesamt vermerken Lehrer aller Schularten, dass die Elternarbeit im Vergleich zu früher anstrengender geworden ist, Eltern und Lehrer sich öfter **wie Gegner** gegenüberstehen und Auseinandersetzungen zugenommen haben.

„Das frühere Zusammenstehen zwischen Eltern und Lehrern ist heute nicht mehr so gegeben. Es ist schon so, dass der Lehrer ein bisschen in der Gegnerschaft steht, das sieht man bei verschiedenen Auseinandersetzungen." (Lehrerin, Gymnasium, Baden-Württemberg)

Desinteresse am Kind: unsichtbare Eltern

Längst ist die emotionale und strukturelle Vernachlässigung nicht mehr allein Thema der sozialen Unterschicht. Zwar berichten nach wie vor mehrheitlich Lehrer an Haupt-, Mittel-, Werkreal- und Gesamtschulen mit einem hohen Anteil von Kindern und Jugendlichen aus sozial schwachen Elternhäusern, dass sie bei den Eltern auf Desinteresse stoßen und diese nicht oder nur mit hohem Aufwand erreichen. Doch auch Lehrer an Gymnasien vermerken eine zunehmende Zahl von Eltern, die keine Zeit für ihre Kinder haben – hier freilich häufiger aus dem Grund, dass die Eltern beruflich stark engagiert sind.

Dem Desinteresse der Eltern steht oftmals ein **hoher Aufmerksamkeitsbedarf der Kinder** in der Schule gegenüber: Oft sind es gerade die Kinder dieser „unsichtbaren Eltern", die schulische Probleme haben und soziale oder psychologische Auffälligkeiten zeigen oder aber einen erhöhten Gesprächsbedarf aufweisen und den Lehrer bzw. die Lehrerin zu einem Vertrauten machen. Vor allem letztere Entwicklung beobachten Lehrer aller Schularten immer häufiger und sehen sich in einem Konflikt. Denn sie kommen damit in die Rolle des Sozialarbeiters und Therapeuten hinein, für die sie nicht ausgebildet sind. Sie erfüllen zunehmend Aufgaben der Eltern, die diese nicht mehr übernehmen. Und der erhöhte Zeitaufwand, auch Zeit für Gespräche mit Schülern, fehlt im schulischen Alltag.

„Die Kinder haben einen höheren Gesprächsbedarf, was auch private Dinge anbelangt. Die Zahl der Anfragen ist größer geworden. Dann bist du plötzlich in der Rolle des Vertrauten – die sagen einem alles. Das wird immer mehr. Auch bei uns am Gymnasium [...]. Und da komme ich deutlich an meine Grenzen." (Lehrer, Gymnasium, Bayern)

„Bei der Hälfte der Kinder gibt es gar keine stabilen Beziehungen mehr im Elternhaus." (Lehrerin, Gesamtschule, Nordrhein-Westfalen)

„Kinder machen die Erfahrung, sie sind nicht erwünscht. Die Eltern hocken vor dem PC oder dem Fernseher." (Lehrerin, Hauptschule, Nordrhein-Westfalen)

„Es ist oft so, dass ich in der Beratung die Eltern motivieren muss, ihre Kinder zu lieben, sie dazu bringen muss, dass sie die mal in den Arm nehmen, mal fünf Minuten nur dem Kind begegnen. Wir müssen grundständige Arbeit leisten im normalen Umgang mit dem Kind. Was wir normal finden, den normalen Umgang zwischen Eltern und Kind, das ist da komplett verloren gegangen. In den Familien gibt es auch kein Ortsfenster und kein Zeitfenster mehr, an dem man sich rituell trifft." (Lehrerin, Hauptschule, Nordrhein-Westfalen)

„Es gibt insgesamt eine große Bandbreite an Eltern. Auffallend ist aber schon, dass oft Eltern aus Problemhäusern oder von sogenannten Problemkindern schwer zu greifen sind. Dass die zu den Elternabenden nicht kommen." (Lehrer, Gymnasium, Sachsen)

„Wir haben teilweise Elternabende, da kommen drei Eltern. An bestimmte Eltern kommt man einfach nicht ran. Da macht es mehr Sinn, sich verstärkt um die Kinder zu bemühen, z. B. auch verstärkt die Schulsozialarbeit einzubeziehen." (Lehrerin, Hauptschule, Berlin)

Fordernde Eltern: Versuch der Einflussnahme auf die Lehrer

Ein anderer Teil der Elternschaft versucht vehement Einfluss auf einzelne Lehrerinnen und Lehrer zu nehmen – auf deren Art zu unterrichten, Aufgaben zu stellen, zu benoten oder mit den Kindern umzugehen. Die zunehmenden Versuche der Einflussnahme gründen darin, dass Eltern Schule immer stärker als zentrale Zuweisungsinstanz von Lebenschancen begreifen und deshalb im Umgang mit Schule, Lehrern und schulischen Problemen ihrer Kinder nicht mehr gelassen agieren (können). Dann wird versucht, das „Bestmögliche" für das Kind herauszuholen: **im Zweifel für das Kind und gegen den Lehrer.** Eine Rolle spielt aus Perspektive der Lehrer dabei auch, dass ihr Berufsstand die Autorität verloren hat und Eltern eher dem eigenen Kind beipflichten und den Lehrer bzw. die Lehrerin hinterfragen.

Mit diesem elterlichen Verhalten sehen sich häufiger Lehrer an Realschulen und Gymnasien konfrontiert. Lehrer äußern massiven Unmut über Eltern, die im Fall einer Unstimmigkeit nicht mehr den Lehrer selbst kontaktieren, sondern sich direkt an die nächsthöhere Instanz wenden oder teilweise sogar juristische Schritte einleiten. Die Folge: Die Schule hat immer mehr Beschwerden abzuarbeiten, was zu einer Frontbildung zwischen Eltern und Lehrern führt und einen Dialog zwischen ihnen erschwert. Das kann auch dazu führen, dass Lehrer bestimmte Interventionen unterlassen oder Forderungen an ihre Schüler nicht stellen, um sich nicht angreifbar zu machen.

„Ich erlebe das bei Kollegen, die zum Teil auch böse E-Mails von Eltern bekommen, die sich sofort beschweren. Denn das, was ihnen das Kind zu Hause erzählt, dem wird unbedingt geglaubt, und den Vorwurf macht man als Erstes gleich dem Lehrer." (Lehrer, Realschule, Nordrhein-Westfalen)

„Wenn Sie das als Lehrer fünf Mal erlebt haben, dass die Eltern dann sich gleich an die Schulbehörde wenden, dann hören Sie auf, bestimmte Dinge einzufordern." (Lehrerin, Realschule, Bayern)

„Elternarbeit wird immer wichtiger, weil vielfach auch von den Eltern zu hohe Erwartungen da sind, was Schule leisten muss." (Lehrer, Gymnasium, Baden-Württemberg)

„Also, das heißt, wenn da etwas nicht sauber gelaufen ist, stehen die Eltern ziemlich schnell einmal auch beim Direktor vor der Tür und sagen: ‚Das geht ja nicht, wie der Kollege da sich verhält!' Das ist die Kehrseite dann, was uns natürlich dann mächtig aufregt, weil wir sagen, wir haben eigentlich alles bisher immer ganz gut mit Gesprächen hinbekommen und warum redet man nicht mit uns und sofort zum Direktor, schreibt sogar ganz locker eine E-Mail an den Direktor, das regt mich dann noch mehr auf [...]. Also, wir wünschen uns, ganz ehrlich, natürlich den Austausch und das Gespräch mit den Eltern, aber von Angesicht zu Angesicht und nicht über irgendwelche hinten herum. Da hat sich auf der Elternseite schon etwas ergeben." (Lehrer, Gymnasium, Bayern)

„Es gibt zunehmend ein Einmischen in schulische Belange durch die Eltern. Auch was Unterrichtsgestaltung anbelangt, dass ein Lehrer da eine E-Mail kriegt und kritisiert wird. Das ist häufiger." (Lehrer, Gymnasium, Sachsen)

Immer mehr verunsicherte Eltern: zur Erziehung erziehen?

Neben den beiden skizzierten Elterntypen, den desinteressierten und den fordernden, beobachten Lehrer aller Schularten, dass es in Elterngesprächen immer häufiger nicht nur um die Leistung des Kindes (und eine mögliche Leistungsverbesserung) geht, sondern auch um Fragen zur Erziehung. Viele Eltern wenden sich mit der Erwartung an die Lehrer, von diesen konkrete Hilfe zur Erziehung zu bekommen. Infolgedessen übernehmen Lehrer zunehmend eine Defizitperspektive gegenüber Eltern, wenn sie diesen ihre ureigensten elterlichen Aufgaben aufzeigen und wieder „beibringen" sollen.

Eine zentrale Forderung der Lehrer heißt daher: **Eltern sollen die Erziehung ihrer Kinder (wieder) selbst übernehmen** und sich mehr zutrauen. Dies gründet auch in der Erfahrung, im schulischen Alltag immer häufiger mit „unerzogenen" Kindern konfrontiert zu sein, die die Autorität der Lehrer kaum oder gar nicht anerkennen und denen jegliches Sozialverhalten fehlt. So bekommen die Lehrer die Folgen der elterlichen Erziehungsunsicherheit täglich vor Augen geführt.

„Die Eltern suchen Hilfe oftmals auch: Wie kann ich ein Regelwerk finden und durchsetzen, dass aus meinem Sohn, meiner Tochter irgendwie doch noch ein gescheiter Schüler wird, der mit einer einigermaßen guten Prüfung rauskommt." (Lehrer, Realschule, Baden-Württemberg)

„Früher habe ich beim Elternsprechtag mit den Eltern darüber geredet, wie Leistungen der Kinder besser werden können. Das mache ich zum Teil heute auch noch. Aber heute ist es mehr Erziehungsberatung: ‚Wie lange sollen die vor dem Fernseher sitzen? Wie lange dürfen die Computer spielen? Was mache ich, wenn er trotzdem den Computer genommen hat?', lauter solche Fragen. ‚Meine Tochter widerspricht mir, wenn ich sage, sie soll den Tisch decken, was mache ich? Soll überhaupt, sollen die Kinder im Haushalt helfen?' Solche Fragen! Das sind Fragen, die ich am Elternsprechtag zu vierzig Prozent am Gymnasium beantworte. Die Eltern kommen in der Regel auch rein und fangen mit Schule und Unterricht an, aber wenn ich dann auch mal so ein bisschen quer gehe und signalisiere, ich bin auch für andere Fragen offen, dann sind Schulthemen vergessen. Dann geht es wirklich nur um Erziehungsfragen. Und die Eltern sind hilflos." (Lehrer, Gymnasium, Rheinland-Pfalz)

„Die Eltern sind völlig überfordert mit Erziehung. Oft werden Grundbedürfnisse der Kinder gar nicht mehr erfüllt, wie Umarmen, Liebe. Der Fernseher läuft den ganzen Tag. Eigentlich müssen wir die Eltern weiterbilden [...]. In Elterngesprächen muss ich den Eltern erst mal erzählen, wie sie kochen sollen, wie sie ihre Wohnung aufräumen. Die normalen Sachen sind nicht mehr da." (Lehrerin, Gesamtschule, Nordrhein-Westfalen)

Dabei zeigt sich deutlich, dass Lehrer je nach Standort der Schule und Zusammensetzung der Schülerschaft mit ganz unterschiedlichen Einstellungen und Verhaltensweisen der *Eltern* konfrontiert sind und nicht alle gleichermaßen auf die oben skizzierten Typen von Eltern stoßen. Gerade Lehrer im kleinstädtischen oder ländlich geprägten Raum äußern sich mehrheitlich positiv über Eltern und Schüler ihrer Schule: „Hier bei uns ist die Welt noch weitgehend in Ordnung." Am stärksten „belastet" zeigen sich Lehrer / -innen an (groß-)städtischen Haupt-, Mittel- und Gesamtschulen; sie sind qualitativ und quantitativ am deutlichsten mit den Folgen elterlichen Desinteresses und elterlicher Vernachlässigung konfrontiert. Sie müssen verstärkt Erziehungsdefizite in der Unterrichtszeit auffangen, um *überhaupt* unterrichten zu können. Dadurch geraten einige Lehrerinnen und Lehrer an ihre pädagogischen und psychischen Grenzen und leiden darunter, ihre Kernaufgaben als Lehrer nur noch in einem geringeren Umfang erfüllen zu können.

Eltern: Mentalitäts- und Erfahrungsunterschiede zwischen Ost und West

Lehrer in Ostdeutschland, die auch Eltern aus den westlichen Bundesländern an ihrer Schule haben, sehen bei den Eltern deutliche Unterschiede in Einstellungen und Verhalten: Die Autorität des Lehrers als „Fachmann" bzw. „Fachfrau" wird im Osten stärker akzeptiert, Entscheidungen der Schule werden nicht angefochten. Es gibt bei ostdeutschen Eltern eher eine Kultur des Abwartens und Akzeptierens:

- Die Rolle des Lehrers ist die des Fachmannes; Lehrer und Schule haben eine hohe Entscheidungskompetenz (z. B. bei Nichtversetzung oder Rückstufung in eine andere Schulart, etwa vom Gymnasium in die Realschule), die nicht angezweifelt wird
- **Das Kind darf scheitern,** Eltern und Kind sind dadurch nicht stigmatisiert

Eltern in den „alten Bundesländern" gehen häufiger gegen Entscheidungen von Lehrern und Schulleitung an. Bei westdeutschen Eltern ist eine Kultur des Kämpfens und Nichtakzeptierens dominant:

- Die Kompetenz von Schule und Lehrer wird bezweifelt und misstrauisch hinterfragt; bei Problemen soll die Schule „das regeln" und Lösungen bieten
- **Das Kind muss beschützt werden**, ein Scheitern gilt es zu verhindern

„Das hat sich schon verändert, dass die Autorität des Lehrers immer mehr infrage gestellt wird, dadurch wird es nicht leichter." (Lehrerin, Realschule, Bayern)

„Ich glaube, und das ist auch der Kern der Geschichte, dass es hier wesentliche Unterschiede gibt. [...] Wenn ich jetzt meine eigene Sozialisation sehe als ‚gelernter DDR-Lehrer' und unsere Eltern sehe, und wir haben viele Eltern hier aus den alten Bundesländern, und ich habe den direkten Vergleich, und ich merke diesen Unterschied in der Beschützermentalität der Eltern.

Und ich merke in Elterngesprächen, wie sehr doch Eltern aus den alten Bundesländern alles im Griff haben wollen, alles lenken wollen, alles im Interesse ihres Kindes regeln wollen, und zwar so, dass sie sagen, mein Kind hat recht, es muss so sein, denn es ist mein Kind und mein Kind ist etwas ganz Besonderes. Und ich merke, dass wir im Osten doch noch – wenn ich es negativ sagen möchte – ein Stück weit eine Befehlskultur haben, das ist einfach in der Kultur drin, dass klare Ansagen gemacht werden: ‚Das wird gemacht. Ende. Das wird nicht diskutiert.'" (Schulleiter, Gymnasium, Thüringen)

„Und das ist, glaube ich, ein ganz, ganz großer Unterschied. Ich merke das ganz oft, dass Eltern aus den alten Bundesländern einen extremen Partnerschaftsinstinkt ihren Kindern gegenüber haben. Und versuchen, für ihre Kinder Verhandlungen zu führen." (Lehrer, Gymnasium, Sachsen)

„Ich sage das jetzt mal so, dass es bei vielen Eltern eine gewisse Diktaturerfahrung gibt, die DDR-sozialisiert sind. Und Entscheidungen übergeordneter Instanzen werden akzeptiert." (Lehrer, Mittelschule, Sachsen)

Erwartungen von Lehrern an Eltern

Die sozialwissenschaftliche Befragung *von Eltern* ergab, dass aus elterlicher Sicht das System Schule immer mehr Aufgaben an die Eltern delegiert. Ein großer Teil der Eltern, vor allem aus der gesellschaftlichen Mitte, ist überzeugt, dass Schulerfolg ohne die kontinuierliche aktive Mitarbeit der Eltern in mehreren Fächern nicht möglich ist. Der Schulerfolg wird immer mehr von den Kompetenzen und der zur Verfügung stehenden Zeit der Eltern abhängig; Eltern werden immer mehr zu Hilfslehrern ihrer Kinder. Dadurch verspüren Familien einen erhöhten Druck: Das Thema Schule setzt gleichermaßen Kinder wie Eltern unter (Leistungs-)Druck und schürt auf beiden Seiten Versagens- und Zukunftsängste. Eltern wünschen sich klare Absprachen und konkrete Zuweisungen seitens der Schule und einzelner Lehrer: Was sollen Eltern leisten, wo sind die Grenzen und was leistet die Schule?

Dieser Druck auf die Eltern wird von Lehrern zwar prinzipiell erkannt, aber nicht in seinem tatsächlichen Ausmaß und allen seinen Konsequenzen für die Familien wahrgenommen. Lehrer sind sich einig: Es ist die Kernaufgabe von Eltern, ihr Kind interessiert zu begleiten (Elternabende besuchen, auf Anrufe reagieren, sich schulisch engagieren, mit den Kindern über Schule und Hausaufgaben sprechen u. Ä.), weniger jedoch, es durch permanentes Mitlernen und Druck zu (immer mehr) Leistung anzutreiben. Eltern sind da gefordert und gefragt, wo es um Hilfe etwa bei den Vokabeln („Abfragen") und auch um ein gelegentliches Erklären geht, **sie sollen aber keine häuslichen Hilfslehrer sein**.

Ein Teil der Lehrer – mit einem Schwerpunkt bei den über Fünfzigjährigen – hat implizite Erwartungen an die Eltern und orientiert sich an einem traditionellen familiären Rollenmodell mit einem Haupternährer und der Hausfrau oder Teilzeit arbeitenden Mutter: „Gute" Eltern (oder zumindest ein Elternteil) sind am Mittag oder Nachmittag selbstverständlich zu Hause, zeigen sozial und fachlich großes Interesse an den Belangen rund um Schule und sorgen für regelmäßige Mahlzeiten und familiäre Rituale, wie etwa gemeinsames Essen. Im „normalen" Fall ist die Familie intakt. Hier besteht eine gewisse Diskrepanz zwischen dem Anspruch der Schule, dass wenigstens ein Elternteil nachmittags anwesend ist, und der existenziellen Notwendigkeit für die Eltern, arbeiten zu müssen, um den Lebensunterhalt der Familie zu sichern.

An Gymnasien treffen Lehrer (noch) am häufigsten auf interessierte und engagierte Eltern – in Haupt- und sogenannten Brennpunktschulen am seltensten. Hier dominieren in den Gesprächen mit Lehrern die Beschreibungen von „unsichtbaren" Eltern, die ihr Kind vernachlässigen und zu einer positiven Hinwendung zu ihm teilweise gar nicht mehr in der Lage sind. Besonders Lehrer an den Hauptschulen fordern von den Eltern daher mehr Interesse am Kind als Mindestanforderung an eine verantwortungsvolle Elternschaft.

Teilweise ist die **Frustration der Lehrer** angesichts der Situation deutlich zu spüren. Aufgrund der unterschiedlichen Erfahrungen von Lehrern sind die „Normalitäts"-Ansprüche an die Eltern je nach Art und vor allem Lage der Schule unterschiedlich. Doch einhellig fordern Lehrer aller Schularten **mehr Erziehung** seitens der Eltern und fordern diese auf, mutiger ihre eigene Erziehungshoheit auszuüben. Natürlich ist die Schule ein elementarer Ort der Erziehung, doch wollen Lehrer nicht in die Rolle gedrängt werden, Erziehungsdefizite der Eltern zulasten des Unterrichts ausgleichen zu müssen.

„Von Eltern erwarte ich, dass sie ihr Kind unterstützen, motivieren, aufbauen. Die fachliche Unterstützung, Mathe, Deutsch, Englisch in der fünften und sechsten Klasse, das geht noch, aber irgendwann, spätestens ab der elften Klasse, kommen die Eltern auch nicht mehr mit." (Lehrer, Gymnasium, Sachsen)

„Weniger das fachliche Reinreden, als vielmehr die Probleme rund um die Schule zu erfassen. Was könnte die Ursache für die schlechte Note sein? Das ist nicht unbedingt immer das Lernen, das kann auch andere Ursachen haben. Das Wichtigste ist überhaupt das Interesse für die schulischen Belange des Kindes. Keinen Druck erzeugen, sondern sich einfach dafür interessieren." (Lehrer, Gymnasium, Bayern)

„Ich wünsche mir, dass die Eltern sich überhaupt erst mal interessieren für ihre Kinder, dass sie so weit an deren Alltag teilnehmen, dass sie wenigstens wissen, was in der Schule vor sich geht." (Lehrerin, Hauptschule, Berlin)

„Die Eltern sollen gar keine Hilfslehrer sein. Aber sie sollen sich für ihr Kind interessieren und fragen: ‚Was macht Ihr denn da überhaupt?'" (Lehrerin, Realschule, Baden-Württemberg)

5.7 Erfahrungen und Einstellungen von Lehrern an verschiedenen Schularten

Die Bedingungen an Schulen und die Bedürfnisse von Lehrern sind höchst individuell und machen daher eine differenzierte Sichtweise nötig. Dabei ist nicht nur zu unterscheiden, an welcher Schul*art* ein Lehrer oder eine Lehrerin unterrichtet. Ebenso entscheidend ist, ob sich die Schule in der (Groß-)Stadt oder im ländlichen Raum befindet. Und selbst hier muss differenziert werden. Die Grundvoraussetzungen an Schulen und damit die Arbeitsbedingungen der Lehrer unterscheiden sich also signifikant voneinander. Und die berufliche Zufriedenheit eines Lehrers hängt in hohem Maße davon ab, wie er mit der spezifischen Schülerklientel seiner Schule klarkommt.

„Das kann man nicht vergleichen, ob man eine Schule, wie hier jetzt, auf dem Land hat oder in einer Großstadt. Das ist eine völlig andere Klientel. [...] Da geht es für die Lehrer teilweise auch ums Überleben, ums psychische Überleben. Dass er den Druck, denen was beizubringen, und eigentlich will es gar keiner wissen, aushalten muss. Dass sie dann nicht mitmachen, nicht lernen. Und dann haben sie Notendurchschnitte, die sind zwei Noten schlechter als bei uns." (Lehrer, Realschule, Baden-Württemberg)

Lehrer / -innen an Gymnasien

Für Lehrer an Gymnasien dominierte in den vergangenen Jahren ein Thema den beruflichen Alltag: die bundesweite Schulzeitverkürzung von neun auf acht Jahre **(G8)**. Vor allem die zeitweise parallele Führung von G8- und G9-Klassen hat die Schulen vor einen hohen Organisationsaufwand gestellt und viel Zeit und Energie gebunden. In Bayern, wo der doppelte Abiturjahrgang 2011 verabschiedet wurde und es jetzt nur noch das G8 gibt, atmen Gymnasiallehrer langsam wieder auf – in anderen Bundesländern steht dieser Doppeljahrgang noch bevor. Unabhängig vom

Bundesland, in dem die Lehrer unterrichten, ist deutlich der Wunsch zu spüren, dass in den Schul- und Berufsalltag (wieder) mehr Ruhe einkehrt, die Schulen Zeit bekommen, ihre Erfahrungen mit G8 zu sammeln, und Lehrer sich wieder auf ihr Kerngeschäft, das Unterrichten, konzentrieren können.

Die Umstrukturierungen am Gymnasium haben auch dazu geführt, dass Lehrer durch veränderte Stundentafeln und vermehrten Nachmittagsunterricht, aber auch durch Einführung verschiedener Formen von Ganztagsschulen mehr Zeit an der Schule verbringen als früher. Gleichzeitig ist jedoch die **Korrekturbelastung**, die als sehr hoch empfunden wird, nicht gesunken. Und auch die Arbeitsplatzbedingungen (Stichwort Lehrerarbeitszimmer) haben sich nicht zum Positiven verändert.

„Die Verweildauer als Lehrer in der Schule ist länger geworden seit der Einführung von G8, Stichwort Ganztagsschule, aber die Korrekturbelastung ist nicht kleiner geworden." (Lehrer, Gymnasium, Bayern)

Verändert hat sich in den vergangenen zehn bis fünfzehn Jahren auch die Schülerschaft an Gymnasien. Die große Beliebtheit des Gymnasiums mit zunehmenden Übertrittsquoten hat dazu geführt, dass die Schülerschaft insgesamt deutlich heterogener worden ist – allerdings vor allem hinsichtlich der sozialen Lage und der gesellschaftlichen Milieus, aus denen die Schüler kommen, und weniger in Bezug auf die Ethnie. Denn nach wie vor ist das Gymnasium die Schulart mit der geringsten Zahl an Schülern mit einem Migrationshintergrund. Im Zuge dieser Entwicklung hat sich auch das Leistungsspektrum an Gymnasien signifikant verändert und ist breiter geworden. Gymnasiallehrer/-innen gelingt es durch den gestiegenen Zeitdruck im G8 kaum noch, auch die leistungsschwächeren Schüler in einer Klasse „mitzunehmen", damit diese den Anschluss halten können.

Lehrer/-innen an Realschulen

Nicht in allen Bundesländern gibt es noch Realschulen. Einzelne Bundesländer haben sich zu einer Zweigliedrigkeit durch Verschmelzung von Haupt- und Realschulen entschlossen, andere stecken mitten in Umstrukturierungen. Es ist jedoch ein deutlicher Befund, dass sich Lehrerinnen und Lehrer in Bundesländern mit „klassischer Realschule" im soziologischen Interview ausgesprochen zufrieden mit ihrer Schulart zeigen und mit den Belastungen im beruflichen Alltag im Vergleich zu Lehrern anderer Schularten **am besten zurechtkommen**: „Ich möchte an keiner anderen Schulart unterrichten" ist eine typische Aussage.

Das liegt unter anderem daran, dass ein Teil der Realschulen, wenn auch nicht alle, aktuell von jenen guten Schülern profitiert, die eine Gymnasialempfehlung haben, deren Eltern aber den Druck am G8 für ihr Kind und die gesamte Familie bewusst vermeiden wollen. Aber auch die Zufriedenheit der Lehrer mit dem „Gesamtkonzept Realschule" ist im Vergleich sehr hoch: Lehrer an Realschulen empfinden das Tempo und die Leistungsanforderungen als angemessen(er) und weniger Druck provozierend als an Gymnasien. Die Zufriedenheit mit dem Unterricht und den Lernerfolgen der Schüler ist groß. Darüber hinaus profitieren Realschulen davon, dass sie – anders als die Hauptschulen – kein Imageproblem haben und die Schüler sich bewusst sind, mit einem **Realschulabschluss mehrere Optionen für die Zukunft** zu haben, entweder das Abitur anzustreben (als G9) oder eine Berufsausbildung zu machen. Aus Sicht der Lehrer ist die Zahl von „Problemkindern" an Realschulen deutlich niedriger als an Hauptschulen, weshalb das konkrete Arbeiten mit den Schülern überwiegend als angenehm erlebt wird und das Verhältnis von Erziehungsarbeit und Didaktik ausgewogen ist.

„Die Realschule ist eigentlich die erfolgreichste Schulart in Bayern. [...] Prinzipiell ist, glaube ich, der Auftrag der Realschule, diese Parallelbildung, also parallel für das Studium über die FOS [Fachoberschule] vorbereiten oder dann die Ausbildung, das ist eigentlich eine Topsache." (Lehrer, Realschule, Bayern)

„Das Lerntempo ist angemessen, der Druck ist nicht so hoch." (Lehrerin, Realschule, Baden-Württemberg)

„Wir vermerken seit einigen Jahren steigende Schülerzahlen, da kommen mehr Schüler, die eine Empfehlung für das Gymnasium haben, aber den Druck nicht wollen. Wir profitieren aktuell von diesen guten Schülern." (Lehrer, Realschule, Baden-Württemberg)

Lehrer / -innen an Haupt- und Mittelschulen

Hauptschullehrer kämpfen in ihrem beruflichen Alltag gegen das schlechte Image der Hauptschule und ihrer Schüler in der Gesellschaft an. Die schleichende **Abwertung unterer Bildungsabschlüsse** gegenüber höheren spielt dabei ebenso eine Rolle wie die Sorge vieler Eltern, an der Hauptschule konzentriere sich eine bildungsferne Schülerschaft aus der sozialen Unterschicht. Die Vorteile der Hauptschulen, wie etwa kleine Klassen, intensives Bearbeiten des Stoffs und sinnvoll gesetzte inhaltliche Schwerpunkte, würden von den Eltern nicht adäquat wahrgenommen.

Ein Thema für Lehrer an Hauptschulen ist darüber hinaus die soziale Ausgrenzung und Stigmatisierung ihrer Schülerschaft. Eine Mehrheit der Hauptschüler wurde bereits in der Grundschule als **„Bildungsverlierer"** abgestempelt. Ein Teil der Hauptschüler hat diese Einstellung verinnerlicht. Entsprechend rasch geben (sich) die Schüler auf. Vielen fällt es nach Angaben der Lehrer schwer, *überhaupt* eine Perspektive für das eigene Leben zu entwickeln. Der Druck an der Hauptschule resultiert also weniger aus einem Anforderungsdruck in den einzelnen Fächern, als aus Stigmatisierung und Angst, später keinen Ausbildungs- und Arbeitsplatz zu bekommen und von der Gesellschaft und von Aufstiegschancen abgehängt zu werden. Problematisch ist aus Sicht der Lehrer/-innen auch, dass die Schüler oftmals aus einem Elternhaus kommen, in dem Bildung nicht als zentrales Gut angesehen wird. Diese Perspektivlosigkeit der Schüler wirkt in den beruflichen Alltag der Lehrer hinein: Sie wollen und müssen ihre Schüler auf das Leben vorbereiten und sie „fit machen für die Zukunft" und die Anforderungen der Berufswelt. Gleichzeitig ist ihnen aber bewusst, dass die Möglichkeiten eines Teils der Schüler sehr begrenzt sein werden und sie möglicherweise nicht auf Anhieb in den Ausbildungsmarkt vermittelt werden können.

„Bei uns in der Hauptschule ist der Druck sehr hoch, weil die Schüler ja immer die Angst haben, sie kriegen hinterher keinen Arbeitsplatz. Es ist auch so, dass, wenn Schüler merken, sie können eigentlich nicht so richtig was, dann geben die relativ schnell auf. Also dieser Druck löst nicht aus, dass sie sozusagen sich mehr anstrengen, sondern sie geben relativ schnell auf, weil sie sich ganz schön erdrückt fühlen […], da ist die Frustrationsgrenze relativ gering." (Lehrerin, Hauptschule, Berlin)

„Na, ich denke einmal, dieses Bild in der Gesellschaft ist so, dass man eben lernt: Man ist auf der Hauptschule, darunter gibt es nicht mehr viel. Da kriegst du ja eh keinen Arbeitsplatz und das, was du machen willst, das kannst du mit dem Abschluss nicht. Das ist etwas, da wird ganz, ganz viel Druck aufgebaut." (Lehrerin, Hauptschule, Bayern)

„Eine Herausforderung ist, den Kindern klarzumachen, in der Hauptschule sind sie was wert. Sie sind keine Versager, der Rest, der es halt nicht geschafft hat. Das, glaube ich, ist eine ganz große Herausforderung." (Lehrerin, Mittelschule, Bayern)

„Vor allem Jugendliche aus sozial schwachen Elternhäusern haben massive Probleme damit, eine Perspektive für ihr Leben zu entwickeln. Das fragt nämlich niemand. Wir dürfen ihnen nicht sagen, das Leben ist schön, denn das ist es einfach nicht. Man kann es nicht schönreden. Aber man muss mit den Kindern einen Plan für die Zukunft entwickeln, dann haben sie nämlich ein Ziel." (Lehrerin, Hauptschule, Nordrhein-Westfalen)

Bei keiner anderen Schulart in Deutschland spielt die **sozialräumliche Lage** der Schule eine derart entscheidende Rolle für die Grundbedingungen an der Schule und die Arbeit der Lehrer. Eine Hauptschule im strukturschwachen ländlichen Raum lässt sich kaum mit einer Hauptschule in einer großstädtischen Lage vergleichen. Die Zusammensetzung der Schüler in Bezug auf soziale Herkunft, Migrationshintergrund, Kenntnisse der deutschen Sprache u. a. kann sich massiv unterscheiden, auch die Perspektiven, die der Ausbildungsmarkt bietet, können ganz verschieden sein. Ein Beispiel:

- Eine Hauptschule in Bayern in einem **kleinstädtischen Umfeld**: Die Zusammensetzung der Schülerschaft ist in Bezug auf die soziale Lage der Elternhäuser weitgehend homogen und erstreckt sich von der sozialen Unterschicht bis zur Mittelschicht. Die Mehrheit der Familien ist intakt, der Anteil Alleinerziehender oder getrennt lebender Eltern liegt im Durchschnitt. Auch der Anteil der Schülerinnen und Schüler mit einem Migrationshintergrund (Schwerpunkt Türkei) ist klein. Ein Lehrer, der an dieser Schule unterrichtet, erlebt den Unterricht als weitgehend störungsfrei und bezeichnet die Konzentrationsfähigkeit seiner Schüler als „gut", ebenso das Verhältnis zum Großteil der Eltern. Die Mehrheit der Schüler sei motiviert und leistungsbereit, auch weil die Perspektiven nach der Schule in der Region verhältnismäßig gut seien.

„Ich will mal sagen, hier bei uns an der Hauptschule ist die Welt noch in Ordnung. Wir haben weitgehend motivierte Schüler, die Perspektiven, auch mit einem Hauptschulabschluss, sind hier in der Region deutlich besser als anderswo. Sie können das nicht vergleichen etwa mit einer Hauptschule in Berlin." (Lehrer, Hauptschule, Bayern)

- Eine Hauptschule in einer süddeutschen Großstadt (sogenannte **„Brennpunktschule"**): Die Zusammensetzung der Schülerschaft ist homogen in Bezug auf die soziale Lage (Schwerpunkt soziale Unterschicht) und sehr heterogen in Bezug auf den Migrationshintergrund. Die Schule besuchen Schülerinnen und Schüler aus verschiedenen Herkunftsethnien. Autochthone deutsche Schüler sind in vielen Klassen deutlich in der Minderheit. Die Deutschkenntnisse der Schüler in einer Klasse sind daher sehr unterschiedlich. Eine Lehrerin, die seit einigen Jahren an der Schule unterrichtet, beschreibt, dass sie weitgehend damit beschäftigt ist, Ruhe in die Klasse zu bringen und eine Arbeitsatmosphäre herzustellen; Erziehungsaufgaben dominieren den Schulalltag. Die Elternarbeit gestaltet sich sehr schwierig: Zu einem Elternabend kommen teilweise nur drei Eltern. Ein Teil der

Heranwachsenden äußert bei der Frage nach den beruflichen Wünschen, Hartz-IV-Empfänger werden zu wollen.

„Ich kann meinen Beruf wenig ausüben. Ich bin hauptsächlich damit beschäftigt, dass ich versuche, sehr, sehr schwer erziehbare Kinder wieder dazu zu kriegen, sich überhaupt zu benehmen, dass man überhaupt Unterricht machen kann." (Lehrerin, Hauptschule, Baden-Württemberg)

Weit mehr als bei Lehrern anderer Schularten ist die Rolle des Hauptschullehrers von **Erziehungsaufgaben** geprägt. Auch wenn die Schulen und ihre Schülerschaft sich deutlich voneinander unterscheiden, betonen nahezu alle Hauptschullehrer die zentrale Bedeutung von Pädagogik *und* Erziehung in ihrem Schulalltag. Für die Berufszufriedenheit von Lehrerinnen und Lehrern ist es jedoch zentral, inwieweit sie ihre didaktischen Aufgaben im Unterricht wahrnehmen können und wie viel Kraft und Zeit sie für erzieherische Arbeit aufwenden müssen, um *überhaupt* unterrichten zu können.

„Wir haben zwei Aufgaben – Erziehung und Bildung. Und das Erste kommt zuerst, das muss man ganz klar so sagen." (Schulleiter, Hauptschule, Nordrhein-Westfalen)

„Meine Rolle als Lehrerin, da muss ich ganz ehrlich sagen, sehe ich eigentlich als Hauptschullehrerin hauptsächlich in der Erziehung, erst einmal. Und weniger im Vermitteln vom Stoff. Wobei die Stoffvermittlung mir schon auch wichtig ist. Gerade jetzt einfach das Fitmachen für das Leben später einmal, das ist mir das Wichtigste." (Lehrerin, Hauptschule, Bayern)

„Es hat sich verändert dahin gehend, dass man ja teilweise ja gar keinen Unterricht machen kann, wenn die Kinder ja sich dagegen wehren, indem sie zum Beispiel stören oder nicht mitmachen. Wir haben oft den Zustand, dass wir ganz lange brauchen, um schon mal eine Ruhe zu erzeugen und zu sagen: Jetzt wollen wir mal beginnen." (Lehrerin, Hauptschule, Berlin)

„Wenn du die Kinder fragst, was willst du denn werden, dann sagen die, ‚Hartzer' – also da leben die Eltern das vor. Das sind dann Biografien, die sich fortsetzen." (Lehrerin, Hauptschule, Berlin)

Vor allem Lehrer an (groß-)städtischen Hauptschulen und sogenannten Brennpunktschulen klagen darüber hinaus über eine schwierige Elternarbeit und sehen einen engen Zusammenhang zwischen niedriger sozialer Lage der Eltern und einer Tendenz zur Abwesenheit und zum Desinteresse am Schulleben des Kindes. Schwierige Elternarbeit ist ein Frustrationsfaktor für Lehrer, da die Arbeit an den Potenzialen der Schüler einseitig bei den Lehrern liegt.

„Das ist ein Problem, denn ich lobe die Kinder, versuche ihre Stärken herauszufinden und sie zu unterstützen, und die Eltern scheinen sich überhaupt nicht dafür zu interessieren." (Lehrerin, Hauptschule, Berlin)

„Die Kinder haben teilweise einfach massive Probleme dadurch, dass ihre Eltern sich überhaupt nicht um sie kümmern. Wir haben hier ganz viele Kinder, wo ich die Eltern noch nicht mal kenne, ich sie auch nicht erreiche, wenn ich sie anrufe. Das heißt, wo man schon so merkt, da ist eine totale Vernachlässigung." (Lehrerin, Hauptschule, Nordrhein-Westfalen)

„Elternabende werden kaum genutzt. Wir hatten einen am Anfang des Schuljahres, da kamen drei Eltern von meiner ganzen Klasse." (Lehrerin, Hauptschule, Berlin)

5.8 Durchlässiges System, aber keine Bildungsgerechtigkeit

Die Untersuchung zu den Eltern zeigte deutlich, dass vor allem die Milieus der Mitte und der Oberschicht das Bildungssystem als ungerecht, zu früh selektierend und exkludierend wahrnehmen. Die Befragung der Lehrer kommt zu dem gleichen Befund: Lehrer arbeiten in einem und für ein System, das sie selbst nur bedingt befürworten und für sozial ungerecht halten.

Zwar betonen Lehrer, dass das derzeitige Schulsystem deutlich durchlässiger sei als früher und Jugendlichen **vielzählige Chancen und Möglichkeiten biete**, im Laufe des Bildungsweges höhere Schulabschlüsse zu erreichen. So führen neben dem „klassischen" gymnasialen Weg zahlreiche andere Wege zum Ziel einer (Fach-) Hochschulreife. Gleichzeitig kritisieren die meisten Lehrer massiv, dass bereits in der Grundschule ein Teil der Schüler – *in der Regel* aus sogenannten bildungsfernen Familien, *meist* aus Milieus am unteren Rand der Gesellschaft – ausgegrenzt wird. Diesen Kindern wird schon in der Grundschule suggeriert, dass sie „nichts können" und nichts erreichen werden: **„Die sind ausgegrenzt aus der Gesellschaft"**.

Aus Sicht der Lehrer ist das Elternhaus der entscheidende und kritische Faktor, der den Kindern Chancen eröffnet *oder* verbaut. Die soziale Lage und Bildungsnähe der Eltern sowie ihre Unterstützungsmöglichkeiten und ihre Unterstützungsbereitschaft entscheiden in einem hohen Maß darüber, welche Schulart ein Kind besuchen wird und welchen Abschluss es erreichen kann. „Wer ein Elternhaus hat, das hinter einem steht, wird nicht zu uns [auf die Hauptschule] kommen", so die prägnante Aussage einer Lehrerin aus einer ehemaligen Hauptschule (mittlerweile Werkrealschule) in

Baden-Württemberg. Das Schulsystem grenzt damit einen Teil der Kinder aus bildungsfernen Elternhäusern systematisch aus – nämlich jenen, der es nicht ohne Unterstützung schafft. Und: Das gegenwärtige Schulsystem kompensiert eine fehlende Unterstützung seitens der Eltern nicht. Hier gegenzusteuern ist aus Perspektive der Lehrer daher eine der wichtigsten schulpolitischen Aufgaben der Zukunft. Ob die Schulpolitik auf die Probleme der Hauptschule richtig reagiert, etwa mit deren Abschaffung (die letztlich keine ist) oder einer Umstrukturierung der Schulart, ist für das Gros der Lehrer derzeit äußerst fraglich, denn: „Der Inhalt bleibt ja der gleiche, nur das Etikett ändert sich." Hier wird (wieder) nicht das System verändert, um soziale Gerechtigkeit in Zukunft stärker zu garantieren, sondern reine Symptombekämpfung betrieben.

„Es gibt eine Ausgrenzung durch das Schulsystem, eine Ausgrenzung von bildungsfernen Kindern." (Lehrerin, Werkrealschule, Baden-Württemberg)

„Da krankt es in der Bundesrepublik, dass jeder Schüler selbst es schaffen muss, einen guten Schulabschluss zu machen." (Lehrer, Gymnasium, Rheinland-Pfalz)

„Es gibt in Deutschland keine Chancengleichheit – die Eltern meiner Schüler können sich keine Förderung außerhalb der Schule leisten." (Lehrerin, Hauptschule, Berlin)

„Die Kinder auf der Hauptschule, die erleben meist schon seit der Grundschule, dass sie nichts können und aus ihnen nichts wird. Das kann nicht sein!" (Lehrerin, Realschule plus, Rheinland-Pfalz)

„Diese zwanzig Prozent, die bei uns die Mittelschule besuchen, die separieren wir mit Beginn der fünften Klasse. Im Grunde ist das eine eigenständige Gruppe. Die sind ausgegrenzt aus der Gesellschaft. Das muss man so deutlich sagen. Das ist eine kleine Gruppe von Schülern, die hat die Gesellschaft aufgegeben. Ich lehne daher diese frühzeitige Trennung ab." (Lehrer, Gymnasium, Sachsen)

„Schule kommt ihrer Pflicht nicht nach. Das ist höchst ungerecht. In keinem Land in Europa ist die soziale Herkunft so ausschlaggebend für den Schulerfolg wie in Deutschland. Und anscheinend ist der Staat, sind die Schulen nicht in der Lage, diese Ressourcen aufzufangen. Denn nur weil die Kinder von sozial benachteiligten Eltern kommen, heißt es, dass sie dümmer sind. Es heißt nur, dass bestimmte Strukturen nicht so da sind. Und da müsste die Möglichkeit bestehen, durch Ganztagsschule, durch Betreuung, den Kindern eine bessere Chance zu geben." (Lehrerin, Realschule, Baden-Württemberg)

„Wenn man PISA glauben darf, dann haben wir die größte Benachteiligung in Deutschland in Bezug auf die Herkunft. Das fängt bei uns schon mit der frühkindlichen Bildung an. Dann gibt es nachmittags Angebote wie Musikschule, die kosten auch wieder Geld. Da fängt das Sys-

tem an und setzt sich in der Schule fort. Da sortiere ich in der vierten Klasse Schüler aus. Das sind Schüler, die der Gesellschaft wirklich abhandenkommen. Diese verlorenen Kinder, wenn sich vom Kindergarten bis in die Grundschule jemand wirklich um die gekümmert hätte, dann hätte man viel gewonnen. Insofern wird sozial sortiert.“ (Lehrer, Gymnasium, Bayern)

„Früher, als junger Lehrer, war ich eigentlich sehr überzeugt von unserem Schulsystem. [...] Jetzt sehe ich es ein bisschen differenzierter, wo jetzt meine Tochter da in die vierte Klasse kommt. Und ich bin mir ganz, ganz sicher, dass Kinder aus sozial schwächeren Schichten wirklich, mit Sicherheit, nicht die gleichen Chancen haben wie, sagen wir einmal, Kinder aus der Mittelschicht oder Oberschicht. Die fallen da hinten hinunter, wenn sie nicht [betont:] wirklich begabt sind!“ (Lehrer, Gymnasium, Bayern)

5.9 Was Lehrer brauchen: Forderungen und Bedarfe

Keine neuen Reformen und Umstrukturierungen

Reformen und Vorgaben greifen tief in die hoch individualisierte Arbeit von Lehrern ein. Sie sind aus der Makroperspektive von Schulbehörden, Schulämtern und Ministerien formuliert und blind für die konkreten Belange der Schule und der Lehrer, die diese Strukturvorgaben auf ihre individuelle Situation übertragen müssen (Makro-mikro-Transfer mit allen Risiken und Nebenfolgen). Nach Jahren mit vielen Wellen von Umstrukturierungen im Schulsystem (in den neuen Bundesländern schon seit der Wende) wünschen sich Lehrer vor allem, dass Ruhe ins System einkehrt und man die Lehrer „endlich mal wieder arbeiten lässt“. Sie wollen Zeit für ihr Kerngeschäft, das Unterrichten, statt viel Zeit und Energie für die Bewältigung der Folgen von Reformen und Umstrukturierungen aufwenden zu müssen.

Ausnahmslos alle Lehrer erleben, dass die Schulpolitik mit ihren permanenten Reformbemühungen, Umstrukturierungen und neuen Verordnungen ein unsteter und inkonsistenter Rahmen für ihren beruflichen Alltag ist. Daher werden neue Impulse der Schulpolitik sowie Schul- und Bildungsforschung zunächst und teilweise auch reflexhaft als Bedrohung der geordneten Verhältnisse des Schul- und Berufsalltags wahrgenommen. Eine **klare, kontinuierliche und vor allem verlässliche Bildungspolitik stellt für Lehrer eine notwendige Rahmenbedingung** ihres beruflichen Handelns dar. Konkrete Reformen sollten deshalb ein langfristiges Ziel verfolgen und nicht nur eine kurzfristige Ergebnisverbesserung bei der nächsten Bildungsstudie im Blick haben.

„Ich würde mir wünschen, dass jetzt endlich Ruhe einkehrt. Dass man jetzt dieses System hat und lässt und dass man uns jetzt einmal da arbeiten lässt. Und dass es jetzt, wo wir nur noch ein System fahren, G8, einfach einmal ruhiger wird und dass wir das jetzt ausgestalten können und dass man uns jetzt mal ein paar Jahre ohne Änderungen Zeit gibt, um vielleicht was ganz Ordentliches zu machen. Und dass jetzt auch mehr das Pädagogische in den Fokus rückt [...]. Ich sage immer, wir müssen uns wirklich jetzt einmal auf das Kerngeschäft wieder konzentrieren." (Lehrer, Gymnasium, Bayern)

„Das, was ich mir wünschen würde, bezweifel' ich, dass es eintritt. Dass wir so eine Linie finden, dass es kein permanentes Hü und Hott gibt, dass man einen konsistenten Strang hat, den man verfolgt." (Lehrer, Realschule, Baden-Württemberg)

„Einen vernünftigen, einen guten Unterricht zu machen, das ist das Wesentliche der Schule und das ist immer mehr aus dem Fokus gekommen in den letzten fünf Jahren. Also, ich würde mir eine Phase der Ruhe wünschen, eine Rückbesinnung auf das wirklich zentrale Thema, den Unterricht in der Schule, einen guten und qualitativ hochwertigen Unterricht, das müssen wir den Kindern bieten." (Lehrer, Gymnasium, Baden-Württemberg)

Unterstützung durch die Schulleitung: Leitung statt Verwaltung

Aus Sicht der Lehrerinnen und Lehrer ist die Schulleitung zentral für das Funktionieren des „Gesamtorganismus Schule" und die Zufriedenheit aller Beteiligten. Aufgrund der qualitativ und quantitativ gestiegenen Herausforderungen, mit denen Schule heute umgehen *muss* (Heterogenität und Belastung der Schüler, Umstrukturierungsprozesse, Reaktionen auf Ergebnisse der Bildungsforschung, Schulentwicklungsprozesse und interne Controllingprozesse, Verwaltungsaufwand, zornige Eltern u. a.), übernimmt die Schulleitung mehr und völlig neue Funktionen. Wichtiger geworden ist die Schulleitung auch als **Schutz vor Überlastung der Lehrer**: Als Puffer zwischen oben (= außen) und unten schützt eine „gute" Schulleitung „ihre" Lehrer vor einem Übermaß an Bürokratie, Druck und Anforderungen seitens des Ministeriums oder der Schulbehörde. Um all dies bewältigen zu können, benötigt die Schulleitung daher ihrerseits Entlastung und mehr Ressourcen, so die Wahrnehmung der Lehrerinnen und Lehrer. Ausnahmslos alle Lehrerinnen und Lehrer wünschen sich für die Zukunft mehr Entscheidungs- und Handlungsfreiräume für Schulen, z. B. bei Stellenbesetzungen (Einstellung neuer Lehrer: wer und wie viele?) oder Steuerungsprozessen.

Unabhängig davon wünschen sich Lehrerinnen und Lehrer für ihre Zufriedenheit im beruflichen Alltag, dass die Schulleitung:

- das Engagement des Kollegiums und der einzelnen Lehrer entsprechend würdigt und diese motiviert (z. B. auch monetär die Möglichkeit hat, über eine Leistungszulage Mehrengagement zu honorieren);
- das Kollegium über aktuelle Entwicklungen und Vorhaben frühzeitig und ausreichend informiert und die Partizipation von Lehrern am Schulgeschehen fördert;
- notwendige Entscheidungsprozesse transparent macht und Entscheidungen sinnvoll, klar und nachvollziehbar trifft;
- den gesamten Schulbetrieb stringent organisiert und am Laufen hält;
- anstehende Aufgaben sinnvoll delegiert und deren Erledigung angemessen einfordert;
- die zahlreichen Belastungen von Lehrern im Blick hat und sich um ausreichende Bewältigungsmöglichkeiten kümmert.

„Mein Idealbild wäre, dass die Schulen mehr Eigenverantwortung bekommen. Das fängt mit dem Schulleiter an, dass der nicht bestimmt wird, sondern von der Lehrerkonferenz gewählt wird. Die Schule sollte auch die Personalhoheit besitzen. Ich würde gerne als Schule über das Personal, was wir haben, selbst bestimmen können. Das können wir nicht, man kriegt einfach Lehrer zugewiesen. Darüber könnte ich auch die Leistung steuern. Wichtig wäre auch ein internes Schulmanagement, um die Lehrer zu entlasten, damit die mehr Zeit für das Unterrichten haben." (Lehrer, Gymnasium, Sachsen)

Mehr Investition in Bildung – Notwendigkeit kleinerer Klassen

Die Bildungsforschung weist immer wieder darauf hin, dass geringere Klassenstärken nicht unbedingt eine Steigerung der Bildungsqualität bewirken. Dennoch werden zu große Klassen als zentrales Hindernis für eine Verbesserung der Unterrichtsqualität betrachtet – und dies von einer überwältigenden Mehrheit der befragten Lehrer! Wegen der großen Altersspannen und der zunehmenden Heterogenität der Schülerschaft in den einzelnen Klassen hinsichtlich Leistung, ethnischer Zugehörigkeit sowie sozialer und sozioökonomischer Lebenslage sind kleinere Klassen nach Ansicht der Lehrer für ein erfolgreiches Unterrichten unerlässlich. Hier besteht ein großer Unmut über Ergebnisse der Bildungsforschung, fehlende Bemühungen der Schulpolitik und konkrete Gestaltungsmöglichkeiten vor Ort. Für Lehrer ist der Bildungserfolg auch und in hohem Maße von ihrer Interaktion mit den Schülern abhängig. Findet sie in einem zu großen sozialen Rahmen statt (Klassen mit 30 Schülern oder mehr), ist weder ein Beziehungsaufbau zu einzelnen Schülern im notwendigen Maß möglich, noch die immer mehr geforderte individuelle Unterstützung. Lehrer äußern die Vermutung, dass trotz öffentlicher Verlautbarungen, die Qualität der Bildung weiter steigern zu wollen, die Bildungspolitik mit großen Klassen vor allem sparen will.

Große Skepsis besteht daher gegenüber politischen Ankündigungen, mehr Geld in die Bildung zu investieren. Die Erfahrung von Lehrern ist, dass Bildungsreformen und Umstrukturierungen, aber auch Evaluationen und Controllingprozesse für sie einen immer größeren Aufwand bedeuten, während Maßnahmen, die Lehrer wirklich entlasten und Schule voranbringen würden, an den Kosten scheitern.

„Der Schüler ist denen [der Schulbehörde] eigentlich egal. Da zählen nur Zahlen. Deshalb schneiden wir bei PISA auch so schlecht ab. Alle Länder, die gut abschneiden, haben kleine Klassen und mehr Personal. Wenn ich 15 oder 16 Schüler in einer Klasse habe, das ist natürlich was anderes als 32, da kann ich mich um jeden Einzelnen nicht mehr kümmern." (Lehrer, Realschule, Baden-Württemberg)

„Ich würde mir wünschen, dass sie auf diese Veränderungen endlich reagieren würden und zum Beispiel kleinere Klassen machen würden." (Lehrerin, Realschule, Bayern)

„Das ist etwas, was mich schon ärgert, da wird einfach eingespart in Bereichen, wo ich mir denke, da darf man nicht sparen! Und es wäre so wichtig, dass wir kleinere Klassen bekommen und mehr Lehrer, dann wäre Bildung auch wieder besser." (Lehrer, Gymnasium, Rheinland-Pfalz)

„Es kommt ja immer von den Bildungsforschern: An der Klassenstärke liegt es nicht. Aber wenn man sich mit Lehrern unterhält, dann sagen die klar: Es ist die Klassenstärke! Da passt ja was nicht." (Lehrer, Gymnasium, Bayern)

„Es hat sich ungeheuer was verändert in den letzten dreißig Jahren an den Schulen. Aber die Herrschaften, die irgendwas zu sagen haben, die da oben, haben einfach nie reagiert. Die Klassenstärken sind immer noch bei über dreißig. Jetzt werden die Hauptschulen abgeschafft, um eine neue Oberschule zu gründen. Der einzige Grund ist, dass man die Klassen vollmachen kann und dass man Geld spart. Das ist der Grund." (Lehrer, Realschule, Baden-Württemberg)

„Gute Bildung kostet Geld, das müssen Sie schreiben!" (Lehrer, Realschule, Bayern)

„Wir würden uns sehr wünschen, dass vonseiten des Bundes und der Länder mehr in Bildung investiert wird." (Schulleiter, Realschule, Nordrhein-Westfalen)

„Langfristig muss dieses Land mehr in Bildung investieren. Und vielleicht auch antiproportional. Es wird viel in die Eliten investiert, das ist ja auch gut. Aber es wird zu wenig in die Frühförderung investiert. Wenn ich die Kinder mit 11 Jahren bekomme, dann ist schon zu viel vielleicht schiefgegangen. Und da wird zu wenig investiert." (Lehrerin, Realschule, Baden-Württemberg)

Unterstützungssysteme an Schulen implementieren

Damit Schule auf die Herausforderungen der heutigen Gesellschaft angemessen reagieren kann, braucht es nach Ansicht der Lehrer eine stärkere Einbindung und Verankerung anderer Professionen. Dies betonen Lehrer aller Schularten. Wegen der Zunahme an hoch differenzierten Aufgaben und Herausforderungen an der Schule sind für die einzelnen Aufgabenbereiche Spezialisten nötig. Das betrifft aus Sicht der Lehrer unter anderem den Bereich des Schulmanagements mit seiner Zunahme an Bürokratie und Verwaltungstätigkeiten und ganz neuen Aufgaben, wie etwa der Organisation von Schulvergleichs- oder Entwicklungsprozessen, für welche die Schulleitungen meist nicht entsprechend ausgebildet sind.

In ganz besonderem Maße sind Experten zudem bei psychologischen und sozialen Unterstützungssystemen gefragt. Wie geschildert gewinnen Erziehungsarbeit, sozialpädagogische und psychologische Begleitung sowie individuelle Förderung immer mehr an Bedeutung. Lehrer sind für diese Aufgaben jedoch nicht ausgebildet und drohen auszubrennen, weil sie zu wenig Unterstützung durch externes Fachpersonal bekommen. Hier ist die Schule nach Auffassung der Lehrer zunehmend auf die fachlichen und methodischen Kompetenzen von psychologischen (Schulpsychologen, Therapeuten) und sozialen Fachkräften (Schulsozialarbeiter) angewiesen – um Schülerinnen und Schüler angemessen fördern und bei Bedarf aus dem Unterricht herausnehmen zu können und um insgesamt wieder einen guten Unterricht zu ermöglichen. Für die Lehrer braucht es daher eine **institutionell verankerte und personell ausreichende Einbindung solcher Professionen in die Schule**. Eine Minderheit der Lehrer äußert sich in diesem Punkt zufrieden über bereits implementierte Unterstützungssysteme an der eigenen Schule.

„Es mangelt einfach auch daran, dass zum Beispiel Schulen keine Sozialarbeiter, keine Therapeuten zur Verfügung gestellt werden. [...] Wir haben welche, die dringend Unterstützung brauchen. Die Zeit nehmen wir uns natürlich als Lehrer, wobei wir auch manchmal überfor-

dert sind. Aber wir müssen uns dann um solche Dinge wie enge Kontakte zum Sozialamt, enge Kontakte zum Jugendamt, enge Kontakte zur Polizei kümmern. […] Auch das Jugendamt, wenn wir Problemkinder haben, rufen wir an und auf dem kurzen Wege haben wir gleich eine Stunde später einen Ansprechpartner oder es kommt jemand in die Schule. Aber man muss es sich selbst alles mühsam erarbeiten. Und es wäre sinnvoll und gut, statt einer Lehrerplanstelle eine Planstelle für Therapeuten zur Verfügung zu stellen." (Lehrerin, Realschule, Nordrhein-Westfalen)

„Wir brauchen mehr Lehrer, mehr unterstützendes Personal, wie Schulsozialarbeiter, an den Schulen, um die Lehrer zu entlasten." (Lehrerin, Realschule, Baden-Württemberg)

„Dann sollte es Schulsozialarbeit heutzutage an wirklich jeder Schule geben." (Lehrer, Gymnasium, Sachsen)

„Wir haben an unserer Schule eine Schulsozialarbeiterin und eine Psychologin, die jetzt jedoch schwanger ist. Und das bei 1.200 Schülern. Das ist doch Wahnsinn. Und von oben wird dann behauptet, die Ausstattung sei gut." (Lehrer, Realschule, Baden-Württemberg)

Sicherung von Qualität an Schulen

Allen Lehrern ist die Qualität ihrer Schule wichtig, doch sehen sie massive Hindernisse bei der *Sicherung von Qualität.* Um die Qualität der schulischen Bildung adäquat und langfristig zu erhalten bzw. zu verbessern, braucht es zum einen ausreichende materielle und personelle Ressourcen (Lehrpersonal und Personal anderer Fachrichtungen, z. B. Sozialarbeiter, Psychologen und Verwaltungsmitarbeiter, sowie Räume, technische Ausstattungen und sonstige Lehrmittel) und zum anderen sinnvolle Qualitätssicherungsprozesse. Diese werden an den meisten Schulen in Form von Schulziel- bzw. Schulentwicklungsprozessen auch durchgeführt und die meisten Lehrer stehen diesen generell aufgeschlossen und positiv gegenüber. Doch machen sie überwiegend **negative Erfahrungen mit der konkreten Umsetzung**. Entscheidend ist also die Art und Weise von Schulentwicklungsprozessen. Lehrer wollen und müssen hier in einem höheren Maß beteiligt werden. Dazu brauchen sie:

- Frühzeitige Informationen über Sinn, Zeitraum und methodische Umsetzung von Entwicklungsprozessen („Was kommt überhaupt auf uns zu")
- Transparenz bei den dafür benötigen Ressourcen und möglicherweise entstehenden zeitlichen Belastungen von Lehrern („Mit welchen zusätzlichen Belastungen müssen wir rechnen")

- Eine gezielte und ausführliche Rückkopplung der Ergebnisse („Was kommt unterm Strich bei raus“)
- Eine sinnvolle und gezielte operative Begleitung bei der Umsetzung von Verbesserungsmöglichkeiten („Was folgt daraus und wie setzen wir das um“).

„Wenn man evaluiert, muss man schauen, wie man damit umgeht.“ (Lehrerin, Gymnasium, Baden-Württemberg)

„Wie man da mit uns umgeht, bei den Evaluationen, das ist skandalös.“ (Lehrerin, Realschule, Nordrhein-Westfalen)

Zurück zur Kernarbeit: Fazit und Forderung der Lehrerinnen und Lehrer

Lehrer sind in den vergangenen Jahren unter einen erheblichen Druck geraten. Ihr Aufgabenspektrum ist in den vergangenen Jahren deutlich größer geworden, ebenso sind die Anforderungen an das, was ein „guter Lehrer“, eine „gute Lehrerin“ zu leisten hat, gestiegen. Eindrücklich ist der Befund, dass umfassende Umstrukturierungen und Reformen und nicht zuletzt eine aus Sicht der Lehrer ausufernde Bürokratie immer mehr Zeit und Energie kosten. Denn all diese Reformen und Vorgaben, Controllingprozesse und Evaluationen sind nicht aufeinander abgestimmt. Folge dieser Entwicklungen ist, dass eine Mehrheit der Lehrer ihren eigenen Anforderungen an guten Unterricht nicht mehr gerecht werden kann, die Balance der einzelnen Aufgabenfelder ins Ungleichgewicht gerät und die Zufriedenheit im Beruf dadurch dauerhaft gefährdet wird.

Die zentrale Forderung von Lehrern aller Schularten lautet daher, Rahmenbedingungen zu verbessern oder erst zu schaffen, damit Lehrer sich **wieder auf ihr Kerngeschäft, den Unterricht, konzentrieren können.** Dazu bedarf es einer besonnenen Schul- und Bildungspolitik, die nicht die Reform der Reformen initiiert oder ständige Neuerungen einfordert, sondern (endlich!) wieder mehr Ruhe in das System Schule bringt. Es braucht eine Politik, die Lehrer ihre Arbeit tun lässt und ihnen dafür die Zeit gibt, indem sie sie durch eine interdisziplinäre Professionalisierung des Systems Schule von nichtdidaktischen (Mehr-)Aufgaben entlastet. Dazu ist es nötig, einige bürokratische Anforderungen zurückzunehmen, die in der Wahrnehmung der Lehrer über das sinnvolle Maß hinausschießen. Und schließlich brauchen Lehrer mehr Vertrauen der Eltern in ihre fachliche Kompetenz.

6 Anhang

6.1 Untersuchungsanlage

Die Ergebnisse der vorliegenden Untersuchung sind repräsentativ in dem Sinne, dass die für Lehrer sowie für Eltern aus verschiedenen Milieus relevanten Motive, Einstellungsdimensionen, Wahrnehmungsfacetten und Visionen identifiziert wurden und in ihrem Sinn- und Lebensweltzusammenhang verstehbar werden. Die methodologischen Grundlagen sind im Folgenden beschrieben.

Qualitative Untersuchung

Grundgesamtheiten:

A. *Grundgesamtheit:* Frauen und Männer mit mindestens einem Kind in der Sekundarstufe I in Gymnasium, Realschule, Hauptschule (und Nachfolgemodelle), Gesamtschule; Schwerpunkt staatliche Schulen, *auch* Privatschulen; autochthone Deutsche; kein Migrationshintergrund
Stichprobe: 150 qualitative Einzelinterviews, je zur Hälfte mit Frauen und Männern aus verschiedenen sozialen Milieus

B. *Grundgesamtheit:* Frauen und Männer mit Migrationshintergrund und mindestens einem Kind in der Sekundarstufe I
→ türkischer Migrationshintergrund und Spätaussiedler
Stichprobe: 40 qualitative Einzelinterviews

C. *Grundgesamtheit:* Lehrerinnen und Lehrer von Gymnasium, Realschule, Hauptschule (und Nachfolgemodellen), Gesamtschule mit Unterricht in der Sekundarstufe I
Stichprobe: 65 qualitative Einzelinterviews, zur Hälfte Frauen und zur Hälfte Männer, mindestens seit 5 Jahren im Schuldienst; gleichmäßige Verteilung der Schulen im kleinstädtischen, mittel- und großstädtischen Umfeld
Bundesländer: Baden-Württemberg, Bayern, Berlin, Nordrhein-Westfalen, Rheinland-Pfalz, Sachsen, Thüringen

Erhebungszeitraum: März bis November 2011.

Befragungsart: Narrative Interviews und teilstrukturierte Interviews, Dauer jeweils 1,5 bis 3 Stunden. Um ein umfassendes Bild zu den Fragestellungen zu erhalten und alle relevanten – manifesten und vorbewussten – Einstellungsdimensionen zum Thema zu erfassen, wurden im Rahmen der qualitativ-ethnomethodologischen Untersuchung als Erhebungsmethoden eingesetzt: *narrative Einzelexplorationen* (ca. die Hälfte aller Interviews) und *teilstrukturierte Interviews*. Ein solches Einzelinterview war für die Dauer von 2 Stunden konzipiert, dauerte aufgrund des Gesprächsbedarfs der Befragten i. d. R. aber deutlich länger, z. T. bis zu 4 Stunden.

Methodologische Basis der Untersuchung sind die Ethnomethodologie, die Grounded Theory und die Triangulation.[115] Ziel ist die Rekonstruktion des subjektiven und dann objektiven Sinnzusammenhangs. Die Analyse orientierte sich an folgenden Deutungsebenen:

- *Kommunikativ orientierte Deutung:* Was wurde gesagt? Was wurde nicht gesagt?
  → Semantische Analyse von manifesten und latenten Sinngehalten
- *Funktional orientierte Deutung:* Welche Absicht verfolgten die Teilnehmer? Welche Wirklichkeitsbilder bestehen und sollen transportiert werden?
  → Analyse von manifesten und latenten Gründen

Stichprobenziehung:

Die Ziehung der Stichprobe für die qualitativen Einzelexplorationen erfolgte zufällig in verschiedenen Regionen Deutschlands an zufällig ausgewählten Orten. Die qualitative Gesamtstichprobe betrug 255 Fälle, die gleichverteilt in allen Milieus erhoben wurden, jeweils zur Hälfte Frauen und Männer. Die Kontakte zu den Befragten fanden auf verschiedenen Wegen statt, vor allem über Teststudios und die Schulen selbst.

115 Glaser, B. G. / Strauss, A. L.: The discovery of grounded theory, Chicago 1967. / Glaser, B. G.: Basics of Grounded Theory Analysis. Mill Valley, CA. 1992 – Strübing, J.: Grounded Theory. Zur sozialtheoretischen und epistemologischen Fundierung des Verfahrens der empirisch begründeten Theoriebildung. Wiesbaden 2004. – Flick, U.: Triangulation. Eine Einführung. Wiesbaden 2004. – Bohnsack, R.: Rekonstruktive Sozialforschung. Einführung in qualitative Methoden. Opladen 2007, S. 13–30; S. 105–154. – Honer, A.: Einige Probleme lebensweltlicher Ethnographie. Zur Methodologie und Methodik einer interpretativen Sozialforschung. In: Zeitschrift für Soziologie, Jg. 18, Heft 4, S. 297–312. – Soeffner, H. G. / Hitzler, R.: Qualitatives Vorgehen – „Interpretation". In: Enzyklopädie der Psychologie. Methodologische Grundlagen der Psychologie. Göttingen 1994, S. 98–136. – Schütze, Fritz: Zur Hervorlockung und Analyse von Erzählungen thematisch relevanter Geschichten im Rahmen soziologischer Feldforschung. In: Arbeitsgruppe Bielefelder Soziologen (Hg.): Kommunikative Sozialforschung. München 1976, S. 159–260.

Die Identifikation der Milieuorientierung für jeden einzelnen Befragten erfolgte innerhalb des Interviews im Rahmen einer qualitativen Einzelexploration in Form eines teilstrukturierten Interviews. In etwa 20 Minuten erzählte der Befragte über verschiedene Aspekte seines Alltagslebens: seine soziale Lage (Alter, Bildung, Beruf, Familienstand, Familiensituation, Schulsituation, materielle Verhältnisse etc.), seine Werte und Maximen (Einstellungen und Präferenzen) und seinen Lebensstil (Routinen, Gewohnheiten, Raum- und Zeitmuster im Alltag). Ziel dieses Interviewteils war zu verstehen und zu erkennen, zu welcher Lebenswelt (welchem Milieu) die / der Befragte gehört. Dazu war es ebenfalls wichtig festzuhalten, in welcher räumlichen und ästhetischen Umgebung sie/er lebt. So wurde, falls die Befragten ihr Einverständnis gaben, die Wohnung nach einem zuvor definierten Drehbuch fotografiert. Diese Wohnbilder sind wertvolles Datenmaterial, zum einen für die Interpretation (Deutung und Prüfung) dessen, was im Gespräch gesagt wurde, zum anderen, um Informationen über die Alltagsästhetik sowie über das kulturelle Kapital zu bekommen.

Es folgte die eigentliche narrative oder teilstrukturierte Einzelexploration zum Thema „Schulalltag, Schulerfolg, Schulkultur" mit einer Dauer von jeweils 1,5 bis 3 Stunden. Das Interview fand meist in der Privatwohnung der Befragten statt, teilweise auch in Teststudios, und wurde digital aufgezeichnet. Direkt im Anschluss an das Interview fertigte der Interviewer ein Gedächtnisprotokoll an mit seinen Beobachtungen sowie zusätzlichen Informationen, die nicht im eigentlichen Interview geäußert wurden, sondern z. B. bei der Begrüßung, während des Fotografierens der Wohnung oder bei der Verabschiedung. Die qualitative Analyse beruht auf drei Datenquellen: (1) digital aufgezeichnete und dann transkribierte Interviews, (2) Fotomaterial, (3) die Protokolle der Interviewer.

Auswertung: Qualitativ-ethnografische Hermeneutik

Die in narrativen oder teilstrukturierten Interviews gewonnenen Daten wurden nach der Methodologie der interpretativen Sozialforschung ausgewertet, wie sie exemplarisch Honer (1989) und Soeffner / Hitzler (1994) beschrieben haben.[116] Methodologisch ist das Verfahren eine sozialwissenschaftlich-hermeneutische Rekonstruktion von Alltag. Kern dieser Ethnografie ist es, die subjektive Alltagswirklichkeit und die Strukturen der Lebenswelten von Jugendlichen und jungen Erwachsenen zu *verstehen.*

[116] Vgl. im Überblick und zur Einordnung anderer qualitativer Methodologien Bohnsack 2007, S. 134 ff.

„Verstehen" ist ein ebenso banaler wie schillernder Begriff. Als Verfahren der modernen Wissenschaft hat er seinen methodologischen Ursprung in der Phänomenologie (Husserl, Schütz, Luckmann, Mannheim) und Ethnomethodologie (Garfinkel, Chicago School, Glaser / Strauss / Corbin). Dazu zwei Vorbemerkungen:

1. Verstehen ist zunächst grundsätzlich jeder Vorgang, der einer Erfahrung und einem Handeln Sinn gibt. Jedes (bewusste) Handeln ist ein Akt der Konstruktion von Wirklichkeit, denn es ist ein Sinnschöpfungsakt. Jeder Gedankenprozess, der dieses Handeln zu verstehen sucht, ihm (s)einen Sinn verleiht bzw. zuschreibt, ist entsprechend eine Re-Konstruktion.

Das *Selbstverstehen* bezieht sich auf die subjektiven, je eigenen Erfahrungen, denen Ego seinen Sinn gibt. Das Selbstverstehen ist also kontinuierlich und vollständig möglich. *Fremdverstehen* ist demgegenüber ein Vorgang, bei dem wir einer Erfahrung den Sinn verleihen, dass sie sich auf ein Ereignis in der Welt bezieht, dem ein anderer bereits einen Sinn verliehen hat. Damit ist Fremdverstehen die Rekonstruktion der Konstruktion der Wirklichkeit eines anderen. Es geschieht immer nur in Auffassungsperspektiven, ist nur diskontinuierlich und partiell möglich. Solches Selbst- und Fremdverstehen ist keine Erfindung der Sozialwissenschaften, sondern ist für die Menschen Alltagsroutine und macht Gemeinschaft / Gesellschaft möglich. Es beruht auf einem alltäglichen, allgemein-menschlichen Vermögen (Habermas spricht von pragmatischen Universalien). Über die Mechanismen des alltäglichen Verstehens machen wir uns normalerweise keine Gedanken; das Verstehen geschieht *intuitiv*. Davon zu unterscheiden ist das sozialwissenschaftliche Verstehen: Wissenschaftlich wird der Prozess des Verstehens dadurch, dass sich die Forscher ihre Vorannahmen, Regeln und Perspektiven bewusst machen, sich nicht auf ihre spontane, diffuse Intuition verlassen, sondern *kontrolliert* anhand der fixierten Daten jederzeit belegen können, warum sie zu einer bestimmten Rekonstruktion von Sinn, einem bestimmten Befund lebensweltlicher Orientierung kommen. Die Provokation der neueren Hermeneutik in den 1960er- und 1970er-Jahren bestand in der Behauptung, dass es keine *erkenntnislogische* Differenz zwischen alltäglicher und wissenschaftlicher Interpretation gibt, dass die sozialwissenschaftliche Hermeneutik also keinen prinzipiellen Überlegenheitsanspruch gegenüber dem alltäglichen Verstehen reklamieren kann – und zwar aufgrund des Arguments, dass die Kompetenzen für intuitives Alltagsverstehen und für wissenschaftlich kontrolliertes Verstehen identisch sind.

2. Es gibt einen untrennbaren Zusammenhang von Theorie und Erfahrung, also von Hypothesen, Thesen und Befunden einerseits und Beobachtungen, Transkripten und Memos anderer empirischer Daten andererseits. Dieses Konzept des *hermeneu-*

tischen Zirkels hat in Immanuel Kants „Kritik der reinen Vernunft" seinen Ursprung und ist zentrales Paradigma der Wissenssoziologie (Gadamer, Mannheim), der Phänomenologie und der Ethnomethodologie (Garfinkel) ebenso wie der neueren Systemtheorie (Luhmann) und der neueren Wissenschaftstheorie (Lakatos). Es lässt sich wie folgt beschreiben: Man kann Regeln (Theorien) nicht anwenden, wenn nicht zuvor über die empirischen Tatsachen befunden ist, die darunter zu fassen sind. Diese Tatsachen können aber nicht vor Anwendung einer Regel als relevante Fälle festgestellt werden. Fazit: *Man nimmt empirische Daten immer schon notwendig und selektiv im Lichte einer Theorie wahr.* Insofern spricht man auch von der wechselseitig *reflexiven Beziehung* von allgemeinen Regeln und Anwendungsfällen.[117] Dieser hermeneutische Zirkel ist erkenntnislogisch unhintergehbar und insofern liegt ihm ein erkenntnistheoretischer Zirkel (Kant) zugrunde. Für die sozialwissenschaftliche Forschung bedeutet dies, dass ein paradigmatischer Erkenntnissprung nur möglich ist, wenn man aus dem einen, gewohnten Zirkel aussteigt und einen neuen, alternativen Zirkel initiiert – bzw. in einen anderen einsteigt. Damit sind zwei methodologische Kernaussagen verbunden:

- Wenn empirische Befunde von der paradigmatischen Perspektive abhängig sind, wenn also das zugrunde liegende Modell die Wahrnehmung und Beobachtung vorstrukturiert, verhindert die theoretische Evidenz jene Beobachtungen, für die das Paradigma „blind" ist bzw. die mit den Kategorien nicht kompatibel sind.
- Man steht notwendig immer in irgendeinem hermeneutischen Zirkel – sonst wäre Erkenntnis überhaupt nicht möglich. Wissenschaftlich geht es deshalb darum, sich der Art der verwendeten Theorie und der damit verknüpften Erkenntnisgrenzen bewusst zu sein. Insofern ist die Verwendung des DELTA-Milieumodells zur Exploration lebensweltlicher Orientierungen von Jugendlichen eine bewusste Entscheidung für eine bestimmte Perspektive. Diese ist natürlich nicht suffizient und exhaustiv (keine Perspektive, kein Modell, keine Theorie ist das), aber sie liefert Befunde und neue Ansatzpunkte für einen geschärften Blick auf die Wirklichkeit von Menschen.

Dieses Projekt zielte darauf, das Selbst- und Fremdverstehen zu rekonstruieren. Daher ist das sozialwissenschaftliche Interpretieren ein Verstehen zweiter Ordnung: die Rekonstruktion der Rekonstruktion der alltäglichen Konstruktionen von Menschen. Eine solche empirische Milieuanalyse zielt darauf, den Wahrnehmungs-,

[117] Darin liegt eine bewusste Abgrenzung von der deduktiven Erkenntnistheorie und Wissenschaftstheorie, wie sie z. B. Popper vertreten hat.

Orientierungs- und Handlungshorizont der Menschen verschiedener Lebenswelten vergleichend zu rekonstruieren. Dabei gibt es in dieser Untersuchung mehrfach verschachtelte Perspektiven für das Selbst- und Fremdverstehen: a) der Eltern mit Blick auf andere Eltern desselben und anderer Milieus; b) der Lehrer mit Blick auf andere Lehrer derselben Schulform und anderer Schulen; c) der Eltern mit Blick auf Lehrer ihrer Kinder; d) der Lehrer (verschiedener Schulformen) mit Blick auf Eltern verschiedener Milieus. Diese verschiedenen Perspektiven waren durch typisierende Fallvergleiche zu rekonstruieren.

Eine solche sozialwissenschaftliche Rekonstruktion der Lebenswelt arbeitet notwendig **exemplarisch**. Dahinter steht die Annahme, dass Menschen nicht unvergleichbare Einzelwesen (Unikate) sind, sondern soziokulturell geprägte, vergesellschaftete und vergemeinschaftete Wesen. Der Einzelne ist Manifestation und Spiegelbild dessen, was wir als „typisch" bezeichnen. Wir befassen uns daher mit jedem einzelnen Fall intensiv, weil an diesen Repräsentanten sichtbar, messbar und verstehbar wird, was Menschen bewegt.

Insofern ist qualitative Lebensweltforschung per se Fallanalyse und zielt auf das Typische. Es geht bei der Analyse um drei Aspekte: (1) den Fall in seiner Besonderheit (Idiosynkrasie, Individuierung); (2) den Fall als typische Manifestation des Sozialen; (3) die Vergleichbarkeit der empirisch gewonnenen Typen, d. h. Nähe und Distanz der einzelnen Fälle zu den Idealtypen sowie zwischen den Typen.[118] Der endgültige Befund baut sich auf durch einen *sukzessiven und rekursiven Prozess* von Einzelfallanalysen, Fallvergleichen und Typvergleichen.

Hier schließt die Methode hermeneutischer Datenanalyse an die „Grounded Theory" (Glaser / Strauss / Corbin) an: die erkenntnistheoretisch begründete und forschungspraktische Verschränkung von Datenerhebung und Theorieformulierung. Die Forschungsabschnitte der Datenerhebung und Datenauswertung sind zeitlich nicht getrennt. Es gibt nicht erst die Phase der Erhebung, die abgeschlossen werden sein muss, bevor mit der Auswertung begonnen wird. Vielmehr überlappen sich beide Phasen zeitlich und sind inhaltlich aufeinander bezogen, sodass sie *einen Prozess* darstellen. Wesentliches Moment ist das „*theoretical sampling*": Die Stichprobe wird

[118] Der Idealtypus hat gegenüber der Empirie, d. h. gegenüber jedem einzelnen Fall, der ja Grundlage seiner Begründung ist, insofern systematisch unrecht, weil er das Besondere im Einzelfall nur unzulänglich wiedergibt. Andererseits verhilft er dem Einzelfall zu seinem „Recht" als einzigartigem Fall, weil der Idealtypus nicht beansprucht, dem einzigen Fall gerecht zu werden. So wird erst durch den (Ideal-)Typus das Besondere, Einzigartige des Falles sichtbar.

sukzessive nach Maßgabe der zum jeweiligen Zeitpunkt vorliegenden Hypothesen und Befunde sowie der sich daraus ergebenden neuen Fragen gezogen.

Dabei fangen wir schon früh nach den ersten Explorationen an zu schreiben. Die Befunde werden in Form von Thesen formuliert (also nicht numerisch codiert) und im Fortgang von neuen Fällen so lange modifiziert (reformuliert, ergänzt, konditioniert etc.), bis die These bzw. der Teilbefund zu den Daten passt, konsistent ist und ein klares Bild ergibt. Das ist ein Prozess und es bedarf zahlreicher Durchläufe, bis der Befund „gesättigt" ist und sich die Kernstruktur durch weitere Fälle nicht mehr ändert, sondern nur noch durch Oberflächenfacetten ergänzt wird.

Voraussetzung für diese sozialwissenschaftlich kontrollierte Hermeneutik ist das „Datum": Lebensäußerungen der Befragten müssen diskursiv vorliegen und fixiert sowie reproduzierbar sein. Nach der Methodologie der Triangulation setzen wir dabei mehrere Arten von Instrumenten zur Gewinnung von Daten ein. Denn jedes einzelne Instrument hat seine Grenzen und blinden Flecken. Beispielsweise hat das Interviewgespräch Grenzen in der Verbalisierungskompetenz des Probanden und lässt vorbewusste sowie emotionale Bewusstseinsinhalte nicht (authentisch und messbar) zum Ausdruck kommen.

Daher setzten wir verschiedenartige, einander ergänzende Instrumente ein, die folgende fixierte Daten erzeugten:

- **Wörtliche Transkripte der digital aufgezeichneten Einzelinterviews:** Hier ergab beispielsweise ein 2,5-stündiges Interview einen zwischen 30 und 80 Seiten langen Text als Grundlage der Analyse.
- **Memos der Interviewer:** Unmittelbar nach dem Interview haben die Interviewer ihre Eindrücke aus dem Interview in Form von Memos aufgeschrieben. Darin sind vor allem jene Beobachtungen und Ereignisse festgehalten, die im auditiven Interview (bzw. dem Transkript) nicht erfasst sind (z.B. Körperhaltung und Habitus des Befragten). Diese Texte sind ein Datum sui generis.
- **Wohnbilder** der Probanden: Diese Wohnbilder haben – wie die Hausarbeiten – keinen voyeuristischen Zweck, sondern jedes Wohnbild ist ein empirisches Datum, das es zu dechiffrieren und mit anderen via Fallvergleich auf Ähnlichkeit und Unähnlichkeit zu untersuchen gilt.
- Beschreibungen und **Erläuterungen zur Wohnung** sind ergänzende Daten, die zur Interpretation der Alltagsästhetik herangezogen werden. Dazu gehörten auch Hinweise auf den Lebensstil.

- **Vorliegende quantitative Repräsentativdaten:** Zur statistischen Näherung des Themas wurden bereits vorhandene Repräsentativbefragungen ausgewertet. Weil die Milieuanalyse zentrales Ziel dieser Studie ist, wurden deshalb nur solche Befragungen ausgewertet, bei denen auch die Milieuzugehörigkeit ermittelt worden war. Hier lieferte vor allem eine Repräsentativbefragung mit 20.167 Fällen wertvolle Strukturdaten.

Die eigentliche Herausforderung liegt in der Auswertung der qualitativen Daten. Interpretation und Analyse sind keine isolierten Tätigkeiten eines einzelnen Sozialforschers, sondern finden arbeitsteilig im Team statt. Diese durch inflationären Gebrauch mittlerweile fast diskreditierte Rede von der Arbeit „im Team" hat im Forschungsprozess dieser Studie eine methodologische Grundlage und beruht auf zwei gegensätzlichen Anforderungen an den Forscher:

- *Vertrautheit*, d.h. Herstellung von gegenseitigem Vertrauen zwischen dem Forscher und seinem Informanten. In der interpretativen Sozialforschung herrscht eine begründete Skepsis gegenüber der Qualität von Daten, die von anderen übermittelt werden. Wir können nicht fraglos davon ausgehen, dass der Informant unter anderen Umständen (anderer Interviewer, anderer äußerer Rahmen, andere innere Stimmung) das gleiche mitteilen würde. Wir wissen auch nicht, ob das, was er erzählt, wirklich authentisch ist oder ob er schlichtweg den Interviewer anschwindelt bzw. ihm „irgendwas" erzählt. Wichtig ist daher die Herstellung von *gegenseitigem persönlichen Vertrauen* zwischen dem Forscher und seinem Informanten. Voraussetzung dafür ist *Nähe*: Der Interviewer muss dem Befragten durch sein Auftreten signalisieren, dass er nicht „zu weit weg" ist und die realistische Chance besteht, dass der Befragte dem Interviewer in einem zeitlich begrenzten Interview seine Perspektive vermitteln kann.[119] Lebensweltliche und demografische Nähe erhöht die Chance auf Akzeptanz, Offenheit und Authentizität. Daher ist es Aufgabe des Interviewers, sich auf jedes einzelne Interview gesondert vorzubereiten. Dazu gehört, sich in Bezug auf Kleidung und Habitus anzupassen, damit sich der Befragte nicht daran stößt. Der Interviewer darf kein „Reiz" sein. Gleichzeitig muss er natürlich und authentisch wirken, er darf sich nicht verstel-

[119] Der Mangel an Vertrautheit stellt methodentheoretisch ein Validitätsproblem dar. Die interpretative Sozialforschung bietet dazu zwei Vorschläge an, die idealtypisch sind, in einem zeitlich begrenzten Projekt wie diesem aber nicht realisierbar sind: 1. Interviewer und Befragter treten in einen lang andauernden persönlichen Kontakt miteinander (Denzin 1970); 2. Vertrautheit wird hergestellt durch kontinuierliche Begleitung im Alltag rund um die Uhr in allen sozialen Kreisen mit praktischer Teilnahme am Geschehen. Ziel ist die existenzielle Perspektivenübernahme (Lamnek 1988; Honer 1989).

len, weil Befragte dies sofort erkennen und durch ein krudes Antwortverhalten sanktionieren. Es ist also eine gezügelte, moderate Anpassung nötig.

- *Fremdheit*: Nähe kann den Blick auf das Selbstverständliche verstellen. Insofern ist eine zweite methodologische Anforderung, dass der Ethnograf der eigenen Gesellschaft als ein Fremder begegnen sollte. Der Ethnologe fremder Naturvölker ist zu Beginn per se und existenziell in der Position des Fremden, von der aus er Nähe und das Verstehen des Selbstverständlichen anstrebt. Der Ethnograf der eigenen Gesellschaft dagegen hat eine umgekehrte Ausgangsposition und muss sich diese Fremdheit selbst künstlich auferlegen. Er muss in andauernder Selbstkontrolle zumindest so tun, als ob er ein Fremder wäre. Er muss sich immer wieder sagen, dass er die „Sprache des Feldes" *nicht* ohnehin schon kennt und selbstverständlich beherrscht. Er muss in nächster Nähe jene Fremdheit erst wiederentdecken, gegen den eigenen spontanen Reflex des „ist schon klar" andenken und permanent spontane Verständlichkeiten wieder in Zweifel ziehen (Lofland 1979, Honer 1989). Das Staunen und Sichwundern sind dazu wichtige Techniken.

Es ist evident, dass solche Anforderungen *eine* Person überfordern würden. Daher war das Forscherteam arbeitsteilig zusammengesetzt. Einige Forscher übernahmen die Interviews und die existenzielle Position der Nähe, andere die existenzielle Position des Fremden und Staunenden.

Ausgangsmaterial sind die fixierten Daten. Der Auswertungsprozess ist in sieben Phasen gegliedert:

1. Jeder Forscher liest jedes einzelne Transkript unabhängig von den anderen Forschern. Für das Lesen eines Falles gilt die Vorschrift des sukzessiven Lesens: Man liest vom Anfang bis zum Ende, darf keine Textpassagen überspringen und nicht selektiv lesen. Der Text ist als einheitliche Gestalt zu begreifen. Der in die Erzählung vom Befragten eingelassene und im Transkript manifestierte Sinn erschließt sich in seiner Originalität nur durch konsequent iterativ-sequenzielle Analysen der einzelnen Passagen. Zu Beginn des Textes eröffnet sich ein breiter Sinnhorizont mit einer Vielzahl alternativer Deutungen. Diese gilt es zu formulieren (auf den Begriff zu bringen), beim weiteren Lesen zu überprüfen, zu modifizieren, auszuwählen, immer wieder zu formulieren und letztlich (zum Ende hin) auszuwählen.
2. Darauf folgt der Austausch der einzelnen Forscher über den Bedeutungshorizont, die Hypothesen und Befunde für den einzelnen Fall.

3. Als Nächstes erfolgt das Aufdecken von Widersprüchen und Inkonsistenzen. Dabei ist der Text selbst die Korrekturinstanz (und nicht „haltlose", intuitive Annahmen). Die Thesen werden in den Mühlen der deutenden Rekonstruktion immer wieder modifiziert und reformuliert. Dieses Drechseln an der Perspektive geschieht so lange, bis die Thesen zu den Daten „passen" und eine analytisch konsistente Rekonstruktion ergeben (wobei empirische Widersprüche durchaus möglich sind und Teil des Befunds sein können).
4. Sukzessiver Fallvergleich: Dieser Vergleich von Fällen mit ihren jeweiligen Befunden geschieht a) zwischen Fällen innerhalb eines Milieus mit der Frage: „Was ist typisch bzw. das gemeinsame Band?"; b) zwischen Fällen verschiedener Milieus mit den Fragen: „Was sind Gemeinsamkeiten? Wo liegen Differenzen und Barrieren?"
5. Vergleich mit Daten anderer Milieustudien: In dieser Phase gehen wir über das Datenmaterial dieser Studie hinaus und ziehen Daten anderer qualitativer und quantitativer Milieustudien heran. Hier eröffnen wir bewusst einen zweiten hermeneutischen Zirkel.
6. Abstecken des Spektrums innerhalb eines Milieus (Milieustruktur) und Zusammentragen der verschiedenen Facetten (Oberflächen, Manifestationen): Es werden vorläufige *dichte Beschreibungen* (Geertz) formuliert und Lücken sowie Inkonsistenzen identifiziert.
7. Spiegelung dieser dichten Milieubeschreibungen mit neuen Fällen aus der Stichprobe (*„theoretical sampling"*): Neue Fälle werden befragt und vergleichend analysiert, bis eine empirisch gesättigte und dichte Beschreibung vorliegt.

Quantitative Untersuchung

Zur Beschreibung der Soziodemografie (Einkommen, berufliche Position) sowie der Lebenswelt (Freizeit, Medien u. a.) von Müttern und Vätern mit Kind(ern) in der Sekundarstufe I wurde eine aktuelle repräsentative Bevölkerungsbefragung ausgewertet, bei der neben den Einstellungen und Verhaltensweisen in Bezug auf Schule und Bildung auch die Milieuzugehörigkeit mit erhoben wurde: Typologie der Wünsche Intermedia 2012 (TdW), herausgegeben von der IMUK GmbH, mit 20.167 Fällen. Die Stichprobe ist repräsentativ für die deutschsprachige Wohnbevölkerung ab 18 Jahren. Die Stichprobenziehung erfolgte nach dem ADM-Mastersample bundesweit als geschichtete Zufallsstichprobe. In dieser Studie war der DELTA-Milieuindikator integriert, sodass für jeden Befragten die Milieuzugehörigkeit erhoben und die einzelnen Themen milieuspezifisch und geschlechterdifferenziert analysiert werden konnten.

In dieser Stichprobe waren es 2.788 Eltern (1.490 Mütter, 1.298 Väter) mit mindestens einem Kind in der Sekundarstufe I sowie 623 Lehrer. Diese Teilgesamtheiten der Eltern und Lehrer wurden milieu- und geschlechterdiffernziert ausgewertet.

Diese quantitativen Daten dienen im Rahmen der vorliegenden Untersuchung als ergänzende Informationen. Den Kern der Studie bilden Daten aus der qualitativ-ethnomethodologischen Untersuchung in Form von narrativen Einzelinterviews.

6.2 Soziale Milieus

Eine Grundlage für die Stichprobenziehung sowie für die Interpretation der Befunde ist das **Gesellschaftsmodell** sozialer Milieus, das vom DELTA-Institut entwickelt wurde. Dieses Modell wurde 2010, 2011 und 2012 auf der Grundlage von mehr als 650 qualitativen Lebensweltexplorationen (narrative Einzelinterviews, teilstrukturierte Interviews) sowie quantitativ mit insgesamt etwa 55.000 standardisierten Interviews in mehreren voneinander unabhängigen Stichproben ermittelt. Das Modell ist repräsentativ für die Wohnbevölkerung in Deutschland ab 18 Jahren.[120]

Kurzcharakterisierung der DELTA-Milieus® 2012

Konservative 4 %	Das klassische deutsche Bildungsbürgertum: konservative Kulturkritik, humanistisch geprägte Pflichtauffassung und Verantwortungsethik, gepflegte Umgangsformen, klare Vorstellungen vom richtigen Leben und Auftreten sowie von einer guten und richtigen Gesellschaft. Altersspektrum (80 %-Percentil): 41 – 79 Jahre.
Traditionelle 15 %	Die Sicherheit und Ordnung liebende Nachkriegs- und Wiederaufbaugeneration: beheimatet in der traditionellen kleinbürgerlichen Arbeiterkultur sowie in der traditionell-bürgerlichen Welt; sich einfügen und anpassen; Versuch der jüngeren Generationen zu mehr Mobilität und Flexibilität in Bezug auf Einstellungen, Lebensstil, Reisen, Arbeit. Altersspektrum (80 %-Percentil): 43 – 79 Jahre.
Etablierte 5 %	Das selbstbewusste Establishment: Erfolgsethik, Machbarkeitsdenken, Exklusivitätsansprüche und ausgeprägte Clanning- und Distinktionskultur; stolz darauf, dank eigener Leistung an der Spitze zu stehen und zur Führungselite des Landes zu gehören; eingebunden in vielfältige Aufgaben mit großer Verantwortung für andere; Normalität des Drucks, die richtige Ent-

120 Zum theoretischen und methodologischen Hintergrund sowie zur empirischen Fundierung siehe Wippermann, Carsten: Milieus in Bewegung. Werte, Sinn, Religion und Ästhetik in Deutschland. Würzburg 2011.

	scheidung für Gegenwart und Zukunft zu treffen; kosmopolitischer Habitus des Entrepreneurs und Topmanagers für das Unternehmen, für Deutschland, für Europa. Altersspektrum (80 %-Percentil): 34–68 Jahre.
Postmaterielle **9 %**	Aufgeklärte Nach-68er: konstruktiv-kritisch gegenüber Neoliberalismus und Globalisierung; postmaterielle Werte und anspruchsvoller (bewusster) Lebensstil; die Welt ist nicht in Ordnung, daher „Change the world!“: Verhältnisse in der Welt, wie sie derzeit sind, nicht akzeptieren, sondern visionär und ursächlich verändern; für mehr Gerechtigkeit, Frieden, Individualität, Selbstverwirklichung, Subsidiarität, Nachhaltigkeit und eine gerechte Zukunft müssen gesellschaftliche Strukturen *und* die Lebensstile der Einzelnen geändert werden; Entschleunigung: Widerstand gegen modernistische Alltagsideologien. Altersspektrum (80 %-Percentil): 28–68 Jahre.
Bürgerliche Mitte **18 %**	Der leistungs- und anpassungsbereite bürgerliche Mainstream: Streben nach beruflicher und sozialer Etablierung, nach gesicherten und harmonischen Verhältnissen; Erhalt des Status quo; Wunsch, beruflich und sozial „anzukommen“, um beruhigt und aufgehoben ein modernes Leben führen zu können; die zunehmend verlangte Flexibilität und Mobilität im Beruf sowie biografische Brüche (perforierte Lebensläufe) werden jedoch als existenzielle Bedrohung erfahren. Altersspektrum (80 %-Percentil): 24–71 Jahre.
Benachteiligte **16 %**	Die um Orientierung und Teilhabe bemühte Unterschicht: starke Zukunftsängste und Ressentiments; Anschluss halten an die Ausstattungsstandards der breiten Mitte als Kompensationsversuch sozialer Benachteiligungen; geringe Aufstiegsperspektiven; teils frustrierte und resignative, teils offensiv delegative Grundhaltung; Rückzug ins eigene soziale Umfeld; hoher Anteil einfacher und ungelernter Arbeiter/-innen; prekäre Einkommenssituationen und hoher Anteil unfreiwilliger Familienernährerinnen. Altersspektrum (80 %-Percentil): 23–72 Jahre.
Performer **14 %**	Die multioptionale, effizienzorientierte, optimistisch-pragmatische neue Leistungselite mit global-ökonomischem Denken und stilistischem Avantgardeanspruch: hohe IT- und Multimedia-Kompetenz; mental, geografisch und kulturell flexibel, Geschwindigkeit und Know-how als Wettbewerbsvorteile; Freude am hohen Lebensstandard, mit Lust am Besonderen positiv auffallen; klare Positionen beziehen, aber sich nichts – aus Prinzip – verbieten oder verbauen; Altersspektrum (80 %-Percentil): 18–54 Jahre.
Expeditive **8 %**	Die unkonventionelle, kreative Avantgarde: programmatisch individualistisch, mental und geografisch mobil; stets auf der Suche nach neuen Grenzen und ihrer Überwindung; hohe Investitionsbereitschaft und Kompromisslosigkeit für eigene (temporäre) Projekte und Passionen; in anderen Bereichen hohe Anpassungsfähigkeit und Frustrationstoleranz. Altersspektrum (80 %-Percentil): 18–55 Jahre.
Hedonisten **11 %**	Die spaß- und erlebnisorientierte moderne Unterschicht / untere Mittelschicht: Leben im Hier und Jetzt; Verweigerung von Konventionen und Verhaltenserwartungen der Leistungsgesellschaft einerseits; Genuss der Angebote der Medien- und Eventgesellschaft andererseits. Altersspektrum (80 %-Percentil): 21–69 Jahre.

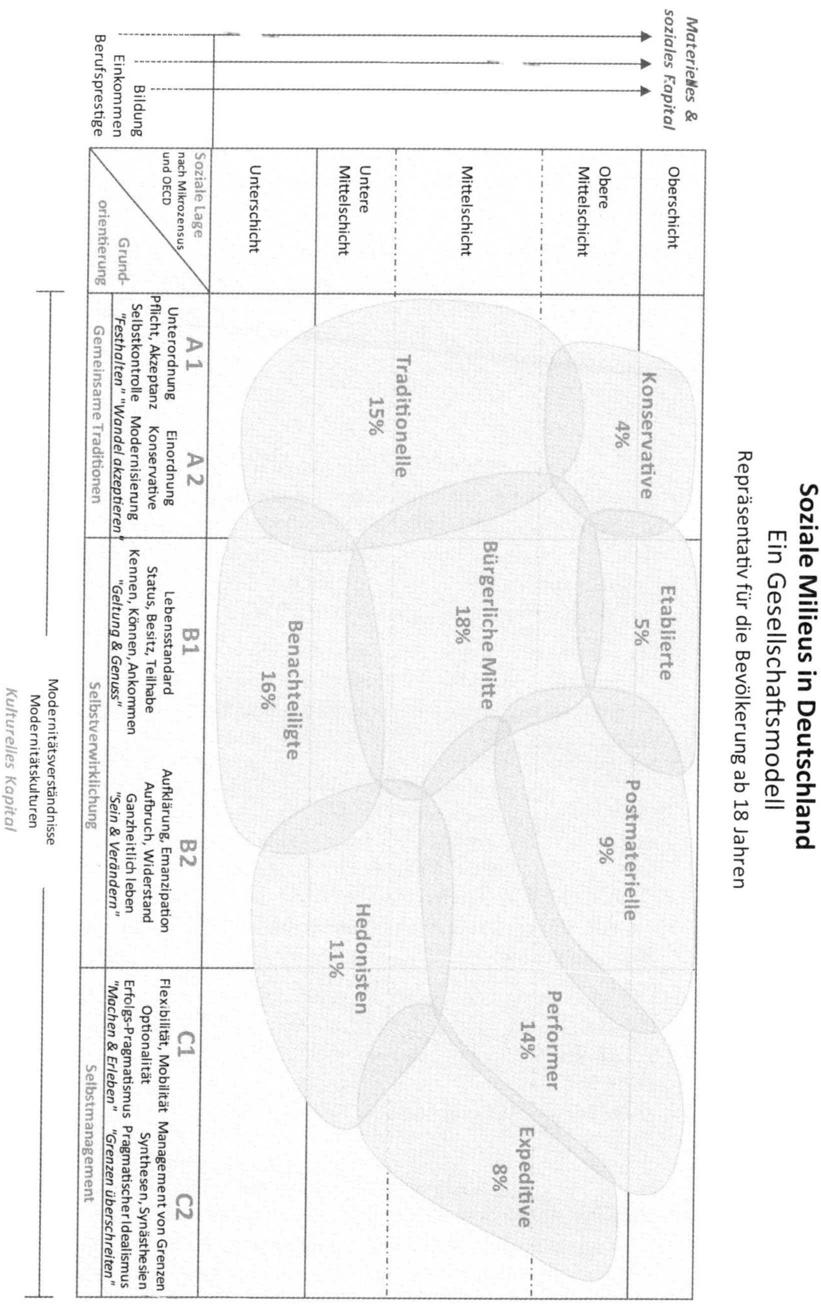
Soziale Milieus in Deutschland
Ein Gesellschaftsmodell
Repräsentativ für die Bevölkerung ab 18 Jahren
Materielles & soziales Kapital
Bildung
Einkommen
Berufsprestige
Oberschicht
Obere Mittelschicht
Mittelschicht
Untere Mittelschicht
Unterschicht
Soziale Lage nach Mikrozensus und OECD
Grund-orientierung
Konservative 4%
Etablierte 5%
Postmaterielle 9%
Performer 14%
Expeditive 8%
Traditionelle 15%
Bürgerliche Mitte 18%
Hedonisten 11%
Benachteiligte 16%
A 1
Unterordnung
Pflicht, Akzeptanz
Selbstkontrolle
"Festhalten"
A 2
Einordnung
Konservative
Modernisierung
"Wandel akzeptieren"
Gemeinsame Traditionen
B1
Lebensstandard
Status, Besitz, Teilhabe
Kennen, Können, Ankommen
"Geltung & Genuss"
Selbstverwirklichung
B2
Aufklärung, Emanzipation
Aufbruch, Widerstand
Ganzheitlich leben
"Sein & Verändern"
C1
Flexibilität, Mobilität
Optionalität
Erfolgs-Pragmatismus
"Machen & Erleben"
C2
Management von Grenzen
Synthesen, Synästhesien
Pragmatischer Idealismus
"Grenzen überschreiten"
Selbstmanagement
Modernitätsverständnisse
Modernitätskulturen
Kulturelles Kapital

Kurzcharakterisierung der DELTA-Submilieus

Konservative (4 %)

Standesbewusste Repräsentanten 2 %	Die in hohen ökonomischen, politischen, verbandlichen Positionen stehende konservative Führungselite: Entscheidungsträger und Repräsentanten; hochkultureller Hintergrund und patriarchalischer Habitus mit Substanz, Weitblick und Erfahrung.
Humanistisch-Bildungsbürgerliche 2 %	Die kulturhistorisch und sozialpolitisch gebildete intellektuelle Elite mit konservativer Zeitgeistkritik beheimatet in der klassischen mitteleuropäischen Hochkultur mit transnationaler Perspektive: Blick für „das Ganze"; humanistische Ideale in Bezug auf Persönlichkeitsbildung, Individualität, Staat und Gesellschaft.

Etablierte (5 %)

Technokratisch-Distinguierte 3 %	Ökonomische und politische Führungskräfte und Entscheidungselite mit meritokratischer Grundeinstellung: ökonomische und politische Autorität qua beruflicher und gesellschaftlicher Position; Sorge um die Zukunftsfähigkeit unserer Gesellschaft, die Wettbewerbsfähigkeit der Wirtschaft, die Finanzierung des Gemeinwesens; Habitus, den Lösungsweg zu kennen und die richtigen Entscheidungen für die Zukunft zu treffen.
Kosmopolitisch-Arrivierte 2 %	Die zielstrebige, erfolgsorientierte und wohlsituierte Elite: tätig in Unternehmen, Politik, Verbänden, Universitäten und Kultur; national und international gut vernetzt, bestens informiert über aktuelle Entwicklungen und innovative Ansätze.

Postmaterielle (9 %)

Individualistisch-Intellektuelle 3 %	Aufgeklärte Bildungselite mit individualistischer und liberaler Grundhaltung, postmateriellen Wurzeln und kosmopolitischer Perspektive: Passion für kritische Auseinandersetzungen und intellektuelle Diskurse mit dem Fokus auf Selbstbesinnung und Selbstveränderung, Weltdurchdringung und Weltveränderung.
Sozialökologische 6 %	Das nach einem bewussten und ganzheitlichen, sozial gerechten und ökologischen Leben strebende Milieu: Authentizität und Selbstbestimmung als zentrale Werte; kritische und sozialpolitische Grundhaltung; wichtigste Prinzipien sind Aufklärung, Emanzipation und Geschlechtergerechtigkeit; grundlegende Wahrnehmung ist Ambivalenz.

Performer (14 %)

Liberale Performer 4 %	Die ökonomisch und kulturell liberale, multioptionale und effizienzorientierte Leistungselite mit globaler Ausrichtung, kosmopolitischem Bewusstsein und ausgeprägtem Fortschrittsoptimismus; Selbstverständnis als „neue Elite": Projektpioniere, Komplexitätsmanager, Innovationsinspirateure (Spitzenleute).

Bürgerliche Performer 10 % – Die gut ausgebildete, weltoffene, zielstrebige und veränderungsbereite neue bürgerliche Mitte mit ausgeprägtem Lebenspragmatismus und Nutzenkalkül: Streben nach beruflichem Aufstieg, aber auch danach, partnerschaftlich, familiär und sozial eingebunden sein; Selbstbewusstsein, im Wettbewerb und für die Zukunft bestens gerüstet und abgesichert zu sein; der Beruf ist sehr wichtig, aber nicht alles.

Expeditive (8 %)

Kreative Avantgarde 3 % – Die hochgebildete, mobile, unkonventionelle Avantgarde, auf der Suche nach neuen Grenzen und Veränderungen: individualistische Vision von einer besseren Welt der Kreativität, Toleranz, Umweltfreundlichkeit und Weiterentwicklung (i. w. S.); Anspruch, dass die eigene (berufliche) Tätigkeit neue Erfahrungen und Perspektiven eröffnet – jenseits von finanziellem Gewinn.

Experimentalisten 5 % – Junge urbane Boheme, postmodernes Proletariat der Selbsterfinder: Jäger und Entdecker neuer Welten und Identität(en), Flaneure und kreative Vagabunden in den pulsierenden Metropolen; stets auf der Suche nach dem Glück spannender Momente und Begegnungen.

Traditionelle (15 %)

Traditionsverhaftete 4 % – Die Sicherheit und Ordnung liebende Kriegs- und Nachkriegsgeneration: verwurzelt in der lokalen kleinbürgerlichen Welt bzw. in der traditionellen Arbeiterkultur; Klarheit, Überschaubarkeit und Eindeutigkeit in der Welterfassung; Pflicht, Treue, Solidarität sind zentral in sozialen Beziehungen.

Junge Traditionsbewusste 7 % – Die „jüngere" Generation der Traditionellen (aufgewachsen in den Wiederaufbau- und Wachstumsjahren nach dem Krieg), die sich vom pflichtbestimmten und „reduzierten" Leben ihrer Eltern und Großeltern abgrenzen, mit der Zeit gehen, sich „im Rahmen" anpassen und etwas Neues erleben wollen (nicht nur arbeiten, sparen und verzichten, sondern das Leben auch genießen).

Zurückgezogene Traditionelle 4 % – Die ökonomisch häufig am Rande des Existenzminimums lebenden, sozial zurückgezogenen, oft einsamen und öffentlich kaum sichtbaren Traditionellen: meist ältere Generation der Traditionellen, die den Tag überwiegend allein in der Wohnung verbringt – ein Alltag mit sehr wenigen Kontakten, meistens nur ein oder zwei Personen am Tag (Tochter / Schwiegertochter, Nachbarn, Pflegedienst).

Bürgerliche Mitte (18 %)

Statusorientiertes Bürgertum 9 % – Der mit Gütern, Wissen und Berufsprestige komfortabel ausgestattete statusorientierte Mainstream mit dem Selbstverständnis gehobener arrivierter Bürgerlichkeit: ökonomisch wohlsituiert und abgesichert, in stabilen (beruflichen und familiären) Verhältnissen und Sozialbeziehungen, in gehobenen beruflichen Positionen mit Verantwortung und Privilegien.

Modernes Harmoniemilieu 9 %	Das moderne kleinbürgerliche Milieu der qualifizierten Handwerker, Angestellten und kleinen Selbstständigen: eingebunden und engagiert in der Ortsgemeinde, in Vereinen (Sport, Feuerwehr, Musik).
Benachteiligte (16 %)	
Robuste Konsummaterialisten 7 %	Stark materialistisch geprägte Unterschicht: Anschluss halten an die Konsumstandards des Mainstreams; ökonomisch begrenzte Möglichkeiten, geringes Bildungskapital, sozial häufig benachteiligt durch Ausgrenzung seitens der bürgerlichen Mitte.
Defensiv-Prekäre 9 %	Auf die tägliche materielle Versorgung konzentriertes, sich sozial ausgeschlossen und abgestoßen fühlendes Milieu; Rückzug in die enge lokale Enklave der Wenigen, die mit einem Kontakt haben wollen: nur hier fühlt man sich sicher und nicht ausgesetzt.
Hedonisten (11 %)	
Bürgerliche Hedonisten 7 %	Im Spagat zwischen eigenen Erlebnisbedürfnissen und ökonomischen Notwendigkeiten (Geld verdienen müssen); einerseits Anerkennung in der sozialen Nahwelt (Nachbarn, Kollegen), andererseits situatives und symbolisches Ausscheren aus dem Rahmen des Normalen; von der früher sorglosen Bedürfnis- und Gegenwartsorientierung zur verantwortlichen Problemlösungs- und Lebenslauforientierung (die eigenen Kinder, die eigene Existenzsicherung); äußerlich oft Kulisse fröhlicher Entspannung, innerlich meist unter großem Druck: Die Probleme türmen sich.
Subkulturelle Hedonisten 4 %	Stilistische, weltanschauliche und moralische Counterculture zur bürgerlichen Leistungsgesellschaft; selbstbewusste Selbstverortung am unangepassten, modernen Rand der „Normalität"; Identität als unangepasste und freie Menschen, die das tun wollen, wozu sie Lust haben (und nicht, was ihnen jemand vorschreibt).

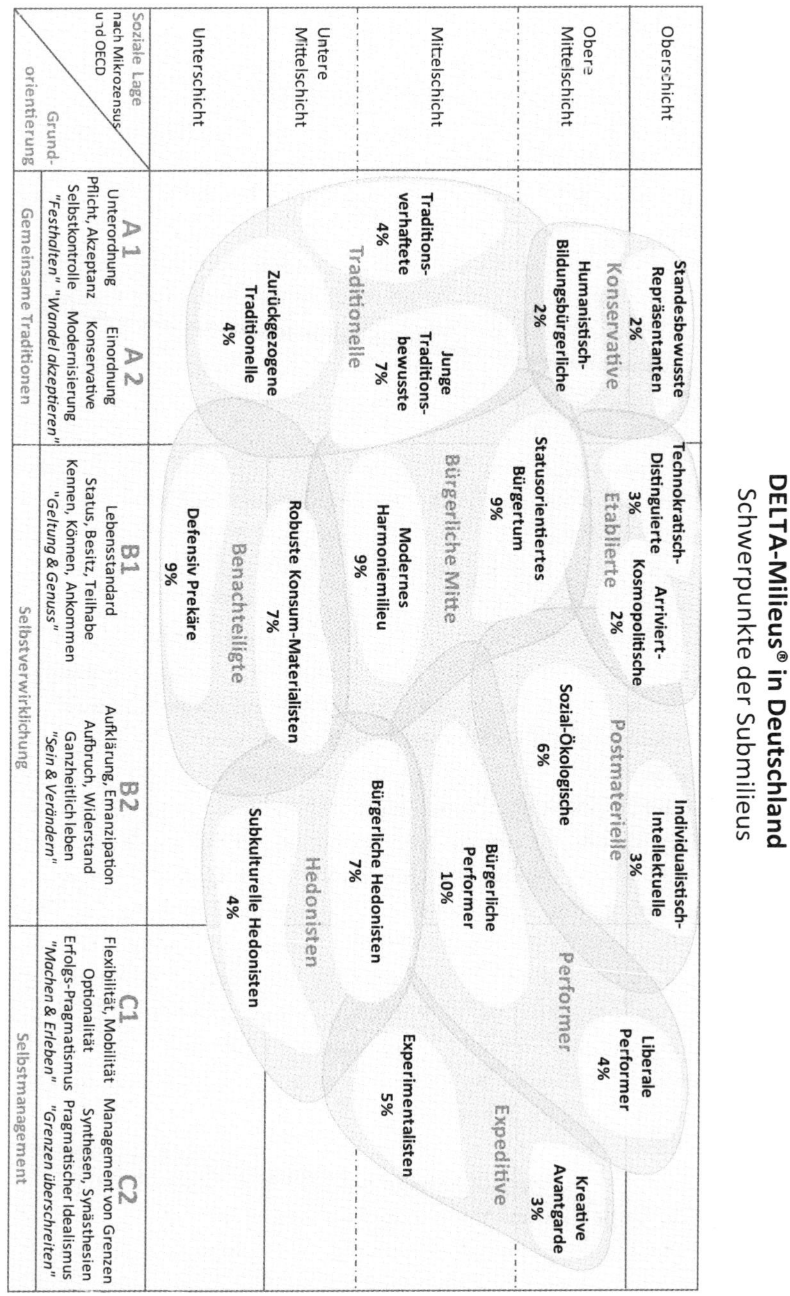
DELTA-Milieus® in Deutschland
Schwerpunkte der Submilieus
Oberschicht
Obere Mittelschicht
Mittelschicht
Untere Mittelschicht
Unterschicht
Soziale Lage nach Mikrozensus und OECD
Grund-orientierung
Standesbewusste Repräsentanten 2%
Konservative
Humanistisch-Bildungsbürgerliche 2%
Traditions-verhaftete 4%
Traditionelle
Junge Traditions-bewusste 7%
Zurückgezogene Traditionelle 4%
Technokratisch-Distinguierte 3%
Arriviert-Kosmopolitische 2%
Etablierte
Statusorientiertes Bürgertum 9%
Bürgerliche Mitte
Modernes Harmoniemilieu 9%
Robuste Konsum-Materialisten 7%
Benachteiligte
Defensiv Prekäre 9%
Individualistisch-Intellektuelle 3%
Postmaterielle
Sozial-Ökologische 6%
Bürgerliche Performer 10%
Bürgerliche Hedonisten 7%
Hedonisten
Subkulturelle Hedonisten 4%
Liberale Performer 4%
Performer
Experimentalisten 5%
Expeditive
Kreative Avantgarde 3%
A1
Unterordnung
Pflicht, Akzeptanz
Selbstkontrolle
"Festhalten"
A2
Einordnung
Konservative
Modernisierung
"Wandel akzeptieren"
Gemeinsame Traditionen
B1
Lebensstandard
Status, Besitz, Teilhabe
Kennen, Können, Ankommen
"Geltung & Genuss"
B2
Aufklärung, Emanzipation
Aufbruch, Widerstand
Ganzheitlich leben
"Sein & Verändern"
Selbstverwirklichung
C1
Flexibilität, Mobilität
Optionalität
Erfolgs-Pragmatismus
"Machen & Erleben"
C2
Management von Grenzen
Synthesen, Synästhesien
Pragmatischer Idealismus
"Grenzen überschreiten"
Selbstmanagement

6.3 Literatur

Akashe-Böhme, Farideh: Lebensentwürfe und Verstrickung: Biographien im Exil und in der Migration. In: Rohr, Elisabeth; Jansen, Mechthild M.; (Hg.): Grenzgängerinnen. Frauen auf der Flucht, im Exil und in der Migration. Gießen 2002, S. 53–63.

Allmendinger, Jutta / Nikolai, Rita: Bildung und Herkunft. In: Aus Politik und Zeitgeschichte 44–45, 2006, S. 32–38.

Arnold, Norbert / Maier, Wolfgang (Hg.): Lebenswelten von Jugendlichen mit Migrationshintergrund. Herausforderungen und Perspektiven. Zusammenfassung zentraler Ergebnisse der Studie „Was junge Migranten bewegt. Lebenswelten von Jugendlichen mit Migrationshintergrund. Herausforderungen und Perspektiven für die Integrationspolitik, Bildungspolitik und Sozialarbeit" von Wippermann, Carsten im Auftrag der Konrad-Adenauer-Stiftung, Manuskript. Berlin 2010.

Aslan, Hakan: Herausforderungen: Adoleszente Männlichkeit und pädagogische Praxis. In: Potts, Lydia / Kühnemund, Jan (Hg.): Mann wird man. Geschlechtliche Identitäten im Spannungsfeld von Migration und Islam. Bielefeld 2008, S. 203–208.

Attia, Iman / Marburger, Helga (Hg.): Alltag und Lebenswelten von Migrantenjugendlichen. Frankfurt a. M. 2000, S. 49–70.

Autorengruppe Bildungsberichterstattung (Hg.): Bildung in Deutschland 2010. Ein indikatorengestützter Bericht mit einer Analyse zu Perspektiven des Bildungswesens im demografischen Wandel. Im Auftrag der Ständigen Konferenz der Kultusminister der Länder in der Bundesrepublik Deutschland und des Bundesministeriums für Bildung und Forschung. Bielefeld 2010.

Autorengruppe Bildungsberichterstattung (Hg.): Bildung in Deutschland 2012. Ein indikatorengestützter Bericht mit einer Analyse zur kulturellen Bildung im Lebensverlauf. Im Auftrag der Ständigen Konferenz der Kultusminister der Länder in der Bundesrepublik Deutschland und des Bundesministeriums für Bildung und Forschung. Bielefeld 2012.

Bade, Klaus J. / Bommes, Michael (Hg.): Migration – Integration – Bildung. Grundfragen und Problembereiche. Themenheft. Für den Rat für Migration. Institut für Migrationsforschung und Interkulturelle Studien (IMIS), Universität Osnabrück, Osnabrück 2004.

Bade, Klaus J.: Einheimische Ausländer: „Gastarbeiter" – Dauergäste – Einwanderer. In: Ebd. (Hg.): Deutsche im Ausland – Fremde in Deutschland. Migration in Geschichte und Gegenwart. München 1992, S. 393–410.

Barz, Heiner / Baum, Dajana / Cerci, Meral / Göddertz, Nina / Raidt, Tabea: Kulturelle Bildungsarmut und Wertewandel. In: Quenzel, Gudrun / Hurrelmann, Klaus (Hg.): Bildungsverlierer. Neue Ungleichheiten. Wiesbaden 2010, S. 95–121.

Baumrind, Diana: Child care practices anteceding three patterns of preschool behavior. In: Genetic Psychology Monographs, 75(1) 1967, S. 43–88.

Baumrind, Diana: Effects of Authoritative Parental Control on Child Behavior. In: Child Development, 37(4) 1966, S. 887–907.

Baumrind, Diana: Parenting styles and adolescent development. In: Lerner, R. M. / Petersen, A. C. / Brooks-Gunn, J. (Hg.): Encyclopedia of adolescence. New York 1991, S. 746–758.

Baumrind, Diana: Rearing competent children. In Damon, W. (Hg.): Child development today and tomorrow. San Francisco 1989, S. 349–378.

Baumrind, Diana: The influence of parenting style on adolescent competence and substance use. Journal of Early Adolescence, 11(1) 1991, S. 56–95.

Becker, Rolf / Lauterbach Wolfgang (Hg.): Bildung als Privileg. Erklärungen und Befunde zu den Ursachen der Bildungsungleichheit. Wiesbaden 2007.

Berger, Peter A. / Kahlert, Heike (Hg.): Institutionalisierte Ungleichheiten. Wie das Bildungssystem Chancen blockiert. München, Weinheim 2005.

Berlin-Institut für Bevölkerung und Entwicklung: Ungenutzte Potenziale. Zur Lage der Integration in Deutschland. Berlin, Köln 2009.

Bertelsmann Stiftung: Integration durch Bildung. Ergebnisse einer repräsentativen Bevölkerungsbefragung in Deutschland. Umfrage durch das Institut Emnid. Gütersloh 2008.

Bertram, Hans / Kohl, Steffen: Zur Lage der Kinder in Deutschland. Kinder stärken für eine ungewisse Zukunft. Deutsches Komitee für UNICEF. Köln 2010.

Böhnisch, Lothar: Abweichendes Verhalten. Eine pädagogisch-soziologische Einführung. München, Weinheim 1999.

Bohnsack, Ralf: Rekonstruktive Sozialforschung. Einführung in qualitative Methoden. 6. Aufl., Opladen 2009.

Boos-Nünning, Ursula / Karakasoglu, Yasemin: Viele Welten leben. Zur Lebenssituation von Mädchen und jungen Frauen mit Migrationshintergrund. Münster 2005.

Boos-Nünning, Ursula / Karakasoglu, Yasemin: Lebensbewältigung von jungen Frauen mit Migrationshintergrund im Schnittpunkt von Ethnizität und psychischer Stabilität. In: Munsch, Chantal / Gemende, Marion / Weber-Unger Rotino, Steffi (Hg.): Eva ist emanzipiert und Mehmet ist ein Macho. Zuschreibung, Ausgrenzung, Lebensbewältigung und Handlungsansätze im Kontext von Migration und Geschlecht. München, Weinheim 2007, S. 102–121.

Bourdieu, Pierre (1984): Die feinen Unterschiede. Kritik der gesellschaftlichen Urteilskraft. Frankfurt/Main (französ. Original von 1979).

Bourdieu, Pierre / Passeron, Jean-Claude (1971): Die Illusion der Chancengleichheit. Stuttgart (französ. Original von 1967).

Brehmer, Wolfgang / Klenner, Christina / Klammer, Ute: Wenn Frauen das Geld verdienen – eine empirische Annäherung an das Phänomen der „Familienernährerin“ WSI-Diskussionspapier Nr. 170, gefördert von der Hans-Böckler-Stiftung. Düsseldorf 2010.

Brettfild, Katrin / Wetzels, Peter: Muslime in Deutschland. Integration, Integrationsbarrieren, Religion sowie Einstellungen zu Demokratie, Rechtsstaat und politisch-religiös-motivierter

Gewalt. Ergebnisse von Befragungen im Rahmen einer multizentrischen Studie in städtischen Lebensräumen. Herausgegeben vom Bundesministerium des Inneren. Hamburg 2007.

Brezinka, Wolfgang: Erziehungsziele in der Gegenwart. Problematik und Aufgaben für Familien und Schulen. Pädagogische Rundschau, 38. Jahrgang, Heft 6 (1984), S. 713–740.

Brück-Klingberg, Andrea et al.: Verkehrte Welt. Spätaussiedler mit höherer Bildung sind öfter arbeitslos. In: IAB Kurzbericht 8/2007.

Budde, Jürgen und Mammes, Ingelore (Hg.): Jungenforschung empirisch. Zwischen Schule, männlichem Habitus und Peerkultur. Wiesbaden 2009.

Budde, Jürgen: Männlichkeit und gymnasialer Alltag. Doing Gender im heutigen Bildungssystem. Bielefeld 2005.

Bundesministerium des Inneren. Bundesamt für Migration und Flüchtlinge: Migrationsbericht 2009. Berlin 2011.

Busch, Michael / Jeskow, Jan / Stutz, Rüdiger (Hg.): Zwischen Prekarisierung und Protest. Die Lebenslagen und Generationenbilder von Jugendlichen in Ost und West. Bielefeld 2010.

Buyurucu, Ümit Gürkan: „Haben wir dich auch schon zum Mann gemacht?" – Über das Volk der Männer. In: Potts, Lydia / Kühnemund, Jan (Hg.): Mann wird man. Geschlechtliche Identitäten im Spannungsfeld von Migration und Islam. Bielefeld 2008, S. 93–103.

Castro Varela, Maria do Mar (2007a): Unzeitgemäße Utopien. Migrantinnen zwischen Selbsterfindung und gelehrter Hoffnung". Bielefeld 2007.

Castro Varela, Maria do Mar (2007b): Wer bin ich? Und wer sagt das? Migrantinnen und die Zumutungen alltäglicher Zuschreibungen. In: Munsch, Chantal / Gemende, Marion / Weber-Unger Rotino, Steffi (Hg.): Eva ist emanzipiert, Mehmet ist ein Macho. Zuschreibung, Ausgrenzung, Lebensbewältigung und Handlungsansätze im Kontext von Migration und Geschlecht. München, Weinheim 2007, S. 62–73.

Corbin, Juliet / Strauss, Anselm L.: Grounded Theory Research: Procedures, Canons, and Evaluative Criteria. In: Zeitschrift für Soziologie 1990, S. 418–427.

Cornelißen, Waltraud: Bildung und Geschlechterordnung in Deutschland. Einige Anmerkungen zu Debatte um Benachteiligung von Jungen in der Schule. DJI, 2004.

Damelang, Andreas / Haas, Anette: Arbeitsmarkteinstieg nach dualer Berufsausbildung – Migranten und Deutsche im Vergleich. IAB Forschungsbericht Nr. 17/2006.

Demir, Mustafa / Sönmez, Ergün: Ausländische Kinder: Ihre Erziehungs- und Integrationsmisere. Berlin 1999.

Denzin, Norman K. / Lincoln, Yvonna S.: Introduction: Entering the Field of Qualitative Research. In dies. (Hg.): Handbook of Qualitative Research. London 1994.

Denzin, Norman K.: Symbolic Interactionism. In: Uwe Flick / Ernst von Kardorff / Ines Steinke (Hg.): Qualitative Forschung – Ein Handbuch. Reinbek 2000, S. 136–150.

Denzin, Norman K.: The Research Act. Chicago 1970.

Diefenbach, Heike: Jungen und schulische Bildung. In: Matzner, Michael / Tischner, Wolfgang (Hg.): Handbuch Jungen-Pädagogik. Weinheim und Basel 2008, S. 92–108.

Dietz, Barbara / Roll, Heike: Jugendliche Aussiedler – Portrait einer Zuwanderergeneration. Frankfurt a. M. / New York 1998.

Ditton, Hartmut: Der Beitrag von Schule und Lehrern zur Reproduktion von Bildungsungleichheit. In: Becker, Rolf / Lauterbach Wolfgang (Hg.): Bildung als Privileg. Erklärungen und Befunde zu den Ursachen der Bildungsungleichheit. Wiesbaden 2007, S. 243–271.

Domke, Horst: Erziehungsmethoden. Aspekte und Formen des Methodischen in der Erziehung. In: Weber, Erich (Hg.): Pädagogik. Eine Einführung. Band 2. Donauwörth 1991.

Durmaz, Betül: Döner, Machos und Migranten: Mein zartbitteres Lehrerleben. Freiburg 2009.

Düsener, Kathrin: Integration durch Engagement? Migrantinnen und Migranten auf der Suche nach Inklusion. Bielefeld 2010.

El-Mafaalani Aladin / Toprak, Ahmet: Muslimische Kinder und Jugendliche in Deutschland. Lebenswelten – Denkmuster – Herausforderungen. Eine Veröffentlichung der Konrad-Adenauer-Stiftung e. V., Sankt Augustin/Berlin 2007.

Europäische Kommission / Exekutivagentur Bildung, Audiovisuelles und Kultur (EACEA P9 Eurydice) (Hg.): Eurydice-Studie 2010 – Geschlechterunterschiede bei Bildungsresultaten: Derzeitige Situation und aktuelle Maßnahmen in Europa. Brüssel 2010.

Exekutivagentur Bildung, Audovisuelles und Kultur: Geschlechterresultate bei Bildungsresultaten. Derzeitige Situation und Maßnahmen in Europa. Eurydice-Studie, Brüssel 2010.

Färber, Christine / Arslan, Nurcan / Köhnen, Manfred / Parlar, Renée: Migration, Geschlecht und Arbeit: Probleme und Potenziale von Migrantinnen auf dem Arbeitsmarkt. Opladen 2008.

Farin, Klaus: Generation kick.de. Jugendsubkulturen heute. München 2001.

Ferchhoff, Wilfried: Jugend und Jugendkulturen im 21. Jahrhundert. Lebensformen und Lebensstile. Wiesbaden 2011.

Flick, Uwe: Triangulation. Eine Einführung. Wiesbaden 2004.

Frech, Siegfried / Meier-Braun, Karl-Heinz: Die offene Gesellschaft. Zuwanderung und Integration. Schwalbach 2007.

Geißler, Rainer / Weber-Menges, Sonja: Migrantenkinder im Bildungssystem: doppelt benachteiligt. In: Aus Politik und Zeitgeschichte (APuZ) 49/2008, S. 14–22.

Geißler, Rainer: Die Metamorphose der Arbeitertochter zum Migrantensohn. Zum Wandel der Chancenstruktur im Bildungssystem nach Schicht, Geschlecht, Ethnie und deren Verknüpfungen. In: Berger, Peter A. / Kahlert, Heike (Hg.): Institutionalisierte Ungleichheiten. Wie das Bildungssystem Chancen blockiert. München, Weinheim 2005, S. 71–100.

Gerlach, Julia: Zwischen Pop und Dschihad. Muslimische Jugendliche in Deutschland. Berlin 2006.

Gesemann, Frank: Die Integration junger Muslime in Deutschland. Bildung und Ausbildung als Schlüsselbereiche sozialer Integration. Herausgegeben von der Friedrich- Ebert-Stiftung, Politische Akademie. Berlin 2006.

Giest-Warsewa: Junge Spätaussiedler – Ihre Lebenswelt und ihre Sichtweisen. In: DVJJ-Journal 1994, 4. Hg. von der Deutschen Vereinigung für Jugendgerichte und Jugendgerichtshilfen e.V., S. 356–361.

Glaser, Barney G. / Strauss, Anselm L.: The discovery of grounded theory. Chicago 1967.

Glaser, Barney G.: Basics of Grounded Theory Analysis. Mill Valley, CA. 1992.

Goffman, Erving: Asyle. Über die soziale Situation psychiatrischer Patienten und anderen Insassen. Frankfurt a.M. 1973.

Gomolla, Mechthild: Ethnisch-kulturelle Zuschreibungen und Mechanismen institutionalisierter Diskriminierung in der Schule. In Attia, Iman / Marburger, Helga (Hg.): Alltag und Lebenswelten von Migrantenjugendlichen. Frankfurt a.M. 2000, S. 49–70.

Guggenbühl, Allan: Die Schule – ein weibliches Biotop? Psychologische Hintergründe der Schulprobleme von Jungen. In: Matzner, Michael / Tischner, Wolfgang (Hg.): Handbuch Jungen-Pädagogik, Weinheim und Basel 2008, S. 150–167.

Hadjar, Andreas / Lupatsch, Judith / Grünewald-Huber, Elisabeth: Bildungsverlierer / -innen und Schulentfremdung. In: Quenzel, G. / Hurrelmann, K. (Hg.): Bildungsverlierer. Wiesbaden 2010, S. 224–244.

Han, Petrus: Soziologie der Migration. 2. überarbeitete Auflage, Stuttgart 2005.

Harring, Marius / Böhm-Kasper, Oliver / Rohlfs, Carsten / Palentien, Christian (Hg.): Freundschaften, Cliquen und Jugendkulturen: Peers als Bildungs- und Sozialisationsinstanzen. Wiesbaden 2010.

Haug, Sonja: Familienstand, Schulbildung und Erwerbstätigkeit junger Erwachsener. In: Zeitschrift für Bevölkerungswissenschaft 27, S. 115–144.

Heinemann, Torsten: Populäre Wissenschaft. Hirnforschung zwischen Labor und Talkshow. Göttingen 2012.

Heitkötter, Martina / Jurczyk, Karin / Lange, Andreas / Meier-Gräwe, Uta (Hg.): Zeit für Beziehungen. Zeit und Zeitpolitik für Familien. Opladen und Farmington Hills 2009.

Henry-Huthmacher, Christine (Hg.): Kinder in besten Händen: Frühkindliche Bildung, Betreuung und Erziehung in Deutschland. Eine Veröffentlichung der Konrad-Adenauer-Stiftung e.V. Sankt Augustin/Berlin 2007.

Henry-Huthmacher, Christine (Hg.): Schutz des Kindeswohls. Bei Gewalt in der Partnerschaft der Eltern. Eine Veröffentlichung der Konrad-Adenauer-Stiftung e.V. Sankt Augustin / Berlin 2008.

Henry-Huthmacher, Christine / Hoffmann, Elisabeth (Hg.): Wie erreichen wir die Eltern? Aus der Praxis für die Praxis. Eine Veröffentlichung der Konrad-Adenauer-Stiftung e.V. Sankt Augustin / Berlin 2010.

Henry-Hutmacher, Christine / Hoffmann, Elisabeth (Hg.): Wenn Eltern nur das Beste wollen. Ergebnisse eine Expertenrunde der Konrad-Adenauer-Stiftung. Konrad-Adenauer-Stiftung e.V. Sankt Augustin/Berlin 2010.

Hettlage-Varias, Andrea: Frauen unterwegs. Identitätsverlust und Identitätssuche zwischen den Kulturen. In: Rohr, Elisabeth / Jansen, Mechthild M. (Hg.): Grenzgängerinnen. Frauen auf der Flucht, im Exil und in der Migration. Gießen 2002, S. 163–193.

Hillmann, Felicitas / Windzio, Michael (Hg.): Migration und städtischer Raum: Chancen und Risiken der Segregation und Integration. Opladen 2008.

Hitzler, Ronald / Bucher, Thomas / Niederbacher, Arne: Leben in Szenen. Formen jugendlicher Vergemeinschaftung heute. Opladen 2001.

Hoffmann, Elisabeth: Gesellschaftliche Integration für jedes Kind: Internationale Impulse. In: Konrad-Adenauer-Stiftung: ANALYSEN & ARGUMENTE, Ausgabe 87. Berlin 2010.

Honer, Anne: Einige Probleme lebensweltlicher Ethnographie. Zur Methodologie und Methodik einer interpretativen Sozialforschung. In: Zeitschrift für Soziologie, Jg. 18, Heft 4 (1989), S. 297–312.

Hoppe, Heidrun / Nyssen, Elke: Gender Mainstreaming. Neue Gleichstellungsimpulse für die Schule? Begründungen und Ansatzpunkte. In: Meuser, Michael und Neusüß, Claudia (Hg.): Gender Mainstreaming. Konzepte, Handlungsfelder, Instrumente. Bundeszentrale für politische Bildung, Schriftenreihe, Band 4/8. Bonn 2004. S. 232–243.

Hugger, Kai-Uwe (Hg.): Digitale Jugendkulturen. Wiesbaden 2009.

Huth-Hildebrandt, Christine: Zwischen Tradition und Selbstbestimmung – Wandel im Geschlechterrollenverständnis von Menschen mit Migrationshintergrund. Überarbeiteter Vortrag, gehalten während der Tagung „Beziehungsweisen: Geschlechterverhältnisse im Wandel" der Senatsverwaltung für Wirtschaft, Technologie und Frauen am 29.4.09 in Berlin, unter http://www.gleichstellung-weiter-denken.de/index.html.

Institut für Demoskopie: Zuwanderer in Deutschland. Ergebnisse einer repräsentativen Befragung von Menschen mit Migrationshintergrund. Im Auftrag der Bertelsmann Stiftung 2009.

Kallmeyer, Werner: Sprachliche Verfahren der sozialen Integration und Ausgrenzung. In: Liebhart, Karin; Menasse, Elisabeth; Steinert, Heinz (Hrsg.): Fremdbilder – Feindbilder – Zerrbilder. Zur Wahrnehmung und diskursiven Konstruktion des Fremden. Klagenfurt 2002, S. 153–181.

Kirsch, Jacob: Migration von Russlanddeutschen: Aus gesellschaftlicher und ärztlicher Sicht. Berlin 2004.

Kleijwegt, Margalith: Schaut endlich hin. Wie Gewalt entsteht – Bericht aus der Welt junger Immigranten. Freiburg 2007.

Klenner, Christina / Menke, Katrin / Pfahl, Svenja: Flexible Familienernährerinnen. Prekarität im Lebenszusammenhang ostdeutscher Frauen? Düsseldorf 2011.

Klocke, Andreas / Hurrelmann, Klaus (Hg.): Kinder und Jugendliche in Armut. Umfang, Auswirkungen und Konsequenzen. Wiesbaden 2001.

Krafeld, Franz Josef: Cliquenorientierte Jugendarbeit mit Aussiedlerjugendlichen. In: Migration und Soziale Arbeit, Heft 2 (2001), S. 32–36.

Kraus, Josef: Maximale Verwöhnung, gigantischer Erfolgsdruck. Wie Helikopter-Eltern den Schulen den Alltag und ihren überbehüteten Kindern die Reifung erschweren. FAZ, 2.2.2012.

Kühn, Lotte: Das Lehrerhasser-Buch: Eine Mutter rechnet ab. München 2005.

Kuhnke, Ralf / Schreiber, Elke: Zwischen Integration und Ausgrenzungsrisiken. Aussiedler-jugendliche im Übergang Schule – Beruf. Ein Handbuch für die Praxis. Deutsches Jugendinstitut, München / Halle 2008.

Lamnek, Siegfried: Qualitative Sozialforschung. Band 1. München 1988.

Lange, Dirk / Polath, Ayca (Hg.): Unsere Wirklichkeit ist anders. Perspektiven politischer Bildung. Berlin 2009.

Leu, Hans Rudolf / Prein, Gerald: Arm, ausgegrenzt, abgehängt. In: DJI-Bulletin 90, 2/2010, S. 18–19.

Lukesch, Helmut: Elterliche Erziehungsstile. Psychologische und soziologische Bedingungen. Stuttgart 1976.

Maschke, Sabine / Stecher, Ludwig: In der Schule. Vom Leben, Leiden und Lernen in der Schule. Wiesbaden 2010.

Matzner, Michael / Tischner, Wolfgang (Hg.): Handbuch Jungen-Pädagogik. Weinheim und Basel 2008.

Matzner, Michael / Wyrobnik, Irit (Hg.): Handbuch Mädchen-Pädagogik. Weinheim und Basel 2010.

Merkle, Tanja / Wippermann, Carsten: Eltern unter Druck. Selbstverständnisse, Befindlichkeiten und Bedürfnisse von Eltern in verschiedenen Lebenswelten. Eine sozialwissenschaftliche Untersuchung im Auftrag der Konrad-Adenauer-Stiftung e. V.; herausgegeben von Christine Henry-Huthmacher und Michael Borchard. Stuttgart 2008.

Ministerium für Gesundheit, Soziales, Frauen und Familie NRW (2004): Junge Spätaussiedlerinnen und Spätaussiedler. Untersuchungsbericht der Interministeriellen Arbeitsgruppe Zuwanderung.

Ministerpräsident des Landes NRW: Von Kult bis Kultur, von Lebenswelt bis Lebensart. Ergebnisse der Repräsentativuntersuchung „Lebenswelten und Milieus der Menschen mit Migrationshintergrund in Deutschland und NRW“. Studie des BmFSFJ, Deutscher Caritasverband, Konrad-Adenauer-Stiftung, SWR Südwestrundfunk & die Landesanstalt für Kommunikation Baden-Württemberg, vhw Bundesverband für Wohneigentum und Stadtentwicklung e. V., Bundeszentrale für gesundheitliche Aufklärung. Düsseldorf 2010.

Munsch, Chantal / Gemende, Marion; Weber-Unger Rotino, Steffi (Hg.): Eva ist emanzipiert und Mehmet ist eich Macho. Zuschreibung, Ausgrenzung, Lebensbewältigung und Handlungsansätze im Kontext von Migration und Geschlecht. München, Weinheim 2007.

Öhrn, E. (2009a): Challenging sexism? Gender and ethnicity in the secondary school, Scandinavian Journal of Educational Research, 53(6), 579–590.

Öhrn, Elisabet: Gender and power in school: On girls' open resistance. Social Psychology of Education, 1(4), 1998, S. 341–357.

Öhrn, Elisabet /Weiner, Gaby (2009b): The sound of silence! Reflections on inclusion and exclusion in the field of gender and education. Gender and Education. 21(4), 423–430.

Ottens, Svenja: Geschlechterorientierungen türkischer Migrantinnen im Spannungsfeld zwischen Herkunftsbindung und kultureller Neudefinition. In: Zeitschrift für Frauenforschung, 1998, 1 & 2, S. 106–123.

Paechter, Carrie: Educating the other: Gender, power and schooling. London 1998.

Paechter, Carrie: Changing school subjects: Power, gender and the curriculum. Buckingham 2000.

Pinn, Irmgard: „Gastarbeiter kamen – Muslime sind geblieben". Migranten und Migrantinnen aus muslimischen Ländern in den deutschen Medien. Köln 2002.

Potts, Lydia / Kühnemund, Jan (Hg.): Mann wird man. Geschlechtliche Identitäten im Spannungsfeld von Migration und Islam. Bielefeld 2008.

Quenzel, Gudrun / Hurrelmann, Klaus (Hg.): Bildungsverlierer. Neue Ungleichheiten. Wiesbaden 2010

Quiring, Christel / Heckmann, Christian (Hg.): Graffiti, Rap & Kirchenchor. Jugendpastorale Herausforderungen der Sinus-Milieu U27. Düsseldorf 2009.

Radtke, Frank-Olaf: Lob der Gleich-Gültigkeit. Zur Konstruktion des Fremden im Diskurs des Multikulturalismus. In: Bielefeld, Ulrich: Das Eigene und das Fremde. Neuer Rassismus in der Alten Welt? Hamburg 1998, S. 79–96.

Raths, Anna Halima :Türkische Jugendkulturen in Deutschland: Die dritte Generation auf der Suche nach Identität. Marburg 2010.

Räthzel, Nora: Gegenbilder: Nationale Identität durch Konstruktion des Anderen. Opladen 1997.

Reinders, Heinz: Integrationsbereitschaft jugendlicher Migranten. In: Aus Politik und Zeitgeschichte (APuZ) 5/2009; Hg. von der Bundeszentrale für politische Bildung. S. 19–23.

Rommelspacher, Birgit: Geschlecht und Migration in einer globalisierten Welt. Zum Bedeutungswandel des Emanzipationsbegriffs. In: Munsch, Chantal / Gemende, Marion / Weber-Unger Rotino, Steffi (Hg.): Eva ist emanzipiert, Mehmet ist ein Macho. Zuschreibung, Ausgrenzung, Lebensbewältigung und Handlungsansätze im Kontext von Migration und Geschlecht. München, Weinheim 2007, S. 49–61.

Rommelspacher, Birgit: Identität und Macht. Zur Internalisierung von Diskriminierung und Dominanz. In: Keupp, Heiner; Höfer, Renate (Hg.): Identitätsarbeit heute. Klassische und aktuelle Perspektiven der Identitätsforschung. Frankfurt a. M. 1997, S. 250–269.

Rommelspacher, Birgit: Zur Emanzipation „der" muslimischen Frau. In: Aus Politik und Zeitgeschichte (APuZ) 5/2009, S. 34–38.

Roth, Hans-Joachim: Jugendliche mit Migrationshintergrund – einige Thesen. In: Aus Politik und Zeitgeschichte (APuZ) 5/2009, S. 31–33.

Schäffter, Ottfried: Modi des Fremderlebens. Deutungsmuster im Umgang mit Fremdheit. In: Ebd. (Hg.): Das Fremde Erfahrungsmöglichkeiten zwischen Faszination und Bedrohung. Opladen 1991, S. 11–42.

Schiffauer, Werner: Parallelgesellschaften. Wie viel Wertekonsens braucht unsere Gesellschaft? Für eine kluge Politik der Differenz. Bielefeld 2008.

Schimpke, Patrick: Gleichberechtigte Eltern-Kind-Beziehungen. Diplomarbeit. Universität Bielefeld 2007.

Schneewind, Klaus A.: Elterliche Erziehungsstile: einige Anmerkungen zum Forschungsgegenstand. In: Herrmann, Theo / Schneewind, Klaus A. (Hg.): Erziehungsstilforschung. Theorien, Methoden und Anwendungen der Psychologie elterlichen Erziehungsverhaltens. Bern 1980, S. 19–30.

Schütze, Fritz: Biographieforschung und narratives Interview. In: Neue Praxis 3 (1983), S. 283–293.

Schütze, Fritz: Kognitive Figuren des autobiographischen Stehgreiferzählens [1]. In: Kohli, Martin / Robert, Günther (Hg.): Biographie und soziale Wirklichkeit: Neue Beiträge und Forschungsperspektiven. Stuttgart 1984, S. 78–117.

Seibert, Holger: Junge Migranten am Arbeitsmarkt: Bildung und Einbürgerung verbessern die Chancen. In: IAB Kurzbericht. Aktuelle Analysen und Kommentare aus dem Institut für Arbeitsmarkt- und Berufsforschung. Nr. 17/2008.

Shell Deutschland Holding (Hg.): Jugend 2006. Eine pragmatische Generation unter Druck. 15. Shell-Jugendstudie. Frankfurt am Main 2010.

Shell Deutschland Holding (Hg.): Jugend 2010. Eine pragmatische Generation behauptet sich. Frankfurt am Main 2010.

Soeffner, Hans-Georg / Hitzler, Ronald: Qualitatives Vorgehen – „Interpretation". In: Enzyklopädie der Psychologie. Methodische Grundlagen der Psychologie 1994, S. 98–136.

Soeffner, Hans-Georg: Auslegung des Alltags – Der Alltag der Auslegung. Zur wissenssoziologischen Konzeption einer sozialwissenschaftlichen Hermeneutik. Frankfurt / Main. 1989.

Soeffner, Hans-Georg: Verstehende Soziologie – Soziologie des Verstehens. In: Matthes, J. (Hg.): Lebenswelt und soziale Probleme. Verhandlungen des 20. Deutschen Soziologentags zu Bremen. Frankfurt / Main 1981, S. 329–331.

Söhn, Janina: Bildungsunterschiede zwischen Migrantengruppen in Deutschland: Schulabschlüsse von Aussiedlern und anderen Migranten der ersten Generation im Vergleich. In: Berliner Journal für Soziologie, 18. Jg., Heft 3 (2008), S. 401–431.

Söhn, Janina: Rechtsstatus und Bildungschancen – Die staatliche Ungleichbehandlung von Migrantengruppen und ihre Folgen. In: Migration und Soziale Arbeit. 32. Jg., Heft 3 & 4 (2010), S. 276–282.

Statistisches Bundesamt Deutschland: Alleinerziehende in Deutschland. Ergebnisse des Mikrozensus 2009. Wiesbaden 2010.

Statistisches Bundesamt Deutschland: Bevölkerung und Erwerbstätigkeit, Bevölkerung mit Migrationshintergrund, Ergebnisse des Mikrozensus 2010. Wiesbaden 2011

Statistisches Bundesamt Deutschland: Fachserie 1, Reihe 2.2, Migration in Deutschland. Wiesbaden 2010.

Statistisches Bundesamt Deutschland: Pressemitteilung Nr. 434 vom 25. 11. 2010.

Statistisches Bundesamt Deutschland: Wirtschaft und Statistik. Februar 2011, S. 168.

Statistisches Bundesamt. Fachserie 11, Reihe 1.1. Bildung und Kultur: Private Schulen, Schuljahr 2010 / 2011, Wiesbaden 2011.

Stecklina, Gerd: „Kleine Jungen mit zu großen Eiern" Männlichkeitsstereotype über junge männliche Migranten. In: Munsch, Chantal / Gemende, Marion / Weber-Unger Rotino, Steffi (Hg.): Eva ist emanzipiert, Mehmet ist ein Macho. Zuschreibung, Ausgrenzung, Lebensbewältigung und Handlungsansätze im Kontext von Migration und Geschlecht. München, Weinheim 2007, S. 49–61.

Strauss, Anselm / Corbin, Juliet (Hg.): Grounded Theory in Practice. Thousand Oaks 1979.

Strauss, Anselm L. / Corbin, Juliet: Grundlagen qualitativer Sozialforschung. Weinheim 1996.

Tan, Dursun: Von Löwen und Straßenmädchen – Konstruktionen und Störungen männlicher identitäten von Jugendlichen in der Migrationsgesellschaft. In: Potts, Lydia / Kühnemund, Jan (Hg.): Mann wird man. Geschlechtliche Identitäten im Spannungsfeld von Migration und Islam. Bielefeld 2008, S. 209–228.

Topcu, Canan: Meine Heimat ist Deutschland, sofern man es meine Heimat sein lässt. In: Lange, Dirk / Polath, Ayca (Hg.): Unsere Wirklichkeit ist anders. Perspektiven politischer Bildung. Berlin 2009, S. 19–29.

Toprak, Ahmet: Das schwache Geschlecht – die türkischen Männer. Zwangsheirat, häusliche Gewalt, Doppelmoral der Ehre. Freiburg 2007.

Toprak, Ahmet: Migration und Männlichkeit. Das Selbst- und Fremdbild der türkischen Männer in Deutschland. In: Munsch, Chantal / Gemende, Marion / Weber-Unger Rotino, Steffi (Hg.): Eva ist emanzipiert, Mehmet ist ein Macho. Zuschreibung, Ausgrenzung, Lebensbewältigung und Handlungsansätze im Kontext von Migration und Geschlecht. München, Weinheim 2007, S. 122–135.

Unverzagt, Gerlinde: Eltern an die Macht: Warum wir es besser wissen als Lehrer, Erzieher und Psychologen, Berlin 2010.

VBW – Vereinigung der Bayerischen Wirtschaft e. V.: Geschlechterdifferenzen im Bildungssystem, Jahresgutachten des Aktionsrats Bildung, München 2009.

Vogelsang, Waldemar: Jugendliche Aussiedler. Zwischen Entwurzelung, Ausgrenzung und Integration. München, Weinheim 2008.

Von Braun, Christina / Mathes, Bettina: Verschleierte Wirklichkeit. Die Frau, der Islam und der Westen. Berlin 2007.

Von Wensierski, Hans-Jürgen / Lübcke, Claudia (Hg.): Junge Muslime in Deutschland. Lebenslagen, Aufwachsprozesse und Jugendkulturen. Opladen 2007.

Von Wensierski, Hans-Jürgen: Die islamisch-selektive Modernisierung – Zur Struktur der Jugendphase junger Muslime in Deutschland. In: ders. / Lübcke, Claudia (Hg.): Junge Muslime in Deutschland. Lebenslagen, Aufwachsprozesse und Jugendkulturen. Opladen 2007, S. 55–82.

Weber, Martina: „Das sind Welten". Intrageschlechtliche Differenzierungen im Schulalltag. In: Munsch, Chantal / Gemende, Marion / Weber-Unger Rotino, Steffi (Hg.): Eva ist emanzipiert, Mehmet ist ein Macho. Zuschreibung, Ausgrenzung, Lebensbewältigung und Handlungsansätze im Kontext von Migration und Geschlecht. München, Weinheim 2007, S. 91–101.

Wellgraf, Stefan: Hauptschüler. Zur gesellschaftlichen Produktion von Verachtung. Bielefeld 2011.

Wiezoreck, Christine (2009): Bildungsferne Jugendliche? Zur Problematik einer Standard gewordenen wissenschaftlichen und gesellschaftlichen Perspektive auf Hauptschüler. In: Bilstein, Johannes / Ecarius, Jutta (Hg.): Standardisierung – Kanonisierung. Erziehungswissenschaftliche Reflexionen. Wiesbaden 2009, S. 181–195.

Wild, Elke: Häusliches Lernen. Forschungsdesiderate und Forschungsperspektiven. In: Zeitschrift für Erziehungswissenschaften 2004, 3, S. 37-64

Winterhoff, Michael: Warum unsere Kinder Tyrannen werden. Oder: Die Abschaffung der Kindheit. Gütersloh 2008.

Wippermann, Carsten / Calmbach, Marc / Wippermann, Katja: Männer Rolle vorwärts – Rolle rückwärts? Identitäten und Verhalten von traditionellen, modernen und postmodernen Männern. Opladen 2009.

Wippermann, Carsten / Calmbach, Marc: Wie ticken Jugendliche? Lebenswelten von Jugendlichen und junge Erwachsenen. Grundorientierung, Vergemeinschaftung, Engagement, Einstellung zu Kirche/Religion vor dem Hintergrund der Sinus-Milieus. Verlag Haus Altenberg. Düsseldorf 2008.

Wippermann, Carsten / Flaig, Bodo: Diskriminierung im Alltag: Wahrnehmung von Diskriminierung und Antidiskriminierungspolitik in unserer Gesellschaft. Eine sozialwissenschaftliche Untersuchung für die Antidiskriminierungsstelle des Bundes. Berlin 2008.

Wippermann, Carsten / Flaig, Bodo: Lebenswelten von Migrantinnen und Migranten. In: Aus Politik und Zeitgeschichte (APuZ) 5/2009, S. 3–11.

Wippermann, Carsten / Wippermann, Katja: 20-jährige Frauen und Männer heute. Lebensentwürfe, Rollenbilder, Einstellungen zur Gleichstellung. Eine qualitative Untersuchung von Sinus Sociovision für das Bundesministerium für Familie, Senioren, Frauen und Jugend. Schriftenreihe des BMFSFJ. Heidelberg, Berlin 2007.

Wippermann, Carsten: Haushaltsnahe Dienstleistungen: Bedarfe und Motive beim beruflichen Wiedereinstieg. In: Bundesministerium für Familie, Senioren, Frauen und Jugend. Berlin 2011.

Wippermann, Carsten: Milieus in Bewegung. Werte, Sinn, Religion und Ästhetik in Deutschland. Forschungsergebnisse für die pastorale und soziale Arbeit. Würzburg 2011.

Wippermann, Carsten: Was junge Migranten bewegt. Lebenswelten von Jugendlichen und jungen Menschen mit Migrationshintergrund. Herausforderungen und neue Perspektiven für die Integrationspolitik, Bildungspolitik und Sozialarbeit. Herausgegeben von der Konrad-Adenauer-Stiftung (Norbert Arnold, Wolfgang Maier). Berlin 2010.

Wippermann, Carsten: Wie erreichen wir die Eltern? Lebenswelten und Erziehungsstile bei Konsum-Materialisten und Hedonisten. Studie für den deutschen Caritasverband. Heidelberg 2004.

Wippermann, Carsten: Zeit für Wiedereinstieg – Potenziale und Perspektiven. In: Bundesministerium für Familie, Senioren, Frauen und Jugend. Berlin 2011.

Woellert, Franziska / Kröhnert, Steffen / Sippel, Lilli / Klingholz, Reiner (Berlin-Institut für Bevölkerung und Entwicklung): Ungenutzte Potenziale. Zur Lage der Integration in Deutschland. Berlin 2009.

6.4 Autorinnen und Autoren

Katja Wippermann, M. A.

Schwerpunkte Gender, Familie, Bildung. Wissenschaftliche Mitarbeiterin am Institut für Forschung und Entwicklung, Fort- und Weiterbildung (IF) der Katholischen Stiftungsfachhochschule München / Benediktbeuern (KSFH).

Prof. Dr. Carsten Wippermann

Professor für Soziologie an der Katholischen Stiftungsfachhochschule Benediktbeuern. Gründer und Leiter des DELTA-Instituts für Sozial- und Ökologieforschung und Urheber der DELTA-Milieus; Autor der Vorgängerstudie „Eltern unter Druck" 2008.

Prof. Dr. Andreas Kirchner

Professor für Soziale Arbeit an der Katholischen Stiftungsfachhochschule München.

Wissenschaftliche Mitarbeiter/innen:

Miriam Smidt, Daniel Meier, Raimund Lazar, Martina Schweiger

Unser großer Dank gilt den Transkripteurinnen und Transkripteuren der Interviews:

Christina Blomenhofer, Maditta Bronner, Brigitte von Bülow (†), Lisa Forstner, Katharina Geister, Daniel Rosengart, Danii Weber

Mitglieder der Sachverständigenkommission für die Studie „Eltern – Lehrer - Schulerfolg“

Prof. Dr. Dr. Rolf Haubl
Stellvertretender Geschäftsführender Direktor Sigmund-Freud-Institut, Frankfurt

Prof. Dr. Werner Helsper
Professor für Schulforschung und Allgemeine Didaktik
an der Martin-Luther-Universität Halle-Wittenberg

Marie-Luise Lewicki
Chefredakteurin der Zeitschrift „Eltern“ und „Eltern familiy“, München

Prof. Dr. Kai Maaz
Professor für Quantitative Methoden in den Bildungswissenschaften
an der Universität Potsdam

Dr. phil. Michael Matzner
Lehrbeauftragter der Pädagogischen Hochschule Heidelberg

Prof. Dr. Norbert F. Schneider
Direktor des Bundesinstituts für Bevölkerungsforschung, Wiesbaden

Prof. Dr. Klaudia Schultheis
Professur für die Pädagogik und Didaktik der Primarstufe
an der Pädagogischen Hochschule Ludwigsburg

Die Mitglieder der Sachverständigenkommission standen dem Projektteam bei Diskussionen von Methodik, Inhalten und Ergebnissen der Studie beratend zur Seite.
Für die außerordentlich konstruktive Zusammenarbeit und Unterstützung sei allen Mitgliedern der Sachverständigenkommission herzlich gedankt.

Projektverantwortliche

Christine Henry-Huthmacher
Koordinatorin für Bildungs-, Familien- und Frauenpolitik,
Hauptabteilung Politik und Beratung der Konrad-Adenauer-Stiftung

Elisabeth Hoffmann
Koordinatorin für Bildungs-, Familien- und Jugendpolitik,
Hauptabteilung Politik und Beratung der Konrad-Adenauer-Stiftung

Dr. Angela Icken
Leiterin des Referats 415, Gleichstellungspolitik für Jungen und Männer
Bundesministerium für Familie, Senioren, Frauen und Jugend

Herausgeber

Dr. Michael Borchard
Leiter der Hauptabteilung Politik und Beratung der Konrad-Adenauer-Stiftung

Christine Henry-Huthmacher
Koordinatorin für Bildungs-, Familien- und Frauenpolitik,
Hauptabteilung Politik und Beratung der Konrad-Adenauer-Stiftung

Elisabeth Hoffmann
Koordinatorin für Bildungs-, Familien- und Jugendpolitik,
Hauptabteilung Politik und Beratung der Konrad-Adenauer-Stiftung